本书获中共安顺市委宣传部、贵州乡村振兴2011协同创新中心、贵州省人文社科示范基地资助出版

第十九届明史国际学术研讨会暨首届屯堡国际学术研讨会

论文集

中国明史学会
安顺学院
中国明史学会屯堡研究分会
组织编写

知识产权出版社
全国百佳图书出版单位
—北京—

图书在版编目（CIP）数据

第十九届明史国际学术研讨会暨首届屯堡国际学术研讨会论文集 / 中国明史学会，安顺学院，中国明史学会屯堡研究分会组织编写．— 北京：知识产权出版社，2023.3
ISBN 978-7-5130-8690-5

Ⅰ．①第… Ⅱ．①中… ②安… ③中… Ⅲ．①中国历史—明代—文集 Ⅳ．① K248.07-53

中国国家版本馆 CIP 数据核字（2023）第 037386 号

内容提要

本书以屯堡研究为核心，系中国明史学会主办的第十九届明史国际学术研讨会暨首届屯堡国际学术研讨会的专题论文集。文集首次汇聚国内外学者聚焦卫所屯堡研究的成果，所选论文都是在会上充分讨论，会后认真修改而成，也是“中国屯堡学”被提出后相关学者参与的第一次大规模学术讨论的成果。文集作者来自国内外的科研机构或高校，研究涉及历史学、民族学、社会学、人类学、民俗学，以及旅游发展等多个领域。

本书适合高校、科研机构的研究人员，历史爱好者及文化旅游从业人员阅读。

责任编辑：王　辉　　　　**责任印制：**孙婷婷

第十九届明史国际学术研讨会暨首届屯堡国际学术研讨会论文集

DI SHIJIU JIE MINGSHI GUOJI XUESHU YANTAOHUI JI SHOUJIE TUNPU GUOJI XUESHU YANTAOHUI LUNWENJI

中国明史学会
安顺学院　　　　组织编写
中国明史学会屯堡研究分会

出版发行：	知识产权出版社有限责任公司	**网　　址：**	http：//www. ipph. cn
			http：//www.laichushu.com
电　　话：	010-82004826		
社　　址：	北京市海淀区气象路 50 号院	**邮　　编：**	100081
责编电话：	010-82000860 转 8381	**责编邮箱：**	wanghui@cnipr.com
发行电话：	010-82000860 转 8101	**发行传真：**	010-82000893
印　　刷：	北京中献拓方科技发展有限公司	**经　　销：**	新华书店及相关销售网点
开　　本：	720 mm × 1000 mm　1/16	**印　　张：**	34
版　　次：	2023 年 3 月第 1 版	**印　　次：**	2023 年 3 月第 1 次印刷
字　　数：	700 千字	**定　　价：**	189.00 元

ISBN 978-7-5130-8690-5

《第十九届明史国际学术研讨会暨首届屯堡国际学术研讨会论文集》

编委会

序

陈支平

2018年8月，第十九届明史国际学术研讨会暨首届屯堡研究国际学术研讨会在贵州省安顺市召开。会议由中国明史学会与安顺学院主办，与会代表约120人，提交论文近70篇。会议围绕明代的军事卫所制度及其实施情况、贵州地区的行政军事设置及其变迁、明代边疆治理与土司制度、西南地区多民族社会，以及明代历史的相关问题等进行了广泛而又深入的讨论。为了进一步推进贵州及西南边疆的历史文化研究，会议期间还成立了“中国明史学会屯堡研究分会”。

这次会议的讨论范围虽然相当广泛，但其核心主要是贵州省的“屯堡”问题。清代、民国时期贵州地方志记载的“屯堡人”，为明代当地卫所驻军的后裔。黔腹滇喉地区的屯堡群落，源于明代卫所制，明洪武十四年（1381年）朱元璋诏傅友德率30万大军征讨云南元梁王，发起“调北征南”（史称“太祖平滇”）的战争，随后在云贵地区实施卫所制，令军士结成屯堡，戍守屯耕。现屯居在贵州安顺一带的屯堡人，多是600年前明朝屯军的后裔。清代废明代卫所屯田制后，对分布在贵州省黔中地区（今贵州省平坝、安顺、镇宁、普定、长顺等市县）的明初屯军后裔称“屯堡人”，人口现有30余万人。其特点是他们的入黔祖先大都原籍江南，尽管历经数百年来的社会历史变迁，他们大多数一直聚居在屯堡社区内，至今比较完整地保持着明代江南汉族文化的形式与内容。岁月蹉跎，逐渐凝练、沉淀出具有大明遗风、江淮古韵的屯堡文化。

分布在贵州境内的“屯堡人”，主要繁衍在贵州西部的平坝、安顺、镇宁、晴隆与普定等地，即明代的普安入黔旧路自贵阳入云南西段地区。一些卫所驻守上述区域，逐渐构成封闭自守、群体繁衍的区域社会。随着时间推移，“屯堡人”形成以家族群体自助、重视传统与教育、妇女耕织持家、男子擅长贸易、与周边居民较少交往为特征的“屯堡”文化。以“屯堡人”、屯堡文化为基础的“屯堡”文化现象，形成于特定的时期与地域。其中既有贵州地区共性方面的原因，也有特定时代与“屯堡”所在地个性方面的缘由。贵州“屯堡”文化现象的形成及延续，是多种因素复杂作用的结果。云贵地区民族关系的一个显著特点，是汉族移民与本地民族在较大范围内长期杂居并互相影响，呈现渐进性的融合过程。明清两代汉族移民大量进入云贵地区，在民族关系的融合发展中起到主导作用，当地各民族和谐相处、共存互助的格局得以形成。

贵州“屯堡”文化现象的存在，说明西南边疆民族关系演变的情形十分复杂。基于特定的时代与自然人文环境，可能形成不同于主流类型的若干亚类型，由此反映了历史发展的复杂性、多样性与区域差异性。关于此类情形的探讨，亦应受到学人关注。特别是屯堡密集分布的湘—黔—滇国家驿道系统及其覆盖的古苗疆走廊，形成于元明以来从湖广穿越贵州进而镇守云南的需要，军事要道建设同时促进了驿道沿线城镇聚落的形成，继而影响了整个中南、西南地区的军政、经济、文化的发展，见证了该地区国家化、内地化的历史进程。因而有必要从更整体的文化地理区域入手对屯堡进行整体性研究，打破当前散点状、孤立研究的弊端，以“整体大于各部分之和”的研究视角推进学科的交叉、融合与创新，也有助于今后对屯堡的区域性整体保护甚至联合申遗。

正因为如此，这次在贵州安顺举办的“第十九届明史国际学术研讨会暨首届屯堡研究国际学术研讨会”，不仅对于推动明代历史与中国边疆历史的研究，具有重要的学术意义，同时对于推动西南边疆地区的文化传承与文化建设，也都具有重要的现实意义。现在，编委会精选了部分与会论文，编辑出版《第十九届明史国际学术研讨会暨首届屯堡国际学术研讨会论文集》，我相信，本论文集的出版，必将进一步推动这一学术领域的深入发展，同时也将进一步推动这一地区的文化建设与振兴。为此，我对辛勤承办此次会议的安顺学院，以及相关贤达同人致以衷心的感谢！

2020 年 9 月 1 日

目　录

论明清时期贵州完整省域的形成

卢绪友

（南通大学文学院历史系）

明洪武中期，鉴于连通滇地道路的重要性，明廷正式设贵州都司以扼之，至永乐朝，更是设贵州布政司，贵州正式成为“省”一级政区。但贵州创省之初，其省域并不完整。这突出表现在两个方面，一是布政司界中部南北较为狭长，呈“哑铃”形状；二是布政司界和都司界并不重合，同周边呈犬牙相错之势。万历平播之役后，播州部分地划归贵州，南北省域狭长问题得到初步解决。入清以降，随着卫所相继废入州县，贵州完整省域开始显现，雍正时，“生苗”区域、遵义等地划归贵州，至此，贵州完整性省域才基本定型。目前学界对贵州地方史的研究，多集中于土司制度、改土归流、行政区划等方面，对贵州省界形成的总体进程鲜少关注，本文试加以论之。

一、明初贵州设“省”及“省”权局限

贵州成为一级政区单位始于明初。洪武十五年（1382年），明朝在荡平北元残余势力、盘踞于云南的梁王势力后，决定正式创建一级军事单位贵州都指挥使司。其创设之考量，诚如明后期封疆大吏李化龙所言：“贵州四面皆夷，中路一线，实滇南出入门户也。黔之设，专为滇设，无黔则无滇矣。”[1]明朝于贵州设都司，其首要目的在于沟通云南，保护湖广通云南道路的安全，而不是为了经略贵州本地。这一点与其他都司的设立是不太一样的。

贵州都司初设，其所辖卫所并不多。最早的二卫贵州卫与永宁卫均由四川都司改隶。之后，自洪武十五年（1382年）起，明廷于今贵州境内遍设卫所、军民指挥使司等。迄永乐初年，贵州都司有卫十一、军民指挥使司七、直隶千户所二，分别是贵州前卫、平坝卫、安南卫、清平卫、兴隆卫、安庄卫、毕节卫、威清卫、永宁卫、赤水卫、乌撒卫、贵州司、平越司、龙里司、普定司、普安司、都匀司、新添司、黄平千户所、普市千户所。卫、军司辖有附近一定数量的州县、安抚司、长官司，自成一区域。其范围大致分布于今贵州中西部、四川东南部、云南东北部。这之中贵州都司所辖与四川布政司所领

[1] 李化龙：《黔省善后事宜疏》，李化龙：《平播全书》卷六《奏议》，北京：大众文艺出版社，2008年点校本，第206页。

贵州宣慰司、播州宣慰司土地交杂，如贵州卫军民指挥使司、贵州前卫、威清卫就与贵州宣慰司土地交错相处。而都司西北端的乌撒卫、永宁卫、赤水卫、毕节卫等与四川布政司所辖乌撒府、永宁宣抚司同治一地，呈现犬牙相制的姿态。贵州设立布政司后，贵州宣慰司为贵州布政司所辖，而黔西北的共治局面则一直存在，每发生纠纷事件，四川、贵州所置军政官员往往互相推诿，严重掣肘着明王朝在当地的统治秩序。一些有识之士遂建议合治权为一，如正统九年右副都御史丁璇奏："贵州所辖乌撒等十二卫所屯堡俱属四川、广西地方，与诸蛮杂处，蛮人不时出没劫虏，缘非统属不服追抚。请以四川、广西土官衙门与贵州卫所相参者悉听守备贵州参将都指挥同知郭瑛禁治。"[1]万历四十五年，巡按贵州御史杨鹤言："乌撒道里本在黔中，去川南叙州府一千一百五十里，而遥所设同知一员，既无一事管理，亦无官舍可栖，土官更无一人为之弹压。……蜀既久不能定，黔亦忍不敢言。若改隶黔中，则黔中之地黔中便于控制，一便也；黔中之官有毕节道，有府厅，有迤西守备，有卫有所，弹压不患无人，二便也"。又言："乌撒者，滇蜀之咽喉要地也。……蜀中有遥制之名而无其实，黔中有可制之势而无其权，臣以为不如改隶黔中便。"[2]二者都认为，乌撒地区应事权划一，以避免出现相互掣肘的情况，但有明一代，黔西北这种共治局面依旧未有改观。

明太祖设贵州都司，并无意配之以布政使司与之共治，其中一个重要原因就在于贵州本地土司遍地，朱元璋不欲因直接编民于朝廷而激化矛盾。对于诸大小土司，仅是以周围湖广布政司、四川布政司、云南布政司与贵州都司协同管理。至永乐中，湖广布政司下思州、思南两宣慰使相互攻杀，不服朝廷节制。永乐帝以镇远侯顾成领五万兵平之，遂"更置府州县，而立布政司总辖之"，思南地置思南、铜仁、乌罗、镇远四府，将思州地置思州、黎平、新化、石阡四府，并以新开八府、四川所属贵州宣慰司立贵州承宣布政使司。这八府一司和贵州都司构成了现代贵州之雏形。

贵州布政司设立后，一些原隶属于贵州都司的州县、安抚司相继改隶于布政司。但贵州都司与贵州布政司的辖界并不完全重合。如上所述贵州都司所属乌撒卫、永宁卫等就与四川布政司下属乌撒府等共治一地。之外，在黔东地区，贵州布政司所辖黎平府、思州府、镇远府境内，则分布有湖广都司辖下五开卫、镇远卫、偏桥卫、清浪卫、平溪卫、铜鼓卫六卫。黎平府甚至与五开卫同治一城。这就给地方管理上造成诸多阻碍。隆庆年间，贵州地方官员就曾抱怨"沅靖二州与平、清、偏、镇、铜鼓、五开六卫之去湖广，酉阳、播州、永宁三土司之去四川，俱二千余里，遥属于二省而兼制贵州，服役者

❶《明英宗实录》卷一一七，正统九年六月庚寅条，台北：台湾"中研院"历史语言研究所，1962年校勘本，第2364-2365页。

❷《明神宗实录》卷五五六，万历四十五年四月己亥条，台北：台湾"中研院"历史语言研究所，1962年校勘本，第10482-10484页。

兴远道之嗟，莅事者无画一之轨，民情政体甚不便也”❶。犬牙相制所引起的权责不明，在至为紧要的战争时期会突出显现出来。万历中，播州宣慰使杨应龙叛，四处侵扰周边的四川、贵州、湖广。由于贵州都司兵力不足，湖广都司辖下近黔兵卫屡催不至。川湖贵总督李化龙、贵州巡抚郭子章等俱建议：“黎平近楚之沅州，去黔千五百里而遥；四镇近黔之镇远，去楚二千余里而遥，犬牙相制，彼此推诿。播州酋犯偏桥而楚不能救，皮林苗犯黎平而黔不能援，即黔有播患而黎平、永从无一夫一粒之助，鞭长不及马腹势也。不如以黎平、永从隶楚，平、清、偏、镇四卫隶黔，统辖调遣最为两便。”❷这项非常时期的以黎平府换取四卫的建议得到了朝廷的批准。但平播之役结束后，兵部上言：“黔抚兼督湖北思仁、思石两道，节制清平，则四卫固在统辖之中。而在楚获偏桥以卫黔，在黔援黎平以控楚，则湖贵又得辅车之势，与其纷更辖属事体归一。宜如湖广抚臣议，将黎平府永从县并十二长官司仍旧属之贵州，平溪、清浪、偏桥、镇远四卫仍旧属之湖广，而贵州抚臣例衔兼督亦各照旧，仍明谕两省诸臣，毋以分隶为嫌，附近卫所有警，彼此亟相策应，若有抗违推诿者，不妨遵照敕书从重查参。”在湖广官员的强烈要求下，平溪、清浪、偏桥、镇远四卫又划归湖广都司，而黎平府则又还属贵州布政司。黔东犬牙相制的局面又恢复如旧。

贵州初建都司、布政使司，实因沟通云南之需要。然而贵州都司所辖卫所仅限黔地中西部，贵州布政司所辖区域，状如哑铃，中间四川布政司辖下播州宣慰司领地则楔入贵州。使得贵州最狭处，仅依托兴隆卫、平越卫联结东西之交通大道，这严重制约了贵州作为地方一级政区的发展空间。

万历年间播州宣慰使杨应龙叛，贵州因兵力孱弱深受叛兵之侵扰。平播之役胜利后，明廷决定在播州地区行改土归流，川湖贵总督李化龙趁机建议：“该臣看得播州平定，改土设流，业奉明旨，无容别议。惟是稽之旧制，原隶四川。但贵州在十三省之中，最为狭隘瘠薄。今乘此平播之后，而割地以益之，又以楚地之最远而近于黔者改隶之，则幅员渐扩，居然西南一大都会矣。”❸他认为播州（今贵州遵义）“地临三省，然楚止偏桥路通一线，蜀与黔盖无所不接壤。夫蜀无藉于播，黔，瘠壤也，若乘此时而割播地以附黔，则与蜀无损，于黔有裨。……从此，黔省幅员得与十二省比长挈大，甚为长便”❹。李化龙要求将播州地区割给贵州，以扩大贵州省域，增强贵州财力。但为减少四川地方官员

---

❶ 杜拯：《议以楚卫属贵州疏》，（乾隆）《玉屏县志》卷十，成都：巴蜀书社，2006年，第116页。

❷《明神宗实录》卷三六五，万历二十九年十一月己酉条，台北：台湾“中研院”历史语言研究所，1962年校勘本，第6826-6827页。

❸ 李化龙：《黔省善后事宜疏》，李化龙：《平播全书》卷六《奏议》，北京：大众文艺出版社，2008年点校本，第204页。

❹ 李化龙：《黔省善后事宜疏》，李化龙：《平播全书》卷六《奏议》，北京：大众文艺出版社，2008年点校本，第191页。

反对的阻力，李化龙仅是建议将播州一分为二，北为遵义府，仍属四川，南则设立平越军民府，属贵州。明廷采纳了李化龙的建议，万历二十九年（1601年）“命分播地为二郡，以关为界关，关内属川，关外属黔。属川者曰遵义，属黔者曰平越。遵义领州一，曰真安，县四，曰遵义、绥阳、桐梓、仁怀。平越领一州，曰黄平，县四，曰湄潭、余庆、瓮安、安化。”[1]播州南部地区划归贵州，可以说是贵州建省历史上具有一定意义的大事。由此，贵州在省域上消除了播州自北部楔入的不利局面。其战略使命亦逐渐由单纯地扼守“苗疆走廊”等交通要道向本省化治理、护卫通道等多个方向转变（明朝设立贵州都司意在扼守入滇通道，因此都司辖下卫所多分布在苗疆走廊沿线，两端则遍布土司。贵州布政司的建立则是在平定思州思南两土司基础上而建立起来的，且布政司所辖东境分布有湖广都司辖下卫所。因此，明前期的贵州缺乏其他省所具备的治权和省域的完整性）。

二、清前期贵州完整省域的渐成

入清后，贵州先为吴三桂所据。为扩充自己的军事实力以割据西南，吴三桂诬水西土司安坤谋反。康熙三年（1664年），安坤被俘，死之。翌年，清政府应吴三桂的奏请，将水西土司之下十一则溪划分为大定、黔西、平远三府。这样贵州与乌撒府的联系加强。康熙五年（1666年），乌撒土府改为威宁府，由四川划隶贵州。雍正五年，原属威宁府的永宁县因去府千里，管理不便而归隶四川。雍正七年威宁之六铺、二站改隶云南宣威州，贵州省界之西界基本形成。

贵州犬牙相制式的管理体系则直到清初三藩之乱平定后才得到初步解决。康雍年间，随着清朝统治地位的日益巩固，朝廷开始在全国范围内大规模裁撤卫所，将之并入州县。雍乾时期，改土归流运动又在土司众多地区开展起来。这都深刻改变了贵州的省域范围。具体来看，康熙二十二年（1683年），贵州巡抚杨雍建上言：“平溪、清浪、镇远、偏桥四卫，地土钱粮隶于湖南，驿站夫马则属黔省。以楚属之卫弁，管黔省之驿站，甚为不便。其平、清二卫，原系湖南地方，应将驿马总归湖南驿道管辖。其镇、偏二卫地土钱粮归于黔省。每年夫粮马料即在黔省拨给，实为两便。”[2]清廷从之议，镇远、偏桥二卫划归贵州管辖。不久，镇远、偏桥二卫分别裁入贵州镇远县、施秉县。

雍正年间，清廷开始大规模于全国范围内调整行政区划。对于西南，朝廷明谕：“疆界所关，诚为至重。从来两省交壤之地，其界址多有不清，云贵川广等处为尤甚。间有

---

❶《明神宗实录》卷三五八，万历二十九年四月丙申条，台北：台湾“中研院”历史语言研究所，1962年校勘本，第6696页。此处“安化”应为“龙安”之讹，龙安不久即划归贵州石阡府。详参卢绪友，梁启俊：《明代平越军民府行政建置辨析》，《凯里学院学报》，2016年第4期，第97-99页。

❷《清圣祖实录》卷一〇九，康熙二十二年四月乙亥条，北京：中华书局，1985年影印本，第106页。

一省之内，各州县地界亦有不清者。每遇命盗等事，则互相推诿；矿厂盐茶等有利之事，则互相争竞，甚非息事宁民之意。各省督抚其共矢公心，详细清查。如与邻省地界有不清者，则两省各委贤员公同勘定。”❶以此为指导，清政府结合改土归流、苗疆开界对贵州省界做了一次比较大的调整。

雍正三年（1725年），云贵总督高其倬上言：“黎平一府，与楚省五开卫同在一城，民苗杂处，分隶两省，事权不一。请将五开卫改为一县，归黎平管理。铜鼓卫亦归并五开，则中间古州八万等苗区，皆属于黔省。”❷五开卫与铜鼓卫遂入贵州。雍正四年（1726年），清廷又以“湖南平溪、清浪二卫与贵州思州府接壤，去湖南省会辽远”“湖南天柱县与贵州黎平府接壤”❸为由，将平溪、清浪二卫与天柱县一并划属贵州。至此，原湖广（湖南）所辖黔地六卫，皆并入贵州。

在贵州南部，雍正五年（1727年）贵州安笼总兵蔡成贵奏称：“广西西隆州古障地方土目王尚义等与贵州普安州捧鲊地方苗目阿九等历年互争歪染、乌舍、坝犁、鲁磉等寨一案，因土目自相仇杀，俱系外结，例无考成，是以迟延未结。请敕下黔粤抚臣，另委大员审断，并请嗣后审理两省交界土苗案件。”云贵总督鄂尔泰认为：“苗民劫夺不已，地方官姑息因循，酿成此习，其故多由外结。臣经将分别流土考成，使各有专责，不致案件迟延不结之处，具题在案。至于黔粤之交，原有大江为界，只因犬牙相错，以致彼此相争。今若划江而理，江以南属之粤，江以北属之黔，则界限井然。防守稽察，皆易为力，庶两省之纷争永绝矣。”❹之后，工部侍郎李绂到南笼与鄂尔泰及广西巡抚韩良辅等会商两省边界事宜，并联合上书建言：“广西、贵州交界，地方犬牙相错。惟红水一江，天之所以限黔粤也。议以红水江为界，江以南属之广西，江以北属之贵州。凡广西西隆州所属罗烦、册亨等四甲，及泗城府所属上江、长坝、桑郎、罗斛等十六甲，俱在江北，应请割隶贵州。”❺在鄂尔泰等人看来，贵州与广西之间的红水河应是两省天然界限。清廷接受了其建议，于广西泗城对江的长坝地方建贵州所属之贞丰州，其地南北约三百里，东西径六七百里，俱属贵州。这样贵州南部偏西与广西西北部隔红水河为界，大大加强了两省对红水河两岸的管控治理能力。雍正十年（1732年）鄂尔泰又以“广西庆远府属之荔波县，离府治五百余里，山路险远”❻为由，将荔波纳入贵州省。

当然，对贵州完整性省域形成起重大作用的，乃是四川所属遵义府的并入。雍正初年，在西南筹划改土归流的云贵总督鄂尔泰鉴于贵州地处苗疆，地瘠民困，地方政府财

❶《清世宗实录》卷三〇，雍正三年三月癸丑条，第7册，北京：中华书局，1985年影印本，第457页。
❷《清世宗实录》卷三一，雍正三年四月庚辰条，第7册，北京：中华书局，1985年影印本，第474页。
❸《清世宗实录》卷四三，雍正四年四月戊寅条，第7册，北京：中华书局，1985年影印本，第633页。
❹《清世宗实录》卷五四，雍正五年三月庚寅条，第7册，北京：中华书局，1985年影印本，第815页。
❺《清世宗实录》卷六〇，雍正五年八月癸卯条，第7册，北京：中华书局，1985年影印本，第919页。
❻《清世宗实录》卷一一七，雍正十年四月辛卯条，第8册，北京：中华书局，1985年影印本，第553页。

力不足，乃上奏清廷，要求把土地较为富庶的遵义府一州四县划归贵州管辖，以补贵州钱粮之不足。雍正六年（1728 年），遵义正式归属贵州（此内容《清世宗实录》所载，乾隆《贵州通志》、道光《遵义府志》等皆记载遵义划入贵州实在雍正五年）。遵义归入贵州，不仅增强了黔省地方财力，而且极大扩展了贵州北部省域，贵州北部省界基本定型。

促成贵州最终省域基本定型的，应是与改土归流几乎同时展开的“开辟苗疆”事件。清政府所要开辟的苗疆，即是所谓的不纳税赋，不编户籍的“生苗”之地。清初“生苗”区主要有三大块区域，其一是以今黔东南雷公山脉为中心的“黑苗”区，其地界东西二百多里，南北三四百里，大致是西至都匀，东到黎平，北接镇远、施秉，南抵榕江，与广西接界。这也是贵州地区最大的一块“生苗”区。其二是地处今贵阳、安顺以南，都匀以西的“生苗”区，这块“生苗区”零散分布，地域直达广西，以今紫云、望谟、惠水、罗甸交界的大小麻山为中心。其三是位于今贵州、湖南、重庆三省（市）交界的“红苗”，这一地区的红苗，以腊尔山脉为中心，至清初尚存有不少“生苗”。

雍正二年（1724 年），云贵总督高其倬讨平“定番、广顺仲苗”，欲置营汛，但为当地“生苗”所阻。雍正四年（1726 年），广顺州长寨苗反，清廷以武力镇压之。并趁兵威招抚定番、广顺诸边“生苗”数百寨，安顺、永宁、贞丰三边“生苗”诸寨。次年，经鄂尔泰奏请，清廷以贵阳府同知驻长寨，设长寨厅（雍正八年，又于安顺、永宁、贞丰三边地设归化厅）。长寨设厅后，黎平知府张广泗又纠集官兵对贵州、湖南、广西三省交界的靖州“花苗”实施征讨，将其纳入版图。鄂尔泰建议“查归欧、鬼垒等寨，系黎平府所属洪州土司界外，应归洪州管辖。交椅、几马二寨，系广西怀远县所属干冲地方界内，应归怀远县管辖”❶，清廷从之。雍正十年（1732 年），清廷又开始经略“红苗”地区，“黔楚交界之生苗，久居化外。今铜仁所属坡东、坡西，向化归诚者，一百五十一寨。”鄂尔泰建言“移正大营同知驻札松桃”❷，清廷从之。

清廷辟地苗疆的重中之重，乃是都匀以东、黎平以西、镇远以南的雷公山脉和清水江一带的“黑苗”区。雍正六年（1728 年）六月，张广泗出兵讨伐八寨苗，十八个月内，官军先后讨平八寨苗、大小丹江、清江苗、古州苗等。雍正七年（1729 年）十二月，根据鄂尔泰的建议，“于都匀府添设同知、通判各一员，以同知分驻八寨，以通判分驻丹江；镇远府添设同知一员，分驻清水江；黎平府添设同知一员，分驻古州。俱加以理苗同知字样。”❸雍正八年（1730 年）起，清廷又数次讨伐古州来牛、定旦等苗寨，以打通都柳江。到雍正十年（1732 年）四月，清廷“于都匀府设理苗通判一员，驻札上江；

❶《清世宗实录》卷六一，雍正五年九月己巳条，第 7 册，北京：中华书局，1985 年影印本，第 937 页。
❷《清世宗实录》卷一一六，雍正十年三月戊寅条，第 8 册，北京：中华书局，1985 年影印本，第 546 页。
❸《清世宗实录》卷八九，雍正七年十二月戊申条，第8册，北京：中华书局，1985年影印本，第198-199页。

永从、开泰、天柱等县，添设县丞三员，分驻下江、古州、清江等处”[1]。清廷在黔东南武力辟疆的最后一个阶段是经略九股河一带的九股苗，雍正十二年（1734 年）三月，云、贵、广西总督尹继善建议“将清江同知移驻其地（台拱）。清江既议改协，请于镇远府添设理苗通判一员，驻札清江”[2]。这样，清政府历时数年，先后设置有八寨、丹江、都江、古州、清江（上江）、下江、清江、台拱八厅，基本完成了对黔东南“生苗”区的开辟。现代贵州省的版图基本形成。

三、小 结

贵州成为地方一级行政单位，先自明洪武年间设都司开始。但都司之设立，直接目的在于扼守通往云南地区的交通大道。永乐年间，贵州设布政使司，其基础则是在土司仇杀、中央改土归流基础上而建立的。再加上贵州布政司界和都司界因此并不重合，出入较大，贵州无论是治权（土司遍布）还是省域都不完整，与其他各省差别较大。这种情况一直贯穿于有明一代。清前期，朝廷在全国范围内裁撤卫所，并入州县，在西南地区大力推行改土归流。贵州周边一些地区陆续划入黔省，贵州逐渐成为一个独立的地理和行政单元。以遵义与“生苗”区划入贵州为标志，现代贵州省域基本定型。贵州的社会、经济、文化等方面的发展进入了一个全新的发展阶段。

[1]《清世宗实录》卷一一七，雍正十年四月辛卯条，第 8 册，北京：中华书局，1985 年影印本，第 553 页。

[2]《清世宗实录》卷一四一，雍正十二年三月辛巳条，第8册，北京：中华书局，1985年影印本，第778-779页。

地缘政治视阈下的明代贵州

俞家海

（六盘水师范学院）

“地缘政治”一词的英文表达 geopolitics 中，“地缘”geo 源于古希腊文 ge 或 gaia，意为地球之神，“政治”politics 源于古希腊文 polis，意为城邦国家，故“地缘政治”这一复合词最早的含义是指地球和国家的关系。[1] 地缘政治是明代贵州建省的立足点，而在贵州建立行省是明王朝统治阶级利益的重要表征。即一个国家行为体从地缘角度考虑的国家对外战略，在特定历史条件下，从地缘空间的角度，综合运用政治、经济、军事、文化等各种资源，应对核心挑战与威胁，维护其利益与价值观的总体构想。

一、明廷的治边思想

明廷的治边思想主要可以归纳为三个方面，即守备为本、刚柔并济、以夷制夷。[2] 首先是守备为本，即以武力为基础，作积极防御，为保证守备为本，明廷在边地设卫所和屯田，这在一定程度上促进边疆开发和经济发展。其次是刚柔并济，明太祖认为，“治蛮夷之道，必威德兼施”[3]，永乐帝也主张“怀之以恩，待之以礼”[4]，这极大减缓了明廷在西南边疆地区的压力，有效地削弱了敌对力量。最后是以夷制夷，明朝统治者继承了“内中华外夷狄”的汉族主义思想，认为“非我族类，其心必异”[5]，故对少数民族加以防范。不过由于他们经历过元朝民族压迫及元朝灭亡的经验教训，夷夏观念较以往帝王要淡薄一些。但“以夷制夷”是历代封建统治者治理少数民族地区的策略，在贵州实行土司制度与改土归流，使明朝治边思想得到贯彻落实。总之，贵州建省是地缘政治作用的结果，明廷治边思想与之伴随相始终。

二、贵州的地缘战略价值

贵州这地方看似荒芜一片，但却地处西南腹地，相对于封闭的四川盆地和通向南亚、东南亚的云南，贵州的国内枢纽位置更为明显，它东可接湖广，西可控川滇，极具军事

---

❶ 杰弗里·帕克:《地缘政治学：过去、现在和未来》（中文本），北京：新华出版社，2008 年，第 13 页。

❷ 马大正:《中国边疆经略史》，武汉：武汉大学出版社，2013 年，第 359 页。

❸ 台湾“中研院”历史语言研究所编，黄彰健校:《明太祖实录》卷一四九，北京：中华书局，2016年，第2352页。

❹ 台湾“中研院”历史语言研究所编，黄彰健校:《明太宗实录》卷六八，北京：中华书局，2016年，第1280页。

❺ 台湾“中研院”历史语言研究所编，黄彰健校:《明太祖实录》卷四一，北京：中华书局，2016年，第821页。

战略价值。[1]贵州是一个凸起在四川盆地和广西盆地之间的高原，西部与云南高原相接，北面与四川盆地相连，东部与湖南丘陵接壤，南部以广西盆地为界。省内山岭重叠，西部滇黔间有乌蒙山，北部川黔间有大娄山，东北部川、湘、黔间有武陵山，东南部横贯有苗岭，地缘环境极为优越。[2]对于中央王朝的统治者们来说，控制住贵州地区，也就等于对整个中国版图内的西南有了四方出击的可能性。同样地，失去贵州，则意味着中央政权对西南话语权的缺失，可谓平定北方和江南之后，对西南宣示主权的兵家必争之地。

明代初期到清初的政区调整，各族群人口在贵州穿插居住，形成了各民族“又杂居，又聚居”“大杂居、小聚居”的分布格局，多元族群、多元民族、多元文化共生共存。各世居民族在自然条件、地理环境、人文历史、文化传统、思维方式、道德观念、经济社会发展程度上各有差异，但民族间和平相处，形成一个和而不同、多元共生的文化统一体。

在明代以前，贵州没有统一的行政建制。[3]春秋以前，贵州为荆州西南裔，属“荆楚”或“南蛮”一部分。春秋时期，贵州省境内出现许多大大小小独立割据的政权，成为“国”或“邑”。[4]在这些地方割据政权中，势力最大的是古牂牁国，其领地范围一直从乌江以南延伸到今粤桂两省的大部分地区，今贵州大部为其领地。战国晚期（公元前651年前后），夜郎国建立，领有今贵州大部分地区[5]。夜郎国是一个比较松散的方国联盟，其内部有鳖国（今遵义一带）、鳛国（今习水一带）、牂牁、且兰（今福泉、黄平一带）等小国。其辖地范围不仅包括今贵州省除东北以外的全部，南面一直延伸到云南东部和广西的西北部，甚至今四川南部边沿一线也在其控制之下。据水西彝族史料得知，“夜郎”即从金沙江来的，其历经武米夜郎、洛举夜郎、撒骂夜郎、金竹夜郎4个朝代[6]，自僰阿蒙历经27位国王，至莫雅邪时（公元前21年）国灭[7]，历时有两百余年。秦朝时，贵州分属巴、蜀、黔中[8]、象等四郡。汉承秦制。三国时，贵州分属牂牁、朱提、兴古、江汉、涪陵、武陵六郡，贵州境内主要为牂牁郡所辖，兴古郡辖及西部边缘，朱提郡、江汉郡、涪陵郡辖及北部边缘，武陵辖及东部边缘。两晋南北朝时，今贵州境内的郡县未有大的变动。隋朝时，贵州分属牂牁、明阳、黔安、沅陵（清江）、巴东、泸川六郡。

---

[1] 方铁:《方略与施治：历朝对西南边疆的经营》，北京：社会科学文献出版社，2015年，第385页。

[2] 张世德:《贵州古代简史》，贵阳：贵州大学出版社，2017年，第7页。

[3] 刘学洙:《1413年：贵州建省》，《贵阳文史》，2003年第6期，第23-24页。

[4] 贵阳市初中历史学科基地:《繁荣黔中：贵阳历史读本》，贵阳：贵州人民出版社，2005年，第10页。

[5] 贵州省地方志编纂委员会:《贵州省志·地理志上》，贵阳：贵州人民出版社，1985年，第4页。

[6] 中国彝族通史编纂委员会:《中国彝族通史（第一卷）》，昆明：云南人民出版社，2012年，第455-460页。

[7] 顾久:《中国地域文化通览·贵州卷》，北京：中华书局，2014年，第288页。

[8] 汉高祖五年（公元前202年），改黔中郡为武陵郡。元光五年（公元前130年），置犍为郡。元鼎六年（公元前111年），平定夜郎，置牂牁郡。两汉时，今贵州之地，大部分属牂牁郡，其东属武陵郡，其北属犍为郡和巴郡。东汉末年，武陵郡属于荆州，牂牁郡及犍为郡、巴郡均隶属于益州。转引自贵州省地方志编纂委员会:《贵州省志·地理志》，贵阳：贵州人民出版社，1985年，第5页。

唐朝时，贵州分属播州、思州、矩州（宋朝时更名为贵州[1]）、蛮州等地管辖。宋朝时，贵州分属夔州路、荆湖北路、潼川路、广南西路、剑南西路、剑南东路等地管辖。元朝时，贵州分属八番顺元等处宣慰司都元帅府、播州宣慰司、思州宣慰司、新添葛蛮安抚司、乌撒乌蒙宣慰司、亦溪不薛宣慰司、普定路、普安路等地管辖，分属湖广、云南、四川3个行省。

明初的贵州确实不平静，如境西北的乌撒、乌蒙、东川蛮部、建昌土司不断作乱，普定一带的"西堡蛮"也相继作乱。因此，明太祖朱元璋极为重视贵州的战略价值，因为贵州乃西南地区的兵家必争之地，得贵州意味着中央政权对西南地区有了四方出击的可能性，失贵州则意味着对西南地区控制权的缺失。陆应阳在《广舆记 · 贵州》中写道，"云南僻壤，必取道于贵州，无贵州是无云南。"[2]南征云贵前，朱元璋就曾告诫出征的傅友德："贵州每一梗阻，致使滇南中断"，"虽有云南，亦难守也"[3]。在这样的背景下，贵州作为进出云南的战略通道，其地位骤然攀升。"云南、湖广之间，唯恃贵阳一线；有云南，不得不重贵阳。"[4]"贵州之地，踞普安（今安龙）、乌撒（今威宁）以临滇、粤之郊，则滇、粤不能难也。扼平越（今福泉）、永宁（今四川叙永），以扼川蜀之师，则川蜀未敢争也。"[5]鉴于贵州地缘重要性，1371年，明廷设立贵州卫，以招抚当地少数民族上层势力。稍晚一点，顺元宣慰使水西安氏首领霭翠、普定府总管适尔等也入朝，明太祖以原官授之，设置贵州、思南、思州、播州等四大宣慰司。1372年，播州宣慰使杨铿、宣慰同知罗琛及总管何晏等入朝。在当地实力派投降明廷后，太祖为更有效地治理贵州，将水西、水东合并为贵州宣慰司，霭翠为首任宣慰使[6]，水东宋氏的首领宋钦任宣慰同知，设治所于贵阳，与贵州卫同城。1376年，明太祖将思州、思南二宣慰司划归湖广布政司管辖，将播州和贵州二宣慰司划归四川布政司管辖，为贵州建立省级行政区划打下坚实基础。

然而层叠的群山为贵州提供了强大的防御力。不熟悉道路的中央官兵很难攻破当地土人组织的防守。和湖广地区相比突然变得复杂的山水情况也把大量移民和资源载流在了湖广，汉文化和中央政令难以传播进贵州。即使派大军征服了贵州，皇帝依然很难从土著权贵手中夺取贵州的实际控制权。

---

[1] 公元974年，矩州土著首领普贵率其子向宋朝进攻，表示臣服。宋太祖赵匡胤对其大加慰勉，说："我以仁义治理国家，无论中原和边陲、汉族或少数民族，没有不臣服的。只有你们贵州，远在边远荒芜之地。如果不像现在这样来朝贡，那我就要兴兵去征讨了。"以后的历史文献常用"贵州"来称呼原先的矩州一带，即今天的贵阳地区，直到元朝推行土司制度。

[2] ［明］陆应阳辑，［清］蔡方炳增辑：《广舆记 · 贵州》，四库禁毁书丛编纂委员会：《四库禁毁书丛刊》史部第18册，北京：北京出版社，1997年，第480页。

[3] 罗建平：《安顺屯堡的防御性与地区性》，北京：清华大学出版社，2014年，第38页。

[4] ［清］顾祖禹：《读史方舆纪要》卷一二〇《贵州一》，上海：上海书店，1998年，第744页。

[5] ［清］顾祖禹：《读史方舆纪要》卷一二〇《贵州方舆纪要叙》，上海：上海书店，1998年，第741页。

[6] 唐莉：《明代贵州省建置研究》，北京：中央民族大学，2016年，第15页。

三、地缘环境对明王朝治理贵州的影响

贵州优越的地缘环境造成贵州历史文明进程发展的“碎片化”。塞缪尔·亨廷顿在《文明的冲突与世界秩序的重建》中写道，“当文化的差异与地理位置的差异重合时，可能就会出现自治或分离运动”[1]。土司制度是明朝在贵州少数民族地区实施的民族政策的重要组成部分。在实施过程中，土司对于明朝初年稳定贵州地区统治起到了一定的积极作用，但是随着贵州少数民族地区的社会发展与国家统一，土司制度逐渐暴露出一些弊病。[2]这主要有两个方面：一是土司制度保留并维持着原有的生产方式，土司辖区的土民对土司有很强的依附关系，阻碍了封建经济和当地社会的发展；二是土司长期控制地方，具有一定的割据性，不利于多民族国家的统一和巩固。作为一种制度，当封建国家的中央政府和地方官府有足够的权威，又能有效地控制土司地区时，土司对于维护国家统一起到积极的补充作用，但是如果相反，土司的割据性就会危害国家的统一。

为分化当地势力，维持西南各地理板块的相对稳固，一直到明朝永乐年间中央王朝都把贵州一分为三，由湖广、云南、四川三个行省管辖。如此一来，增大了贵州各地的沟通成本，使这个重要的地缘板块不会被一支起义力量很快裹挟。但分散式的管理却不能从根本上解决贵州地区的控制权问题，甚至从某种程度上来说加大了对贵州完全控制的难度。[3]被分而治之的当地土司互相不服气，贵州地区没有足够有权威的话事人。至于对来自湖广、四川、云南督抚的政令，土司更是无心响应。而且各土司居住在同一片土地上，由于土地、水源、人口等问题难免产生大量龃龉。在中央对少数民族事务不了解的情况下，调解往往归于枉然，这些纷争演变到最后就成了战争。因此尽管处在各中央政权的统一管理之下，贵州各地实则如同春秋战国一般纷乱。

如果中央政府插手过多，少数民族领袖则一言不合就翻脸造反。为害最重的一次，就是著名的“二田”叛乱。这场叛乱由今天的遵义、铜仁开始，席卷了贵州大部，耗时良久。地头蛇一般的地方土司使得历代朝廷都有改土归流（取缔土司，从中央派流官进行教化管理）的想法。但是贵州除了东部地区的思州（今沿河土家族自治县附近）因靠近中原生产力尚好外，其余由大小土司世袭统治的地区因山高坡陡，交通不畅，土地贫瘠，农业技术落后且经济贫困，改土归流的收益不抵开支，这个计划也就一直未曾实现。直到明朝才抓住了这个机会。

有了洪武年间迁入的汉族人口和元朝遗留的交通管道作为保障，贵州的改土归流

---

[1] 塞缪尔·亨廷顿：《文明的冲突与世界秩序的重建》（中文本），周琪等译，北京：新华出版社，2002 年，第 144 页。

[2] 孙宏年：《中国西南边疆的治理》，长沙：湖南人民出版社，2015 年，第 109 页。

[3] 孙宏年：《中国西南边疆的治理》，长沙：湖南人民出版社，2015 年，第 96 页。

终于在永乐十一年（1413年）开始实施。另外，明廷治理贵州的趋势是加强中央集权，1413年思南宣慰使田宗鼎和思州宣慰使田琛为扩张领地而引发的争夺地盘、互相攻杀的战乱，成为明廷改土归流、设置贵州行省的导火索。[1]为平息“二田”战乱，明廷派贵州都指挥使镇远侯顾成率兵5万进行平乱。1414年，为了不让“二田”党羽继续危害地方，永乐帝下旨废除思南、思州两个宣慰司，设置贵州承宣布政使司，把原来分属云南、四川、湖广的一些州县统一划归贵州管辖，任命蒋廷瓒为贵州布政使，贵阳为布政使治所，正式建制为省，以贵州为省名，贵州正式成为省一级的行政单位。

贵州布政使司领宣慰司1人、安抚司1人、长官司52人、“蛮夷长官”20人；贵州都司领长官司12人，另用土官15人。隆庆时，改贵州宣慰司为府，改普市千户所为安抚司，另增长官司2人。[2]贵州布政使司统治区域大致包括今天贵州省除了遵义、瓮安以外的其他大部分地区，最初下辖8个府、1个州、1个县和1个宣慰司、39个长官司，以后又调整为10个府、9个州、14个县和1个宣慰司、76个长官司。这10个府包括贵阳府、安顺府、都匀府、平越府、思南府、黎平府、思州府、镇远府、铜仁府、石阡府。[3]1个宣慰司就是贵州宣慰司，元代属于湖广行省，治所在今贵阳市，洪武年间（1368—1398年）属于四川管辖，永乐十二年三月划归贵州布政使司，最初领有10个长官司，后经调整，崇祯三年（1630年）后仅领7个长官司。

洪武初年（1368年）贵州地区东部归湖广，中、西部归四川，还没有形成独立的、与其他布政使司相对等的行政区划。为了平息反抗势力、稳定地方，洪武十五年（1382年）明廷在攻占云贵之后，一方面，整治驿道以通信息和辎重，建设军屯以资守卫，保卫驿道通畅；另一方面，安抚土司并渐次推进改土（司）设流（官）以奠定政治基础；在行政建制上设立贵州都司，推行卫所制度，当时贵州仅占全国面积不足2%，却驻扎了全国10%的军队。[4]贵州都司既是军事地理单元，又是地方行政管理机构，是贵州布政使司辖区形成的基础。[5]这些府、宣慰司和都司的卫所一起构成明代贵州省的雏形。[6]尽管无法一鼓作气完全摆脱土司的影响，但毕竟在名义上贵州归中央统摄，皇帝插手地方事务有了正当性。

贵州建省进一步密切了与四川、湖广、广西、云南乃至全国的联系。随着省一级行政机构的建立和行政区域的划定，在更大范围内整合域内的人力、物力、财力，对经济社会发展更为有利。

---

❶ 段红云:《试述明代贵州行省的设置及其意义》,《西南边疆民族研究》，2011年第2期，第37-41页。

❷ 马大正:《中国边疆经略史》，武汉：武汉大学出版社，2013年，第381页。

❸ 孙宏年:《中国西南边疆的治理》，长沙：湖南人民出版社，2015年，第95页。

❹ 顾久:《中国地域文化通览·贵州卷》，北京：中华书局，2014年，第10-11页。

❺ 郭红、靳润成:《中国行政区划通史·明代卷》，上海：复旦大学出版社，2007年，第494页。

❻ 郭红、靳润成:《中国行政区划通史·明代卷》，上海：复旦大学出版社，2007年，第215页。

四、改土归流推动贵州行政区划中心的确立

“贵阳”因位于境内贵山之南而得名，已有400多年历史。古代贵阳盛产竹子，以制作乐器“筑”而闻名，故简称“筑”，也称“金筑”。贵阳作为商业城市的兴起，最早可以追溯到宋朝。[1]那个时候，在矩州的中心地区已经修筑了一座土城。这座土城的位置主要在今贵阳市南部，北面到今勇烈路附近，东面到今老东门，西面抵大西门，南面到今大南门一带。南宋时，“矩州”改名为“贵州”，一个叫宋永安的人曾担任贵州经略安抚使，安抚使司衙门设在土城内，地点约在今贵阳市都司路。

元军占领贵州地区以后，当地的土著首领相继率部归附，元廷决定设置一个都元帅府驻在土城中，并将这座土城的名字由“贵州城”改为“顺元城”，意为“归顺元朝”。改名之后的顺元城城墙不断增高，规模有所扩大。城内建有两座关羽庙，一座在城南，一座在距城南约1500米的新添关。城北建有谯楼，城东有普安堂，城中有崇真观和忠烈庙，并建有儒学。今天的中华南路、中山西路、科学路、汉湘街、市场路纳入城区后，也逐渐变得繁华起来。明朝建立后，顺元城成了贵州宣慰司的驻地，人们习惯将它称为宣慰司城。明廷设置卫所，贵州卫和贵州前卫都设在宣慰司城内。在贵阳成为贵州省会城市后，“贵州城”的名称仍然沿用了150多年。直到隆庆二年（1568年），明廷决定将设在今惠水县的程番府的治所移至贵州城。1569年，又将程番府改名为贵阳府。贵阳作为行政地域名称由此被正式确定下来，一直沿用至今。

明朝中前期的改土归流仍然不稳定，皇权传播的范围，可想而知主要限制在省城附近。选择一个合适的省会，不论是对于皇帝还是对于地方督抚来说都是很重要的。贵阳便在此时进入了统治者的视线。

贵阳在明代被确定为贵州的行政区划中心有以下几个原因。

首先，从地理位置来看，贵阳位于全贵州正中央，是湘黔、滇黔、川黔、黔桂四条驿道干线的交汇点，又有龙场九驿通达黔西北，还有诸多大道与州县相通。[2]对于这种年轻省份而言，选择一个地理位置上位于几何中心的省会是省事且高效的选择。贵阳也正是如此，清代学者顾祖禹曾称“贵阳犹人之胸腹，东西诸府犹人之两臂然”[3]。这一地理优势让贵阳成了贵州真正意义上的交通中心，对于控制省内局面、方便边远地区进省城办事有着重大意义。

其次，贵阳市拥有整个贵州最长的城市化历史。贵阳在元代称为“顺元城”，系贵州历史上建立的第一个真正意义上的城市。建城之后，贵阳和贵州其他地区在思想观念、

[1] 贵阳市初中历史学科基地：《繁荣黔中：贵阳历史读本》，贵阳：贵州人民出版社，2005年，第24页。

[2] 顾久：《中国地域文化通览·贵州卷》，北京：中华书局，2014年，第121页。

[3] 李作勋：《贵阳史话》，北京：社会科学文献出版社，2015年，第19页。

行政经验、身份认同上就拉开了差距。而且贵阳城垣建于狭长的贵阳盆地之中，地势险峻，本身就是边陲性中心城市的优质选址。盆地式的地形也有利于皇权宣传在相对封闭的地形中率先起步，并逐步向外扩散，不易被土著文化渗透干扰。

最后，贵阳的民族融合工作开展较早。作为贵州这个多民族省份的中心，贵阳早在元末明初就有着民族融合，共同发展之举。由于城市化的时间比较早，贵阳吸引了不少汉人前来参与开发，已经在城垣周围和少数民族形成了微妙的贸易体系，建立了互惠互信的关系。明洪武年间，城区拓展至北门桥外，形成新的街市。明天启年间，又在北门外扩建外城，城区扩展至今威清门、六广门、洪边门一带。城内有通衢大街，纵横交错，并有街道通往城外。城内外已形成 14 个坊市，三牌坊市等成为商业繁华区，北市等是为新辟商业区，马荣街市是驮马汇集处，馆前驿市为运夫、运商集聚处，鱼巷铺早晚卖鱼，绣衣坊则有许多绣衣作坊。可见，贵阳已成为重要的商品集散地[1]，这对于汉族中央政权在当地扩张影响力有很高的价值。所以在以贵阳这个汉族人口居多的城市为省会来网状辐射带动其他少数民族居多地区的经济文化发展，是当时的不二选择。贵阳，从此成为贵州省的政治、军事、经济、文化中心。位居中心的地理优势，加之较早建设城市的底蕴积淀，让贵阳自明代建省以来都牢牢把控着省会的宝座。

五、结　语

自古以来，一个地区同中央政府的联系状况如何，对于这个地区的发展是至关重要的。在未建省前，贵州的土地分属四川、湖广、云南各省，地方发展受到极大限制，发展极其缓慢。首先，明代贵州建省后，中央不仅加强了对贵州的管辖，同时贵州也出现了跨越式的发展。如明朝士兵从江南带来先进的生产技术，兴办书院，稳定边疆；对贵州社会的稳定、生产的进步、产业的调整、商贾的繁荣、经济的发展、教育的兴起等方面都起了巨大的推动作用，为贵州的后续发展奠定了基础。其次，贵阳成为贵州省级行政中心。在中央政府大力支持之“天时”、黔中腹地交通枢纽之“地利”、人才荟萃之“人和”等条件支撑下，贵阳很快地便发展成为“笙歌十里市中市，冠盖千家城外城”的中心城市。因此，可以说贵州建省是秦代以来历代中央王朝对经营开发贵州第一次采取的重大体制措施，为贵州的发展提供了政治保障，具有重要的里程碑意义。[2]贵州建省后，建立了与内地各省相同的布政司、都司、按察司等政府、军队、司法机构，有利于明朝的直接管理，有利于特殊扶植政策的实行，有利于同明朝廷直接联系，有利于同内地的经济文化交流。贵州建省不仅在政治上，而且在经济文化上都纳入了全国主流体系，为

[1] 顾久:《中国地域文化通览·贵州卷》，北京：中华书局，2014 年，第 121 页。

[2] 张显清:《贵州建省——贵州历史的里程碑》，纪念贵州建省590周年学术讨论会组委会:《开发中的崛起——纪念贵州建省 590 周年学术讨论会文集》，贵阳：贵州人民出版社，2004 年，第 16 页。

贵州接受内地先进文明开辟道路。

明代西南边疆的拓展引起西南地区地缘政治版图变化，贵州在西南边疆治理格局中的地位进一步凸显，使贵州能从以往中国省级行政区划建置中被遗忘的角落，一跃成为明代 13 个省级行政区划中的一员，以巩固西南边疆和稳定当地局势。这不但促进贵州境内经济、文化和社会等方面的快速发展，使中央政府对西南边疆地区的治理进一步深化，还能增强边疆地区对中央的向心力，推动国家治理体系现代化。

云南省博物馆藏明代黔国沐氏肖像画卷新探

邵　磊

（南京市文化遗产保护研究所）

在明代开国功臣中，黔宁王沐英是与中山王徐达、开平王常遇春、岐阳王李文忠、宁河王邓愈、东瓯王汤和位望相埒的“六王”之一。沐英幼失怙恃，为明太祖朱元璋抚以为子，爱如己出。及长，从太祖征伐，克忠职守，屡著功勋，封西平侯。洪武十四年（1381 年）九月，沐英随颍川侯傅友德、永昌侯蓝玉征伐云南，至次年闰二月正式将云南纳入明帝国版图。为了抚绥经营这一“诸夷杂处、地险人顽”❶的新附疆土，明太祖朱元璋于洪武十六年（1383 年）诏命沐英留镇云南而为屏藩，自此创建了与明祚相始终的黔国世家。洪武二十八年（1395 年），明廷虽一度封珉王朱楩于云南开府，然未久即废，惟以沐氏镇守，拟于亲王。沐英洪武二十五年（1392 年）死后以西平侯超赠黔宁王，谥昭靖，赐葬于京师（南京）南郊长泰北乡观音山之原，即今南京江宁殷巷将军山南麓，侑享太庙，塑像祀于功臣庙。❷

明朝开国功臣传世久而克保令终者，寥寥无几，黔国沐氏世守云南，自沐英至沐天波，其爵号凡二王、一侯、一伯、九国公、四都督，尊荣煊赫，无出其右。由于黔国沐氏家族几乎从未遭受过来自政治方面的冲击，故史籍文献中关于明代黔国沐氏家族的记载颇为详备，包括墓志等新史料的发现亦层出不穷，而早年在云南昆明发现的“滇南沐氏十二代画像”长卷，就是其中很引人注目的一种。

画卷内容为有明一朝黔国沐氏十二世族长暨主要家族成员的肖像，旧存昆明太华寺，辛亥革命后因重修位于昆明城南聚奎楼外的沐氏宗祠，当政者遂命将太华寺内的“滇南沐氏十二代画像”交由沐氏宗祠保存。1937 年冬，方国瑜先生至昆明沐氏宗祠访碑，经宗祠管理者及沐氏子弟介绍，辗转访得保管“滇南沐氏十二代画像”长卷的沐氏长房，然而由于这位沐氏长房“业屠宰，设肉案，市甚忙”，以至方国瑜一直未能得到前往其位于昆明云津街的家中观览画卷的机会。1946 年，在沐氏宗祠内创办五华中学，出任校长的李希泌遂出赀购得此卷，方国瑜复据李希泌分段摄影粘贴并重新影印的长卷照片，

---

❶《明太祖实录》卷二一五，洪武二十五年正月癸亥，台北：台湾“中研院”历史语言研究所校印本，1962年，第3175 页。按，本文所引《明实录》，皆据此版本而来，不另出注。

❷［清］张廷玉等撰：《明史》卷一二六《沐英传》，北京：中华书局，1974 年，第 3756-3759 页。

撰写发表《滇南沐氏十二代画像长卷概说》一文（以下简称《概说》）[1]，画卷的内容与相关信息始为世人所知。

20世纪50年代，李希泌将"滇南沐氏十二代画像"长卷捐赠云南省博物馆，自此"养在深闺"，几乎从未在展览中公开露过面，故方国瑜的《概说》一文仍是了解"滇南沐氏十二代画像"的唯一材料。但在这篇并不算长的介绍文字里，尚有不少扞格难安之处，故颇疑《概说》一文在付梓之际或有误植；另外，画像的墨书题记虽已借《概说》公布，但作为史料本身存在的史源问题乃至相应的价值，也还未能完全得以揭示，因此对"滇南沐氏十二代画像"长卷仍然值得做进一步的挖掘。

一、"滇南沐氏十二代画像"题记校订

方国瑜先生寓目的"滇南沐氏十二代画像"横卷，总长约7米，每幅画芯高约24厘米、宽约16厘米，画面上的黔国沐氏家族成员均为服衣冠的半身肖像，共计二十人，依次为第一世沐英，第二世沐春、沐晟、沐昂、沐昕，第三世沐斌（原名"俨"）、沐僖，第四世沐琮、沐璘、沐瓒，第五世沐诚、沐详，第六世沐崑，第七世沐绍勋，第八世沐朝辅、沐朝弼，第九世沐昌祚，第十世沐睿，第十一世沐启元，第十二世沐天波，画像旁均有墨书题记，题记内容包括各人的名号、世系、职衔。今结合文献记载与近数十年来明代黔国沐氏家族遗存的考古发现，对照画像的墨书题记，逐一覆核考订，以为补苴云。

（一）第一世沐英画像题记

《概说》过录的沐英画像题记云："沐英字文英，赠西平侯，后克平云南，即留守。故年四十岁，追封黔宁王，谥昭靖，生五子。"

史载沐英洪武十年（1377年）充征西副将军，以讨西番功多而封西平侯。题记谓沐英"赠西平侯"不妥，赠官属未履职之虚位，不宜用于沐英生前授封的爵位。

题记又云"（沐英）故年四十岁，追封黔宁王，谥昭靖"。然据明代王景撰《沐英神道碑》，沐英"既薨……时年四十又八"[2]。此外，《明太祖实录》等也都有关于沐英卒于洪武二十五年（1392年）六月、时年四十八岁的确凿记载[3]。可知题记谓沐英"故年四十岁"亦误。

关于沐英息出，《明史》谓为沐春、沐晟、沐昂、沐昕四人[4]，然较《明史》成书早的

---

❶ 方国瑜：《滇南沐氏十二代画像长卷概说》，载方国瑜主编：《云南史料丛刊》第七卷，昆明：云南大学出版社，2000年，第228-233页。

❷ ［明］王景：《皇明开国辅运推诚宣力武臣荣禄大夫柱国西平侯追封黔宁王谥昭靖沐公神道碑》，载程敏政编：《明文衡》卷七三，《景印文渊阁四库全书》第1374册，台北：台湾"商务印书馆"，1986年，第518-522页。

❸《明太祖实录》卷二一八，洪武二十五年六月丁卯，第3205页；［明］谈迁撰，张宗祥校点：《国榷》卷九，洪武二十五年六月丁卯，北京：中华书局排印本，1958年，第730页。

❹ ［清］张廷玉等撰：《明史》卷一二六《沐英传》，北京：中华书局，1974年，第3759页。

文献多谓沐英有五子四女，不过关于沐英五子所出，却众说纷纭。大学士杨荣撰沐英次子沐晟的生母耿氏墓志称："王先夫人冯氏，一子，曰春，袭侯爵而卒。夫人子男四人，曰晟……；曰昂……；曰昶，早卒；曰昕，驸马都尉，尚常宁公主。……女四人……"❶。耿氏墓志将沐英长子沐春以外的诸子皆归诸己出，然据王景为沐英侧室夫人、元平章明善之女方氏所撰墓志有云：方氏"生子昂，有文武才能，为右军都督府右都督，……昂之异母弟驸马都尉昕，夫人期服子也"❷，庶知沐昂实为沐英侧室方氏所出。至于驸马都尉沐昕的生母也并非耿氏，而是直至正统五年（1440 年）十一月才得到"夫人"封号、八年后即去世的颜氏。❸前引同为王景所撰的《沐英神道碑》则称沐英"子男五人，曰椿（春），冯夫人出也，上赐以名，由后军都督佥事袭爵西平侯……曰某，耿夫人出也，佥后军都督府事。曰昌、曰景、曰昂，侧室出也。女四人。"是谓沐英诸子中，唯有沐晟一人为耿氏所出。

沐英死后，嗣西平侯沐春延请滇池鱼课宣课大使张适撰《西平侯追封黔宁王谥昭靖沐公圹志》，世存清钞本❹，圹志原石亦于二十世纪四十年代末出土❺。需要指出的是，出土的沐英圹志是现存沐英史传资料中时代最早的一种，因而也最值得重视。据沐英圹志原石记载，沐英身后实有"子男六人，曰春，冯氏出也……；曰晟，耿氏出也；曰昂、曰景、曰昌、曰旻，皆侧室之子。女五人"❻。

沐英子女的数量与名讳，史载互歧，所反映出的信息颇值得留意，主要表现在如下几点：沐英诸子的名讳，除沐春、沐晟、沐昂三人外，余皆互有出入。除了仅见于沐英圹志原石的幼子沐旻外，沐英诸子的行第依次为沐春、沐晟、沐昂、沐景、沐昌，而成文于宣德年间的沐英继室耿氏墓志则记沐英诸子为沐春、沐晟、沐昂、沐昶、沐昕。两相对照，沐英圹志中的沐昌与沐景，应分别就是宣德年间耿氏墓志中的沐昶与沐昕，可能沐昌与沐景二人在沐英去世后分别易名为沐昶与沐昕。

由于幼子沐旻早在洪武二十五年（1392 年）沐英去世之前即已夭亡，而沐昶（沐

---

❶ ［明］杨荣撰：《文敏集》卷二〇《黔宁昭靖夫人耿氏墓志铭》，《景印文渊阁四库全书》第1240册，台北：台湾"商务印书馆"，1986 年，第 336-337 页。沐英继室夫人耿氏墓志原石 20 世纪 50 年代经考古发掘出土，现藏南京市博物馆，志文内容与传世文本相较，仅有若干细微之处稍异。

❷ ［明］王景：《故沐夫人方氏墓志铭》，载程敏政编：《明文衡》卷八九，《景印文渊阁四库全书》第1374册，台北：台湾"商务印书馆"，1986 年，第 688-689 页。

❸ 《明英宗实录》卷七三，正统五年十一月己未，第1419页；《明英宗实录》卷一七〇，正统十三年九月辛卯，第 3278 页。

❹ ［明］张适：《西平侯追封黔宁王谥昭靖沐公圹志》，见录氏著：《甘白先生文集》，南京图书馆藏清代王氏十万卷楼钞本。

❺ 据宋伯胤等执笔的《国立南京博物院清理牛首山附近古墓准备工作报告》，明代黔宁王沐英墓早在1949年前后即遭盗掘，盗掘出土的沐英墓志为沐英墓附近的上应塘村民魏某取回，并藏匿于上应塘村旁的池塘内，至 1949 年初南京博物院派宋伯胤、张正祥前往调查核实后，因运输不便，一度仍寄存魏某处，后运回南京博物院。

❻ 沐英墓志清钞本所记载的沐英子嗣，颇多误植，如将"沐"皆误作"沭"，"曰景"误作"曰累"等。

昌）不久后也随之“早卒”❶，故成文更晚的史料遂将沐昶（沐昌）与沐旻悉从沐英诸子中“剔除”，这样一来，为人们所熟知的沐英诸子便只剩《明史》沐英本传记载的沐春、沐晟、沐昂、沐昕四人。

《沐英神道碑》与沐英继室耿氏墓志等皆谓沐英有四女，分别适指挥戴玉、右府右都督追封定国公徐增寿、营州卫指挥孙毅、朔州卫指挥周忠。然沐英圹志却谓沐英有五女，据南京古陶瓷收藏爱好者赵瑞民先生告知，他曾在20世纪90年代后期蒐集到西平侯沐英亡女的石墓志一方，墓志很精致，镌制规整，每行十字，共计十行，通篇恰为100字。沐英此女以早亡且无出，应即《沐英神道碑》与沐英继室耿氏墓志等俱失载的未及出阁之女。

（二）第二世沐春、沐晟、沐昂、沐昕画像题记

《概说》过录的黔国沐氏第二世沐春、沐晟、沐昂、沐昕的画像题记云：“沐春字景泰，英长男，袭西平侯，挂征虏将军印，镇守云南，谥忠襄，故，无嗣。沐晟字景茂，英次男，袭西平侯，镇守云南，征讨交阯等处有功，赠黔国公，加太傅，赐征南将军印，征麓川有功，班师至楚雄我菉驿尽忠，追封定远王，谥忠敬。沐昂字景颙，英三男，先袭左卫，带俸指挥功升右军都督同知，挂征南将军印，赠定远伯，谥武襄，生三子。沐昕字景昪，英五男，授驸马都尉，移住南京。”

沐英长子沐春，王景撰《沐英神道碑》又称沐椿，洪武二十五年袭西平侯爵，夙有战功，处事有方。题记谓沐春袭职后“挂征虏将军印，镇守云南”，然据《明史》沐英本传，沐春于洪武三十年（1397年）奉命率何福、徐凯等讨刀斡孟之际，曾拜征虏前将军，而非征虏将军。另据《明史》沐英本传并及其他相关的史传资料，皆谓沐春字景春、谥惠襄❷，固非《概说》过录的“沐春字景泰……谥忠襄”。沐春在镇七年，以洪武三十一年（1398年）九月病故，朝廷赐祭葬礼一如乃父。因沐春无子嗣，遂兄终弟及，由沐英次子沐晟袭西平侯爵，镇守云南。

沐晟在镇逾四十年，永乐六年（1408年）以战功进黔国公，食禄三千石，授铁券，俾子孙世袭，成祖亲制诗褒美之，卒赠定远王。尽管是黔国世家历任族长在品秩上唯一堪与始祖沐英比肩的人物，但《明史》本传却评价沐晟“席父兄业，用兵非所长，战数不利”。沐晟之死，史籍多谓病故，实则有难言之隐，画像题记称沐晟“至楚雄我菉驿❸尽忠”，是谓沐晟麓川之役兵败而于正统四年（1439年）三月二十九日在楚雄我菉驿自尽之事，“尽忠”云云，固为尊者讳。因其时麓川之乱方炽，朝廷正值用人之际，故对于

❶［清］查继佐：《罪惟录·列传》卷八上《启运诸臣列传上》第2册，北京：北京图书馆出版社，影印吴兴刘氏嘉业堂藏清手稿本，2006年，第180页。

❷［明］谈迁撰、张宗祥校点：《国榷》卷一九，洪武三十一年九月甲子朔，北京：中华书局排印本，1958年，第791页。

❸ 沐晟身死之我菉驿，南京将军山出土沐晟弟、定远伯沐昂墓志谓为“峨㖃驿”。

沐晟之死仍然给予了很高的礼遇。

沐昂字景高，后更字景颙，号素轩，年十九授散骑舍人，明成祖登基后升府军左卫指挥佥事，辅沐晟出镇云南，传世有《沧海遗珠》诗集。然《概说》所过录沐昂画像题记的句读、录文皆有讹误，其中，“先袭左卫”后的逗号，应移至“带俸指挥”之后，是谓沐昂洪武年间出幼袭府军左卫带俸指挥佥事；“赠定远伯”，固为“赠定边伯”之误。则沐昂题记全文应作：“沐昂字景颙，英三男，先袭左卫带俸指挥，功升右军都督同知，挂征南将军印，赠定边伯，谥武襄，生三子。”

题记谓沐昂“功升右军（都督府）都督同知”，为仁宗登基后所授，然并非沐昂终官。宣宗登基，继升沐昂为右军都督府右都督。由于沐晟身死楚雄莪禄驿，朝廷遂于正统四年（1439 年）五月命沐昂擢迁右军都督府左都督，佩征南将军印，充总兵官以代之。故沐昂佩征南将军印充总兵官之际，所官实为右军都督府左都督。

题记谓沐昂“生三子”，参酌传世文献，沐昂的这三个儿子应是指沐僖、沐俊、沐佐。然据 2006 年南京南郊将军山沐昂墓出土陈敬宗撰文、郑雍言篆盖、魏骥书丹的定边伯沐昂墓志暨夫人文氏墓志[1]，咸谓沐昂有四子，皆文氏所出，依次为沐僖以及沐俊、沐佐、沐佑，其中的第四子沐佑可能因早亡且无子嗣之故，也终不免被从史传里“剔除”。

据沐英圹志，沐昕或曾名“沐景”，原本是沐英第五子，其行第在早亡的两子沐昶（昌）与沐旻之间，但若撇除早亡的沐昶（昌）与沐旻，那么在沐英长大成人的四子之中，沐昕则为第四子。“沐昕字景昇”，似仅见于方国瑜过录的画像题记，但与其兄长沐春字景春、沐晟字景茂、沐昂字景颙（先字景高）的辈字吻合，应可信从。

沐昕永乐元年（1403 年）六月尚明成祖朱棣第五女常宁公主而为驸马都尉[2]，移住南京，历事永乐、洪熙、宣德、正统、景泰五朝，曾两度执掌南京后军都督府，并掌祭南京太庙、孝陵四时祭祀行礼事。位于云南昆明北郊的龙泉观，至今仍保存着末代黔国公沐天波撰题的“玉陛丹霄”“紫极玄都”两匾，其上均钤长条形印面、内容为“王公侯驸马伯乘家”的引首章，可见在明代后期黔国沐氏家族成员的心目中，身为驸马都尉的沐昕的家族地位，犹高于沐崑直至沐天波历任沐氏族长的远祖、定边伯沐昂，此颇令人玩味。沐昕卒于景泰四年（1453 年），祔葬南京牛首山南麓的常宁公主墓，20 世纪 80 年代初经文博部门发掘清理。

（三）第三世沐斌、沐僖画像题记

《概说》过录的黔国沐氏第三世沐斌、沐僖画像题记云：“沐斌字文辉，晟长男，袭黔国公，挂镇南将军印，镇守云南，谥荣康，生二子。沐僖字可怡，昂长男，袭左卫指挥，随征麓川有功，升锦衣卫千户，赠都督同知。有《继轩集》。生四子。”

---

[1] 南京市博物馆等：《南京将军山明代沐昂夫妇合葬墓及M6发掘简报》，《东南文化》，2013年第2期，第46-63页。

[2] 《明太宗实录》卷二一，永乐元年六月戊申，第 377 页。

沐斌为黔宁王沐英次子、首任黔国公沐晟的长子，初名沐俨，字可观。沐斌虽值沐晟身死楚雄我菉驿之后得以袭黔国公爵，但朝廷仍命沐斌的叔父沐昂佩征南将军印代镇云南，可能也是对沐晟征剿麓川思任发失机兵败的追罚。直至正统十年（1445年），沐斌叔父、代镇云南的定边伯沐昂病故，沐斌蒙钦赐改今名，改字文辉，佩征南将军印，充总兵官镇守云南。方国瑜《概说》过录的题记谓沐斌"袭黔国公"之后"挂镇南将军印"，非是，实为"征南将军印"。

沐斌卒于景泰元年（1450年），享年54岁，谥荣康。2008年4月，南京市博物馆在南京将军山发掘了沐斌与原配夫人张氏与继室夫人、靖难功臣蔡国公徐忠之女徐氏的合葬墓，以及沐斌侧室、沐琮生母梅氏的墓葬。❶两座墓葬保存均完好，未遭盗掘，但却并未发现沐斌的原配夫人张氏的墓志，此亦间接印证了沐斌所"生二子"沐祀、沐琮，应分别出继室徐氏与侧室梅氏之实。

沐僖为定边伯沐昂的长子，终官为正统八年（1443年）五月所授南京锦衣卫左所副千户❷，《概说》过录的画像题记略为"锦衣卫千户"。由于沐斌嗣子沐琮尚未出幼，沐僖的两个儿子沐璘与沐瓒一度先后充总兵官代镇云南，沐僖则以子（沐璘）贵而获赠右军都督府都督同知，即画像题记所述"赠都督同知"。

沐僖其人，史载颇简，以至云南省博物馆张增祺先生在整理云南呈贡王家营明代黔国沐氏家族墓时，曾经认为墓主沐详的祖父沐僖并未见载于《明史》与《明实录》，故出土的沐详墓志所谓"祖讳僖，初官锦衣千户，赠都督同知"云云，可补史载之阙。❸实则不然，沐僖史载虽简略，但亦数见录于《明英宗实录》与《明宪宗实录》，如正统八年（1443年）五月丁卯，因云南总兵官、右都督沐昂奏请，录其子沐僖为南京锦衣卫副千户❹；至景泰三年（1452年）五月癸巳朔，时任总兵官的都督沐璘又奏请以弟沐瓒袭其父沐僖的旧职"南京锦衣卫副千户"❺，至于《明宪宗实录》内的沐瓒传略也述及自己景泰三年代父沐僖"南京锦衣卫副千户"之职的经历❻。此外，传世由胡濙撰制的《定边伯沐公（昂）神道碑》文本亦载沐昂有"子男四，长（沐）僖，授锦衣卫副千户，先公二年卒"❼，而传世《右军都督府都督同知沐公（瓒）神道碑铭》文本亦云"考讳僖，字可怡，

---

❶ 南京市博物馆等：《南京将军山明代沐斌夫妇合葬墓发掘简报》，《东南文化》，2013年第2期，第70-83页；南京市博物馆等：《南京江宁将军山明代沐斌夫人梅氏墓发掘简报》，《文物》，2014年第5期，第39-55页。

❷ 沐璘曾于正统十一年"荫父（沐僖）职为云南左卫指挥佥事……"，详见《明英宗实录》卷二九二，天顺二年六月乙丑，第6237页。但实际上沐僖终官为南京锦衣卫副千户，故可知《明英宗实录》卷二九二所述当是沐璘初袭其父千户俸后，继而进袭了祖父沐昂所官指挥佥事之职。

❸ 云南省文物工作队（张增祺执笔）：《云南呈贡王家营明清墓清理报告》，《考古》，1965年第9期，第185-192页。

❹ 《明英宗实录》卷一〇四，第2105页。

❺ 《明英宗实录》卷二一六，第4641页。

❻ 《明宪宗实录》卷二一四，第3279页。

❼ ［明］胡濙：《定边伯沐公（昂）神道碑》，载周季凤纂修：《正德云南志》卷二七《文章五》，《天一阁藏明代方志选刊续编》第71册，上海：上海书店，1990年，第202页。

初授南京锦衣（左所）副千户，后以子贵，赠都督同知，妣封太夫人徐氏。”庶可知，毋需新出土的沐详墓志，也足以从传世文献中钩稽出沐僖生平历官的相关信息。

明代黔国沐氏家族成员的诗文结集，多以其别号命名，沐僖号“敬轩”，故有《敬轩集》二卷❶，而《概说》过录的画像题记记述沐僖“有《继轩集》”，应是将号“继轩”的沐僖之子沐璘的《继轩诗集》误为沐僖之作了。

沐僖子嗣，向仅知有沐璘与沐瓒二人，画像题记谓沐僖“生四子”，据前述南京将军山出土沐僖之父、定边伯沐昂墓志记载，沐昂卒葬之际有“孙男四”，依次为沐璘、沐瓛、沐瓒、沐琬，由于沐僖“先公（沐昂）二年卒”，庶几可知，沐僖所“生四子”应即是沐璘、沐瓛、沐瓒、沐琬。

（四）第四世沐琮、沐璘、沐瓒画像题记

《概说》过录的黔国沐氏第四世沐琮、沐璘、沐瓒三人的画像题记云：“沐琮字廷芳，斌次男，袭黔国公，挂镇南将军印，镇守云南，加太子太傅，赠太师，谥武僖。有《益庵集》。故，无嗣。沐璘字廷章，僖长男，袭都督同知，挂印总兵官，镇守云南，挂征南将军印。有《继轩诗集》。故，无嗣。沐瓒字廷器，僖三男，袭指挥，功升都督同知，挂征南将军印，镇守云南，赞理金、腾地方，兼管参将事，生四子。”

史载，沐琮出镇云南期间，为政宽恕，嗜学擅书，亦专注于阴阳、卜筮、星命之说。倪岳撰《黔国公赠特进光禄大夫右柱国太师谥武僖沐琮墓志铭》有云：“弘治丙辰九月七日，镇守云南总兵官征南将军太子太傅黔国沐公（琮）以疾卒于镇”❷，据此可知，沐琮出镇云南时循例亦佩征南将军印，而非题记所谓“镇南将军印”。复据志文，沐琮字廷芳，别号益庵，又号东山居士，而画像题记里的沐琮“有《益庵集》”云云，是黔国沐氏以别号命名诗文集的又一例证。

黔国沐氏家族成员多崇奉佛教，而以沐琮尤甚，今检其荦荦大者约有三事：其一，成化十三年（1477 年），沐琮于滇池西岸石嘴山建观音殿，由于“民敬畏之，遂以观音山名焉”❸。石嘴山观音殿至嘉靖年间历经募建增修，今故址所存之“小南海”牌坊，相传犹是明代隆庆年间的遗存。其二，成化二十一年（1485 年）沐琮于昆明金马山奉敕迁建归化寺，寺原名观音寺，已废圮无存。❹其三，成化十八年（1482 年）至二十二年（1486

---

❶ ［明］周季凤纂修：《正德云南志》卷一九上《名宦四》，《天一阁藏明代方志选刊续编》第 70 册，上海：上海书店，1990 年，第 756 页。

❷ ［明］倪岳撰：《黔国公赠特进光禄大夫右柱国太师谥武僖沐琮墓志铭》，载焦竑编：《国朝献征录》卷五，《续修四库全书》史部传记类第 525 册，上海：上海古籍出版社，2002 年，第 155–157 页。

❸ 语出明人卢文焕所撰《增修观音山寺碑》，隆庆五年（1571 年）观音山寺住持明善与明泉等僧众立石，今仍存原址。

❹ 龙云等纂修，李春龙等点校：《新纂云南通志》卷一〇五《宗教考五》，昆明：云南人民出版社，2007 年，第 530–531 页。

年），沐琮复于南都南郊祖堂山献花岩捐建“盖覆盘踞，甚得构山之宜”的花岩寺。❶沐琮奉佛建寺事所费不赀，乃至专注于阴阳、卜莁、星命之说，在沐氏历任族长中实无出其右者，究其原委，应是画像题记里所谓沐琮“无嗣”之故。

沐璘字廷章，号继轩，又号东楼居士。沐璘初荫乃父沐僖南京锦衣卫副千户，继而袭乃祖云南左卫指挥佥事。景泰元年（1450 年）十一月授右军都督同知，佩征南将军印，为云南总兵官，代镇云南。天顺元年（1457 年）升右军右都督。次年六月病故，时年二十八岁。沐璘有古儒将风，明代周季凤纂修《正德云南志》卷十九上《名宦四》记载黔国沐氏家族中的沐昂、沐僖、沐崑、沐朝辅等俱有著述，而沐璘亦有所积诗文若干卷付梓，画像题记谓沐璘“有《继轩诗集》”，可补益史载。

明代黔国沐氏家族出镇云南的历任族长，除了竭忠扈主殁于缅甸的末代黔国公沐天波外，仅有沐璘未能归葬具有家族荣誉性质的南京南郊将军山（观音山）钦赐祖茔，而是于天顺二年（1458 年）十二月十九日卜葬云南昆明商山普吉村之原，据李贤所撰《总兵官都督沐公（璘）神道碑》屡屡以叹惋的笔触叙述沐璘“生女二俱夭”与“今乃夭而无嗣”，并结合云南呈贡王家营明代黔国沐氏家族墓的考古发现来看，沐璘之所以未葬归南京钦赐祖茔，实与其后嗣乏人有关。❷

沐璘弟沐瓒，善骑射，有膂力，景泰三年（1452 年）袭南京锦衣卫副千户，乃兄沐璘死后擢右军都督同知，并佩征南将军印，充总兵官继续代镇云南。值沐琮出幼以后，遂改任云南副总兵而镇守金齿、腾冲地方，亦即画像题记所谓“赞理金、腾地方，兼管参将事”。位于南京南郊将军山钦赐祖茔的沐瓒夫妇合葬墓于 2005 年 6 月经考古发掘，出土沐瓒暨妻贾氏、刘氏的墓志共计三合，其中，尹直所撰的沐瓒墓志内容大致不出王偀撰《沐瓒神道碑》的范畴❸，王偀所撰贾氏墓志仍存录于氏著《思轩文集》❹，唯独杭淮所撰刘氏墓志提供了一定的史料信息。

画像题记谓沐瓒“生四子”，其伦序据王偀撰《沐瓒神道碑》与出土的沐瓒夫妇墓志的记载，依次为：沐瓒正室夫人、前都察院右副都御史贾铨之女贾氏所出的长子沐诚与次子沐谦，未知母氏为何人的第三子沐详，沐瓒庶室刘氏（瑞）所出的第四子沐诔。

---

❶ 邵磊、刘文庆：《云南沐氏与花岩寺——从南京花岩寺钟铭的发现谈起》，《南方文物》，2004 年第 2 期，第 45-50 页。

❷ ［明］李贤：《总兵官都督沐公（璘）神道碑》，载周季凤纂修：《正德云南志》卷二七《文章五》，《天一阁藏明代方志选刊续编》第 71 册，上海：上海书店，1990 年，第 221 页。

❸ ［明］王偀：《王文肃公集》卷七《右军都督府都督同知沐公（瓒）神道碑铭》，《四库全书存目丛书》集部第 36 册，济南：齐鲁书社，1997 年，第 378-379 页。又见［明］王偀：《思轩文集》卷一三《荣禄大夫右军都督府都督同知沐公（瓒）神道碑铭》，《续修四库全书》集部第 1329 册，上海：上海古籍出版社，1995 年，第 557-558 页。

❹ ［明］王偀：《思轩文集》卷二一《都督同知沐公夫人贾氏墓志铭》，《续修四库全书》集部第1329册，上海：上海古籍出版社，2002 年，第 643 页。

（五）第五世沐诚、沐详画像题记

《概说》过录的黔国沐氏第五世沐诚、沐详画像题记云："沐诚字择善，（沐）瓒长男，授骠骑将军，升锦衣卫都指挥，充金、腾参将，世守地方，赠都督同知，生一子。沐详字择明，瓒次男，袭金、腾参将，镇守地方，生二子。"

沐诚为代镇云南的都督同知沐瓒的长子，史载，沐诚七岁通《孝经》《论语》诸书，长袭曾祖沐昂指挥佥事之职，娴韬略，工吟咏，善草书，深为黔国沐氏第五任族长、叔父沐琮器重，继乃父沐瓒充参将领镇领金齿、腾冲地方，年二十六岁卒。

前述都督同知沐瓒所生四子，皆辈"择"字，其中，长子沐诚字择善、第二子沐详字择明、季子沐谏字择仁❶等。题记云沐诚"生一子"，即沐崑。由于沐琮无嗣，遂以沐诚之子沐崑过继为冢孙以袭黔国公爵，这也意味着明代黔国沐氏族长的传承，在经历了由沐英长子沐春"兄终弟及"地转承至沐英次子沐晟之后，复由沐晟一系转承至沐英第三子沐昂一系。

由于沐诚之子沐崑过继沐琮为嗣孙，沐诚同母弟沐谦早亡，故由三弟沐详承父、兄而继充金齿、腾冲参将。沐详与妻吴氏、妾刘氏的合葬墓于20世纪50年代在云南呈贡王家营经考古发掘，同时经考古发掘的还有沐详长子右军都督佥事沐崧夫妇墓暨其孙明威将军沐绍勤夫妇墓。据明代云南左布政使刘元撰《明故昭勇将军锦衣卫都指挥佥事沐公墓志铭》可知，沐详在镇颇有战功，却因坐累而罢归昆明，虽"念咎读书，冀复用以图报"，然终无果。题记谓沐详"生二子"，然值沐详卒葬之际，其长子沐崧年方六岁、次子沐岳年方五岁，因"子幼稚，不克扶榇归葬于江宁（南京）观音山祖茔之侧，卜兆得呈贡隆山之原"❷。可见，沐详之所以未能归葬南京钦赐祖茔，也实属迫不得已，无关乎其秩级与身份。

已发现的卜葬云南昆明的明代黔国沐氏家族的主要成员中，沐详的位望、影响仅次于以右军都督同知充总兵官代镇云南的伯父沐璘，而沐详夫妇墓的发掘也进一步揭示出，终明一朝，出镇云南的黔国沐氏家族成员，循例皆可归葬钦赐南京观音山旧茔，至于未能归葬南京者，主要还是由于后嗣乏人或子孙年幼之故，与是否沐氏家族族长、有无黔国公爵位之类，都没有直接的关系。

（六）第六世沐崑、第七世沐绍勋画像题记

《概说》过录的第四任黔国公沐崑、第五任黔国公沐绍勋画像题记云："沐崑字玉岗，诚长男，袭黔国公，挂印镇守云南，征贵州等处有功，加俸一百石，授太子太傅，赠太师，谥庄襄，生一子。沐绍勋字世承，崑长男，袭黔国公，挂征南将军印，镇守云南，征讨广西州临安、武定、寻甸地方有功，加俸五十石，赠太师，谥敏靖，生二子。"

❶ 沐瓒季子沐谏字择仁，见载于南京江宁区博物馆藏沐谏墓志。

❷ 云南省文物工作队（张增祺执笔）：《云南呈贡王家营明清墓清理报告》，《考古》，1965年第9期，第185-192页。

沐崑初袭南京锦衣卫指挥佥事，后过继沐琮为嗣孙，以袭封黔国公，在镇二十三年。据蒋冕撰《黔国公谥庄襄沐公崑墓志铭》记载，“沐崑字元中，别号玉冈”[1]，而方国瑜过录的画像题记谓“沐崑字玉岗”，则是将别号误作了表字。沐崑遗稿由其嗣子沐绍勋编订为六卷，后经沐绍勋之子、嗣任黔国公沐朝弼整理并定名为《玉冈集》刊行。明代黔国沐氏成员的遗世诗文结集多以别号命名，此亦沐崑号“玉冈”之旁证。

沐崑嗣子沐绍勋在镇十五年，屡次用兵，对稳定滇黔局势起到积极作用。2012年6月至2013年1月，南京市博物馆对位于南京将军山东南麓、明代黔国公沐氏家族墓群位置所在的九间堂项目开发地块进行了考古调查与勘探，先后发掘了沐崑与沐绍勋两辈黔国公的夫妇合葬墓，并清理出布局完整的墓上建筑遗迹[2]。其中，沐绍勋墓系由横前堂与并列的四后室组成的砖构多室墓，但被破坏得很厉害，出土了沐绍勋墓志的志盖暨其继室夫人李氏与贺氏二人的两合墓志。据出土墓志推断，沐绍勋墓并列四后室内的被埋葬者，应分别是沐绍勋本人、沐绍勋元配夫人朱氏、沐绍勋继室夫人李氏与贺氏。画像题记谓“沐绍勋字世承”，而据明代杨慎撰《祭黔国敏靖公文》所述，沐绍勋字“世承”，亦字“世臣”，号“五山”。[3]所谓“五山”云云，或与沐绍勋是继沐晟、沐斌、沐琮、沐崑之后的第五任黔国公相关。然考古出土的沐绍勋继室李氏与贺氏两位夫人的墓志，皆记载沐绍勋号“笃庵”[4]，则“笃庵”应是沐绍勋的另一个别号。

（七）第八世沐朝辅、沐朝弼画像题记

《概说》过录的第六任黔国公沐朝辅、第九任黔国公沐朝弼画像题记云：“沐朝辅字崇文，勋长男，袭黔国公，挂征南将军印，镇守云南。勘处安南，事平，加太子太保。谥恭僖。生二子。沐朝弼字崇道，勋次男，先授右军都督同知，挂征南将军印，镇守云南；后袭黔国公，致仕，闲住南京。生六子。”

南京市博物馆1979年在南京将军山南麓发掘一座明代黔国沐氏成员的墓葬，编号为79JJSM4。此墓由偏于左侧的甬道与横前堂、并列的双后室构成，紧贴横前堂左、右两壁，各自竖立置放石墓志一合，其中，紧贴左壁的墓志文字已剥蚀无存，紧贴右壁的墓志下部尚未泐尽，考古简报据志文首行所辨识出的“……配今太子太保世阶上公沐昌祚”等内容，判定79JJSM4为隆庆四年（1570年）五月袭黔国公的沐英九世孙沐昌祚夫妇合葬墓。[5]

---

[1] ［明］蒋冕：《黔国公谥庄襄沐公崑墓志铭》，载焦竑编：《国朝献征录》卷五，《续修四库全书》史部传记类第525册，上海：上海古籍出版社，2002年，第157-158页。

[2] 王宏：《江宁区将军山九间堂地块2013年度考古发掘》，南京市博物馆编：《2013南京考古工作报告》（内部出版），2014年，第24-27页。

[3] 丰家骅：《杨慎与云南沐氏——杨慎交游考述之一》，《南京师范大学文学院学报》，2009年第3期，第16-20页。

[4] 王宏：《将军山明代黔国公沐绍勋墓地考古发掘的主要收获》，南京市江宁区政协教卫文体和文史委编：《江宁春秋》第14辑，南京：南京出版社，2015年，第165-172页。

[5] 南京市博物馆（阮国林等执笔）：《江苏南京市明黔国公沐昌祚、沐睿墓》，《考古》，1999年第10期，第45-56，100-103页。

然而经重新释读墓志残文，又发现了诸如“十二月十有九日开圹与文楼上公合窆”之类的关键线索，而沐氏历任族长中唯沐昌祚的伯父沐朝辅别署“文楼”。❶庶几可知，79JJSM4 实为沐朝辅及妻陈氏的合葬墓。

沐朝辅嘉靖十五年（1536 年）十二月承袭黔国公爵位，但因年纪尚幼，地方军政仍长年由云南巡抚等官代为处理。然沐朝辅出幼后袭爵不过“三数年卒”（语出 2013 年发掘出土之沐朝辅生母黔国太夫人贺氏墓志），时为嘉靖二十六年（1547 年）六月，这也为黔国沐氏家族盛极而衰的沧桑巨变埋下了伏笔。

由于沐朝辅病故之际只有二十岁，两个儿子尚年幼，循前例由沐朝辅之弟沐朝弼代镇云南，但沐朝辅所“生二子”、相继被授予黔国公爵位的沐融与沐鞏接连病故，被外界普遍认为即是野心勃勃的沐朝弼做的手脚，而几乎与此同时，沐朝辅妻陈氏与沐朝弼叔嫂之间也因发生通奸乱伦之事而屡遭云南抚按诸臣劾奏，家族声誉一落千丈。

沐朝辅弟沐朝弼声名狼藉，是黔国沐氏历任族长中遭罢免的第一人。沐朝弼墓于 2006 年遭盗掘，随葬品几乎被席卷一空。❷据出土墓志，沐朝弼号“云楼”，生于嘉靖十年（1531 年），卒于万历五年（1577 年）四月十二日，享年 46 岁。据出土墓志记载，沐朝弼所“生六子”，依次为沐昌祚、沐昌祼、沐昌祯、沐昌祥、沐昌禞、沐昌祖。

（八）第九世沐昌祚、第十世沐睿画像题记

《概说》过录的第十任黔国公沐昌祚、第十一任黔国公沐睿画像题记云：“沐昌祚，字维禄，弼长男，先授后军都督，挂征南将军印，镇守云南；后袭黔国公，擒逆有功，加太子太保，加俸一百石，又加太师，谥武靖，生四子。沐睿，字振宇，祚长男，袭都督同知，挂征南将军印，镇守云南，生四子。”

前文述及，南京市博物馆于 1979 年在南京将军山南麓发掘了第六任黔国公沐朝辅墓（编号为 79JJSM4），但在发表的考古简报中却将此墓误为沐昌祚墓，其实沐昌祚墓迄今仍未被发现。

明代黔国世家凡二王、一侯、一伯、九国公，于例宜皆有谥，然其谥号见诸史载的者，却只有九人，依次是：沐英谥昭靖、沐春谥惠襄、沐晟谥忠敬、沐昂谥武襄、沐斌谥荣康、沐琮谥武僖、沐崑谥庄襄、沐绍勋谥敏靖、沐朝辅谥恭僖。至于此后的五任黔国公，如沐朝弼因稔恶有年被革职为民、沐睿以“滇南失事”之罪而遭逮治囚死、沐启元以暴横悍悖而死于非命、沐天波以明亡国除身死异乡，故皆未谥。只有沐昌祚直至亡

---

❶ 沐朝辅能文并有《文楼漫稿》，庶知沐朝辅别号曰“文楼”。参见范承勋等修纂：《康熙云南府志》卷一四《封建志·黔国公沐朝辅》，《中国西南文献丛书》之《西南稀见方志文献》影印康熙三十五年（1696 年）刊本，兰州：兰州大学出版社，2003 年，第 367 页。

❷ 李冀等：《疯狂盗墓“挖痛”十朝古都 专家呼吁斩断销赃渠道》，《南京日报》，2006 年 03 月 18 日。

故次年八月，工部差官造坟、兵部护柩至南京安葬之际，“仍议谥”而未决。[1]方国瑜过录的画像题记谓沐昌祚“谥武靖”，但毕竟是孤证，直至有学者重新释读出1974年出土的沐启元墓[2]出土墓志第15-17行志文“……九传而太师武靖公……太师公复仗钺”，遂可证“武靖”为两度任黔国公并加太师的沐昌祚的谥号，殆无疑议。[3]

沐昌祚的长子、第十一任黔国公沐睿于万历三十六年（1608年）八月因“滇南失事”之罪被解送京师问拟[4]，次年二月下狱[5]，九月瘐死狱中。[6]沐睿是黔国世家唯一被朝廷逮治囚死的革任公爵，方国瑜过录的画像题记只说沐睿曾“挂征南将军印，镇守云南”，未提及曾嗣黔国公的经历，这与沐睿次子沐培元万历四十年（1612年）五月袭替沐睿原荫锦衣卫世袭百户之际，称沐睿衔名犹为其早年所职“正千户”颇可相互印证，可见沐睿死后并未得到朝廷的宽宥，亦无恢复其爵位与名誉之举措。[7]关于这一点，其实在《滇南沐氏十二代画像》之沐睿像的题记里，也得以清晰反映出来。

值得一提的是，除了谥号之外，上述明代黔国世家的后五位黔国公的表字、别号，竟然在文献里也鲜有记载，或者歧异不一。沐昌祚画像题记谓“沐昌祚字维禄”，沐睿画像题记谓“沐睿字振宇”，皆可补史载之阙。

（九）第十一世沐启元、第十二世沐天波画像题记

《概说》过录的第十二任黔国公沐启元、第十三任黔国公沐天波画像题记云：“沐启元，字德初，睿长男，先授后军都督，挂征南将军印；后袭黔国公，镇守云南，生四子。沐天波号玉液，启元长男，袭黔国公，挂征南将军印，镇守云南，加太子太师，生三子。”

南京市文物部门1974年在南郊将军山南麓发掘了一座明代黔国沐氏家族成员墓，编号为74JJSM3。该墓出土金、玉、琥珀、玛瑙、水晶等质地的珍贵文物180余件，特别是“黔宁王遗记”金牌、渔翁攫鱼戏荷造型的琥珀杯、“瑶池春熟”金链琥珀挂件、双螭耳玉杯、梅竹纹碧玉簪、乾纲独立铭白玉簪、鸳荷纹金佩饰、錾刻山水人物纹的金多宝串（又称金事件或金三事）、嵌宝石金镶玉腰带等，皆为文博界耳熟能详的明代文物珍

---

[1] 《明熹宗实录》卷六二：“（天启五年八月丙戌），予黔国公沐昌祚特进光禄大夫、右柱国、太师，祭十六坛，工部给价，差官造坟，兵部行文该省护柩至南京祖茔安葬，仍议谥。”第2916页。

[2] 考古工作者曾一度将沐启元墓误断为沐启元之父沐睿的墓葬，详见南京市博物馆（阮国林等执笔）：《江苏南京市明黔国公沐昌祚、沐睿墓》，《考古》，1999年第10期，第45-56，100-103页。

[3] 力子：《明黔国公沐睿墓辨讹》，《东南文化》，2012年第4期，第81-88页。

[4] 《明神宗实录》卷四四九所载万历三十六年八月诏治滇南失事诸臣罪状及兵部言事，第8499-8507页。

[5] 《明神宗实录》卷四五五，万历三十七年二月丙子，第8590页。

[6] 《明神宗实录》卷四六二，万历三十七年九月丁酉，第8721页。

[7] 沐睿于万历三十七年（1609年）九月瘐死狱中，至其子沐培元万历四十年（1612年）五月袭替沐睿原荫锦衣卫中所世袭百户之际，称沐睿衔名尤为早年所升“正千户”，此可证沐睿死后亦未得到朝廷的宽宥。详见《卫所武职选簿》之《亲军指挥使司所属卫所 亲军卫·锦衣卫·中所官员》，载中国第一历史档案馆、辽宁省档案馆编：《中国明初档案总汇》第49册，桂林：广西师范大学出版社，2001年，第211页。

品。关于此墓的墓主，考古简报根据出土墓志上残存有“太保公讳睿”等片段内容，推断为第十一任黔国公沐睿。❶但通过对出土墓志残存志文的重新释读以及相关考古学现象的分析，可以断定74JJSM3的墓主其实是沐睿之子、第十二任黔国公沐启元。❷

不过，《概说》过录的画像题记谓沐启元字“德初”，与考古发掘出土的沐启元墓志所谓“（沐）启元字戟鉴”彼此不符，当然，也不排除画像题记误号为字的可能。这就如沐启元长子、末代黔国公沐天波的画像题记所述“沐天波号玉液”，但在清代张履程撰《明黔宁王沐氏世袭事略》中却记载“沐天波字玉液”❸，然据清代徐鼒《小腆纪传》记载，沐天波又字“星海”。❹则对于沐天波而言，“玉液”与“星海”，究竟孰是字、孰是号，也还有待更多的材料来证实。

二、“滇南沐氏十二代画像”与昆明太华寺

对于现存云南省博物馆的“滇南沐氏十二代画像”长卷，方国瑜先生早年据康熙《云南通志》的相关记载推断认为：“画像原稿当是先后所作，不详描绘人名。此卷盖摹本，大小一致，旁有题记，略具名号、世系、职衔，并甚简约，惟可供考校。……按此卷不言为何人作，亦不记年月，惟画像止于沐天波已留须。天波袭职在崇祯元年，时年十二岁，卒于永历十三年，终年四十三岁，则为天波死后沐氏子孙所作，而不详其事。……明亡后沐氏一败涂地，惟康熙三十年建沐氏祠，列于典祀，则有奉祀者而作此图卷否？此画卷当是沐祠故物，不知何时归昆明太华寺。”❺约而言之，方国瑜先生认为现存的“滇南沐氏十二代画像”长卷，并非有明一朝次第完成的原稿，而是末代黔国公沐天波死后由沐氏子孙所作的“大小一致”的摹本，摹本原先属于“沐氏祠”，但不知何故流落昆明太华寺。这一段文字，不仅探讨了“滇南沐氏十二代画像”长卷的绘制年代与流传经历，而在更深的层面上涉及的则是明代黔国沐氏家族与昆明太华寺的渊源问题。

（一）关于“滇南沐氏十二代画像”的时代

笔者并不是很赞同方国瑜先生因画幅“大小一致”、画像题记格式体例相近，便认为“滇南沐氏十二代画像”长卷系出自“（沐）天波死后沐氏子孙所作”之“摹本”的观点。毕竟，在类似的这种世家大族前后相承的家族成员画像中，后嗣的裔孙画像在形制、

---

❶ 南京市博物馆（阮国林等执笔）：《江苏南京市明黔国公沐昌祚、沐睿墓》，《考古》，1999年第10期，第45-56，100-103页。

❷ 力子：《明黔国公沐睿墓辨讹》，《东南文化》，2012年第4期，第81-88页。

❸ ［清］王崧编纂，李春龙点校：《云南备征志》卷二一，昆明：云南人民出版社，2010年，第1169页。

❹ ［清］徐鼒撰：《小腆纪传》卷二〇，收入沈云龙编：《明清史料汇编·四集》第36册，台北：文海出版社，影印清光绪丁亥金陵刻本，1968年，第499页。

❺ 方国瑜：《滇南沐氏十二代画像长卷概说》，载方国瑜主编：《云南史料丛刊》第七卷，昆明：云南大学出版社，2000年，第228-233页。

尺幅上保持与先祖画像的“步调一致”，显然有亦步亦趋、谨依前轨之意。在这一方面，除了昆明发现的“滇南沐氏十二代画像”之外，还可以列举20世纪30年代朱启钤先生在北京为中国营造学社购藏的明代另一位开国功臣岐阳王李文忠世家明清两代十六世共四十多幅画像来加以说明。[1]

明代岐阳世家的这批画像序列完整，尺幅前后亦皆相同，如果连同其时在李文忠后人处一并发现的《岐阳武靖王（李文忠）像册》《岐阳李氏历代行像》《张三丰画像》与《平蕃得胜图》组画，其数量甚为庞大，并非家道中落的李文忠后裔能够雇倩画工逐一重摹清绘完成的大工程。“滇南沐氏十二代画像”长卷的画幅数量虽然少于岐阳世家明清两代十六世画像，但彼此性质相近，均属次第完成、奕世相传之物，恐怕不会是经历了明清易代之后业已沦为编氓、式微力薄的沐氏子弟“革故鼎新”之物。

“滇南沐氏十二代画像”的题记内容虽然不可避免地存在私修谱牒的弊端，但在所存录的黔国沐氏人物的字、号等细节方面，仍然具有重要的考察价值。

黔国沐氏家族历世族长与显要人物的字号，如沐英字文英，沐春字景春，沐晟字景茂，沐昂字景高（后更字景颙）、号素轩，沐斌字文辉（初名俨，字可观）、沐璘字廷章、号继轩（又号东楼），沐瓒字廷器，沐琮字廷方（芳）、号益庵，沐崑字元中、号玉岗（冈），沐绍勋字世承，沐朝辅字崇文、号文楼，沐朝弼字崇道、号云楼，沐天波字玉液（又字星海），皆见诸史载。但沐昕字景昇、沐昌祚字维禄、沐睿字振宇、沐启元字德初等，却是仅见录于“滇南沐氏十二代画像”的相应题记之中。其中，驸马都尉沐昕字景昇，与其兄长沐春、沐晟、沐昂三人的辈字皆相符，可以信从；第十任黔国公沐昌祚字维禄，亦可借由考古出土的沐启元墓志得到印证。凡此种种，不仅可补益史载，另外，也排除了“滇南沐氏十二代画像”出于明代以后的好事者向壁虚造的可能性。

在此基础上，笔者还注意到这样一个问题，即“滇南沐氏十二代画像”在关于末代黔国公沐天波画像的题记中，丝毫也未涉及明亡以后沐天波历尽艰辛扈从永历帝入缅，并在永历十五年（1661年）七月十九日的“咒水之难”中杀身成仁的忠勇壮烈事迹，如果说画像是在沐天波死后绘制，抑或如方国瑜先生所推断的，“滇南沐氏十二代画像”俱是入清以后的摹本，似无可能不在沐天波画像的题记中加此载笔，否则于情于理都没法说得过去，因为即便是明清易代后，清廷对于明代黔国沐氏世镇云南、捍御边疆的功绩，也是赞誉有加。有关这一点，从康熙二十七年（1688年）云南督抚范承勋撰《重建太华寺碑记》有云“沐国公守滇功绩，载之史册，历历可见”，便可见一斑。所以从这个层面上来说，末代黔国公沐天波画像应绘制于沐天波扈从永历帝入缅之前。

古人的肖像，并不全都是绘制于死后，往往生前亦有绘制肖像张挂以供观瞻者，明

[1] 中国营造学社编印:《岐阳世家文物图相册（附考述一卷）》，北平故宫印刷所，民国二十一年（1932年）九月。

代黔国沐氏家族亦不乏其例，早如黔宁王沐英之子、尚明成祖朱棣常宁公主的驸马都尉沐昕在生前即有画像供人观瞻，时文渊阁大学士杨荣并曾撰《沐驸马像赞》云："侯门华胄，皇家懿戚。秉德廉虚，小心翼翼。资兼文武，志乐书诗。煌煌勋业，光照鼎彝。有峨其冠，有伟其服。允矣君子，其温如玉。"[1]所以末代黔国公沐天波在生前即有绘制肖像，也并不是让人感到突兀的事。

（二）"滇南沐氏十二代画像"的传承

上述方国瑜先生关于"此画卷当是沐祠（康熙三十年建）故物，不知何时归昆明太华寺"的疑惑，则可能是由于未能细读黄美椿专门为他抄录的《昆明县（知县杨某）批示太华寺供奉沐国公遗像执照》碑拓片的缘故，又或者是他见到的黄美椿抄录的碑文内容并不完整所致。

原本立于昆明太华寺内的清乾隆四十三年（1778 年）十二月《昆明县（知县杨某）批示太华寺供奉沐国公遗像执照》碑[2]，内开明代黔国世家的后人沐龙光等与太华寺僧悟虔为了"滇南沐氏十二代画像"的存留奉祀而横生冲突以至兴起诉讼一案，碑文云："云南府昆明县正堂加二级纪录二次、记大功一次□，遵批给照事：照得沐国公后裔沐龙光等，与太华寺僧悟虔等互争案，经禀奉抚宪（裴宗锡）批查，康熙二十七年（1688 年）前督（范承勋）《重建太华寺碑记》已载入，谓太华寺虽非沐氏家庙，但遗像在寺日久，且沐国公守滇功绩载之史册，历历可见。无论太华寺之是否沐氏家庙，均应虔诚供奉，断难任其推诿。所有沐氏遗像，请永远责令太华寺僧敬谨供奉，春秋祭祀等情，禀奉抚宪批开。经昆明县知县杨某查讯明确，批示发给太华寺住持僧悟虔：'将沐氏遗像责令太华寺永远供奉，如敢亵慢损失，即提该寺僧究处。沐氏后裔亦□得藉端兴讼，余并悉缴碑摹存，等因奉此，合行给照。'为此照给太华寺僧悟虔等遵照嗣□，务将沐氏像轴敬谨供奉，春秋祭祀，不得亵慢损失，致干查究。并将供奉处所，上禀兴□□补，禀明本县，捐制神龛，以昭诚敬，均毋违延，切切须至。执照者遵。"

据上述执照碑文可知，入清以后的黔国沐氏后裔其实早在康熙二十七年，就曾与昆明太华寺僧之间因为"滇南沐氏十二代画像"的存留奉祀等问题起过纷争，以至不惜对簿公堂。推究碑文，可知引发双方争执的原因，可能是由于明清易代、时过境迁之下，太华寺僧不愿再将寺院内的房产拿来奉祀前明的"滇南沐氏十二代画像"，而黔国沐氏的后裔却执意要求太华寺僧仍一以贯之继续加以供奉，双方争执的焦点，或与"滇南沐氏十二代画像"的奉祀与否，有可能引起潜在的对庋藏"滇南沐氏十二代画像"的太华

[1] ［明］杨荣撰:《文敏集》卷一六，《景印文渊阁四库全书》第1240册，台北：台湾"商务印书馆"，1986年，第 253 页。

[2] 清乾隆四十三年十二月所示《昆明县（知县杨某）批示太华寺供奉沐国公遗像执照》碑，原石已亡佚不存，云南省博物馆藏拓本，收入李坤声主编:《中国西南地区历代石刻汇编・云南省博物馆卷》第 14 册，天津：天津古籍出版社，1998 年，第 136 页。

寺玉皇阁等部分房产的使用权以至所有权的争端，故而太华寺僧与黔国沐氏后人各不相让，遂不得不报官裁夺。由此可证，“滇南沐氏十二代画像”早在康熙二十七年之前即已存于太华寺，故不可能如方国瑜先生怀疑的那样，系康熙三十年兴建沐氏祠时由奉祀者所作。

直至辛亥革命后，“滇南沐氏十二代画像”始由太华寺转交昆明城南聚奎楼外的沐氏宗祠，并由沐氏长房具体保管，笔者推断，“滇南沐氏十二代画像”之所以由可资张挂展示、各自独立的画幅而被装裱为横卷，也可能正是忙于生计的沐氏长房为了保管蒐藏之需。抗战胜利后，画卷为李希泌先生购得，继而捐赠予云南省博物馆。

（三）黔国沐氏家族与太华寺的渊源

太华寺位于昆明西山（元明时称太华山），初名佛严寺，是元大德十年（1306年）梁王把匝剌瓦尔密为高僧玄鉴所建。太华山及其附近区域，虽然遍布古刹名蓝，但却“惟太华寺最胜”❶。

云南正式纳入明国版图后，留镇云南的西平侯沐英颇欲借助太华寺的影响，以发挥佛教“迁善去恶”的教化作用，在拨款修寺的同时，又撰《题太华山佛严禅寺文》并镌石立碑，以纪久远。❷沐英长子西平侯沐春与次子黔国公沐晟、定边伯沐昂兄弟三人曾多次前往太华寺游观，沐昂长子沐僖、沐僖长子沐璘也曾屡屡往游太华寺，并都留下了诸多壮游的篇什。❸

复据郑颙《思召堂记》记载：“太华山佛岩寺旧有黔宁昭靖文一通，今主僧才师大用惧其久而漫灭，为堂奉之，而名其堂曰‘思召’，来请言为记。予诺之，而未暇为也。景泰乙亥春二月壬午，总戎继轩沐公（沐璘）偕予劝农于郊，因过其寺，坐思召堂，才师复申前请……”❹。庶几可知，太华寺住持僧大用曾于沐璘代镇云南期间，围绕沐英《题太华山佛严禅寺》碑原石，建起了一座“思召堂”，堂名“思召（昭）”，有缅怀黔国沐氏的始祖黔宁昭靖王沐英之意。由此可见，沐英子孙之所以频频游历太华寺，主要还是为了凭吊以《题太华山佛严禅寺文》石碑为象征的先祖沐英乃至其抚绥云南的历史功绩。

综上所述，可知昆明太华寺与明代黔国沐氏家族之间甚有渊源，而这种渊源更因为

---

❶ ［明］周季凤纂修：《正德云南志》卷三四《外志一·寺观·太华寺》，《天一阁藏明代方志选刊续编》第71册，上海：上海书店，1990年，第583页。

❷ 余嘉华等编：《云南风物志》之《仙人掌上梵王台——太华寺》，昆明：云南人民出版社，1986年，第90-94页。

❸ ［明］曾烜撰：《陪西平侯（沐春）游太华寺即事二十韵》，定边伯沐昂相继撰有《定边伯陪兄定远王（沐晟）游太华寺》诗、《定边伯陪兄定远王又游太华寺》诗、《定边伯陪兄定远王赠太华僧解制下山》诗，沐昂长子沐僖有《题太华寺一碧万顷阁》诗、《重游太华寺》诗，沐僖长子沐璘挂征南将军印代镇云南期间也屡屡往游太华寺，有《游太华寺》诗二首，见方国瑜主编：《云南史料丛刊》第六卷，昆明：云南大学出版社，2000年，485-488页。

❹ ［明］郑颙撰：《思召堂记》全文，载方国瑜主编：《云南史料丛刊》第六卷，昆明：云南大学出版社，2000年，第499页。

住持僧大用于景泰六年（1455 年）或稍早兴建“思召堂”，而逐渐发生了质的变化。据嘉靖二十年（1541 年）所立《太华山佛严寺续增田记》碑有云：“佛严寺建寺有年，僧□□□衍供费□□，先是常住□□增置田亩虽多，所入□□□月而岁，莫能周□。黔国家老广君钺尝棘棘曰：伟哉，斯寺首祝国釐，次奉先王香火，次守尔教法。矧给不周，僧用为厉，乃捐若干金，为其加拓之。”[1]碑文中的“黔国家老广君钺”，应是黔国沐氏家臣中讳名“钺”的阉者之流，“老广”可能是其籍贯，而出自黔国家臣之口的“奉先王香火”云云，更是一语道破了至迟在明嘉靖朝以前的太华寺之内，可能已经创建供奉黔宁王沐英及其以下黔国沐氏先祖神位的祠宇的事实，从这个意义上来说，太华寺内供奉以黔宁王沐英为首的黔国沐氏先祖的祠宇，显然已兼有世镇滇南的黔国沐氏家庙之意，其性质与南都（南京）南郊的花岩寺之于黔国沐氏家族而言，具有非常相似的一面。[2]

前述嘉靖二十年所立《太华山佛严寺续增田记》碑所谓“奉（黔国世家）先王香火”的祠宇，应即万历十九年（1591 年）春王士性游太华寺之际览黔国沐氏“世像”的“黔宁祠”。据王士性《泛舟昆明池历太华诸峰记》一文语及：“及太华山门，蕊宫琳宇，辉煌金碧，倚山隆起，拟于紫霄碧云之间。余右陟飞磴，历龙藏，东下黔宁祠，览其世像，出文陛前，两樨山茶八本，高三丈，万花霞明，飞丹如茵，列绣如幄。”[3]

又，明代张佳胤《游滇太华山记》亦云：“至（太华）寺，僧鸣钟磬礼礼空王出，视两樨山茶树八本，皆高二丈余，枝叶团扶，万花如锦，杂以黄杨，绕以松桧，红绿争奇，光彩夺目，兼佛宇翚飞，金碧辉映，胜地良辰，游人之稀观也。由殿右登石磴上，一殿岿然，石栏缭绕，万象毕呈，最为胜览。复下磴道，历左廊，观沐氏世像，转入聚星堂。”[4]

以中国古代大、中型建筑群皆取中轴线并采用坐北朝南的格局为前提，王士性循太华寺山门入，陟石阶而上，继而东下并观览张挂沐氏世像的黔宁祠，与张佳胤自“岿然”的大殿而出，“复下磴道，历左廊，观沐氏世像”的所在，方位相同，均为两樨植山茶树八株的“文陛”左侧，也就是太华寺大殿之东庑。

有明一朝，尚左为尊。故而将太华寺大殿的东庑亦即左向之廊庑，来作为供奉黔国沐氏家族画像的祠宇，正与黔国沐氏“王公侯驸马伯乘家”的贵显乃至其世镇云南的煊赫威势相谐应，略无违和之处。由此可推断，“滇南沐氏十二代画像”作为黔国沐氏家族奕世相传的先世肖像，原本一向都张挂于太华寺东庑之“黔宁祠”内，是一组次第完成、

[1] ［明］姜恩：《太华山佛严寺续增田记》，收入李坤声主编：《中国西南地区历代石刻汇编·云南省博物馆卷》第14册，天津：天津古籍出版社，1998 年，第 44 页。

[2] 邵磊等：《云南沐氏与花岩寺——从南京花岩寺钟铭的发现谈起》，《南方文物》，2004年第2期，第45-50页。

[3] ［清］师范撰：《滇系》八之二《艺文》四五，载《中国方志丛书》第139号，台北：成文出版社，1967年，第658 页。

[4] ［清］师范撰：《滇系》八之二《艺文》六六，载《中国方志丛书》，台北：成文出版社，1967年，第668页。

流传有序的遗存。

入清以后，原本置于太华寺“黔宁祠”内的“滇南沐氏十二代画像”，又被视为前朝古迹而一度“羽流收庋”于位置更为高耸、“可以凭眺”的玉皇阁内，香客“有愿观者，率以香金酹之”，一时寓目者固众[1]，套用“乱花渐欲迷人眼”的字面意义，也就难免遮掩了“滇南沐氏十二代画像”原先张挂于太华寺之“黔宁祠”的本意。

所以说，“滇南沐氏十二代画像”既然一直都存在于太华寺，那么方国瑜先生关于“此画卷当是沐祠故物，不知何时归昆明太华寺”的疑惑，也就无从谈起了。而从嘉靖二十年《太华山佛严寺续增田记》碑关于“斯寺首祝国釐，次奉先王香火”的性质来看，则位于太华寺东庑的“黔宁祠”，其实正是世镇云南的黔国沐氏奉祀先祖的所在。

值得一提的是，在明代王士性与张佳胤分别关于“黔宁祠”的诗文中，丝毫也未提及太华寺内的明初黔宁王沐英所撰《题太华山佛严禅寺文》石碑。由此可见，这座张挂“滇南沐氏十二代画像”的黔宁祠或曰沐氏祠，与太华寺主僧大用在景泰年间为庇护黔宁王沐英《题太华山佛严禅寺文》石碑而建的“思召堂”，并非同一所建筑。换言之，在昆明太华寺内可供黔国沐氏后嗣子孙凭吊先祖遗烈、具有礼制意义的建筑遗存并不止一处，这足以让人从更深刻的层面来理解世镇云南的黔国沐氏家族与昆明太华寺渊源之深。

---

❶ 清乾隆年间以后，前往太华寺观览“滇南沐氏十二代画像”并留下诗文者，据方国瑜《滇南沐氏十二代画像长卷概说》一文的统计，大致有云南呈贡人戴淳《晚翠轩诗续钞》卷三收录的《金马山怀傅颖公诗》，戴淳《晚翠轩诗三钞》卷七收录的《沐氏十二代画像诗》，张训铭《藕航诗草》卷九收录的《题沐将军十二世遗像诗》，尹尚廉《玉案山房诗草》卷四收录的《太华寺瞻前沐公遗像诗》，以及李文熙叔豹题于“滇南沐氏十二代画像”之上的《观黔宁王沐英画像诗》。然诸家观览所及，误会亦复不少，如清乾隆年间吴大勋《滇南闻见录》称之为“明世黔国公累世遗像”，实则并不确切，毕竟画卷内的黔国沐氏成员包括沐英、沐春、沐昂、沐昕、沐僖、沐璘、沐瓒、沐诚、沐详在内的九人，均未授黔国公，其中，黔国世家的开创者沐英卒赠黔宁王，生前止封西平侯，是明初“六王”之中唯一未授公爵者，沐英嗣子沐春亦止袭西平侯爵；定边伯沐昂的两个儿子沐璘与沐瓒因沐琮年幼而先后佩征南将军印代镇云南，但只是代职，并未借袭黔国公爵位。还有，第八任族长沐朝辅的两个儿子沐融与沐巩虽然相继袭封黔国公爵，但却分别于六岁和四岁夭亡，所以画卷也未及此两位早殇的黔国公。此外，江都人萧霖《太华寺瞻明黔宁王历代遗像诗》注曰：“旧有像二十幅，今存十二幅，始昭靖（沐英），讫忠节（沐天波），凡十二世。”然所谓画像“今存十二幅”云云，根本是无稽之谈，可见萧霖对于“滇南沐氏十二代画像”可能也只是道听途说，未必目察亲验。以上所引述诸家诗述，见方国瑜主编:《云南史料丛刊》第七卷，昆明：云南大学出版社，2000 年，第 228-233 页。

明代贵州首任镇守镇远侯顾成述略

胡 凡

（黑龙江大学黑龙江流域文明研究中心）

顾成是明初贵州历史上的首任镇守总兵官，从洪武初叶起就在贵州地区活动，直到永乐十二年去世，几近四十年，对明初贵州历史的发展做出了重大贡献。但是对于这样一个人物，学界关注得并不多，本文即拟对顾成在贵州地区的活动做一缕述，并以此就教于学者方家。

一、洪武时期在贵州做到征南将军

洪武时期的顾成是从朱元璋的帐前亲兵起家的。

1352 年朱元璋加入郭子兴军，1355 年渡江取集庆开始独立发展，1356 年，顾成脱离张士诚部而归于朱元璋，“以勇选为帐前亲兵，擎盖出入。”❶攻克镇江后升为百户，攻克通州后升千户，在历经一系列战阵后，于洪武元年“升坚城卫指挥佥事”，洪武四年（1371 年）参加平蜀战役后负责镇守成都后卫，六年（1373 年）率兵赴重庆擒获“妖贼王玄保等”，“太祖名其省曰四川，隶以贵州归附诸蛮，以成为贵州卫指挥佥事，是为洪武八年。”❷这里我们要注意的是，顾成虽然是在洪武八年（1375 年）受任为贵州卫指挥佥事，但是他在贵州地区的活动肯定要早于洪武八年，应该是在洪武六年至洪武八年之间。

顾成任贵州卫指挥佥事的第二年，洪武九年（1376 年）十二月，“贵州新添瓮傍蛮犵狫叛，贵州卫指挥顾成讨平之。”❸杨士奇称：顾成率兵讨之，“俘获人马尤众，夷摄服，叩首请岁纳租赋，公从之。其僻远山峒有负固未下者次第平之。”❹

洪武十四年（1381 年），顾成作为颍川侯傅友德的部将出征云南，攻克普定后友德命顾成镇守。史载：洪武十五年（1382年）四月，“西堡蛮贼寇普定，贵州卫指挥同知顾成出兵击败之。时征南将军颍川侯傅友德遣成守普定，会蛮贼一万五千余人来攻城甚急，

---

❶ ［清］张廷玉等撰：《明史》卷一四四《列传第三十二·顾成》，北京：中华书局，1974 年，第 4073 页。

❷ ［明］何乔远：《名山藏》卷六一《臣林记·顾成》，《续修四库全书》史部第426册，上海：上海古籍出版社，2002 年，第 609 页。

❸ 《明太祖实录》卷一〇〇，洪武九年十二月己卯，台北：台湾“中研院”历史语言研究所，1962年，第1833页。

❹ ［明］杨士奇：《镇远侯赠夏国公谥武毅顾成神道碑》，［明］焦竑编：《国朝献徵录》卷七，《续修四库全书》史部第 525 册，上海：上海古籍出版社，2002 年，第 228 页。

成坚壁不动，徐俟其怠，将兵出北门击之，贼遂败走。”[1]在这次战斗中，“时有中使在普定，见公勇略绝群，还奏，特遣赐龙衣金带，升世袭指挥使，凡普定所隶诸蛮，公悉平之。”[2]看来，洪武时期的朱元璋也是在军中派有宦官在监视，顾成因有宦官的美言而得到好处。

洪武十七年（1384 年），顾成又平定了阿黑、螺蛳等十余寨，降服尾洒首领马乃之众，平定了西堡的再次动乱。洪武二十一年（1388 年）平定乖西、扒古里、谷劳、金刚等寨的叛乱，奏请朝廷“革普定府，而黜其守之怀二心者，建兵卫以属其民，析其地为州三、长官司六，而公统理焉。自是公悉意抚绥，大布恩信，诸夷向服”[3]。从上述可知，顾成在稳定明廷在贵州地区统治的过程中发挥了重要的作用。但是，洪武二十三年（1390 年）七月，顾成因为贪赃被属下告发，史载：“普定卫指挥使顾成蠹政受赃及僭用玉器等物，为其下所告，上念成旧劳，诏勿问，但令都督府移文取其罪状，以戒将来。”[4]朱元璋没有处罚他。

洪武二十五年（1392 年）夏，顾成入朝，朱元璋“赐文币二十副，钞三千贯，白金四百两，日锡宴会同馆，升镇国将军贵州都指挥使司同知。”[5]升职以后，顾成回到贵州，二十六（1393 年）年七月，“普定卫西堡长官司阿德诸寨长卜剌赞等聚众作乱，命贵州都指挥顾成领兵讨平之。”[6]二十八年（1395 年）六月，“普定西堡土官阿傍诱集蛮民二千余人叛入山箐，时出剽掠，命贵州都指挥同知顾成等领兵讨之。”[7]十一月，“贵州都指挥使司都指挥同知顾成等讨西堡土官阿傍，平之，枭其首以警众，并擒杀群蛮五千三百二十六人，获马二十四疋，稻三千七百三十八石。”当月下旬，“都匀卫丰宁长官司三蓝等寨并铁梁平州西凉蛮贼达管等作乱，时都指挥同知顾成破土官阿傍还，遂移兵讨平之。”平定了两部的叛乱后，顾成将功劳簿上奏朝廷，“诏赏贵州从征将士。先是土官阿傍等叛，都指挥同知顾成统兵讨之，上所部军功至京，上命赍赏诣军中，验功高下给之。”[8]顾成由于立下这些军功，不久得到晋升，洪武二十九年（1396 年）七月，“升贵州都指挥同知顾成为右军都督府都督佥事。成，扬之江都人，自丙申从渡江，累官至

---

[1]《明太祖实录》卷一四四，洪武十五年四月，台北：台湾“中研院”历史语言研究所，1962 年，第 2271 页。

[2]［明］杨士奇：《镇远侯赠夏国公谥武毅顾成神道碑》，［明］焦竑编：《国朝献徵录》卷七，《续修四库全书》史部第 525 册，上海：上海古籍出版社，2002 年，第 228 页。

[3]［明］杨士奇：《镇远侯赠夏国公谥武毅顾成神道碑》，［明］焦竑编：《国朝献徵录》卷七，《续修四库全书》史部第 525 册，上海：上海古籍出版社，2002 年，第 228 页。

[4]《明太祖实录》卷二〇三，洪武二十三年七月，台北：台湾“中研院”历史语言研究所，1962 年，第 3035 页。

[5]［明］杨士奇：《镇远侯赠夏国公谥武毅顾成神道碑》，［明］焦竑编：《国朝献徵录》卷七，《续修四库全书》史部第 525 册，上海：上海古籍出版社，2002 年，第 228 页。

[6]《明太祖实录》卷二二九，洪武二十六年七月，台北：台湾“中研院”历史语言研究所，1962 年，第 3350 页。

[7]《明太祖实录》卷二三九，洪武二十八年六月，台北：台湾“中研院”历史语言研究所，1962 年，第 3479 页。

[8]《明太祖实录》卷二四三，洪武二十八年十一月，十二月，台北：台湾“中研院”历史语言研究所，1962年，第 3528，3531，3534 页。

贵州都指挥同知，复征康佐、西堡、狮子孔、白石崖等寨有功，故升今职。"❶杨士奇和何乔远均称在洪武二十九年（1396年）命顾成佩征南将军印总兵征水西，这和实录的记载有些出入。

据《太祖实录》载：洪武三十年（1397年）二月，"水西土酋居宗、必登、不科阿加等叛，杀普安卫千户张骇、贵州卫百户魏安、汪俊及军士数十人，命右军都督佥事顾成为征南将军，帅贵州都指挥同知汤清、以兵五千会左军都督佥事何福讨之。"❷三月，顾成取得了胜利，"征南将军右军都督佥事顾成等击水西叛酋居宗、必登等，斩蛮寇三千三百五十八人，生擒二千一百六十四人，获马二百二十七匹，必登遁去。时西平侯沐春亦令土官宣慰安的招谕密罗、归济、阿尼三寨纳马夷民，而不科阿加之地去必登远，山谷穷隘，不可以进兵，遂还。"❸四月，"征南将军都督佥事顾成等平水西诸蛮。初，普定卫西堡长官司土官阿傍作乱，贵州都指挥使司发兵讨破之，贼酋卜剌赞等遁去，与土官阿火者助必登劫杀官军，至是成遣普定卫指挥顾统，立赏格，诱禽卜剌赞，复射杀阿火者，必登援绝远遁，水西平。"❹这里的顾统是普定卫指挥，也是顾成的长子。五月，朱元璋"诏征南将军右军都督佥事顾成还。"之所以这样做的目的，乃是朱元璋"以蛮夷见官军久驻，心必疑惧，故难猝服，欲姑缓之，以示绥怀之意，故有是命。"但是到了六月，朱元璋又"命征南将军右军都督佥事顾成讨靖州洞蛮。时成统兵平水西叛酋，被召将还京，会蛮人寇五开，故遣使赍敕，即军中命成与都指挥程暹统兵讨之。"❺七月，顾成上奏朱元璋："水西叛酋必登、不科阿加闻官军退，皆还旧寨，可乘机剿除之"，朱元璋回复顾成说："捕之则又逃窜，徒劳师旅，不如姑缓之，俟一二年再举可也。敕至，尔即移兵讨五开等处。"❻此后经屡次出兵征讨，直到洪武三十一年（1398年）二月，"水西阿旷毕所部土酋么不率化犵、阿由那与西堡沧浪等寨长必莫者等烧劫屯堡，聚众作乱，征南将军都督佥事顾成发兵讨平之。已而西堡贼阿革傍等复纠合阿黎寨三千余人为寇，成遣安庄卫指挥使陆秉、普安卫指挥顾统等分道击败之，其地悉平，成还京师。"❼

二、永乐时期的贵州镇守总兵官

建文元年（1399年）七月，靖难之役爆发后，顾成在当年八月的真定战役中被擒获，朱棣将其释放后收至麾下，令其辅佐世子据守北平。朱棣获胜后，"升都督佥事顾成

❶《明太祖实录》卷二四六，洪武二十九年七月，台北：台湾"中研院"历史语言研究所，1962年，第3576页。
❷《明太祖实录》卷二五〇，洪武三十年二月，台北：台湾"中研院"历史语言研究所，1962年，第3617-3618页。
❸《明太祖实录》卷二五一，洪武三十年三月，台北：台湾"中研院"历史语言研究所，1962年，第3632-3633页。
❹《明太祖实录》卷二五二，洪武三十年四月，台北：台湾"中研院"历史语言研究所，1962年，第3645-3646页。
❺《明太祖实录》卷二五三，洪武三十年五月、六月，台北：台湾"中研院"历史语言研究所，1962年，第3649-3650，3658-3659页。
❻《明太祖实录》卷二五四，洪武三十年七月，台北：台湾"中研院"历史语言研究所，1962年，第3661页。
❼《明太祖实录》卷二五六，洪武三十一年二月，台北：台湾"中研院"历史语言研究所，1962年，第3701页。

为都督同知。”[1]在洪武三十五年（1402年，说明：朱棣即位后抹除了建文年号，在实录中改成了洪武年号）九月里朱棣大封功臣的时候，已经是右都督的顾成又被封侯，“右都督顾成为奉天翊运、推诚宣力武臣，特进荣禄大夫、柱国、后军都督府右都督、镇远侯，食禄千五百石，子孙世世承袭，赏银三百五十两，彩币三十表里，钞三千贯。”[2]没过几天，朱棣又“赐镇远侯顾成钞六百锭”[3]。

接着，在十月里，朱棣“命镇远侯顾成镇贵州。”[4]

顾成的镇守贵州，是朱棣对全国各地军事镇戍部署中的重要一环。

朱棣继位以后，随着明廷统治集团内部权力格局的调整，明朝的军事镇戍也发生了重大变化，其中首要的一点就是改变军镇的领导体制，由诸王镇戍恢复为大将镇戍，从永乐时期的历史发展来看，这一转变在成祖即位后的一年里基本完成。

七月初二，朱棣“升福建都指挥使郑祥为右军都督佥事”，初三日就“命右军都督佥事郑祥充统兵官镇守云南，云南都指挥使卢旺充左副统兵，都指挥佥事欧庆充右副统兵，遇有军务，相机调遣，俟境宁谧，郑祥留掌云南都司事，卢旺、欧庆各就本职”[5]。值得注意的是这里的郑祥是统兵官，与总兵官有一字之差，是否史籍有误尚无法判定，但让他俟境宁谧留掌云南都司，说明他是以右军都督佥事出任都司级的将官。七月十五日，朱棣“制谕前军左都督李增枝，往荆州整肃兵备，抚安军民，节制荆州、襄阳、瞿塘、安陆诸卫”[6]。并且于二十二日对李增枝提出具体要求：“朕命尔于荆州镇守城池，提督军务，随事区画，务在得宜，岁终图所经地里险易及军马钱粮数目以闻”；当天又“命左都督袁宇往四川、云南，整肃兵备，抚安军民，俟边境宁靖，就镇守云南”，和前面的郑祥镇守云南相比，一个都督佥事，一个都督，两人不在一个级别上，显然袁宇的地位要高于郑祥。为了协调洪武末年形成的藩王镇戍的领导体制，朱棣又特意“赐书岷王楩曰：‘今遣都督袁宇赴云南，整肃兵备，镇抚一方，凡事可与计议而行。夫藩屏至重，贤弟宜慎出入，谨言节饮，庶诸夷有所瞻仰，而不负兄之所望’”；同一天，朱棣“命江阴侯吴高往河南、陕西二都司，整肃兵备，抚安军民，俟军民宁谧，就镇守陕西”[7]，这是北边派出的第一个镇守；关于北平的情况，朱棣“敕谕都督陈圭等曰：今内难既平，天下疲于兵旅，而北方凋弊尤甚。朕长子居守国中，天性淳厚，可属大事，尔等宜悉心辅导，事有利于军民者即议行之，务协至公，无怠无忽，庶副朕委托之重”[8]，这里的“朕长子

[1]《明太宗实录》卷九下，（建文）四年六月，台北：台湾“中研院”历史语言研究所，1962年，第139页。
[2]《明太宗实录》卷一二上，洪武三十五年九月，台北：台湾“中研院”历史语言研究所，1962年，第195页。
[3]《明太宗实录》卷一二下，洪武三十五年九月，台北：台湾“中研院”历史语言研究所，1962年，第213页。
[4]《明太宗实录》卷一三，洪武三十五年十月，台北：台湾“中研院”历史语言研究所，1962年，第238页。
[5]《明太宗实录》卷十上，洪武三十五年七月，台北：台湾“中研院”历史语言研究所，1962年，第150，154页。
[6]《明太宗实录》卷十下，洪武三十五年七月，台北：台湾“中研院”历史语言研究所，1962年，第163页。
[7]《明太宗实录》卷十下，洪武三十五年七月，台北：台湾“中研院”历史语言研究所，1962年，第168-169页。
[8]《明太宗实录》卷十下，洪武三十五年七月，台北：台湾“中研院”历史语言研究所，1962年，第170页。

居守国中”反映出北平是由朱高炽镇守，是北平向北京转变之初的情况，而且在靖难之役过程中朱高炽一直是北平的镇守。从这些记载中我们看到，朱棣在七月里安排了云南、荆州、陕西、北平的一应镇守事宜，同时在七月二十九日还“命礼部铸征南将军、征西将军、平羌将军印”❶，这应该是为以后派镇守总兵官所做的准备。

八月里，对各地的镇守总兵官又作了密集的安排。

八月初一，朱棣“敕历城侯盛庸：‘比以山东未定，命卿镇守淮安，今山东布政使铁铉亦已就获，诸郡悉平，是皆宗社之灵，生民之福。朕念山东军民困于兵革，转输已久，卿其息兵养民，使各得其所，粮饷续有处分。’”这表明镇守淮安的是建文降将历城侯盛庸；又“命后军都督府都督同知陈用、都督佥事曹远掌山西行都司事。”这表明此时在大同首先安排了都司的长官；接着“命左军都督府左都督刘贞镇守辽东，其都司属卫军马听其节制”❷。

八月初八，朱棣“命右军都督府左都督何福佩征虏前将军印充总兵官，往镇陕西宁夏等处，节制陕西都司、行都司、山西都司、行都司、河南都司官军”。这里我们要注意两点：一是何福佩征虏前将军印，这枚印是洪武时期铸造的，傅友德曾经佩此印以征蜀，洪武晚年杨文曾佩此印以征南，现在又由何福佩戴，后来何福常驻宁夏镇守，由此而有宁夏镇的建立；二是何福一人节制陕西都司、行都司、山西都司、行都司、河南都司五个都司的官军，可见其权力之大，也见朱棣对他的信任。同时朱棣又“命右军都督同知韩观往江西等处，操练军马，整点城池，广东都司、福建行都司、湖广都司军马听其节制”❸。都督同知韩观镇守江西，节制了三个都司，权力也可谓不小。

八月十一日，朱棣为了让西平侯沐晟重新出镇云南，鉴于岷王朱楩与西平侯沐晟关系不好，特意提前给岷王朱楩写信进行调解，书曰：“尝闻皇考之训：‘朕年二十四五尚未有子，时沐英甫八岁，因兵受厄，父母不得复会，朕抚育之，恩同其父，后乃命复本姓，因其军功封为西平侯，俾控御诸夷，十余年间，朕无西南之忧者，以英在也。’言犹在耳，后英殁，特追封为黔宁王，盖不次之恩也。既以子春嗣侯爵，春卒，弟晟继之。历观群臣受皇考恩，未有如沐氏者矣。今晟所为卤莽，间信小人，干犯吾弟，固不可容。但念乃父佐命开疆之力，不忍罪之，特召至京，已惩戒之，其下小人，亦不轻宥。兄又思云南重地，昔倚任其父而蛮夷率服，故仍遣晟往，欲其安边抚夷，必如乃父存日，庶几不负皇考之恩。若其不能改过，负德隳功，他日以国法正之未晚。吾弟亦宜念黔宁之亲，及其安边之功，晟虽有罪，置之度外可也。”❹在发出了给岷王朱楩的信后，十三日

❶《明太宗实录》卷一〇下，洪武三十五年七月，台北：台湾“中研院”历史语言研究所，1962年，第174页。
❷《明太宗实录》卷一一，洪武三十五年八月，台北：台湾“中研院”历史语言研究所，1962年，第175页。
❸《明太宗实录》卷一一，洪武三十五年八月，台北：台湾“中研院”历史语言研究所，1962年，第178-179页。
❹《明太宗实录》卷一一，洪武三十五年八月，台北：台湾“中研院”历史语言研究所，1962年，第179-180页。

朱棣就“命西平侯沐晟镇守云南，云南都司属卫听其节制。”他在给沐晟的敕谕中说道：“昔我皇考太祖高皇帝当抚攘之时，年二十余尚未有子。尔父英才八岁，父母俱殁于兵，茕茕来依，皇考皇妣怜之，抚育为子。既有朕兄弟，皇考以沐氏不可无后，命复本姓，承其宗祀，屡从征伐，积有功劳，封西平侯。云南既定，出镇十有余年，朝廷无西南之忧，所以累增产业，冀延子孙，永保富贵。尔父卒，追封黔宁王，以尔兄春嗣侯爵。春卒，无子，命尔嗣之。历观群臣受恩深厚，未有过尔父子者也。间者尔为小人所惑，干犯岷王，朕念皇考皇妣教育尔父之恩，及尔父佐命开疆之功，不忍寘尔于法，姑宥不问，仍令镇守云南。尔当深思皇考皇妣再造之大德，迪尔父之行，以图厥终，尔其念哉！”❶从这两封书信中我们看到，朱棣在重新确立以大将镇戍的体制时，还要调解与洪武时期诸王镇戍体制所产生的矛盾，但是大将镇戍的体制是必定要推行的。

九月，对已任命的江西镇守韩观进行了调整，“命右军都督同知韩观佩征南将军印，充总兵官，往广西整肃兵备，镇守城池，而节制广西、广东二都司。”❷韩观在洪武末年就曾出任过广西都指挥使，现在让他做广西镇守总兵官，可谓是合适的人选，而且朱棣把新铸的征南将军印交给韩观佩戴，可见对他的重视。

十月，除了对已任命的镇守总兵官发踪指示外，新任命的镇守总兵官只有一人，即“命镇远侯顾成镇贵州”❸。十一月没有新的镇守总兵官任命，十二月，“命成安侯郭亮镇守永平山海，操练军马，抚安军民”❹。

永乐元年（1403 年）正月，朱棣对镇守总兵官又有新的调整和任命。正月十五日，“命保定侯孟善镇辽东，节制辽东都司所属军卫”❺，这是前述的左都督刘贞被召回，又派去了保定侯孟善；四天以后，正月十九日“命后军左都督宋晟佩平羌将军印，充总兵镇甘肃”❻。

元年二月没有新总兵官的任命。元年三月三日，朱棣“命江阴侯吴高镇守山西大同，防御胡寇，节制山西行都司诸卫”❼。这是在吴高的职务被何福取代后又对吴高做出的新安排。三月里任命的总兵官还有两位，十一日“命平江伯陈瑄及前军都督佥事宣信俱充总兵官，各帅舟师海运粮饷，瑄往辽东，信往北京”❽。这是洪武时期海运补给辽东、北平粮饷的继续。

元年四月任命的总兵官只有一位，由于江西总兵官韩观被调往两广，朱棣又“命襄

---

❶《明太宗实录》卷一一，洪武三十五年八月，台北：台湾“中研院”历史语言研究所，1962 年，第 182 页。
❷《明太宗实录》卷一二下，洪武三十五年九月，台北：台湾“中研院”历史语言研究所，1962 年，第 216 页。
❸《明太宗实录》卷一三，洪武三十五年十月，台北：台湾“中研院”历史语言研究所，1962 年，第 238 页。
❹《明太宗实录》卷一五，洪武三十五年十二月，台北：台湾“中研院”历史语言研究所，1962 年，第 280 页。
❺《明太宗实录》卷一六，永乐元年正月，台北：台湾“中研院”历史语言研究所，1962 年，第 294 页。
❻《明太宗实录》卷一六，永乐元年正月，台北：台湾“中研院”历史语言研究所，1962 年，第 296 页。
❼《明太宗实录》卷一八，永乐元年三月，台北：台湾“中研院”历史语言研究所，1962 年，第 319 页。
❽《明太宗实录》卷一八，永乐元年三月，台北：台湾“中研院”历史语言研究所，1962 年，第 327 页。

城伯李濬充总兵官，锦衣卫指挥陈敬为副总兵，往江西操练军民，镇守城池，节制江西都司并护卫官军”❶。五月没有新总兵官的任命。

元年六月二十二日，朱棣“命武安侯郑亨充总兵官，武城侯王聪充左副总兵、安平侯李远充右副总兵，率师驻宣府备御”❷。宣府就此成为北边军事重镇。

截至此时，明廷对全国各地的军事镇戍部署基本完成。以此观之，顾成之镇守贵州，确实是众多环节中的一环。在任命顾成镇守贵州的下个月，朱棣曾对兵部尚书刘俊说：“建文时军官、总小旗以罪罢职役者，罪多失当，其皆复之，洪武中罢职役者令从边将立功，俟有功亦复之。时镇远侯顾成镇贵州，都督韩观镇广西，刘贞镇辽东，何福镇宁夏，凡各处官旗立功者，随所近分隶焉。”❸这是为各地军队补充那些曾经战阵、富有战斗经验的军事人员。

洪武三十五年（1402 年）十月接到镇守贵州的任命，顾成于永乐元年（1403 年）春再次来到贵州，“蛮夷闻公至，欢趋出拜，叛者皆归，境内靖宁，公上书论大计”❹。杨士奇是永乐时期的著名人物，顾成的同时代人，他所说的“论大计”，当然是事关国家大事，至于说的什么，诸史皆语焉不详，但是实录对此却做了详细记载：时间为永乐元年（1403 年）九月。

实际上顾成在三月里回到贵州，首先就官军和土军共同训练一事提出建策：“金筑安抚司等处每有征讨，辄率官军、土军兼进，有功则皆赏之，宜令一概操练，庶可久长兼用。”对此朱棣敕谕他说：“卿策固善，朕虑土军皆夷人，乐散逸而惮拘束，若后之同于官军，或情有不堪，驭夷之道当顺情以为治，可斟酌行之。”这是让他根据实际情况定夺。过了两天，顾成又就康佐地区缴纳秋粮一事提出建议：“普定卫康佐长官司岁秋粮止内［纳］普定卫，洪武二十五年始改输安南卫，然康佐距安南卫三百五十里，往复半月，人负米三斗，（正）［止］足途中之食，故累岁有亏。康佐距普定止两日，若令旧运输普定，甚便之。从之。”❺从这两项建议来看，顾成确实是实心任事，是从方便当地民众的角度考虑问题，这也可以印证杨士奇所说的“蛮夷闻公至，欢趋出拜”是有依据的。

半年之后，永乐元年（1403 年）九月，顾成奏上了他的大计：“臣奉命守贵州，招抚蛮夷，方隅暂安，苟禄叨恩，微劳莫效。窃以为云南、两广远在边陲，蛮贼间尝窃发，譬犹蜂虿之毒，不足系心。东南海道，虽倭寇时复出没，然止一时剽掠，但令缘海滨卫严加提

---

❶《明太宗实录》卷一九，永乐元年四月，台北：台湾“中研院”历史语言研究所，1962 年，第 351 页。

❷《明太宗实录》卷二一，永乐元年六月，台北：台湾“中研院”历史语言研究所，1962 年，第 391 页。

❸《明太宗实录》卷一四，洪武三十五年十一月，台北：台湾“中研院”历史语言研究所，1962 年，第 259 页。

❹［明］杨士奇：《镇远侯赠夏国公谥武毅顾成神道碑》，［明］焦竑编：《国朝献征录》卷七，《续修四库全书》史部第 525 册，上海：上海古籍出版社，2002 年，第 229 页。

❺《明太宗实录》卷一八，永乐元年三月，台北：台湾“中研院”历史语言研究所，1962年，第330，331-332页。注：( ) 为误，［ ］为校正，下同。

防，亦无足虑。惟北虏遗孽，其众强悍，其心狡黠，睢盱侦伺，侵扰边疆，经国远谋，当为深虑。窃谓及其未动之时，宜先遣人赏赉、招谕，以窥其动静，预敕缘边军卫暨边境关隘，高其城垣，深其壕堑，屯田储积，操兵养马，以备不虞。我既预为之防，虏亦何能为患？若其留家漠北，轻兵入寇，必持狐疑，不敢深入，纵其轻入，官军据险，伏以待之，彼其不展，应拨发伏，禽杀必多，如是数年，虏当远遁，其何敢复窥中国哉！至于朝廷大事，文武重臣措指有余，臣尚有欲言者，伏愿皇上早立东宫，以定国本，副理万机，永安宗社，使天下臣民共享太平之福，不胜幸甚。”认真考察顾成的上奏，我们感到他说的确实事关国家大计，一个是边防问题，一个是国本问题。以边防问题而论，顾成认为：云南两广以及东南沿海的倭寇均不足为虑，重点应该防范的是“北虏”即蒙古各部。至于防范的具体措施，他提出了深有见地的策略：首先是赏赉、招谕；其次是深沟高垒、屯田积谷、操兵养马、据险设伏，这是以预防为主的策略。纵观明代的北边防御，确实是按照这一思路展开的，我们不能说是顾成影响了朱棣的北部边防政策，但我们可以说顾成说到了朱棣的心坎里。以国本问题而论，朱棣即位后，因为在靖难之役中有对朱高煦的承诺，迟迟不立太子，由此而引起围绕立太子问题的明争暗斗，顾成劝朱棣“早立东宫”，确实事关国家大计。正因如此，朱棣对顾成的上书非常感动，以致赐予不断，史载：“书奏，上嘉其言，赐敕褒之曰：‘卿祗事皇考，从朕于艰难之际，忠而自信，勇而善谋，协成匡济，劳绩居多，爰命往镇旧邦，用佚高（卑）[年]。乃心不忘朝廷，以嘉言来献，眷乃诚忠，良用嘉悦。时遣人赍千锭、文绮四匹、罗四匹、彩绢八匹赐卿，用答惓惓之诚，至可领也。’”❶

十月，朱棣又“赐镇守贵州镇远侯顾成银币”，对此他向侍臣们解释道：“汉武帝穷兵黩武以事夷狄，汉家全盛之力遂至凋耗，当时虽得善马，岂足偿中国万一之费！朕今休息天下，惟望时和岁丰，百姓安宁。至于外夷，但思有以备之，必不肯自我扰之，以罢弊生民。近成言：‘今日惟当安养中国，慎固边防’，此言甚合朕意，盖斯人老成，非喜功好胜之流，以是时嘉奖之。”❷十一月，“镇守贵州镇远侯顾成遣指挥李宣进马，赐宣钞十锭、纻丝衣一袭。”❸十二月，“镇守贵州镇远侯顾成遣人（马）[进]马，且陈边务，赐敕劳成曰：‘卿以重臣出镇边鄙，尽诚为国，计虑甚周，屡有建明，允惬朕意，眷念耆旧，绮注良深，特赐卿银二百两、钞万贯、彩币八表里，至可领也。’”❹这里说到顾成的“且陈边务”，我们不知道详细情况，但顺着九月里顾成建议的思路，可以想见他是在向朱棣深入阐述自己的想法，而且深入朱棣的心扉，深得朱棣的信任，所以在朱棣第一次北巡时曾想要让顾成辅佐太子监国，此是后话。

❶《明太宗实录》卷二三，永乐元年九月，台北：台湾“中研院”历史语言研究所，1962 年，第 422-423 页。
❷《明太宗实录》卷二四，永乐元年十月，台北：台湾“中研院”历史语言研究所，1962 年，第 445-446 页。
❸《明太宗实录》卷二五，永乐元年十一月，台北：台湾“中研院”历史语言研究所，1962 年，第 452 页。
❹《明太宗实录》卷二六，永乐元年十二月，台北：台湾“中研院”历史语言研究所，1962 年，第 480 页。

在接下来的几年里，永乐二年（1404年）正月，“命镇守贵州镇远侯顾成以官所市马二千匹悉给诸卫军士。”[1]这是让顾成将官市所得的马分给诸卫军士。永乐三年（1405年）四月，“镇守云南西平侯沐晟、镇守贵州镇（守）[远]侯顾成及陕西等都司、朝鲜等国并四夷土官、酋长各遣人奉表，贡金银器、犀、象、马、方物，贺万寿圣节。”[2]这是明代的大礼，给皇帝祝寿。永乐四年（1406年）十二月，“镇守贵州镇远侯顾成奏：‘招谕合江州等十五寨长光眼等向化。’先是，都匀卫言：‘光眼等聚众作耗，攻围合江州。’命成招谕，至是皆服。”[3]这是在顾成职责范围之内的事，招抚地方的少数民族对于国家是有利的。

永乐六年（1408年）三月，朱棣“召镇守贵州远镇侯顾成还京。敕曰：‘卿年高，久处海外，勤于边务，朕思念不忘，可即还京，用少佚劳勚，亦慰朕延伫之意。’”[4]四月，顾成回到北京，觐见朱棣，史称：“镇守贵州镇远侯顾成入见，上慰劳再四，赐白金二百两，钞四万贯，文绮三十表里，（朱）[未]几，固请还镇，从之。”[5]至于朱棣为什么要召顾成进京，实录没说，还是杨士奇说得清楚，当时朱棣要巡狩北京，“豫召公副储君监国。”[6]何乔远也记载道：“命太子监国，上念成前奏，召使辅导。”[7]顾成人老成精，他知道这里面的水太深，委婉地对朱棣说道：“皇太子仁厚，恭勤明达，足任付托，且左右文武之臣其智识深长，皆非愚臣所及，蛮夷虽今帖服，小有竞争，即恃兵为乱，愚臣非敢决意去留，惟陛下命之。”朱棣嗟叹累日，最后还是同意他回到贵州，杨士奇对此说道：“盖是时怀夺嫡志者不乐公在京师，公烛知，故先几引去也。”[8]于此可见，杨士奇说他“少知书，通大义”绝非虚言，这在当时的武将中是难能可贵的。

回到贵州后，永乐六年（1408年）六月，朝廷“命镇守贵州镇远侯顾成率贵州都司官军及泗城州土兵征剿播州等处叛蛮。”[9]十月，贵州宣慰使宋斌向朱棣上奏：“所属各劳、王石等塞蛮民不供赋税，连结蛮酋宋阿袄等为乱。”朱棣敕守贵州镇远侯顾成率兵剿之，顾成率兵入其地，斩其首领，余党奔溃，“成遣人谕以祸福，相继皆降。”[10]

永乐七年（1409年）四月，“敕镇守贵州镇远侯顾成曰：‘蛮夷仇杀，自昔而然，必

[1]《明太宗实录》卷二七，永乐二年正月，台北：台湾“中研院”历史语言研究所，1962年，第499页。

[2]《明太宗实录》卷四一，永乐三年四月，台北：台湾“中研院”历史语言研究所，1962年，第670-671页。

[3]《明太宗实录》卷六二，永乐四年十二月，台北：台湾“中研院”历史语言研究所，1962年，第896页。

[4]《明太宗实录》卷七七，永乐六年三月，台北：台湾“中研院”历史语言研究所，1962年，第1049页。

[5]《明太宗实录》卷七八，永乐六年四月，台北：台湾“中研院”历史语言研究所，1962年，第1059页。

[6]［明］杨士奇：《镇远侯赠夏国公谥武毅顾成神道碑》，［明］焦竑编：《国朝献征录》卷七，《续修四库全书》史部第525册，上海：上海古籍出版社，2002年，第229页。

[7]［明］何乔远：《名山藏》卷六一《臣林记·顾成》，《续修四库全书》史部第426册，上海：上海古籍出版社，2002年，第610页。

[8]［明］杨士奇：《镇远侯赠夏国公谥武毅顾成神道碑》，［明］焦竑编：《国朝献征录》卷七，《续修四库全书》史部第525册，上海：上海古籍出版社，2002年，第229-230页。

[9]《明太宗实录》卷八〇，永乐六年六月，台北：台湾“中研院”历史语言研究所，1962年，第1075页。

[10]《明太宗实录》卷八四，永乐六年十月，台北：台湾“中研院”历史语言研究所，1962年，第1120页。

务杀之，非柔远之道。虽其（横）[犷]戾难化，然鸟兽之性亦有可驯，姑尽心抚绥。盖天道（如）[好生]，人情恶死，体天之道，念人之情，则中心恻隐，自有不能已者，卿其慎之。昔李广杀降，终不得侯，祸贻子孙。卿镇边疆，必使蛮夷怀恩（报）[服]义，安生乐业，则朝廷得怀[远]之道，而卿有及人之惠矣。慎之！慎之！’是时，蛮夷叛服不常，成怒，有俘获至者，（辍）[辄]杀之，上闻之，故赐敕切戒之。”九天后，“四川播州宣慰使杨昇言：‘招谕草塘、黄平二安抚司、（重长安官司）[应为重安长官司]所辖当科、笃雍等十一寨蛮人向化。’先是，昇言其梗化不服，聚众劫掠，请发兵剿之。上敕昇曰：‘蛮夷反侧其来久矣，如遽调军，即一方之人并受荼毒，宜再遣人抚谕，若果不从，当令镇远侯顾成经略之。’昇如上旨，遣赍敕宣朝廷恩德，遂皆归化。”❶从这些记述中可知，顾成也有因发怒而犯错之时，还是朱棣对他进行了规诫。永乐十年（1412年）正月，朱棣“敕劳镇守贵州镇远侯顾成曰：‘朕久不见卿，寤寐弗忘，特赐钞三千贯，卿其强食自爱’”❷。由此看来，顾成这时候的身体似乎有些问题了。

永乐十一年（1413年）是贵州建省之年。二月，“设贵州等处承宣布政使司。初，思南宣慰使（思）[田]宗鼎凶狠淫虐，生杀任情，与其副使黄禧构怨累年，互有奏讦，朝廷虽恶宗鼎，然以田氏世守其地，曲予保全，而改黄禧为辰州府知府。思州宣慰使田琛亦与宗鼎有怨，禧暗结琛使图宗鼎。宗鼎及琛数相攻杀，禧既得志，肆横虐民，民甚苦之。琛自称天主，妻为地主，长官文得、杨光海等称文武臣，禧为大将，与琛连兵攻思（攻思）南，宗鼎挈家走，琛杀其弟，发其祖宗坟墓而戮其母尸，尽掠其人畜赀财，所过残害其民。宗鼎诉于朝，屡敕田琛、黄禧赴阙自辨，皆拒命不至。自知不为朝（庭）[廷]所容，遂有逆谋，潜使奸人张胜依托教坊司官史勉，得出入祗应，将伺便为变。事觉，命行人蒋庭瓒往召之，而敕镇远侯顾成以兵五万压其境，凶党叛散，琛等就擒，与黄禧相继械送京师，皆引服。琛妻冉氏尤强悍，复遣人招诱台罗等寨蛮人苗普亮等为乱，冀朝廷遣琛还，招抚，因得免死。上闻之，诏有司禁锢琛等，以宗鼎虽横恣，然穷蹙自归，得末减，使复职归思南。而宗鼎奏言：‘必得报怨家以绝祸根。’上以其素凶恶，今幸免祸，犹不自惩，而欲逞忿，民将有不胜其害者。遂留之京师，月给俸禄，宗鼎怨望出诽言，因发其祖母阴事，谓始与黄禧奸，实造祸本，而窃损其衣食，欲杀之。祖母亦发宗鼎缢杀亲母，渎乱人伦等事。上命刑部正其罪，谕户部尚书夏原吉等曰：‘朝廷初命田琛、田宗鼎分治思州、思南，正欲安其土人，乃皆为土人之害。琛悖逆不道，构扇旁州，妄开兵衅，屠戮善良，抗拒朝命，已正其罪；宗鼎尤为凶骜，绝灭伦理，罪不可宥。其思州、思南三十九长官司，宜加意抚绥，可更置府州县，而立布政司总辖之，其原长官司及差税悉仍旧，所当行之事，卿等详议以闻。’原吉等议：‘以思州二十二长官司分

---

❶《明太宗实录》卷九〇，永乐七年四月，台北：台湾“中研院”历史语言研究所，1962年，第1189-1191页。

❷《明太宗实录》卷一二四，永乐十年正月，台北：台湾“中研院”历史语言研究所，1962年，第1556页。

（说）[设]思州、新化、黎平、石阡四府，思南十七长官司分思南、镇远、铜仁、（乌）[乌]罗四府，其镇远州、婺川县亦各随地分隶，而于贵州设贵州等处承宣布政使司以总八府，仍与贵州都司同管贵州宣慰司，其布政司官属俱用流官，府以下参用土官。'从之。遂命吏部选授布政司及府县官，以行人蒋廷瓒、河南左参政孟骥俱为右布政使，改河南右参政陈俊名为右参政，山西左参议王理、河南按察司副使张翥、江英俱为左参议，副使邹锐、佥事丘陵、进士周宗保俱为右参议，授进士崔彦俊、王恭等为府州官，令廷瓒等率至贵州，随缺定注。廷瓒尝与擒田琛等之谋，故升用之。"❶虽然建省时起主要作用的是蒋廷瓒，但顾成作为军事长官，率领五万大军镇戍并擒获反叛之人，则是保证建省顺利完成的根本保证。

永乐十一年（1413 年）八月，思州台罗等地苗民发生叛乱，朱棣"命镇远侯顾成充总兵官，都督梁福等副之，统率湖广、贵州二都司及武昌三护卫所调官军三万人"进剿，并且敕谕顾成："蛮夷叛服不常，盖其素性，今讨之非难，但虑杀伤过多耳，卿等至境上，且按兵不动，已遣人赍敕招谕，如招谕不服，进师未晚。"❷到了九月，朱棣顾虑招谕不服而导致叛乱滋蔓，"遂敕成等，若兵力不足，更于贵州都司调军一万，期以今冬平贼。"❸十月，又"敕贵州总兵官镇远侯顾成等曰：'前命尔等征讨蛮寇，兵力不足，于贵州添调一万，今武当发回辰沅、五（闻）[开]等九卫官军万二千余人，亦可选用，又令播州宣慰使杨昇选调土军六千，如选不及数，必得四千，听尔调用，尔等宜同心画策，必以今冬平除（必）[此]寇，毋执偏见，以误事机'"❹。到永乐十二年（1414年）正月，顾成终于平定了台罗等十四寨及靖州会同县青龙渡等处的叛乱，朝廷遣人招谕不从，遂敕成等讨之。成与贵州布政司参议江英等合兵击之，斩苗普亮，"余寇奔溃，遂平。"❺三月里，朱棣"敕总兵官镇远侯顾成等曰：'比知贼首就戮，余众溃散，今春耕及时，宜悉散军回卫，若残寇复出，俟秋成之后出兵剿除'"❻。

以上是顾成为贵州的稳定作出的最后贡献，永乐十二年（1414 年）五月，镇远侯顾成卒。

三、结　语

综观顾成一生的人生轨迹，如若将洪武七年（1374 年）定为他进入贵州活动的起始，到永乐十二年（1414 年）他去世，整整四十年。在这四十年中，他为稳定明廷在贵

❶《明太宗实录》卷一三七，永乐十一年二月，台北：台湾"中研院"历史语言研究所，1962年，第1661-1664页。
❷《明太宗实录》卷一四二，永乐十一年八月，台北：台湾"中研院"历史语言研究所，1962 年，第 1699 页。
❸《明太宗实录》卷一四三，永乐十一年九月，台北：台湾"中研院"历史语言研究所，1962 年，第 1707 页。
❹《明太宗实录》卷一四四，永乐十一年十月，台北：台湾"中研院"历史语言研究所，1962年，第1709-1710页。
❺《明太宗实录》卷一四七，永乐十二年正月，台北：台湾"中研院"历史语言研究所，1962 年，第 1727 页。
❻《明太宗实录》卷一四九，永乐十二年三月，台北：台湾"中研院"历史语言研究所，1962 年，第 1736 页。

州的统治、为贵州布政司的建立都做出了重大贡献。首先，他在这个民族众多的地区扑灭各个反叛势力时，既能诛除首恶，又能注意抚慰大众，避免滥杀无辜，这在明廷的各级武将中是难能可贵的，因此他才能得到当地少数民族民众的信服，所谓“大布恩信，诸夷向服”绝非虚言。其次，作为“知书”并能“通大义”的武将，顾成的识见在当时的武将中也是堪称翘楚，从他能向朱棣提出预防“北虏”的建策因此而深得朱棣赏识，到他提出“立国本”之大计并能在朱棣筹划安排中安然脱身，可见其智术的超群，这在当时的武将中更属凤毛麟角。因此，顾成是个值得我们注意并加以研究的人物。

明镇远侯顾氏世家考

何歌劲

（湖南省湘潭市文联）

明初镇远侯顾成，祖籍湖南湘潭，元文宗至顺元年庚午（1330 年）十二月十六日（1331 年 1 月 24 日）出生在扬州笊篱湾。元至正十六年丙申（1356 年）三月，朱元璋率军攻占集庆（南京），祖上及本人世代为驾船水手的顾成自扬州前来投效，很快为朱元璋所赏识与倚重，任为帐前亲兵。顾成连年征战守土，尤其对于边远省份贵州的开拓与建省厥功至伟。永乐初年被封为镇远侯，并赐侯爵世袭不替。永乐十二年五月二十五日丁酉（1414 年 6 月 12 日），顾成逝世于贵州贵阳任上，归葬扬州。其曾祖、祖、父追封侯爵，诸先妣及其先元配彭氏皆封赠为夫人。镇远侯世家是明初开国武将中有幸能够终明一朝享受侯爵尊荣并历代多实授军中要职的少数不败的武将家族之一。

关于顾成生前之事业功勋及其出身与家世，笔者已有专文研究。今特对其世家的侯爵传递与裔传脉络进行补充研究，以助于加深对于与镇远侯家族相连的明代重要历史事件的认识。值得注意的是，这样一位著名的大将军及其豪族，却并未在其祖籍地湘潭与籍贯地扬州留下群居的后裔，甚至在当朝当地其名皆不显。其中的历史真相如何，本文将逐一探讨。

一、早期文献关于顾成子孙的表述

顾成有几个儿子几个孙子？早期文献有过不同的表述。

由杨士奇纂修于明宣德年间的《太宗文皇帝实录》卷之一百五十一记载顾成有“子八人”，后来《明史》等采此说。20 世纪在扬州出土的由扬州府儒学教授蔺从善在永乐十三年正月三日所撰顾成墓志铭，以及金幼孜文集所载也是在永乐十三年（1415 年）所撰顾成祠堂碑，皆有八子七孙的具体名字记载。

蔺从善撰《明故征南将军镇远侯顾公墓志铭》载：

子男八人：统为普定卫使，先卒；勇为贵州卫同知；曰铣，曰铨，曰锐，曰亮，曰三圣保，皆早世；曰源，方弱冠。女七人，俱适显宦。孙七人：曰再兴；曰兴祖；曰旺兴；曰长寿，曰福寿；曰普忠，曰普德。兴祖袭普定之职。姪曰詹，尚蜀府富顺郡主。

曾孙二人：曰重兴，曰永兴，俱幼。[1]

金幼孜撰《追封夏国武毅公祠堂之碑》：

子男八人：长统，任普定卫指挥使，先卒；次铣，次铨，次锐，并卒于难；次勇，今为贵州卫指挥同知；次亮，次三胜保，先卒；次源。女七人：德音、德瑜、德善、德柔、德琓、德能、德真，俱适显官。孙男七人：曰再兴；曰兴祖，袭爵镇远侯；曰旺兴；曰长寿；曰福寿；曰普忠；曰普德。曾孙二人：重兴，永兴。犹子：瞻，为蜀府仪宾。[2]

但是，在《明实录》里还曾出现过其另外名字儿子的记载。《太宗实录》永乐十二年五月丁酉条：

子八人。统，普定卫指挥使；勤，贵州指挥同知。统先卒。[3]

过庭训《本朝分省人物考·顾成传》中也记载：

子八人。统，普定卫指挥使；勤，贵州卫指挥同知。[4]

上引顾成两碑皆列其子有顾勇而无顾勤，《明实录》与过著《顾成传》中所述顾勤，与各碑所述顾勇一样，都是任贵州卫指挥同知，以此推断顾勇与顾勤同一人。因当时所立碑为第一手材料，更具准确性与权威性，故顾成此子实名顾勇，而顾勤当是顾勇的音读误听误记。

关于顾成第五子顾勇，明代李维桢《镇远侯世家》有较多记载：

勇，成第五子也。平江伯陈瑄、都督陈怀及御史、按察司举诸卫指挥使能治军者二十七人，勇与焉。擢贵州都司。合江州化从诸寨长韦翁同等，引广西贼韦万良等叛，勇兵入梅花洞，平之。正统初，命镇守普定。蛮阿迟、阿哈等僭号，为妖书，焚公署，流劫四境，勇捕得阿哈并其从，械送京师。英宗枭阿哈，余宥死，戍广西，家属给官兵。从征麓川，斩贼首十余人。进攻刀招汉寨，与贼战，死之。赠都指挥同知，赐祭。子能，请袭，兵部以流官例不与。英宗曰："勇功多，且死王事，许其子袭，以示劝。"[5]

两通碑志在孙辈的名字中，不是将最显赫的顾兴祖排在最前，而是排在了第二的位置，显然这是严格按照年龄大小排列的。值得注意的是，顾成有一位侄儿顾瞻成了蜀王的女婿。那么顾成至少还有一位兄弟应该具有较为显赫的军政位置。

但同样是由杨士奇撰写的顾成神道碑，则表述顾成有七子九孙：

朝廷既追封公，并追封三代考皆夏国公、妣皆夏国公夫人，元（原）配彭氏再追封

---

[1] ［明］蔺从善：《明故征南将军镇远侯顾公墓志铭》，原石原拓藏扬州市博物馆，笔者存有拓片照。

[2] ［明］金幼孜：《金文靖集》卷九《追封夏国武毅公祠堂之碑》，《文津阁四库全书》集部第1240册，北京：商务印书馆，2008年影印本，第816页。

[3] 《明太宗实录》卷一五一，台北：台湾"中研院"历史语言研究所校印，1962年影印本，第1759页。

[4] ［明］过庭训：《明分省人物考（九）·顾成传》，周骏富辑：《明代传记丛刊》综录类（36），第137册，台北：明文书局，1991年，第424页。

[5] ［明］李维桢：《大泌山房集》卷六二《镇远侯世家》，《四库全书存目丛书》集部第152册，山东：齐鲁书社，1997年，第55页。

夏国夫人。继室穆氏、李氏。子男七：长统，先公卒，洪熙中以其子贵追封镇远侯；次铣；次铨；次锐；次勇，累官贵州都指挥佥事；次亮；次源。孙男九：兴祖，袭封镇远侯，效用三朝，克绳祖武；凯，再兴，惪，旺兴；能，贵州卫指挥同知，先卒；琮，琦，珫。曾孙男六，玄孙男一。❶

要弄清不同碑文中顾成子孙记载的差别，首先就要弄清撰碑时间的差别。前引顾成墓志铭、顾成祠堂碑皆有永乐十三年（1415年）的准确的撰文时间记载，唯顾成神道碑缺此。那我们就只好从碑文内容去进行探究。首先，是弄清撰文者杨士奇在世的时间，《明史》载杨士奇为“正统九年三月卒”，故正统九年（1444年）三月，是杨士奇书碑时间的下限。碑文中有“兴祖具事状属士奇书神道之石。士奇永乐、洪熙中官翰林，日侍二圣，实闻公事，故不辞，敬次第书之”之句，以此可断文成时间的上限是宣德年间。文中又有“能，贵州卫指挥同知，先卒”的说法，这个“先卒”应指先于立碑时间而卒的意思。前引《镇远侯世家》里提到的顾能袭职事，事情发生在《英宗实录》正统六年二月里：“庚午，命故贵州都指挥佥事顾勇子能为指挥同知。勇，镇远侯成之子，初以舍人授流官指挥同知，既而升都指挥佥事。比领兵征麓川，斩获贼首十余级，进攻刀招汉寨，与贼战死之。至是，能请袭父原职。行在兵部，以勇原系流官，例不承袭。上曰：‘勇有军功，且死于王事，不准其子承袭，何以示劝？’其令袭之。”❷据此，则顾能任贵州卫指挥同知的时间是正统六年（1441年）二月，显然，顾能死于正统六年（1441年）二月至九年（1444年）三月之间，故此也能推断杨士奇撰顾成神道碑文就在这一时间段内。

两相对照，我们可以发现：顾成第二代子辈中，排次第七的“三圣（胜）保”不再列入了。这个名字似为小名，或为未成年而去世，故不列。而第三代孙辈当中，名字多出的2人，一个叫凯，一个叫能。这个“能”显然是袭顾勇职的顾能，他显然是顾勇的长子。

近年披露的在贵州安顺先后发现的顾统原配夫人俞氏与顾铣原配夫人盖氏的圹志，其中关于顾成之子孙，尤其是女子有更详细的表述。

2006年发现，由京口胡纲于永乐八年十二月所撰“大明普定卫指挥使顾公夫人俞氏之墓”亦即顾统夫人《顾夫人俞氏圹志》记载：

夫人字善贵，姓俞氏，故普定卫指挥使顾总威公之妻也。……洪武庚辰夏，总威公被召，未几，夫人以疾卒于寝，时七月初一日也，龄甫三袟，举家及搢绅无不哀悼。生子一，兴祖，字世延；生女二，淑兰、景兰；庶子一，长寿，字景略。子世延见任普定卫军民指挥使，娶故六安侯子普安卫使王球之女，生孙男一，乳名重兴，在襁褓。二女将笄，未适人。景略方冠，未娶。夫人卒之日，总威公在京师，故浮丘于故父谷瑞俞公

❶［明］杨士奇:《镇远侯夏国武毅顾公神道碑铭》,［明］徐纮编:《皇明名臣琬琰录》卷一六，周骏富编:《明代传记丛刊》名人类（14），第43册，台北：明文书局，1991年影印本，第526页。

❷《明英宗实录》卷七六，正统六年二月，台北：台湾“中研院”历史语言研究所校印，1962年影印本，第1483页。

之墓侧。永乐庚寅十二月二十八日庚申，礼葬于普定东九溪之山北，与总戚公合圹焉。[1]

此碑文成于永乐庚寅年，即永乐八年（1410年）。俞氏夫人迁葬之日当年十二月二十八日庚申为1411年1月31日。因为永乐帝不承认建文年号，将建文诸年仍称洪武，故文中俞氏逝世之“洪武庚辰”，实为建文二年（1400年）。

永乐十六年（1418年）十二月二十一日由耆儒胡辉所撰《故武陵郡夫人圹志》即顾铣（刚忠）夫人盖氏圹志记载：

洪武末，公子与其兄昭勇将军、普定卫军民指挥使总戚公偕卒于京，时镇远侯及其弟妹俱各童稚。夫人抚养甚于己出，爱护镇远侯犹笃，旦夕训诲谆切切。由是承父职而惟谨，袭祖爵而克肖，皆夫人教养之所致。夫人时专家政，绥慰众妇少寡者，相与守节，共成贞洁之行。夫人之德之贤备载墓志。永乐十六年二月五日以疾卒于正寝，春秋五十有五。即以其年十二月二十一日丙申，葬于普定南山之永丰庄。有子三人，长曰凯，先卒；仲曰再兴，字复斌；三曰旺兴，字宗武；其姪镇远侯名兴祖，字世延；曰悳，字景略。诸位侄式遵夫人训诲，德美才良，咸有祖父之风。女曰若兰，侄女曰淑兰，景兰，在室。镇远侯娶六安侯之孙女王氏贵珍，生孙男名翰，字维周；孙女曰云英、曰蕙英。公子复斌，娶普安故千户张瑛女德贞，生孙男名永兴，孙女名玉英。公子宗武，娶普定故千户李福女素贞，生孙男名必兴，孙女名梅英。[2]

从这里可以看出，原来顾铣还有一个长子叫凯，已经先死了。这显然就是在顾成的墓志与祠堂碑中未列名的原因。而顾铣之次子再兴，因其长兄凯早夭，且他在堂兄弟排行中又长于兴祖，故他后来在碑志中被列为顾成之长孙。至于顾能，其名列于顾琮之前，而顾琮在顾成去世之时已经列名志与碑中，故他显然在顾成去世前早已出生，直到正统年间袭职后才死去。问题是，顾能为何在永乐年间的碑刻中不列名？这涉及的事情较为复杂，留待下文再做详析。对照顾成墓志与祠堂碑的记载，盖氏志中顾成第四代曾孙由2人变为3人，除重兴（翰）、永兴外，多出了必兴，他显然是在永乐十三年至十六年间新出生的。

顾成妻室有元配彭氏，继配穆氏、李氏。据命名规律推测，顾氏第二代即顾成诸子中，顾统或为彭氏所出，三个带“金”偏旁名字的铣、铨、锐或为穆氏所出，其余勇、亮、三圣保、源或为李氏所出。顾氏第三代孙辈中，顾统与顾铣的儿子在俞氏、盖氏墓志中已有明确记载，顾能为顾勇的儿子也已见诸《明实录》等史料，唯琮、琦、玹不知何所系。此三人名皆带“玉”偏旁，但三人的字则分别为福寿、普忠、普德，笔者臆测皆带“普”字者归为一父所出，未带“普”字者归为一父所出，可分别暂置于顾铨、顾

[1] ［明］胡纲：《顾夫人俞氏圹志》，笔者存有拓片照，参见顾氏网络。

[2] ［明］胡辉：《故武陵郡夫人圹志》，安顺顾氏抄件，笔者存有抄件照片，参见顾氏网络。其中“悳”字为今“德”字之异体字。

锐名下。

正史关于镇远侯前四任的嗣传记载是：

统子兴祖继侯。（兴祖）卒。孙淳嗣，卒，无子。从弟溥嗣。❶

侯，字宗泰。……曾祖讳统，普定卫指挥使，不及嗣，赠镇远侯。祖讳兴祖，嗣侯爵，镇贵州，掌右军都督府事，领南京留务。伯父讳翰，早卒；其子嗣，卒，无子。考讳玘，亦早卒。侯以成化癸巳嗣爵。时年方十有三。❷

以上史料记载，第四任镇远侯顾溥（宗泰），系第二任镇远侯顾兴祖之孙，第三任镇远侯顾淳之从弟。

二、湘潭县志关于顾成之孙顾兴国的记载

杨士奇正统年间撰写顾成碑铭时，顾兴祖给他提供的顾成孙男为 9 人，碑文原文为“孙男九：兴祖，袭封镇远侯，效用三朝，克绳祖武；凯，再兴，惪，旺兴；能，贵州卫指挥同知，先卒；琮，琦，玹”❸。但是，笔者却在清光绪刊《湘潭县志》里发现了顾成的另一个孙子顾兴国。光绪刊《湘潭县志·人物第八·前代封荫表》的资料显示，顾溥的祖父不是顾兴祖，而是顾兴国：

己身 顾成 授奉天翊卫推诚宣力武臣，特进荣禄大夫柱国。

己身 顾兴国 授特进荣禄大夫。妻王氏封夫人。妾鲁氏以孙玘（溥）嗣爵封太夫人。

父母 顾玘 以子溥嗣爵赠特进荣禄大夫，妻韩氏封太夫人。

己身 顾溥 授特进荣禄大夫。❹

光绪刊《湘潭县志·人物第八·前代品官表》（第 2 页）中，“都督同知”栏内列有顾兴祖。在《人物第八·世爵世职表》（第 1 页）中，“侯”栏内列有顾兴祖，注“袭镇远侯”；“伯”栏内也列有顾兴祖，注“袭侯，后坐事除，复予伯爵，天顺初复侯”。可见这里的“顾兴国”并非“顾兴祖”的误记。再有，这里明确记载顾溥的父亲顾玘并非顾兴国的正妻王氏所生，而是其妾鲁氏所出。同时，我们还可以看出，顾溥系顾玘之正妻韩氏所出。这些男名女姓翔实，代序清楚，没有原始资料支撑，难以做出如此周详的表述。

如此详细的资料不出自贵阳，不出自安顺，也不出自扬州，却出在湘潭，真是意味

---

❶ ［清］张廷玉等撰：《明史》卷一四四《列传第三十二·顾成》，北京：中华书局，1974，第 4075 页。

❷ ［明］李东阳：《镇远侯谥襄恪顾溥神道碑》，［明］焦竑：《国朝献征录》卷七，《续修四库全书》第 525 册，上海：上海古籍出版社，2002 年，第 230 页。

❸ ［明］杨士奇：《镇远侯夏国武毅顾公神道碑铭》，［明］徐纮编：《皇明名臣琬琰录》卷一六，周骏富辑：《明代传记丛刊》名人类（14），第 43 册，台北：明文书局，1991 年影印本，第 526-527 页。

❹ ［清］王闿运纂：光绪十五年刊《湘潭县志》卷八《人物二·前代封荫表》，《湖湘文库·光绪湘潭县志》，长沙：岳麓书社，2010 年影印本，第 204 页。其中，顾兴国条之“妾鲁氏以孙玘嗣爵封太夫人”一句中的“玘”应为“溥”之误，故在引文中“玘”字之后括注“溥”。

深长。追溯湘潭自明嘉靖以来的历修县志，很可以了然，此处的资料是来自明朝万历年间曾经主修过万历刊《湘潭县志》的李腾芳。

李腾芳（1565—1632年），字子实，号湘洲，湘潭人。万历十六年（戊子）24岁登举人，二十年（1592年）（壬辰）28岁成进士。改庶吉士。屡迁左谕德，因顾天竣事被投劾归，贬太常博士，引疾家居。三十九年（1611年）谪江西都司理问。四十七年（1619年）起为行人司正，后来历太常少卿，掌司业事，直任到礼部右侍郎、两朝实录总裁官、礼部左侍郎兼翰林院侍读学士、礼部尚书兼掌院学士，协理詹事府，晋太子少保，卒赠太子太保，谥文庄。李腾芳还担任过贵州省安顺州的知州，而镇远侯顾成在贵州省域所设住家即在安顺。

四库全书《钦定大清一统志》卷三百九十二之《安顺府·名宦·明·李腾芳》记载：

李腾芳，湘潭人。宣德中知安顺州，爱人下士，政治修举，蛮民素桀骜，不供赋，腾芳化之，乃就约束如编氓。❶

此处“宣德”的时间表述有误，应为“万历”。

《安顺府志》卷三十之《明·名宦传》：

李腾芳，知安顺州，爱人下士，政治修举。夷民素桀骜抗赋，芳化之，乃就约束，一如编氓。旧志不载籍贯，职官中并遗其名，又别无可考，姑仍之。❷

顾成祖籍在湘潭，但在明朝中期以前，湘潭人并不知道此事，直到万历年间李腾芳主纂《湘潭县志》，始设顾成传，其名才在湘潭彰显。光绪刊《湘潭县志·顾成传》记载：

顾成，字景韶。父操舟，转贩江淮，折阅流寓，为江都人。……子统，先嗣为普定指挥使，前成卒。孙兴祖，嗣侯。兴祖子翰，翰子淳，淳从弟溥，溥子仕隆，仕隆子寰。……万历时包鸿逵为令，识成九世孙大礼。大礼言成有战袍，血花殷，每家祭则陈之，始为成传著县书中，成名乃显。❸

在此之前，清乾隆二十一年（1756年）刊《湘潭县志》中即有《顾成传》，全文取自明万历年间湘潭县令包鸿逵主修的《湘潭县志》，文章则是当时人称李宗伯的湘潭籍京官李腾芳所撰。内称：“公有战衣一袭，血染花殷。曾以问公九世孙大礼，云：‘春秋忌日辄陈以祭，其花斑黳。’恨不遂索见之也。”❹可见，明万历年间纂修湘潭县志时，纂修

---

❶《钦定大清一统志》卷三九二《安顺府·名宦·明·李腾芳》，《景印文渊阁四库全书》第483册，台北：台湾“商务印书馆”，1986年，第267页。

❷［清］常恩总纂，邹汉勋、吴寅邦总修：《安顺府志》卷三〇《明·名宦传·李腾芳》，1851年（咸丰元年刊）第41页。

❸［清］三闾运纂：光绪十五年刊《湘潭县志》卷八《人物四·顾刘罗胡蔡列传第四十一》，《湖湘文库·光绪湘潭县志》，长沙：岳麓书社，2010年影印本，第326页。

❹［明］李腾芳：《顾成》，转引自［清］吕正音纂：乾隆二十一年刊《湘潭县志》卷一九《人物·宦绩》，藏于湘潭市图书馆，第22页。

者李腾芳与顾成之九世孙顾大礼相识。当时，顾大礼向李腾芳首次透露出顾成先祖在湘潭，并且告诉家藏有顾成浸染着血迹的战袍，此物只有在每年春祭、秋祭与逝世纪念日三个家祭日才拿出来供祭。它是顾氏传家之宝，秘不示人，就连李腾芳想见也不能遂愿。这些资料说明，关于顾成有孙顾兴国诸情节，是直接来源于顾大礼以及顾氏其他家人的。顾大礼即《明史》中被误记作顾大理的第八任镇远侯。明叶向高（1559—1627年）受顾大礼之托，为其父顾承光撰写《镇远侯顾承光墓志铭》时，即写作顾大礼。❶

我们可以从这些资料推导出由李腾芳在《湘潭县志》中刊出的内容其来有自，虽然它与正史记载不一致，但我们绝不能轻率地加以否定。

三、贵州炉山顾氏宗谱揭开顾兴祖之谜

近年，媒体上披露了贵州香炉山顾氏的有关信息，引起了笔者的注意。后来笔者得到了民国二十八年（1939年）修《炉山顾氏宗谱》照片一组。此支顾氏声称为镇远侯顾成之庶子顾絙所繁衍的后代，其各代齿录叙述班班可考。笔者对此族谱的真实性先是颇多疑虑，后经深入研究发现，这恰恰是打开顾氏镇远侯世家之谜的钥匙。

对于史料，一是辨别真伪，二是找到分析的楔入点。我们还是先来看看此谱直接关于顾成与顾絙的说法。溯祖源至第五十一世顾之松之后，便是第五十二世：

至五十二世，正值明初统兵入黔之时，本支住黔白成公冠首，故世系图内自此以上概未列入，只自入黔以下而绘瓜藤图，故以成公为入黔始祖焉。❷

下面便是长长的顾成传，大体与正史所载相同。说到顾成去世，其中有如下的文字：

顾成于永乐十二年五月丁酉薨，晋赠夏国公，谥武毅。除长子嗣侯爵外，荫二庶子世袭指挥。斯时公之长子统因祖降燕被难乏嗣，公曾以絙之子兴祖承继宗祧，是以承袭侯爵。因非嫡出，故减禄五百石，只食禄千石。以庶子勇嗣普定卫都指挥佥事爵，以絙之子兴宗封贵州卫指挥千户爵。❸

接着便是顾絙与其长子顾兴宗的传略：

入黔一世祖，讳絙，成公之庶子也。住江南华亭县朱氏巷。时值明太祖下江南，时即投于麾下。元至正二十八年，从族叔副将军济宁伯顾时，随副元帅傅友德浚河运粮，破元大都。洪武四年，又随讨平成都，以功升都骑校尉。洪武八年，朝廷调济宁伯顾时镇守淮安，调景韶公征讨贵州，祖即从景韶公征黔。将黔地苗蛮讨平后，以功升授指挥职。至

❶ ［明］叶向高：《镇远侯顾承光墓志铭》，［明］焦竑《国朝献征录》卷七《侯一（世封侯）》。原文为："镇远侯顾公有子大礼，尝师事余于成均，翘训惟谨，余以世禄犹礼重之。顾公既没，大礼当嗣侯，将以某年月日葬公于都东门外十八里之新阡，泣请于余：'先生若怜不孝孤，敢以先人之志若铭请。'余不能辞。"

❷ 顾道基等纂：《炉山顾氏宗谱》（照片）卷二《第五十二世祖》，1939年（民国二十八年印），第28页。原谱存贵州凯里，笔者存有照片。

❸ 顾道基等纂：《炉山顾氏宗谱》卷二《入黔始祖夏国公传》，1939年（民国二十八年印），第28页。原谱存贵州凯里，笔者存有照片。

洪武十四年，颍川侯傅友德奉诏征讨云南，调祖从征。将云南平定后，还军贵州。时贵州蛮苗野性，时起叛逆。景韶公命祖同镇贵州，旋奉诏征讨蛮苗。蛮苗时归时叛，反复不常。祖连年出兵，将水西居宗必登、西堡沧浪诸蛮洞平悉，威震黔南。以功封景韶公镇远侯，特授祖镇蛮将军。时夏明升愈孽川黔边境，时行叛乱。时景韶公奉诏入都，命祖镇守遵义。及景韶公至京，值太祖宴驾，同受顾命辅太孙。八月，燕兵南犯，建文帝敕景韶公为先锋，会燕兵失机，被执。建文帝怒以公降燕，诏削侯爵。长子统及诸子均被难。当此之时，非有智谋何能克免？祖密运来使，假托以非成公嫡亲，故得免难。迨燕王即位，大赦天下，诏复景韶公原职原镇。公至贵州，痛长子统因国事捐躯而且乏嗣，乃以祖之次子兴祖承继统嗣。永乐十二年，景韶公薨，主上敕命追赠夏国公，除长子嗣侯爵外，荫二庶子指挥爵。故兴祖嗣镇远侯，勇嗣普定卫都指挥佥事，兴宗嗣贵州卫指挥千户。祖仍驻守遵义。按祖生平，嗜酷经史，器识宏深。从景韶公开辟黔疆，划策制敌，料事多中。分遣诸将，进退有方；威信兼施，兵民咸服；祸患临头，明哲自保。诚文武俱全之将才也。公卒于镇，葬遵义。祖妣赵氏太君，明诰封淑人，生庚死葬失考。公生子二，长兴宗，次兴祖。兴祖出继统公，即世袭镇远侯支。

入黔二世祖，讳兴宗，緼公长子也。世袭贵州卫指挥、千户爵，镇守贵阳城。祖虽武将，嗜好经史。读《春秋》见却縠、穰苴等儒将，羡曰："大丈夫乘时御世，自当如此！"其将略已可见矣。宣宗二年丁未，交趾黎利反，攻破隘留关，进围邱温。时征蛮大将军总兵官镇远侯顾兴祖因讨平浔川、施恩、宜山诸州县，在南宁坐视，拥兵不援。朝廷震怒，命中军官山云为征蛮将军，率兵往御。征兴祖下锦衣卫狱。祖念手足之情，进京看视。次年兴祖赦出，始回。祖敕赠武威将军。葬贵阳大西门外草苋街，坟周围有土数亩，每年租人佃耕，收租以作祭扫费。本支距远，历年乃贵阳族人经理。祖之生庚死忌，旧谱未详。祖妣胡氏太君，明诰封淑人，生庚死葬失考。生子三，长诚，次试，宦游云南；三谦，住贵阳，即王宽寨支。[1]

以上文字中，存在若干史实的失误，因不在本文探讨的主题中，存而不论。至于"祖密运来使，假托以非成公嫡亲，故得免难"一句，意谓顾緼即顾成之嫡亲，这种表述是建立在顾緼确为顾成儿子基础上的，如果换个思维角度，将顾緼视为他顾之子，则事物的逻辑性即别开生面。事实上，《炉山顾氏宗谱》在本家族源流的记载中，在第五十二世处留下了一个不可逾越的障碍。从上而下，第五十二世是第五十一世顾之松之子，可这里突然冒出了一个入黔始祖顾成。接下来不再连续计数，顾成有子顾緼，又称作入黔一世祖。显然，顾緼实为顾之松之子。弄明白了这一点，那么记载顾成"曾以緼之子兴祖承继宗祧，是以承袭侯爵"便成了文中最大的抢眼点。

---

[1] 顾道基等纂：《炉山顾氏宗谱》（照片）卷二《入黔一世祖緼公事迹传·入黔二世祖兴宗传》，1939 年（民国二十八年印），第 32 页。原谱存贵州凯里，笔者存有照片。

顾組是随族叔顾时（后封为济宁伯）而加入明军开始征战的。原来，顾兴祖是松江华亭顾氏将领、顾成部下、任遵义指挥使的顾組的次子。顾成将顾兴祖收作顾统之长子。顾氏家族起源相对集中，全国各支顾氏的统谱研究目前已有了很大成果。顾成所在湘潭祖籍顾氏与顾組所在松江华亭顾氏同出武陵顾氏，他们与在北宋的始分支共祖武昌行政长官顾斑玉约隔十代之遥。

为什么会出现这种情况呢？在永乐朝初始期，在回到南京而报称其长子普定卫指挥使顾统被建文帝诛杀后，有了一个世袭卫指挥使的机会。而当时顾统名下正缺乏一个适合年龄的继承人。如果先把顾兴祖撇开，据上述成于永乐八年的顾统之妻俞氏夫人圹志，则顾统只有一个庶子德兴（长寿、景略）。至于德兴生于何时，暂不得而知，起码当时极为年幼，远水不救近火。顾組跟随族叔顾时起兵，后来隶于顾成麾下，可称既是顾氏族人，又是顾成爱将。不独如此，俞氏夫人圹志还说“俞氏先世居松江府华亭县四十二堡，为巨族。祖俞寿坞充元海道万户。父俞谷瑞，才智倜傥，乡里推之，洪武初从武事于贵州，洪武中征南留御普定，遂家焉”。据此，俞氏之家正与顾組同里，其父俞谷瑞与顾組显然是军中同事。这种种的关系，使顾成急中生智，遂将顾組之子顾兴祖悄悄地纳为顾统之子，据以上报。也许是巧合，顾统与顾組两个人的名字都带扭丝偏旁，但顾成家族却从来没有将顾組纳入顾成之子的名单里。在顾組家族香炉山顾氏族谱中，虽然将顾組列为顾成之儿子，并说是顾成用心良苦为避开祸害而回避亲子的说法，但在谱中仍然准确地记载了顾組实为顾之松之子的史实。今天正因为有了这套传之于明初以来的完整族谱，我们才能得以揭秘当年的历史真相。

顾組当时至少有顾兴宗、顾兴祖两个儿子，顾兴宗是长子，一般不会出嗣，故将次子顾兴祖出嗣。这血脉亲兄弟，派字“兴”皆列名之前字；而顾成前四孙凯、再兴、德、旺兴以及他们所生的儿子重兴、永兴、必兴几个曾孙，凡加“兴”字为派字者，皆列名之后字，这种壁垒分明的命名体系区分，也间接地佐证了顾兴祖非顾成血脉直系关系的推断。

由顾成收顾組之子为顾统之子，也就是说顾成将顾組次子顾兴祖收作顾统之长子，在继承普定卫指挥使之后进而承袭镇远侯侯爵，将顾兴祖这一真实的身份代入到历史事件中，则历史上长期笼罩在镇远侯顾氏家族中的种种矛盾与悬疑便皆迎刃而解，下文将在有关论证中一一加以展现。

四、顾兴祖后的侯爵承嗣

顾兴祖与其亲兄顾兴宗真实身份的发现，这使湘潭县志所记载的顾兴国马上有了存在的可能。顾兴宗、顾兴祖、顾兴国，这是一个多么符合递进逻辑的命名体系。顾兴国在人物关系中，肯定是居于顾统之子的位置，但他到底是谁的亲子呢，再进一步说，他是顾緟的亲子还是顾统的亲子呢。这两种可能性都存在。我们从官家与顾家的有关记载中或可解读出结论。

顾成的去世使镇远侯的第一次继承来到面前。朝廷确立的世袭制度一般皆为嫡长继承制，故顾统不在当由其长子继承，其时承袭了顾统普定卫指挥使的顾兴祖自然而然地就成了顾成侯位的继承人。这个过程在顾成去世八个月后完成。

顾兴祖到底也是将门之子，他自己也成长为一位有作为的将领：

统子兴祖，字世延，嗣侯。颀而美髯，博览诗传，旁通诸艺。初为普定卫指挥使，从征乖西诸寨，征清水江叛蛮宋阿留，获其妻，复以侯镇守贵州。入贡方物，留京扈从，至行在。永乐己亥，遣之吕梁，兴人徒傅土治河通漕。文帝北征，督山东、山西、河南饷，至沙窝，猝遇虏，战败之。至野猪口，虏如猬毛起，身被十三创，殊死战，虏遁。而广西、庆远峒贼韦钱望等，伪称王侯元帅，杀巡按御史诸璞，夺其印；命兴祖率湖广、广西、贵州兵讨之，湖贵兵戍两广自此始也。❶

顾兴祖之后，又是谁来继承侯爵呢？这个过程在谢廷谅所撰顾溥之子顾仕隆传记中得到了比《明史》更翔实的记载：

夏国公，有八男，子弗嗣，孙兴祖嗣。竟以从征失律，遂失侯，英宗复辟而始复也。出镇贵州，有战功，加禄三百石。子翰宜嗣，慕延陵高节，让其弟玘，玘未及嗣，亦卒。复以翰之子淳嗣侯，卒而无子，以淳之从弟溥嗣之。溥，固夏国公诸元孙而玘之子也，谥襄恪……雪坡公让爵于其弟，弟虽弗嗣，弟之子襄恪再传荣靖，又再传荣僖，而皆以其身卫社稷，高流时誉歙然称之。❷

这里的襄恪指顾溥，荣靖指顾溥之子顾仕隆，荣僖指顾仕隆之子顾寰，这都是血脉一脉相承。据此，我们可以做出这样的分析：当一个侯爵在位时，对其继位人应该先有一个明确的认定，而到实际继位时可能会因各种原因而发生某些变化，但这种变化要符合宗法关系的嬗递原则且为朝廷所认可。显然，顾兴祖在位时，最合法的继承人是其子顾翰（其号雪坡），但顾翰有仰慕古代延陵季子谦让吴国国君位置的高风亮节，早就定下由其弟顾玘接位。但是，顾玘没等到接班，他却先顾兴祖而亡。当顾兴祖过世时，这时的侯爵并不是由已定继承人顾玘的儿子顾溥继承，而是又回到了顾翰一支门下，由顾翰之子顾淳继位。这是什么原因呢？可以再看李东阳所撰顾溥神道碑的如下记载：

癸亥，有疽发于背。上命御医诊视，遣中官备物临问。六月十四日讣闻，上震悼，辍视朝一日，遣官论祭者十有五，给赙米百石、布百疋，令有司具棺椁治葬事，赐谥襄

❶ ［明］李维桢：《大泌山房集》卷六十二《镇远侯世家》，《四库全书存目丛书》集部第152册，济南：齐鲁书社，1997年，第55-56页。

❷ ［明］谢廷谅：《镇远侯荣靖公顾仕隆》，［明］焦竑：《国朝献征录》卷七，《续修四库全书》史部第525册，上海：上海古籍出版社，2002年，第232，237页。

恪，给驿归其丧。岁未尽三日，葬杨城南苌蒿湾夏国公墓次。侯生天顺辛巳三月十七日，年止四十有三。❶

上碑引文是发生在癸亥年，即明弘治十六年（1503年）的事。顾溥出生于天顺辛巳即天顺五年（1461年）三月十七日，而顾兴祖去世后顾淳袭镇远侯爵是在天顺八年（1464年）四月丁酉（十五日），原来这个时候顾溥按通行的虚岁纪年也就是4岁的孩童，他如何来继侯爵？从年龄上说该由其从兄来出任了，何况这个从兄本来就是嫡长传系。顾淳嗣侯是在顾兴祖去世快一年之后，或者是手续复杂，导致嗣侯事迟迟不能进行。从俞氏圹志我们知道，顾翰出生于永乐八年（1410年），等到其子嗣侯，他虚龄已是55岁（史称已过世），以此推断顾淳的年龄也不会太小。总之，顾淳比顾溥肯定要大10岁以上，甚至大20来岁也有可能。

这个顾淳后来竟也只做了9年侯爵，便于成化九年（1473年）二月去世了。同年七月癸丑日，13岁的顾溥便接过了侯位。我们在天一阁所藏《勋臣世系·镇远侯》抄本中还可以看到这一嗣侯过程更多的记载：

（顾兴祖）此后又加禄米三百石，共一千八百石。天顺七年闰七月病故，男顾翰先故。天顺八年四月十七日顾翰嫡长男顾淳袭爵，有诰。成化九年二月病故，无嗣。妻朱氏奏称有夫堂弟顾溥，应合袭爵。本部行勘得顾溥系顾淳亲叔顾玘所生嫡长男，系顾淳堂弟，本年七月二十四日题奉钦依“准他袭”。弘治十六年六月十四日病故，嫡长男顾仕隆奏要承袭伊父前爵，弘治十七年闰四月初七日该本部题奉圣旨：“顾仕隆准袭侯爵，钦此。”❷

这一叙述显然有原始资料作支撑。对顾溥身份的认定，是由顾淳之妻朱氏向朝廷禀奏，而由部派人查勘确认，最后呈报皇帝批准袭侯。此外，这里记载顾兴祖后来复加禄米三百石，总数为一千八百石，可见其承袭时禄米为一千五百石，而非炉山顾谱中所说的千石。顾溥嗣侯时禄米为八百石，系减去二百石后的结果，故可知顾淳继侯时禄米是定成一千石，与《明史》记载一致。为什么这时减禄米五百石？估计是因为侯位继承人从顾翰转到顾玘而又再转回到顾翰之子顾淳所致。

梳理镇远侯这一复杂多变的历次接班过程，恰恰又为我们解读顾兴国血缘之谜提供了材料。我忽然领悟到，顾翰将侯位让给弟弟而实际上是堂弟的顾玘，更本质的是把镇远侯的继承权由顾兴祖的后裔让给了顾兴国的后裔。因为顾兴祖不是顾统的血脉后裔，只有顾兴国是顾统的血脉后裔，才会使这一奇怪的现象得到合理的解释。这哪里是顾翰“慕延陵高节”的个人高洁禀赋，其实质是还侯爵于血脉正统的家族大义。显然，顾兴国正是顾统所生。顾兴国要么是在建文四年之前出生的顾统的儿子，后来去了顾统的落脚

❶ ［明］李东阳：《镇远侯谥襄恪顾溥神道碑》，［明］焦竑：《国朝献征录》卷七，《续修四库全书》史部第525册，上海：上海古籍出版社，2002年，第231页。

❷ 《勋臣世系·镇远侯》，天一阁藏手抄本，笔者存有手抄本之PDF版本。

处并顺应兴祖的序列改名兴国；要么就是顾统在新的落脚处所娶妻妾生下的儿子，这是更大的可能性。顾兴国以自己的军功被封赏为荣禄大夫，其立脚之处极有可能在长沙卫。这是他的身世最终在湘潭解密的合理解释。在安顺的顾统墓圹里最终没有出土他本人的圹志，似乎也在为这一猜想提供余地。

关于顾翰其人，《镇远侯世家》里有生动的描述：

长子翰，字维周。当嗣，少有高韵，视棨戟貂蝉犹缧缴也，固让其弟玘。食酒可数斗，醉不二三。喜读书，六籍之外百家众氏投闲而作，目所关览终不忘。喜为诗，兴至搦管不能已已。旁通绘事，有吴仲圭、米元章、倪元镇风。为戏墨，自署雪坡道人，或曰雪庵中人，或曰雪，或曰维周，或曰怡乐，不著姓名。题荆棘曰“都无君子，纯是小人”。时王振窃权，与回天独坐等辚轹大臣，谚有“头捣蒜，腿烧葱”语。翰识去就之概，蕴藉义愤甚矣。是以退身，避地仕途，恣心从好，跌荡放言，殆古之狂者与？卜地金陵以葬。戒其子不作下里伪物，不封不树，不用谀墓文。地产紫藤荫亩许，子孙上冢莫审所在，望藤酹酒而已。[1]

顾翰肯定是一个行为倜傥、放荡不羁的人，有名士风度。难道真是他的个性造成不愿继承侯位？我认为不是。侯位继承人的安排，应该是出于顾兴祖的决定。顾兴祖弃顾翰而择顾玘，这是出于家族的大义，出于人格的准则。顾成用一生的征战与鲜血换来了一个世袭的侯爵，这本来就是以血脉为依归，不是顾成血脉的顾兴祖，他袭了侯，高尚的人格驱使着他一定要将侯爵归还给顾成的血脉后裔。他在生前有决定，临终肯定也有交代。顾翰不能成为侯位继承人，也就造成了他向文化发展，从而形成独特的个性。镇远侯终于在顾溥手上实现了血统的回归。顾溥及其子孙也不负厚望，他们以他们的表现与成绩续写了镇远侯世家的辉煌。

“不封不树”，顾翰的墓葬找不到了；即使找到也很可能没有墓志，因为他说了“不用谀墓文”。但是，近年在南京则新出土了赠镇远侯顾玘及妻合葬墓志。志石横 78.5 厘米，纵 77.5 厘米，可惜表面风化剥蚀，志文内容可辨者约仅为全文的二分之一。

公姓顧氏諱玘字文度其先出長沙湘潭元季遷揚之江都世有宦籍曾■

太祖

太宗

仁宗三朝殊被　寵遇累功至奉天翊衛推誠宣力武臣特進榮祿大夫柱國後軍■

都督鎮遠侯追封夏國公謚武毅祖□□□□□□衛指揮使早卒贈太子太保■

興祖嗣侯鎮貴州入掌右軍都督府事總神機營領南京留務勳望甚著加□太■

嫡母王氏母魯氏皆封太夫人公生有異質涉書史尤閑武略每□古■[2]

---

[1] ［明］李维桢：《大泌山房集》卷六十二《镇远侯世家》，《四库全书存目丛书》集部第152册，济南：齐鲁书社，1997年，第58页。

[2] 据笔者所存南京出土之顾玘与妻合葬墓志拓片照，原件藏于南京博物馆。

（以下略。□为灭失之字，■为换行标记）

此墓志与《湘潭县志》记述顾成的封号皆为“奉天翊卫推诚宣力武臣”，而《明史》等典籍在“翊卫”词处皆作“翊运”。这至少说明，《湘潭县志》的说法与当年碑志是一脉相承的。顾玘墓志表述顾溥的祖父是顾兴祖而非顾兴国，这一点都不奇怪。既然顾家向朝廷呈报顾玘为顾兴祖之次子，在当时安葬顾玘夫妇时怎么可能在墓志里记下顾兴国？这就像俞氏圹志里表述顾兴祖为其亲生而不是领自顾組的嗣子一样的道理，我们绝不可表面地草率下结论说它佐证了《湘潭县志》搞错了人名。这里虽然未出现顾兴国之名，但几代女性的姓氏坐实了湘潭志的记载。其实，顾玘的身份就是顾兴祖身份的翻版。他出生与最初的童年是和父亲顾兴国在一起，应该是在不大的时候就被送入扬州（江都）的顾兴祖家，改认顾兴祖为父。这是顾兴祖的主意，是顾兴祖与顾兴国商定的结果。顾玘的生母鲁氏，应当即是顾兴国在自己居住地所娶妻妾，为了照护顾玘，她当随顾玘来到了顾兴祖家。所以墓志中，鲁氏被表述为顾兴祖之妾，这是没有办法的办法，只能这样表述。《湘潭县志》中的记载，顾兴国本人以己功而受荣禄大夫封，其妾鲁氏则因孙顾溥封侯而受赠太夫人，这种错位的封赠与顾玘墓志身份的错位是相吻合的。顾玘嫡母王氏，当即俞氏圹志中所说顾兴祖所娶“六安侯子普安卫使王堿之女”，也即盖氏圹志中所说“镇远侯娶六安侯之孙女王氏贵珍”。如果顾玘来到顾兴祖家做了嗣子，这样称呼是完全合理的。也只有他居住在顾兴祖家，顾玘的顾兴祖“亲子”的身份才能通得过官方的审查与认可。回过来说，当年顾兴祖作为顾统的“嫡长子”获得了朝廷的审查通过，如今顾玘作为顾兴祖的“嫡次子”身份有什么通不过呢？

五、顾溥及其后裔

《湘潭县志》上所载顾溥上溯三代考妣受封赠事，在顾溥神道碑文里得到印证，但所表述的受封缘由非因顾溥封侯，而实系已任镇远侯的顾溥征讨造反苗酋立下军功所致：

贵州苗伪都顺王号，滇蜀道梗，侯受命统诸路兵十万讨之。先正纪律，戒部曲侵掠。比至境，觇知逆顺杂处，檄不从乱者毋得惊扰，由是四百余寨皆获保全。有逻者报云，路险寇众，不利速攻；诸将颇惑。侯厉声曰：“今王师大集，势且百倍，何疑之有？”即授方略，分兵五路，自帅精兵由间道刻期并进。贼骇愕奔溃。生擒伪王妻子及诸伪官，斩首百千万级，招还流徙五千余户，修复烂土长官司，奏创都匀府二州一县，境内悉平。上降敕奖励，诏班师还镇，论功加太子太保，增岁禄二百石，特赐诰命加赠三代考妣及其配。[1]

关于这次战事，《明史》多处分别从不同角度作了记载：

---

[1] ［明］李东阳：《镇远侯谥襄恪顾溥神道碑》，［明］焦竑：《国朝献征录》卷七，《续修四库全书》史部第525册，上海：上海古籍出版社，2002年，第231页。

弘治二年，（顾溥）拜平蛮将军，镇湖广。始至，捕斩苗中首恶。五年十月，贵州都匀苗乜富架作乱，自称都顺王，梗滇、蜀道。诏溥充总兵官，帅兵八万讨之。分五路刻期并进，诛富架父子，斩首万计。加太子太保，增禄二百石。❶

弘治二年，苗贼七千人攻围杨安堡，都指挥刘英统兵觇之，为所困。命镇巡官往援，乃得出。五年，命镇远侯顾溥率官兵八万人，巡抚邓廷瓒提督军务，太监江德监诸军，往征之。七年，诸军分道进剿，令熟苗诈降于贼，诱令入寇，伏兵擒之，直捣其巢，凡破一百十余寨，以捷闻。于是开置都匀府及独山、麻哈二州。❷

都匀苗乜富架、长脚等作乱，敕廷瓒提督军务，同湖广总兵官顾溥、贵州总兵官王通等讨之。副使吴倬遣熟苗诈降富架，诱令入寇，伏兵擒其父子。官军乘胜连破百余寨，生系长脚以归，群蛮震慑。廷瓒言："都匀、清平，旧设二卫、九长官司，其人皆世禄，自用其法，恣虐激变苗民，乱四十余年。今元凶就除，非大更张不可。请改为府县，设流官与土官兼治，庶可久安。"因上善后十一事，帝悉从之。遂设府一，曰都匀；州二，曰独山、麻哈；县一，曰清平。苗患自此渐戢。论功，进右都御史。❸

（弘治五年）冬十月壬戌，湖广总兵官镇远侯顾溥、贵州巡抚都御史邓廷瓒、太监江德会师讨贵州黑苗。……（弘治七年）三月癸巳，贵州黑苗平。❹

综合上述资料，可以对这次历时一年半的征伐做出如下准确的描述：弘治年间，贵州都匀苗酋乜富架自称都顺王，与长脚等一同造反，阻截了滇蜀通道。弘治五年（1492年）十月，朝廷命湖广总兵官、平蛮将军、镇远侯顾溥充讨伐总兵官，率兵8万进剿。同时以巡抚贵州的右副都御史邓廷瓒提督军务，太监江德为监军，贵州总兵官王通加以协助。副使吴倬遣熟苗诈降富架，诱使富架进袭，顾溥以伏兵擒下了富架父子。官军乘胜追击，连破百余寨，生擒长脚。弘治七年（1494年）三月，贵州事平。后来又用邓廷瓒的建议，上奏朝廷，废长官司而改设州府，施行流官与土官兼治，彻底稳定了贵州的政局。孝宗论功行赏，于是给顾溥加官晋级并封赠三代考妣。

顾溥是一个非常廉洁奉公、口碑极佳的高官，李东阳对顾溥的描绘是：

侯纯雅，简言笑，厚伦重义，居官莅下宽严相济，处家俭朴，虽都重位囊无余赀。英国张公懋为出布帛以供敛事，此张公所亲语者，因相与叹羡以为不可及。❺

据《明史·表第七·功臣世表二》，接替顾溥为侯的是溥子仕隆，接着是仕隆子寰，

❶ ［清］张廷玉等撰：《明史》卷一四四，《列传第三十二·顾成》，北京：中华书局，1974年，第4076页。
❷ ［清］张廷玉等撰：《明史》卷三一六，《列传第二百四·贵州土司》，北京：中华书局，1974年，第8190页。
❸ ［清］张廷玉等撰：《明史》卷一七二，《列传第六十·邓廷瓒》，北京：中华书局，1974年，第4602页。
❹ ［清］张廷玉等撰：《明史》卷十五，《本纪第十五·孝宗》，北京：中华书局，1974年，第187页。
❺《明神宗实录》卷三二六，万历二十六年九月，台北：台湾"中研院"历史语言研究所校印，1962年影印本，第6043页。

然后是褎从子承光、承光子大理、大理子肇迹。❶

据叶向高所撰第七任镇远侯顾承光墓志铭所载，顾褎有弟顾宇，因守顾氏先人墓居江都，其子顾承光年小时曾一度为伯父顾褎带至两粤镇所，顾褎去世后嗣侯，其生父顾宇后来也获赠侯。十七年后，顾承光于万历二十六年戊戌七月十九日辞世，九月己亥赐祭葬（明史《功臣世表》误记为卒日），时年72岁。于是其子大礼继侯。大礼为二室佘氏出。承光之卞夫人及妾佘氏初葬江都，承光去世后葬南京，大礼同时将卞、佘二母柩迎至南京祔父葬。❷因此，大礼当长期在江都生长。

在顾肇迹之后，其实在南明福王朝还有个顾鸣郊承嗣了镇远侯，见之于万斯同（1638—1702年）所撰《明史·卷一百九十一列传四十二·顾成传》：

自溥至褎三世皆宽和廉靖，内行修谨，晓文艺，通宾客。褎父子世为督漕，善于其职，淮扬人尤称道之。褎无子，从子承光嗣侯，佥书前府事，亦好文，藏书至万余卷。已为侯，犹应科举。诚七试不利，意未已。尝语人曰："吾冯藉国恩，冠蝉圜玉，贵显矣。然使得一列名贤书，吾岂以彼易此哉？"盖其家世风尚如此。传子。至孙肇迹，京师陷，为贼所杀；福王立，赠镇国公。以从父鸣郊袭。❸

《明季南略》卷之九中就提到过镇远侯顾鸣郊，如果这个作数，则是第十任镇远侯了。

六、顾成墓葬与祠堂

镇远侯顾成的墓葬到底在哪里，当有关顾成的各种碑刻文字尚未广为传布的时候，古人并不像今人那样明确。在明清的《一统志》里，在有关的地方志里，贵州安顺、贵阳以及江苏扬州都有顾成墓的记载。

顾成夫妇的遗体实际上葬在扬州，后来又有子孙祔葬其处，故终明一朝扬州为顾氏守陵与祭扫的重点，代有传人与记载。但今天我们却没有在扬州找到顾成的后裔，甚至顾成在明朝时的扬州也不是一个广为人知的人物。明陆深《玉堂漫笔·扬州镇远侯墓》记载：

扬州漕河东岸有墓道，题曰虔国公。虔（音虔）与夏字相类，少一发笔，下作乂，行人遂讹呼为夏国公。盖镇远侯顾公玉之赐葬也。玉丙申岁归太祖，累立战功。靖难师起，辅仁宗居守北京。内难平，论功封镇远侯。年八十有五，永乐十二年卒。国初功臣未有寿考如玉者也。玉最有功于贵州。出镇贵州时，辞仁宗于文华殿曰："殿下于事君

❶［清］张廷玉等编纂：《明史》卷一六〇，《明史·表第七·功臣世表二》，北京：中华书局，1974年，第3112页。

❷［明］叶向高：《镇远侯顾承光墓志铭》，［明］焦竑编：《国朝献征录》卷七，《续修四库全书》第525册，上海：上海古籍出版社，第238–239页。

❸［清］万斯同编撰：《明史》（第四册），上海：上海古籍出版社，2008年，第459页。

父、恤兵民，素行有诚，惟于小人当置度外。凡事有天理，不足计。”意为汉府，然其词旨温厚，亦武臣中之难得者。独与姚少师论兵不合云。[1]

陆深（1477—1544年），初名荣，字子渊，号俨山，南直隶松江府上海人。生于明宪宗成化十三年（1477年），卒于世宗嘉靖二十三年（1544年）。登弘治十八年（1505年）进士二甲第一，授编修，改南京主事，后复职，累官四川左布政使，嘉靖中为太常卿，兼侍读。世宗南巡，掌行在翰林院印，进詹事府詹事。这样一个显要的人物在扬州见到了顾成墓，不仅居然将墓碑上的“夏”字错认为“虔”，还将顾成错为顾玉，显然他是向当地人打听过的，虽然当地人没有读错字，但却没有人能理直气壮地给他指实。

而清雍正刊《重修扬州府志·明谕葬夏国公顾成墓》也有着这样有趣的记载：

在东南三里官河岸。明《名山藏》《吾学编》列传稿皆云：镇远侯顾成，江都人。卒于永乐十六年，年八十五，追封夏国公，赐葬祭。独《玉堂漫笔》以为镇远侯顾玉，考明初勋臣并无顾玉其人，而《漫笔》所载玉事功生卒又皆与成无异，则谓为顾玉者当误。[2]

雍正年间扬州人修府志，对顾成墓之墓主居然还要通过考证去做出推论，显然他们已无法与顾氏子孙邂逅了，遑论将顾成卒年错为永乐十六年（1418年），这有力地表明，顾氏家族在这里已不为人所熟知了。

为什么会出现自明至清镇远侯顾氏在扬州其名不显的状况？笔者以为有以下几个原因：第一，顾氏正宗袭侯的嫡长支系应该是最权威的居扬州的家族分支，但此支男性人脉一直不旺，乃至嗣侯时都勉为其难，几次出现“从”亲继侯；第二，每任侯爵另任有官职，其履职之处多在贵州、湖广、南京、北京，其必有子女随行居住，可能就地定居，这又分散了本来当居扬州者；第三，顾兴祖、顾承光等墓葬并未归葬扬州，而是葬于南京，他们的归葬地理当留下后裔，这肯定又要导致人员分散；第四，顾成八个儿子中，或许只有长子一支后裔在扬州居住，其余的儿子后裔可能多居他地；第五，明末清初，扬州经历十日之屠，明朝显赫的镇远侯家族人员被害或外逃的概率都将比其他家族人员要高。

顾成墓葬位于扬州运河东岸，离当时的府城不过三里之遥，其具体小地点，在明代叫作“芃蓠湾”，见于本文上引李东阳《镇远侯谥襄恪顾溥神道碑》的记载。但清雍正刊《扬州府志》对这个地名的写法略有不同：“勋卫顾大猷墓，在笐篱湾。钱谦益诗云：‘笐篱湾畔孤坟在，万点寒鸦送落晖。’”[3]顾大猷与顾成是葬在一处的，因而李文所说“芃

---

[1] ［明］陆深：《玉堂漫笔·扬州镇远侯墓》，《玉堂漫笔（两种）》，《民国丛书集成初编》，北京：商务印书馆，1936年，第4页。

[2] （雍正）《扬州府志》卷二四《冢墓·明谕葬夏国公顾成墓》，雍正刻本。

[3] （雍正）《扬州府志》卷二四《冢墓·勋卫顾大猷墓》，雍正刻本。

蓠湾”当也写作“笊篱湾”。

在扬州的顾成墓多次遭到厄运。早在明末清初谈迁（1594—1658年）《北游录·纪闻》中就记载：

顾成墓，镇远侯顾成葬江都县官河之东岸。乱后为逆仆所发，讼于官，逆仆论死。追黄金十两、白银五十两、铜炉等物。冢骸朽尽，仅骨在。❶

为此，谈迁还愤然地作《镇远侯顾成墓被发》诗一首：

百战埋金甲，鱼灯灭墓门。酬恩殉剑去，委化朽骸存。岂有兰亭迹，将无望帝魂。汉家陵寝在，玉匣不堪论。❷

而近期报章披露，1958年在扬州发掘了顾成夫妇墓。扬州博物馆的老考古队员吴炜接受记者采访说：当时发现的夫妇墓里有未腐烂的女尸，根据新出土的蔺从善所撰墓志，认定男墓主为顾成。椁外六面用糯米汁浇浆，并在浇浆外面涂有一层松香。如前所述，墓志内称：“奉旨归葬于江都永真乡笊篱湾之原，附先垅也。卜于永乐十三年正月七日掩圹。”这个先垅，当是顾成父亲的墓葬。

关于顾成去世与葬回扬州的细节，在《镇远侯世家》中记载：

成复病，上以二医赍药治，命班师。疾稍侵，服朝服，北面稽首，奉表谢。训子孙曰：“吾起徒步，遇圣明，免累臣，位通侯，跻耄耋，何所憾？汝曹守礼法，行忠孝，无贻地下人辱。”其日阴晦，欲雨不雨，有赤光如电从窗隙入卧所，声訇然，遂卒。雷雨大作。众闻祠中若万人马驰骤声。仁宗遣官致祭。上还京惜之，以明玉珍僭号夏，贵州其窃据地，成战功于贵州最，追封夏国公，谥武毅。成爱士卒，瞻察饮食居处，拊循疾痛，门阑之厮皆加恩借，信赏必罚，人为尽力。所将常选，捷无虚月。既贵，未尝倨见宾客。问疾者引入诀别，肃衣冠，与言亹亹无倦。贵州遐方，疏俗殊邻，绝党之域，开藩树屏，文物齿于中华，成之力也。庶几哉！于汉家勋与马伏波、诸葛忠武相编矣。葬笊篱湾，舟车孔道，宰树郁葱，乌集无万数，观者以为地灵人杰之占云。❸

顾成墓在扬州，今天已成定论，可历史上曾经多说并存。一为顾成墓在普定亦即安顺九溪说，如明万历曹学佺的《贵州名胜志》。此说因有顾统夫人俞氏墓志的出土而真相大白。此处被说成是顾成墓，要么是顾成衣冠冢，要么是后人误识。

还有一个是贵阳说，这得进行分析，不能因有扬州真墓而简单地加以否定。清康熙《贵州通志》、乾隆《贵州通志》均说顾成墓在贵阳法云庵后。尤其是吴中蕃（1618—

❶［清］谈迁撰：《北游录·纪闻上·顾成墓》，《清代史料笔记·北游录》，北京：中华书局，1960年，第331页。

❷［清］谈迁撰：《北游录·纪咏下·镇远侯顾成墓被发》，《清代史料笔记·北游录》，北京：中华书局，1960年，第199页。

❸［明］李维桢：《大泌山房集》卷六十二《镇远侯世家》，《四库全书存目丛书》集部第152册，济南：齐鲁书社，1997年，第54页。

1695年)《敝帚集》有《夏国公顾成志石叹(在厉祭坛)》一诗，描写了其亲眼所见的顾成墓志这一物证在：

西风吹土土花碧，野寺墙阴横片石。
闲搜细扪读未终，知是前朝隧中碣。
上书皇帝嘉元功，特敕词臣撰次工。
千秋万岁藏幽室，宠及三泉媲鼎钟。
挽朗歌薤千人送，天鹿神羊夹翁仲。
内府支金部使临，经营既定抔难动。
祠祀蒸尝三百载，西南老顾名犹在。(高帝呼公为老顾)
鳌柱倾颓大海干，缨貂零落丘原改。
冢头犁作梵王宫，颐控金椎鬼不雄。
谁曰翊运开疆者，寸壤难容异代躬。❶

因厉祭坛与法云庵相近，故这里涉及的顾成墓似可归入到法云庵一说中去。可是，在今贵阳市党校附近之松林坡(又称顾家岗岭)又出现了一座墓碑明确的顾成墓。这些记载有文字，甚至有志石，不像一般的造假，可顾成的真墓在扬州，如何来解读呢？其实，我们再仔细研究一下炉山顾氏宗谱的文字，便可找到准确的答案："兴宗守贵阳城，葬公(顾成)于贵阳大西门外紫林庵。周围有园数亩租人，每年收租以作祭费。外有草苋街并簸箕街二幅地土，本支距远，历年为贵阳族人经理。"❷据此，则顾兴宗参与安葬的顾成墓在贵阳大西门外紫林庵，即靠近厉祭坛的法云庵处，这应是顾成去世后的初葬墓。顾成于永乐十二年(1414年)五月二十五日去世，据明《太宗实录》："讣闻，皇太子遣官致祭。车驾还京，追封夏国公，赐谥武毅。"❸而据金幼孜顾成祠堂碑，顾成去世后，"秋八月，讣闻京师，天子辍视朝，遣行人李鉴往祭之。诏定谥议，追封夏国公，谥武毅"❹。又据前引蔺成善《顾成墓志铭》："今其子勇暨孙兴祖等，奉旨归葬于江都永真乡笊篱湾之原，附先垅也，卜于永乐十三年(1415年)正月七日掩圹。"我们注意一下这个治丧过程，长达半年之久。顾成去世两三个月后，朝廷才得到消息，再派李鉴往祭，肯定已是当年九月了，至于决定归葬江都，应该还要晚一些。所以顾成去世后，初葬于其治所贵阳之郊外是十分合理的。这里在明末清初发现顾成之志石则当是初葬之圹志了。而前文引顾兴宗传中还说："祖(指兴宗)敕赠武威将军，葬贵阳大西门外草苋街。坟周围有土数亩，每年租人佃耕，收租以作祭扫费。本支距远，历年乃贵阳族人经理。祖之

❶ [明]吴中蕃著，黄万机点校：《黔南丛书(点校本)》第四辑《敝帚集》，贵阳：贵州人民出版社，2009年。
❷ 顾道基等纂：《炉山顾氏宗谱》(照片)卷二《入黔始祖夏国公传》，1939年(民国二十八年印)，第32页。
❸《明太宗实录》卷一五一，台北：台湾"中研院"历史语言研究所校印，1962年影印本，第1760页。
❹ [明]金幼孜：《金文靖集》卷九《追封夏国武毅公祠堂之碑》，《文津阁四库全书》集部第1240册，北京：商务印书馆，2008年，第814页。

生庚死忌旧谱未详。”此即今顾家岗岭处标有墓碑的顾彧墓，实为当年草苋街处的顾兴宗墓，因年久而被后人误识。

在顾成出镇的贵州留下了许多关于顾成的遗迹。其中很重要的便是“夏国武毅公祠堂”。顾成生前，地方土官曾上书请为顾成建生祠。实际上这个生祠在皇上批准后建成不久，顾成便去世了，直到永乐十三年（1415 年）又请金幼孜撰碑，名称便用上了“夏国武毅公”的封号了。这在祠堂碑中有所记载：

兴祖祗承恩命，袭封镇远侯爵。既而泣告于予曰：先祖久镇西陲，义行信孚，边人尝愿立生祠，天子可之。今不幸倾逝，将树碑于祠，以著先烈，请为文刻之，以昭示后世。❶

明英宗正统八年九月初二癸丑日（1443 年 10 月 3 日），贵州宣慰使司有土官上奏：

贵州宣慰使司贵竹等长官司水西寨头目永则、阿克等奏，贵州荒服之地，不通中国，自国朝开基，始创军卫，建置州县，彼时苗蛮虽被新化，终染旧习，时或梗叛，谋陷城池，焚烧驿传，劫掠乡村，军民不得安生。时有镇远侯顾成来镇兹土，能施方略，善布德威，相机剿杀，因俗抚绥，由是苗蛮慑服，边境清宁。今殁三十余年，有旧建祠堂，乞令土官衙门以时祭祀，庶几上以全朝廷优礼勋臣之恩，下以遂军民感慕遗德之愿。从之。❷

正统八年（1443 年），顾成去世只有二十八年，报告称顾成“今殁三十余年”，或许是据祠堂的有关文字，将祠堂始建时间误为顾成去世的时间。他们没有细察这里原是生祠，而误为一开始便是殁后所建之祭祀祠堂了。这个时候，顾成祠堂香火很盛。可是，到了明清易代之时，这个建筑便遭到了难堪的命运。上引吴中蕃古风诗里便留下了当时祠堂的寥落与荒废景况。

此外，顾氏历代镇远侯还有未葬在扬州者，据前文所引叶向高所记，第七任镇远侯顾承光葬在南京，位置在“都东门外十八里”。又据报载，第二任镇远侯顾兴祖葬在南京安德门外，地点在今小行街南京药械厂内。其墓原神道长达百米，有神道碑、石马、石羊、石虎、石翁仲等。碑文“大明征蛮将军协同守备掌南京中军都督府事镇远侯顾公神道铭”等阴刻楷书原依稀可辨，惜今已无存，只有碑座还在原处。谨附记于此。

当清乾隆年间《明史》修成后，因为《顾成传》的存在，对于顾成祖籍在湘潭已是众人皆知了；可是，如前所述，在明朝却并非如此。那个时候人们可能很难看到顾成祠堂碑与顾成墓神道碑，故虽然了解顾成其人了，可对其籍贯仍甚感纳闷。乃至到了清顺治朝湘潭知县史宗尧纂修《湘潭县志》时，居然对顾成是不是湘潭人也拿不准。他一方

---

❶［明］金幼孜:《金文靖集》卷九《追封夏国武毅公祠堂之碑》,《文津阁四库全书》集部第1240册，北京：商务印书馆，2008 年，第 814 页。

❷《明英宗实录》卷七六，正统八年九月，台北: 台湾“中研院”历史语言研究所校印，1962年影印本，第2183页。

面原文照录李腾芳所撰《顾成传》，一方面特在文尾作了如下附注："顾成，史载江都人，李宗伯亦云往来江淮间，遂旅居江都，而不详所出。其人潭志，李必有考证，姑仍之。"[1]

明末湘潭籍学者周圣楷（约1583—约1643年），他在看到李腾芳所修湘潭县志关于顾成家族的资料后，便开始在湘潭寻找顾成家的祖墓了。他在编著深具影响的私家地方志《楚宝》时，特地将郑晓的《吾学篇·顾成传》转载到了此书中，并在最后加了如下按语：

圣楷曰：夏国初事高皇帝，忠谨无过，虽屡从征伐，位不过充将军而已。迨革除之际，受知成祖，始列爵土，又终其身未尝去鬼方也。然是时以靖难功封者四十余人，而夏国之后独增华彝鼎，以迄于今；若溥之清慎能文，仕隆之宽宏简质，寰之廉明孝友，其粲然往牒者矣，岂非事主而捐其私则胙福必大，立功而忘其报则锡类无疆，天道亦有不爽者哉？予为夏国同里人，每求其先世之封树不可得，辄忾然动吊古之悲。[2]

周圣楷于明末在湘潭求顾氏祖墓而不可得，说明顾氏终明一朝都没有在湘潭兴师动众祭祖。

在这里，我们还要顺便记载一下，明代永乐年间任长沙卫世袭指挥使的湘潭姜畲许氏家族，其后裔所撰《中湘许氏六修族谱》卷三中载有《顾太君墓志铭》一篇，其开首说：

六派祖妣氏顾，思池公德配也。妣生于明嘉靖丙寅，没于崇祯戊寅。葬潭邑三都八甲荷塘下山之阳右侧中乳，坐向丙壬兼午子。

此铭文的重要意义，是证实了明晚期，湘潭仍有顾氏存在。湘潭顾氏是祖籍为湘潭的扬州顾氏的所在家族，此墓志所载顾妣，或许就是镇远侯世家的直系后人。中湘许氏六派祖许思池显然是娶取了顾氏为配。顾妣生于明嘉靖四十五年丙寅（1566年），去世于崇祯十一年戊寅（1638年），寿七十二岁。这就充分说明，至少在万历年间湘潭仍存在顾氏，也就是说，李腾芳当年极想亲眼目睹顾成带血花股的战袍极大的可能就是存在于湘潭的顾府。

祖籍在湘潭如此显赫的顾成家族，为什么当年不来湘潭寻根问祖？可是，我们还看到了另外一则奇怪的记载：

镇远侯顾成祖墓，在贵池县受二保。顾氏虽徙江都，子孙犹来此致祭，明三百年樵牧无敢犯者，今故冢犹存。[3]

镇远侯顾氏认安徽贵池为故里，显然与顾成祖籍在湘潭的权威说法有悖，这是笔者

---

[1] [清]吕正音纂：《湘潭县志》卷一九《人物·宦绩·顾成》，1756年（乾隆二十一年刊），藏湘潭市图书馆，第23页。

[2] [明]周圣楷编纂：《楚宝》卷一〇《名将·顾成传·跋》，《湖湘文库·楚宝》，长沙：岳麓书社，2008年，第286页。

[3] [清]纪昀总纂：康熙二十三年刊《钦定四库全书·江南通志》卷四一《舆地志·坛庙祠墓附》。参见清光绪九年刊《贵池县志》卷七《舆地志·陵墓》，第38页。

长期困扰难解的问题。当此文写就，其真实的原因便昭然若揭了。原来，贵池的顾氏墓便是顾兴祖华亭支脉的祖墓。

从镇远侯顾氏历代关于先世湘潭人而非旅居湘潭的表述，从李腾芳与顾大礼交往而断然地将顾成及其历代后裔纳入湘潭地方志来推定，湘潭肯定有镇远侯顾氏的先祖墓，也就是顾成祖父以上几代先人的墓葬。从这个家族历来重祀事，对贵池的特殊祖墓三百年礼敬不衰来看，湘潭理应是他们祭祀祖先的重点地点。且不说顾氏要员像顾兴祖镇守贵州、顾溥镇守湖广、顾寰镇守两粤，湘潭都是必经之地；但奇怪的是，顾氏在这里一点痕迹都没有留下。为什么镇远侯顾氏不来湘潭寻根问祖？顾成的祖父，或者曾祖父或者高祖父应该是在湘潭的墓葬却始终无人理睬呢？为什么顾氏家族终明一朝都弃湘潭不用，要刻意回避湘潭呢？这只能说明，湘潭是顾氏不希望再引起过度注意的隐私之地。

七、建文永乐年间顾府隐事之谜

我们终于弄清了顾成子孙中隐藏的这些秘密，现在可以来对建文朝发生在顾家的事件进行还原真相的探讨了。

关于顾成长子顾统，《太宗实录》中的记载是：

（永乐十三年二月）甲午（二十六日，4月5日），命故镇远侯顾成孙兴祖袭侯爵。兴祖父统，以功为普定卫指挥使，先成卒。兴祖，成嫡长孙也。[1]

这是关于顾统死因比较中性的表述，有如前引各碑志的说法，没有定性式的断语。到了清修《明史》，便明确记载：（顾成）“八子。长统，普定卫指挥，以成降燕被诛。”[2]而在李维桢《四库存目全书·大泌山房集卷六十二·镇远侯世家》中更有着惊人的记载：

文帝擢为后军府都督同知。已，为右都督。而先是，建文征其眷属入京，忧病死者六人，至是又诛十六人，以幼获免者九人耳。[3]

这里的文帝指的是明成祖，叙述的是“靖难之役”晚期对顾成加官的事。

李维桢（1547—1626年），字本宁，湖北京山人。隆庆二年（1568年）举进士，由庶吉士授编修。万历朝参修《穆宗实录》，进修撰。出为陕西右参议，迁提学副使。天启初年为南京太仆卿，旋改太常卿。四年（1624年）由太常卿董其昌复荐召为礼部右侍郎，后进南京礼部尚书。天启六年（1626年），卒于家，年八十。崇祯继位，赠太子太保。这是一个可以与李腾芳有得一比的人物。他比李腾芳年长寿高，又是同时代同朝的人。两个人都修过实录，都任过礼部尚书，都赠为太子太保。李维桢的著作《镇远侯世

[1]《明太宗实录》卷一六一，台北：台湾“中研院”历史语言研究所校印，1962年影印本，第1832页。

[2]［清］张廷玉等撰：《明史》卷一四四《列传第三十二·顾成》，北京：中华书局，1974年，第4076页。

[3]［明］李维桢：《大泌山房集》卷六二《镇远侯世家》，《四库全书存目丛书》集部第152册，济南：齐鲁书社，1997年，第51-52页。

家》披露了大量顾成及其一家的独家资料，今天仍然是研究顾成的重要史据。李维桢与李腾芳都有史家的严谨，但李维桢却不像李腾芳那样偏于私史而倚于官史。李腾芳是顾成祖籍地湘潭人；而李维桢没有这个条件，与顾氏族人就很难有情分很重的私交。李维桢借助了不易见的官方档案，显然与顾氏家族顾大猷也有着交往，这是优势；但披露那些一开始就是向官方给出假象的史料，便只能使后人离真相愈来愈远了。

对于建文帝诛顾氏 16 人的记载，笔者深表怀疑。理由如次。

（1）前引俞氏圹志称顾统被召入京在洪武庚辰即建文二年夏，俞夫人七月初一日以疾卒于寝，时顾统“在京师”，显然这时候顾统还没有死；而顾成兵败被俘是在建文元年八月，时过一年尚且如此，这哪里有诛杀的气氛？笔者认为，顾成在燕，不受兵器，不与朝廷军对垒，只在身陷后方时被动地为守北平城出出主意。朝廷哪里会将他列为籍家的对象？建文帝征调顾统入京，说不定还有着军事重任。

（2）史载建文帝诛杀顾统的理由是因为父亲投降朱棣而诛杀其子，这一转罪他人且很残忍的做法不符合建文帝的行事风格。建文帝在“靖难之役”中，诛杀不忠臣子的眷属，这是闻所未闻的事情。建文帝是个仁慈的君主，对人宽厚，甚至有些迂腐。他可以下达敕令，不允许在战争中加害造反头子朱棣，说以免“负杀叔之名”。他直到京城即将陷落的时候，才有过一次超常的举动，手刃了马上要开门迎降的叛臣徐增寿。但他哪里会对一个并没有对抗劣迹的顾成的家属下此毒手？

（3）《太宗实录》关于顾成降燕条下没有诛顾统的记载。如果建文帝诛杀顾统，这样的大事即使是建文帝的史官当时也会在宫廷史料里明书，而朱棣亲信修史不可能放弃这样的对建文帝不利的素材，可见此说并无官方档案的支撑。

（4）如果建文帝果真诛杀了顾统，尤其是诛杀了顾家 16 人，则建文帝与顾氏恩义已绝，但我们从现有出自顾氏的一切史料上都看不出对建文帝有何不敬的记载。顾氏家族所传资料，包括行状、碑文，凡涉及顾统的，仅表述为“统先卒”“先公卒”“子弗嗣”“不及嗣”，而李腾芳万历年间得自顾大礼的表述也仅是“前成卒”这种中性的说法。

（5）如果建文帝诛杀以顾统为首的顾家 16 人，那么顾成满可以大打悲情牌。顾统的指挥使职务承袭，完全可以名正言顺地向朝廷报告，申请在其弟或侄子中确定继承人，朝廷或能批准，用不着死守着嫡长继承制而煞费苦心地找一个同姓外族人顾兴祖来冒充。显然，顾成在当时的心态，是顺其然而然，并没有去振臂而呼，这已经无意间透露出了顾统非出于被诛杀的幕后事实。

那么，《明史·列传》第三十二《顾成》关于顾统“以成降燕被诛”出自哪里呢？这个我们可以在《太宗实录》里找到史源。“洪武三十五年”（即建文四年）十一月二十日己亥（1402 年 12 月 14 日）处的记载：

命普定卫故指挥使顾统子兴祖袭其父官。时尚幼，令读书习武艺，俟年十五任事。统，镇远侯顾成长子，成初归上于真定，建文君闻之，杀统。至是，上悯统，故特优恤之。[❶]

这显然是一种回溯的记载。严格地说，这是顾家搪塞官方追问的说法。就连撰写《太宗实录》的官员也未能完全采信，否则一定会在所引前文那样的正式的地方表述为诛杀而不是"先成卒"。看来，当时也未找到确据，于是以此模糊语言进行记载。我推测，这是朱棣当上皇帝了，顾成也封了侯，一个曾经担任普定卫指挥使、将来要继承侯位的长子顾统却不见了，于是顾家编造出了为建文帝诛杀的谎话上报，而朱棣也信以为真了。朱棣还大发慈悲，将一个未成年的孩子袭了父亲的官职，特允先读书、习武艺，等到15岁时再履职。但关于顾统被诛的说法只是顾家的谎言，顾统应该是失踪了。

更能反映这种背景的，是《镇远侯世家》中所记载的一次君臣问对：

上念成久于外，命锦衣卫千户张纲召还京。车驾将北狩，欲成佐监国也。上尝宴见，从容语次，问："卿儿若何？"成曰："臣长儿蒙高皇帝予贵州都司，成奏儿性刚，难任都司，与之普定指挥。建文赐死矣。次儿勇，贵州卫指挥，性温柔晓事，亦闲骑射，嫌貌寝耳。"上曰："勇不在大。"[❷]

这是永乐六年四月三十日戊申（1408年5月25日）顾成入见朱棣后，某日接受朱棣宴请时的奏对。这种说法都只是顾成在特定的条件下的说法，并不代表就是真相。

笔者经多年的研究，排比各方资料，仔细分析，认为顾统并没有被建文帝处死，而是在保护建文帝逃亡中而蒸发在人间了。这样说，是源于对顾兴国这个神秘孙子存在的论证。不独顾统没有被诛杀，就是金幼孜所撰祠堂碑关于顾铣、顾铨、顾锐随顾统被难（指被害）的几个人，也只能说是失踪的人。以我之推测，他们或者是在对燕军的战事中战死了，或者只是因特殊的政治原因离开了当时的公众视野。他们有人活着这是没有疑问的，证据就在上述顾家的碑刻里。在撰于永乐十三年（1415年）的顾成墓志中被列入孙辈名单的顾琮、顾琦、顾玹，在永乐八年俞氏圹志的侄辈名单中没有出现。综合分析各碑内容，这三个人只可能是顾铨、顾锐、顾勇之子。如果他们在永乐八年（1410年）之前出生，那么他们这时一定不在顾家的公开视野里，这就反映他们的父辈踪迹蹊跷；如果他们是在永乐八年之后出生，那他们皆由顾勇出生的可能性不大，这就说明他们中会有顾铨、顾锐的子女，也就是说顾铨、顾锐至少会有一人在世。而我前文所述顾勇之长子顾能，出生在顾琮之前，却始终未出现在永乐年间各种碑刻所述的顾家孙辈人里面，而他却在正统年间真实地露了面。这只能说明，他就是顾家当时失踪人之一，他存在的真相就是顾氏家人建文年间"遭难"真相的一个缩影，确实有人未死，只是因为某种原因不能

❶《明太宗实录》卷一四，台北：台湾"中研院"历史语言研究所校印，1962年影印本，第260页。

❷［明］李维桢：《大泌山房集》卷六二《镇远侯世家》，《四库全书存目丛书》集部第152册，济南：齐鲁书社，1997年，第52-53页。

露面。

在国家图书馆收藏明临海进士蔡潮（1467—1549 年）著《霞山文集》影印本第十卷（原本存日本内阁文库）影印资料中，有贵州安顺明朝顾宣《昭毅将军贵州都司都指挥佥事顾公墓志铭》，文中称，“公讳宣，字朝用，荫袭贵州卫指挥使，以战功升都指挥佥事，掌贵州都司事。……曾祖勇，祖琮，父昂，皆以指挥策勋升都指挥佥事”。❶ 如此，则顾琮当是顾勇的次子。这个顾琮的职务与其兄顾能一脉相承，显然是顾能突然非正常死亡后而由他承继的。兄终弟及总不是承嗣的正途，顾能很可能还是战死，所以才会再一次优待。我甚至还有怀疑，顾琮或许还是顾铨之子。或许顾能没有儿子，或许顾能的儿子太小了，又或许顾勇本身只有一个儿子顾能，并无次子，故顾琮以顾勇次子的身份来继承顾能的卫指挥使职务了。当然，这仅仅是个人的一点猜想，附记于此，不能结论。如此，只有顾琦、顾玹无法系定生父。按出生之先后，顾铨与顾锐都有可能是他们的父亲。可暂置于顾锐的名下，此有待于今后新资料的发现予以确定。

根据以上之深入分析，笔者新编了还原历史真相的顾成及其子孙五代之世系图（见图 1），顾組虽然不具有血缘儿子的身份，但其次子顾兴祖已经成了顾成的嫡长孙而继承了侯位，故在这个垂丝图里有他的位置。他的年龄很可能要大于顾统，故在图 1 中排列在最前，并以无底纹方式处理之。顾亮后裔的编入，使用了当代顾氏的研究成果。

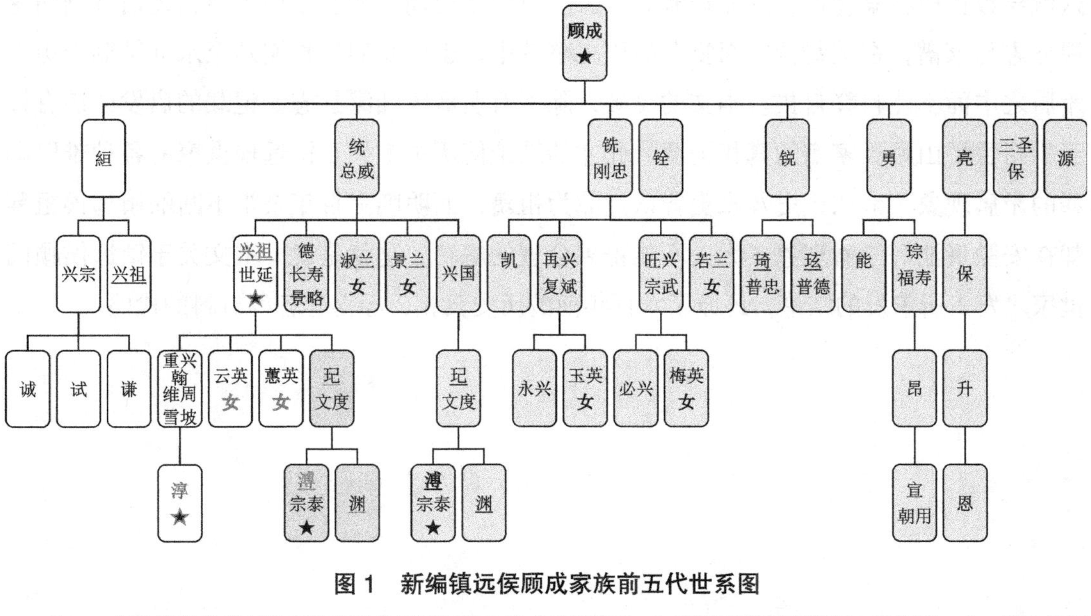

图 1　新编镇远侯顾成家族前五代世系图

注：1. 各种底纹色者与无底纹色者分属不同的血缘或承嗣体系；2. 有下划线同名者两人实为同一人，因血缘与嗣承关系而分列于两处；3. 凡注有★号者被封为或世袭为镇远侯。4. 顾琦、顾玹当同出一父，是出自顾铨还是顾锐尚难定，暂置于顾锐名下。（何歌劲）

❶ ［明］蔡潮:《昭毅将军贵州都司都指挥佥事顾公墓志铭》，转引自《明朝开国名将镇远侯顾成（总谱）顾氏家族第一位官拜统帅之武将》，http：//blog.sina.com.cn/s/blog_7ca3db3b0102w3ok.html（顾氏家族宗亲联谊的博客）。

八、结　论

明镇远侯顾成生有八子，但继其嗣侯的嫡孙顾兴祖并非其长子顾统之子，而是顾成将其部属、松江华亭顾氏将领顾組之次子顾兴祖认作为顾统之长子。建文帝因顾成降燕而诛杀顾统及其家族其他人员是子虚乌有的事件。恰恰相反，顾统没有死，他正是为了保护建文帝而脱离了公众视线。他生有儿子顾兴国，在家史与正史中均未留下名字。因为万历年间曾任安顺知州，且与第八任镇远侯顾大礼相知的湘潭籍京官李腾芳，在顾成祖籍地《湘潭县志》中加以记载，才使这一隐藏极深的历史事实不致完全湮没。华亭顾氏出于将镇远侯爵位归还湘潭祖籍扬州籍顾氏的大义，由顾兴祖之子顾翰将侯爵承袭权让给了顾兴国之子顾玘。顾玘中年早逝，侯爵经顾翰之子顾淳的过渡，终于由顾玘之子顾溥的承继而回到原始镇远侯顾成的血统。顾成永乐十二年（1414 年）五月在镇逝世后，初葬贵阳大西门外紫林庵，永乐十三年（1415 年）正月受敕迁葬回原籍江都永真乡笊篱湾（扬州城南）。顾組任指挥使，卒葬于遵义镇所。顾組长子顾兴宗任贵州卫世袭千户，敕赠武威将军，卒葬贵阳大西门外草苋街。顾统夫人俞贵珍与夫之假托墓合冢于普定（今安顺）东九溪山之北。

在复杂的历史事件中，有时也会为了掩盖真相而有意在原始材料里留下不实的记录，这就导致正史在某些地方反而记载着假象。只信正史而不顾非正史资料，迷信碑刻而忽视方志与家谱，在某些特殊而复杂的历史事件中，也许我们将长期乃至永远徘徊于历史矛盾之中而不能自释自拔。本文的突破，除了有明清《湘潭县志》记载的启发，还有赖于贵州香炉山顾氏家谱的真相记载。此文的结论使历史上关于镇远侯世家的各种难以解释的矛盾现象，诸如正史及家史皆认湘潭为祖籍，而明朝三百年祭祀不断的镇远侯祖墓却在安徽贵池等矛盾现象，无一不能得到合理的解释。这就是说，本文关于镇远侯顾氏世家之发人所未发的结论，还原了六百年前的历史真相，经得起各种材料的检验。

明初平越卫指挥张信与“靖难之役”

何先龙

（贵州省开阳县文化馆）

一、张信生平及与其与福泉的关系

张信（1357—1442年），明初直隶临淮（今凤阳）人，父亲张兴，元末任虎贲左卫副使，升永宁卫指挥佥事，卒于任上，葬贵州平越（今福泉市）。《明太祖实录》卷二十五：吴元年（1367年）九月癸未，“命虎贲左卫副使张兴率勇士千人赴淮安俟师期。”卷一百一十九：洪武十一年（1378年）九月，“永宁卫落下池贼人作乱，指挥张兴率兵讨平之”[❶]。清人顾炎武《建康古今记》云：“虎贲左卫，在朝天宫北。”《大明一统志》：“张信，洪武中为普定卫指挥佥事，通战略，好礼下士，后以功封隆平侯。”[❷]弘治、嘉靖、万历《贵州通志》等所载略同。万历《黔记》：“又云：张三丰谪戍平越，洪武间寓高真观（今贵州省福泉市福泉山高贞观），与指挥张信善。指城南月山寺右地曰：‘葬此，后必封侯世禄。’信从之，后果以功封。予叹曰：隆平功未著而取侯如券，信地灵乎？既读《吾学编》《震泽纪闻》，乃知隆平之母识文皇于邸中，贻子孙以茅土，所谓女智非邪，而岂专在一抔土也。”张三丰“谓张（信）曰：吾为汝父治葬地以酬君殷勤。命信取骨自负，指岩窟密曰：汝勿惧，往掷置物之口中。既入，见石牛欲相啖状，畏而挂角。出以告师。曰：大至封侯，斯亦足矣。复授铁鎚，命往击洞门、石磴。且曰：击不过一二鎚，至断而已。张力不胜，击至七方断，见金鱼飞去，归白之。师曰：惜哉！汝八口，止存君一人。十年后位至封侯，十二年间当会于武当”。又录张三丰地脉诗五首：“其一曰：远远长龙自北来，脉流城右建僧台；前峰凹处堪为塚，若葬真泉步玉阶。隆平侯葬母于此。其二曰：飞凤投江穴在头，龙泉虎嶂两朝流；东隅宾列联峰秀，阴穴阳居万里侯。隆平侯葬父于此。”[❸]弘治《贵州图经新志》：张仙人“以洪武间来寓高贞观，与指挥张信善。教信以葬地曰：远远长龙自北来，脉流成（‘成’疑为‘城’）右建

---

❶《明太祖实录》卷二五、卷一一九，台北：台湾“中研院”历史语言研究所影印本，1962年，第365，1947-1948页。

❷［明］李贤等修，《大明一统志》卷八八《贵州普定卫军民指挥使司·名宦》，西安：三秦出版社，1990年，第1359页。

❸［明］郭子章撰，《黔记》卷三五《宦贤列传三》、卷五四《方外列传一》，《中国地方志集成·贵州府县志辑》第3册，成都：巴蜀书社，2006年，第114-115，347页。

僧台。前峰凹处堪为塚，若葬真泉步玉阶”❶。嘉靖《贵州通志》：“本朝隆平侯墓：羽士张三丰点葬，在城南一里，即张信之母也。”“高贞观，在卫治南福泉山上。洪武二十二年（1389年）指挥张信建。”张三丰“与指挥张信善，卜以吉地于城南月山寺右曰：‘此地葬后必有封侯之贵，世禄之荣。’……遗有本卫地脉诗五首。”录第一首如上，并云“隆平侯即张信葬母有验”❷。《万历野获编》：张三丰“洪武中以罪戍四川平越卫……及居平越，其长为千户张信，故直隶临淮人，以功得今官，待三丰甚厚。一日谓信云：‘吾已为汝父得葬地，以报汝德。’命负其父骨入一岩穴，曰：‘汝入当有所见，亟置口中，其后贵不可言。’信如所教，入有石牛，欲相啖，甚怖，仅挂其角而出。三丰叹曰：‘止可得封侯耳。’又命持金（金，指金属鎚之类）椎击洞门石令断，且嘱以止可出二三击。信往击至七方断，则见金鱼凌空去。归而告之，三丰又叹曰：‘惜乎！汝今八口且死当尽，仅留汝乃贵。’后十年，一家亡七人，信以孑身从文皇靖难，洪武三十五年（即建文四年，朱棣夺取帝位后取消建文年号所改，1402年）封隆平侯世爵”❸。康熙《贵州通志》：“张信……遂为平越人，常与张三丰游，因授予葬父地。”❹《贵州名胜志》：“犀牛洞在府城南隅，张三丰高真观下。洞有石犀，正德间，观内钟夜半与牛斗如雷吼，清晨水草犹有存者。三丰名猷。或曰羊城人，或曰闽人。少遇异人，栖静三十年。出山混俗。补刑曹吏，以囚劫狱，编戍平越……及居平越，千户张信待之甚厚。久之，谓信曰：‘吾为汝父治葬地，以报君殷勤。’命信负其父骨……”❺（后与《万历野获编》所载同）。乾隆《贵州通志》：“犀牛洞，在城南，其上即高贞观。洞中有物若牛。正德间，观僧夜闻洞外斗声如雷，起撞钟，钟失所在。有顷，闻钟声一路震响而来。及石视之，钟上有水草，始悟夜所闻声乃钟与牛斗。后压之乃止。明隆平侯张信父葬于洞内，相传为张三丰所授。”❻光绪《直隶平越州志》所载略同。康熙《贵州通志》：“月山寺，在府城南门外，明洪武间隆平侯张信建。”❼《福泉县志》：“张信（？—1442年），临淮人。明洪武间任平越卫指挥，先后修建福泉山高真观和月山寺，后以家宅基地捐修平越卫学。”❽可见，张信因任平越卫指挥并葬父于平越（今福泉市）城南隅犀牛洞入平越卫官籍，在平越居住十年间修高贞观

---

❶（弘治）《贵州图经新志》卷一二《平越卫·仙释》，载《中国地方志集成·贵州府县志辑》第1册，成都：巴蜀书社，2006年，第352页。

❷（嘉靖）《贵州通志》卷八《寺观·丘墓》、卷十《仙释》，《四库全书存目丛书》史部第193册，济南：齐鲁书社，1996年，第265，297，325页。

❸［明］沈德符撰：《万历野获编》卷二七《释道》，北京：中华书局，1959年，第703页。

❹（康熙）《贵州通志》卷一八《丘墓·平越府》，载《西南稀见方志文献》卷三九，兰州：兰州大学出版社，2003年，第387页。

❺［明］曹学佺撰：《贵州名胜志》卷三《新镇道所属·平越军民府》，贵阳：贵州省图书馆，1965年复制本，第10-11页。

❻（乾隆）《贵州通志》卷五《山川·平越府》，台北：京华书局，1968年，第82页。

❼（康熙）《贵州通志》卷二六《寺观·平越府》，载《西南稀见方志文献》卷三九，兰州：兰州大学出版社，2003年，第437页。

❽ 贵州省福泉县地方志办编：《福泉县志·人物篇·人物传》，贵阳：贵州人民出版社，1992年，第939页。

和月山寺，调北平后捐私宅建平越卫学；据现存弘治、嘉靖和万历《贵州通志》，明代平越有“郧国公坊，在城南，为隆平侯张信建”。

张信事迹见于明清的史料不少。《明仁宗实录》卷一上：永乐二年（1404年）二月，“遣隆平侯张信、附（驸）马都尉永春侯王宁召帝及高煦至南京，授帝金册、金宝立，为皇太子。”[1]《明宣宗实录》卷三十三：宣德二年（1427年）十一月癸巳，“巡抚陕西隆平侯张信等言：陕西西安、凤翔诸府岁输粮于宁夏、甘肃、洮河、岷州诸卫，道路险阻，运致为艰。民往往赍金帛就彼市纳，狡黠之徒包揽费用，通同官吏虚进实收，仓无储积，皆由于此。盖以各卫僻远，更无官司与之论校，得以恣意妄为，无所忌惮，乞于布政司、按察司各增置堂上官二员，专令于彼监视，有作奸者，不限职之大小擒治如律；其诸有司亦请增官一员专理粮草，如此则奸邪敛迹，事亦易集。上命行在户部计议，尚书夏元吉等言：‘……布政司、按察司各增二员监视宜允，至于擒治不限职之大小，与祖宗之法有违。若事干军职及文资五品以上官必先奏请。’上从之。”卷三十七：宣德三年（1428年）二月己巳，“巡抚陕西隆平侯张信等奏：‘陕西西安府永丰南北二仓，相去二里，年深倾圮不支，宜撤北仓，以其料并修南仓为便。’从之。”卷四十：宣德三年（1428年）三月癸卯，“巡抚陕西少师隆平侯张信等奏请，令户部召商于陕西布政司纳米中盐以广储蓄；淮浙盐每引三斗五升，川盐每引二斗。上命尚书夏原吉议拟以闻。”卷五十一：宣德四年（1429年）二月戊寅，“命隆平侯张信同太监沐敬浚河西务河道及修堤岸。先是河西务要儿渡等处河岸冲决，命行在工部修筑，水急民少，久无成功。至是命信等往督发在京操备军士万五千人益之。”[2]《明英宗实录》卷十四：正统元年（1436年）二月癸丑，“少师隆平侯张信奏：‘臣故母詹氏殡于南京有年，自臣扈从北来，坟茔尚未修葺。臣今年及八翁（八十），存日无多，乞暂往南京少加营理，庶尽人子之心，不然死不瞑目矣。’事下行在礼部覆奏，从之。”卷九十二：正统七年（1442年）五月丁卯，“少师隆平侯张信卒。信，凤阳府临淮县人，洪武中袭父兴指挥佥事，从征紫江等寨，克平乎，升北平都司都指挥佥事，累以靖难功升都指挥同知，继升都指挥使，进中军都督佥事，渡江封隆平侯。宣德元年（1426年），总右掖兵，寻从征武定州。信之在北平也，尝先上变告，太宗德之，呼为‘恩张’，而不名闻；有女欲纳为妃，信坚拒之，以为不可，乃止。人以此多（推崇）之，至是以疾居南京卒，追封郧国公，谥恭僖。”[3]《国朝献征录》：“张信，临淮人，父兴，开国功为永宁指挥佥事。信嗣官，紫江（今贵州开阳境）、草塘（今贵州瓮安猴场镇）功升都指挥佥事。洪武三十一年（1398年）建文君即位，疑北平。大

---

❶《明仁宗实录》卷一上，台北：台湾“中研院”历史语言研究所影印本，1962年，第4页。

❷《明宣宗实录》卷三三、卷三七、卷四〇、卷一一九，台北：台湾“中研院”历史语言研究所影印本，1962年，第841-842，910，986-987，1213页。

❸《明英宗实录》卷一四、卷九二，台北：台湾“中研院”历史语言研究所影印本，1962年，第295-260，1859页。

臣荐信有谋勇名，调北平都司，受密敕，令与谢贵、张昺协力尽缚藩府人……信遂从靖难兵战大宁、真定、郑材坝，还军攻九门营。西克大同，转战夹河、藁城，渡淮破盛庸，兵入金川门。升都督佥事，建文四年（1402年）封隆平侯，食禄一千石，与券世伯。文皇时时呼信为‘恩张’，凡召太子北京察藩王动静诸密要事，皆命信。永乐二十年（1422年），征胡功加少师，洪熙元年（1425年）与世侯券，支两俸。子镛，自立功为指挥佥事，先卒；镛子淳嗣官。正统七年（1442年），信卒，赠郧国公，谥恭僖。淳以指挥佥事嗣侯，卒，子辐嗣侯；无子，弟佑嗣侯；卒，无子，弟禄与禬争嗣，下法司理。正德三年（1508年），禄嗣侯，卒，子玮优给，十二年（1517年）嗣侯；卒，无嗣，侄桐嗣侯；卒，子炳嗣侯。”[1]《明史·惠帝纪》：洪武三十一年（1398年）“冬十一月，工部侍郎张昺为北平布政使，谢贵、张信掌北平都指挥使司，察燕阴事。”《张信传》：“张信，临淮人。父兴，永宁卫指挥佥事。信嗣官，移守普定、平越，积功进都指挥佥事。惠帝初即位，大臣荐信谋勇，调北平都司……成祖德信甚，呼为‘恩张’。欲纳信女为妃，信固辞，以此益见重。凡察藩王动静诸密事，皆命信。信怙宠颇骄。永乐八年（1410年）冬，都御史陈瑛言：‘信无汗马劳，忝冒侯爵，恣肆贪墨，强占丹阳练湖八十余里、江阴官田七十余顷，请下有司验治。’帝曰：‘瑛言是也。昔中山王有沙洲一区，耕农水道所经，家僮阻之以擅利。王闻，即归其地于官。今信何敢尔！’命法司杂治之，寻以旧勋不问。二十年（1422年）从北征，督运饷，大阅于隰宁，信辞疾不至，谪充办事官，已而复职。仁宗即位，加少师，并支二俸，与世侯券。宣德元年（1426年）从征乐安。三年（1428年），帝巡边征兀良哈，命居守。明年，督军万五千人浚河西务河道。正统七年（1442年）五月卒于南京，赠郧国公，谥恭僖。子镛，自立功为指挥佥事，先卒；子淳嗣，传爵至明亡。”《郭敦传》：“宣德二年（1427年），进尚书，陕西旱，命与隆平侯张信整饬庶务当行者，同三司官计议奏行。敦乃请蠲逋赋，振贫乏，考黜贪吏，罢不急之务，凡十数事。悉从之。”《张三丰传》：“永乐中，成祖遣给事中胡濙偕内侍朱祥赍玺书香币往访，遍历荒徼，积数年不遇。乃命工部侍郎郭琎、隆平侯张信等，督丁夫三十余万人，大营武当宫观，费以百万计。”[2]王世贞《皇明述异》：“勋臣巡抚：文臣称巡抚，而武臣、内臣称镇守，例也。独宣德中，少师隆平侯张信巡抚陕西，而嗣后都御史陈镒、王文，侍郎耿九畴，却称镇守。”[3]

贵州福泉市城南隅犀江岸边有犀牛洞，洞内有张信父亲墓，犀牛洞位置及形态与嘉靖《贵州通志》、万历《贵州通志》和《黔记》、明末《贵州名胜志》等史籍所载张三丰

❶［明］焦竑著:《国朝献征录》卷七《侯一·隆平侯张信传》，台北：台湾学生书局，1984年，第240-241页。

❷《明史》卷四《惠帝纪》、卷一四六《张信传》、卷一五七《郭敦传》、卷二九九《方技传》，上海：上海古籍出版社，1986年，第7793，8201，8221，8607页。

❸［明］王世贞著:《弇山堂别集》卷八《皇明异典述三》，北京：中华书局，1985年，第153页。

为张信指点的葬父之地相符。可见张信葬父于平越是可信的；但张信之母葬于平越不一定可靠，因为张信到北京任职时母亲随其前往并劝其投靠朱棣，且其母詹氏卒后葬于南京，或许张信之父多妻，其中有一个葬在福泉也未可知，即便如此，葬在福泉的也不是张信的生母。

因此，张兴是凤阳人，与朱元璋同乡，早年颇受朱元璋信任，吴元年（1367 年）就任虎贲左卫副使驻守南京朝天宫，洪武十一年（1378 年）前因功升永宁卫指挥佥事卒于官，葬于平越卫（今福泉市）。张信明初袭卫指挥佥事，因参与平定贵州开阳紫江和瓮安草塘有功升都指挥佥事驻守普定卫（今安顺）和平越卫。洪武三十一年（1398 年），由于有勇有谋，被推举荐升调任北平都司指挥佥事，奉建文帝密令监视燕王朱棣并可相机拘捕，由于父母都对朱棣有好感并深信“王气在燕”，在母亲劝说下出卖朱允炆投靠朱棣，最终坚定了朱棣发动靖难之役的决心。张信积极参与靖难之役四处征讨，屡立战功，朱棣称之为“恩张”，封隆平侯，先世袭伯爵，后改世袭侯爵，朱棣一度欲纳张信之女为妃被张信婉拒，甚至张信横行不法也不予追究。张信封侯后奉命督修长城和武当山宫观、督运军粮、疏浚运河等，特别是以武官任文职陕西巡抚时能体察民情、罢黜贪官、废除弊政、赈灾救困，颇有治理地方之才；卒后赠郧国公，谥恭僖；张信不失为一个有才能的好官，子孙因此世袭侯爵十代直到明末。

二、张信与靖难之役

（一）“王气在燕”为靖难之役奠定舆论基础

朱棣发动靖难之役之所以成功，除了其雄才大略，有张信、李景隆等叛附之外，舆论上也独具优势，即所谓“王气在燕”。“王气在燕”并非朱棣编造或空穴来风，而是古已有之。南宋硕儒朱熹就说：“冀都是正天地中间，好个风水。山脉从云中发来，云中正高脊处。自脊以西之水，则西流入于龙门西河；自脊以东之水，则东流入于海。前面一条黄河环绕，右畔是华山，耸立为虎，自华来至中为嵩山，是为前案。遂过去为泰山，耸于左，是为龙。淮南诸山是第二重案，江南诸山及五岭，又为第三四重案。”❶燕京之名起于辽代，作为辽、金、元三朝都城后声名日显，朱熹提出冀都（北京）是“正天地中间，好个风水”之后燕京更加声名远播。《辽史·地理四》：南京析津府，后晋“高祖以辽有援立之劳，割幽州等十六州以献。太宗升为南京，又曰燕京。城方三十六里，崇三丈，衡广一丈五尺”❷。元人熊梦祥《析津志》：“辽开泰元年（1012 年），始号为燕京。（金）海陵贞元元年（1153 年）定都，号为中都。天德三年（1151 年），始图上燕城宫阙制度。三月，命张浩等增广燕城。”“太祖皇帝辛未年（1211 年）十月，于

❶［清］李光地等编纂：《御纂朱子全书》卷五〇《理气二·地理》，1714年（清康熙五十三年刻本），第24页。
❷ 宋德金等标点：《辽史》卷四〇《地理四·南京道》，吉林：吉林人民出版社，1995 年，第 280 页。

燕置行省，大业实肇于此。”“其内外城制，与宫室、公府，并系圣裁，与刘秉忠率按地理经纬，以王气为主。故能匡辅帝业，恢复丕基，乃不易之成规，衍无疆之运祚……盖地理，山有形势，水有源泉。山则为根本，水则为血脉。自古建邦立国，先取地理之形势，生王脉络，以成大业，关系非轻，此不易之论。”[1]《元史·地理一》：“大都路，唐幽州范阳郡。辽改燕京。金迁都，为大兴府。元太祖十年（1215 年），克燕，初为燕京路，总管大兴府。太宗七年（1235 年），置版籍。世祖至元元年（1264 年），中书省臣言：‘开平府阙庭所在，加号上都，燕京分立省部，亦乞正名。’遂改中都，其大兴府仍旧。四年（1267 年），始于中都之东北置今城而迁都焉。京城右拥太行，左挹沧海，枕居庸，奠朔方。城方六十里。”《刘秉忠传》：“初，帝命秉忠相地于桓州东滦水北，建城郭于龙冈，三年而毕，名曰开平。继升为上都，而以燕为中都。四年（1267 年），又命秉忠筑中都城，始建宗庙宫室。”[2]明人王泌《东朝记》：“太祖尝问刘诚意（刘基）：‘朕长孙享天下，当几何？’刘对曰：‘皇太孙骨气不凡，非富贵可久拘也。’上问其由，不答。固问之，刘曰：‘此出家当得仙，若嗣大位，只四五年，天下分。’……上言：‘何以预为之所？’刘曰：‘制一函，藏度牒、缁衣、剃刀其中，令遇难则启之，庶几此以免。且得天下者，必燕王也。燕王才度既雄，而北地常有王气。’”[3]可见，燕京（北京）早在南宋就已号称“正天地中间”，占尽天下好风水；辽改南京析津府，圣宗开泰元年（1012 年）改为燕京，号称南京以作陪都；金海陵王贞元元年（1153 年）定为都城改号中都；元太祖辛未年（1211 年）在燕京设行省，刘秉忠在设计并督建上都开平成功后，又于至元四年（1267 年）奉命设计元大都，更是号称“按地理经纬，以王气为主。”因此，“王气在燕”不仅有南宋硕儒朱熹的科学论证，而且有辽、金、元三朝定都的实践，特别是元初刘秉忠设计大都“以王气为主”，加上明初高启“北地常有王气”之说，都成为朱棣发动“靖难之役”最好的舆论支持和宣传口号。自幼随朱元璋四处征战的张兴不仅熟悉朱元璋的子孙朱棣雄才大略、朱允炆比较文弱等情况，而且对“王气在燕”的说法深信不疑，雄才大略的朱棣对“王气在燕”这样对自己有利的舆论自然也会不遗余力地宣传发挥，张信在诸多因素共同影响下才最终成为支持朱棣发动靖难之役的主要功臣之一。

（二）张信告密是朱棣发动靖难之役的关键因素之一

关于张信出卖建文帝不忠，明清时期多以“成王败寇”理论加以肯定，唯乾隆时谢圣纶独持异论，其《滇黔志略》引《贵州通志》张信传后云：“其所纪与《明史》小异，

---

[1] ［元］熊梦祥撰，北京图书馆善本组辑：《析津志辑佚》，北京：北京古籍出版社，1983 年，第 1，8，33 页。

[2] 《元史》卷五八《地理一·大都路》、卷一五七《列传第四十四·刘秉忠传》，北京：中华书局，1976年，第 1347，3693-3694 页。

[3] ［明］王泌著：《东朝纪》，北京：中华书局，1991 年，第 10 页。

而列张信于人物志，余窃以为不然。夫所称人物者，节莫大于忠孝。方大臣之以谋勇荐信也，惠帝即赐以密敕，委以重寄。信纵不能与谢贵、张昺协力图燕，奈何甫至北平，辄乘妇人舆三造王邸，阴以情输？考信与贵、昺共受密命，乃在惠帝即位之初，维时燕王虽将为变，尚称疾而未敢发也。自信以密情输王，王遂决计起兵，而信能中参密谋，屡见战功，顾以王气在燕为父母遗命，信将谁欺乎？是年六月，信等至燕；七月，燕王即举兵反，杀贵、昺，夺九门。是最先叛附于燕者，张信也；最先叛纳燕兵于金川门者，李景隆也。两人后先若合一辙，世但知罪景隆而不知罪张信，何哉？”[1]可见，朱棣发动靖难之役，先有王气在燕的气势和舆论支持，次得张信告密，后又有建文名将李景隆叛附，所以很快成功。

《明太宗实录》卷十二上：洪武三十五年（即建文四年，1402年）九月甲申，“升赏奉天靖难诸将……都督佥事张信为奉天靖难推诚宣力武臣、特进荣禄大夫、柱国、前军都督府左都督、隆平侯，食禄一千石，子孙世袭隆平伯。赏银三百五十两，彩币三十表里，钞三千贯。”[2]《震泽纪闻》：“隆平侯张信，初为北平都指挥使。时建文疑忌诸王，而忌燕尤甚，密敕信，使图之。信受命，日以为忧，而不敢言。其母疑而问之，信跪对曰：‘儿统兵百万，安能无忧？’母曰：‘吾观汝之忧，非此之谓也。其以语我。’信乃屏左右，言曰：今有密旨云云。母惊曰：‘不可。吾闻燕王当有天下。王者不死，非汝所能擒也。独不闻尔父之言乎？’盖其父尝言王气在燕分也。信闻之益忧，不知所出。未几，复有敕趣之。信艴然起，曰：‘何太甚乎？’乃启见王，三往，不可。于是乘妇人舆径诣王府。王见其挺身来造，知无他也，乃入之。信拜于床下，王伪风疾，不能言。信曰：‘殿下无。然有事，当以告臣。’王曰：‘我诚有疾，何诈也？’信曰：‘殿下犹不以诚语臣。今朝廷敕信擒王，王果无意乎？当就执。如有意乎？当以告臣。’王见其诚，不觉下拜，曰：‘吾一家之命在子矣。’呼为‘恩张’。乃召姚广孝等共谋。语次，檐飘瓦坠地碎，王恶之，色殊不怿。广孝曰：‘祥也。’王骂曰：‘子又妄言，何祥焉？’广孝曰：‘天欲易黄瓦耳。’是日谋乃定。”[3]《国朝献征录》：“洪武三十一年（1398年）建文君即位，疑北平。大臣荐信有谋勇名，调北平都司，受密敕，令与谢贵、张昺协力尽缚藩府人。信日夕忧憯，母怪而问之，信跪对曰：‘儿统兵边阃，焉能无忧？’母曰：‘汝非此忧，其语我。’故信屏左右对曰：‘密旨欲得亲王，奈何？’母大惊曰：‘不可，汝父每言王气在燕，汝无妄为祸家族。’信益忧惧，未几敕促信益急，信艴然起曰：‘何忍已甚至此？’三造燕邸，文皇辞不见，乃乘妇人舆求见。文皇召入，拜文皇床下，时文皇称风病不能言

---

[1] ［清］谢圣纶辑，古永继点校：《滇黔志略点校》卷二二《贵州人物》，贵阳：贵州人民出版社，2008年，第275页。

[2] 《明太宗实录》卷一二上，台北：台湾“中研院”历史语言研究所影印本，1962年，第196页。

[3] ［明］王鏊著，吴建华点校：《王鏊集·震泽纪闻（卷上）》，上海：上海古籍出版社，2013年，第607-608页。

久矣。信顿首曰：‘殿下无恙，即有恙，当急谕臣。’文皇曰：‘余诚病，且困待死尔。’信复曰：‘殿下不以情语臣，朝廷密敕信执殿下。殿下意果无他，幸从臣归命京师。即有意宜告臣。’文皇见信称臣，又意甚诚恻，泣下，告信密谋，立召姚广孝、朱能、张玉定计攻九门。信遂从靖难兵战大宁、真定、郑材坝，还军攻九门营，西克大同，转战夹河、藁城，渡淮破盛庸，兵入金川门，升都督佥事，洪武三十五年（1402 年）封隆平侯，食禄一千石，与券世伯。”[1]《明史·张信传》综合采用了上述几种史料。

总之，张信任平越卫指挥时葬父于平越，得入平越籍，调北平后不仅依母命密见朱棣投靠支持靖难之役，而且身先士卒，参与商定夺取九门之计，随靖难大军战大宁、真定、郑材坝，攻九门营、克大同，转战夹河、藁城，渡淮河破盛庸，又随靖难大军攻入南京金川门，屡立战功；封侯之后先后奉命督运军粮、疏浚运河、督修长城和武当山宫观等，特别是以武职受命巡抚陕西时遇旱灾能体察民情、蠲免赋税、罢黜贪官、赈济贫民、免缓可以缓行的工程等，所在都有功劳。以现存史料客观评价，张信封侯并非仅靠告密，更不是都御史陈瑛弹劾时所谓“素无汗马之劳，遭遇圣明，忝冒侯爵”。张信不仅屡立战功，有治理才能，而且晚年坚持请假到南京为母亲修墓。因此，张信既坚持孝道，又有文武才干，张氏才成为明代罕见的世袭侯爵十代直到明末的家族。可见，张信品德修养、文武才能都不错，既非滥竽充数之辈，更非无德无才的奸佞小人。

[1] ［明］焦竑著，《国朝献征录》卷七《侯一·隆平侯张信传》，台北：台湾学生书局，1984年，第240-241页。

“云南兵”与靖难之役初探*

孟凡松　李旭亮

（安顺学院人文学院）

靖难之役于明代政治史的地位，诚如前贤王崇武先生所言：“明代政治制度之巨变以靖难一役为分野”，“所谓靖难事变者，不仅关系朱氏叔侄之王位继承，抑且为一代制度之改革关键，固读史之人所不容忽视者也”❶。

实际上，靖难之役不仅对于整个明代政治制度转变是一大关键，对于明代西南地方历史来说也是一大转圜之机。顾诚先生曾以道光《晋宁州志》所载《濠梁慎庵耿公墓田碑记》为据，证明耿炳文实殁于真定之役，耿、沐二氏皆忠于建文朝廷者。顾氏以为，“耿炳文父子都是忠于建文帝的，沐晟在父母的影响下必然站在建文帝一边。由于地处西南偏远之区，他虽手握重兵却未能参加保卫建文朝廷之役”❷。诚如顾氏所言，在永乐初季，朱棣对于沐晟，确曾有过从防范到笼络的态度转变。然究其防范之因，正在于沐晟手握重兵且捍御建文朝廷居功尤多，朱棣篡位后视之为最大隐忧才严加防范。尽管沐晟并未亲自领兵讨燕，然其节制诸将及云南左、右等卫武官与旗军，于御燕诸役出力甚巨且伤亡惨重。本文通过梳理现存云南诸卫选簿，对云南诸卫参与靖难之役的过程及在此过程中的兵力损失略加评述。

一、滇黔诸卫武职靖难之役阵亡及降附之记录

现存云南左卫、右卫、后卫、临安等云南卫所选簿中，有关卫所指挥、千户、百户在白沟河、夹河、小河、灵璧等地“阵亡”的记载并非少见。灵璧之役不仅有“阵亡”者，还有“归附”者。

白沟河战役发生于建文二年（1400 年）四月，建文朝廷军队在该役中损失惨重，“精兵万余并没，南军由是不振”❸。云南诸卫选簿载“白沟河阵亡”案例甚多，如云南

* 基金项目：国家社科基金西部项目“清代改卫归流研究”（编号：16XZSO13）。

❶ 王崇武：《明靖难史事考证稿》，上海：商务印书馆，1948 年，第 1 页。

❷ 顾诚：《靖难之役和耿炳文、沐晟家族——婚姻关系在封建政治中作用之一例》，《北京师范大学学报》，1992 年第 5 期，第 52 页。

❸ ［清］张廷玉等撰：《明史》卷一四二《列传第三十・瞿能传》，北京：中华书局，1974 年，第 4039 页。

左卫有右所副千户侯胜[1]、右所百户陈义[2]、中所百户刘春[3]、后所百户张得[4]等。云南右卫“白沟河阵亡”者，有指挥佥事金真[5]、右所百户刘海[6]、中所百户陈铎[7]、前所百户张先[8]等。此外，还有云南后卫指挥佥事李谦[9]、临安卫指挥佥事马恭[10]、陆凉卫前所副千户袁昌[11]和贵州都司平越卫指挥佥事王先[12]、左所百户刘寿[13]、右所百户陈忠[14]等，皆明确载之为“白沟河阵亡”。

夹河战役发生于建文三年（1401 年）三月，结果南军“大溃，失亡十余万”[15]。选簿载该年“夹河阵亡”者，有云南左卫前所副千户楚智[16]、云南右卫左所百户赵贵[17]、前所百户黄得[18]、中左所百户李通[19]、临安卫右右所百户孙智[20]等。

小河、灵璧战役皆发生于建文四年（1402 年）四月。小河战役斩燕将陈文，南军士振而北军颇沮。选簿明载“小河阵亡”者有云南后卫右所副千户穆永[21]及贵州都司龙里卫中所副千户侯礼[22]等。

灵璧一役南军败绩且诸都督、都指挥被执者三十七人，“降数万人”[23]。以此，云南卫所职役在灵璧战役中的表现，也相应有“阵亡”和“归附”两种表现。其“灵璧阵亡”或“灵璧县阵亡”者，如云南左卫前所百户李福[24]、右卫左所世袭百户明祥举[25]、临安卫中

---

❶《云南左卫选簿》，“陈雄”选簿，载《中国明朝档案总汇》第58册，桂林：广西师范大学出版社，2001年，第429页。下文引述选簿资料皆来自《中国明朝档案总汇》，故仅标注册数、页数。

❷ 第 58 册，第 403 页。

❸ 第 58 册，第 459 页。

❹ 第 58 册，第 513 页。

❺ 第 59 册，第 96 页。

❻ 第 59 册，第 52 页。

❼ 第 59 册，第 77 页。

❽ 第 59 册，第 111 页。

❾ 第 59 册，第 365 页。

❿ 第 58 册，第 395 页。

⓫ 第 59 册，第 23 页。

⓬ 第 60 册，第 18 页。

⓭ 第 60 册，第 33 页。

⓮ 第 60 册，第 46 页。

⓯ [明] 谈迁:《国榷》，北京：中华书局，1958 年，第 823 页。

⓰ 第 58 册，第 476 页。

⓱ 第 59 册，第 31 页。

⓲ 第 59 册，第 104 页。

⓳ 第 59 册，第 150 页。

⓴ 第 59 册，第 257 页。

㉑ 第 59 册，第 382 页。

㉒ 第 59 册，第 180 页。

㉓ [明] 谈迁:《国榷》，北京：中华书局，1958 年，第 833 页。

㉔ 第 58 册，第 479 页。

㉕ 第 59 册，第 34-35 页。

左所百户邢祯[1]等。其“灵璧县归附”者，有云南右卫总旗升左所副千户程关[2]、右卫后所副千户升指挥佥事段镛[3]、临安卫副千户升都指挥佥事曹胜[4]等。又有陆凉卫前所副千户袁昌亦“跟瞿都督白沟河阵亡”[5]，表明“云南兵”的参战部队，非仅前述云南左、右等卫。

此外，又有“北平失陷”者如临安护卫中所百户吴敬[6]，从其弟袭职于三十四年四月来看，吴敬失陷的时间，或发生于李景隆率师围北平，都督瞿能几陷彰义门时。[7]

二、“云南兵”参与靖难之役的过程与特点

建文三年（1401年）三月夹河与闰三月藁城诸战役后，朱棣上书请召还诸将息兵，建文朝廷谪斥齐泰、黄子澄，谕燕罢兵以为缓兵之计。[8]方孝孺等拟以“辽东兵”扰永平、北平等燕根本之地，待燕兵归援则以朝廷大军“蹑其后”，造成两面夹击而使朱棣腹背受敌的“必擒之势”[9]，他描述朝廷当时的军事局势云：

宜今各处兵已多集，独云南兵来至。[10]

所谓“云南兵”，是否包括贵州都司各卫所可容讨论，但从选簿反映的信息看，说其主要是指建文朝廷调自云南都司各属卫所的军队则大致不错。此时，南北军双方战事已持续到第三年，所谓“云南兵未至”，显然与前引云南左卫、右卫、后卫及临安卫、平越卫等卫武官在白沟河、夹河等战役中阵亡的诸多案例不符。建文朝廷从各地调兵御燕，当视战场兵力投入及损耗而定，大概是分批次多区域调集而来。在此，当指最新调集的“云南兵”“未至”，并非“云南兵”自建文元年（1399年）七月命将出师以来至三年（1401年）闰三月皆“未至”。

此前，在建文二年（1400年）四月白沟河一役中，南军“俞通渊、瞿能父子、滕聚俱没阵”[11]。明末史家谈迁论曰，“白沟之役，南军百万，几于破竹，一跌不收，全师

[1] 第59册，第251页。

[2] 第59册，第21-22页。

[3] 第59册，第117页。

[4] 第59册，第178页。

[5] 第59册，第23页。

[6] 第59册，第305页。

[7] ［明］钱士升：《皇明表忠纪》卷五《死战列传·瞿能》，周骏富编：《明代传记丛刊》第64册，台北：明文书局，1991年，第277页。

[8] ［明］谈迁：《国榷》北京：中华书局，1958年，第824页。

[9] 《明太宗实录》卷八，洪武三十四年闰三月癸丑，台北：台湾“中研院”历史语言研究所校勘本，1962年。

[10] 《明太宗实录》卷八，洪武三十四年闰三月癸丑。台湾“中研院”历史语言研究所校本作“未至”为“来至”，于前后文理不通，云南等地最是偏远，若其“兵”已“来至”，不可能京畿、浙江、江西、湖广等地反倒“未至”，盖因二字形近致讹，《明太宗实录校勘记》注“旧校改来作未”，为是。

[11] ［明］谈迁：《国榷》，北京：中华书局，1958年，第816页。

俱覆”[1];《明史》亦云该役“精兵万余并没，南军由是不振”[2]。考俞通渊、瞿能、滕聚履历，俱历事西南且与沐春父子颇有交集。俞通渊，又名俞渊，“巢人，以参侍舍人累功，属西平侯征蛮”[3]，“三十二年七月，有旨遣艾端起在闲越嶲侯，授豹韬卫指挥使，八月领军北征，三十三年四月于白沟河阵亡”[4]。瞿能，“合肥人，国初功臣瞿通子，骁勇有名，先四川都指挥使，从征西番，又副总臣从征建昌月鲁帖木儿，俱有功”[5]，后掌云南都指挥使司都督佥事，从西平侯沐春进兵击平缅[6]，“建文初，从李景隆为裨将，攻北平，能力战，与其子良材率精骑千余杀入彰义门……景隆率师驻白沟河，与燕军迎敌”[7]。滕聚，陆凉卫指挥佥事。同时，陆凉卫还有副千户袁昌，“因父跟瞿都督白沟河阵亡”[8]。

迨至建文三年（1401年）三月，又有夹河之役。该役中，“都指挥使庄得、张能、楚智力战死”[9]。楚智，据云南左卫选簿“楚僎”簿载，系太康县人，旧名观音奴，“前王保保下湖广省左丞，洪武五年充银牌总先锋，十三年除温州卫中所镇抚，十八年钦升云南左卫镇抚，十九年钦升云南左卫前所世袭副千户，三十四年夹河阵亡”[10]。《皇明表忠纪》亦云其“洪武中称骁将，数出塞有功，历升都指挥使。建文初，守北平，寻召还。从李景隆统骑兵，遇北师辄奋力战，夹河之役死于阵”[11]。选簿载楚智履历，详于洪武十九年（1386年）前而略其后，《皇明表忠纪》等传则略其前而详其后，盖前者为遮蔽御燕事迹，而后者为表彰忠义，一抑一扬，前为副千户而后为都指挥使，前后记载宛若二人。

据云南卫所选簿，建文四年（1402年）四月灵璧一役是实质意义上的“云南兵”御燕之最后一役。此前白沟河、夹河诸役，多“阵亡”者，而灵璧一役则“阵亡”“归附”相参。此后，朱棣直趋京师而无甚大战，已在白沟河、夹河、灵璧诸役中伤亡惨重的“云南兵”再也无力并无暇表现了。

大体而言，“云南兵”参与靖难之役，主要发生在建文二年（1400年）四月白沟河战役至建文四年（1402年）四月灵璧战役之间，从白沟河到夹河，再到小河、灵璧，每阶

[1] ［明］谈迁:《国榷》，北京：中华书局，1958年，第817页。

[2] ［清］张廷玉等撰:《明史》卷一四二《列传第三十·瞿能传》，北京：中华书局，1974年，第4039页。

[3] ［明］谈迁:《国榷》，北京：中华书局，1958年，第817页。

[4] ［明］黄金:《皇明开国功臣录》，周骏富编:《明代传记丛刊》第24册，台北：明文书局，1991年，第182页。

[5] ［明］谈迁:《国榷》，北京：中华书局，1958年，第817页。

[6] 《明太祖实录》卷二五七，洪武三十一年五月丁未，台北：台湾“中研院”历史语言研究所校勘本，1962年。

[7] ［明］钱士升:《皇明表忠纪》卷五《死战列传·瞿能》，周骏富编:《明代传记丛刊》第64册，台北：明文书局，1991年，第277页。

[8] 第59册，第23页。

[9] ［明］谈迁:《国榷》，北京：中华书局，1958年，第823页。

[10] 第58册，第476页。注：“明武职选簿中无建文年号，建文元年至四年的相应年份，皆分别依次作洪武三十二年、三十三年、三十四年、三十五年，为保持原文语境，本文在直接或间接引述选簿史料时，皆用原洪武三十二年等的相应表述，并不将之转化为建文元年等相应年份”。

[11] ［明］钱士升:《皇明表忠纪》卷五《死战列传·楚智》，周骏富编:《明代传记丛刊》第64册，台北：明文书局，1991年，第280页。

段大约间隔一年——云南地处偏远之区，考虑到调令下达、编集部伍、准备军装、奔赴前线、投入战斗、休整再调等一切皆迁延需时，一年的间隔是可以理解的。此种时间节点和战役节点分布特点，表现为参战时间的不连续和参战地点的极度集中，大概可以理解为建文朝廷从云南征调卫所军队参战，前后主要经历了三次：第一次调兵集中投入白沟河战役，第二次主要投入夹河战役，第三次主要投入小河、灵璧战役。由于云南尤其是滇西地区本身的军事防御压力颇大，可调之兵主要来自滇中、大理、临安、曲靖等地卫所，虽皆百战精兵然总量有限，故每次征调之兵只能集中投入，并在每次实战中皆损耗惨重。

三、"云南兵""革除年间"阵亡伤故概述

建文四年（1402 年）七月壬午，朱棣大祀天地于南郊，御奉天殿，颁即位诏。该即位诏提出处置南军遗留问题的两项基本原则，分别针对南军"军官有升职事者"和南军"阵亡、伤故、失陷、病故者"[1]而言，其专门针对"天下各都司卫所官军"中的南军职役做出统一规定：

> 天下各都司卫所官军，皆太祖高皇帝恩养者，奸臣迫胁，调遣拒战，冲冒矢石，情有可悯。见存者俱还原卫所；其有阵亡、伤故、失陷、病故者，官则传袭其子孙；旗军每户赏钞五锭；户无壮丁补役、遗下孤寡，所司善加存恤，愿依亲、愿还乡者听从其便；有幼男者给粮纪录，出幼补役。[2]

这段话是讨论"革除年间""云南兵"阵亡伤故现象的前提。建文二年（1400 年）至永乐二年（1404 年）间袭替父兄世职者，绝大多数都是原建文朝南军之裔。但是，在云南等卫所选簿中，针对洪武晚期至永乐早期这一时段袭替履历的记载，只有"故"而"袭"，"老""疾"而"替"等寥寥数字的现象并不少见，我们将之称为选簿南军履历记载中的"减省"现象。

（一）选簿南军履历记载中的减省现象

明代卫所选簿对新官的"靖难"事迹大多述之甚详，而对于"南军"御燕履历则语焉不详。诸多南军史事亦因之湮没，然删之难尽，削而有痕，选簿记载"减省"的现象，在云南诸卫中并不少见。例如，前引云南左卫"楚僎"选簿载楚智履历，其洪武十九年（1386 年）前载之甚悉，十九年后仅用"三十四年夹河阵亡"一语带过[3]。又如云南右卫"赵官"选簿，对其二世祖赵芳"（洪武）二十年调云南右卫"之前除授和调动、永乐元年（1403 年）至三年（1405 年）滇西征战及历功升职的记载颇详[4]，洪武二十一年（1388 年）至三十五年（1402 年）履历则不赘一词。

---

[1]《明太宗实录》卷一〇上，洪武三十五年七月壬午，台北：台湾"中研院"历史语言研究所校勘本，1962 年。

[2]《明太宗实录》卷一〇上，洪武三十五年七月壬午，台北：台湾"中研院"历史语言研究所校勘本，1962 年。

[3] 第 58 册，第 476 页。

[4] 第 59 册，第 9 页。

云南后卫“方祥”选簿载方成、方玉父子履历，同样对洪武晚季至建文间履历颇为简单，仅一句“(洪武)二十七年为因年老，玉替职，任本卫世袭指挥佥事，后调云南后卫”❶。结合同类案例，并揆诸当时语境，大概方成告老在二十七年（1394年），方玉替职在“革除年间”，而调云南后卫则在永乐元年（1403年）。方玉替职、调卫皆在“革除”前后，选簿语焉不详。

又如临安卫“高懋恩”选簿载高宣履历，仅云“高宣系嫡长男，本年五月袭，比，故”❷，“袭、比、故”三字几乎是任何卫所武职代代传袭最基础的履历，记载与否并无区别，有效信息仅“高宣”一人名而已，至于本年何年，何时亡故等，一概不得而知。其“袭、比”职级在革除年间大体不差，甚或其“故”亦然。

整体来看，选簿记载卫所武职履历，一涉及“革除”前后之事，往往备极简略。不过，选簿偶及滇西战事时，仍相当详备，如临安卫“刘洽”选簿载卫军刘真保履历，“洪武十四年军，三十一年接应东川仁德府有功升小旗，三十二年征进维摩州等处擒贼三名，三十三年征进安宁州回还，永乐元年取勘年深有功旗军勘合升总旗”❸。永乐元年（1403年）四月，朱棣授权沐晟，可以从土人总旗中选拔“累立战功者”者升为百户，“以励军士”❹。卫军刘真保历功升充总旗的履历，不仅与“南军”全然无涉，也与永乐元年（1403年）的云南情势相契合。从正、反两方面来说，选簿记载洪武、永乐之际职役履历中的减省现象，主要都是针对“革除”事迹而存在的。

前述关于“奸臣迫胁，调遣拒战，冲冒矢石”南军职役各还原卫所的规定是暂时性、原则性的，因为只有将原建文朝廷掌控的卫所军队恢复到“原点”，才能评估出卫所职役在靖难之役中的整体损失，才会更有针对性地补充各地方卫所的损失，更加统筹地实现靖难部队对原京卫的替换，反过来便于朱棣朝廷对卫所军力进行重新评估和配置。

但是，不得不引起注意的是，由于该项政策的执行是暂时性的，对于“军官无升职事者”——相对于前引“军官有升职事者”而言，无异于对自身南军履历的否定和抹除。首先，南军“见存者俱还原卫所”，官回原卫所，旗军给予资助也回原卫所，既已回原卫所就不必体现在记录袭替起讫时间和缘由的武职选簿记录中，看似正常的履历会自然而言地掩盖掉其作为南军的履历。其次，南军“阵亡、伤故、失陷、病故”的武职，其职位传袭子孙，与一般意义上的亡故传袭并无区别；而旗军之役，有幼男者仍予资助并候其出幼补役，亡故而无壮丁补役者听之。随着时间迁延，也就失去了在选簿中强调“革除年间”正常或非常死亡的必要性。也就是说，到了明代中后期，随着选簿的屡次誊

❶ 第59册，第355–356页。

❷ 第59册，第179页。

❸ 第59册，第303页。

❹ 云南卫所职役在此时段里因滇西战事和御燕战事相继叠加发生而颇有损失缺额，此时沐晟又得到拔升百户之权，升充滇西历功军役至旗役，自然也在授权范围内。详见《明太宗实录》卷一九，永乐元年四月丙寅。

造，关于南军御燕履历的记载会出现较为严重的减省现象——因为详细记载无助于世职承袭，备极简略也就亦无不可。

选簿对南军履历的减省记载无疑增加了我们评估南军诸卫职役损失程度的难度。换言之，作为南军组成部分的云南参战卫所，其损耗减员程度应该比体现在选簿中的要严重——尽管从告袭替到完成袭替手续在大多数情况下要花一至二年的时间，建文元年（1399 年）、二年（1400 年）间袭替职级者很可能并非因为御燕亡故或老疾，而是洪武三十年（1397 年）前后征百夷所造成的——但它的规模相对于记载减省而造成的失真，相对于"云南兵"在御燕诸战役的整体伤亡，可能显得微不足道，并不能影响整体的判断。

（二）云南左卫伤亡概述

在云南左卫来说，包括年远事故、革发武职在内，该卫选簿共记载指挥职级武职25例。[1]其中，可考在"革除"年以前已任该卫指挥者仅 3 例。该卫指挥 3 例分别为指挥同知高氏、马氏和指挥佥事席氏，皆有"革除年间"亡故的记载。高瑄于洪武三十四年（1401 年）二月袭其兄高琰指挥同知职，原高琰于洪武二十九年（1396 年）改云南左卫任职，从高瑄袭职的时间看，高琰大约"故"于洪武三十三年（1400 年）[2]，该年正是白沟河战役发生的时间。马僖袭兄马俊职于永乐元年（1403 年）十月，马俊原任云南左卫世袭指挥同知，洪武三十二年（1399 年）升除楚雄卫指挥使，"阵亡"，僖仍袭授乃父马良原职云南左卫指挥同知。[3]席铭原为"云南左卫故世袭指挥佥事席荣庶长男"，铭袭职于永乐元年（1403 年）二月[4]，乃父席荣亦大约"故"于洪武三十四（1401 年）至三十五（1402 年）年间。选簿所载云南左卫 3 例指挥职级武职，或"故"或"阵亡"，皆发生于建文二年（1400 年）至四年（1402 年）间。

选簿存留洪武永乐时期云南左卫诸所武职袭替的记载相对完整，约略可见该卫武职主体——各所千百户在"革除年间"阵亡、伤故、失陷、病故袭职的记载中约略窥见其伤亡概况。

左所正千户 1 员、副千户 2 员、百户 10 员。其中 2 例记载不详，6 例属正常袭替，约在"革除年间""故""阵亡"者 5 例。[5]王玉因乃父云南左卫左所百户王得"阵亡"而

---

[1] 在分析云南诸卫武职损耗时，所指诸职级为"革除年间"以前的最新任职。同时，并不讨论其间袭授、袭升的卫镇抚、所镇抚群体及署级武职。大体说来，卫、所镇抚在职任上与指挥千百户是有区别的，而署指挥佥事事正千户之类署职级在明初并非常例，故本文暂不予讨论。

[2] 第 58 册，第 387 页。

[3] 第 58 册，第 389 页。

[4] 第 58 册，第 395 页。

[5] 本文统计诸卫革除年间伤故情况，大致均以洪武三十一年（1398年）前最新任职为据。其父兄亡故而子弟袭替职于洪武三十二年（1399 年）者，仍归之于正常袭替范畴，因为他们很可能属于洪武三十年（1397 年）前后调征百夷伤亡而得袭替者。其因父兄伤故而袭替职级于三十三年（1400 年）至永乐二年（1404 年）者，非有滇西等地征战记载，一概将之作为参加靖难御燕而损耗的武职，其中纵有个别属正常病故、滇西及交阯战事伤故的情况存在，但不至于影响整体判断。如该所舍人江海，袭其侄江铎正千户于洪武三十五年十月，选簿固然没有"阵亡""故"之类字样的记载（第 58 册，第 406 页），仍统计入"革除"这一特殊时期非常死亡的数据中应该大体无误。

于永乐元年（1403年）八月袭职，而王得原袭职于洪武三十一年（1398年）闰五月[1]，袭职约五年即阵亡。这类洪武三十年（1397年）前后袭职随后不数年而亡故的案例，在云南左等卫选簿中是较多的。

右所副千户5名，百户7名。其副千户侯胜“白沟河阵亡”[2]，副千户短苔儿“三十五年故”[3]，百户陈义“白沟河阵亡”[4]，百户攸通“三十五年故”[5]。

中所副千户3名，百户8名。其百户刘春“白沟河阵亡”[6]，百户张凯“阵亡”以后，子张麟永乐元年（1403年）四月袭职。[7]

前所副千户2名，百户6名。其副千户楚智，“三十四年夹河阵亡”[8]，该楚智当即《明史》《国榷》等史著所言“时与北兵战死者”[9]或“力战死”[10]者楚智。百户李福，“三十五年灵璧阵亡”[11]；百户王才，贴黄载“三十五年故”，选条载“阵亡”[12]，可见选簿载南军职役履历，“故”与“阵亡”并无本质区别。究其原因，在于南军“革除年间”所历军功及所升职级在朱棣即位后被一概“革除”，阵亡、伤故、失陷等履历，对于升充旗役或升授职级并无帮助，可以将之画等号。

中左所副千户2名，百户9名。其副千户吴雄，“阵亡”，嫡孙吴斌永乐元年（1403年）七月袭原职。[13]

后所副千户3名，百户8名，其袭替履历基本正常。

从前述云南左卫各所千百户“革除年间”亡故情况的大略统计及具体案例来看，大概左、右、中、前等所伤亡较重，中左所较轻，而后所袭替较为正常，似未受到靖难之役的太大冲击。

（三）云南右卫伤亡概述

对云南右卫而言，虽现存选簿载指挥职级官员约24例，但载“革除”年以前已任该卫指挥者2例。其他大多数指挥职级的武职，或属靖难新官之裔调遣而来，或由本卫职役在明中后期历功升授而来。该卫指挥2例中，除指挥佥事张泰因年远事故而语焉不详外，实有御燕显迹者仅指挥佥事1员金真，该金真“白沟河阵亡”，子金鼎洪武三十四

---

[1] 第58册，第388页。
[2] 第58册，第429页。
[3] 第58册，第397页。
[4] 第58册，第403页。
[5] 第58册，第450页。
[6] 第58册，第459页。
[7] 第58册，第463页。
[8] 第58册，第476页。
[9] ［清］张廷玉：《明史》卷一四二《列传第三十·瞿能传》，北京：中华书局，1974年，第4039页。
[10] ［明］谈迁：《国榷》，北京：中华书局，1958年，第823页。
[11] 第58册，第479页。
[12] 第58册，第480页。
[13] 第58册，第520页。

年（1401 年）闰三月袭职。[1] 换言之，即使仅有的 1 例，却刚好为白沟河阵亡者，说明该卫武职在靖难之役中的损耗也定然不轻。

云南右卫千百户武职在“革除年间”非常死亡的情况与云南左卫相类。现就各所大略而言：

选簿载左所千百户共13例，其中有3例皆袭职于洪武三十三年间[2]，又有4例分别袭职于洪武三十五（1402 年）、永乐元年（1403 年）闰十一月和二年（1404 年）正月，半数以上武职被征调伐燕。其百户赵贵，“三十一年征伯夷、麓川，三十四年夹河阵亡”，嫡长男赵庆次年授百户[3]；百户明祥举，洪武三十一年（1398 年）三月袭职，“三十五年灵璧阵亡”，袭职约五年后战殁，其嫡长男明昭永乐二年（1404 年）正月袭职，年十二岁。[4]

右所千百户共 11 例，其中明载“阵亡”“故”者 3 例，所载不详、仅谓三十三年（1400 年）闰三月或五月袭职者各 1 例。汪文昌于三十五年（1402 年）九月以百户俸优给，时年七岁，乃父“阵亡”[5]。同年月，陈铣亦以百户俸优给，其父“故”[6]。

中所千百户 13 名，其中明载亡故者 3 例。如副千户甄良，洪武三十四年（1401 年）四月方得袭职，至永乐元年（1403 年）二月其十一岁的甄荣已“支俸读书操练”[7]，大概甄良父兄先亡于白沟河之役，甄良袭职后旋又于灵璧战役亡故。百户陈铎三十三年（1400 年）白沟河阵亡，其十三岁子陈善三十四年（1401 年）九月袭职。[8]

前所千百户共 12 例，较明确于“革除”间亡故者 4 例。百户黄得三十四年（1401 年）夹河阵亡[9]；百户张先白沟河阵亡，三十三年（1400 年）五月，子张善甫一岁优给[10]；副千户张旺，三十三年（1400 年）阵亡，庶长男振三十五年袭副千户。[11]

后所千百户共 7 例，其中因“阵亡”“故”等原因子弟袭职于洪武三十五年（1402 年）、永乐元年（1403 年）和二年（1404 年）者 4 例，1 例袭职于洪武三十三年（1400 年）十二月。[12]

中左所千百户 4 例，“阵亡”2 例，其一明载“夹河阵亡”[13]，2 例分别袭职于永乐元年

---

[1] 第 59 册，第 96 页。
[2] 第 59 册，第 29，36，40 页。
[3] 第 59 册，第 31 页。
[4] 第 59 册，第 34 页。
[5] 第 59 册，第 73 页。
[6] 第 59 册，第 58 页。
[7] 第 59 册，第 76 页。
[8] 第 59 册，第 77 页。
[9] 第 59 册，第 104 页。
[10] 第 59 册，第 111 页。
[11] 第 59 册，第 21 页。
[12] 第 59 册，第 127 页。
[13] 第 59 册，第 150 页。

（1403年）三月、十月。[1]

此外，在云南后卫选簿中，又载云南右卫中所所镇抚升后所副千户穆永，“三十五年四月小河阵亡”[2]。

云南右卫千百户阵亡者，各所皆有，即使主体由土军构成的中左所，也有一定比例的非土军武职，这些非土军武职同样亡故参半。

（四）云南后卫伤亡概述

统计云南后卫选簿，指挥职级武职16例，其“革除”年前已任指挥职级者约3例。在此3例中，1例因年远事故而不得其详，1例系致仕官[3]，仅1例系“革除”年间亡故者，此即指挥佥事李谦，“白沟河阵亡”，其嫡长男李济洪武于三十四年（1401年）四月袭本卫指挥佥事。[4]此外，在临安卫选簿中，亦载西河中护卫指挥佥事戎真，于洪武三十二年（1399年）改云南后卫，三十五年（1402年）故。[5]建文初，朝廷废岷王为庶人，其护卫亦削改之[6]，以此戎真的案例可归入云南后卫讨论。无论是新置广南卫仍沿旧称，还是岷王某护卫改置而来，永乐元年（1403年）复设三护卫旋又裁改之，使云南后卫的分合沿革更为复杂，但从选簿的记载看，“云南后卫”在建文期间是依然存在的，该卫指挥职级武职有阵亡于白沟河者，也有故于洪武三十五年（1402年）者，该卫在靖难之役中损失惨重可窥见一斑。

洪武二十八年（1395年）至永乐元年（1403年）间，云南后卫一直变动不居，体现在选簿中，就是该卫职役既有从锦衣、府军、府军前、豹韬、广武、留守右等在京及京畿附近诸卫职役中调遣而来者，又有景东、蒙化、洱海等原在云南卫所中的职役。[7]云南后卫在革除年间已然存在，例如云南后卫中所百户孙成“故”后，其十岁长男孙斌袭（优给）职，时间即洪武三十三年（1400年）十月[8]；何亨因乃父“阵亡”，于永乐元年（1403年）闰十一月仍袭原职云南后卫左所百户[9]，则乃父当阵亡于“革除年间”；柯斌优

[1] 第59册，第151页。

[2] 第59册，第382页。

[3] 洪武晚期“致仕官”问题可专文探讨，本文不予展开。

[4] 第59册，第365页。

[5] 第59册，第170-171页。

[6] 至于云南中卫、后卫及左中右三护卫设立、改置、裁撤、复置复削的复杂过程，郭红在《中国行政区划通史·明代卷》中已有考述，由于未充分考虑岷王护卫反复设裁、靖难之役对它们的影响，未参考卫所选簿所体现的卫所变动的信息，故仍有进一步梳理明晰的必要。限于篇幅，本文不予展开，俟另撰专文讨论。

[7] 大概岷王至滇，其右护卫先由云南右卫改置，旋改回右卫，而再设右护卫由景东、蒙化二卫抽调兵力组成。建文初，右护卫随着废岷王为庶人而裁撤，并因之重置云南后卫（原云南后卫已改设广南卫）。永乐初，岷王复国，故又复后卫为右护卫，旋以岷王徙国且再撤其护卫，复以之置为云南后卫。此时的云南后卫主体上仍为景东、蒙化二卫抽调兵力设置，为补其兵力之不足，同时也出于瓦解、安插原建文朝廷在京卫所势力的政治军事需要，又从京畿卫所广调职役充实该卫。因此，选簿中所呈现的云南后卫，宛如永乐元年新设一般。

[8] 第59册，第401页。

[9] 第59册，第381页。

给于洪武三十五年（1402年）九月，“系云南后卫中所阵亡流官百户柯兴聚亲侄”[1]，柯兴故于“革除年间”迨无疑义。

同时，因曾经的云南右护卫为蒙化、景东二卫抽调兵力组成，故虽载在云南后卫选簿而实乃原蒙化、景东二卫职役，其在洪武三十三（1400年）至三十五年（1402年）间亡故者，或仍可视为该卫在“革除年间”的损耗。王铭原替广武卫副千户，三十四年（1401年）阵亡，嫡长男王恕“三十五年袭景东卫左所世袭副千户，永乐元年调云南后卫后所”[2]，其景东卫左所约于洪武二十九年（1396年）抽调置云南右护卫，在减省右护卫、后卫之间发生于洪武二十八年（1395年）至永乐元年（1403年）之间一系列反复之后，云南后卫袭职者反倒成为调入者。[3]

大概说来，建文初岷王国除，原护卫之名虽废而其军队犹存，仍为留滇兵力且随即奉调御燕，并在此过程中有所损失。

（五）临安、越州等卫伤亡概述

临安卫选簿载指挥职级武职共27例，其“革除”年前任本卫指挥诸职者8例。其中，指挥佥事王庆原系龙虎卫指挥佥事，洪武三十年（1397年）调临安卫，“三十三年升指挥同知，三十五年故”[4]。又云南左卫选簿载，原龙江左卫指挥佥事马恭，为事调临安卫，“三十三年白沟河阵亡”[5]。

此外，临安卫指挥千百户，在白沟河、夹河、灵璧等战役中皆有阵亡者，如右右所百户孙智，“洪武三十四年夹河阵亡”[6]。中左所百户邢祯，“三十五年灵璧县阵亡”，子邢斌袭职，仍授临安卫中所世袭百户。[7]另外，又有左所副千户张嘉，“三十四年九月，瓦硝坝水淹死”[8]。

越州卫千百户共12例，其中共有8例袭职或优给于永乐元年（1403年），究其原因，有4例系“阵亡”，有4例系“故”。除他卫调入者、所升职事止终本身者外，几乎悉数亡故。

通过对云南左等卫指挥及千百户伤亡情况的初步评估，大概有选簿存留且设置于昆明、临安、越州等地方的卫所，都曾奉调伐燕，成为“云南兵”的基础组成部分，尽管

---

❶ 第59册，第400页。

❷ 第59册，第428页。

❸ 关于云南右护卫、云南后卫在洪武之际的反复，可撰专文探讨，此不作展开。

❹ 第59册，第168页。该选簿二辈王庆选条则载：“洪武三十四年四月，临安卫指挥佥事王庆”。在选簿中，其贴黄载袭替年份与选条载袭替年月前后差大约一年的现象并不少见。在卫所选簿中，载洪武三十三年（1400年）阵亡或白沟河阵亡，子、弟袭职于三十四年（1401年）四月的情况并非少见，似可与前述云南卫所官兵调赴前线御燕分3批次的观点结合起来理解。

❺ 第58册，第395页。

❻ 第59册，第257页。

❼ 第59册，第251页。

❽ 第59册，第271页。

选簿对于洪武之际靖难南军履历的记载多有减省，但并不影响“云南兵”奉调伐燕为建文朝廷方面之劲旅且在靖难之役中损伤惨重的定性判断。

四、“云南兵”“革除年间”升授职级“止终本身”现象分析

处置南军问题的另一项基本措置，专门针对“军官有升职事者”而言，即：

建文除授并升调文武官员，仍依见职不动；军官有升职事者止终本身，子孙仍袭原职。[1]

对于“军官有升职事者”，由于武职袭替制度的严格限定，选簿自然要说明降袭之由，其“止终本身，子孙仍袭原职”往往会在选簿中认真记载。其“升职事”而不被减袭原职者，绝大多数都属于北军集团；其子孙仍袭原职者，殆属南军集团无疑；其所“升职事”先袭“原职”再依“见职”者，则属于南军历功而后阵前归附北军的群体。因此，考察“革除年间”南军卫所参战规模和程度，不仅要关注阵亡伤故群体，同样要考察“军官有升职者”是“止终本身”还是可以传袭。

云南左卫“革除年间”升职“止终本身”者，如云南左卫右所所镇抚升副千户李兴[2]，含山县人张龙，原充总旗役，“(洪武)三十二年以年深除蒙化卫左所百户，三十三年与世袭，永乐二年钦与流官，止终本身”[3]，该张龙建文间曾与世袭，至永乐初再与流官，显属于朱棣即位诏所谓“军官有升职事者”。郑忠“原系本卫后所镇抚，革除年间升副千户，病故，止终本身”[4]。这类案“革除年间”升职“止终本身”的例子，在云南左等卫选簿中并非少数，实亦可以将之归入御燕立功的武职旧官群体中。

其中，还存在少数“灵璧县归附”者，其“革除年间”功升职级尽皆“革除”，而灵璧县归附所升职级却可以承袭。

五、永乐初年对云南都司及诸卫武职继续任用

洪武三十五年（1402年）七月初四，朱棣命右军都督佥事郑祥充统兵官镇守云南，云南都指挥使卢旺、都指挥佥事欧庆副之。[5]考郑祥等三人履历，实洪武时已久任云南，悉知滇中情势。

所谓郑祥者，庐州合肥人，以功历官指挥佥事，洪武十四年（1381年）从征云南，勋绩赫然，十七年（1384年）升大理卫指挥使，甚为西平侯沐英倚重，“在镇十余年，

---

[1] 《明太宗实录》卷一〇上，洪武三十五年七月壬午，台北：台湾“中研院”历史语言研究所校勘本，1962年。

[2] 第58册，第446页。

[3] 第58册，第499页。

[4] 第59册，第517页。

[5] 《明太宗实录》卷一〇上，洪武三十五年七月乙酉，台北：台湾“中研院”历史语言研究所校勘本，1962年。

善驭下人，恩威并济，军民怀之"❶。郑祥分镇大理十余年，后调升福建都指挥使，于朱棣颁诏天下的次日"升右军都督佥事"❷，又隔一日即下达了该项任命。

卢旺，仪真人，当即云南左卫指挥使升都指挥佥事卢钺之祖，云南右卫指挥佥事卢璠之父。永乐十一年（1413年）八月，明廷命卢璠为云南右卫指挥佥事，《明太宗实录》追述其父云："璠父旺，先任副千户，以灵璧归附升都指挥使，征交趾战殁"。又云"璠例应袭父前职副千户，上悯旺殁于锋镝，故特升其子云"❸。又云南左卫选簿所存指挥使卢英残簿载，卢英，仪真人，"系云南都司故都指挥佥事卢钺庶长男"，正统十一年（1446年）十月袭授云南左卫世袭指挥使。❹

欧庆，含山人，云南后卫选簿存其残簿，载欧庆于洪武二十八年（1395年）二月任云南后卫指挥同知，"革除年间"升云南都司都指挥佥事，永乐三年（1405年）前后病故，子欧玉仍以伊父原职指挥同知全俸优给。❺早在洪武二十八年（1395年）十月间，明朝廷调云南后卫置广南卫，正于广南修筑卫城时，曾遭到广南土官侬贞佑的武力抵制，欧庆参与镇压，事平，"因命庆署卫事镇守"❻。

欧庆都指挥佥事一职在"革除年间"，应即洪武三十一年（1398年）闰五月以后至洪武三十五年（1402年）七月初一以前，其职为建文朝廷所命，而非朱棣朝廷新授。以此类推，卢旺在灵璧归附以前，或已为都指挥之类，寻因归附略升一二级至都指挥使❼；而郑祥在洪武时期已任大理卫指挥使十余年，其升都指挥使亦当为建文朝事，朱棣命之为"都督"正是给予他统摄"都指挥"卢旺、欧庆的名分。又从卢旺灵璧归附来看，郑祥、欧庆分别为都指挥使、都指挥佥事，或亦在灵璧之战至朱棣渡江前后归顺朱棣。因郑氏等熟悉云南情势且率先向朱棣表达出效顺之意，故朱棣即位后旋命之为云南统兵官及左右副统兵，以此来防范和应对云南沐氏因朝局巨变而可能做出的反应。

都指挥职级武职，除卢旺后裔和欧庆本人有选簿残档可据，且《明太宗实录》又明载卢旺"灵璧归附"外，云南诸卫选簿可检索者还有曹胜、万中、何琪、刘英等。

曹胜，"原系世袭副千户，革除年间升都指挥佥事，灵璧县归附，实授贵州都司都指挥佥事"，病故，嫡男曹荣袭升临安卫指挥佥事，又病故，庶兄曹俊袭职，与世袭指挥佥事。❽曹胜以都指挥佥事归附，仍实授原职，任贵州都司，至庶男再袭时方定流世，在

❶ ［明］黄金：《皇明开国功臣录》卷三〇，周骏富编：《明代传记丛刊》第24册，台北：明文书局，1991年，第665-667页。

❷《明太宗实录》卷一〇上，洪武三十五年七月癸未，台北：台湾"中研院"历史语言研究所校勘本，1962年。

❸《明太宗实录》卷一四二，永乐十一年八月壬戌，台北：台湾"中研院"历史语言研究所校勘本，1962年。

❹ 第58册，第386页。

❺ 第59册，第360页。

❻《明太祖实录》卷二四二，洪武二十八年十月，台北：台湾"中研院"历史语言研究所校勘本，1962年。

❼ 从云南卫所选簿所载其他流官都指挥"灵璧县归附"升授职级的实例看，卢旺由副千户归附骤升都指挥使似不完全可据。

❽ 第59册，第178页。

世袭副千户基础上升二级为指挥佥事。

万中，原任临安卫世袭指挥同知，革除年间升云南都司都指挥同知，病故，因万中流职“系止终身”，故其嫡长男万宾“准袭原职指挥同知，仍回临安卫管事”[1]。万宾永乐六年（1408 年）十一月袭职而未升一级至指挥使，盖乃父万中并非卢旺、曹胜之类“归附”者流。

刘英，寿州人，原袭正千户，征南历功升云南右卫世袭指挥佥事，“三十三年升指挥同知，三十四年升都指挥佥事，三十五年实授，钦准实授云南都司都指挥佥事”，病故，男刘镇永乐六年（1408 年）十一月袭伊父原职，授云南后卫指挥佥事。[2]刘英当与万中同俦。万中、刘英之嫡男万宾、刘镇皆于“永乐六年十一月”袭乃父原职指挥同知或指挥佥事，而二人之父又皆“病故”，未知是否仅属巧合。

何琪，和州人，系德兴翼元帅何铭亲侄，洪武二十六年（1393 年）调越州卫为指挥佥事，三十一年（1398 年）升辽东都司都指挥同知，永乐二年（1404 年）故，男何永龄于次年袭越州卫指挥佥事。[3]何琪曾从沐春、何福等讨越州阿资[4]，选簿谓“永乐二年故”，实得罪死。[5]

此外，洪武二十九（1396 年）至三十五年（1402 年）间，云南左卫或曾同时有 2 高氏指挥同知，一为高琰，从其弟高瑄三十四年（1401 年）二月仍袭本卫指挥同知看[6]，其“故”之由，或实系三十三年（1400 年）白沟河阵亡。一为高山，洪武三十五年（1402 年）七月，升为都指挥佥事，任职河南。[7]次年三月，宁夏总兵官左都督何福奏请调河南都指挥高山领骑千五百赴宁夏听用[8]，盖何福在云南时曾与共事，知其可用，而朱棣升其职，则或系“灵璧县归附”之类缘由。选簿有数例“灵璧县归附”者，如云南右卫程关，“革除年间”已为副千户，“灵璧县归附升正千户”[9]；又如该卫段镛，“革除年间升指挥佥事”，“因灵璧县归附”升指挥同知。[10]二人“革除年间”所升职级“止终本身”，而“灵璧县归附”所升一级，则例得传袭。

---

[1] 第 59 册，第 167 页。

[2] 第 59 册，第 356-357 页。

[3] 第 59 册，第 316-317 页。

[4] 《明太祖实录》卷二三五，洪武二十七年十一月乙丑，“越州土酋阿资复叛，西平侯沐春、都督何福等率兵讨之……又别遣指挥何琪、俞辅领壮伏于岐路以兵挑战。于是，蛮寇悉众以出，伏兵四起纵击，大败之，杀获甚众，惟阿资脱身遁去”。

[5] 《明太宗实录》卷二九，永乐二年三月甲子，“刑部尚书郑赐言：辽东都司都指挥同知何琪，不修边备，失误军机，当斩。上曰：守将所以捍御外患，一有不谨，误事非轻。琪不能尽心边事，致虏侵掠，不正其罪，何以戒后来，罪之如律”。

[6] 第 58 册，第 387 页。

[7] 《明太祖实录》卷一〇下，洪武三十五年七月丙午，台北：台湾“中研院”历史语言研究所校勘本，1962 年。

[8] 《明太祖实录》卷一八，永乐元年三月壬午，台北：台湾“中研院”历史语言研究所校勘本，1962 年。

[9] 第 59 册，第 22 页。

[10] 第 59 册，第 117 页。

六、结　语

所谓“云南兵”，主要当指云南地区的卫所军队，考虑到当时贵州尚未置布政司，而当时“征南”“征云南”等概念在实践中也包括贵州区域在内[1]，故贵州诸卫所奉调伐燕者亦可归入“云南兵”的范畴。本文仅讨论了云南左、右、后等卫及临安、越州等南军卫所武职在靖难之役中的表现，尚有继续深入和拓展的必要。

“云南兵”奉调伐燕，为建文南军之精锐。朱棣颁即位诏于天下，回顾回顾“奉天靖难”的过程云“战胜攻克，捣之于坝上，歼之于白沟，破之于沧州，溃之于藁城，鏖之于夹河，𫐭之于灵壁，六战而已”[2]。此六战之中，“云南兵”与役其半，如白沟河阵亡的陆凉卫指挥滕聚、夹河阵亡的云南左卫“骁将”楚智[3]，都是调诸云南卫所而御燕尤力的敢战之将。明清史籍甚至《明太宗实录》自身，即使只是在这些战役中聊举数例南军代表，也不乏云南卫所千百户列名其中，足以说明云南诸卫奉调伐燕者，实皆“南军”精锐且伤亡惨烈。可以说，白沟河一役“精兵万余并没，南军由是不振”[4]，其精兵实皆“云南兵”。

“云南兵”在白沟河、夹河及灵璧等战役中死伤惨重。这一点可以从“革除年间”“阵亡、伤故、失陷、病故者”中统计大概，但不能仅仅统计有“阵亡”字样者。前述云南左、右、后、临安、越州等卫，大概主体上都被调遣伐燕，损失惨重。不少参战武职因军功在建文时期升授职级，虽朱棣即位后强调“止终本身”的政策，但正好可以通过它观察“云南兵”参与靖难之役的程度和规模。

“云南兵”作为南军精锐，曾参加白沟河、夹河及灵璧等处战役，它们分别发生在建文二年（1400 年）四月、三年（1401 年）三月、四年（1402 年）四月间，故武职亡故的时间，也集中于该数年间，该数次战役前后间隔约 1 年，也表明“云南兵”从调集到投入战场大约需时一年。灵璧战役后，朱棣直趋京师而无甚大战，加之云南本境军事防御压力颇大，靖难之役趋近尾声，“云南兵”也早已数经调遣且在白沟河、夹河诸役中伤亡惨烈，实在无可调遣且再也难有表见之力量了。

---

[1] 容另撰文讨论，此不作展开述论。

[2] 《明太宗实录》卷一〇上，洪武三十五年七月壬午，台北：台湾“中研院”历史语言研究所校勘本，1962 年。

[3] 《明太宗实录》卷七，洪武三十四年三月辛巳，台北：台湾“中研院”历史语言研究所校勘本，1962 年。

[4] ［清］张廷玉：《明史》卷一四二《列传第三十・瞿能传》，北京：中华书局，1974 年，第 4039 页。

徐渭及其父兄与贵州龙里卫的关系
——明代军户双籍转换的一个例证

高寿仙

（北京行政学院校刊编辑部）

一、问题的提出

徐渭（1521—1593年）是明代后期著名文学家、艺术家。其公认的籍贯，是浙江绍兴府山阴县。但文献中也有另外的说法。如康熙《贵州通志》云："徐渭，字文长，龙里人，诗文字画妙绝当世。后归籍山阴。……父鏓，龙里乡举。兄淮，岁贡。"❶道光《贵阳府志》云："徐渭，字文长，其先山阴人，以事戍龙里。渭父鏓占龙里籍，中宏治二年贵州乡试，官至夔州同知。生子三人：长曰淮，次曰潞，季即渭也。淮、潞皆隶龙里卫学，渭返山阴，为山阴学生。"❷很显然，这种说法的歧异，是由明代卫所军户的"双籍"问题造成的。此外还有其他说法，嘉庆《江川县志》云："明山阴徐鏓知夔州牧。续娶同寅双龙乡苗有秋第五女，生子渭。鏓卒于官，苗氏与子渭归山阴。"❸

顾诚先生曾对明代"卫籍"做过系统研究，在梳理卫籍与军户的关系时，他提到两种情形：一是卫所军一旦缺伍，要到原籍军户勾补；二是明中期由于卫籍人口膨胀，将部分卫所余丁发回祖籍州县。对于后一种情形，顾先生特举徐渭家庭为例：徐渭祖上"以事戍龙里"，其父徐鏓在弘治二年以龙里卫军生身份参加云贵乡试，得中举人；徐渭的两位兄长徐淮、徐潞都曾在龙里卫学记名，但徐淮经商慕仙，无意功名；而徐潞以祖籍得补绍兴府学生员，因"考辄不利"，遂携妻远赴龙里卫，每次考试都名列榜首，引起在卫诸生反感，"相鼓告诈冒"，后病死于龙里卫。顾先生指出："徐鏓及其三子可能是摘丁回原籍的。问题是既已发回原籍，又避难趋易地以贵州卫军生资格去参加云贵乡试，显然是取巧性质，用明代术语说就是'冒籍'。"❹

齐仕明先生看到《贵阳府志》所载徐渭传记，感到是一段十分珍贵的资料，特撰文予以介绍。他认为，徐渭先世自贬戍龙里卫后，直到其父徐鏓都生活在龙里，徐渭兄弟三人也都出生于此。他论证说："如果徐淮、徐潞不是出生在龙里卫，当然不能获得在龙

---

❶ （康熙）《贵州通志》卷二二《流寓》，1697年（清康熙三十六年刻本），第2页。

❷ （道光）《贵阳府志》卷七五《文苑传》，《中国地方志集成（贵州编）》第13册，长沙：巴蜀书社，2006年，第395页。

❸ 朱端强：《徐渭与云南关系考略》，《云南民族大学学报》，2009年第1期，第125-129页。

❹ 顾诚：《谈明代的卫籍》，《北京师范大学学报》，1989年第5期，第56-65页。

里卫考试的资格，也不能在龙里卫学肄业。文长的两个哥哥都出生龙里卫，文长当然也出生在龙里卫‘戍籍’了。……‘渭返山阴，为山阴学生。’可知，文长父亲徐鏓去世时才几岁，大概由其长兄徐淮承继其父徐鏓的‘戍籍’，这是文长得以返回山阴原籍的原因。”他还谈道：“以明廷法令而言，既属‘戍籍’当居住在所戍卫所，非得朝廷特恩不得返回原居住地（原籍），虽然文长一家贬戍时间已久，但未得朝廷明令而私自回到原籍，仍是有干法令的。”❶此外，朱端强先生也谈道：“徐渭之父名鏓，祖籍浙江绍兴。明初随家族屯戍贵州龙里卫（今贵州龙里县），是为军籍。徐鏓先娶童氏为妻，生子淮、潞二人。弘治二年（1489年），徐鏓举云贵乡试，授云南巨津（今云南永胜县）知州，遂携家人来滇。”❷

受贵州方志记载的影响，顾诚先生推测“徐鏓及其三子可能是摘丁回原籍的”，齐仕明先生则明确断言“徐文长出生在贵州龙里是不会错的”。这种说法是否正确呢？此一问题虽很细小，但事关徐渭这个大名人的出生地，并涉及明代“卫籍”的复杂性问题，所以笔者略作说明。

二、徐渭家族与龙里卫之关系

在具体探讨徐渭及其父兄的出生地之前，首先梳理一下该家族与贵州龙里卫之关系。由于资料匮乏，只能大致推知以下情况。

其一，徐渭远祖早在洪武年间，因事谪戍贵州龙里卫，其家遂转为军户。徐渭在《从子国用至自军中》一诗中对此有清楚说明：“高皇得大物，创始日不暇。草草约三章，未及详误诖。吾宗本掾流，困书出休假。干轨苦不多，负戈蒙绛帕。远戍致夜郎，履靸趋传舍。终年苦肩臂，幸不死戎马。迩来二百年，子孙袭罔赦。”❸可知徐渭先祖本为官府的胥吏，后被发配到贵州龙里卫充军，而且要世代承袭，到徐渭时代已历200年左右。明太祖对官吏钤束甚严，打击胥吏尤其严酷，很多吏胥被发到边远地方充军。❹徐渭先祖以“掾流”而遭“远戍”，这在明初十分常见。

其二，徐渭远祖虽然谪戍龙里，但其近世祖先似乎都生活在山阴。徐渭《赠族兄序》云：“徐自偃王入越，迄今数千年。吾宗居会稽，自吾祖而上，代多豪隽富贵老寿之人。至吾考，若新河五叔父、西河二叔父诸君子，或为州郡，或自部郎，俱阶大夫，横黄金。”❺《二兄配冯太儒人生日序》亦云：“予偶葺宗谱稍竟，感而叹曰：士执一经以图奋，

---

❶ 齐仕明：《徐文长出生地在何处》，《明清小说研究》，1997年第4期，第210–213页。

❷ 朱端强：《徐渭与云南关系考略》，《云南民族大学学报》，2009年第1期，第125–129页。

❸ ［明］徐渭：《徐渭集》，北京：中华书局，1999年，第86页。

❹ 高寿仙：《明初对地方权势人物的清理整顿》，林凤萍，赵毅主编：《第七届明史国际学术讨论会论文集》，长春：东北师范大学出版社，1999年；高寿仙：《“明信牌档”所载充军罪名疏解》，柏桦主编：《庆祝王钟翰教授八十五暨韦庆远教授七十华诞学术论文合集》，合肥：黄山书社，1999年。

❺ ［明］徐渭：《徐渭集》，北京：中华书局，1999年，第951页。

莫不欲累其积，荣其亲，而往往竟不可得者。自郭内以外，奚啻千万户，其人且毋论，论吾谱中者，盖溯自高曾上下，殆二三百年，童而诵文以百计，成儒成生矣，而卒蹶于乡书者，以十计，盖第于乡，仅四老耳，乃复蹶于甲。”[1]这些叙述透露，徐渭之祖父，及其祖父之先辈，应当都生活在山阴，从山阴宗谱可了解他们的基本情况。徐渭《问军中之系于国用》诗题下自注云：“吾宗两支，其一虽衰，而时一振，尚有对于廷而仕者，最衰者则我之支也。”[2]所谓“两支”，一支就是徐渭自家，自其父徐鏓去世，家境日衰，两兄皆死而无后，徐渭自己亦穷困潦倒，故其自叹“最衰者则我之支也”；另一支当为徐冕家，即前引徐渭《赠族兄序》中所说“西河二叔父”。徐冕于弘治五年（1492 年）中举，官至刑部郎中，其子仅为生员，但其孙徐桓于万历八年（1580 年）中进士，故徐渭称谓此支“虽衰，而时一振，尚有对于廷而仕者”[3]。山阴两支外，还有“军中一系”，即生活在龙里的族人。徐渭对其情况并不了解，借徐国用回山阴的机会询问，得知衰落更甚，遂写诗叹息说：“念彼从戎人，蔓远瓜尚带，况值用也来，举扣其大概，彼衰更倍兹，掷笔为一慨。”[4]

其三，龙里与山阴的两支徐氏族人，虽然血缘关系日益疏远，但直到徐渭生活的时代，仍然保持着一些联系。徐渭《从子国用至自军中》，在前引诗句后接着谈道：“用也两到越，双胛常诉赭。巨杠苦不任，卖牛作佣价。上叶覆同枝，远条盖丛夏。万里远相投，宁免为筹画。四顾本支人，十叶九凋谢。举手欲摘之，百摘不一把。俗子嘲檐人，前后背经母。今兹值两难，我亦负檐者。安得匣㢑中，入蚨出穲稏。”[5]可知徐国用不远万里，长途跋涉，历尽艰辛，已经两次自龙里来到山阴。他来山阴的目的，应当是想寻求族人帮助。可惜山阴一支也萎靡不振，徐渭父兄曾到龙里生活，可能算是与龙里族人接触最多的，但此时徐渭穷困潦倒，自顾不暇，也无力给予实质帮助。在徐渭父祖以及更早时代，两地族人血缘尚近，可能来往更多一些。

三、徐渭及其父兄之出生地

关于徐渭的出生地点，他自己曾做过明确交代。其自撰《畸谱》云：“渭生观桥大乘庵东，时正德十六年，年为辛巳，二月，月为辛卯，四日，日为丁亥，时为甲辰。是年五月望，渭生百日矣，先考卒。”[6]观桥大乘庵坐落在山阴县城，徐渭祖宅位于大乘庵东之观巷内，其父兄死后，家道逐渐败落，此宅亦转归他人。徐渭在《告先主》一文中曾谈

❶ ［明］徐渭：《徐渭集》，北京：中华书局，1999 年，第 968 页。
❷ ［明］徐渭：《徐渭集》，北京：中华书局，1999 年，第 86 页。
❸ 骆玉明，贺圣遂：《徐渭家世考略》，《复旦学报》，1984 年第 2 期，第 57-59 页。
❹ ［明］徐渭：《徐渭集》，北京：中华书局，1999 年，第 86 页。
❺ ［明］徐渭：《徐渭集》，北京：中华书局，1999 年，第 86 页。
❻ ［明］徐渭：《徐渭集》，北京：中华书局，1999 年，第 1325 页。

道："自观巷之宅失，而我考妣若兄嫂之主，至于今凡八迁。"❶晚年所撰《青藤书屋八景图记》云："予卜居山阴县治南观巷西里，即幼年读书处也。手植青藤一本于天池之傍，颜其居曰青藤书屋。"❷据此可以肯定地说，徐渭本人并非出生在贵州龙里，后来才随其父兄"摘丁回原籍"或者"私自回到原籍"，他确实是土生土长的山阴人。

那么，徐渭的父亲徐鏓和两位兄长徐淮、徐潞，是否出生在贵州龙里呢？

如前所述，徐渭先辈早就生活在山阴，徐鏓亦应如此。除前引资料外，还有两条与徐鏓有关的证据：其一，徐渭《上冢》诗云："吾叔邵武公，当年与我翁，双陪闽蜀守，竹马走儿童。归来知几日，相继归窀穸。"❸"吾叔邵武公"当指徐鏓之弟徐镃，成化十六年（1480年）中举❹，官至邵武府同知。诗中"双陪闽蜀守"一句，显然是说徐镃与徐鏓，一为福建邵武府同知，一为四川夔州府同知；而"竹马走儿童"一句，当系追述二人青梅竹马，一同成长。徐镃既然是在山阴生长并中举，徐鏓当然也应当是生长于山阴。其二，陶望龄《徐文长传》记载："渭父鏓以龙里卫戍籍领贵州乡荐。始至龙里也，土人哗之。鏓以教读自晦，授童子《孝经》，故谬其读，土人笑曰：'是不足逐也。'已而得荐，仕至夔州府同知。"❺可知徐鏓是在成年以后，为了科举成功，才来到贵州龙里。当地居民知其来意，本欲驱逐，徐鏓故意在教书时读错字，成功地麻痹了他们，遂得参试并中弘治二年（1489年）云贵乡试第35名。❻徐鏓之前，该卫只产生过一名举人谭珪，弘治《贵州图经新志》谓谭珪"龙里卫人"，徐鏓"龙里站人"，可知徐鏓先祖系龙里卫所属之龙里站军。❼

至于徐淮与徐潞之出生地，史料更加模糊，根据间接史料推测，当亦出生在山阴。据徐渭记载，其长兄徐淮卒于嘉靖二十四年（1545年），享年54岁；次兄徐潞卒于嘉靖十九年（1540年），享年40岁。❽往前回推，徐淮当生于弘治五年（1492年），徐潞当生于弘治十四年（1501年）。徐淮、徐潞之生母，均为徐鏓之元配童氏。徐渭为继母苗氏和两位兄长都撰写了墓志铭，或许是因不了解相关情况，并未为童氏撰铭，但其现存文章至少两次提到童氏娘家晚辈。一是《赠妇翁潘公序》谈道："吾妇翁当庚子时，以名

❶［明］徐渭：《徐渭集》，北京：中华书局，1999年，第662页。

❷［明］徐渭：《徐渭集》，北京：中华书局，1999年，第1295页。

❸［明］徐渭：《徐渭集》，北京：中华书局，1999年，第100页。

❹（嘉庆）《山阴县志》卷一〇《选举一》，《中国方志丛书（华中地方）》第581号，台北：成文出版社，1983年，第186-187页。徐鏓名下特地注明："镃之兄。"

❺［明］徐渭：《徐渭集》，北京：中华书局，1999年，第1341页。

❻（弘治）《贵州图经新志》卷一一《龙里卫・科甲》，《中国地方志集成（贵州编）》第1册，成都：巴蜀书社，2006年，第122页。（万历）《贵州通志》卷十二《龙里卫・科贡》，《日本藏中国罕见地方志丛刊》，北京：书目文献出版社，1990年，第245页。两志皆作"徐锪"，"锪"为"鏓"之异体字。

❼ 此站在卫城之西，原额站军315名。参见（弘治）《贵州图经新志》卷一一《龙里卫・公署》，《中国地方志集成（贵州编）》第1册，成都：巴蜀书社，2006年，第120页。（万历）《贵州通志》卷一二《龙里卫・邮传》，《日本藏中国罕见地方志丛刊》，北京：书目文献出版社，1990年，第243页。

❽［明］徐渭：《徐渭集》，北京：中华书局，1999年，第132，633页。

法给事锦衣，叙官主阳江县簿，时与外兄童君尚俱在京师。外兄偶为翁道某曰：'吾姑母父徐夔州者，有少子，九岁能为举子文……'"[1]二是《一愚说》谈道："童允和者，予父夔州公外家之后也。少尝读书，家近市，遂隐于贾，乃自号一愚。数请予著其说，予迟之久而益坚也。"[2]既然童氏娘家晚辈生活在山阴，可知童氏亦为山阴人。

徐鏓中举很久才出仕，其家居时间，据徐渭《嫡母苗宜人墓志铭》可以大致推知。该铭谈道："时渭府君已举于贵，久之，始拜巨津知州。抵滇阳驿，所与俱童宜人既道病死，殡云南之归化寺中。而巨津故隶丽江土官府，不可居。时王先生之尊公讳理者，适为兵备佥事，按云南，于府君为中表兄弟，乃始檄府君历摄嵩明、镇南、潞南、江川、禄丰、三泊诸州县。"[3]铭中所说王先生即王畿[4]，但王畿父名经，徐渭当是将其祖父名误为父名[5]。王经系成化二十二年（1486年）举人，弘治三年（1490年）进士[6]，弘治十七年（1504年）由监察御史升任云南按察司佥事[7]，正德四年（1509年）升任广西布政司左参议，次年转任贵州按察司副使[8]。徐鏓获授巨津知州，正值王经出任云南佥事。可知徐鏓中举后，家居长达十几年，期间元配童氏先后诞下长子徐淮、次子徐潞。弘治末携童氏赴云南上任，童氏病死途中。正德七年（1512年），徐鏓升任夔州府同知[9]，此时继娶苗氏尚未逾月。苗氏卒于嘉靖十三年（1534年），享年59岁[10]，回推当生于成化十二年（1476年），与徐鏓成婚时已37岁。

四、徐渭父兄是否"冒籍"

综上所述，尽管徐渭远祖谪戍龙里，但其近世祖辈都生活在山阴。其父辈徐鏓、徐镃兄弟均在此获得生员身份，但徐镃于成化十六年（1480年）中举，徐鏓却屡试不第，内心肯定充满焦虑。明代乡试分省定额，浙江号称人文渊薮，参加乡试者数量多、水平高，考中率相对较低，于是很多士人便设法到文化水平相对较低、更容易获得成功的地

---

❶［明］徐渭：《徐渭集》，北京：中华书局，1999年，第546页。

❷［明］徐渭：《徐渭集》，北京：中华书局，1999年，第979页。

❸［明］徐渭：《徐渭集》，北京：中华书局，1999年，第631页。

❹［明］徐渭：《徐渭集》，北京：中华书局，1999年，第638页。

❺［明］赵锦《龙溪王先生墓志铭》云："先生系出晋右军，世居越之山阴，与阳明为同郡宗人。大父理，临城县令。父经，贵州按察副使。先任台中，有直声。"（吴震编校：《王畿集》，南京：凤凰出版社，2007年，第831页）

❻（嘉庆）《山阴县志》卷一〇，《中国方志丛书（华中地方）》第581号，台北：成文出版社，1983年，第187–188页。

❼《明孝宗实录》卷二一四，弘治十七年七月癸卯条，台北：台湾"中研院"历史语言研究所，1962年。

❽《明武宗实录》卷五一，正德四年六月丁卯条，台北：台湾"中研院"历史语言研究所，1962年；《明武宗实录》卷六四，正德五年六月癸巳条，台北：台湾"中研院"历史语言研究所，1962年。

❾（正德）《夔州府志》卷八《职官题名·同知》，《天一阁藏明代方志选刊》，上海：上海古籍书店，1982年，第10页。

❿［明］徐渭：《徐渭集》，北京：中华书局，1999年，第631，1326页。

方应试。而在异地获得应试资格的常用手段，便是“假托族属，改附籍贯”[1]。比如浙江平湖人陆淞及其长子陆杰，均参加浙江乡试，所报籍贯为“浙江嘉兴府平湖县灶籍”；但从陆淞次子陆杲开始，改而参加顺天乡试，所报籍贯也改为“锦衣卫官籍”[2]。而徐鏓不用“假托族属”就可以“改附籍贯”，因为他的直系祖先确实隶籍龙里卫，于是他便到龙里附籍，参加云贵乡试，于弘治二年（1489年）如愿中举。

徐鏓中举后，家居十几年方才出仕，转任云南、四川多地，两子徐淮、徐潞随同生活，徐鏓曾为两子在龙里卫“记名”，以便日后他们参加贵州乡试。徐鏓自夔州致仕后，便携带继妻苗氏返回山阴老家。长子徐淮仍在外客游，次子徐潞则随同返乡，并补为府学生员，如同其父一样，他参加浙江乡试总是落榜。嘉靖十二年（1533年），徐潞已经33岁，他决意重走父亲老路，携妻童氏远赴龙里，次年参加了云贵乡试。据徐渭记载，徐潞“往入卫学，考辄第一。卫诸生忌之，相鼓告诈冒，其后场中文已中选，拆糊名，竟以是避忌落榜”。不过，徐潞并未因此丧失参试资格，但因丁继母苗氏忧，次科无缘参试，至嘉靖十九年复得应试，不料突患痢疾，未及入场即被抬回龙里卫，旋即病死。[3]

徐鏓、徐潞父子本为浙江生员，后到祖先卫籍所在地参加乡试，这种情况算不算“冒籍”呢？前揭顾诚先生文章指出：“徐鏓及其三子可能是摘丁回原籍的。问题是既已发回原籍，又避难趋易地以贵州卫军生资格去参加云贵乡试，显然是取巧性质，用明代术语说就是‘冒籍’。”在假设徐鏓父子是“摘丁回原籍”的情况下，顾先生都认为他们是冒籍；按笔者的考证，徐鏓父子并非生长在贵州，当然更属冒籍无疑了。

但有一个问题需要考虑：明代法令明确禁止冒籍，对冒籍边远地区惩处尤严，成化三年（1467年）曾榜谕天下学校，“若他处人冒籍边方学校岁贡、科举者，械系解京治罪”[4]。徐鏓参加云贵乡试，未曾有人告其冒籍，龙里卫还为其建立“跃龙门坊”以示旌扬[5]，可以勿论。徐潞首次参加云贵乡试，确曾被当地生员告发冒籍，但除影响了当科录取外，官府并未予以惩处，也未禁止他以后参试。此外，徐渭在山阴应童子试不利，曾上书提学副使要求复试，其中谈道：“渭运时不辰，幼本孤独，先人尝拜别驾，生渭一岁而卒。有二兄，伯贾于外，仲远取贵州，至今充庠生。……便欲往之贵州，从仲兄以希肄业发迹，而徒手裸体，身无锱铢，去路修阻，危若登天，未尝通晓一艺而欲致足万里之饔飧，不亦难哉！”[6]可见徐渭认为自己亦有资格到贵州“肄业发迹”，只是限于客观条

[1]《明世宗实录》卷二八一，嘉靖二十二年十二月乙酉条，台北：台湾“中研院”历史语言研究所，1962年。

[2] 高寿仙：《社会地位与亲缘关系的交互建构——以明代科第大族平湖陆氏为例》，《北京联合大学学报》，2016年第1期，第24-35页。

[3] ［明］徐渭：《徐渭集》，北京：中华书局，1999年，第633页。

[4]《明宪宗实录》卷四〇，成化三年三月甲申条，台北：台湾“中研院”历史语言研究所，1962年。

[5]（万历）《贵州通志》卷一二《龙里卫·坊市》，《日本藏中国罕见地方志丛刊》，北京：书目文献出版社，1990年，第247页。

[6] ［明］徐渭：《徐渭集》，北京：中华书局，1999年，第1107页。

件无法成行。

笔者认为，就实际情况而言，我们当然可以认为生长在山阴的徐鏓父子，以龙里卫生员身份参加云贵乡试，是属于冒籍性质。但若严格依法令衡量，其实又很难判定他们属于冒籍。这是因为，明代军户例不许分户，一个军户的人口往往分居两地，即原籍所在地和卫籍所在地，有学者分别称之为“原籍军户”和“卫所军户”[1]。由于卫所军户丁绝需要到原籍勾补，而在卫多余人口也可能主动返回或被动遣返原籍，而且原籍军户还有为卫所军户提供经济补贴的义务，两者实难截然分开。科举虽然要求在户籍登记地参试，但由于军户具有“双籍”，而法令并未严格限制原籍与卫籍之间的转换，这实际上就出现了一个漏洞，即军户家庭可以利用“双籍”选择参试地点。

与徐鏓父子类似的情况，当时恐怕并不鲜见。如顾诚先生举过李梦阳之例，李梦阳祖籍开封扶沟，曾祖李恩随外舅戍庆阳，但李梦阳之父李正长期在开封任职，李梦阳也生长于此。李梦阳于弘治六年（1493 年）“举陕西乡试第一”，顾诚先生认为，这是因为李梦阳家隶籍庆阳卫，因此他虽然在开封生长，“却不能参加河南乡试”。实际情况不一定如此，另有记载说李梦阳“试河南不第，乃就试陕西”[2]。看来他先是在河南乡试不利，才又利用卫籍参加陕西乡试，竟然考得第一名。万历年间，辽东海州卫儒学生员曾检举有人冒籍，因遗存档案过于残破，其详情难知，但其中有这样一句话：“……并江浙人氏，本卫俱无官军户籍产业”（“产业”两字字形较小）[3]。笔者推测，判断卫籍生员是否冒籍，在本卫有无官军户籍可能是关键因素。徐鏓直系远祖谪戍龙里卫，应当算是在该卫具有户籍。

正如顾诚先生所揭示的，包括《明史》在内的各种史籍和论著，在谈到明代卫籍人士的籍贯时，“有的用原贯，有的用戍籍，有的则因材料来源不一而纠缠不清”，确实十分混乱。他建议“在写卫籍人物的籍贯时，要有统一的原则，不能有的用卫籍，有的用原贯”。这个建议很好，但要真正落实却很不容易。像徐鏓、李梦阳这样，明显是在原贯生长，在卫籍乡试，对于将他们算在何处尚费踌躇，何况还有很多卫籍人士，我们根本弄不清他们实际生长何处。明代很多卫籍人物，在原贯和卫籍所在的地方志中，都被当作本地人物列入。就明代制度而言，这种做法确实不无道理。其实直到现在，这种现象也很普遍。

---

[1] 于志嘉：《论明代的附籍军户与军户分户》，《文集》编委会编：《顾诚先生纪念暨明清史研究文集》，郑州：中州古籍出版社，2005 年。

[2] ［清］李调元：《制义科琐记》卷二《场无解元》，《续修四库全书》第829册，上海：上海古籍出版社，2002年，第 574 页。

[3] 中国第一历史档案馆、辽宁省档案馆编：《中国明朝档案总汇》第97册，桂林：广西师范大学出版社，2001年，第 369 页。

郭子章治理贵州实践研究*

赵岩 陈华森

（中共安顺市委党校 贵州师范大学历史与政治学院）

郭子章，江西泰和人，明代政治家、思想家，是阳明后学中江右王门的重要学者，从万历二十七年（1599年）郭子章由福建左布政使升任都察院右副都御史巡抚贵州，监理湖北、川东等地方军务开始，至万历三十七年（1609年）郭子章请辞还家，郭子章连续主政贵州十年，在任期间先后完成了平定播州杨应龙之乱、改土归流、修缮龙里卫城、订立《黔中弥盗条约》等诸多事宜，在缓解了明末贵州之"乱"的同时实现了明末贵州之"治"。郭子章在贵州的治理实践，大致可以分为三大领域，即军事平叛、政治革新、社会教化。

一、军事平叛——播州之乱

明代播州辖区包括今遵义市全境、黔南布依族苗族自治州北部及凯里市的西北部等地，史籍中首次出现"播州"之名，是在唐代的唐太宗时期。

贞观九年（635年）分置郎州，领恭水、高山、贡山、柯盈、邪施、释燕六县。十一年，省郎州并六县。十三年，又于其地置播州及恭水等六县。十四年，改恭水等六县名。二十年，以夷州之芙蓉、琊川来属。显庆五年，废舍月、胡江、罗为三县。景龙四年，废庄州都督府，以播州为都督府。先天二年，罢都督。开元二十六年，又废胡刀、琊川两县。天宝元年，改为播川郡。乾元元年，复为播州，领县三，户四百九十，口二千一百六十八，在京师南四千四百五十里，至东都四千九百六十里。❶

在明代，杨氏家族统治播州，世袭播州宣慰司一职。播州宣慰司领土辽阔，领安抚司二，长官司六。

乾符三年（876年），南诏寇陷太原，杨端应募决策，驰白锦，出奇兵定之，授武略将军，值唐乱，留据长子孙。历宋附属称臣。大观中，杨文贵纳土，置遵义军。元世祖授杨邦宪宣慰使，赐子汉英名赛因不花，封播国公。国初，杨鉴内附，改播州宣慰司使，隶四川。❷

---

* 基金项目：孔学堂招标项目"阳明文化与现代社会治理"（KXTZD201507）；国家社科基金重大委托项目"阳明文化与现代国家治理研究"（14@ZH054）。

❶ ［后晋］刘昫等:《旧唐书》，北京：中华书局，1975年，第1625-1626页。

❷ ［清］谷应泰:《明史纪事本末》，北京：中华书局，1977年，第993页。

杨氏家族对播州的统治从唐代开始，历经唐、宋、元、明四个王朝，一直到杨应龙出任播州宣慰司。在此之前，杨氏家族与中央政权之间的关系尽管存在着摩擦，但是在总体上还是比较融洽的。然而，随着明代中后期奢靡之风的盛行和明廷在解决“南倭北虏”边患问题过程中产生的庞大的军费支出，致使明代中后期国库经常入不敷出：“万历初年，所入四百三十五万有奇。六年，所入仅三百五十五有奇，则已少八十余万矣。五年，岁出四百四十九万有奇，则已多四十余万矣。”❶为了摆脱经济上的困窘，明廷加大了赋税的征收，激化了明廷与地方的矛盾，这一矛盾对于贵州等地尤为突出，清代张廷玉等撰修的《明史·食货志》中有如下记述：

嘉靖二十年，宗庙灾，遣工部侍郎潘鉴、副都御史戴金于湖广、四川采办大木。二十六年复遣工部侍郎刘伯跃采于川、湖、贵州，湖广一省费至三百三十九万余两。又遣官核诸处遗留大木。郡县有司，以迟误大工逮治褫黜非一，并河州县尤苦之。万历中，三殿工兴，采楠杉诸木于湖广、四川、贵州，费银九百三十余万两，征诸民间，较嘉靖年费更倍。❷

播州土司杨应龙与明廷的矛盾在这种情况下最终被激化，演变成了播州土司对明廷的叛乱。

面对杨应龙的叛乱，郭子章临危受命，组织平叛。但从双方的兵力对比来看，郭子章面临着极为不利的局面。

臣标下募兵仅五百名，总兵标下仅百余名，通省各参备分守信备兵共五千余名，比者飞练之役，臣标兵已歼其半矣。楚蜀协济军饷，岁仅六万八千有奇，蜀犹如数，楚多愆期，而各卫所军粮又支去十之八矣。此按臣宋兴祖形之奏牍，谓黔无兵无饷也，盖据实言也。……入黔仅四十余日，急调土汉兵万人，分布各卫，仅仅自守，……无饷，遣使告急于滇，滇抚臣陈用宾解银七万有奇，仅可椂，……新总兵童元镇在途不前，旧总兵沈尚文杜门不出。❸

尽管如此，郭子章还是恪尽职守，尽力而为，一方面上奏请求明廷速拨兵饷，以安军心；另一方面结合实际，紧急调拨土兵与汉兵，按才委用，提高贵州境内各卫所的防御能力。经过半年的筹备，贵州大部分地方实现了兵员充足、粮饷齐备，从而使得地方军民士气大振，社会民心逐渐安定。

平播之战于明万历二十八年（1600 年）三月正式拉开帷幕，明军与杨应龙的军队激战了三个月，前后经历了乌江关之战、娄山关之战、白石口之战和海龙囤决战。郭子章的平叛过程也因此一波三折，明军最终在万历二十八年（1600 年）六月一举攻破播州叛

❶［清］谷应泰:《明史纪事本末》，北京：中华书局，1977 年，第 953 页。
❷［清］张廷玉等撰:《明史》，北京：中华书局，1974 年，第 1995-1996 页。
❸［明］郭子章:《黔草》,《四库全书存目丛书》集部第 155 册，济南：齐鲁书社，1997 年，第 12-15 页。

军首领杨应龙的大本营海龙囤，赢得了海龙囤决战的胜利，杨应龙被迫自缢身亡，其子杨朝栋被俘，播州的叛乱至此被平。

播州之乱在明代后期影响颇大，平播之战的最终胜利，不仅对于贵州而言有着深远影响，对于明廷而言，也有着重要意义。因此，播州之乱被平之后，万历皇帝擢升郭子章为兵部右侍郎。郭子章后来在《恭谢天恩疏》中提及此事：

万历三十二年十一月二十五日，准兵部咨，该本部题为：天威远震，逆寇荡平，遵旨核叙八路从征文武官员功罪，以明赏罚，以资安攘事。奉圣旨：朕赖将士之力讨平播逆，以申灵诛，开疆展土，奇勤懋绩，允宜叙赏。郭子章升右都御史兼兵部右侍郎，照旧巡抚，给与应得诰命。荫一子锦衣卫指挥佥事，世袭，赏银八十两，大红纻丝三表里，钦此。❶

同时，民间对于郭子章平播战役的胜利，也给予了极高评价，甚至认为郭子章可以与诸葛武侯、关圣帝君鼎足而立。最直接的赞誉体现，则是为郭子章建生祠七所：

先是播州首杨应龙作乱，王师屡征不克。天子拊髀，廷臣交荐。子章匹马入跨，增兵倘、扼要害、立赏格，士气百倍，兴师才百余日擒应龙诛之，播州平。始经理播州，为平越等郡县。未几复有皮林之役，功与播等。今人戴恩，建生祠七所，更有建怀德祠，以子章与诸葛忠武、关壮缪鼎足者。❷

二、政治革新——改土归流

播州之乱是明末最大的土司叛乱，对明代在西南地区的统治产生了极大的威胁。因此，在播州叛乱平定之后，如何采取有效措施以实现社会秩序的重建，并且从根本上解除土司对于西南地区的长期统治，是迫在眉睫的任务。而贵州巡抚郭子章则极力推荐明廷在川贵地区推行改土归流。郭子章提出具体的措施可以通过他的《黔记》找到：

（万历二十九年）夏五月戊戌，大饥。（斗米四钱。）己亥，诏分播地：以播州为遵义府，隶四川；革五司，以其地为平越军民府，隶贵州：设黄平州，湄潭、瓮安、余庆三县，隶平越府。龙泉县隶石阡府。以副使尤锡类为参政，贵阳府知府刘冠南为副使，管平越府事，经理播地。加贵州巡抚兼制湖南及川南四土府地方。改镇远、偏桥、平溪、清浪四卫隶贵州。黎平府、永从县隶湖广。加贵阳为军民府。设镇远府推官。癸卯，王象乾为兵部右侍郎兼右佥都御史，总督川、湖、贵，巡抚四川。（象乾，山东新城人。）庚子，雨桂子于贵阳。（俗曰莎萝子。）壬寅，贷故总兵官童元镇。谪戍。诏赈贵州万金。戊午，谪礼科给事中杨天民、王士昌为永从、镇远县典史。（为请立太子也。）❸

根据明神宗万历皇帝的诏旨，明廷的改土归流和调整行政区划的措施大致可以分为

❶ ［明］郭子章：《黔草》，《四库全书存目丛书》集部第155册，济南：齐鲁书社，1997年，第234页。
❷ ［清］谢圣纶辑，古永继点校：《滇黔志略点校》，贵阳：贵州人民出版社，2008年，第246页。
❸ ［明］郭子章：《黔记》，贵阳：贵州人民出版社，2013年，第444页。

如下三项内容。

第一，将原播州土司的统辖之地分为南北两部分。播州宣慰司被撤销，以位于湄潭河的三渡关为界，三渡关以北设遵义府，由四川行省管辖；三渡关以南设平越军民府，由贵州行省管辖。

第二，对原播州土司统辖的安抚司和长官司也实施了改土归流。明廷对原黄平安抚司实施了改土归流，设置了黄平州，由平越军民府所管辖。明廷对草塘安抚司、白泥长官司、余庆安抚司、瓮水安抚司、容山长官司五家土司也实施了改土归流，分别设置湄潭、余庆、瓮安三县，由黄平州统辖；将原来的龙泉坪长官司改土归流，设置龙泉县，由贵州行省治下的石阡府统辖。

第三，对贵州行省的行政区划进行了调整。明廷授命贵州巡抚郭子章有权处置四川南部和湖广南部四个土府的军政要务，同时任命山东新城人王象乾以右佥都御史出任四川、湖广、贵州三省总督，兼任四川巡抚。明廷将贵阳府升级为贵阳军民府，将原属于湖广都司统辖的镇远、平溪、偏桥、清浪四卫交由贵州都司统辖，将黎平府及其下属的永从县交由湖广行省统辖。

以上三项内容实际上体现着播州平叛之后改土归流的三大调整，即改土司为流官、改变行政隶属关系，以及调整行政机构的级别。通过《黔记》中的相关记述，我们可以看到：

第一，贵州省的辖区基本连接起来。虽然平越军民府和黄平州的设置有不合理之处，尤其是黄平州只能遥领湄潭、余庆、瓮安三县，但明廷紧靠驿路设置府治、州治的做法，对横贯贵州境内的驿路主干线起到了很好的保护作用，也有利于驿路干线的维护，方便了贵州行省行政事务的管理和军事防务的调动。这无疑是对之前云贵地区长期不稳定局面的彻底改变，从整体上维护了西南地区的稳定。

第二，通过改土归流的推行，增加了贵州的人口和面积。平越军民府设立之后，贵州省在行政机构设置上增加了一府、一州、四县。由于这些地区原本人口较多，农业基础较好，平越军民府所辖的里甲民户数成了贵州全省之最。因此，这些行政区划的重新划定以及行政机构的调整有助于贵州的赋税征收，从根本上为贵州乃至西南地区的经济的恢复和社会的发展提供了便利条件。

第三，改土归流减轻了贵州人民的负担。在杨氏土司统治播州时期，当地人民的负担极重，仅以军事支出为例，播州土司为了保持自己的割据状态，长期维持着一支庞大的军队，参与平播之战的将领李化龙在《平播全书·报播酋屯兵疏》中认为杨应龙的军队有“六万之众”[1]，《贵州通史》则认为杨应龙的军队“不下十四五万”[2]。除此

---

[1] 李化龙:《平播全书·报播酋屯兵疏》，北京：大众文艺出版社，2008年，第12页。

[2] 贵州通史编委会:《贵州通史》(第2卷)，北京：当代中国出版社，2003年，第161页。

之外，播州土司还长期在播州境内的雄关险渡修建要塞关隘，有乌江关、三渡关、穿崖囤、娄山关、沙溪城、老君关等。杨应龙时期不仅修建了著名的海龙囤，还在海龙囤周围建成了养马城、养鸡城、龙爪囤、海云囤，互为犄角，互相保障，“以为子孙万代之基，保固之根本”[1]。为了维持如此规模的军队，为了修建如此规模的要塞关隘，当地人民的负担可想而知。改土归流结束了土司的封建割据，也极大减轻了当地人民的负担。

总体而言，播州平叛之后的改土归流使贵州的行政建制得到了健全和完善，不仅有利于赋税的征收，还减轻了贵州人民的负担。相对于之前的土司制度，贵州历史进入了一个新的发展阶段。

三、社会教化——治理与教化

改土归流在很大程度上实现了贵州行政机构的合理化，并减轻了贵州人民的负担。但要真正实现贵州地区的长治久安，作为贵州巡抚的郭子章在加固城防、人员调配、改善交通、教化民风等方面采取了一系列措施，进行了积极尝试，并且取得了较为显著的效果。

（一）加固城防

对于西南地区而言，封建土司和中央政权之间长时期以来的矛盾是造成该地区动荡不安的重要因素。推行改土归流之后，影响西南尤其是云贵地区发展的主要矛盾得以基本解决。为了实现贵州地区的长期稳定，郭子章开始着手于加固城防，并大规模重修龙里卫城：

葺故城七百三十丈，筑新城七十丈。增高南城一十一丈加二尺，东月城一十四丈加二尺。葺故堞九百六十，筑新堞五百九十四。葺故门一座，筑新门三座。建城铺八间。费金四百七十八两六钱，粟五十钟，泥作三百匠，缩板两万七千工，傅白土二十二万一千四百斤，筑贞石两万一千块，砌砖七万七千五十口。[2]

城池作为战乱中守卫地方的重要屏障。龙里卫城在播州战乱之时遭到破坏，郭子章在平定播州之乱后对其进行修复，有利于保证地方的安全。

除了加固城池，郭子章认为，“敌无脆，有备者胜；国无小，善守者全”，因此，他认为地方军队的军事素养更需要提高。郭子章在吸收前人的军事理论的基础上，结合自身的军事实践，撰写了《城书》，下发给守城将帅：

守城事宜，《武经总要》有《城守》章，《纪效新书》有《守哨篇》，吕中丞有《城守》，尹朔野有《堡约》。《筹海图编》亦载城守一卷，其说详矣。顾事太烦琐，器亦重

---

[1] 段志洪，黄家服：《中国地方志集成·贵州府县志辑》卷一一，成都：巴蜀书社，2006 年，第 130 页。

[2] ［明］郭子章：《黔草》，《四库全书存目丛书》集部第 155 册，济南：齐鲁书社，1997 年，第 410 页。

复，介胄之士多不解其说。予入闽，得福州何太守所刻《守城事宜》总括《武经》《新书》而稍笺其词，令人易晓守城之善物也。已亥入黔中，疆埸日骇，城垣为急，乃增吕、尹二书数条，间抒一得，付之剞劂。凡守城将帅人给一册，命之曰《城书》。熟读而详味之，庶几黔之金汤乎，故曰：敌无脆，有备者胜；国无小，善守者全。曰备曰守，无出此书，召伯营谢芀敖城沂，窃为诸将望焉。❶

（二）调配官吏

郭子章清醒地看到，尽管播州之乱被平定，并推行了改土归流，西南地区政局逐渐趋于稳定，但其所造成的破坏是巨大的，影响是深远的，必须及时增补官吏，在最短的时间内恢复地方政府的行政职能。因此，郭子章提出了调补官员的建议：

题为方面多缺，恳乞更调速补，以便经理事。据贵州布政使司呈，准本司分守贵宁道左参议梅国楼咨称，本职原籍湖广黄州府麻城县人。万历二十九年正月十六日巡历永宁卫，有家丁梅春报称，父梅汝观于二十八年十一月二十八日在家病故，本职例应回籍守制等因，准此。转报到臣，据此，该臣会同巡按贵州监察御史宋兴祖查得，该道统辖地方，西连播境，东制诸夷，逆酋荡平，地方新定，正在用人料理弹压。今左参议梅国楼丁忧回籍，近接邸报，又复被察听降，所有员缺相应具题速补。❷

（三）修桥补路

郭子章担任贵州任巡抚的十年，无论是出于军事调动的需要还是基层治理的目的，对改善贵州的交通一直非常重视。郭子章认为，贵州交通不仅对于贵州社会经济发展有着极大的阻碍，而且也不利于加强中央和西南地区的有效联系。

民依食。夫民上不属天，而下不著地。以肠胃为根苑，不食则不能活。五谷盐荚，民之司命也；蓄贾游市，民之通施也。而平邑诎焉，水绝壤断，舟舆为梗，不得曰衢。国地十分，山得其七，而田仅仅者三，又率再易，不得曰饶野。东距南海，隔于罗浮，西距澄海，阻以程江……不通于轻重，不可为笼以守，民不能调通，民利不可以语，制为大治，故今为平计，亡若执其通，施以御，其司命而通施之，执在水陆二衢。陆则民苦于任担而罢于林麓。一夫之力仅足共朝夕，水则民逸于舟楫而力纾于涧，沚一舟之载，足以供十人……故是役也，不独通商……引灌溉，而并以塞盗源。❸

郭子章认为，交通不便一方面阻碍了百姓获取“五谷盐荚”“蓄贾游市”，造成了“民利不可以语”，根本无法实现“大治”；另一方面之所以盗贼横行，匪为大患，也是由于交通不畅，所谓“山高林密有匪在”。

❶ ［清］鄂尔泰修，靖道谟纂：《贵州通志》卷三九，《景印文渊阁四库全书》第572册，台北：台湾“商务印书馆”，1986年，第359页。

❷ ［明］郭子章：《黔草》，《四库全书存目丛书》集部第155册，济南：齐鲁书社，1997年，第128页。

❸ ［明］郭子章：《粤草》，《四库全书存目丛书》集部第155册，济南：齐鲁书社，1997年，第533页。

郭子章改善贵州交通条件的工作分为两个方面：一是通水搭桥，二是开山筑路。

通水搭桥方面，以重安、麻哈、盘江为例，“两崖壁立，水缘壁走，深不可底，迅不可防”，行人通过于此，有“没溺之患”。同时，“地多瘴饥”，经过征询当地百姓的意见，最终搭建了三座浮桥，以利往来。

黔崇冈複岭，碍云隐日，山有余矣，而舴艋不通，商贾不凑，水不足矣。而山太丛密，水亡宣泄，两崖壁立，水缘壁走，深不可底，迅不可防。上下二千余里，惟重安、麻哈盘江二渡为险。石梁则江心彭湃，何处设墩，木梁则山椒有木，亡百尺材，执不得不绝以小艇，而榜人渡夫，其毒尤甚。行人既集，舟小载重，有没溺之患。舣舟辟处，令人守候，有饥饿之苦。地多瘴饥，甚则瘴侵，而倏为厉鬼。地多盗，莫夜不得渡，而资归庄蹻。地多虎，急切不得济，而委身虎吻。其甚者，渡夫与司兵通，行人驻江东，而渡佯西薄，伺兵恣索，而后移舟于东，复恣索渡金，是兵虐于陆，渡凌于水也。又其甚者，渡与贼通，苗逐商至江裔，而渡佯遁，商不死贼则死水，是苗为腹，渡为目也。予稔知其弊，顾黔当兵戈后，物力太诎，乘舆难济，乃谋之父老佥曰：浮梁便，秋八月架桥，明年春三四月撤。夏秋之交，山水四集，即解浮梁之舟分渡以济。❶

开山筑路方面以湄潭、余庆两地为例。播州叛乱平定之后，明廷把湄潭和余庆隶属于贵州，郭子章在视察中发现湄潭木根坡的道路“车不得轨，马不得驰”，因此令疏通险塞，平治道路，后来实现了“车方轨，马如梭”的局面。

万历庚子，播平。辛丑，诏割湄潭、余庆等司属黔。癸卯春二月，予以经理新郡，由龙泉入湄潭，道箐口木根坡。山属者崒者如堂如防，车不得轨，马不得驰。余病焉，檄刘宪副文光稍批其险塞，治为夷陆。高高下下，计人可步，骑可跻……予纪其岁月而为之铭。铭曰：木根坡，山如窠，路逶迤，行蹉跎。昔夷区，属牂牁。庚子夏，始平播。弢弓矢，戢干戈。癸卯春，予经过，檄观察，治为途。剪荆棘，批嵯峨。车方轨，马如梭。步者笑，负者歌。❷

（四）增置学田，教化民风

明太祖朱元璋认为，民之教化是治理天下之重，教化民生的实现是通过兴建学校，学校兴盛，则民以德为本。郭子章也大体遵循着这样的途径推行教化。

第一，郭子章保障学校开办所需的学田——这是学校办学的基本的物质条件。

为督抚地方事，照得本院纂修《黔记》，阅得思州、铜仁、思南、石阡四府学，新添、平溪、偏桥三卫学开载学田数少，不足赡贫生，今当增置。又黎平府学僻处一隅，距省千里。每遇大比，诸生裹粮远涉，备极艰苦。亦应置田租以助盘费，为此牌仰提学

❶ ［明］郭子章：《黔草》，《四库全书存目丛书》集部第155册，济南：齐鲁书社，1997年，第406页。
❷ ［明］郭子章：《黔草》，《四库全书存目丛书》集部第155册，济南：齐鲁书社，1997年，第401页。

道即转行思南、石阡、思州、铜仁、黎平，新添平溪、偏桥等府卫，遵照赴镇远府，于本院收贮节缩公费银内动支。每处各五十两。领回增买学田，收租存贮，以资赡贫生。黎平府学收租贮仓，专备三年大比，支给科举生员路费。将买完田亩四至呈报施行。计开思南府学五十两，黎平府学五十两，石阡府学五十两，新添卫学五十两，铜仁府学五十两，平溪卫学五十两，思州府学五十两，偏桥卫学五十两。[1]

第二，郭子章大力宣传德育在整个教育体系中的重要作用。这种德育教育，直接来自阳明“良知”思想体系中的“致良知”。郭子章认为，“盛德必百世祀”，通过列举之前的儒家著名学者，以及为以德为本的学者们建立祠堂，享受后世的供奉，努力强化“德育”教育，将“良知”作为全社会成员必须遵循的标杆。

新建致良知之宗，吉州邹、罗、聂、欧会讲青原，而其风乃昌，此五贤所由祠也。王塘南（时槐）始事，而邹忠介、郭司马修之。[2]

五贤祠，祀王文成（守仁）及邹文庄（守益）、聂贞襄（豹）、欧阳文庄（德）、罗文恭（洪先）五公。邹忠介（元标）既移会馆于翠屏山之阳，遂建祠焉。[3]

子章尝谓三教圣人俱圣域，亡甚轩轾。然地方崇祀应论功德，功巨者当报其功，德盛者当报其德。记曰：报者，天下之利也，以德报德则民有所劝。又曰，盛德必百世祀。又曰，能御大灾则祀，能捍大患则祀，此笃论也。[4]

第三，郭子章效法王阳明的《南赣乡约》，结合当地的实际情况，通过订立《黔中弥盗条约》，实现“立法弥盗，以靖地方事”的目的。这实际上是儒家教化行为中道德引导与法律规定相结合的传统做法，在传统中国基层社会治理中，往往更易于推行：

《黔中弥盗条约》为立法弥盗以靖地方事。据威清兵巡道呈详，备行上六卫印捕官，将各衔置立栅栏，查拨哨兵，护送官商，佥立土巡捕，责成捕盗缘由到院批行外，查得贵州往昔有新添、姚赵二乡官，都匀钟乡官，近日威清杨生员等家俱被强贼入城劫害。偏桥卫、清平卫俱被强贼入城劫狱，此栅栏之不严也。上下六卫沿路往往小苗出劫官扛行商，此哨兵之不严也。相应通行，本院复以己意推广数款，刊刻成书，分发各守巡道通行所属衙门，着实遵照，每卫各哨各给一册施行。[5]

四、结　语

万历二十九年（1601 年）至万历三十九年（1611 年），是郭子章出任贵州巡抚的十

❶ ［明］郭子章：《黔草》，《四库全书存目丛书》集部第 155 册，济南：齐鲁书社，1997 年，第 328 页。
❷ ［清］笑峰大然：《青原志略》卷三《书院》，南昌：江西人民出版社，1998 年，第 64 页。
❸ ［清］笑峰大然：《青原志略》卷三《书院》，南昌：江西人民出版社，1998 年，第 26 页。
❹ ［明］郭子章：《传草》，《四库全书存目丛书》集部第 156 册，济南：齐鲁书社，1997 年，第 138 页。
❺ ［明］郭子章：《黔草》，《四库全书存目丛书》集部第 155 册，济南：齐鲁书社，1997 年，第 311 页。

年，也是贵州历经乱治、衰兴的十年。这一乱一治，一衰一兴体现了郭子章杰出的治理能力：通过播州平叛，解决了西南地区土司割据势力与中央政权的矛盾；改土归流加强了贵州等西南地区与中央的联系，在一定程度上结束了贵州的动荡状态；交通条件的改善，便利了贵州当地百姓的生产生活；增置学田、兴复学校，是郭子章社会教化思想的具体实践。郭子章以其出色的治理实践，为明代贵州带来了革新，在贵州治理史上写下浓重的一笔。

《马阁老洗冤录》马士英“奸臣”骂名来自《桃花扇》说辨析*

阳正伟

（昆明学院科技处）

马士英（1591—1646年），字瑶草，贵州贵阳人，万历四十七年（1619年）进士，历官宣府巡抚、凤阳总督、南明弘光朝廷内阁首辅，清朝官方刊行之《明史》，将其列入“奸臣传”，历来主流的观点都将其完全否定。而近代贵州安顺人姚大荣所著《马阁老洗冤录》❶一书，旨在为马士英翻案，对将其列入《明史·奸臣传》进行辩驳。该书主要论述了《明史·奸臣传》与孔尚任所作戏曲《桃花扇》的关系、马士英的主要政治行迹及其文化艺术成就、家风及后代情况等问题。该书因不符历来主流的认识而为马士英翻案，向来为人所忽视，笔者曾撰文介绍该书的主要内容，挖掘其在治学态度、治学方法、引用材料及史学思想等方面的价值，指出其主观臆断过多等不足，并对其中的一些观点进行了评析。❷对于该书认为马士英奸臣骂名来自《桃花扇》的说法，拙文也有所提及，但并未对其叙述逻辑具体展开和分析，也未对引出的马士英奸臣骂名的形成问题进行深入探讨。故本文拟继续对这一问题加以考察，对该书认为马士英奸臣骂名来自《桃花扇》的说法予以辨析，依据有关史料的记载，把马士英奸臣骂名的由来、影响因素以及《桃花扇》在其中起的作用等问题钩稽清楚。

一、《马阁老洗冤录》的主要内容

该书分为上、下两卷。上卷主要是为马士英列入《明史·奸臣传》进行辩驳，姚氏开宗明义地提出“《明史》以马士英列《奸臣传》诬罔不公驳议”。大致分为两部分：一是论述《明史·马士英传》与孔尚任所作戏曲《桃花扇》的关系，二是为马士英的主要政治行迹（主要在弘光时期）逐一辩驳。

关于《明史·马士英传》与《桃花扇》的关系，姚氏主要从两方面展开，即：

（1）“论《明史·马士英传》系根据孔尚任《桃花扇》传奇为底本”，论述《明

* 本文是教育部人文社会科学研究青年基金项目“清代晚明史书写中的东林话语研究”（17XJC770003）的阶段性成果。

❶ 南京大学图书馆藏民国二十三年（1934年）安顺姚氏铅印本。

❷ 阳正伟：《一本不该被忽视的史著——〈马阁老洗冤录〉》，《贵州文史丛刊》，2008年第2期，第87-93页。

史·马士英传》与孔尚任《桃花扇》的关系。

（2）“论孔尚任斥马士英为奸臣系受左良玉家族指唆”，论述孔尚任《桃花扇》斥马士英为“奸臣”与明末悍将左良玉家族的关系。

而该书为马士英的主要政治行迹逐一辩护，则包括以下论点：

（1）“论马、阮合传须分析研究”。

（2）“论士英为奸臣始自叛臣曹澍、左良玉，而孔尚任《桃花扇》遵依之，传入内廷，王鸿绪等不便立异，史案遂成”。

（3）“论士英之起用与大铖之起用，各自殊途，其表见各异，不应相提并论”。

（4）“论士英拥立福王，持正效忠，观于处置大悲一狱即见梗概”。

（5）“论士英知兵，见于江北历年战功，驱流寇复郡邑，禽叛将，绝非庸琐，史其事，仍作昧心之谈”。

（6）“论士英绝无挟持弘光之迹，观于太监王坤仍得优游内廷，即知其不因私怨而干公议”。

（7）“论童氏及王之明案，非士英职责所能主持，左逆称兵，特借清君侧为名，意在君位而不在君侧也”。

（8）“论士英晚节忠孝备具，不应与乞降献媚之阮大铖合传”。[1]

分别就马士英与阮大铖的关系、“奸臣”骂名的由来、崇祯十五年（1642 年）复起为凤阳总督及其行迹、崇祯五年（1632 年）任宣府巡抚时盗公帑馈朝贵，而被遣戍及其之后的行迹、南都的“定策”问题及马士英在这段时间内的一系列行迹（包括争入阁、逼史可法出外督师、宽容对待宿仇王坤、处理“大悲案”“童妃案”和“王之明案”、周镳和雷縯祚之狱、撤防江之兵以防左良玉等）、南都覆亡后马士英的行迹及结局等问题[2]，逐一为马士英辩护。

该书下卷包括“瑶草遗珍”“瑶草有令子”“瑶草有佳婿”“瑶草家风”“瑶草谤书”“马公士英应谥忠武议”六个条目，主要介绍马士英的文化艺术成就、家风及后代情况，并对于马士英不利的“谤书”逐一批驳。最后比马士英为诸葛亮、岳飞等人，为其拟谥“忠武”。

姚氏说：“兹特举其关系较大者一一疏通证明，还其未（据文意‘未’当为‘本’字——笔者按）来面目。”[3]通过以上内容，姚氏想要比较全面地勾勒马士英一生的主要行迹，并“还其本来面目”，对其重新评价，也就是全面翻案。

---

❶ 按：该书上卷内容实际以各分论点为断，这些论点也可被视为条目，但由于其字数太多，为便于征引，笔者给其加上编号，凡在引用时，只引编号，不引原文。而下卷的条目则文字较为简洁，故在征引时，直接引用原文。

❷ 按：这样归纳并未完全依照原文论点的排列顺序，而是就论点所提到的内容进行的归纳。

❸《马阁老洗冤录》卷上、卷末语。

二、《马阁老洗冤录》马士英"奸臣"骂名来自《桃花扇》说

《马阁老洗冤录》中尤为引人注目的地方是，对马士英"奸臣"骂名与孔尚任所著《桃花扇》关系的论述。姚大荣指出："因左良玉之子梦庚及其监军御史曹澍降清以后，怀恨士英不已，目见士英抗敌忠贞，百折不回，必邀异代褒奖，相形之下，伊等叛旧主迎新主，实所难堪，欲借文字毁誉之力以掩其真，俾蜚语流布，与良玉造反之檄文遥相呼应，缘士英拥立福王，甫弥一月，黄澍即以'奸臣'呼之，与传（指《明史·马士英传》——笔者按）之主文适合，与尚任传奇中嘲谑士英之微词，无非描写奸臣状态，机牙相应也。"[1]这是姚氏《马阁老洗冤录》全书的主旨语句。弘光元年（1645年）三月，手握重兵、驻扎武昌的宁南伯左良玉以讨"奸臣"马士英为名起兵直指南京，但行至九江时身死，其子左梦庚继统其军，在铜陵被靖南伯黄得功打败，左梦庚投降清朝。而在此前的弘光朝廷建立初期，左良玉的监军御史曹澍就曾弹劾马士英为"奸臣"，但最终他也跟左梦庚一起投降清朝。左良玉起兵"造反""叛逆"，左梦庚、曹澍投降清朝，而被他们骂为"奸臣"的马士英却抗清身死，"抗敌忠贞，百折不回，必邀异代褒奖"，自己家族将要背负骂名，被自己骂为奸臣的马士英却会得到赞誉，这是降清后的显贵左梦庚想要极力避免的。孔尚任为达到自己"结欢巨室"的目的，迎合左梦庚的这一需要著《桃花扇》，斥马士英为奸臣，进而影响清朝官修《明史》对马士英的论调。显然，姚氏所要勾画的，乃是一幅文人投机政治，勾结权贵，以图谋颠覆对历史人物评价的图景。但是这种说法也存在明显的逻辑问题，马士英如被当作奸臣，左良玉起兵讨伐他则可以被看作是"清君侧"的正义之举，而避免"造反""叛逆"之名，但左梦庚、曹澍失节降清仍是否认不了的。乾隆时期左梦庚也确实被收入《贰臣传》。姚氏又从《桃花扇》的内容上找到了其通过抹黑马士英而为左良玉遮丑的证据："吾阅至《入道》(《桃花扇》第四十出，以左良玉与史可法、黄得功并为'死难之臣'，称其死后被封为'飞天使者'——笔者按）一出，始知全书主旨实系专为左良玉涤除叛逆之迹，……左良玉既为忠臣，则其传檄致讨之马士英旋为乱民劈死，必系奸巨无疑矣"。此外，姚氏还指出孔尚任《桃花扇》以"殊无可称之价值"的侯方域为主角，也与左良玉有关。左、侯两家"乡谊所关"，"相关最切"，"方域之祖父侯执蒲、父恂、叔恪皆与东林有连"；而且孔氏与侯氏父子都对音乐有着共同的爱好，"孔尚任知音识曲，实是私淑方域，阿其所好"。

而《桃花扇》如何影响《明史》对弘光史事尤其是马士英的编写，姚氏说："满蒙王公入关未久，于明季情形夙多隔阂，闻此故事，以为得悉南都状况，竞相传抄，搬演无虚日。世传金斗班演《桃花扇》，伶人得缠头费甚巨，自是金斗班超群班之上，驯至

[1]《马阁老洗冤录》卷上2条。

进入内府，供奉御筵"。《桃花扇》"初则借圣裔宣传以植其基，后则借天听难回以固其信。圣裔者，国中人望而莫敢訾议者也，天听者非有明白之宣示，臣下罔敢测度也。二者兼营并进，目的已达。东林遗孽之不满于士英者，更喜得兹臂助，兼收左右夹击之效。承修《明史》诸翰林，观兹风色，不便复持异议"[1]。满蒙王公入关不久，对南明弘光朝廷史事不知就里，《桃花扇》借助戏曲这一易于传播的形式广为流布，其对于弘光旧事的记述，正可填充满蒙王公的认识空白，其对弘光人事的描述与评价自然也先入为主地影响了他们的观念。继而《桃花扇》借着金斗班的演出和满蒙王公的延誉进入皇宫演出，影响到"天听"即皇帝的观感。于是孔尚任以为国人遵奉的"圣裔"（孔尚任为孔子第六十四代孙）身份，《桃花扇》在皇宫内演出得以影响皇帝"天听"，以及支持或同情东林党人的"遗孽"推波助澜以泄对马士英之愤，对弘光朝廷批判尤其是对马士英斥责的风气便形成了，承修《明史》的史官们只能顺应于此，这样，马士英便顺理成章地被列入《明史·奸臣传》中。《马阁老洗冤录》后文为马士英的主要政治行迹逐一辩驳，在"论士英为奸臣始自叛臣曹澍、左良玉，而孔尚任《桃花扇》遵依之，传入内廷，王鸿绪等不便立异，史案遂成"一部分中又重申上述意思。

三、马士英"奸臣"骂名的由来

姚大荣说孔尚任与左梦庚勾结抹黑马士英，不论是孔尚任对左梦庚"结欢巨室"，还是左梦庚"指唆"孔尚任，都只是他的推测，而没有实据。而且左梦庚顺治十一年（1654年）死去，其时孔尚任才7岁，两人勾结根本不可能。《桃花扇》完成于康熙三十八年（1699年），时隔左梦庚死已近半个世纪，两者也完全扯不上关系。而他说《桃花扇》影响《明史·马士英传》的编纂，也一样没有摆出实据。前者已不值一驳，后者却可以引出《明史·马士英传》形成的影响因素，即马士英奸臣骂名的由来这一问题。求诸明末清初的有关史籍，探究《明史·马士英传》形成的大致过程，可以对这一问题基本获得解答。

马士英的奸臣骂名早在弘光时期就已形成。确如前引《马阁老洗冤录》所说，弘光朝廷建立初期，湖广巡按御史曹澍就挟左良玉之势在朝堂上弹劾马士英为"奸臣"[2]，这应是最早称马士英为"奸臣"者。除此之外，弘光阁臣姜曰广也曾骂马士英为"权奸"。[3]弘光元年（1645年）四月，左良玉以讨马士英"清君侧"为名，从武昌率军顺长江而下直逼南京，檄文称其为"奸臣"。南京群臣降清后，马士英南逃至浙江绍兴时，江西九

---

❶ 见《马阁老洗冤录》卷上2条。

❷ ［清］计六奇：《明季南略》卷一《黄澍笏击马士英背》，北京：中华书局，1984年，第48页。

❸ ［明］夏完淳：《续幸存录》"南都杂志"条，［清］留云居士辑：《明季稗史初编》卷一六，上海：上海书店，1988年，第325页。

江佥事王思任曾上疏弘光母后斥责马士英谋国不忠，称之为“奸相”。❶鲁王时期，张岱上书声讨马士英，称其为“奸佞”“贼臣”等。❷

再从《明史·马士英传》形成的过程来看，清朝修《明史》，历经顺治、康熙、雍正、乾隆四朝。顺治时期官方基本没有什么成绩，史官傅维鳞私修的《明书》卷一五七《奸回传》，并无马士英。康熙时期开史馆修《明史》，集成的徐乾学《明史列传》所记人物下限只到万历时期，并无马士英传。接下来的万斯同所撰《明史》，对徐乾学《明史列传》有较多借鉴，但马士英传却是他最先撰写。❸也就是说，万氏是清朝与修《明史》的人员中，首位为马士英作传并把他列为“奸臣”的人。

万斯同撰写马士英传，体例、内容上无疑要借鉴于明末清初的诸多史籍。在体例上，其师黄宗羲的《弘光实录钞》对马士英大加挞伐，应该是万氏编写马士英传的重要参考。另外，万氏还可能受到张岱《石匮书后集·马士英传》的影响。张岱此书成于康熙初年，其马士英传记载他在南明鲁王时期上书极力贬斥马士英，称其为“奸佞”“贼臣”“弑君卖国第一罪臣”，甚至说他还不如李林甫、秦桧、韩侂胄、贾似道等历史上的奸佞。❹《石匮书后集》虽然没有设“奸臣传”，把马士英收入其中，但他对马“奸佞”等的蔑称，很可能影响到万氏后来把马士英列入“奸臣传”。

要特别指出的是，上述弘光阁臣姜曰广骂马士英为“权奸”的称呼远播后世，如弘光时人林时对称马士英“死为逆鬼，生号权奸”❺。不仅如此，这一称呼还影响到《明史》的修撰，姜曰广骂马士英为“权奸”之事在万斯同《明史·姜曰广传》中就有记载。❻之后，受万氏所托撰《南疆逸史》的温睿临说：“南渡而后，贵阳（指马士英——笔者按）煽虐，犹有承平权奸之势。”❼康熙末年，王鸿绪上呈御览的《明史稿》，其中的《姜曰广

---

❶ ［清］计六奇:《明季南略》卷三《左良玉讨马士英檄》、卷五《王思任请斩马士英疏》，北京：中华书局，1984年，第196，285页。

❷ ［明］张岱:《石匮书后集》卷四八《马士英传》，北京：中华书局，1959年，第275-279页。

❸ ［清］万斯同:《明史》卷四〇二《马士英传》，《续修四库全书》影印本，上海：上海古籍出版社，2002年。

❹ ［明］张岱:《石匮书后集》卷四八《马士英传》，北京：中华书局，1959年，第275-279页。除黄、张外，明末清初还有如文秉:《甲乙事案》(《小叙》，见《南明史料八种》，南京：江苏古籍出版社，1999年，第426页)、谈迁:《国榷》(卷一〇四，北京：中华书局，1958年，第6215-6216页)、杨陆荣:《三藩纪事本末》(“马阮之奸”条，北京：中华书局，1985年)等都对马士英有所指斥。

❺ ［清］林时对:《荷牐丛谈》卷四“马阮合交之由”条，《清代稿本百种汇刊》影印本，台北：文海出版社，1974年。

❻ ［清］万斯同:《明史》卷三六八《姜曰广传》，《续修四库全书》影印本，上海：上海古籍出版社，2002年。

❼ ［清］温睿临:《南疆逸史·凡例》，北京：中华书局，1959年，第7页。温睿临《南疆逸史》“取万子季野明末诸传及徐阁学明季忠烈纪实诸传，合而订之，正其纰缪，删其繁芜，补其所缺，撰其未备，以成是编”。(《南疆逸史·凡例》，第3-4页)其中“明末诸传”，应包括马士英。在马士英传上，温氏在体例上将万书“奸臣传”改为“奸佞传”(《南疆逸史》卷五六《马士英传》，第442-445页)，但二人所记马士英的有关事情是相同的，只在详略上有所区别。如温书对马士英在凤阳总督任上的活动、南都“定策”时受阮大铖指使拥立福王、倚仗兵威入朝并逼迫史可法外出督师、举荐阮大铖及受到诸人的反对、弘光时期推行的弊政等各事，交代得比万书更清楚。但万书在马士英南逃后的活动上，所述要比温书详尽。所以就全面了解马士英的政治活动来说，两书所载可以互补。

传》几乎完全同于万氏。❶至乾隆时期刊行的《明史》仍称弘光时期姜曰广、高弘图、徐石麒等人去位，是"扼于权奸"❷，即受到马士英的排挤。因此可以说，姜曰广对马士英的"权奸"之称，直接为后来的万斯同《明史》、王鸿绪《明史稿》、张廷玉《明史》所继承，进一步确定了马士英的"奸臣"骂名。王鸿绪康熙五十三年（1714年）上呈御览的《明史稿》，其中卷二八七《奸臣传》仍然列有马士英。王氏自称"其间是非邪正，悉据已成之公论，不敢稍任私心臆见"❸，将马士英列为"奸臣"，应也是他所谓"据已成之公论"的体现，具体来说，应是指上述万斯同、温睿临等人的评价。到乾隆四年（1739年）刊行的《明史》，马士英的"奸臣"之名遂正式以官方的名义定论，只是在形式上将之前诸书马士英、阮大铖分传改为了合传。❹

还有一点值得注意，在对马士英的认识上，明末清初的史家是带有很强主观倾向的。与黄澍、姜曰广一样曾与马士英同朝为官的李清、夏允彝，其所撰《三垣笔记》《幸存录》，于马士英有一些宽恕言辞❺，但却很少被人引用。如温睿临《南疆逸史》对上述曹澍、姜曰广于马士英的"奸臣""权奸"之称都有征引❻，虽也取材李清、夏允彝之书❼，却未见采择他们对马士英的宽恕言论。对黄、姜与李、夏于马士英言论的取舍不同，表明温睿临主观上是认同全面否定马士英这一做法的。在这点上，张岱、万斯同与他相同。而成书于康熙初年的查继佐《罪惟录》，设有"奸壬传"❽，却没有列入马士英，说明他对马士英的评价没有上述几人那样低。

应该说，众人对马士英的责难，多数都是有根据的，即是说，其诸多劣迹是他背负"奸臣"骂名的根源所在。但除此之外，也与东林、复社人士对他的敌视有关。前述弘光时期最早骂马士英为"奸臣"的黄澍，其依仗的左良玉就与东林党人侯恂关系密切。❾左良玉弘光元年（1645年）在武昌"称兵"，也与东林、复社的怂恿有关，以致后来东林对此事的记述也存在偏颇，如清人王士祯说左良玉："杀掠甚于流贼，东林诸公快其以

---

❶ ［清］王鸿绪：《明史稿列传》卷二五四《姜曰广传》，台北：明文书局，1991年。

❷ ［清］张廷玉：《明史》卷二七四《姜曰广传赞》、卷二七五《徐石麒传》，北京：中华书局，1974年，第7034，7040页。可见曹澍对马士英的"奸臣"称法，也为《明史》袭用。张廷玉：《明史》卷三〇八《马士英传》，北京：中华书局，1974年，第7942页。

❸ ［清］王鸿绪：《明史稿列传》卷首"王鸿绪奏疏"，台北：明文书局，1991年。

❹ ［清］张廷玉：《明史》卷三〇八《马士英传》，北京：中华书局，1974年，第7937-7945页。

❺ 如李清说："马辅士英初亦有意为君子，实廷臣激之走险。"（《三垣笔记》卷下《弘光》，北京：中华书局，1982年，第101页）夏允彝说："马意颇不欲杀人，故中止"，并说："方诸奸欲起大狱，肆诛锄之时，即余亦赖士英知其无辜得免陷阱。"（《幸存录》"门户杂志"条，留云居士辑：《明季稗史初编》卷一五，上海：上海书店，1988年，第308-309页）

❻ ［清］温睿临：《南疆逸史》卷六《姜曰广传》、卷五六《马士英传》，北京：中华书局，1959年，第50，443页。

❼ ［清］温睿临：《南疆逸史·凡例》，北京：中华书局，1959年，第3页。

❽ ［清］查继佐：《罪惟录·传》卷三〇，杭州：浙江古籍出版社，1986年。

❾ 朱子彦：《论左良玉起兵"清君侧"》，《社会科学战线》，2009年第7期，第101-102页。

讨马、阮为名，而并讳其作贼”❶。至于骂马士英为“权奸”的姜曰广，自身就是东林党人。❷明末天启时期党争激烈，东林党人与以宦官魏忠贤为首的“魏党”官员相互争斗，各不相容，最终“魏党”胜出，东林党人则或杀或逐。直到崇祯帝登基后不久主导“钦定逆案”，黜退“魏党”官员，而重新召回东林党人，但两派之间的争斗仍在朝野激烈进行。马士英与“魏党”人员阮大铖交往密切，而东林、复社则与阮大铖势同水火❸，这或许是政治上倾向于东林的黄、姜对马士英冠以恶名的原因。

以上说的是弘光时人、明末清初的史家及与修《明史》人员对马士英的贬斥态度，这还需要得到清初统治者的认可，才能成为定论，那么清初统治者又对马士英是什么态度？张岱《石匮书后集》说清朝称马士英为“弘光奸辅，欲捕杀之”❹。康熙时期的徐秉义《明末忠烈纪实》对此有更为详细的记载：顺治二年（1645 年），清豫王多铎入南京后，问弘光朝廷被俘的官员黄端伯：“‘马士英何相？’曰：‘贤相。’王曰：‘何以指奸为贤？’曰：‘不降即贤。’”❺黄端伯不愿降清，故意说南逃的马士英为“贤相”，并不一定出自真心，故不足为据，他这么说还有鄙薄降清众人之意。由多铎之问可以看出，他是以马士英为“奸相”的，这也可视为是清初统治者的共同态度。

而清初统治者何以会对素未谋面的马士英形成这种认识，很难确考。但据钱澄之《所知录》记载，阮大铖降清后随清军进攻仙霞岭时，因与东林、复社负气争胜而死。钱氏说阮大铖“乞降后死仙霞岭事，皆得知同时共事者之口”❻，则其所说应该可信。由此可推知一些东林、复社人士降清后，仍能在对明朝人物的品评上影响清朝上层视听，以致逼使阮大铖负气争胜而死。马士英与阮大铖关系密切，东林、复社人士在评论阮时势必牵及马，这或许是多铎上述对马士英“奸相”印象的由来。从上述乾隆年间刊行之《明史》将马士英列入《奸臣传》来看，这种印象在清初几朝一直都延续着。清初统治者在与南明政权的接触中，形成对马士英的不良印象，接受了明末清初私修史书对马士英的否定态度，这无疑也促使清初在官修《明史》过程中，对马士英均加以否定。

四、结　语

平心而论，马士英的“奸臣”骂名确实不无可以商榷之处，黄云眉❼等前辈学者对此均早已指出。但姚大荣想为马士英全盘翻案则过于极端，而且他把马士英背负骂名归因

❶ ［清］王士祯：《分甘余话》卷二“柳敬亭”条，北京：中华书局，1989 年，第 52 页。

❷ ［清］张廷玉：《明史》卷二七四《姜曰广传赞》，北京：中华书局，1974 年，第 7029 页。

❸ 拙文：《阮大铖政治活动再审视》，《闽南师范大学学报（哲学社会科学版）》，2015 年第 2 期。

❹ ［明］张岱：《石匮书后集》卷四八《马士英传》，北京：中华书局，1959 年，第 279 页。

❺ ［清］徐秉义：《明末忠烈纪实》卷一二《黄端伯传》，杭州：浙江古籍出版社，1987 年，第 211 页。

❻ ［清］钱澄之：《所知录》卷首“凡例”、卷六“阮大铖本末小纪”条，杭州：浙江古籍出版社，1985 年，第 244 页。

❼ 黄云眉：《明史考证·本书内容挈要》，北京：中华书局，1984 年，第 9 页。

于《桃花扇》，缺乏实据而没有说服力。成书于康熙三十八年（1699 年）的《桃花扇》，其中以马士英为奸臣的言论，此前早已有人提及，几乎成为主流认识，因此《桃花扇》连对马士英持这种认识的文本源头都不是，它不过是沿用了自弘光时期就已形成，明末清初普遍存在的说法。孔尚任只是接受了这一说法并运用于《桃花扇》的创作，姚大荣把它作为马士英奸臣骂名的起源，实际是没有弄清源和流的关系。

当然，《桃花扇》作为文学作品，其中也不乏对马士英渲染加工乃至虚构改造的地方，如说他为乱民劈死等。而戏曲因其易于传播的特征，也促使马士英的奸臣骂名更广泛流布，或许对《明史·马士英传》的编写及定调也不无影响。总而言之，马士英的劣迹和东林、复社对他的口诛笔伐，以及由此形成的清初统治者对他的认识，才是马士英骂名形成的真正原因。

对西堡土司终结的历史考察与思考

高守应

（安顺市社会科学界联合会）

土司制度是封建时代后期对少数民族及边疆地区的一项重要统治政策。特点是将协助王朝中央统治当地的少数民族的首领纳入封建王朝官吏管理系统，授予其代表封建王朝进行统治的权力，给予其与流官差不多的政治待遇。此制度从元朝开始推行，明清两朝进一步完善。治所位于今天贵州省普定县马场镇上官寨的西堡沙氏土司就是在此制度下产生的。

实施土司制度之后，王朝中央对这些土司由非常松散的“羁縻”管理转为完全的直接的实际掌控，土司的存废不由自己做主选择，由王朝中央统一任命。西堡沙氏土司亦是如此。由于西堡土司领辖的地域长期处于云南、湖广、四川三省交界地方，属于“天高皇帝远”的区域，加上“自王其地”自治状态，让西堡土司游离于王朝中央的统治。

《明史》列传卷一百九十八《土司》开篇就讲：“迨有明踵元故事，大为恢拓，分别司郡州县，额以赋役，听我驱调，而法始备矣。然其道在于羁縻。彼大姓相擅，世积威约，而必假我爵禄，宠之名号，乃易为统摄，故奔走惟命。然调遣日繁，急而生变，恃功怙过，侵扰益深，故历朝征发，利害各半。其要在于抚绥得人，恩威兼济，则得其死力而不足为患。”[1]在具体实施中，对不服从管理的土司，首先进行“改土归流”，实行流官管理制度。西堡沙氏土司就属于不服从管理的这一类。

大明王朝在傅友德将军带领“征南平滇”三十万大军征服黔中之后，首先就被西堡土司主动攻击，傅友德便命顾成予以血腥镇压征服，并第一个拿西堡沙氏土司实施“改土归流”。由于长期“自王其地”的“反叛”心态，最后到弘治八年（1495年）大明王朝中央调集军队对西堡土司进行血腥镇压，沙氏土司及其宗族除逃亡外，被彻底灭族，沙天祥、沙惠土司的家眷仅有王氏孕妇活命逃出，被苏家收留，与其子结婚，传承了沙氏的血脉，其他的家族成员不得不逃命离开上官寨，逃到百里之外的嘎陇塘（今隶属六枝特区木岗镇）继续世袭土司，重新“自王其地”，一直到康熙四年（1665年）被吴三桂大军破城屠杀，再次逃命迁回曾经被灭族的伤心之地马场上官寨，世袭土司一职。到康熙五十四年（1715年），仍然因不服从管理，任命的世袭长官司迟迟不到位，被清朝

[1] ［清］张廷玉等撰：《明史》，北京：中华书局，1974年，第7981页。

中央以“负难服”为由，降其为外委土舍，把其领辖的地域作为安平县的一块飞地，划归安平县管辖，直到民国二年（1913 年）建普定县，其领辖的区域分别划由普定县、镇宁县、郎岱县管辖。

西堡土司自元朝产生至明朝弘治八年（1495 年），是西堡土司由强盛转向衰败甚至衰亡的阶段，弘治八年是西堡土司实际终结的重要标志；从弘治八年（1495 年）到清朝康熙四年（1665 年），是西堡土司被灭族之后流亡到百里之外的自己的领辖地嘎陇塘世袭土司的阶段，时间 170 年；从康熙四年由嘎陇塘治所败亡迁回沙家马场上官寨世袭到康熙五十四年（1715 年）被降为外委土舍，是西堡土司彻底走向终结的阶段，时间 50 年。

一、西堡土司沿革

西堡，春秋战国时期为牂牁夜郎地，秦为夜郎地，汉为谈指地，隋为宾化地。

唐朝贞观四年（630 年）置剡州所领七县之始安县，治所在西堡浪伏山下（今马场镇上官寨）。

元顺帝至正十一年（1351 年）置习安州，“元习安州，属云南普定路”，“西堡司，元为寨”[1]。《读史方舆纪要》云：“普定废县在府治西。《志》云：元置县，隶普定路，明初省入安顺州。”又：“习安废州，在司北浪伏山下，《志》云：元置州于此，隶普定府，明初废。”[2]

“普定”这个名称源于元朝之前的普里，宋朝以其地置普定万户，元朝改为普定路，是元朝在黔中地区建立的较大的土府，治所从普里移至今天的西秀区杨武乡安榨城遗址。其所领的安顺州、习安州、达安州、和宏州下属的六个土司中，西堡土司最大，其次才是宁谷土司、十二营土司、募役土司、康佐土司、顶云土司。

明初废习安州合并到安顺州后，明洪武十九年（1386 年）在西堡寨置西堡长官司（对西堡土司开始实施“改土归流”制度），从此一直称西堡，到民国二年（1913 年）建立普定县后西堡改称马场止。

康熙五十四年（1715 年）以西堡长官司“负难服”为由，把其降为外委土舍，划归安平县管辖，作为安平县的一块飞地。

民国二年（1913 年）成立普定县，西堡改称（沙家）马场，不再由安平县管理（安平县改称平坝县），划归普定县管辖。

二、西堡沙氏土司的承袭

最早有文字记载的明朝初年的西堡土司是沙卜却，管理西堡各寨。《黔南职方纪略》

---

❶ ［明］顾祖禹:《读史方舆纪要》，北京：中华书局，2005 年，第 5263-5264 页。

❷ ［明］顾祖禹:《读史方舆纪要》，北京：中华书局，2005 年，第 5263-5264 页。

卷八《土司下》之《安顺府》:“西堡长官沙氏,管西堡诸寨。其先有沙卜却者。明洪武十四年,以功授长官。顺治时归附。累传至毓奇。”

洪武二十四年(1391年),沙卜却暂任西堡长官;二十五年(1392年)才升得正长官,后传给次子沙密登。

沙密登于永乐二年(1404年)亡故,大明王朝未委任谁任西堡长官。直到宣德八年(1433年)才明确沙卜却的嫡孙沙建继承。从沙建起又沿袭至他的第九代孙沙正,到沙正继承长官位的时候,由于年纪小,由中央政府委任沙正的堂叔沙贵为副长官。

万历年间郭子章《黔记》之《土司土官世传》记载:“正长官卜却,洪武二十四年(1391年)从军有功,暂充西堡司长官。二十五年(1392年),奉勘合升本司正长官。永乐二年(1404年),次子密登故绝。宣德八年(1433年),嫡孙建袭,沿九世孙,沙正年幼,堂叔贵袭,授副长官。”

《黔南识略》之《安平县》记载:“《明史》贵州土司传,洪武二十六年(1393年),西堡长官阿德及诸寨长作乱……成化十四年(1478年),西堡、狮子孔洞等苗作乱,调沅州清浪诸军,擒斩贼首。又西堡阿德、狮子孔阿江,二种皆犵獠也。据沧浪六寨,不供常赋,土官经征为其所戕。”

到清朝康熙五十四年(1715年),沙傕继承,迟迟不到任,被降为外委土舍。沙傕之后传给靖川。清朝中央于是把西堡司地划给安平县(今平坝区)管辖。《黔南职方纪略》卷八《土司下》之《安顺府》记录:“康熙五十四年,以傕承袭,不至,降为外委土舍。又数传至靖川,见袭,职属安平县。”

嘉庆年间是沙推。《黔南识略》卷六之《安平县》记载:“嘉庆三年(1798年),逆苗沙推滋事。”

从嘉庆三年之后,西堡再无宗族的土舍了,完全置于政府的治理之下。

三、西堡土司在元朝时期的疆土

从贵州地方史料查找来看,西堡土司在大明王朝之前管理的地方,大致是以浪伏山下的习安州治所为中心,包括今天的普定县、西秀区、平坝区和六枝特区部分和大部分地方。明洪武十九年(1386年)“改土归流”置西堡长官司,原西堡土司实行流官制后,只让沙卜却领辖四个寨子(实际领辖还是原来的地盘)。

“改土归流”之后,虽然只让沙卜却领辖四个寨子,但并没有从根本上削弱西堡土司(长官司)的实力,随着中央王朝对西堡长官司管理的松弛,其实力逐年得到增强,相邻寨子纷纷归附,所领之地又实际上得到逐步扩大还原。据《黔南识略》卷六之《安平县西堡长官司》,对其原额科屯田等是这样记录的:“原额科屯田,四千六百七十六亩有奇;征米四千五百九十石八斗九升九合有奇;征银三百四十七两三钱四分三厘有奇;常平仓贮谷三万三百六十一石三斗。”

但西堡土司所管辖的地域在元明两代是比较大的。万历《贵州通志·土田》载：“旧志无顷田，万历九年新丈，西堡长官司有田 26 208 亩 7 分，贡赋 1722 石。”到了清朝，不知道什么原因就减少了，《安顺府志》记载：“西堡司田地 9299 亩，贡赋 1312.804 石”。《安平县志》的记载更少，西堡正长官沙氏并归安平县内外十二支的田地只有 2880 亩，贡赋 422.498 石（这应该不包括副司地了）。从羊场谌家祖坟墓碑中可知，墓碑立于万历四十三年（1615 年），上面刻有“安顺军民府西堡恰五里羊场坝”。说明万历年间那里也属于西堡长官司的管辖地域而羊场在西堡治所，今马场上官寨西面，距湾寨阴鸳渡 17.5 千米，而且羊场跑马场至今还有沙土目的衙门遗址，据上官寨沙家讲，羊场的沙土目与他们家同宗同族，沙土目管理的地域，东边到今岩脚，西边到两路口，有 30 千米，与今天的水城交界。沙土目所管辖的地域一直到民国因无后人才被贵州军阀拍卖的。这说明西堡长官司所管辖的地域包括今天的六枝特区和普定县的大部分区域。

为何西堡长官司管辖的地域会逐步减少呢？清朝康熙五十四年（1715 年）裁撤西堡司正长官并入安平县的土地，明确只管原辖地的一部分——即内外十二支。毫无疑问，从阴鸳渡以西约 45 千米的土地就成了安顺府的亲辖地。到清朝雍正九年（1731 年）建立郎岱厅，安顺府这部分亲辖地就成为郎岱厅的北部管辖的地域。因为乾隆十九年（1754 年）安顺府曾经在羊场设立羊场巡检司，乾隆三十九年（1774 年）以后，改归郎岱厅管辖。以下是并入安平县之后所管辖地域的记载。

咸丰年间常恩主编的《安顺府志》记载的西堡所辖的内外六枝所列的寨子：“西堡：乐东、利笼、波堕、补止、六骂、那穹（内戞卧并入那穹）、大弄、蜡柳、戞底、那史、外戞卧、底冈，共十二枝，近沙家大河。在河南者一百六十五寨，在河北者四十六寨，共二百一十一寨。”

西堡管理的地方是今天普定县的龙场乡、化处镇、马场镇、鸡场坡乡和六枝特区的大部分乡镇，不包括温氏副司管辖的四十八大寨，即今天镇宁自治县的丁旗镇、扁担山乡和六枝特区的落别等乡镇，也不包括所管理的飞地在内。由此可见，西堡管理的地盘基本覆盖普定、西秀、六枝的部分和大部地方。由此可见其势力范围在安顺的土司（长官司）中仍然是很大的。

四、从户口、贡赋、徭役等看西堡土司的实力

西堡的发展可以从不同年代的《贵州通志》记载的户口、贡赋、徭役等可以看到。万历《贵州通志》记载，西堡司：“户口，一千七百九户，三千七百二十八丁口。”“土田，二万六千二百八亩七分零。”“贡赋，一千七百二十二石。”“徭役，一百九十七两七钱二分零。”到嘉靖三十四年（1555 年）成书的《贵州通志》是这样记载的：西堡司

“户口，三千二百八十户，八千一百四十五丁口。”“财赋，一千七百二十五石。”徭役，主要供查城驿和安庄驿。其中“查城驿，马二十五匹。”西堡司“每匹共征皮银三十五两。”“安庄驿，马二十匹，连供馆，共征白银六十两，于镇宁州十二营、慕役、西堡等司出办供馆。”

在漫长的历史潮流中，西堡并非随波逐流，也非逆历史潮流而进，而是在历史潮流中挣扎着保持着“自王其地”的独立个性。

五、西堡土司在元朝时期享受的待遇

从汉晋到唐宋，西堡所处的普定（今安顺）地区，一直是封建统治最薄弱的地方，到元朝才有所改变。原因主要是多条交通线从贵州经过，王朝中央对这些通道必须加强管理，确保畅通。自古至今，交通的建设，会决定一个本来偏远偏僻的地区变为“中心”，如果多条交通通道在那里汇集，就会让那里变为“枢纽”，成为通道上的“重要关节”。从元朝至元十三年（1276年）开始，元朝首先开通中庆（今云南昆明）经乌蒙（今云南昭通）到叙州（今四川宜宾）的水陆驿传后，二十八年（1291年）又开通中庆（今昆明）经普定（今安顺）、贵阳到镇远的驿道，接着从镇远开辟到辰州（今湖南沅陵）的“常行站道”。三十年（1293年）又建设中庆（今昆明）经乌撒（今贵州威宁）到四川泸州的驿道，西北可通达成都，东北可到达重庆。这样一来，贵州地区就成为联系今天的云南、四川、湖南、广西等地的交通枢纽（见《元史》）。所以《元史·地理六》载：“贵州地接八番，与播州相去二百余里，乃湖广、四川、云南喉衿之地。”贵州成为元朝设立云南、湖广、四川行省之后各省必争的战略要地，战略地位因重要驿道的建设管理和使用而凸显了出来。西堡所在的普定（今安顺）是元朝西南边疆地区通往内地的咽喉之地，尤为重要。所以在普定（今安顺）设置普定路隶属云南曲靖司管辖。

由于战略地位的凸显，元朝最早在普定推行土官制度。元成宗大德七年（1303年），容苴袭领土知府，率部随元军征讨土司奢节，死于军中，他的妻子适姑随即接替容苴统军，平息之后，朝廷因适姑有功，令袭夫职，并改普定府为普定路，以适姑为总管，佩虎符。适姑对元朝的归顺和效忠给普定土府的发展带来了前所未有的机遇，如此，今天西秀区杨武乡境内的安榨城遗址就没有这样的规模。元顺帝十一年（1351年），以罗甸西堡地置习安州，管辖今天的普定县和西秀区、平坝区、六枝特区部分地区，治所在西堡土司地浪伏山下。在贵州屯田从延祐七年（1320年）开始，首先在普定路实施，分乌撒（今贵州威宁）、乌蒙（今云南昭通）屯田卒2000人赴之。开贵州普定屯田之先河。

西堡在元朝，因元朝统治者为少数民族，而真正统治的方法大多数推行汉法，对待与自己一样的少数民族则反对“华夷有别”和“内华夏、外夷狄”的偏见，很少对西堡这样的“夷民”进行歧视与防范。因此，西堡仍然处于自治状态。

六、西堡土司在大明王朝统治者的眼里

大明王朝从1368年开始至1644年，统治时间277年。在这277年间，西堡在统治者眼中是什么样呢?

洪武十四年（1381年），朱元璋派傅友德“征南平滇”，不到四个月的时间就把云南拿下，在诏书中说:“中国既安，守在四夷。昔者诸夷弗遵声教，恣肆跳梁，特遣征南将军率师三十万问罪西南”。认为，西南地区要实现真正的稳定，必须施行“宽猛适宜”而又重在“使其无叛”的政策措施。朱元璋于1368年在南京称帝建立大明王朝之后，多次招降元梁王把匝剌瓦尔密被拒，于是，派傅友德带领30万大军前往征讨，以大明王朝军队的完胜和元梁王把匝剌瓦尔密的自杀而结束。正是这场“征南平滇”战争，把贵州普定（今安顺）在整个西南地区的战略地位彻底地凸显出来。西堡刚好在这个重要环节上。

平定云南之后，就安排在贵州设立贵州都指挥使司，在普定（今安顺）一带推行卫所制度，让顾成率领的将士在普定留下进行军屯。从此顾成的将士们把西堡土司的最好领地占为己有。一是开通驿道，增设驿站。二是广设卫所，移民实边。三是抚谕土司，善布德威。四是广教化，变土俗，设神道，兴礼乐。而西堡治所核心地区则没有什么动静。既没有兴办学校实施教化，也没有修建庙宇“变夷俗”，当然更没有“凡有子弟，皆令入国学授业，使知君臣父子之道，礼乐教化之事，他日学成而归，可以使土俗同于中国”，实际上就错过熟悉了解大明王朝统治者的治国理政理念，长期对抗，让西堡的土俗不同于“中国”。

七、对西堡土司在洪武十四年之后不到百年时间发生的多次大叛乱的审视

西堡土司，在大明王朝建立初期不到100年的时间里，就发动多次叛乱。

洪武十四年（1381年）十月，朱元璋派颍川侯傅友德为征南大将军，蓝玉、沐英为左右副将，率三十万大军从湖广之辰州和沅州出发，过普定进入云南，彻底扫清元朝元梁王把匝剌瓦尔密在云南的残余势力。傅友德派大将顾成作为前锋，顾成带领明军到黔中地区后，首先就把普定攻下，斩元将，擒安锁，任命者额为普定府（土府）知府。顾成留下来，最先做的事情是选择阿达卜建普定（今安顺）城，选择普里建普定北城（后建大明定南所）。这对“自王其地”的西堡土司来说，首先是其“领地”难保，虽然暂时还没有叫腾房换主，但得让出良田好土给顾成屯军。在残酷的现实面前，要么选择逃命离开，要么依附求取生存，否则只能选择拼死一搏。在新的历史转折点上，西堡土司选择对抗，在洪武十五年（1382年）二月，西堡土司亲率1.5万余土兵攻打普定北城（今普定城），由于顾成采取以逸待劳的策略，等到西堡土司官兵疲惫时，出兵进行猛烈的还击，结果以西堡土司的第一次反抗失败而告终。第二年顾成在王朝中央的授意下，

在贵州首先对西堡土司实施“改土归流”。从洪武二十六年（1393年）开始，西堡长官司长官与诸寨结营，到洪武三十一年（1398年）沧浪必莫聚诸寨支持，阿革傍率西堡各部落积极响应，集中力量再次攻打明朝顾成的官军，让顾成官军死伤惨重。西堡长官司战死5300多人，3700多石谷物被顾成的军队掠走。

大明王朝皇帝朱棣于永乐十一年（1413年）二月初二，“设贵州等处承宣布政司”（见《明实录·太宗永乐实录》），析周边省土地建立贵州省作为明朝的第十三个行省直属中央管理，强化对贵州的统治。但西堡土司始终顽固不化。到天顺四年（1460年）西堡土司又一次聚众攻打屯堡，明朝中央先后调集了云南、贵州、四川官军3.5万人及水西土兵2万人开展对西堡开展大规模的围剿，战争打了三个月，西堡首领楚德彪被俘，1000多人战死，众多村寨被烧毁。西堡长官司沉寂了十八年。到成化十四年（1478年）西堡狮子孔等仡佬族、苗族1万多人聚集，分道攻击官军，致使驿道梗塞。反叛惊动了朝廷，先调云南军队8000多人进入贵州平叛，但久攻不下，后又调集湖广军队联合打击，用了半年多的时间才平息。这次西堡土司及诸寨首领遭受重创，损失比十八年前的那次更惨重。

无论是元朝还是明朝初年以来，朝廷对土司辖地的管理，实施的政策与内地的流官治理有着根本的不同：即纳入王朝版图，列于职方，承认为君臣，但仍然由土司专制，独立行政。土司境内可以“因俗而治”。西堡土司“自王其地”是不争的事实。

顾成及其军队到了贵州之后，掠夺西堡土司领辖的土地实施军屯制度，为了生存，西堡土司不可能不反抗。最直接反叛的原因是西堡长期的“自王其地”的自治统治思想意识。而明朝中央“恩威并济”中“威”很血腥，而“恩”则没有体现。因此，西堡土司不归附，应该是大明王朝在经营“民心”上没有真正的落实和兑现。到了清朝康熙皇帝统治也如此。

八、没有“官田”支撑的安顺军屯

顾成在普定、西堡实施军屯制度，是大明王朝为了巩固云南边疆及其少数民族地区版图，强化对边疆云南及少数民族地区的统治，做出的战略决定。

普定是少数民族聚居的地方，西堡之地向来边远，元朝在这里没有一分“官田”。在西堡灭亡的元朝没有给大明王朝留下任何遗产，特别是屯军最急需的田土。屯军需要的土地直接关系到朱元璋制定的军屯制度的落实，是能否在贵州普定（今安顺）得以顺利实施的关键，如何解决呢？唯一的办法就是使用武力征服，即把普定、西堡这块地盘上的土著民族民众从需要屯军的地方赶走，没收他们手里的田土归大明王朝所有。至于这些被赶走的土著民族民众如何安置，从来就没有安抚的配套措施，如果不让就是屠戮。对于被没收了土地的西堡土著民族民众来是流着血泪的。这必然埋下反抗的种子，由此结下的对抗与冲突就不可避免了。

九、西堡土司对大明王朝“王化”的排斥

从《明实录》的记载可以还原天顺年间“西堡蛮贼”聚众“生变”排斥“王化”的行为。

第一次：“天顺四年十二月初一（1461 年 1 月 12 日），镇守贵州内官郑忠、右副总兵都督佥事李贵等奏：‘西堡蛮贼聚众焚劫屯堡，杀掠人财。臣等议调贵州所属官军、土兵及云南、四川二都司官军共三万五千余，今各起行，至普定驻扎，分二路进剿。仍调土官宣慰使安陇富率兵士二万于西堡近地截杀。’上命兵部移文忠等相机抚捕，毋纵毋滥。”

第二次：“天顺五年正月十五（1461 年 2 月 24 日），湖广、贵州总兵都督佥事李震奏：‘统兵征西堡夷贼，克伐乍山寨擒首从贼十一人，斩首三百五十九级。’”

第三次：“天顺五年三月初六（1461 年 4 月 16 日），贵州右参将都督佥事刘玉奏：‘臣率官军进剿西堡夷贼，兵至阿果，擒贼首楚得，斩从贼三十九人，降吕墨等寨，又攻楚由、罗惟及阿义等寨，擒贼二十四人，斩首一百九十余级。贼奔白石崖，遂分三路并进，破之，斩首七百余级，悉焚其巢寨。全师而还。’”

朱元璋对统治云南的将领们讲：要将土司们“悉送入朝”，让他们朝觐进贡，使他们“知畏朝廷”，同时，朝廷通过对进贡的土司们给予丰富的回赐“以示怀柔远人之道”。《明实录·太祖洪武实录》记载：洪武十五年，普定土府者额来朝，朱元璋在其告辞回归的时候特下诏谕：“王者以天下为家，声教所暨，无间远迩，况普定诸郡，密迩中国，慕义来朝，深可嘉也。今尔既还，当谕诸酋长，凡有子弟，皆令入国学授业，使知君臣父子之道，礼乐教化之事，他日学成而归，可以变其土俗同于中国，岂不美哉！”

十、成化、弘治年间西堡与大明王朝的对抗达到高潮，西堡土司自此走向彻底的终结

借阅普定龙场张氏家谱《白忍同宗》，从中查找到张氏后裔张拱翼，作为安顺侯府的随征守备，在成化十六年（1480 年）统兵赴西堡上官寨攻打沙氏土司沙天祥、戴国炳、尚起宏等串合的沙惠，虽然给予沙惠以重击，但没有伤其主力，也没有动摇其根基。直到弘治八年（1495 年）才通过酒宴欺骗手段引诱沙氏土司沙天祥、沙惠及其宗族出来谈判，并结合他们“与人有誓，宁牛聚其种类，设盟助力，以服其誓，但得杯酒片肉者，虽冒白刃而死，亦不之恤”的个性特征（见弘治《贵州图经新志》），谈判之中，让其痛饮烧酒，对其进行宗族灭绝，让西堡沙氏土司从此走向终结。

对西堡土司在沙天祥、沙惠镇压的理由是：“成化年间，西堡上官寨沙土司天祥、戴

国炳、尚起宏等串合沙惠，继元王西彝土司世袭，亦地租、亦人租、亦战户，奴役庶民，水深火热，民不聊生。”

在成化年间对西堡沙氏土司进行征服的导火索是：“成化十年（1474 年），沙惠之变，王令李侯府（金锡）征之。”前面曾经讲过，在天顺四年底至天顺五年三月，即 1461 年元月至 4 月，镇守贵州内官郑忠、右副总兵都督佥事李贵，湖广、贵州总兵都督佥事李震，贵州右参将都督佥事刘玉，他们都分别针对西堡蛮贼“生变”，调重兵对西堡土司及其诸寨首领进行大规模的镇压和征服，使得西堡土司在三个月之内遭受沉重打击而一蹶不振。十五年后，到成化十年（1474 年）才有“沙惠之变”。这个时候是李金锡当侯府，“帝令侯府伐贼”，但都“败于沙寇，退诣安顺，讨之无策”。后来李金锡侯府遇上张拱翼，上报中央，“令封随征守备之职”，给“牌令”，统兵征剿西堡沙氏土司。从弘治元年（1488 年）九月初四开始。

采取的方法是：张拱翼“扮其商，亲负货郎，深入敌穴，巧易犀（牛）角。探其情、视其物、熟其地。临关塞，侦其敌之优劣，窥其地物之概况”。做到“知己知彼者，易于破敌也，公密切联系庶民，森严军纪，善谋善策”。

第一次正面交锋是“成化十六年（1480 年），公统兵战赴上官，于敌之重击也。”

而真正彻底镇压沙氏土司，使其走向终结，张拱翼于“弘治八年（1495 年），重兵重创其敌而几载，趁敌惶惶，诱敌于沙家马场后坡谈判，公亲临敬酒，痛饮者，一一醉之，擒贼首，俘其眷，王令根绝，戮之尸横百具，故名大坟坡者也（如今也还叫此地名）”。

西堡沙氏土司从此终结之后，为何世袭到清朝康熙五十四年（1715 年）才被降为外委土舍呢？主要是张拱翼在“擒贼首，俘其眷，王令根绝，戮之尸横百具”的同时：“公目睹其景，于心又何忍焉？故公私纵沙姓王氏孕妇一人，归宿苏氏成裔，成厚之家寄养，成裔周氏有三子者，世富、世成、世忠也。尔后王氏与世富联姻，生二子，长子沙朝苏，次子苏朝沙，继一脉相传沙苏二姓，焉能联姻致亲耶！故承沙苏一脉之异也。”逃走的其宗族成员得以活命。《明实录》记载：“成化十四年六月（1478 年 7 月），贵州等处蛮贼劫掠，总兵官都督吴经等欲大发湖、贵、云南兵击之，兵部以经乃吴绶之兄，避势欲准其奏。上曰：‘兵凶战危，岂可轻动？蛮夷为患，自古有之，但在防御有术而已。若大发兵，恐首恶未得，徒伤无辜，况贵州山箐茂密，纵使兵至，岂能得志乎？’其敕巡抚都御史陈严亟往相度事情缓急，应否调兵征剿，奏来处置。”“成化十四年十月初一（1478 年 10 月 26 日），贵州总兵官署都督佥事吴经等奏：‘西堡狮子孔等处羯僚蛮贼四散屯结不下万余，分道攻劫，劫杀官军，道路梗塞，先议调云南守备贵州官军八千协助战守，闻云南亦有寇盗，恐难远调，乞借湖广清浪、沅州附近诸卫军五千应援。’事下兵部，请从所拟，降敕贵州、湖广总兵、巡抚等官调官军、土兵如初拟调之数，并力攻剿；仍敕云南守臣谨饬边界以防奔突。从之。”由此证明，传说和《拱翼公序》中记录的事件等确有其事。

《明实录》有如下记载，足以说明，李金锡侯府征服西堡土司是大明王朝中央历来交给地方官府的一项重要的政治任务，由来已久；而西堡土司从未“归附”，其所领诸寨首领“生变”打击屯堡时有发生，成为地方官府甚至大明王朝中央的一块心病，不镇压征服，不足以稳定一方的安定。“成化元年十二月三十（1466年1月16日），升贵州都司指挥使张锐、郭贵为署都督佥事，驻右军都督府带俸，以西堡长官司平贼功也。”张锐、郭贵的升迁，也是因为“以西堡长官司平贼功也”。成都中卫指挥刘芳提拔为“署都督指挥同知”，同样也是“成化二年十一月二十九（1467年1月5日），以西堡平贼功，升成都中卫指挥使刘芳为署都督指挥同知”。还有刘玉，《明实录》记载：“成化五年十二月初一（1470年1月2日），右军左都督刘玉自陈：‘天顺四年与内官陈忠征贵州西堡蛮贼，平之，招抚阿姜等七十九寨，征剿狮子孔等二十九寨。后郑忠等俱进官而臣以副总兵镇守凉州未蒙升授。’事下巡按御史核实，兵部以闻。上曰：‘刘玉升职未久，然既有西堡功，其加俸一百石。’”

从成化元年（1465年）到成化十四年（1478年），西堡土司对大明王朝的对抗，其规模之大，惊动大明王朝中央的就有四次，而且成化十四年这一次对抗，大明王朝中央调了“云南守备贵州官军八千协助战守”才平息了西堡土司的对抗。这使得大明王朝中央必须下决心对西堡土司采取更加强硬的镇压征服和惩罚措施进行严厉打击了。所以《明实录》对成化十五年（1479年）平西堡土司作了如下详细记录：

成化十五年五月初九（1479年5月29日），贵州总兵等官吴经等以平西堡蛮贼报捷。先是，蛮贼阿毛、坚娄等聚众杀掠，烧毁屯堡，诏招降之，不服。经等请兵讨之，分布五路直抵巢穴，斩其酋坚娄、附五等，焚其寨，余贼奔积蟒等洞，进兵攻复，斩其酋阿毛，果诏等，其余潜石洞者，塞其门以毒药熏之皆死。贼酋卜著记复保余众据白石崖，崖高而险，募敢死士夜半冒雾衔枚先登，夺其所据，贼遂大溃，多投崖死，余贼擒斩殆尽，前后焚毁贼寨五百七十八，攻破洞五十四，斩首二千一百五十二，生擒一百三十四，俘其老幼七百二十四，获兵器、牛、羊数千。捷至，上命驰敕奖励之，升报捷人各一级。

成化十五年十一月二十（1480年1月1日），巡抚贵州右副都御史陈俨等以西堡、狮子孔既平，上议以为赏罚者，劝惩之典。西堡蛮夷之叛，盖由署都指挥佥事管立不能先事防御，长官温铠恣意贪黩，署都指挥佥事蔡英等不能往来遏截，宜治其罪。贵州宣慰使安观致仕，家居不至城市，近因用师，臣等以观所治水西与西堡接壤，且老于事体。夷人畏服，令守水西后路，观初称疾退避，已而幡然思效亲率其子宣慰贵（荣）等，统所部士卒二万进攻白石崖，四旬而克。其所辖士卒，家自馈饷，不劳官司，及班师，径归卧于家。臣等屡以礼招徕，卒不至，宜加旌擢以劝来者。于是命逮管立等五十六人鞫治如律，经观正三品昭勇将军诰命。

从以上记载看，民间关于沙氏土司被张拱翼守备带兵镇压征服和惩罚，沙氏土司从此彻底衰败，并非传说，而是事实。

弘治八年（1495 年）对抗达到高潮，以沙氏土司及其宗族的完败走向终结，从西堡上官寨消失了。其他逃脱的宗族成员逃到离沙家马场上官寨百里之外属于自己领辖地的嘎陇塘，以嘎陇塘为新的治所，在那世袭土司。从此再也没有与大明王朝中央对抗，与地方官府也相安无事，直到清朝康熙皇帝执政的时候，康熙四年（1665 年）西堡土司被吴三桂破城屠戮，西堡土司再次选择离开嘎陇塘，搬迁回到 170 年前被灭族的沙家马场上官寨，世袭土司一职，但西堡土司仍然旧习不改，清朝政府的长官司沙催迟迟不到位，康熙五十四年（1715 年），以“负难服”为由，把其降为外委土舍。

十一、对西堡土司终结的几点思考

第一，在大明王朝实施“广教化，变土俗，设神道，兴礼乐”政策中，在今安顺一带到处建学校，修庙宇。卫所附近因此出现“佛寺林立，深入堡哨村庄”的局面。而西堡治所核心地区则没有什么动静。既没有兴办学校实施教化，也没有修建庙宇“变夷俗”，当然更没有“凡有子弟，皆令入国学授业，使知君臣父子之道，礼乐教化之事，他日学成而归，可以使土俗同于中国”，实际上就错过熟悉了解大明王朝统治者的治国理政理念，长期顽固不化，让西堡的土俗不同于“中国”，这样的土司能不被“终结”？

第二，如果西堡土司能够与时俱进，把“改土归流”改革政策在自己身上的实施作为一次阵痛后迎来的良好发展机遇，顺应历史发展的洪流，主动融入大明王朝的统治，西堡土司的终结就不会在成化、弘治年间就出现。如果西堡土司敢于革命，实施“改革开放”，“可以使土俗同于中国”，西堡地区的发展就会得到大明王朝的高度重视，那么，普定（今安顺）过西堡，入水城，走乌撒（今威宁）去云南昭通、昆明这条滇黔古驿道就不会被废弃而得到整修扩建，从而改变其区位优势，成为又一交通枢纽节点，得到快速发展。

第三，顾成及其军队到了贵州之后，对西堡的征服，掠夺土地实施军屯制度，采取血腥的手段。为了生存，西堡土司不反抗肯定不可能。最直接反叛的原因，我以为是西堡长期的“自王其地”的自治统治思想意识的根深蒂固：没收土地还要叫他们服从领导，无论从心理还是面子上，西堡土司（长官司）都是无法接收的。坝子地区的土著民族民众不仅失去赖以生存的土地，被迫逃命离开，这是激烈反叛的根源。“恩威并济”中“威”很血腥，而“恩”则没有得到很好的体现，或者说国家施行的恩惠在西堡土司（长官司）和诸寨首领中可能会有一些感受，对于民众根本没有真正的实惠。所以，西堡始终不愿意归附大明王朝，主要还是在经营“民心”上，大明王朝没有真正地落实和兑现恩惠。到了清朝康熙皇帝统治也是这样。

第四，就顾成本身来说，要对大明王朝中央效忠，即对皇帝朱元璋效忠，这是他必须履行的义务和职责，也是他的本分，稍有同情，就注定军屯制度在普定、西堡执行不下去。落实不了，20万军队及其家属差不多50万人，如果生存不下去，是要造反的。而让西堡的土著民族民众以失去家园，背井离乡来换取军屯制度的推行，获取土地资源，这未免过于残酷。假如，顾成，或者说朱元璋考虑到已经灭亡了的元朝子民，今天也是你大明王朝的子民，在施行屠戮的同时，也用心安抚，视民如子，妥善处置，还会让西堡土著民众如此的仇恨吗？这毕竟是假如，不是事实，所以，西堡的土著民族民众仇恨大明王朝这样的征服统治难道也错了吗？

第五，对照中国历史的发展进程，成王败寇自古及今。被征服者一旦敌不过，就得服从征服者对自己的征服统治，对新的统治者，就得天经地义地服从领导。如果西堡土司那时候能够站在政治的高度审视他遇到的改朝换代，从实用主义的角度，面对即将变革“自王其地”的政策，敢于站在历史的潮头，勇敢地来带领所领诸寨民众归顺大明王朝，那么，就用不着我们今天再来对西堡土司的终结作历史地考察了。

第六，假设西堡土司有一定的先见之明，或许会安排自己的亲信谋臣去对朱元璋皇帝“征南平滇”的战略作全面的了解，以作应对，如果西堡土司真是这样去做的话，西堡土司可能会让所领诸寨首领们率先归附并作服从状。但这只能是假设。

明清时期贵州的善会善堂

姜　明

（凯里学院）

国家对无依无靠、无法独立生活的人负有救济的责任，是我国政府一贯的政治理想之一。《礼记·礼运》说道："大道之行，天下为公，选贤与能，讲信修睦。故人之不独亲其亲，不独子其子，使老有所终，壮有所用，幼有所长，矜、寡、孤、独、废疾者皆有所养……是谓大同。"❶《周礼·地官·大司徒》亦提到："以保息六养万民，一曰慈幼；二曰养老；三曰振穷；四曰恤贫；五曰宽疾；六曰安富。"❷所谓的"保息六政"，除了第六条安富之外，基本上都是属于社会救济的内容。社会慈善事业历来受到国家的重视，不仅因为社会救济是"王道"教化的重要体现，而且也是稳定社会秩序的要求。

尽管根据《礼记》和《周礼》的记载，可以知道在先秦时期就已经出现了蠲恤的思想，但是作为国家设置的专门性救济机构的出现，还是比较晚的事情。南朝时期齐文惠太子建立的"六疾馆"和其后梁武帝萧衍建立的"孤独园"，都应该是受到佛教思想的影响而建立起来的收养鳏寡孤独者和病人的专门设施。与梁武帝差不多同一时期北魏先后也出现了"别坊""病坊"等专门收治"京畿内外疾病之徒"的医馆。这被认为是明清时期国家设置的专门性救济机构养济院的前身，因为它们都是国家负责经营的。❸养济院应该是在每年冬十月后，即十一月初一日至来年二月末向鳏寡孤独者及无家可归的"乞丐"流民发放米谷和提供收容之所的机构。❹宋代的社会救济开创了建立收容贫病机构的局面，从唐代沿袭下来的悲田、福田院已经属于政府组织。一个重要的变化发生在北宋哲宗元符二年（1099 年）发布的元符令，规定由州县官调查鳏寡孤独者的情况，向无家可归的人提供住所并发放米豆。表明政府分别继承了汉代国家义务救助鳏寡孤独者的思想和六朝至唐代开元令救济无家可归的"乞丐"流民的观念。❺崇宁初期，蔡京推动了一连串救济制度的改革，将福田院重组为居养院和安济坊两个不同的机构，并推广至京师

---

❶ ［元］陈澔注:《礼记集说》卷四《礼运第九》，上海：上海古籍出版社，1987 年，第 120 页。

❷ ［唐］贾公彦等撰:《周礼注疏》卷十《大司徒》，［清］阮元校刻:《十三经注疏》第2册（清嘉庆刊本），北京：中华书局，2009 年，第 1521 页。

❸ ［日］夫马进著，伍跃、杨文信、张学锋译:《中国善会善堂史研究》，北京：商务印书馆，2005 年，第 36-37 页。

❹ ［日］夫马进著，伍跃、杨文信、张学锋译:《中国善会善堂史研究》，北京：商务印书馆，2005年，第42页。

❺ ［日］夫马进著，伍跃、杨文信、张学锋译:《中国善会善堂史研究》，北京：商务印书馆，2005年，第40页。

之外。[1]到了南宋时期，养济院已经成为推广至全国，最为普遍设置的救济机构，而最具特色的慈善机构要数集中收容弃婴的慈幼局及其前身婴儿局，可以算作是世界上最早的官营专业孤儿院之一。[2]

一、明代贵州的官方善堂

明清时期的救济机构，是在宋元以来社会救济发展基础上的更进一步。洪武五年（1372 年），天下初定，朱元璋即下诏说："天下大定，礼仪风俗不可不正。诸遭乱为人奴隶者，复为民。冻馁者，里中富室假贷之。孤、寡、残疾者官养之，毋失所。乡党论齿，相见揖拜，毋违礼。婚姻毋论财。丧事称家有无，毋惑阴阳拘忌，停柩暴露。流民复业者，各就丁力耕种，毋以旧田为限……"[3]为了恢复和重建社会秩序，明朝初期创建了一系列的政治制度和治理政策，明朝救济系统的建立和官方善堂的创建，即是其中重要的一环。

明代以来创建的官营慈善机构，首先是普遍设立的养济院，《明会要》载："（洪武）五年五月，诏天下郡县置养济院。"[4]《大明会典》载："国初立养济院以处无告，立义冢以瘗枯骨，累朝推广恩泽。又有惠民药局、漏泽园、旛竿蜡烛二寺。其余随时给米、给棺之惠，不一而足，兹备列之。"[5]则明初创办的善堂，除了养济院之外，还有惠民药局、漏泽园以及旛竿蜡烛二寺等。

除此之外，还有预备仓。预备仓是明初设立的救荒机构。《明会要》载："洪武三年，令州县东西南北设预备仓四，以振凶荒，即前代常平之制。选耆民运钞籴米，即令掌之。"[6]将预备仓与前代的常平仓等同，可以知道预备仓创设之始，并不作为救济孤贫之用，而是以常平之法作赈灾救荒的预备，故称为预备仓。[7]但是随着养济院逐渐败坏，预备仓也兼有了一些救济作用。《明会要》引《御选明臣奏议》卷四中成化三年（1467 年）大学士商辂的《政务疏》说道：

各处预备仓所储米谷，本以赈济饥民。每岁官司取勘里老，将中等人户开报，其鳏寡孤疾无所依倚饥民，一概不报，盖虑其无力还官，负累赔纳。臣思宋朱子社仓之法，丰年取息二分，中年取息一分，凶年无息，止收其本。数年之后，息米不可胜计，此诚

---

[1] 梁其姿：《施善与教化：明清时期的慈善组织》，北京：北京师范大学出版社，2013 年，第 25 页。

[2] 梁其姿：《施善与教化：明清时期的慈善组织》，北京：北京师范大学出版社，2013 年，第 26–28 页。

[3] ［清］龙文彬：《明会要》卷五一《民政二》，北京：中华书局，1956 年，第 950 页。

[4] ［清］龙文彬：《明会要》卷五一《民政二》，北京：中华书局，1956 年，第 959 页。

[5] ［明］申时行等修，［明］赵用贤等纂：《大明会典》卷八十《礼部·恤孤贫》，《续修四库全书》史部政书类第 790 册，上海：上海古籍出版社，2002 年，第 431 页。

[6] ［清］龙文彬：《明会要》卷五六《食货四》，北京：中华书局，1956 年，第 1073 页。

[7] 关于明代的预备仓，梁方仲早已做了较为详细的研究。参见梁方仲：《明代的预备仓》，《梁方仲文集·明清赋税与社会经济》，北京：中华书局，2008 年，第 113–120 页。

良法也。今后各处预备仓，饥民关过米谷，不拘丰年、中年，岁通取息一分。有係（系）鳏寡废疾，户内别无人丁、无所依倚之人，俱照数关给，不必追征。将所取之息，抵补其数。抵补之后，或有余剩，自作正数入仓。非惟饥民得济，而数年之后，仓廪亦渐充实矣。[1]

明代贵州官办善堂的情况，可以从表1中得到反映。

表1　明代贵州善堂统计

善堂类型	弘治《贵州图经新志》	嘉靖《贵州通志》	万历《贵州通志》
预备仓	4处	46处	43处
养济院	13所	25所	26所
惠民药局	—	1所	3所
漏泽园	—	5处	20处
义冢	—	—	5处
社仓	—	—	6处
其他	—	—	纸场一处，养贤仓一处，存留仓、存济仓各一处

资料来源：［明］沈庠修，［明］赵瓒纂：（弘治）《贵州图经新志》，黄加服主编：《中国地方志集成·贵州府县志辑》第1册，成都：巴蜀书社，2016年；［明］谢东山修，［明］张道纂：（嘉靖）《贵州通志》卷八《惠政》，黄加服主编：《中国地方志集成·贵州府县志辑》第1册，成都：巴蜀书社，2016年，第407–409页；［明］王耒贤等纂修：（万历）《贵州通志》，《日本藏中国罕见地方志丛刊》，北京：书目文献出版社，1991年。

表1中，弘治《贵州图经新志》所载官办救济机构，计有预备仓4处、养济院13所。[2]据嘉靖《贵州通志》卷八《惠政》记载，当时贵州省内多数府卫州县都已建有预备仓和养济院，计有预备仓46处、养济院25所。[3]万历《贵州通志》载，预备仓43处、

[1] ［清］龙文彬：《明会要》卷五六《食货四》，北京：中华书局，1956年，第1075页。

[2] （弘治）《贵州图经新志》记载是时贵州的国家慈善机构，计有预备仓4处，即贵州宣慰使司、龙里卫、新添卫、安庄卫各1处；养济院13所，即贵州宣慰使司、思南府、镇远府、都匀府、龙里卫、新添卫、平越卫、清平卫、兴隆卫、平坝卫、安南卫、毕节卫、乌撒卫各1所。参见［明］沈庠修，［明］赵瓒纂：（弘治）《贵州图经新志》，黄加服主编：《中国地方志集成·贵州府县志辑》第1册，成都：巴蜀书社，2016年。

[3] （嘉靖）《贵州通志》卷八《惠政》所载，是时贵州建有预备仓46处，即贵州布政司和宣慰司、思州府、务川县、印江县、程番府、都匀府、黎平府、镇宁州、安顺州、普安州、龙里卫、新添卫、平越卫、威清卫、普定卫、安庄卫、安南卫、乌撒卫、赤水卫、永宁卫各1处，铜仁府、思南府各7处，石阡府、兴隆卫各5处，毕节卫2处；建有养济院25所，即贵州布政司和宣慰司、思州府、务川县、印江县、镇远府、石阡府、铜仁府、程番府、普安州、龙里卫、新添卫、平越卫、清平卫、兴隆卫、威清卫、平坝卫、安庄卫、安南卫、乌撒卫、赤水卫、永宁卫各1所，思南府、都匀府各2所；漏泽园5处，其中铜仁府1处、永宁卫4处；惠民药局铜仁府有1处。参见［明］谢东山修，［明］张道纂：（嘉靖）《贵州通志》卷八《惠政》，黄加服主编：《中国地方志集成·贵州府县志辑》第1册，成都：巴蜀书社，2016年，第407–409页。

养济院26所、惠民药局3所、漏泽园20处、义冢5处、社仓6处。[1]尽管从记载中可以知道一部分应该是重复记录前代留下来的善堂，仍然可以看出到万历年间，贵州地区在善堂的数量和类型上都有了一定的增长。

二、清代的善堂

梁其姿认为，明代中后期之后，养济院多有废弃，导致晚明儒士主导的善会的兴起，至清代雍正二年（1724年）后又以全国普遍设立的普济堂和育婴堂为主，善会开始“官僚化”。[2]贵州地区与江南地区别有差异，因为经营和开发较晚，且国家力量难以深入社会基层，直至清代雍乾时期“开辟新疆”之前，贵州大部分地区并没有培养起一个力量较为强大的士绅阶层，从善堂创建的角度来说，始终较少出现晚明时期江南地区“同善会”这类由士绅阶层创办经营的善会善堂组织[3]，因而养济院虽然确实在明代中后期以来多有毁弃，入清之后，政府仍将养济院作为主要的官方救济机构予以重视。雍正元年（1723年）八月十三日颁布诏书云：“各处养济院所有鳏寡孤独及残疾无告之人，有司留心以时养赡，无致失所。”雍正十三年（1735年）十一月十二日又在诏书中再次重复了该要求。[4]由是在官方创办和重修社会救济机构的活动中，养济院仍然成为官员们主要的选择。如思南府知府冯泳在雍正五年（1727年）以公帑创建养济院，并作《思南府建养济院记》，其文如下：

思民贫不为丐，疲癃残疾、颠连无告者……思南一郡，穷民之籍，卒无闻上官者。雍正五年春，中丞何公会咨总制鄂公檄郡县议立养济院，会泳摄郡篆，检存库赎，锾得白金十二两有奇，建草舍于北郭，以旧赈田岁所出粟五十九石，招近城之穷民，计月给之，白制抚两台著于例。大道之行也，人不独亲其亲，不独子其子，矜寡孤独咸相生相养以乐太平。《洪范皇极》用建曰：“无虐茕独而畏高明”，故荡平正直之道，成大道既隐，天下始有无告之民。正月之大夫至忧伤，作歌曰：“奇矣，富人哀此茕独，诚悲民之

---

[1]（万历）《贵州通志》载是时贵州预备仓共43处，即贵阳府、普定卫、镇宁州、安庄卫、永宁州、安南卫、普安州、乌撒卫、赤水卫、永宁卫、龙里卫、新添卫、平越卫、清平卫、施秉县、黎平府、思州府各1处，毕节卫7处，兴隆卫、思南府各5处，石阡府3处，铜仁府6处；养济院26所，即贵阳府、威清卫、平坝卫、安顺州、安庄卫、永宁州、安南卫、普安州、毕节卫、乌撒卫、赤水卫、永宁卫、新添卫、龙里卫、平越卫、兴隆卫、清平卫、都匀府、独山州、镇远府、黎平府、思州府、石阡府、铜仁府各1所，思南府2所；惠民药局3所，即贵阳府、毕节卫、铜仁府各1所；义冢5处，其中贵州卫1处，新添卫4处；社仓6处，其中新添卫2处，石阡府4处。参见［明］王耒贤等纂修：（万历）《贵州通志》，《日本藏中国罕见地方志丛刊》影印本，北京：书目文献出版社，1991年。

[2] 关于明末善会的兴起与清代慈善组织的“官僚化”问题，梁其姿在《施善与教化：明清时期的慈善组织》书中第二章至第四章有详细的分析和研究。参见梁其姿：《施善与教化：明清时期的慈善组织》，北京：北京师范大学出版社，2013年。

[3] 关于晚明以来江南地区“同善会”的情况，可参见［日］夫马进著，伍跃、杨文信、张学锋译：《中国善会善堂史研究》，北京：商务印书馆，2005年，第78-125页；梁其姿：《施善与教化：明清时期的慈善组织》，北京：北京师范大学出版社，2013年，第36-59，110-116页；陈宝良：《中国的社与会》（增订本），北京：中国人民大学出版社，2011年，第177-179页。

[4]［清］俞渭修，［清］陈瑜纂：（光绪）《黎平府志》卷三上《食货志·恩典》，黄加服主编：《中国地方志集成·贵州府县志辑》第17册，成都：巴蜀书社，2016年，第229，230页。

无辜，此为甚也。”思南在黔东北，俗朴而淳，穷民缩颈藏跡，跛聋戚施之状、呻唫嗥呌之声，不听睹于长吏。有仁人君子起白骨而肉之，亦边徼不易得之遭矣。今上休养元元，荒江隘巷无一夫不得其所，而封疆大吏莫不广宣皇仁，俾万里穷荒湛恩汪濊，沐浴无既，于以庆王道之成，岂不休哉？院成泳谢事去，书以告后之君子。[1]

普济堂和育婴堂原来都是民间的慈善组织，雍正二年（1724 年）五月发布上谕说：“各省督抚转饬有司、劝募好善之人于通都大邑、人烟稠集之处，照京师例设立普济堂、育婴堂，养老存孤。”[2]这是清政府开始积极介入到社会救济活动中，将普济堂和育婴堂推广到全国，并将其创立和运行作为地方官政绩的重要变化，这一谕令推动了清代中后期都市善堂的普遍建立。[3]乾隆《清江厅志》中记载了在清江厅建立普济堂的一段史料，兹照录如下：

清江以前无普济堂。道光元年正月署厅事张如相捐廉创设普济堂于城东门外，计十一间。详请额设孤贫大口十三名、小口七名。咨部在案。

监生宋政松、政柏道光二年二月捐田八契四十七坵，约二十八亩三分，共计谷一百三十九石五斗，添养孤贫十名。署厅事李鸿卓详报立案。其在南高寨者百寿坡田二坵，谷二十二石；返浩田二坵，谷二十二石；乌结田一坵，谷九石；盏梅月田三坵，谷七石；东架田一坵，谷六石；董蓝田三坵，谷二石五斗；白九铁田九坵，谷二十石；交引虫郎田一坵，谷十石；敖上田二坵，谷三石；虫皆洞田二坵，谷九石；久牛田一坵，谷三石；又在乌沟寨者瓮党田五坵，谷二十石；南等引田一坵，谷三石；乌梨比田一坵，谷四石；翁□田三坵，谷四石。每至秋收，仰役临田平□□谷，船运至常平仓内，官给船钱、火食，报孤贫者由保长查明，送验官给印牌，方准领月米月钱。

捐孤贫盐菜、棉衣钱一百千文，内署厅事李鸿卓捐钱七十千文，监生周步联捐钱三十千文，择举殷实之家具领、分借、取息、发给，按月支领盐菜钱。至冬十月内各缝给长棉袄一件，俱经详报，咨部在案。[4]

清江厅隶属于镇远府，在雍正年间“改土归流”后方才设立，乃是“新疆六厅”之一，向来被认为是“生苗”居住之地，其接受中央王朝的“教化”在时间和程度上来说与贵州明代即已设置府、州、县的地区无法相比，但是仍在道光年间修建了普济堂，正足以说明普济堂这种政府的救济机构在全国范围内的普及程度。

---

[1] ［清］夏修恕、周作楫修，萧琯、何廷熙纂：（道光）《思南府续志》卷十一《艺文门·记》，黄加服主编：《中国地方志集成·贵州府县志辑》第 46 册，成都：巴蜀书社，2016 年，第 369 页。

[2] ［清］鄂尔泰等修，［清］靖道谟、［清］杜诠纂：（乾隆）《贵州通志》卷十五《食货·蠲卹》，黄加服主编：《中国地方志集成·贵州府县志辑》第 4 册，成都：巴蜀书社，2016 年，第 276-277 页。

[3] 梁其姿：《施善与教化：明清时期的慈善组织》，北京，北京师范大学出版社，2013 年，第 94 页。

[4] ［清］胡章纂修：（乾隆）《清江志》卷三《建置志·普济堂》，黄加服主编：《中国地方志集成·贵州府县志辑》第 22 册，成都：巴蜀书社，2016 年，第 424-425 页。按：这一段史料说明普济堂为道光元年所建，甚至监生宋政松等捐田是在道光二年，何以会出现在乾隆五十五年修撰的地方志中，殊不可解，姑且存疑。

育婴堂是收养弃婴的机构。黎平府的育婴堂“在城南门隅三义宫后。”原来只有三间。道光二十年（1840年）由知府黄士骐重建，扩为“正屋五间，后房五间，大门一，围墙一周。旧田仅数亩，增买北门外、锦屏乡等处田”。光绪《黎平府志》记载有《知府陈熙捐育婴女田碑记》，其文如下：

人之有男女，犹天之有阴阳也。有阴阳而寒暑之变化成，有男女而室家之内外正。使人人重男轻女，于其女之初生时，必投诸水而毙之，则天下将无女矣！盖亦思己之母、己之妻、己之子孙妇，非尽人之女欤？无母而何以有此身？无妻而何以得后嗣？无子孙妇而何以延宗祧？是女之关系乎人伦也甚重，理本易明，人特未之思耳。黎平风俗尚称淳朴，惟溺女之习未除。在富与贤者，自不至昧理效尤，其贫而愚者，以幼则乳哺妨工，长则嫁衣难制，遂忍溺之而不悔。因之女少男多，往往联姻异地，所费不赀，甚有终身无力娶妇，以至绝嗣者，虽屡经严禁而莫挽颓风。前太守冯湘严先生，余之座师也，悯其贫而哀其愚，捐俸购谷给养婴女，赖以生活者甚众。余继守是郡，仰承师志，踵而行之。第所费临时捐给，恐难行之久远，爰为集金置田收谷给养之计。首先捐银以为之倡，合郡同僚暨士民之合志者共相捐助，得银一千余两。适湘严先生之子冯可斋世弟在黎，闻之概捐银五百五十两，以竟先人之志，其知义好善，有足尚者。随将捐银置买田亩，每年收谷一百三十四石有奇。凡民间贫难育女者，郡守责令约甲查明，随时举报姓名登籍，月朔齐赴郡署经历司按籍点名，每口给谷六斗以资养赡，满三岁及殇者除之。夫三年之中，月有所得而女不累其母，以其母而育其女，较之乳媪代养，自更体恤，而女得遂其生。迨其长也，荆钗布裙而嫁之，求妇者又无俟远婚临邑，而女得有所归，不诚一举而三善备乎？或谓田谷有定而女口无定，三载为期较久，如女口渐多而田谷不敷支给，可奈何？余曰：“人之欲善，谁不如我？后之贤太守，度必矜恤愚民，捐廉给领。若绩为劝助而扩其规模，抑怵以严刑而大加惩创，尚威尚德，总期积弊永除，此又皆余之所以深愿而未逮者也。”孟子有言：“恻隐之心，人皆有之。”又谓：“赤子匍匐入井死，非其罪。”况余忝摄郡篆，乌可于民间溺女而漠然置之？惟深愧政教未信于民，弗克令行禁止，而仅体湘严先生之仁意，创立章程，尤赖后之涖官者力为维持，以归尽善，敢自诩克尽夫保赤之道也耶？即为之详道立案，又叙其颠末而泐之于石者……湔除此恶习也。是为记。碑存旧文昌宫。

按溺女之事，黎俗相沿不改，故虽有此善举，仍属难行。知府朱德燧以此项租谷置于无用之地，不若暂行拨入书院助膏火费，立碑以纪之。[1]

文后说明黎平有溺女婴的习俗，虽然政府建有育婴堂，仍难以改变这一风俗，其费用后面也被知府朱德燧挪用于书院的膏火费。收养女婴虽属善行，且有地方官员在其后

[1] ［清］俞渭修，［清］陈瑜纂：（光绪）《黎平府志》卷三上《食货志·蠲卹》，黄加服主编：《中国地方志集成·贵州府县志辑》第17册，成都：巴蜀书社，2016年，第236-237页。

作强力推行，仍然难以改变社会的陋习。

除了养济院、普济堂和育婴堂之外，清代贵州还出现了其他一些专门化的善堂组织，为便于对清代贵州各州县创建的善堂组织进行认识，特辑录民国《贵州通志》所载清代善堂资料（见表2）。

表2　清代贵州各州县善堂一览

州县名称	善堂名称	地址	规模	修建时间	修建者
贵阳府	资善堂	府城车家巷	计正房五间，对厅五间，左右厢房各五间	光绪十九年	知府赵尔巽以旧栖流所改建
贵阳府	尚节堂	南门外箭道街	—	道光十八年	巡抚贺长龄奏设
贵阳府	及幼堂	旧在仓后街；道光十七年移建于南门外	额收养幼孩一百二十名	道光十七年	道光十二年粮储道张经田设；十七年巡抚贺长龄改为及幼堂
贵阳府	育婴堂	旧在府城内贯珠桥畔；今在府城内田家巷	—	嘉庆十六年	巡抚颜检始扩而充之；后移建年月未详
贵阳府	栖流所	府城内东岳庙后	—	乾隆初年	布政使陈德荣设；后道光十九年巡抚贺长龄以其址改资善堂
贵阳府	养济院	府城北门外，新城内永乐巷	—	道光二十三年	巡抚贺长龄捐廉率绅民重修
贵定县	养济院	原在县城东，改建后在西门月城内	—	创建于明成化十年。	后指挥钱效忠重修；道光二年知县仇效忠改建
安顺府	冬济堂	府城内东南	—	道光二十一年[1]	—
安顺府	普济堂	府城东门外迎晖门前	—	—	—
郎岱厅	养济院	城西门外	住屋三间	—	—
归化厅	养济院	城北门外	—	道光七年	通判邹贤曹建
永宁州	栖流所	西门外新街	—	道光十五年	知州黄培杰捐建；乾隆元年知州陈嘉会修，后毁
永宁州	普济堂	西门外新街	—	道光十五年	知州黄培杰复建；原为嘉庆二年苗变烧毁
安平县	普济堂	城北门外	—	—	—
清镇县	栖流所	南门外	—	道光二年	知县刘梓建
兴义府	育婴堂	府城北门外柔远门侧	屋一间，道光二十二年知府张锳增建屋三间	—	—
兴义府	养济院	五洞桥东	屋五间，额收孤贫四十名，经费口粮等由府捐给	—	知府谷善禾建

[1]（民国）《贵州通志》记载为“道光二十二年”，今随民国《续修安顺府志》记载的道光二十一年《安顺冬济堂规条》改。

续表

州县名称	善堂名称	地址	规模	修建时间	修建者
兴义县	养济院	一在县城东门外豆芽街；一在捧鲊北门外	—	嘉庆十二年	知县陈熙建；道光十七年知县程图南修
普安县	养济院	县城内县署左	—	康熙二十三年	—
安南县	普济堂	东门外	—	道光二年	知县袁汝相建
大定府	养济院	东关外	—	—	—
大定府	栖流所	西关外	—	—	—
平远州	养济院	旧址在东关外。嘉庆二十三年知州朱鼎改建于城内迴龙桥	—	乾隆四年	知州李乔林建；嘉庆二十三年知州朱鼎改建；道光六年知州易凤庭重修
遵义县	养济院	城东门外	嘉庆间存瓦屋十五间，院门三间	道光四年	署知县武占熊重建；原为明万历三十二年建；后修补未详
遵义县	栖留所	东门外在城塘侧	草屋十五间	—	—
遵义县	养幼堂	府署仪门右垣外	—	道光二十一年	道光十七年知府平翰创，未成而去；知府黄乐之劝捐于二十一年建成
正安州	养济院	—	—	—	万历三十五年建，今废
桐梓县	养济院	旧在北门外一里，后改建于治南	嘉庆时存草屋五间	道光十九年	知县鹿丕宗重葺；原为万历三十五年建，今废；康熙二十一年奉恩诏改建
桐梓县	普济堂	旧设在东门内节义祠右，今废	—	—	—
桐梓县	育婴堂	旧设于普济堂，并今废	—	—	—
绥阳县	养济院	崇文街前	凡三间，旁有普济堂三间，今全圮	乾隆二十四年	知县陈世盛修补；原为万历三十五年建，今圮
绥阳县	育婴堂	—	—	雍正三年	知县黄世建，今圮
仁怀县	养济院	—	草屋仅存	—	万历三十五年建，入清以来修补未详
仁怀县	栖留所	—	嘉庆来存草屋三间	—	—
仁怀厅	普济堂	城南门	房八间	—	—
仁怀厅	育婴堂	城内	—	道光九年	同知徐玉章捐廉，绅士张大晟等乐输获钱一千五百余缗买地创兴
黎平府	养济院	城门内卡房对面	正屋七间，左右房共五间，大门一，围墙一周。府额设孤贫十八名，额外孤贫十三名，开泰县额设孤贫二十名	—	—

续表

州县名称	善堂名称	地址	规模	修建时间	修建者
黎平府	育婴堂	城南门隅三义宫后	原三间；重建后正屋五间，后房五间，大门一间，围墙一周	道光二十年	知府黄士骐重建
黎平府	栖流所	旧在府城内姚家巷北	正屋三间	—	—
锦屏乡	养济院	旧志未详设何处	额设孤贫七名	—	—
古州厅	养济院	旧在城北门外	额设孤贫十八名	咸丰五年苗乱毁。	—
古州厅	育婴堂	旧在城东门外	—	道光二十年设，咸丰五年苗乱毁，未修	—
下江厅	养济院	旧志载在城北关外	额设孤贫十八名	—	—
永从县	养济院	旧志载在城北关外	额设孤贫十三名	—	—
都匀县	养济院	云台山庙前隙地	计屋十余间	道光二十一年	知县高其墉奉贵州巡抚贺长龄札建
都匀县	及幼堂	鹤楼书院，即今昭忠祠	计堂三间	道光二十一年	知县高其墉及邑绅募捐设
都匀县	栖流所	旧在县城大西门外	宿室五间、病室一间	光绪二十六年	咸同间毁；邑人李灵轩倡捐修复
麻哈州	养济院	—	—	道光元年	—
独山州	普济堂	州治北城外	计屋五间	—	—
独山州	栖流所	—	三间	乾隆十年	署州牧郑嘉忠修
清平县	养济院	县城南门外	—	—	—
清平县	栖流所	县城北门外；改建后在南门外下街	三间	道光十七年	候选知县刘耀藜等倡建；光绪四年都匀府知府办硐屯局改建栖流所
石阡府	养济院	初在府北	—	明隆庆二年	推官王朝用捐建；乾隆二十九年郡守罗文思重修
镇远县	普济堂	东关内，旧在香炉岩左侧	—	—	因水冲决后改建
镇远县	漏泽园	有数处，东西关及卫城西南郊外皆有之。	—	—	—
清江厅	普济堂	城东门外	计十一间	道光元年	署厅事张如相捐廉创设
黄平州	普济堂	东门外	—	—	—
黄平州	漏泽园	在旧州有三，一在东门外，一在北门厉坛下，一在凉伞坡	—	—	—
黄平州	普济堂	在旧州南门内	—	明代	州牧曹进可立

续表

州县名称	善堂名称	地址	规模	修建时间	修建者
湄潭县	养济院	县治南	—	—	—
湄潭县	恤隐局	城南养济院右	—	今废	—
思南府	育婴堂	—	—	—	嘉庆九年知府周霨联捐廉购买罗家堡谢光辉地基并住宅为育婴堂，以余银为该堂公费
思南府	及幼堂	县署后	—	道光十九年	署知府黄培杰捐廉购建
思南府	栖流所	一在遵化门外，一在西门外城下	—	道光十五年	知府马佑龙捐建；西门外城下为郡人安统绪捐建
思南府	普济堂	遵化门外	—	乾隆四年八月	奉旨修建
思南府	养济院	遵化门外	—	雍正五年	署知府冯泳奉巡抚何世琪檄修建
务川县	及幼堂	务川县署右	—	道光十八年	知县陈文衡捐廉购房设
铜仁府	养济院	下南门内	—	康熙年间重修	明建已毁
铜仁府	育婴堂	后水门内	—	光绪二年	知府许大纶、署知县萧兆芬就书院改为之
铜仁县	养济院	东门内	—	康熙十一年	明建已毁；知县赵景福重建
松桃厅	养济院	城北门外	住房七间楼门一间	—	—

资料来源：刘显世、谷正伦修，任可澄、杨恩元纂：(民国)《贵州通志·建置志·公署公所》，黄加服主编：《中国地方志集成·贵州府县志辑》第6册，成都：巴蜀书社，2016年，第233–267页。

从表2可以看出，清代的善堂，在数量和类型上相比明代已经有了较大增长，出现了育婴堂、尚节堂、栖流所、恤隐局及幼堂等多种不同的善堂，而善堂的救助对象也已经从鳏寡孤独和无所依靠的人扩大到了弃婴、孤贫幼儿乃至节妇烈女等人群。儒、释、道三教合一救济思想的逐渐普及，地方士绅对地方公共事业的领导和组织作用逐步增强，以及因果报应观念的流行，加上政府不断进行的社会救济和慈善事业的倡导和“道德教化”的引导，都是清代社会救济事业相比明代而言有了更大发展的原因。[1]

三、善会善堂的运行和管理

善会善堂的良好运行依赖于经费的持续获得，官办善堂的经费中主要的一项支出，主要是每日支取的孤贫口粮、补助经费和等其他的一些采买物品的开支，官办善堂的经费其中的一个主要来源是公帑。以黎平府的养济院为例（见表3）。

[1] 陈宝良：《中国的社会与会》（增订本），北京：中国人民大学出版社，2011年，第178页。

表3　黎平府养济院孤贫名额经费统计

行政区	地址	孤贫额数	口粮总数	每日支给数
黎平府	城门内卡房对面	孤贫18名，额外13名	—	额外孤贫经费口粮等由府捐给
开泰县	—	孤贫20名	孤贫口粮谷七十五石四斗八升四合六勺四抄二撮	道光三年新设孤贫二十名，每名日支米八合、菜薪银五厘，冬给棉衣银九钱九分，俱于奏销请领归款
古州厅	城北门外	孤贫13名	每年孤贫口粮米一百二十一石七斗七升六合	—
锦屏乡	不详	孤贫7名	—	口粮、菜薪、棉衣裤支银与县同
下江厅	城北关外	孤贫18名	—	每名日给米八合三勺，盐菜银五厘，按月建大小扣算
永从县	城北关外	孤贫13名	—	—

资料来源：[清]俞渭修，[清]陈瑜纂：(光绪)《黎平府志》卷三上《食货志》，黄加服主编：《中国地方志集成·贵州府县志辑》第17册，成都：巴蜀书社，2016年，第214–237页。

黎平府养济院的孤贫口粮，主要来源于地方政府的田赋，从公帑中定额支取一定数量的钱粮进行资助。

公帑的资助毕竟有限，大部分善会善堂的经费主要依赖地方官员和士绅的捐助。如光绪《黎平府志》所载宾兴费用如下：

宾兴棚费

锦屏山硐屯田一分：谷一千三十余石，光绪十一年中林司人吴师贤捐。共二十九处，大小三百余坵，载锦屏县粮二十四石五斗七升六合。

蒙村田一分：光绪十四年置。大小十五坵，约谷一百二十七石，载县粮一石三斗四升九合三勺，司粮六升四勺二抄，府粮一斗零二合。逢大比年，分由司属宾兴首事变卖银钱，分司属赴闱士子。

各田谷每年收存首事处。逢大比年变卖十股，分给文七五三。

锦屏乡棚费田一分：光绪十一年吴师贤捐，共十六处大小一百一十坵，约谷三百八十石，载锦屏分县粮六石八斗三升九合四勺。❶

部分经费由士民捐钱之后，交给当铺生息：

同济兴典铺一所：道光二十年郡人左茂山捐银置。每年典租钱五十千文，交首事分给关厢文闱士子，武生无。

同济兴典存银四百两：光绪七年郡人张光先倡捐银二十两，龙尚灵等劝四乡助捐，

❶［清］俞渭修，［清］陈瑜纂：(光绪)《黎平府志》卷三上《食货志·积储·宾兴棚费》，黄加服主编：《中国地方志集成·贵州府县志辑》第17册，成都：巴蜀书社，2016年，第217页。

共存银四百两，交同济典生息。自光绪十一年始，每届三年院试，由经理首事以黎市秤九八色银一百两交礼房，为新进文武童覆试卷费，不得再向本童索取。经关厢绅士禀请，知府邓在镛立案，永远遵行。至同济典息银除一百两作红卷费外，余剩息银遇府院岁科试文武童头场试卷，即将此银买卷，每本定价钱一百一十文。❶

宾兴会是资助科举士子赴考的慈善组织。不少地方的宾兴会由地方官员创设，而主要由地方士绅进行具体管理，同时宾兴会的经费，也多由地方士绅捐献田土而来，或者以捐助的田土产出以及所捐银钱交给典铺、盐商甚至是专门的善会进行经营，以所获息钱来维持善会善堂运行的开支。如下黎平府的善会长生会施棺的经费，就是交给盐商生息：

乾隆五十一年开泰县典史王承弼倡捐并劝士民共捐长生会施棺成本银三百两，发古州盐埠生息，每岁交息银六十两，或交制钱六十千文制棺施贫。此项银须承办人赴府具领，按年制办若干、施去若干、存留若干，年终据实报销，由府查核。❷

善会善堂的运行还依赖于良好的管理制度和运行方式。民国《续修安顺府志》中记载了道光二十一年（1841年）安顺县冬济堂创办的规条，可以让我们了解清代善堂的运行和管理的情况，为便于分析，兹抄录全文如下：

安顺县冬济堂规条

——收养乞丐，势难终年，自应于冬月初一至次年二月初一日止。

——乞丐愿收养者须于首士处报名，查验确实，具册报官，当堂验明年、貌、箕斗，给与腰牌，方准放米。

——房屋十间，除二间安顿老妇、少女，不准混杂外，其八间量人数之多寡分住；即将其人姓名开粘门首，以便稽查。每间以一人为丐头约束群丐，不遵者准其禀究；但丐头亦不得欺凌群丐。但有违犯，一经查出或被告发，定即责惩，驱逐另换。至饭食除丐头及力不胜任者外，每间分为甲、乙二班换做，以均劳逸。丐头如果约束严明，诸事公平，每人每月赏给钱一百文。

——每年公举首士四人，由县派家丁一人协同照应，督率乡约、衙役共同清查一切。本届办理事竣，由本届首士公举下届首士，请官给札。

——每房给水桶、锅、勺各一，碗、箸、草荐、稿铺若干，交丐头分给，止日仍照交首士，勿得损坏。

——酌定每日每人给京斗米四合，五日一发，各丐头在首士家领取。如有病故者，

❶［清］俞渭修，［清］陈瑜纂：（光绪）《黎平府志》卷三上《食货志·积储·宾兴棚费》，黄加服主编：《中国地方志集成·贵州府县志辑》第17册，成都：巴蜀书社，2016年，第217页。

❷［清］俞渭修，［清］陈瑜纂：（光绪）《黎平府志》卷三上《食货志·蠲恤》，黄加服主编：《中国地方志集成·贵州府县志辑》第17册，成都：巴蜀书社，2016年，第236页。

丐头即时报告首士，在施棺会领木安埋，即行除名，以免冒领。

——无论为本城之丐，为外来之丐，均以年在六十以下、十五以上有残疾者为限，若强壮者难免非宵小之徒，不惟不宜收养，并须禀官驱逐出境。

——劝捐银两只能用息，不能动本。每年在冬月前即催收息金以便预备。除本年放米消耗外，倘有盈余，应于二月中旬开具清单，呈缴长官交商生息。如遇岁歉收人太多，息金不敷放米时，首士应即早禀长官另筹经费。

——设局差二名，由官发给口粮，每月照应大门，不得擅离片刻。辰刻开门放出，酉刻点名封锁。如有不法滋事者准其禀究。但该役亦不得欺凌众丐。

以上诸条斟酌得当，日久弊生随时修改，是所望于后之君子。（此规条系初办时普定县知事朱右贤所订。）[1]

从规条的内容看，冬济堂主要是收养15~60岁有残疾的乞丐度过寒冬的善堂组织。符合条件、愿意被收养的乞丐需要先到首士处报名，经过首士和官府两次查验甄别年龄、相貌和手指指纹，发给腰牌，才获得进入冬济堂的资格；其安置的办法，采用男女有别的方式，将姓名粘贴在门首，以便稽查。并在每间房中选出一名丐头对乞丐进行约束，规定了其权力和责任。冬济堂的管理，由每年选出的首士4人率乡约、衙役进行清查，知县派家丁一人协同照应，一方面应是协助管理的需要，另一方面亦不乏进行监督的用意。按此史料所示，冬济堂一方面仍然发挥着社会救济的功能，被政府用于收容流民和乞丐，使其能够有地方过冬，免遭严寒之苦；另一方面从规条对乞丐群体管理的详细规定来看，冬济堂又具有了一定的社会控制的职能，使这一群体的行为能够受到政府严密的控制，从而降低了流民对社会秩序的冲击。

及幼堂是抚恤孤幼儿童的官办善堂。道光《思南府续志》载有道光十八年（1838年）冬月务川知县陈文衡创建务川及幼堂的经过：

务（川）处万山之中，民困苦，艰于生计。不幸幼孤，虽亲戚不能相顾，沿街乞食，夜卧市衢，冬则与岁俱尽者，不知凡几。余莅任来，尝初冬夜巡街市，闻小儿悲啼声甚哀厉，回视，见铺外有煤炉一架，小儿环据而烘，啼声出炉底，曳而出之，一赤体幼孩也，问奚啼，曰：“冻甚！”“年几何矣？”曰：“六岁。”“有父母乎？”曰：“无矣。”“有伯兄乎？”曰：“有。”“奚为不从兄也？”曰：“弃予不顾矣。”“住处离城几何？”曰：“约半程许也。”时朔风凛冽，应答间体战口噤，余悯之，命从人掖入署内，俾就火焉。因思沿街幼穉甚伙，稍长者或拾木屑炭渣炙其余炎，或视铺户有火炉则争而据之，小者不能也。夫一夫不获，惟予之辜，睹此藐孤并难望其生也，敢云获乎？身为民牧，忍坐视其呱呱者率就消灭乎？乃命丁役侦有就近房屋求售者，率以告。无何署之右有民房，应命往视

[1] 黄元操、任可澄等纂辑：（民国）《续修安顺府志》，黄加服主编：《中国地方志集成·贵州府县志辑》第42册，成都：巴蜀书社，2016年，第520-521页。

之，屋虽旧，颇宽敞，可容百十人，急购之，屋左有草房一间，并契买焉。遂命匠作修整，榜示十三岁以下无可依恃者，悉招来。屋内每间置一煤炉，藁荐十余张，日给饘粥以是食。出示三日，来者数十人，每人给小木牌，书其姓名，散食时持牌领饭，日两周。命亲丁司其事，派老成衙役值宿照应，且防祝融。并募雇编竹器、草具等工匠，给其工食，教诸孩十岁以上者，俾各习手艺为生计，至春间艺成，量予工本，俾自为生。定章程、立档案，每岁自冬月朔日起至次年三月止，其煤米则官捐给外，衿者中有乐善者，升斗亦为佽助。倘后之君子更扩而充之，或拨款，或捐输，得置产为每岁常供，未始非仁政之一端也。名及幼堂者，取孟子推恩保民之意云。

此堂设于戊戌年冬月，次年余教民纺织事成，得余资七百二十千文，交棉商生息，即此项息钱每岁按期概拨及幼堂为煤米等费。详立档案，事可垂久，无庸捐输矣。己亥冬月记。[1]

及幼堂的创建，固然是由于上位者的“恻隐之心”所致，但是陈文衡作为善堂的创办者，并不仅仅是满足幼孤儿童有吃有住的最低要求，更注意到这些幼孤儿童日后长久的生活，故“募雇编竹器、草具等工匠，给其工食，教诸孩十岁以上者俾各习手艺为生计。”使幼孤儿童能够学得一技之长，长大后可以赖以谋生。

四、结　语

明初贵州建省以来，随着相关机构的逐步建立和完善，社会救济事业也开始受到政府的重视。政府设置专门的赈济机构，并支持和督促地方官员们推行慈善活动。受到儒家思想、佛教教义和因果报应思想影响下的官绅士民，也纷纷组织各种民间慈善组织和赈济活动，或者“概然乐捐”，推动了贵州地区社会救济的发展。

从以上对明清时期贵州地区善堂的考察，我们可以知道，政府组织了性质和功能多样的社会救济机构，一方面倡导善行，引领社会道德风气，另一方面则发挥着社会救济的作用，稳定了社会秩序；同时政府通过善堂对救济对象进行资格审查和登记，通过对善堂的经费和运行进行管理，使得善堂又具有了一定的社会控制的职能。明清时期政府通过对善堂的建立和管理规范了道德伦理观念，推行了“王道教化”，巩固了王朝对西南民族地区的统治。

[1] ［清］夏修恕、周作楫修，萧琯、何廷熙纂：（道光）《思南府续志》卷一一《艺文门·记》，黄加服主编：《中国地方志集成·贵州府县志辑》第46册，成都：巴蜀书社，2016年，第378–379页。

现存明代贵州省志编修简述

张英聘

（中国地方志指导小组办公室）

明初沿袭元代行省之制，作为地方最高行政建置。洪武九年（1376 年），明太祖朱元璋着手对地方官制进行整饬，下令改行中书省为承宣布政使司，另设提刑按察使司、都指挥使司，主管一省的民政、刑名、军政。洪武十五年（1382 年）正月“置贵州都指挥使司，治贵州宣慰司。其民职有司则仍属湖广、四川、云南三布政司。永乐十一年（1413 年）置贵州等处承宣布政使司，与都指挥司同治”❶，此为贵州建省之始，贵州成为明代直隶于中央政权的布政使司之一。贵州省的建立，有效地加强了中央对贵州的行政管辖。因此，明代纂修全国性总志，屡次诏令各地纂修以备采择，贵州在强有力的行政推动下，修志之风渐盛。据张新民先生考证，明代官修省志四种❷，私修省志 6 种❸，现存官修省志 3 种，私修 2 种，但从编修体例完整性角度考虑，明代能作为一省之通志的还是弘治《贵州图经新志》、嘉靖《贵州通志》、万历《贵州通志》、郭子章《黔记》，前三种为官修，后一种为私撰。关于明代贵州省志编修总体情况或对一部书的研究已有成果问世，但对一些问题包括编修者的有关情况，还需要进一步梳理明晰。

一、弘治《贵州图经新志》

弘治《贵州图经新志》是明代现存省志编修最早的一部，十七卷，沈庠修，赵瓒等纂。沈庠，上元（今江苏南京）人，字尚伦，成化十七年（1481 年）进士，弘治九年

❶ ［清］张廷玉等撰：《明史》卷四六《志第二十二·地理七》，北京：中华书局，1974 年。

❷ 据张新民先生《明代官修四种贵州省志考评》（《贵州民族学院学报：社会科学版》1985 年第 2 期）一文考证，明代官修省志四部：（弘治）《贵州图经新志》卷一七、（嘉靖）《贵州通志》卷一二、（万历）《贵州通志》卷二四、（崇祯）《贵州通志》，其中（崇祯）《贵州通志》已佚。

❸ 据张新民先生《明代私撰六种贵州考评》（《文献》1985 年第 4 期）一文考证，明代私人撰修的省志有王佐（成化）《贵州旧志》、王士性（万历）《黔志》、郭子章（万历）《黔记》、郭子章（万历）《黔小志》、黄运昌（万历）《黔记》、谭瑞《黔记》（明清之际），其中王佐（成化）《贵州旧志》、郭子章（万历）《黔小志》、黄运昌（万历）《黔记》、谭瑞《黔记》已佚。见史继忠先生《贵州方志考略》（《贵州民族研究》1979 年第 1 期）一文：“有些私人著书，例如《黔书》《续黔书》之类，虽非官修志书，也不完全具备方志的体例，但就其内容而言，也应归入方志一类。”因此，张新民、史继忠先生均将王士性《黔志》等书列入方志类著述。

（1496 年）二月由刑部郎中任贵州等处提刑按察使司副使。❶ 据该志卷一“贵州宣慰司”卷首题记：“钦差提督学校贵州等处提刑按察司副使金陵沈庠删正，贵州宣慰使司儒学教授叶榆（今属云南大理）赵瓒编辑，四川峨眉县教授谕、郡人易紘，庠生王佐同编。”据此可知，沈庠职任按察司副使，但受命掌管督察贵州的学校教育。赵瓒系贵州宣慰使司儒学教授，《明史·艺文志三》题“赵瓒《贵州新志》十七卷”，《四库全书总目》称“明赵瓒始创修新志”❷，说明该志是由赵瓒负责总纂编辑的。

关于该志成书的时间，由于现存该志卷首无序，之后历次编修方志以及其他史料亦未载明，故而具体编修时间不详。查《明武宗实录》卷三十八正德三年（1508 年）五月甲寅条：“起复贵州按察司副使沈庠以病乞致仕，许之”，沈庠在正德三年（1508 年）以贵州按察司副使致仕，但其中提到“起复”，却不详沈庠何时离职并复任，但据志书所记下限至弘治十三年（1500 年）❸ 推测，该志书编修时间当在弘治十三年（1500 年）以后的弘治年间。❹

明代前期正是明朝发展的上升期，方志编修同样兴盛，明朝统治者先后数次下令纂修总志、绘制舆图，以沟通中央和地方的联系，达到强化中央集权的目的，如洪武十七年（1384 年）编成《大明清类天文分野书》，永乐年间诏令编修《天下郡县志》，并两次颁布志书纂修凡例，景泰、天顺年间修成《寰宇通志》和《大明一统志》。这些总志尤其是《大明一统志》对当时省、府、州、县志编修影响极大，不仅推动了大一统价值理念的推广，形成中央与地方联系的纽带，而且也促进了全国各地修志活动的开展，方志编修成为地方构建文化知识体系的主要传承形式，其体例亦多为省、府、州、县志所效法，这在嘉靖及其以前的志书中更为多见。

---

❶（万历）《上元县志》卷八《科贡志》“进士”条记载：“沈庠，十七年，提学副使”，（民国）《南京文献》第8号，民国三十七年（1948 年）上海书店铅印本；（道光）《上元县志》卷十《选举制》“进士”：沈庠，成化十七年进士，“字尚伦，贵州提学副使”，《中国方志丛书》据道光四年（1824 年）刊本影印，台北：成文出版社，1983 年；《明孝宗实录》卷一〇九，弘治九年二月乙卯；（康熙）《贵州通志》卷十三《职官志·按察副使》：“沈庠，上元人，进士”，哈佛大学燕京图书馆藏康熙刻本。

❷［清］永瑢等撰：《四库全书总目》卷六八《史部二十四·地理类一》“贵州通志”条，北京：中华书局，1965 年，第 609 页。

❸ 关于（弘治）《贵州图经新志》下限，如该志卷三《贵州宣慰使司下》“科贡”，记事即至弘治十三年（1500年），其他还有记载至是年者，但未有晚于此年者。

❹（万历）《贵州通志》卷首“凡例”：“贵志未详所始，今可考者一修于弘治中督学沈公庠……一修于嘉靖中督学谢公东山。”［清］永瑢：《四库全书总目》卷七四《史部·地理类存目三》题名“嘉靖贵州图经新志十八卷”：“明赵讃撰。讃，叶榆人，官贵州宣慰使司儒学教授。是编成于嘉靖中，其凡例谓‘旧志考究采掇，挂漏可笑’。然此书亦殊舛陋，如第二卷内所载题咏，每诗皆取一句，大书于上，而以全诗细字分注于下，是何体例也？”据其题名“嘉靖”并云其“成于嘉靖中”有误，把不同时期的两位纂修者归为同一时期。《四库全书总目》在卷六八“贵州通志”条下还记载赵瓒修志在先，张道修志在后，而在存目编排上张道志条却排在前，且卷六八题“赵瓒”，存目却题为“赵讃”。此误以致（民国）《贵州通志》谭克敏《新贵州通志序》：“明嘉靖间赵瓒辑图经，张道辑通志”，仍传抄《四库全书总目》错误说法。

弘治《贵州图经新志》的体例遵照宋祝穆《方舆胜览》和《大明一统志》[1]，以宣慰使司、府、州卫、所为次序，其下设建置沿革、郡名、至到、形胜、风俗、山川、土产、公署、学校、书院、宫室、寺观、祠庙、关梁、馆驿、古迹、陵墓、名宦、流寓、人物、科贡、列女、仙释、题咏，各列一门，其对于该志体例虽然有学者认为"既不是'图经'，也不合'通志'体例"[2]，但是却奠定了嘉靖、万历贵州省所修通志的基础。[3]特别是舆图的编绘，更是传承了以往"图经"的传统，虽然该志题名"图经"却文重于图，但在卷首总图以外每个府、州卫、所都配置地理之图的做法，并不为其他区域志书所常见，这些图基本为后来通志编修所承袭。

此外，弘治《贵州图经新志》同编者之一王佐，是成化、弘治时人，贵州前卫人，嘉靖《贵州通志》记载其"谨厚笃实，博学好礼，尤工于诗，不愿仕进，与郡中贤达者为诗会唱酬，曾纂修《贵州旧志》，有诗文传于世"[4]，据此推测，弘治《贵州图经新志》很有可能参考了王佐所修志书。该志记述"遍考《史记》《两汉书》《三国志》、晋宋齐梁陈魏隋唐五代史纲目、宋元史、《文献通考》《玉海》，并舆地诸书，及故老所传，碑碣所载，取其可信，缺其可疑，采摭备录，略无遗逸矣"[5]，这也为后来省志编修在资料方面的搜求树立了典范。

二、嘉靖《贵州通志》

嘉靖《贵州通志》十二卷，是贵州第一部以"通志"题名的省志，谢东山修，张道纂。谢东山，字子傅，四川射洪人，嘉靖二十年（1541年）进士[6]，历官兵部郎中，嘉靖三十一年（1552年）三月由兵部郎中任提刑按察使司副使，提督学校[7]，后官山东按察使、山东布政使、都察院右副都御史巡抚山东。[8]著有《中庸集说启蒙》一卷、《贵阳图

❶（弘治）《贵州图经新志》"凡例"，《四库全书存目丛书》史部第199册，据北京图书馆藏明刻本影印，济南：齐鲁书社，1996年。

❷ 陈光贻：《中国方志学史》，福州：福建人民出版社，1998年，第113页。

❸ 参见拙撰：《（弘治）〈贵州图经新志〉体例浅析》，范同寿主编：《开发中的崛起——纪念贵州建省590周年学术讨论会论文集》，贵阳：贵州人民出版社，2004年。

❹（嘉靖）《贵州通志》卷一一《隐逸・王佐》，《天一阁藏明代方志选刊续编》第69册，据明嘉靖三十四年（1555年）刻本影印，上海：上海书店，1990年，第382页。

❺（弘治）《贵州图经新志》"凡例"，《四库全书存目丛书》史部第199册，据北京图书馆藏明刻本影印，济南：齐鲁书社，1996年。

❻（光绪）《射洪县志》卷十《选举志》"进士"："谢东山，沈坤榜，官山东巡抚"，中国国家图书馆藏光绪十二年（1886年）刻本；（康熙）《贵州通志》卷十三《职官志》按察副使："谢东山，射洪人，进士，提学"，哈佛大学燕京图书馆藏康熙刻本。

❼《明世宗实录》卷三八三，"嘉靖三十一年三月己丑"条，台北：台湾"中研院"历史语言研究所校勘本，1962年，第6773页。

❽《明世宗实录》卷四七二，"嘉靖三十八年五月癸未"条，台北：台湾"中研院"历史语言研究所校勘本，1962年，第7928页。《明世宗实录》卷四九九，"嘉靖四十年七月癸卯"条，台北：台湾"中研院"历史语言研究所校勘本，1962年，第8263页。

考》二十六卷、《谢东山文集》四十卷、《明近体诗钞》二十九卷、《谢东山诗话》四卷等。张道，湖口（今江西湖口县）人，官贵州宣慰使司训导。[1]该志卷一题“钦差巡视提督学校贵州按察司副使谢东山删正、贵州宣慰使司儒学训导张道编辑，学生汤建中、马阳、吴铠、李朴、汪藻、倪世杰、马希龙、孙世贤、任懋忠、胡禾同编”。

该志于嘉靖三十二年（1553年）议修，三十四年（1555年）成书。每卷按照十二生肖字号排列，从子字号直至亥字号，设地图、建置沿革、郡名、星野、疆域、山川、形胜、风俗、土产、土贡、土田、户口、财赋、徭役、城池、关隘、桥渡、兵防、职官、公署、宦迹、学校、科目、岁贡、祠祀、寺观、宫室、坊市、惠政、古迹、丘墓、名宦、人物、贞节、孝义、仙释、隐逸、迁谪、流寓、兵燹、艺文。卷一列有贵州布政司总图、省城图以及各府、州、县地图，除地图集中设置外，其余划分为40门。该志据弘治《贵州图经新志》续纂，记事非贯通古今，仅为明朝史事。《四库全书总目提要》虽斥其“亦无体例也”[2]，主要是指有的纪事归类混乱，但从整体而言，其体例以类相从，较弘治《贵州图经新志》有所发展，也较为完备。从资料采择上亦“博引经史，旁采子集，又参访故老，咨询儒生，浃洽而罔遗，精炼而无秕”[3]，显然也继承了弘治《贵州图经新志》的传统。

三、万历《贵州通志》

万历《贵州通志》二十四卷，沈思充等修，陈尚象等纂。沈思充，字邃庵，万历十四年（1586年）进士，任工部主事，丁艰服阙补屯田司刑部员外郎中，转贵州提学佥事，迁江西参议，擢按察司副使，因疏论国本事罢免。康熙《贵州通志》记载：“沈思充，桐乡人，进士，万历间任提学副使，雅意作人，留心文献，召绅士之有学识者会纂《贵州通志》，手自裁定，犁然可观。”[4]

陈尚象，字心易，号见义，贵州都匀人，万历八年（1580年）进士，以中书舍人选授户科给事中，后转刑科给事中，因力言建储事，廷杖削籍归，二十八年（1600年）复

---

[1] 张新民：《明代官修四种贵州省志考评》，载《贵州民族学院学报（社会科学版）》，1985年第2期，第45-52页。

[2] ［清］永瑢：《钦定四库全书总目》卷七四《史部·地理类存目三》题“嘉靖贵州通志十二卷”：“明张道撰，谢东山删正。道，里贯未详，官贵州宣慰使司训导。东山，射洪人，嘉靖辛丑（二十年，1541年）进士，官至右副都御史巡抚山东，其刊定此书时，则官贵州按察司副使也。书颇简略，以孝义、隐逸别于人物之外，而如陆京、张伯安诸人，又以孝友入《人物志》，亦无体例也。”

[3] （嘉靖）《贵州通志》卷首杨慎序，《天一阁藏明代方志选刊续编》，据明嘉靖三十四年（1555年）刻本影印，上海：上海书店，1990年，第5页。

[4] （康熙）《贵州通志》卷一七《人物·名宦》，哈佛大学燕京图书馆藏康熙十二年（1673年）刻本。又见（乾隆）《贵州通志》卷十九《秩官·名宦总部·按察副使》，哈佛大学燕京图书馆藏乾隆六年（1741年）刻本；（光绪）《桐乡县志》记载：“黔地荒远，礼教常疏，公雅意作人振兴文治，士论歙然归之。且博稽文献，择士绅有学识者，会纂《贵州通志》，手自裁定上之。迁江西参议，擢按察司副使，上疏论国本宜定，再疏罢薪供耗费。外官论事自公始，人皆壮之。”［清］严辰等纂：（光绪）《桐乡县志》卷一五《人物下·宦绩》沈思充传。《中国方志丛书》，据清光绪十三年（1887年）刊本影印，台北：成文出版社，1970年，第496-497页。

官，以母老弗拜，又十三年卒，天启中赠光禄寺少卿。著有《陈给谏疏草》四卷、诗文集若干卷。是志乃为其削籍家居后，贵州巡抚江东之延请纂辑者，成书于万历二十五年（1597年）。[1]

该志卷二十四末载“先后在事各姓氏职名”，“贵州等处承宣布政使司左布政使王耒贤、分守督粮道参政王恩民、分守新镇道副使兼参议詹启东、贵州等处提刑按察司按察使曹司勋、清军驿传道副使郭廷良、思石兵巡道副使张斗、提督学校佥事沈思充、毕节兵巡道佥事方万荣、都清兵巡道粱铨”，其余还有各府州县的知府、知州、知县、推官、通判等，共有39人。另设“专理编校各姓氏职名”，“原任云南按察司副使郡人许一德、原任户科给事中郡人陈尚象、原任楚府左长史郡人刘如楫、原任云南永宁府同知郡人周文化编辑，贵阳府儒学教授杨蹈中、宣慰司儒学训导刘怀望、安庄卫儒学教授黄阁、新添卫儒学教授黄琏同编”，还有同校19人，其身份有的是生员，有的是举人，甚至有的是进士出身，另有督梓2人，缮写3人，督梓和缮写的也是贵州卫和前卫的经历、掾史。[2]卷首还有邹元标、巡按贵州监察御史应朝卿、巡抚贵州兼督湖北、川东地方军务都察院右佥都御史江东之序，从其署名和序可以体现出这部志书的官修性，有各级官员参与并负责。

万历《贵州通志》的体例，兼采弘治《贵州图经新志》和嘉靖《贵州通志》之长，而避其所短，续补并增订明嘉靖末叶及其以后隆庆以迄万历中叶四十余年间的史实、史料和地方文献。据该志凡例称，弘治《贵州图经新志》失之简略“体如一统志之分属”，嘉靖《贵州通志》较为精练，亦嫌分散割裂，“体如诸类书之分属，则条纪张矣而鲜归摄分类，则属比明矣而泰割裂”，因此万历《贵州通志》体例兼采弘治《贵州图经新志》

---

❶ ［清］张廷玉等撰：《明史》卷二三三《列传第一百二十一·李献可》附陈尚象传，北京：中华书局，1974年。又（康熙）《贵州通志》卷一八《人物·都匀府》：“陈尚象，字心易，都匀人。师邹南皋，领万历己卯乡试，荐庚戌成进士。由中书舍人选授户科给事中……己丑分阅礼闱，辛丑与蜀乡试，得士最多，转刑科左给事中。因力言建储事，廷杖削籍归。庚子复原官，以母老归，又十三年卒，赠光禄卿。”该志云其万历辛丑（二十九年，1607年）与四川乡试，庚子（二十八年，1598年）复原官，前面与乡试时间有误。（万历）《贵州通志》卷二十四《专理编校各姓氏职名》题陈尚象为“原任户科给事中”。而据《明神宗实录》卷二三六“万历十九年五月丙子”条：“户科给事中陈尚象主考四川”，说明陈尚象主考四川的时间非万历二十九年（辛丑年），而是十九年（辛卯年），（康熙）《贵州通志》记载的时间是有误的。另据《明神宗实录》卷二四四“万历二十年正月甲申”条，此时陈尚象为吏科右给事中，是否有此任职经历，待考。关于修志时间，推测是陈尚象家居时所修，据《明神宗实录》卷三一一“万历二十五年六月壬午”条：“吏部奉旨：分别为民官员，人品正大，心事光明，急宜起用者”，提到有陈尚象，说明此时陈尚象正在家居。又万历《贵州通志》邹元标序所题时间为万历丁酉年仲秋；应朝卿序：“丁酉年（万历二十五年，1597年）夏，奉命按黔中……沈君以新志成，请序于余”；据（万历）《贵州通志》江东之序：“岁丙申（万历二十四年，1596年），余奉简书来抚是都，先是土酋舞文乱法，欲改邑复司，哗然而以事闻，诏下其议于两台之臣，余思以定制折之。乃亟取省志，稽其建置由来，而志自嘉靖癸丑（三十二年，1553年）以后阙焉未续。寻得会典镜正，始藉手以先一疏。按志自中丞刘公、侍御宿公增修方志，迄今四十余年，而未有执简从事者，亦已疏矣。余方有慨于其中，欲胥谋于直指应公，而会乡先生给谏陈君以请”，据此三序所题时间，应该在万历二十五年夏至仲秋之间成书，正是陈尚象家居时所修。又参见金恩辉、胡述兆主编：《中国地方志总目提要》“贵州省”，台北：汉美图书有限公司，1996年，第9–22页。

❷ 魏治臻：读《简介明万历刻本重修〈贵州通志〉》一文——并就其中若干问题与谢国祯先生商榷（载《民族研究》1981年第2期，第45–47，69页）一文对万历《贵州通志》编修者有专门的考证。

和嘉靖《贵州通志》，又"参之他省志，以省会提纲，中以各属分纪维之，以兼制经之，经略毖之，以艺文终焉"，弘治《贵州图经新志》和嘉靖《贵州通志》为万历《贵州通志》奠定了良好基础，万历《贵州通志》的体例相对完备，纲举目张，条理分明。[1]

万历《贵州通志》的体例设置以省会贵阳为纲，设省会志、合属志、兼制志、经略志、艺文志，以兼制、经略为经，以府州卫所各属为纬，经纬相制，以艺文殿后。合属主要指府州卫土司，先设省会，再设各府州卫，兼制志包括兵戎、粮饷、学校、驿传，经略志包括兴利、修文、厘弊、饬武。因此，有人称之"体例创新""统属有序"[2]。该志记事"详于建置沿革、政治制度、徭役赋税之事，犹可以存有明一代之旧"[3]。其叙事"旧志所载者仍之，新者续之，繁者芟之，漏者补之，讹者订之，旧说可疑而别立新说者两存之，凡远事据经史，近事据见闻，不以臆说"[4]。说明万历《贵州通志》较弘治《贵州图经新志》、嘉靖《贵州通志》，史料翔实而内容精审，条理分明而叙事谨严，为后世学者所称道。[5]

四、万历《黔记》

万历《黔记》六十卷，郭子章撰。郭子章，字相奎，号青螺，又自号蠙衣生，江西泰和人，隆庆五年（1571 年）进士。自建宁推官迁潮州知府，历官四川按察司副使提督学校、浙江布政司右参政、山西按察使，升任湖广右布政使、福建左布政使[6]，万历二十七年（1599 年）三月以都察院右副都御史巡抚贵州，兼督理湖北等处[7]，佐总督李化龙平播州杨应龙之乱。万历三十五年（1607 年）七月"陈情终养，疏九上，始得请"，一个月后又复官[8]。万历四十年（1612年）五月，"兵部以贵州路山西苗功擒斩四千余级非常大捷，请加叙录。得旨，郭子章升兵部尚书兼都察院右副都御史，给与应得诰命终养"[9]，

---

[1] 魏治臻：《谈明万历〈贵州通志〉》，《文献》，1981 年第 1 期，第 196-199 页。

[2] 刘泳唐：《明万历贵州通志述略》，《贵州文史丛刊》，1990 年第 2 期，第 35-40 页。

[3] 谢国桢：《简介明万历刻本重修〈贵州通志〉》，《民族研究》，1980 年第 3 期，第 68 页。

[4] （万历）《贵州通志》"凡例"，《日本罕见中国地方志丛刊》，北京：书目文献出版社，1990 年，第 12 页。

[5] 金恩辉、胡述兆主编：《中国地方志总目提要》"贵州省"，台北：汉美图书有限公司，1996 年，第 9-22 页。

[6] ［清］冉棠等纂修：（乾隆）《泰和县志》卷二二《人物志七・列传》，中国国家图书馆藏清乾隆十八年（1753年）刻本，又见［清］杨讱等纂修：（道光）《泰和县志》卷二一《人物志三・列传》，中国国家图书馆藏道光四年（1824年）刻本。

[7] 《明神宗实录》卷三三二，"万历二十七年三月丁亥"条，台北：台湾"中研院"历史语言研究所校勘本，1962年，第 6144 页。

[8] （康熙）《贵州通志》卷一七《人物・名宦》；（乾隆）《贵州通志》卷一九《人物秩官・名宦总部》。又见《明神宗实录》卷四三六，万历三十五年七月丁巳："贵州巡抚郭子章告病，许之。上以子章久习边事，难听其遽去，但屡疏陈情，辞意恳切，许回籍養亲，以俟起用。"查《明神宗实录》卷四三七，"万历三十五年八月癸巳"条，时隔一月，郭子章又已到任。

[9] 《明神宗实录》卷四九五，"万历四十年五月丁酉"条，台北：台湾"中研院"历史语言研究所校勘本，1962年，第 9314—9315 页。又参见吴廷燮：《明督抚年表》，北京：中华书局，1982 年，第 640-641 页。

加太子少保，袭锦衣卫。万历四十六年（1618年）卒，年七十六。❶

郭子章著述宏富，据《明史·艺文志》统计，著有《易解》十五卷、《诗传书例》四卷、《黔中止榷记》一卷、《西南三征记》一卷、《黔中平播始末》三卷、《官释》十卷、《郡县释名》十六卷、《古今郡国名类》三卷、《注豫章古今记》一卷、《豫章杂记》八卷、《广豫章灾祥记》六卷、《吉志补》二十卷、《潮中杂记》十二卷、《黔记》六十卷、《黔小志》一卷、《枝干释》五卷、《校定天玉经七注》七卷、《黔草》十八卷、《粤草》《蜀草》《楚草》《闽草》《浙草》《晋草》《留草》等五十五卷、《豫章诗话》六卷续十二卷。又据黄虞稷《千顷堂书目》统计，郭子章还著有《兴国县四贤传》一卷、《蠙衣生书目》二卷、《谚语》七卷、《谣语》七卷、《谶语》六卷、《讥语》二卷、《谐语》七卷、《隐语》二卷、《谶论》四卷、《疾慧编》二卷、《抚黔公移》四卷、《抚黔奏疏》十六卷、《圣门人物志》等❷。郭子章在《蠙衣生传草·著述书目》中，云其"自恩贡成均至今终养归田，内集十四种，共一百九十卷；外集五十六种，共五百卷。已刻者四十九种，未刻者三十一种"❸。由此可知，郭子章的著述多达70种，有690卷之多。

郭子章才华横溢，《明实录》称其"文章勋业亦烂然可观矣"❹。乾隆、道光《泰和县志》人物传引万历《泰和县志》的评论，称郭子章"才本天授，识卓人群，常与王塘南（即王时槐）、胡庐山（即胡直）、邹南皋（邹元标）讲学于青元、白鹭之间，主于倡明正学。宦迹所至，随地著书，燕、闽、晋、粤、浙、吴、楚皆有草，及《平播录》《易解》行世，又有《豫章大记》一百卷"❺。从其著述涉猎内容来看，包括经、史、子、集极为广泛，这些书一是关于地理类的书籍较多，当然包括方志在内。万历年间西方传教士利玛窦来华，绘制了一幅用汉语标注的地图，名为《山海舆地全图》，时任贵州巡抚的郭子章以开放的心态和主动学习的姿态研究了这幅地图，在贵州缩刻了一幅并作序一篇，分析和评价了利玛窦传播的地圆学说，成为研究利玛窦世界地图的先行者❻；二是关于西南地区的书也比较多，其中《黔记》最为代表。

郭子章巡抚贵州，乃代江东之。《明史》记载："万历二十七年，贵州巡抚江东之令都司杨国柱部卒三千剿应龙，夺三百落。贼佯北，诱师歼焉，国柱等尽死。东之罢，以郭子章代。"❼

---

❶［明］郭子章：《蠙衣生传草》卷二六《著述目录》："万历丙辰，予年七十有四"，丙辰年是万历四十四年（1616年）。《四库全书存目丛书》集部第156册，据许昌市图书馆藏明万历刻本影印，济南：齐鲁书社，1997年，第210页。

❷［清］黄虞稷撰，瞿凤起、潘景郑整理：《千顷堂书目》，上海：上海古籍出版社，2001年。

❸［明］郭子章：《蠙衣生传草》卷二六《著述目录》，《四库全书存目丛书》集部第156册，据许昌市图书馆藏明万历刻本影印，济南：齐鲁书社，1997年，第210页。

❹《明神宗实录》卷五七二"万历四十六年七月辛亥"条，台北：台湾"中研院"历史语言研究所校勘本，1962年，第10890-10810页。

❺［清］冉棠纂：（乾隆）《泰和县志》卷二二《人物志七·列传》，中国国家图书馆藏清乾隆十八年（1753年）刻本；道光《泰和县志》卷二一《人物志三·列传》，中国国家图书馆藏道光四年（1824年）刻本。

❻ 吴倩华：《明末贵州巡抚郭子章与利玛窦世界地图研究》，《贵州社会科学》，2012年第2期，第116-119页。

❼［清］张廷玉等撰：《明史》卷三一二《列传第二〇〇·四川土司二》，北京：中华书局，1974年。

江东之，歙县人，万历五年（1577年）进士，二十四年（1596年）巡抚贵州❶，期间极为重视通志编修，郭子章本身即热爱方志，因此巡抚贵州时就承袭了这一传统。《黔记》成书于万历三十一年（1603年），卷首有丘禾实的序，题“万历癸卯重九日”；陈尚象序：“大中丞郭公抚余黔之癸卯岁，出所著《黔记》示”，落款时间是“万历甲辰初正上元日”，即万历三十二年（1604年）上元节。而据《黔记》卷二《大事记》，记事止于万历三十六年（1608年）秋七月，正文记事有的止于万历三十五年（1607年），说明该书成书后又陆续增补，现存有万历三十六年刻本。

《黔记》六十卷，现存五十八卷，有卷二十五和二十六讨逆志两卷已佚，其余设大事记、星野志、舆图志、山水志、灾祥志、群祀志、止榷志、艺文志、学校志、职官志、贡赋志、兵戎志、邮传志、公署志、公侯伯总兵参将都司守备表、总督抚按藩臬表、守令表、文武科第表、貤恩表、帝王事纪、迁客列传、宦贤列传、寓贤列传、乡贤列传、忠孝列传、孝子列传、栖逸列传、淑媛列传、方外列传、宣慰列传、故宣慰列传、土司土官列传、诸夷、古今西南夷总论，共有34目。其中大事记分上、下二卷，为前志所无，上卷记周、汉、蜀汉、隋、梁、晋、元七朝；下卷纪明建朝以来之事，所述黔省隶属中域之大事沿革甚详。谓黔故西南夷，周、汉遂通中域，元始置顺元路。明洪武、永乐间郡县其地，与楚、蜀、滇雁行并立，上置两台三司，下设府、州、卫、县、舆图志，首列贵州总图，省城图，以下所领府、州、卫、县、所各有城图、地理图，又各为图说。概述建置沿革，道里路程，山川形势，贵州一省之沿革大事、地理形势，概括俱见。以下诸类，记载贵州典章制度、职官、人物、艺文，皆具详赅。最后土司土官传、诸夷传、古今西南夷总论三类，记载贵州各种族及其分布，风俗习性。其记述时限，除大事记等外，主要承续万历《贵州通志》，记明代史事。《四库全书总目》称：“明代始建都指挥司，后改布政司，分立郡县，与各行省并称。而自唐宋以前，不过羁縻弗绝，尚未能尽辟狉獉，故古来记载寥寥，最为荒略。明赵瓒始创修新志，其后谢东山、郭子章及本朝卫既齐等，递事增修，渐有轮廓。”❷说明《黔记》编修亦是在弘治、嘉靖《贵州通志》的基础上完成的，其体例较为严整，史料丰富，是明代贵州省志中卷帙最为丰富的一部，也是门类创新较多的一部。此志对贵州修志影响颇大，康熙、乾隆《贵州通志》等编修均受其影响。

明代贵州虽然地处偏远，但在当时修志之风的影响下，贵州方志编修得到发展，有官修也有私撰，至万历年间达到高潮，这与明代修志发展的趋向是一致的。纵观现存明代四部省志的编修，可以反映出几个特点，给后人以启示和思考：一是修志传统的沿袭和继承，

❶（康熙）《贵州通志》卷一七《人物·名宦》，哈佛大学燕京图书馆藏康熙十二年（1673年）刻本。

❷［清］永瑢等撰：《四库全书总目》卷六八《史部二十四·地理类一》“贵州通志”条，北京：中华书局，1965年。

弘治《贵州图经新志》草创基本规模，以后嘉靖志、万历志以及万历《黔记》不断完善，并影响至清代和民国修志；二是方志编修的官修性，历次修志均由巡抚、提学御史、按察司副使等领衔编修，尤其是万历《贵州通志》精良的修志组织与人员，是保障一部志书编修成功的前提；三是编修人员的素质，这几部志书的具体编修者或是儒学教官，或是有一定身份地位的官员，而且是进士出身，修志团队其他成员也均是有文化素养或有出身的人；四是资料信实可靠，资料翔实，在几部书的凡例中一再强调这样的理念。

明代贵州《石阡府志》及纂修者相关史实补遗

唐立宗

（暨南国际大学历史学系）

忆及2013年下半年，笔者前往上海图书馆搜访明清罕见文献，对于明人丘禾实（1570—1614年）的作品——《循陔园集》印象深刻，特别是当中撰述的《石阡府志·序》引发好奇，欲借此追寻明代《石阡府志》的踪影。从这篇序文探索，让笔者观察到学界甚少关注万历《石阡府志》，对明代石阡地区志书的纂修次数、纂修人员了解也不够深入。

一、永乐年间首修志书

石阡设府，始自明永乐十一年（1413年）二月，朝廷在当地设官分职，正式统辖治理。在此前一年，朝廷已颁布《修志凡例》准则，规定各地志书的编写原则。到了永乐十六年（1418年），朝廷再次颁布全国《修志凡例》，诏修天下郡县志书。[1]于是贵州地区陆续有官员采录文献，遵行修志体例，完成志书，诸如永乐十五年（1417年）的《思州府旧志》、永乐十六年（1418年）的《普安州志》，均在此一背景下纂定成书。[2]

石阡府自不例外，虽然《明代方志考》提及有明一代，贵州石阡仅出现成化《石阡府志》十卷[3]，不过另有学人考证举例，早在永乐年间，除了思州府、普安州两地外，铜仁、思南、石阡、镇远诸府均有志书。[4]我们再透过《文渊阁书目》可知，在正统六年（1441年）前，贵州八府中就有七府完成志书。[5]短短数年各府均落实志书编纂任务，可谓是极高效率。只是这些志书修纂是谁？确实难稽考。因此《贵州地方志考稿》认为，《石阡府志》当纂于永乐置府以后，正统以前，纂者不详。[6]

不过当时朝廷对于初入版图的贵州治理是高度的重视，首任地方官即以进士崔彦俊为思州知府，颜泽为镇远知府，李鉴为石阡知府。其中“彦俊任十八年，泽十四年，鉴

---

[1]《明太宗实录》卷二〇一，永乐十六年六月乙酉条，台北：台湾“中研院”历史语言研究所校印本，1962年。

[2] 张新民：《地方性知识的文本世界——贵州地方志修纂源流考论》，《贵州民族研究》，2007年第2期，第163-175页。

[3] 林平、张纪亮编纂：《明代方志考》，成都：四川大学出版社，2001年，第416页。

[4] 张明：《贵州历代地方志大事编年表》，收入《人文世界：区域·传统·文化》第7辑，贵阳：贵州大学出版社，2016年，第161-162页。

[5]［明］杨士奇：《文渊阁书目》卷四《新志》，《景印文渊阁四库全书》第675册，台北：台湾“商务印书馆”，1986年，第230页。

[6] 张新民：《贵州地方志考稿》，根特：根特大学出版社，1993，第552页。

九年”，在官员的久任治理下，“夷习丕变”。[1]这些派驻官员既是能臣，又受朝廷信赖，最能贯彻朝廷意志，所以思州府首任知府崔彦俊特奉诏令，与教官“照依凡例，采纂照册完备”，[2]完成志书。由此推论，永乐年间调派久任的贵州地方各知府，很有可能都配合当局意志，认真参与过修志活动。就石阡府而言，首任知府李鉴到任后，创制立法，导民变俗，被收入志书中的《名宦》。[3]他在石阡任官长达九年，离任时已近永乐末期，应该是永乐《石阡府志》的关键推手。

李鉴，永乐四年（1406年）丙戌科第三甲进士，明清时期贵州地区不管是通志或是府志，都记录他是江西贵溪人。可是在江西地区，仅有广信府与上饶县的志书才能找到李鉴的记载，贵溪县则找不到任何相关信息。上饶与贵溪同隶属于广信府，透过《南雍志》《皇明贡举考》等纪录，我们可以确定李鉴学籍是江西广信府上饶县，贵溪县可能是祖籍或是李鉴经常活动的居地。

此外，地方儒学是方志编纂的又一主要力量，教官、生员参与修志均可谓朝廷推行教化的重要途径。[4]石阡府设有教授一人，从九品，月课士子艺业，永乐十三年（1415年），首任教授广东揭阳人吴衡到任，振起文教，诱掖士类，更重要的是，他在石阡地区任职长达二十年之久。[5]虽然永乐《石阡府志》今已无存，但贵州现存最早的方志——弘治《贵州图经新志》卷六《石阡府》中，还可找到吴衡对石阡的知府山、排衙山、鱼子孔泉等三首吟咏诗作。[6]或许这些均为吴衡在石阡任儒学教授时所留下的作品，后又被通志所征引。

二、知府余志与成化《石阡府志》

关于明代《石阡府志》，《明代方志考》列举曾有成化《石阡府志》十卷，纂修者为祁顺，现已佚失。[7]据《千顷堂书目》《明史·艺文志》的编目，均能找到这部志书，可是在清初，石阡本地已难寻觅。康熙初年，石阡地方官员征求明代旧志，当地乡绅则表示：“自明之《一统志》成，而《阡志》备矣。历二百年余，人莫不家珍户袭，各有一册，以

[1] ［清］谈迁：《国榷》卷一五，成祖永乐十一年二月辛亥，北京：中华书局，2005年，第1087-1088页。

[2] ［明］郭子章：《黔记》卷四〇《宦贤列传·思州知府崔彦俊》，《北京图书馆古籍珍本丛刊》第43册，北京：书目文献出版社，1989年，第791页。

[3] （弘治）《贵州图经新志》卷六《石阡府·名宦》，《四库全书存目丛书》史部第199册，济南：齐鲁书社，1996年，第71页。

[4] 张英聘：《明代南直隶方志研究》，北京：社会科学文献出版社，2005年，第133页。

[5] （弘治）《贵州图经新志》卷六《石阡府·名宦》，《四库全书存目丛书》史部第199册，济南：齐鲁书社，1996年，第71页。

[6] （弘治）《贵州图经新志》卷六《石阡府·山川》，《四库全书存目丛书》史部第199册，济南：齐鲁书社，1996年，第65-66页。

[7] 林平、张纪亮编纂：《明代方志考》，成都：四川大学出版社，2001年，第416页。

为居今稽古之用，至崇祯末叶而志亡。”❶这段话大概也就是影响后人判断石阡可考志书是在清初，而非明代的原因之一。

目前提及石阡志书的讨论，一致指出成化《石阡府志》的作者是祁顺，却忽略祁顺在重修志序中的一段话：

郡昔有志，失之太略。成化庚子，前守余君重修一帙，比旧为详，然篇章错杂，文字细碎，亦有可书不书，不当录而录者。夫记载不明，曷以传远？顺为是虑，乃因余君《旧志》再加修纂，芟繁撮要，正谬补遗，庚子而后有可采者，次第增入，于是一邦事实，灿然备具，可以闻于四方，可以信于后世，无复昔时之湮晦矣。❷

此处提到“郡昔有志，失之太略”，是对永乐旧志过于简略的批评。“前守余君”则是指成化十五年（1479 年）到任的知府余志。庚子年即成化十六年（1480 年），余志有感于旧志疏失，加以增补重修，因此“比旧为详”。数年后，祁顺对于余志编纂的志书也有意见，认为过于错杂琐碎，兴起了再修的念头，并增补前志阙漏的记载，冀望能臻于完善，流芳后世。由此可见，在祁顺编纂的志书之前，还有余志编修的《石阡府志》。

余志（1419—？），福建建宁县人，字志学，天顺八年（1464 年）甲申科进士，个性耿介，因故贬官任广州府通判，任上清理户口，丈量田土，安辑流民，考满“升知石阡府，夷民安之”，但在此地任官，也让他认清到仕途坎坷，遂乞致仕，归乡建书堂于所居后山，匾曰“休谷”，曰“优游”，笑咏其中以自乐，有《桥门》《秋台》等集藏于家。❸

余志在石阡曾留下诸多诗文，很可能都收入府志，并为通志所采择。如弘治《贵州图经新志》收入余志对于当地狮子山、马鞍山、寒林箐的赋诗，文章则有《板桥重建记》，其后亦收入在嘉靖《贵州通志》内。❹值得注意的是余志为前知府胡信所做的传记，在弘治《贵州图经新志》有提到“详见知府余志所作传”，可是弘治志书中我们找不到详传记载。❺倒是万历《贵州通志》收入余志的《胡知府死节传》与《王烈女传》全文，显示万历年间还可找到余志的相关作品，不过耐人寻味的是“余志”书写成“余忠”，

---

❶ ［清］彭可谦:《石阡府志叙》，收入（乾隆）《石阡府志》，北京：中国文史出版社，2013 年，第 1 页。

❷ ［明］祁顺:《巽川祁先生文集》卷一一《重修石阡府志序》,《四库全书存目丛书》集部第37册，济南：齐鲁书社，1997 年，第 525 页。

❸（嘉靖）《建宁县志》卷七《人物志》,《天一阁藏明代方志选刊续编》，上海：上海书店，1990年，第701-703页。

❹（弘治）《贵州图经新志》卷六《石阡府・山川》,《四库全书存目丛书》史部第199册，济南：齐鲁书社，1996年，第 65-66 页；（嘉靖）《贵州通志》卷二《山川・石阡府》,《四库全书存目丛书》史部第 193 册，济南：齐鲁书社，1996 年，第 61 页。

❺（弘治）《贵州图经新志》卷六《石阡府・名宦》,《四库全书存目丛书》史部第199册，济南：齐鲁书社，1996年，第 71 页。

容易混淆我们对余志作品与撰修志书的认识。❶

彼时儒学教授王宣清也应该参与过《石阡府志》的纂修。王宣清，江西泰和人，有一诗咏收入在弘治《贵州图经新志》。❷多数志书对他何时在石阡担任教授是语焉不详。但他本人倒是有撰写一篇颂扬知府余志捐俸修建府治谯楼的专文，当中就说："成化乙未冬，余承乏石阡教事。"即表明他在成化十三年（1477年）到任。此篇专文不仅要推崇余志的善政，还要流传后世，志书当是合适的宣传平台。另有一例，王宣清还央请过铜仁知府周铨为余志重修文庙作记，用意相同："是宜颂祷以为美谈，又当书之以告于后世。"❸

三、知府祁顺与成化重修《石阡府志》

诚如前引文，知府祁顺"因余君旧志再加修纂，芟繁撮要，正谬补遗"，将成化十六年（1480年）之后的纪事一一编入新志内，冀望再现信史。祁顺（1434—1497年），广东东莞人，字致和，号巽川先生，天顺四年（1460年）庚辰科进士，曾升至江西左参政，但命未下，坐事诖误，降调贵州石阡知府。这里要提醒的是，朝廷发布贬官的时间是成化十八年（1482年）五月❹，祁顺也自称该年，"予自江右藩司来知石阡府事"，但实际上他未立刻赴任，来年年初才正式到任，故云："成化癸卯春，余知石阡郡事。"❺成化癸卯年，正是成化十九年（1483年）。所以过往研究提出的成化十七年（1481年）、十八（1482年）年贬官到任的说法，应作修正。再者，有论者指出祁顺在弘治五年（1492年），因母丧归东莞，六年（1493年）服阙，也是误解。❻因为祁顺自己曾述及弘治二年（1489年）四月，"余守制南还"。❼丁忧三年后，弘治五年（1492年）服阙方为合理。换言之，从成化十九年（1483年）到弘治二年（1489年）间，祁顺任石阡知府的时间是历经六载。

祁顺何时完成《石阡府志》呢？根据学人所整理的《贵州历代地方志大事编年表》，修纂时间列于成化十八年（1482年）。❽可是这与若干纪录抵牾，祁顺是成化十九年

---

❶（万历）《贵州通志》卷二三《艺文志三》，《日本藏中国罕见地方志丛刊》，北京：书目文献出版社，1991年，第569-570页。

❷（弘治）《贵州图经新志》卷六《石阡府・山川》，《四库全书存目丛书》史部第199册，济南：齐鲁书社，1996年，第65页。

❸（弘治）《贵州图经新志》卷六《石阡府・祠庙》，《四库全书存目丛书》史部第199册，济南：齐鲁书社，1996年，第69页。

❹［明］刘吉等撰：《明宪宗实录》卷二二七，成化十八年五月壬午，台北：台湾"中研院"历史语言研究所校勘影印本，1962年。

❺［明］祁顺：《巽川祁先生集》卷一一《送致政曾经府序》、卷一二《宦适轩记》，《四库全书存目丛书》集部第37册，济南：齐鲁书社，1997年，第521，532页。

❻ 温建明：《祁顺及其〈巽川祁先生文集〉研究》，《东莞理工学院学报》，2013年第4期，第9-13页。

❼［明］祁顺：《巽川祁先生集》卷一六《杂志》，《四库全书存目丛书》集部第37册，济南：齐鲁书社，1997年，第576页。

❽ 张明：《贵州历代地方志大事编年表》，《人文世界：区域・传统・文化》第7辑，贵阳：贵州大学出版社，2016年，第162页。

（1483 年）初到任，实不可能在到任前就修纂志书。祁顺好友周瑛（1430—1518 年）撰述过《重修石阡府志序》，他说："公来辑和夷夏，宣布德泽，修举废坠，不一二年，政通民怀，乃以余力周旋文事，以为郡之有志，系一郡之体统，郡志不修，何以示天下、传后世？"即说明志书必然是祁顺到任数年后才开始修纂。周瑛还提到志书完成时，自己正从江西抚州"改知镇远"，于是祁顺趁此机会邀请周瑛撰序。[1] 周瑛是在成化二十三年（1487 年）奉命调任镇远知府，因此志书至迟当是该年之前完成。

弘治元年（1488 年）年底，祁顺移家"出寓镇远"，两人常相见，时而诗文唱和，到了来年春天又相偕奉命入省城纂修《实录》。[2] 祁顺在贵州石阡居官算来已是六年，颇有感怀，故给周瑛题诗："作郡无能忽六期，公家移檄费驱驰。江山助我诗何补，日月催人老不知。"[3]

石阡地僻事简，祁顺得以专注地方文献的补遗工作，他批评前志庞杂不类，因而"别为义例，重加采辑，繁乱以删，讹谬以正，脱略以补，间有后人所当绍述者，则引其端，以待诸后"。书成，共十卷，还附辑录全府各处长官司的相关纪录，"司志隶焉"。[4] 祁顺对志书有很深刻的期许，他说："文物关乎世运，志载系乎风教，尚愿同志君子相继修辑，俾之愈传愈远，而愈不穷，是亦为政之当务也。"[5] 此时辅佐他治理文教工作的是教授毛渊，浙江萧山人，贡生，曾特请贵州按察司佥事周孟中（1437—1502 年）为府学重建事表彰祁顺功绩，该文收入于弘治《贵州图经新志》，但也可能是先收于府志，再被省志参酌补入。[6]

祁顺志书完成数年后，贵州省志续纂，此时对祁顺与其志书的评价是："改任知府，才智丰敏，有守有为，尝着《石阡府志》十卷，及他制作，皆伟丽，为时重。"[7] 但至清代，地方官搜罗旧志，却只能找到祁顺的一首五言律诗，其他包括余志等著作仅存篇名，遂称："皆关风化，有光郡志，今俱遗失，可惜。"[8] 所幸祁顺的诗文集作品仍存于世，诗

---

❶ ［明］周瑛：《翠渠摘稿》卷二《重修石阡府志序》，《景印文渊阁四库全书》第1254册，台北：台湾"商务印书馆"，1983 年，第 755 页。

❷ ［明］祁顺：《巽川祁先生集》卷一二《游铁溪记》，《四库全书存目丛书》集部第37册，济南：齐鲁书社，1997 年，第 533 页。祁顺提到："弘治戊申冬，余自石阡出寓镇远，时周君梁石实守兹郡。己酉春正月，偕至贵阳纂修而还。"

❸ ［明］祁顺：《巽川祁先生集》卷六《途中柬翠渠》，《四库全书存目丛书》集部第37册，济南：齐鲁书社，1997 年，第 464 页。

❹ ［明］周瑛：《翠渠摘稿》卷二《重修石阡府志序》，《景印文渊阁四库全书》第1254册，台北：台湾"商务印书馆"，1983 年，第 755 页。

❺ ［明］祁顺：《巽川祁先生集》卷一一《重修石阡府志序》，《四库全书存目丛书》集部第37册，济南：齐鲁书社，1997 年，第 525 页。

❻ （弘治）《贵州图经新志》卷六《石阡府・学校》，《四库全书存目丛书》史部第199册，济南：齐鲁书社，1996 年，第 67-68 页。

❼ （弘治）《贵州图经新志》卷六《石阡府・名宦》，《四库全书存目丛书》史部第199册，济南：齐鲁书社，1996 年，第 71 页。

❽ （乾隆）《石阡府志》卷六《学校志・名宦》，北京：中国文史出版社，2013 年，第 76 页。

文集中的《石阡府题名记》《石阡府修仓记》《石阡科举题名记》《石阡府学岁贡题名碑》《重修石阡府城隍庙碑》，均成为考证石阡明代历史的重要资料，其游记诗文也刻画石阡风光，大有价值。❶

四、知府李究（吕究）与隆庆《石阡府志》

隆庆《石阡府志》早已失传，相关的吉光片羽，如今仅能仰赖郭子章（1542—1618年）《黔记》收录的略序，当中提到志书共十三卷，是知府余姚人李究所撰，其《自序》略文云：

隆庆己巳，府推［官］王君署府事，以暇日求府之图籍，阅之，得一写本，昉于成化初，大抵潦略舛讹，文俚而不雅，事杂而无叙。君窃病之，乃命府学教授吴、冯二子，相与博采羣搜，将掇拾而成稿。究适以是夏来莅府事，王君辄以志属究重加删订，俾有所是正而可传焉。究愧不文，敢与史训？然而图籍，邦政也，不可以辞，乃悉加翻绎而诠次之。书之为图者一，为志者十，诰敕之附者一，诗文之附者一，总之为卷者十三，彪分盷列，亦颇详整而刻成矣。❷

隆庆己巳是隆庆三年（1569年），这段略序反映志书重修起因在于代理知府欲知政事，对于成化年间修纂的府志仍感缺憾。对比相关材料，我们可以找出当时代理知府是推官王朝用，云南曲靖人，嘉靖三十四年（1555年）乙卯科举人，在隆庆二年至三年间（1568—1569年），曾依次重建府治内的养济院、社仓。❸王朝用有心改善旧志潦略舛讹、文俚不雅、事杂无叙的弊病，故找来时任府学教授吴从皋（四川松潘人）、冯晋（四川南部人）共同厘定石阡志稿。到了该年夏季，再转交新任知府重新删改校订，内容则是加强了舆图、诰敕与诗文等类目。

前次《石阡府志》约在成化二十三年（1487年）纂修，距隆庆三年（1569年）已过八十余年，地方人物、事迹屡有变迁，确实理应增补，例如石阡府城自嘉靖元年（1522年）首次筑城，再过四十年“始甃以石城”。❹此等要事最当列入志书纪录。虽然目前无法证实隆庆《石阡府志》增补了哪些内容，但我们可找到知府李究对筑城与地方治理的重视：

李究，余姚人，由官生，隆庆三年知石阡，下车见萧、王二守所创城，甚喜，隳溃者修之，楼弗辑，捐资构之，若相济焉者。……悯民田不均，建议丈量，与推官王朝用

---

❶ 温建明:《祁顺及其〈巽川祁先生文集〉研究》,《东莞理工学院学报》，2013年第4期，第12-13页。

❷［明］郭子章:《黔记》卷一四《艺文志上》,《北京图书馆古籍珍本丛刊》第43册，北京：书目文献出版社，1989年，第301页。

❸［明］郭子章:《黔记》卷二四《公署志下》,《北京图书馆古籍珍本丛刊》第43册，北京：书目文献出版社，1989年，第520页。

❹［明］郭子章:《黔记》卷五《舆图志二》,《北京图书馆古籍珍本丛刊》第43册，北京：书目文献出版社，1989年，第128页。

协心任之，寻壑履亩，劳形焦思，按数稽弓，于是山坞溪涧之田欺隐者，悉皆丈出，粮差顿减，一洗宿弊，豪强或憾之，而小民咸颂。[1]

其政绩因此被收入在志书内，后来乾隆志书有云："皆志载。"并对李兖主修的隆庆《石阡府志》亡佚感到惋惜，叹曰："然隆庆时已多散失矣，奈何！"[2]但其实在万历年间，时人仍可阅读隆庆《石阡府志》，故《黔记》会收入序文，并给予李兖"暇修郡志，秩然有余"的评价。[3]

必须要澄清的是知府李兖的姓氏，贵州的地方志书均称知府李兖，但在浙江余姚，当地李氏家族已经对外宣称改姓，李兖父亲李本（1504—1587年）曾任大学士，退休九年后，为了加强地方社会的宗族力量，于隆庆四年（1570年）奏疏复姓，获得朝廷的同意。[4]所以李兖又为吕兖，余姚地方家谱、文献只能找到吕兖的记载，没有李兖的纪录。

吕兖（1538—1597年），字东甫，号岱阳，浙江余姚县人，在山东兖州府济宁州出生，因此得名。据说他"生而白皙，发黑漆貌"，个性凝重，不好嬉戏。吕兖非科举出身，而是以父荫入太学，历任后军都督府都事、经历，至隆庆初年改宗人府，均为闲职，并不在意，"夷旷自适，不碌碌逐时好"。擢为贵州石阡知府，"袭旧为政"，"主在不扰俗，咸便之，夷种皆怀德焉"。三年后大计虽罢归离职，但也不怨天尤人。[5]

五、知府江大鲲与万历《石阡府志》

万历三十一年（1603年），贵州新添卫人丘禾实欣然为《黔记》撰序，表示自己原来也有撰写地方志的想法，但最终还是打消念头。他乐见《黔记》书成，读后作序称："第余桑梓文献有归，且见君子之有益于人国如此。"[6]然而他对《黔记》也略有失望，"所病黔荒初开，诸郡邑乘，什不一备"，感到仍不尽全。不久，"适石阡太守江君贻余郡志"，他得到《石阡府志》后，喜爱赞赏，"因为君序"。[7]

翻查相关志书，万历年间石阡知府江姓者共有两名：一是江至道，山东朝城人，因

---

❶ ［明］郭子章：《黔记》卷四〇《宦贤列传七》，《北京图书馆古籍珍本丛刊》第43册，北京：书目文献出版社，1989年，第812页。

❷ （乾隆）《石阡府志》卷六《学校志·名宦》，北京：中国文史出版社，2013年，第77页。

❸ ［明］郭子章：《黔记》卷四〇《宦贤列传七》，《北京图书馆古籍珍本丛刊》第43册，北京：书目文献出版社，1989年，第812页。

❹ 戴思哲：《明代大学士李本为什么退休后改姓吕——吕府与吕家史》，《中国社会历史评论》，2009年第10卷第0期，第57-64页。

❺ ［明］孙鑛：《月峰先生居业次编》卷五《石阡知府岱阳吕公暨配谢恭人合葬墓志铭》，《四库禁毁书丛刊》集部第126册，北京：北京出版社，2000年，第293-294页。并可参考张萍：《明代余姚吕氏家族研究》，杭州：浙江大学出版社，2012年，第41-42页。

❻ ［明］丘禾实：《循陔园集》卷四《黔记序》，明万历刻本。

❼ ［明］丘禾实：《循陔园集》卷四《石阡府志序》，明万历刻本。

父荫子成官生，《黔记》记万历二十八年（1600年）到任[1]；另一是江大鲲，乾隆《石阡府志》记万历三十四年（1606年）任职，但江大鲲僚友余懋孳（1565—1617年）的《赠江君擢守石阡序》，却是撰于甲辰年，即应该是万历三十二年（1604年）赴任。[2]就时间上来判断，万历《石阡府志》的编者无疑是江大鲲。

江大鲲（1556—？），字时化，号少溪，万历十三年（1585年）乙酉科云南举人，父祖辈原居徽州府歙县，其父江存惠（1513—1582年）幕僚起家，隆庆二年（1568年）调任云南楚雄府吕合巡检司巡检，合家遂迁居云南。江大鲲历任四川蓬溪县教谕、陕西凤县知县、大理寺右寺副、署左寺正，升至贵州石阡府知府后，三年考满，“郡称上治”，即循例为父母取得封荫。[3]江大鲲勤于职事，最初他将派往石阡赴任时，有些人略感讶异：“以石阡远在万里外，华夷错处，属播事疮痍之余，民瘠吏劳，不足以优贤者。”但余懋孳肯定江大鲲的才名与治行，相信他定能迎刃而解。[4]另一名友人鲍应鳌更是期许鼓舞，赠序曰：“君固通籍滇南，于黔为近，而其山川土风，谓君能习之。且也播酋煽虐之后，其邻封接壤，尚多阢陧而不宁，又非君练习不可治，故用君守耳。”[5]

江大鲲的万历《石阡府志》流传不广，我们仅能根据丘禾实的《石阡府志·序》推敲内容一二：

余嘉其体简而尽，秩赡而裁，鉴爽而当。嗟乎，使司黔者人人用心如君，黔不有全史耶？志载石阡二百年来，中经兵火，有臣死义，微志吾无从知之，即国史。他日志边防、传忠烈，微志亦无所取之。盖余于石志而益见郡志之不可无，若此因为君序。[6]

此时志书再经整理，体裁简当得宜，重视兵防、忠烈等事迹，很可能是地方受到播州之役的影响，加上当时还有万历三十三至三十四年（1605—1606年）间发生的平定东西二路“苗乱”战事，因此志书或会着重相关的书写，表扬殉难者的忠义。此外，我们从郭子章诗文中提及的“予将东归，江石阡以八景求题”事，也可推想江大鲲或许曾将当地八景收入志书内，并附上名人诗赋，添增些许风雅，也因郭子章时任贵州巡抚，正可用其名望来衬托地方的重要性。[7]

---

❶ ［明］郭子章：《黔记》卷二九《守令表》，《北京图书馆古籍珍本丛刊》第43册，北京：书目文献出版社，1989年，第606页。

❷ （乾隆）《石阡府志》卷三《职官志·知府》，北京：中国文史出版社，2013年，第30页；［明］余懋：《荑言》卷一《赠江君擢守石阡序（甲辰）》，《四库全书存目丛书补编》第99册，济南：齐鲁书社，2001年，第496-497页。

❸ ［清］江上锦编辑：《新安东关继阳江氏宗谱》卷七《彦政公世系》、卷一五《明贵州石阡府知府江大鲲父母第三次》，“万历三十六年三月十四日”，清乾隆五十四年刊本。

❹ ［明］余懋：《荑言》卷一《赠江君擢守石阡序（甲辰）》，《四库全书存目丛书补编》第99册，济南：齐鲁书社，2001年，第497页。

❺ ［明］鲍应鳌：《瑞芝山房集》卷五《赠寺正江君擢守石阡序》，《四库禁毁书丛刊》集部第141册，北京：北京出版社，2000年，第124页。

❻ ［明］丘禾实：《循陔园集》卷四《石阡府志序》，明万历刻本。

❼ ［明］郭子章撰、［清］郭子仁编：《青螺公遗书》卷三三《诗·黔草》，清光绪八年冠朝三乐堂刊本。

六、结　语

明代的《石阡府志》均已不存，以往学界对于当地修志次数的看法分歧，有的认知是仅修一次，即祁顺主修的成化志一部。或是主张曾修过三次，即永乐志、成化志、隆庆志。经过本文的考订，论证石阡地区在永乐朝修过一部，成化朝修过两部，隆庆朝一部，万历朝一部，合计明代总共五修。过去对石阡志书认识错误的印象，是文献分散难征所造成的，回溯清朝，就有地方官表示："石阡府设自胜朝永乐间，终明之世，未闻有志。"❶

明代石阡的地方官修志动机不一，早期恪守贯彻朝廷意志，地方知府常会和教授联合编纂志书。但也可能过于仓促，有失简略，以致后任官员稽考不易。在明代中期，石阡地区政事易理，有志难伸者到此，修志即成为政务外的另一寄托。不论是余志或是祁顺，他们都是贬官到石阡，就如祁顺所云"俗客不来公事简，倚窗频和白云篇"❷，或是"僻郡萧条乡信疏，自甘寥落守寒株"❸。透过修志，余志、祁顺等人持续推动教化，所以成化志反映个人政绩成就，补入诗文作品，希冀流芳后世。到了明代后期，地方志书重视体例、史法与文征，卷数类目增加，井井有条，是隆庆志的特色。而万历志不仅体例次第合适，并强化兵事、忠烈人物等记事，应与时事脉动相关。

明代石阡地区五修志书，纂修表现在贵州各府中为最。由此可见，明代贵州佚志数量还值得再作评估检讨。

---

❶ ［清］方齐寿：《重修府志序》，收入（光绪）《石阡府志》，《中国西南文献丛书》第1辑《西南稀见方志文献》卷四六，兰州：兰州大学出版社，2003年，第3页。

❷ ［明］祁顺：《巽川祁先生文集》卷五《石阡述怀》，《四库全书存目丛书》集部第37册，济南：齐鲁书社，1997年，第453页。

❸ ［明］祁顺：《巽川祁先生文集》卷五《遣兴》，《四库全书存目丛书》集部第37册，济南：齐鲁书社，1997年，第454页。

贵州花灯文化的形成与艺术特性概说

夏玉润

（朱元璋研究会）

“花灯”有多种含义：（1）对灯笼的称谓；（2）专指上元灯会中的灯笼；（3）上元灯会的又一称谓，有“正月十五闹花灯”之称；（4）上元灯会中的“唱花灯”“跳花灯”；（5）戏曲“花灯戏”。本文所说的“花灯”，指后两种。

一、从“屯堡人”“凤头笄”说起

从史料记载来看，花灯艺术主要分布于贵州、云南、四川、湖南、广西、湖北、江西、安徽、陕西、甘肃、吉林等地。但从现状来看，以西南一带的花灯发展水平较高，本文以贵州花灯为例，对这一艺术的形成及艺术特性作一介绍。

贵州一带的民众，主要以少数民族为主。元代之前的贵州，多为羁縻之域，尚有游离于羁縻制之外的“蛮夷区”。中央王朝对这里的统治策略，“惟羁縻之，使不为乱而已”❶。历代虽有汉族人口不断进入，但这里一直是以少数民族文化为主导。

早在洪武五年，在明军的军威下，贵州土官开始归顺。明洪武十四年（1381年）九月，朱元璋命傅友德为征南将军，蓝玉、沐英为左右将军，率师征滇。仅一二年间西南一带全境平定。十六年三月，朱元璋召回征滇军队，留沐英镇守。沐英（1344—1392年）是凤阳府定远县人，朱元璋的养子。在云贵一带军队中，凤阳人占较大的比例。明人谢东山在《贵州军伍考》中说：

贵州各卫军丁，皆洪武初年直隶凤阳、湖广、浙江等处民籍，三户勾解。❷

另外，吴茂才《明代卫所制度与贵州地域社会形成研究》一文中引录了《中国明朝档案总汇》关于平越卫、威清卫、安南卫、清浪卫、平溪卫、铜鼓卫等选簿记载，发现“武官之乡”凤阳府籍的卫所官员，不仅位高职显，且人数最多。以平越卫为例，“具指挥使、指挥同知、指挥佥事及卫镇抚等高级官员身份者20名，其中有籍贯讯息可查者17人，12名来自南直隶，约占70.5%，成为高级武官的主要来源地，而在这12名南直

❶［明］郭子章：《黔记》卷五九“诸夷”，万历刻本。亦见［明］谈迁：《国榷》卷十六，北京：中华书局，1958年，第1097页。

❷［明］谢东山：《贵州军伍考》，（万历）《贵州通志》卷二〇《经略志》下，明万历二十五年刻本。

隶武官中，又有6名来自凤阳府，约占50%，足见凤阳府所占的绝对优势。”[1]。

洪武十五年，朱元璋设立“贵州都司”，下辖18卫和2个一级守御千户所，是明朝设立于地方的军事指挥机关，掌一方军政。由于贵州的地理位置、民众构成十分特殊，所以这里的都司不仅管辖当地军卫，还直接管辖部分州县。再加上军卫移民的人口多于当地民籍人口，所以军籍移民文化逐渐成为这里的主体文化，其中部分卫所的文化地理特色相沿下来。

明初进驻贵州的卫所武官，绝大多数袭职于明末。明亡后，卫所武官大多依附了清朝。后裔大致有两大去向：一是世代聚居在卫所驻地，坚守着汉人的身份与文化传统，形成了点状分布的“屯堡”村落。二是随着军户人口的增长，逐渐与少数民族共居。其中居住在“屯堡”村落的军卫后裔，称“屯堡人”，并成为今天的贵州省平坝、安顺、镇宁、普定、长顺等县市内明初屯军后裔的专称。

在上述地区的部分屯堡中，“屯堡人”的语音、服饰、民居建筑以及娱乐方式依然沿袭着明代的文化习俗。其主流服饰“凤阳汉装”，是一种源于明代南直隶凤阳府的汉族妇女服饰，具体表现在：发型为高束前发，形若鸡冠，梳三绺头，称“凤头笄”；穿青布上衣，袖口较大，前襟刺绣花边；佩戴大耳环；不缠足，脚穿绣花翘尖鞋。对此，当地学者对“屯堡人”“凤头笄”做如下解释：“屯堡人还有‘屯军堡子’‘屯田子’‘堡子’等别称或简称。又因其妇女为天足不裹脚，故又被称为‘大脚’‘凤头笄’‘凤头鸡’。‘凤头鸡’当是与‘凤阳头籍’‘凤头笄’之音近意误所致。外地人不知其详，见其妇女衣着头饰与其他汉民不同，以为是贵州的少数民族，于是更有‘凤头苗’之误称也。《贵州通志·土民志》载，‘凤头苗，惟安顺府有之，此族原系明初征苗来黔，其始皆凤阳人也。女子挽髻于顶，以各族迥殊，俗以凤头苗目之’”[2]

关于凤阳人与屯堡之间的关联，史载：

屯军堡子，皆奉洪武敕调北征南。当时之官，如汪可、黄寿、陈彬、郑琪作四正，领十二操屯军安插之类。散处屯堡各乡。家口随之至黔，妇人以银索绾发髻分三绺，长簪大环，皆“凤阳汉装”也。故多江南大族，至今科名尤众。余皆勤耕务本，男妇操作，风俗皆同。[3]

屯堡，即洪武时之屯军，妇女青衣红袖，戴假角（以铜或银作细练系簪上，绕髻一周，以簪绾之，名曰“假角”，一名“凤头笄”）。女子未嫁者以红带绕头。已嫁者改用白带……男子善贸易，女子不缠脚。一切耕耘，多以妇女为之。[4]

---

[1] 吴茂才：《明代卫所制度与贵州地域社会形成研究》，重庆：西南大学，2017年，第132页。该文详细转录了《中国明朝档案总汇》关于平越卫、威清卫、安南卫、清浪卫、平溪卫、铜鼓卫选簿中凤阳籍武官的姓名。

[2] 翁家烈：《屯堡文化研究》，《贵州民族研究》，2001年第4期，第68-78页。

[3] ［清］邹汉勋纂：《安顺府志》卷一五“地理志·风俗”，咸丰元年刻本。

[4] ［清］刘祖宪修、［清］何思贵纂：《安平县志》卷五“风土志·屯堡人”，道光七年刻本。

原籍凤阳府人，从明傅友德征黔流寓于此。男子衣服与汉人同，女子燕尾梳于额前，状若鸡冠，故名。头披青帕，腰系大带，足缠白布，善织带子，多在路旁腰店贩卖蔬饭茶酒营生，性朴厚，畏官守法。❶

平坝人类有“屯堡人”……明祖以安徽凤阳起兵，凤阳人从军者特多，此项屯军遂多为凤阳籍，又此种妇女头上束发，作“凤阳妆”，绾一笄，故又呼之“凤头笄”。❷

从上述史料可以看出，屯堡文化是一种移民文化。移民大多是军籍移民，因首领及人数较多的军士，均是开国皇帝朱元璋的家乡——凤阳籍人，在明朝有着很高的政治地位，他们居住在较为封闭的卫城中，在长达200多年的大明王朝中一直保留着凤阳人服饰等，以示高贵。从而形成一种民俗，一直沿袭至今。

二、上元灯会的出现

除大批军籍人员移居贵州外，明政府还陆续将江南数省及四川、山陕等地民众徙居这里；明末清初，又有大批汉人涌入这里参与这里的矿产开发。大批移民的涌进，必然将汉文化带入境内，其中就包括民俗、文化艺术等。弘治《贵州图经新志》有载：“贵州自入职方，百有余年，民乐耕稼，士知问学，顽梗之俗，变为礼乐衣冠久矣。”❸嘉靖贵州巡抚王学益亦云：“贵州地方，自元以前，虽曾服属，尚属羁縻，入我国朝，际蒙熙洽，建置军卫，播移中土，设立学校，慎择师儒，衣冠所濡，礼义渐同”❹

随着汉文化成为当地主体文化，汉人的盛大节日——上元灯会，明初以后出现于云贵地区。弘治《贵州图经新志》云：“夷人每岁以冬夏二季月之二十四日为火把节，屠豕宰牛，以祭其先。小儿各持火喧戏于市，如上元、岁除然。”❺嘉靖《贵州通志》载：“上元观灯，俗自十一日，各街坊论人住宅，或三四户，或二三户，找一竹架，饬以绢帛，次夜照户出灯悬其上，至十五日，谓元宵正节。缙绅及士民设宴庆赏，放烟花，出游观灯。”❻万历《贵州通志》亦载：“上元，户各灯悬设宴，赏放烟花。”❼明代贵州地区的上元灯会，最初是移居贵州的军籍汉人的风俗，后来逐渐成为当地民众的重大节庆。

上元灯会在贵州的出现，是汉文化进入贵州的硕杲。上元灯会为这一地区花灯文化的形成与发展，提供了生长的土壤。

---

❶ ［清］邹元吉撰，俞培钊绘，徐毓岱注释，袁照藜、杜本崇等书写：《百苗图咏》卷五“凤头鸡”，光绪十六年抄本，贵州省民族研究所藏本。转引自曾芸：《贵州屯堡妇女服饰演变的社会透视》，《贵州大学学报》，2010年第3期，第100-105页。

❷ 江钟岷修，陈廷棻纂：《平坝县志》第二册“民生志·人口”，民国二十一年刻本。

❸ ［明］郭经修、［明］张道纂：《贵州通志》卷八“石阡府”，明嘉靖刻本。

❹ ［明］王学益：《广解额疏》，［明］朱召、许一德纂：《贵州通志》卷十九，明万历二十五年刻本。

❺ ［明］左辅纂修，［明］赵瓒纂：《贵州图经新志》卷十“普安州”，明弘治间刻本。

❻ ［明］郭经修，［明］张道纂：《贵州通志》卷三“风俗”，明嘉靖刻本。

❼ ［明］王耒贤修，［明］许一德纂：《贵州通志》卷三“风俗”，万历刻本。

三、从花鼓、秧歌、采花到花灯

早在20世纪中期，周贻白就提出花鼓、秧歌、采花、花灯同根同源的观点。这四大类民间艺术的形成与发展，均与上元灯会有关。

清初，清王朝为了贯通满汉两民族之间的大和谐，宣扬清王朝皇权社会下的太平盛世、政通人和、国泰民安，全盘吸收明文化，大兴汉唐以来官民同乐的“上元节”，进一步扩大了“金吾不禁”的范围：凡民间百戏均可在此期间尽兴表演，这无疑为民间艺术的发展提供了优越的生存、发展环境。据史料记载，早在清顺治、康熙初年，被北方人称为“秧歌”的“凤阳花鼓”就来到了北方，故有“唱秧歌者，皆凤阳人”之说。康熙年间，被称为“秧歌”的凤阳花鼓，演变为北京上元灯会的表演项目“上元秧歌”。其表演模式是：小儿扮演、男扮女装、男唱女声。清代北京是国家政治文化中心，北京城的上元秧歌通过上元灯会这一载体在全国各地得以普及。从史料来看，在康熙年间，北到黑龙江，西至山西，南到江苏、浙江、湖北、福建、广东、广西，几乎是一夜之间，“唱秧歌”遍及全国各地的上元灯会中。这种传播方式与体系，应该是动用了国家的行政手段。❶

（一）清初上元灯会中的贵州秧歌、贵州采茶

清初，北京上元灯会中的秧歌传至贵州的上元灯会中。康熙三十四年，杨棆《普安灯词六首》出现了秧歌在贵州普安灯会中表演的情况云：

蛮娘曳袖采春云，窄袖长衫窣地裙。唱遍秧歌余自解，蛮方应不愧参军。❷

乾隆五十八年，洪亮吉《贵阳元夕灯词》中，亦有关于秧歌的记载：

金锁桥西送客回，趁人丛处广场开。芦笙吹彻秧歌起，逐队花苗跳月来。❸

这是秧歌最早出现贵州的几篇史料。由于史料中关于表演形式语焉未详，只能将同时期（康熙年间）的北方秧歌史料列于表1。

表1 （康熙年间）北方秧歌史料

地区	种类	内容	出处
北京	秧歌	秧歌椎击惹闲愁，乱簇儿童戏未休。见说寻常歌舞竞，大头和尚满街游（都下儿童竞唱秧歌，击椎相应。又扮大头和尚为戏）	钟振振主编、施闰章著：《清名家诗丛刊初集》，扬州：广陵书社，2006年，第1158页

❶ 夏玉润:《凤阳花鼓全书》(史论卷)，合肥：黄山书社，2016年，第1006-1007页。关于从花鼓到秧歌的演变过程，本文因节省篇幅，不作论述。

❷ ［清］杨棆:《普安灯词六首》之二，收于［清］宋荦编:《江左十五子诗选》卷七，康熙四十二年宛委堂刻本。

❸ ［清］洪亮吉:《洪北江诗文集》卷施阁诗卷第十三《黔中持节集》(癸丑)，景上海涵芬楼藏北江遗书本。

续表

地区	种类	内容	出处
北京	秧歌	上于南海子大放灯火，使臣民纵观……箱中鼓吹并起，最后一箱，有四小儿从火中相搏堕地，炮声连发。别有四儿，衣花裲裆，杖鼓拍板，作秧歌小队，穿星戴熖，破箱而出	［清］毛奇龄：《西河诗话》，《昭代丛书·丙集》卷三十一，吴江沈氏世楷堂刻本
北京	秧歌	别（音璧）队秧歌新姹女（北地唱秧歌，每以男妆女为戏），拦街竹马旧儿童（纸糊竹马亦灯戏也）。为氓我愿他乡老，长傍春台一倚笻	［清］查嗣瑮：《查浦诗钞》卷十二《上元夕观灯有感》，清刻本
河北	秧歌	十五日为上元节……乃杂扮秧歌等项相随……又随处演戏，踩高桥，唱秧歌及节节高等戏，俱以为乐	康熙四十八年《宣化县志》卷十五“风俗志”
河北	秧歌	元宵前后数日，居民门户张灯鼓乐、儿童秧歌、秋千、湖游诸戏	乾隆二十九年《隆平县志》卷四“典礼志”
山西	秧歌	太守迎恩上五台，北门锁钥不轻开。秧歌竹马儿童戏，还到堂帘舞一回	［清］孔尚任：《平阳竹枝词·踏灯词》
黑龙江	秧歌	上元夜，好事者辄扮秧歌。秧歌者，以童子扮三四妇女，又三四人扮参军，各持尺许两圆木，戛击相对舞。而扮一持伞灯、卖膏药者前导，傍以锣鼓和之。舞毕乃歌，歌毕更舞，达旦乃已	［清］杨宾《柳边纪略》卷四，清光绪《仰视千七百二十九鹤斋丛书本》校核本

表 1 收录的清康熙年间上元灯会中的秧歌史料，告诉我们如下信息：

上元灯会中的“唱秧歌”有两种表演形式：一是儿童扮演的“唱秧歌”，二是男扮女装。这种儿童秧歌，又称作“秧歌小队”。至于贵州上元灯会中的秧歌是否也由小儿扮演，尚待考探。

就在秧歌南下贵州同时，采茶几乎与之同时传到贵州。

茶区主要分布于我国南方，由采茶而形成的采茶歌，早在唐朝就已出现，（宋）范仲淹、陆游、王镃、汪元量、俞德邻、熊蕃等均写过“采茶歌”。元明时期，“采茶歌”成为戏曲曲牌。在元散曲作品中便有用“采茶歌”演唱的曲目。另外，清乾隆十一年（1746 年）刊行的《九宫大成南北词宫谱》中就收录了 18 首“采茶歌”变体。

采茶成为民间小曲，首见明万历年间王骥德撰写的《曲律》：“至北之滥，流而为《粉红莲》《银纽丝》《打枣杆》；南之滥，流而为吴之‘山歌’，越之‘采茶’诸小曲，不啻郑声，然各有其致。繇兹而往，吾不知其终矣。”❶可见“越（今浙江一带）之《采茶》”在明万历年间就十分流行。从唐宋诗歌《采茶歌》，到元明杂剧曲牌，再到明末小曲“采茶”，采茶较秧歌发展得更为成熟。

清初，采茶与秧歌一样，进入了贵州地区的上元灯会。光绪《平越直隶州志》曰：

十一至十六日，谓之灯节……又有为花灯，装士女，唱采茶歌，或扮演杂剧者。徐

❶［明］王骥德：《曲律》卷一“论曲源第一”，中国戏曲研究所编：《中国古代戏曲论着集成》（四），北京：中国戏曲出版社，1959 年，第 56 页。

宏业旧志云："黎峨风俗，正月十三日前，城市弱男童崽，饰为女子装，双鬟低鬟，翠翘金钗，服鲜衣丰，背拖绣裙，手提花篮灯，联袂缓步，委蛇而行，盖假为采茶女，以灯作茶筐也。每至一处，辄绕庭而唱，为《十二月采茶》之歌，歌如竹枝，俯仰抑扬，曼音幽怨，亦可听也。"《田居蚕室录》云所唱《十二月采茶歌》。如："三月采茶茶叶青，茶树脚下等莺莺。二月采茶茶花开，借问情侬几时来。"音词清婉，莫详所自。❶

文中所说的"徐宏业旧志"，指康熙二年《平越直隶州志》。光绪《平越直隶州志》"序"云："是志，为康熙二年分守镇通右参议徐宏业辑。"可见，"采茶"及《十二月采茶》，早在康熙二年就在贵州平越（今福泉）一带的上元灯会中出现。

记录上元灯会中"采茶"的尚有如下史料：康熙二十七年田雯《春灯绝句八首》之三、之四："城北城南接老鸦，细腰社鼓不停挝。蹋歌角牴蛮村戏，椎髻花铃唱采茶"❷；道光《松桃厅志》："元宵有采茶歌，川调楚调不一，各操土音歌咏"❸等。

从现有的史料来看，采茶进入上元灯会为康熙年间。进入的省份除贵州外，还有浙江、福建、广东、湖北、湖南、广西、云南、江苏等。❹由此可以推测，康熙年间南方地区的上元灯会中普遍出现了采茶。

清代南方的上元采茶表演，吴震方《岭南杂记》做了较为详细的记述："饰姣童为采茶女，每队十二人或八人，手挈花篮，迭进而歌，俯仰抑扬，备极妙妍。又有少长者二人为队首，擎采灯，缀以扶桑茉莉诸花，茶女进退行止，皆视队首。至各衙门或巨室唱歌，赉以银钱酒果，自十三夕至十八夕而止。"❺

关于《十二月采茶》的唱词，除《平越直隶州志》转"徐宏业旧志"中有第三段唱词外，《广东新语》亦收录了第二、三、四段："二月采茶茶发芽，姊妹双双去采茶；大姊采多妹采少，不论多少早还家。……三月采茶是清明，娘在房中绣手巾；两头绣出茶花朵，中央绣出采茶人……四月采茶茶叶黄，三角田中使牛忙；使得牛来茶已老，采得茶来秧又黄。"❻

可见，包括贵州在内，南方上元灯会中的"唱采茶"与北方上元灯会中的"唱秧歌"几乎完全相同，即一是儿童扮演，二是男扮女装。但"唱采茶"亦具有自己的特点，即"每队十二人或八人，手挈花篮，迭进而歌"以及"有少长者二人为队首，擎采灯，缀以扶桑、茉莉诸花，茶女进退行止，皆视队首"。所演唱的内容是《十二月采茶》。笔者认

---

❶ ［清］瞿鸿锡修，［清］贺绪蕃纂：《平越直隶州志》卷五"风俗"，光绪三十三年刻本。

❷ ［清］田雯：《黔书》上卷"黔风"，嘉庆十三年刻本，民国《黔南丛书》重排铅印本。

❸ ［清］徐鋐修，［清］萧琯纂：《松桃厅志》卷六"风俗"，道光十六年刻本。

❹ 夏玉润：《凤阳花鼓全书》（史论卷），合肥：黄山书社，2016年，第285-306页。

❺ ［清］吴震方：《岭南杂记》上卷，收于王云五主编：《丛书集成初编》"说铃之一"，上海：商务印书馆，1936年（民国二十五年），第21-22页。

❻ ［清］屈大均：《广东新语》卷一二，"粤歌"，北京：中华书局，1985年，第360页。

为,《十二月采茶》应该就是明万历年间王骥德所说的“越之‘采茶’”，是明代流传下来的小曲。

自清初以来贵州上元秧歌、采茶出现后，一直延续不断。然而秧歌的北方文化色彩毕竟强烈，并不适应当地的土壤，故逐渐消失，最终“采茶”在贵州得以发展。这从当地学者们的著述中可以得到印证:“贵州花灯是由《采茶调》发轫的，那么探索花灯的源头，第一条线索应是《采茶调》的来源。”❶以贵州独山花灯为例，独山“花灯源于一年一度的‘元宵灯会’活动。它与湖南、湖北、江西、四川、云南等省的花鼓、采茶、彩调等剧种属同一类型。它们之间有一定的血缘关系。除语音不同，在发声吐字或要腔各有其习惯唱法外，从表演到曲调大都彼此相通，基本源于《元宵灯会》、秧歌及社火活动。”❷说明清初通过上元灯会流传至贵州的秧歌、采茶，至今仍能感受到余波，仍能从贵州花灯中感受到它们的存在。

（二）上元灯会中的贵州花灯

贵州花灯的出现于上元灯会秧歌、采茶之后。现将关于“花灯”的史料列于表2。

表2　贵州花灯

类别	内容	出处
唱采茶	灯节……各村醵金为龙灯，从以鼓乐，遍行村坊，所至迎以火爆，或有为花灯，装士女，唱采茶歌，或演杂剧者	嘉庆三年《桑梓述闻》卷三“风俗”
唱花灯	迎神赛会，兴灯演戏，不惜称贷争先，末俗可鄙	道光十三年增补本：《黄平县志》卷一“风俗”
唱花灯	自正月初十日始，城中有龙灯、花灯，及唱灯之戏	咸丰四年《兴义府志》卷四十“风土志”
唱花灯	正月……上九后，放花灯，陈百戏，庆元宵。十四五夜，坟台遍张火烛，灿如列星	光绪三年《续修正安州志》卷六“风俗”
唱花灯	上元前后数夕……又有以童男扮女装，唱采茶曲，谓之花灯	光绪八年《黎平府志》卷二下“风俗”
唱花灯	正月元宵……名曰花灯。拣少年为女装，伴以鼓乐，沿门踏唱。主人酬其灯费，或觞以酒	光绪二十五年《湄潭县志》卷二“地理志”
唱花灯	十一至十六谓之灯节……以村童饰男女装，唱采茶歌，间以杂剧者，为花灯	民国二年《瓮安县志》卷九“风俗”
唱花灯	正月……上九后，闹花灯，庆元宵	民国十七年《绥阳县志》卷一“风俗”

❶　袁家浚:《贵州花灯音乐源流、特征考》,《贵州大学学报》，2002年第3期，第35-47页。

❷　石文龙:《独山花灯历史渊源与形态特征初探》，收于朱恒夫，聂圣哲主编:《中华艺术论丛》第7辑，上海：同济大学出版社，2007年。

续表

类别	内容	出处
唱花灯	寻娱乐，而有唱花灯、放七姑等事。（《田居蚕室录》：上元时，乡人以扮灯为乐，用姣童作时装，逐家双双踏歌，和以音乐，艳以灯火，抑扬俯仰，极态增妍，谓之闹月宵。其中所唱采茶歌，有“正月采茶花正开，白花鲜映女郎腮。二月采茶芽初发，女郎怜嫩不忍歃。三月采茶茶叶青，茶树脚下等莺莺。”）	民国二十七年《麻江县志》卷五“地理志”
唱花灯	灯有龙灯、花灯之分……一人男装，操一巾，曰“唐二”；一个扮女装，持一扇，曰“懒大嫂”。双双踏舞，曰跳花灯。皆于是夜开始出发，去逐户踵门，去舞之街衢。至十五之夜而止，曰收灯……花灯多见于村寨。方其双双歌舞时，其所歌曰采茶之曲。二人高歌，而其众和之。其词俚俗，士夫鄙之	民国二十九年《开阳县志稿》第九章“社会”第五十三节“风俗”
唱花灯	初九为上九，俗传天帝诞辰……自此以后，花灯、龙灯，喧阗高唱，一县若狂	民国三十二年《沿河县志》卷十三“风土志”
花灯戏	民国三十四年……八月十日，倭寇投降消息传到……九月七日，各界召开庆祝胜利大会……演剧八日……唱花灯。 正月……九日，相传为玉皇圣诞……入夜，龙灯花灯（此为一种农村娱乐，扎花灯数个，扮旦、丑各一，以一人拉大胡琴，旦、丑唱各种小曲，载歌载舞）开始出灯，挨户申贺索喜封……	民国三十六年《镇宁县志》卷一、卷三
唱花灯	邑人唐守一所著《兴义竹枝词》若干首……《看灯》：灯火连宵照满城，几同星夜斗光明。无端妇女争贪看，惯向游人多处行……（……正月十五以内，有作唱花灯、玩龙灯之娱乐者。毕，即将花灯、龙灯送给有财产而无子嗣之家，接受后可兆生子云）	民国三十七年《兴义县志》第十一章第二节“风俗”
唱花灯	自初十至十五日，夜夜龙灯、花灯，空萧鼓梁，人喧犬吠，谓之开元宵	民国石印本《普安县志》卷十“风俗”

资料来源：以上史料，均来自贵州地区的地方志。

贵州上元灯会中“花灯”的史料记载，最早见于嘉庆三年（1798年）《桑梓述闻》（即贵州瓮安方志），即“或有为花灯，装士女，唱采茶歌，或演杂剧者”❶。据此史料，可初步判断，贵州“花灯”的出现，可上溯至乾隆年间。

然而，《中国戏曲志·贵州卷》根据（明）徐霞客《黔洲日记》关于“独山土官昔为蒙诏，四年前观灯，为其子所弑”这段文字，认为“独山花灯演唱活动当为崇祯七年”❷，可能是误读。徐霞客所说的观灯，应为观看元宵节的花灯，或为观看灯火。

四、贵州花灯的形成及其种类

乾隆至嘉庆年间，贵州花灯出现后，表演形式出现如下变化。

❶ 康熙二十七年，田雯《春灯绝句》“白纳乌蒙旧有名，水西柳畔是龙坑。奚官金勒连钱马，串作花灯碟躞行”之诗句。碟躞，应该是“蹀躞”，小步走路的样子。诗中的“花灯”，似与“唱采茶”的“花灯”无关。

❷ 中国戏曲志编辑委员会等:《中国戏曲志·贵州卷》，北京：中国ISBN中心，1999年，第8页。

其一，最初是“唱花灯”。记录贵州花灯表演的最早史料，见光绪八年的贵州《黎平府志》：“以童男扮女装，唱采茶曲，谓之花灯。”可见最初的花灯，仍是“童男扮女装”和“唱采茶曲”，沿袭了康熙年间“儿童扮采茶”的表演形式，仅是名称改为“花灯”而已。

此时的花灯，仍出现于上元灯会中，其表演形式仍是“唱花灯”，还没有出现特定的人物。这也是贵州花灯的最初形式。

其二，出现了人物。据民国二十九年《开阳县志稿》记载，上元灯会中的花灯表演，演变为一旦一丑、一男一女的表演，男为丑，称“唐二”❶，女为旦，称“懒大嫂”，“二人高歌，而其众和之”，所唱之曲仍称“采茶之曲”。这种表演形式，与《十二月采茶》歌已有很大不同。明显是受到了花鼓的影响。

花鼓进入贵州的史料，见于道光二十九年《大定府志》所收余上泗❷《蛮峒竹枝词一百首》：

几重岭树夹蛮庄，妇女逢春不肯藏。闻道前村花鼓闹，背儿看赛《竹三郎》。（竹三郎，即竹王所生三子，死配食，其父蛮人，祀之者多）❸

《蛮峒竹枝词一百首》写于乾隆年间。可见早在乾隆、嘉庆年间，贵州就有“花鼓”的记载。花鼓如何传入云贵，未见史料记载，大约有三种渠道：一是凤阳花鼓民间艺人来贵州卖艺，二是戏曲《打花鼓》进入贵州，三是湖南花鼓进入贵州。

其三，花灯出现“祭祀”功能。据《独山花灯历史渊源与形态特征初探》一文载：

“愿灯”……其内容是娱乐鬼神，酬神了愿，驱魔去邪，保佑主家清洁平安，恭贺主家升官发财等。愿灯在独山旧时代的农村中普遍存在，“愿”是平时许，“灯”是正月还。一个灯班在接到主家求唱愿灯的邀请后，即由灯班头（掌坛师）带领全体灯班成员到主家进行演唱。愿灯从开坛到回坛要经过复杂纷繁的程序：请水、安灵、开光、拜祭、发灯、参土地、拜台、踩门户、贺主人、扫堂、封门、倒水、拜家神、辞神、岔牌灯、造船、化灯折台、回坛。这种“愿灯”形式在贵州一些地区花灯班以及云南花灯、湖南花鼓灯等均有，虽表演形式有所差异，其酬神了愿的内涵却相同。❹

上文告诉我们，由于上元灯会中的花灯深受当地民众的喜爱，所以逐渐将花灯表演纳入当地的祭祀礼仪、酬神还愿之中。花灯的这一功能，应借鉴清初将花鼓秧歌用于社祭。

其四，小调成为花灯主体曲目。从贵州花灯最初演唱的《十二月采茶》，发展到后

---

❶ 唐二，拟为旧时的仆人。

❷ 余上泗，字蒐山，鎮宁人，乾隆二十五年举人，四十四年官黔西学正。

❸ ［清］唐古特修，［清］邹汉勋纂：《大定府志》卷五十八“诗第十九中”，清道光二十九年刻本。

❹ 石文龙：《独山花灯历史渊源与形态特征初探》，收于朱恒夫，聂圣哲主编：《中华艺术论丛》第7辑，上海：同济大学出版社，2007年。

来的诸多小调，与内地的小调大多有关联。

清初，明代时曲开始传入贵州、云南地区。有史料证明，明清时曲流入云南，见（清）徐炯《使滇日记》："（康熙二十六年十月）初五日，大理郡佐来访于汤池……晚，复与姚、李公诸君畅饮……李秉公令从者唱《打枣竿》，哀婉凄苦，不忍终听。"[1]《打枣竿》是在民间广为流传的小曲。万历年间，沈德符《万历野获篇》曾记录此曲盛行全国。李秉公是位官员，其"从者"可能是"官属乐人"，《打枣竿》是通过国家乐籍制度体系以及官属乐户的传承而进入云南的。雍正年间，吴应枚《滇南杂咏》一诗再次提及《打枣竿》，此时它已在当地广为传唱："呜咽芦笙和口琴，依稀声调杂南音。新腔草秆何许打，莽伏于今尽革心。"注云："芦笙、口琴，倮人乐器，其音凄与怨。《打枣竿》，曲调名，男妇皆能歌之，盖取扑灭丑类之意也。"[2]笔者虽未能找到明代时曲传入贵州的史料，但上述史料亦可佐证。

据笔者初步统计，《中国民间歌曲集成·贵州卷》就收录诸多可能来自内地的民歌。如贵阳市的《玉美人》《鲤鱼红嘴又红鳃》《奴在绣房闷沉沉》，安顺市的《梅花》《清早起来梳油头》《梳妆调》，镇宁县的《石榴打花叶又青》，丹寨县的《一把扇子两面青》，三都县的《梳妆台》，毕节市的《调兵歌》《十月飘》，大方县的《八月桂花香》，独山县的《梳妆台》《十二月相思》《怀胎调》《四小景》《五更叹郎》《四季相思》《十二杯酒》等，均有可能是从内地传入的民歌。这些民歌，有的直接被花灯所演唱，有的则与之有着紧密的联系。

综合上述，现对贵州花灯的形成与发展，作如下梳理：

康熙年间，北京上元灯会中的花鼓、秧歌、采茶传入贵州地区。其中，广东、江西、福建一带的《十二月采茶》歌，成为灯会中的重要内容。乾隆年间，花鼓（包括凤阳花鼓民间艺人、戏曲《打花鼓》、湖南花鼓等）进入云贵后，对当地民间艺术给予重要影响，于是"花灯"这一艺术诞生了。"花灯"最显著的特点，就是表演形式由原来的《十二月采茶》歌，变为一丑一旦、一男一女、口唱小曲的"唱花灯"。小曲的构成，以明清小曲为主，这也是"凤阳歌"的常用曲调。其人物基本为"一旦一丑"的"二小"角色模式。道具最初为"挑花灯"，后受戏曲影响，改为扇巾。基本没有故事情节，或故事情节十分简单。锣鼓伴奏（后加入弦竹），演唱小曲。

清乾隆以来，随着四川、湖南、广西及中原一带戏曲（主要是地方戏）的传入，对云贵地区上元灯会中的花灯产生了重要影响，花灯逐渐脱离了灯会，形成有组织、有班会的"灯班"，成为职业性或半职业性的演出组织。在吸取外地戏曲音乐及外来戏曲艺人的同时，向着"花灯戏"发展。花灯戏的形成大约在清末至民国年间。

[1] ［清］徐炯：《使滇日记》，上海：上海古籍出版社，1983 年，第 240 页。

[2] 雷梦水等编：《中华竹枝词》，北京：北京古籍出版社，1997 年，第 3616 页。

现以独山花灯为例。在贵州花灯中，独山花灯是流传于贵州省独山县一带的花灯艺术，有一定的知名度。其表演人物以“一丑一旦”“一男一女”为核心。女角称“干妹”，右手持折扇，左手捏巾；男角称“干哥”，右手持扇。旧时花灯班的演出多是在每年正月初二、初三开唱花灯，十五、十六收灯。在表演上，独山花灯可分为“地灯”“愿灯”“台灯”三类。音乐主要分为茶歌、贺调、祭仪调、数板、路调、花调等。茶歌应为上元灯会中采茶歌的形态；贺调、祭仪调为“愿灯”所演唱；数板、路调为花灯戏中的唱腔。与凤阳花鼓有关联者，主要为花调。音乐以徵调式和商调式为主，其曲调为各剧中生、旦、净、末、丑各类人物与各种情绪唱腔选用。花调有130余支，其中《调兵调》《怀胎调》《新探梅》《十月花》《烟花告状》《双探梅》《四平调》《五更调》《猜拳调》《雪花飘》等，均与凤阳花鼓曲目相似。独山花灯集歌、舞、曲艺、戏曲、祭祀、礼仪等融为一体，并非仅是一种单纯的戏曲艺术。

五、结　语

一种艺术的产生，与这里的地域文化有关，是特定区域的生态、民俗、传统、习惯（包括风俗、语言、自然地理等）的文化反映。

客观地说，贵州花灯是一种带有移民色彩的艺术。考探其产生的原因及发展过程，有如下几点：一是明朝设立的“贵州都司”，替代了原来土司制度，从而强化了贵州与中央政府之间的联系，为接受内地文化在制度上打下了基础。二是大批军籍移民徙居贵州，其中以南直隶凤阳府的卫所官员及军士最为显目，并成为这时的文化思想的主导者，与当地文化相互影响，相互融合。三是汉族传统节日上元灯会自明朝起，成为这里的重要民俗节日，从而成为承接清初自北方而来的花鼓、秧歌、采茶进入贵州的平台。四是在当地民俗文化的需求下，历时200余年，完成了从花鼓、秧歌、采茶到花灯的艺术演变，并成为具有歌、舞、曲艺、戏曲、祭祀、礼仪等为一体的多种艺术属性的综合艺术。

最后尚需强调的是，安顺屯堡中的“凤阳汉装”成为这里地域文化的标志，以及凤阳花鼓与贵州花灯之间仍能找到相同的艺术基因，两者之间绝非一种巧合。

本文仅是“概说”，请当地专家学者补充、指正。

明初洪武帝的辽东经略与辽东都司

［韩］金暻绿

［军事编纂研究所（首尔）］

一、前 言

都指挥使司（以下简称“都司”）是以边防为中心设置的军事目的统治机构。像明代都司这样，以军事目的而设立的统治机构并非明代独有现象。虽然历朝历代均有存在，但明代都司从制度层面来讲完成度是十分高的。明代一直存在的都司卫所体制，即使在建朝初期军事危机已基本解除的情况下依然存续有何意义？尤其是以辽东都司的情况来说，由于军事紧张和持续冲突，明代中央政府对辽东的关心提升。辽东都司以地理条件的优势起到明代与朝鲜关系的中间媒介作用。

明代军制与辽东相关研究是明史研究的重要领域，中、日、韩学界已取得丰硕成果。在中国学术界中，卫所制、军户、屯田、募兵制等明代军制史研究主要在政治、经济背景相关领域成果丰富。[1]关于明代辽东与辽东都司，中国学术界的研究主要是以吴晗、解毓才为先驱而进行的。此外，与军户、军役、屯田相关的多种研究也在进行。[2]通过研究，发现明代军户制度虽从垛集出发，但也是模仿元代的正军·贴户制来运营的。[3]王毓铨虽然不是以辽东和辽东都司作为研究对象，但其关于明代屯田的总括性研究提升了有关辽东的理解。[4]明代屯田研究在此后一直以不同时代、不同地域、不同身份进行广泛的

---

❶ 吴晗：《明代之军兵》，《中国社会经济史集刊》，1937年第5卷第2期，第147-201页；吴晗：《吴晗论明史》，天津：天津人民出版社，2015年；吴奈夫：《略论明代的卫所制度及其演变》，《中学历史》，1984年第3期。

❷ 王毓铨：《明代的军户——明代配户当差之一例》，《历史研究》，1959年第8期；周远廉，谢肇华：《明代辽东军户制初探——明代辽东档案研究之一》，《社会科学辑刊》，1980年第2期，第45-60页；周远廉，谢肇华：《明代辽东军屯制初探——明代辽东档案研究之二》，《辽宁大学学报》，1980年第6期，第53-60页；李龙潜：《明代军户制度浅论》，《北京师范学院学报》，1982年第1期，第46-56页；丛佩远：《明代辽东军屯》，《中国史研究》，1985年第3期，第93-107页；李荣庆：《明代武职袭替制度述论》，《郑州大学学报》，1990年第1期，第9-15页；梁志胜：《明代卫所武官的借职制度》，《陕西师范大学学报》，2002年第1期，第36-42页；彭勇：《论明代州县军户制度——以嘉靖〈商城县志〉为例》，《中州学刊》，2003年第1期，第97-101页；张金奎：《明代卫所军户研究》，北京：线装书局，2007年。

❸ 于志嘉：《卫所、军户与军役——以明清江西地区为中心的研究》，北京：北京大学出版社，2010年。

❹ 王毓铨：《明代的军屯》，北京：中华书局，1965年。

研究。[1]

尽管研究成果丰硕，但在明代辽东与辽东都司的先行研究中，分析多集中于辽东内地辽东都司的内容、特点上，且都限定在辽东自身层面。由于受到辽东地理、军事、经济性的制约，辽东的军政体制如何变化是本文的说明方式。但明建朝以后，洪武帝在中央与地方统治的观点上，认为如果设置实行辽东军政，考虑到明朝整体情势与军事、财政状况，就要使辽东的军政体制得到扩大。从这一点来说，辽东军政体制如果从明代整体角度来整理分析的话，限定在辽东的分析或许可以忽略。

本文以既成研究成果为基础，相比于辽东都司自身沿革，将以辽东与中央政府的关系为中心，探究辽东都司军政体制的意义。为此首先整理了洪武年间局势变化以及明代军制建设过程，探查了洪武帝对于辽东的认识以及辽东经略过程，最后分析在洪武帝所追求的皇帝中心统治体制下，辽东军政体制所具有的意义。

二、洪武年间局势变化与军制建设

洪武年间的局势变化是以全境为基准，可以划分为山东战争、河南战争、河北·大都战争、山西战争、陕甘战争、北元战争、辽东战争等。伴随相关政治、社会、经济问题，可以将局势细分为明建朝时期、洪武十三年、洪武二十年、洪武末期。[2]洪武帝在明建朝以前已经通过统一战争使元征军北退，并在东南部派征南军出战。徐达指挥下的北进军占领元大都，保住了北平一带。大都防御失败的元军逃往上都，利用辽东一带的势力压迫明朝。占领了北平的洪武帝于洪武四年（1371 年）在辽阳设立辽东卫，为了治理辽东，将之视为战阵基地。[3]当时的辽东多个北元势力乱立，蒙古高原的北元政权已非亲属关系。由于云南地区的征伐，以及西北方蒙古势力的军事冲突不断，无法专心辽东的洪武帝于是开始实行对辽东地区的多种势力进行招抚的怀柔政策。

定南军由汤和、廖永忠指挥，占领了广东、广州等地。在应付北进、南进战役的同时，洪武帝一边对西面蒙古军实行以防御为中心的军事政策。此外，为了镇压全国各地随时发生的叛乱，爆发的军事冲突也接踵而至。[4]建朝之后明朝在北、南、西三面的战争频发，需要大规模动员军队以镇压各地叛乱的军事力量。因此洪武帝认为，比起军事力

[1] 张仁忠:《论明代的军屯》,《北京大学学报》，1961 年第 5 期；李龙潜:《明代军屯制度的组织形式》,《历史教学》，1962 年第 12 期，第 12-17 页；汤纲，南炳文:《略论明代军屯士卒的身份和军屯的作用》,《南开史学》，1980 年第 1 期，第 108-126 页；刘景泉:《论朱元璋的军屯政策》,《南开史学》，1981 年第 1 期，第 47-63 页；唐景绅:《明初军屯的发展及其制度的演变》,《兰州大学学报》，1982 年第 3 期，第 33-45 页；衣保中:《关于明代军屯制度破坏过程中的几个问题》,《松辽学刊》，1984 年第 3 期，第 41-46 页；杜涛:《试论明初的军屯》,《云南师范大学学报》，1994 年第 2 期。

[2] 金暻绿:《明初洪武帝军事认识与军事政策》,《军史》，2016 年第 99 期。

[3] [清] 张廷玉等撰:《明史》卷一三四《叶旺传》，北京：中华书局，1976年;《明太祖实录》卷六六，洪武四年六月，台北: 台湾“中研院”历史语言研究所校勘影印本，1962 年。

[4] 《明太祖实录》卷三二，洪武元年七月壬午，台北: 台湾“中研院”历史语言研究所校勘影印本，1962 年。

量更应该有效率地经营。洪武帝一面派遣指挥征伐和净土军队的军事指挥官，一面自己亲自上阵展开指导，指挥军事作战。❶

洪武帝在战争过程中禁止对民掠夺。为了安定占领地和叛乱地的民心，还积极地实行了救恤政策。❷例如，洪武元年（1368 年），洪武帝在中原兵难以后，指示中书省，对鳏寡孤独的贫民进行赈恤，中书省以朝廷财政不足回禀。关于此洪武帝秉持“得天下者，得民心也”的立场，认为明朝面临的任务是民心安定。❸从某种程度来讲，山东、广东及内地安定成果的取得比对外战争更能够集中。其结果是，1368 年年末，明军在西北部占领太原，北元军的扩廓帖木儿率领军队投降。

在四面对外征讨的局势下，洪武帝为了统治体制内部的稳定，将民心视为优先。民心的安定是通过抚恤和税量的减免乃至全免而实现的。洪武二年（1369 年）正月十五日，山东、北平、燕南、河东、山西、北京、河南、潼关、唐邓，光息等地的税量全免。❹

从军事角度来说，明洪武二年（1369 年）击退攻击大同的北元军，洪武三年（1370 年）徐达、李文忠率领的北征军出征。洪武四年（1371 年）汤和、寥永忠的西川征讨战争，傅友德的蜀地征讨战争还都在进行。同年，辽东元平章刘益的投降，确定了辽东地区的桥头堡地位。洪武五年（1372 年）征虏大将军徐达的北征军大规模出征，邓愈的吐蕃讨伐战争也同时展开。洪武六年（1373 年）蒙古军在攻击大同时遇到了徐达的防御。洪武七年（1374 年）李文忠、蓝玉的北元战争展开。洪武十年（1377 年）秦、晋、燕王府护卫添设羽林等卫军，皇帝的近卫实力得到增强。洪武十三年（1380 年）以胡惟庸入狱为契机，一扫江南出身的功臣势力，废止中书省，以六部代替宰相制，六部职制得到强化。另外，以五军都督府改编大都督府行使军令权。

洪武十四年（1381 年）洪武帝命傅友德、蓝玉、沐英等人征讨平定云南，紧接着命蓝玉、沐英占领大理。云南征讨军和大理征讨军在洪武十六年（1383 年）复归。洪武帝的内外安定在某种程度上已经确立。洪武二十年（1387 年）命令由冯胜、傅友德、蓝玉组成的大规模征讨军攻打辽东的纳哈出。最终因纳哈出的投降，辽东的北元势力急剧弱化，从根本上促进了后来洪武帝的辽东经略。洪武二十三年（1390 年），洪武帝命令晋王、燕王、齐王诸位亲王指挥征讨军攻击北元。洪武二十六年（1393 年），洪武帝以蓝玉入狱为契机将功臣势力中残存的有力武将势力清除。洪武二十八年（1395 年），洪武帝颁布《皇明祖训条章》，对内确立以皇帝为中心的统治秩序，对外稳定以明为中心的国际秩序。

---

❶《明太祖实录》卷三二，洪武元年七月辛巳，台北：台湾“中研院”历史语言研究所校勘影印本，1962 年。
❷《明太祖实录》卷三二，洪武元年七月辛卯，台北：台湾“中研院”历史语言研究所校勘影印本，1962 年。
❸《明太祖实录》卷三二，洪武元年七月庚寅，台北：台湾“中研院”历史语言研究所校勘影印本，1962 年。
❹《明太祖实录》卷三八，洪武二年正月庚戌，台北：台湾“中研院”历史语言研究所校勘影印本，1962 年。

明初，洪武帝制压了元末军事叛乱与农民叛乱。为了在与北元的战争中取得胜利，一面主张强兵策，另一面将军事力量彻底编制在以皇帝为中心的统治中来。此外，意在建立传统的政治体制。在建朝过程中强兵策虽然重要，但建朝之后，为了安定以明为中心的国际秩序，要最大程度抑制对外军事冲突。

通过这些战争和政治变动过程，为了成立与维持皇帝中心的统治秩序和以明为中心的国际秩序，洪武帝持续实行军制改编。明代的军制是，明建朝以前至正二十四年（1364 年），为了成体系地指挥扩大的军事实力，部伍法制定并开始实施。[1]以指挥、千户、百户、总旗、小旗一元化编制，士兵基准是以 5000 名为一指挥，1000 名为一千户，100 名为一百户，50 名为一总旗，10 名为一小旗。形式是 5 个小旗为一总旗，2 个总旗为一百户，10 个百户为一千户，5 个千户构成一卫。明建朝以后，几个卫和所汇成重要军事据点，形成类似军区概念的都指挥使司。这就是所谓的卫所制。

明代卫所制度是把握明代历史性的重要军政制度。明建朝以后在全国设置卫所，构建军事编制，作为明代基本军事单位，管辖相关地区的军户、军役。但是在明代的统治观念中，全国以中央和地方区分，从行政、司法、军事多个侧面实行地区统治，和卫所的面积、管理体制、土地及户籍制度等一般行政制度密切相关。从统治者的立场来看，实行的军事体系和重要军事要冲行使的一般行政体系有所不同，不能将相关地域完全像军营一样指挥。相关地域通过卫所统治一般民众，军事管制以特殊形式运营。此种明代卫所制在洪武年间经历过三次变化并最终形成。

洪武七年（1374 年）二月，《大明律》修订并颁布，建朝初期首先完成政治、社会、经济变革的洪武帝又在来年编纂《皇明宝训》，具体阐明了统治方针。洪武七年洪武帝命令邓愈、汤和等 13 名武将分别驻屯北平、山西、河南，强化了国境防御体制。不仅如此，关于卫所制的运营，洪武帝多次告诫军令权与军政权要明确区分。[2]紧接着洪武八年（1375 年）在外各地设置的都卫变为都指挥使司，果断实行大规模的军制改编（见表 1）。

表 1　洪武初期都指挥使司体制的成立

都卫	都指挥使司	比较
燕山都卫	北平都指挥使司	北平卫 → 燕山前卫指挥使司
西安都卫	陕西都指挥使司	—
西安行都卫	陕西行都指挥使司	—
太原都卫	山西都指挥使司	太原前卫指挥使司 新设
大同都卫	山西行都指挥使司	—

[1] 《明太祖实录》卷一四，甲辰年四月壬戌，台北：台湾“中研院”历史语言研究所校勘影印本，1962 年。

[2] 《明太祖实录》卷九二，洪武七年八月丁酉，台北：台湾“中研院”历史语言研究所校勘影印本，1962 年。

续表

都卫	都指挥使司	比较
杭州都卫	浙江都指挥使司	钱塘卫→杭州左卫指挥使司，仁和卫→杭州右卫指挥使司
江西都卫	江西都指挥使司	南昌左卫指挥使司 新设
青州都卫	山东都指挥使司	青州左卫指挥使司，青州右卫指挥使司 新设
成都都卫	四川都指挥使司	成都中卫指挥使司 新设
福州都卫	福建都指挥使司	福州左卫指挥使司，福州右卫指挥使司 新设
建宁都卫	福建行都指挥使司	建宁左卫指挥使司，建宁右卫指挥使司 新设
武昌都卫	湖广都指挥使司	武昌左卫指挥使司，武昌右卫指挥使司 新设
广东都卫	广东都指挥使司	广州左卫指挥使司，广州右卫指挥使司 新设
广西都卫	广西都指挥使司	桂林左卫指挥使司，桂林右卫指挥使司 新设
定辽都卫	辽东都指挥使司	定辽前卫指挥使司 新设，辽东卫 → 定辽后卫指挥使司
河南都卫	河南都指挥使司	—
留守都卫	留守卫指挥使司	天策卫，豹韬卫，飞熊卫，鹰扬卫，江阴卫，广洋卫，横海卫，龙江卫→亲军指挥使司 改编，水军左卫，水军右卫 →指挥使司 改编（隶属大都督府）

资料来源:《明太祖实录》卷一〇一，洪武八年十月癸丑。

与当时对北元进攻性地出兵相比，整编后的统治体制进一步强化，减少战争经费是最终采取的结果。辽东的定辽都卫由辽东都指挥使司改制，重新设立定辽前卫指挥使司，辽东卫由定辽后卫指挥使司改制。保卫皇帝中心统治体制的在京留守都卫由留守卫指挥使司改制，之前一直管辖的天策卫、豹韬卫、飞熊卫、鹰扬卫、江阴卫、广洋卫、横海卫、龙江卫全都改编为亲军指挥使司，水军左卫和水军右卫视为指挥使司，从属于大都督府。[1]至此都司卫所体制已经完备。洪武帝在以军事目的的军政体制为优先的同时，设置边防中心，紧接着在洪武九年（1376 年）六月模仿元代中书省制度，改为承宣布政使司，布政使 1 名（正二品），左、右参政各 1 名（从二品），左、右司改为经历司，设经历 1 名（从六品）。[2]通过这些手段，洪武帝从根本上改编中央统治组织之前，已经将军事组织和地方统治集中在皇帝手中。

洪武十三年五军都督府达到顶峰。在军事指挥体制完备的同时，具体的统属关系确立（见表 2）。

---

❶《明太祖实录》卷一〇一，洪武八年十月癸丑，台北：台湾“中研院”历史语言研究所校勘影印本，1962 年。

❷《明太祖实录》卷一〇六，洪武九年六月甲午，台北：台湾“中研院”历史语言研究所校勘影印本，1962 年。

表 2　五军都督府统属情况（洪武十三年基准）

分划	统属（在京）	统属（在外）
左军都督府	骁骑卫、左水军卫、左留守卫、左龙虎卫、英武卫	山东都司、辽东都司、浙江都司、广东都司、管辖卫所
右军都督府	虎贲卫、右水军卫、右留守卫、右武德卫、广武卫	陕西都司、四川都司、江西都司、管辖卫所
中军都督府	神策卫、广洋卫、留守卫、中应天卫、和阳卫	苏州卫、太仓卫、镇海卫、扬州卫、高邮卫、大河卫、淮安卫、沂州卫、凤阳左卫、凤阳右卫、凤阳中卫、皇陵卫、长淮卫、怀远卫、留守中卫、留守左卫、徐州卫、滁州千户所、徽州千户所、六安千户所、庐州千户所、镇江千户所、安丰千户所、信阳千户所、宿州千户所、洪塘千户所、河南都司、管辖卫所
前军都督府	天策卫、豹韬卫、龙骧卫、飞雄卫、龙江卫	湖广都司、福建都司、广西都司、福建行都司、管辖卫所
后军都督府	鹰扬卫、江阴卫、兴武卫、横海卫、蒙古左卫、蒙古右卫	北平都司、山西都司、山西行都司、管辖卫所

资料来源:《明太祖实录》卷一二九，洪武十三年一月癸卯。

之后洪武帝持续扩大卫所制，洪武二十六年（1393 年）颁布诸司职掌。编制后的卫所体制见表 3。

表 3　洪武年间军事指挥体制（洪武二十六年基准）

划分	在京	在外	
		都司	卫・千户所
左军都督府	留守左卫 镇南卫 水军左卫 骁骑右卫 龙虎卫 英武卫 沈阳左卫 沈阳右卫	浙江都司	杭州右卫、杭州前卫、台州卫、宁波卫、处州卫、绍兴卫、海宁卫、昌国卫、温州卫、临山卫、松门卫、金乡卫、定海卫、海门卫、磐石卫、观海卫、海宁千户所、衢州千户所、严州千户所、湖州千户所
		辽东都司	定辽左卫、定辽右卫、定辽中卫、定辽前卫、定辽后卫、铁岭卫、东宁卫、沈阳中卫、海州卫、盖州卫、金州卫、复州卫、义州卫、辽海卫、三万卫、广宁左屯卫、广宁右屯卫、广宁前屯卫、广宁后屯卫、广宁中护卫
		山东都司	青州左护卫、青州护卫、兖州护卫、兖州左护卫、登州卫、青州左卫、莱州卫、宁海卫、济南卫、平山卫、德州卫、乐安千户所、胶州千户所、诸城千户所、滕县千户所
右军都督府	虎贲右卫 留守右卫 水军右卫 武德卫 广武卫	云南都司	云南左卫、云南右卫、云南前卫、大理卫、楚雄卫、临安卫、景东卫、曲靖卫、金齿卫、洱海卫、蒙化卫、马隆卫、平夷卫、越州卫、六凉卫、鹤庆千户所

续表

划分	在京	在外	
		都司	卫・千户所
右军都督府	虎贲右卫 留守右卫 水军右卫 武德卫 广武卫	贵州都司	贵州卫、永宁卫、普定卫、平越卫、乌撒卫、普安卫、层台卫、赤水卫、威清卫、兴隆卫、新添卫、清平卫、平坝卫、安庄卫、龙里卫、安南卫、都匀卫、毕节卫、黄平千户所
		四川都司	成都左护卫、成都右护卫、成都中护卫、成都左卫、成都右卫、成都前卫、成都后卫、成都中卫、宁川卫、茂州卫、建昌卫、重庆卫、叙南卫、苏州卫、卢州卫、松潘军民指挥使司、岩州卫、青州千户所、保宁千户所、威州千户所、雅州千户所、大渡千户所
		陕西都司	西安左护卫、西安右护卫、西安中护卫、西安左卫、西安右卫、西安前卫、西安后卫、华山卫、泰山卫、延安卫、绥德卫、平凉卫、庆阳卫、宁夏卫、临洮卫、巩昌卫、西宁卫、汉中卫、凉州卫、庄浪卫、兰州卫、秦州卫、岷州军民指挥司、洮州卫、河州军民指挥司、甘肃卫、山丹卫、永昌卫、凤翔千户所、金州千户所、宁夏中护卫、甘州中护卫、西河中护卫
		广西都司	桂林左卫、桂林右卫、桂林中卫、南宁卫、柳州卫、驯象卫、梧州千户所
中军都督府	留守中卫 神策卫 广洋卫 应天卫 和阳卫 牧马千户所	直隶	扬州卫、和州卫、高邮卫、淮安卫、镇海卫、滁州卫、太仓卫、泗州卫、寿州卫、邳州卫、大河卫、沂州卫、金山卫、新安卫、苏州卫、仪真卫、徐州卫、安庆卫、宿州千户所
		中都留守司	凤阳右卫、凤阳卫、凤阳中卫、皇陵卫、留守左卫、留守中卫、长淮卫、怀远卫、洪唐千户所
		河南都司	归德卫、陈州卫、弘农卫、汝宁卫、潼关卫、河南卫、睢阳卫、宣武卫、信阳卫、彰德卫、武平卫、南阳卫、宁国卫、怀庆卫、宁山卫、颍川卫、安吉卫、颍上千户所、河南左护卫、河南中护卫、河南右护卫
前军都督府	天策卫 龙骧卫 豹韬卫 龙江卫 飞熊卫	直隶	九江卫
		湖广都司	茶陵卫、武昌卫、武昌左卫、黄州卫、永州卫、岳州卫、蕲州卫、施州卫、长沙护卫、辰州卫、安陆卫、襄阳卫、常德卫、沅州卫、宝庆卫、沔阳卫、长沙卫、衡州卫、衢塘卫、镇远卫、平溪卫、清浪卫、偏桥卫、五开卫、九溪卫、荆州左护卫、荆州中护卫、靖州卫、永定卫、郴州千户所、夷陵千户所、桂阳千户所、德安千户所、忠州千户所、安福千户所、道州千户所、大庸千户所、天平千户所、麻辽千户所、枝江千户所、武冈千户所、崇山千户所、长宁千户所、武昌左右中三护卫
		福建都司	福州中卫、福州左卫、福州右卫、兴化卫、泉州卫、漳州卫、福宁卫、镇东卫、平海卫、永宁卫、镇海卫

续表

划分	在京	在外	
		都司	卫·千户所
前军都督府	天策卫 龙骧卫 豹韬卫 龙江卫 飞熊卫	福建行都司	建宁左卫、建宁右卫、建阳卫、延平卫、邵武卫、汀州卫、将乐千户所
		江西都司	南昌左卫、南昌前卫、袁州卫、赣州卫、吉安卫、饶州千户所、安福千户所、会昌千户所、永新千户所、南安千户所、建昌千户所、抚州千户所、铅山千户所、广信千户所
		广东都司	广州前卫、广州左卫、广州右卫、南海卫、潮州卫、雷州卫、海南卫、清远卫、惠州卫、肇庆卫、广州后卫、程乡千户所、高州千户所、廉州千户所、万州千户所、儋州千户所、崖州千户所、南雄千户所、韶州千户所、德庆千户所、新兴千户所、阳江千户所、新会千户所、龙州千户所
后军都督府	横海卫 鹰扬卫 兴武卫 江阴卫 蒙古左卫 蒙古右卫	北平都司	燕山左卫、燕山右卫、燕山前卫、大兴左卫、永清左卫、永清右卫、济州卫、济阳卫、彭城卫、通州卫、蓟州卫、密云卫、真定卫、永平卫、山海卫、遵化卫、居庸关千户所
		北平行都司	大宁左卫、大宁右卫、大宁中卫、大宁前卫、大宁后卫、会州卫、营州中护卫、兴州中护卫
		山西都司	太原左卫、太原右卫、太原前卫、振武卫、平阳卫、镇西卫、潞州卫、蒲州千户所、广昌千户所、沁州千户所、宁化千户所、雁门千户所
		山西行都司	大同左卫、大同右卫、大同前卫、蔚州卫、朔州卫、北平三护卫（燕山左护卫、燕山右护卫、燕山中护卫）、山西三护卫（太原左护卫、太原右护卫、太原中护卫）

资料来源:《诸司职掌·兵部职掌·职方部·城隍》。

洪武年间的军事指挥体制反映在《诸司职掌》上，以最终形式固定下来。卫所制除直隶的中军留守司之外，扩大为浙江都司、辽东都司、山东都司、云南都司、贵州都司、四川都司、陕西都司、广西都司、河南都司、湖广都司、福建都司、福建行都司、江西都司、广东都司、北平都司、北平行都司、山西都司、山西行都司 18 个都司。卫所不仅扩大，而且其他地方虽是布政司、都司在一地重叠治理，但在辽东不设布政司只有都司。从此点可以看出，明代都司中最重视军政体制。

洪武年间为了以军事目的统治持续扩大的地域，定下了以特殊军事体制著称的卫所制。以卫所制为根本的洪武年间，军制反映了洪武帝军事政策的特征。洪武帝将军令权与军政权分离的军事指挥体制，由于十分严格地规定了军事指挥权的生效程序，使得军令权归属于皇帝。[1]即，洪武帝史无前例的将军事力一元化地集中在皇帝手中运行，编

[1] ［韩］金暻绿:《明初洪武帝军事认识与军事政策》,《军史》，2016 年第 99 期。

制上设置正一品衙门五军都督府，比文官体制的最高官府正二品衙门六部都处于优位，强化了军事实力的重要性。在强调军事实力的同时实行监军制度，实行以文治为中心的统治。卫所军政的实行使得民户和军户明确分离，使军事体制得到安定化。但是由于有充军制度的运行与废断，军需体系的复杂等局限，永乐帝以后招来了压制效率性军事活动的结果。

明代建朝以后，为了维持广袤的国土、庞大的官僚制以及卫所军政体制，洪武帝认为应该确保十分精巧的交通、通信手段，因此整改了水马站、递运所、急递铺等驿传制度。另外，实行严格的文书行移体系，顺利施行行政与军政，以及强调遵守程序。[1]这是因为此时已经不是依赖文武官人物的统治，而是以行政体制作为指向来治理的。

三、洪武帝对辽东的认识以及辽东经略

对洪武帝的辽东认识产生巨大影响的事件是洪武四年（1371 年），时任元辽阳行省平章的刘益的投降。刘益带着辽东州郡地图以及各种文书投降之时，给对辽东尚且认识不足的洪武帝提供了详细的情报资料。[2]洪武帝设立辽东卫作为进出辽东的战阵基地，紧接着设置定辽都卫指挥使司，总括已占领辽东的各地区。[3]随着刘益的投降，北元势力开始反抗，引发元平章洪保保、马彦翚、八丹等人的叛乱，并将辽东卫指挥同知刘益杀害。[4]洪武帝再次集结北元的投降势力，紧急派遣明军对现有占领地进行全面防御。[5]

洪武帝一面促进对北元的征讨，一面对辽东采取优先以防御为中心的军事政策。1371 年，当时洪武帝的辽东战略是，为了阻止辽东的北元势力进入中原，制定了现实性的军事目标。以与刘益一起投降的势力和紧急派兵的明军为中心，采取一面防御北元势力，一面慰抚辽东军民的消极军事政策。[6]将辽东的兵力扩大到 3 万名水平，从山东随时运送军粮。

洪武五年（1372 年）洪武帝通过辽东北部的辽东卫所实施军政，另外，在辽东半岛南部为了民政设置金州、盖州、复州。民政机关的设置反证了明军与北元势力间交战前线逐渐向北移动的结果。当时明朝实际上并无在辽东投入大单位兵力的余力，而是以部分防卫兵力以及招募当地居民进行防御。但是，为了对抗北元势力的攻击，辽东地方又无法耕种屯田，因此只能投入不足的兵力进行最大程度的防御。如此看来，军粮虽要从其他地方补给过来，但优先从山东调拨。洪武五年（1372 年）十一月由于纳哈出的攻击

---

[1] ［韩］金暻绿：《明代公文制度与行移体系》，《明清史研究》，2006 年第 26 期。

[2] 《明太祖实录》卷六一，洪武四年二月壬午，台北：台湾“中研院”历史语言研究所校勘影印本，1962 年。

[3] ［清］张廷玉等撰：《明史》卷一三四《叶旺传》，北京：中华书局，1976年；《明太祖实录》卷六六，洪武四年六月，台北：台湾“中研院”历史语言研究所校勘影印本，1962 年。

[4] 《明太祖实录》卷六五，洪武四年五月丙寅。

[5] 《明太祖实录》卷六六，洪武四年六月壬寅，台北：台湾“中研院”历史语言研究所校勘影印本，1962 年；卷六七，洪武四年七月辛亥，台北：台湾“中研院”历史语言研究所校勘影印本，1962 年。

[6] ［韩］金暻绿：《洪武年间明朝辽东经略与朝明关系》，《军史》，2017 年第 102 期。

而损失军粮的明朝为了稳定防御队伍而努力。其努力的一环是，为了使地区军民安定，在来年的6月，建议在定辽都卫设置辽阳府县，得到了洪武帝的认可。❶

洪武帝在明建朝过程中认为，因为军事、灾变原因而发生的问题，作为皇帝应该效率处理。尤其是像军粮这样的大事更应该紧密地处理。明建朝以后，由于持续的灾变爆发全国性的饥荒，朝廷征收减少，并扩大免租。此种标准对一般民众虽能达成一定效果，但在边防设置的卫所，比起中央政府层面更需要强有力的政策。例如，洪武五年（1372年）由于灾变，在北平、山西、辽东等防御蒙古军的几个主要卫所饥荒严重，发生了军粮搬运难的情况。洪武帝将国家保有的银两换成米，在山西用以换米的白金支付了20万两，北平支付了白金10万两，棉布10万匹。当时辽东的军马不足，洪武帝供给了山东的万匹棉布用以买马。❷

与山西、北平从中央政府供给相反的是，辽东地区是从山东支援。这是因为辽东的地理特征所导致的。边防的主要卫所，作为后方的地方行政组织，虽然可以和中央政府进行顺利的行政沟通，但辽东从陆路经过北平，从海路和山东的地方行政组织相连。洪武帝利用山东的财源，购入辽东的军粮以及马匹的理由，可以从洪武年间山东的财政规模得到确认。查看洪武二十六年（1393年）基准可知（见表4）。

表4　地方布政司的夏税、秋粮总额（洪武二十六年基准）

部分	夏税	秋粮
浙江布政司	麦85 520石　钱钞20 690锭　绢13 9140匹	米2 667 207石　钱钞86锭　绢59匹
北平布政司	麦353 280石　绢32 962匹	米817 240石
福建布政司	麦665石　钱钞12 705锭　绢273匹	米977 420石
江西布政司	米79 050石　钱钞6405锭　绢15 477匹	米2 585 256石
湖广布政司	米麦138 766石　娟26 478匹	米2 323 670石
广东布政司	麦5320石	米1 044 078石
河南布政司	麦556 059石　绢17 226匹	米1 642 850石
山东布政司	麦772 297石　绢23 932匹	米1 805 620石
广西布政司	麦1869石	米492 355石
山西布政司	麦707 367石	米209 3570石
陕西布政司	麦676 986石	米1 236 178石
四川布政司	麦325 550石	米741 278石
云南布政司	麦18 730石	米58 349石
总计	米麦4 712 900石　钱钞39 800锭　绢288 487锭	米24 730 450石　钱钞5730锭　绢59匹

资料来源:《诸司职掌》；总计包括直隶地区的数据。

❶《明太祖实录》卷八三，洪武六年六月戊戌，台北：台湾“中研院”历史语言研究所校勘影印本，1962年。

❷《明太祖实录》卷七五，洪武五年八月癸巳，台北：台湾“中研院”历史语言研究所校勘影印本，1962年。

与中央政府征收的全部夏税米麦 4 712 900 石，钱钞 39 800 锭，绢 288 487 匹，秋粮米 24 730 450 石，钱钞 5730 锭，绢 59 匹相比，山东占到了麦 772 297 石（约 16%），绢 23 932 匹（约 8.3%），米 1 805 620 石（约 7.3%）。但是因为直隶在全体征收额中承担最大比例，因此地方仅靠单纯数据无法估量准确的比例，但是和其他地相比较的话，还是可见一斑的。拿大麦来讲，山东在各地中承担最大税额。再比如绢，仅排浙江、北平、湖广之后位列第四。拿米来说，排在浙江、江西、湖广、山西之后位列第五。综合来看，山东和江南地区相比虽然较低，但和江北地区相比是相对生产性较高的地区，连接辽东海路的地理性优势，使得对辽东的各种支援政策成为可能。与山东的临近，使得洪武帝对于战略性要冲地的辽东在促进实质性治理方面成为可能。

现实来讲，从山东往辽东调拨军粮也存在诸多问题。不走陆路走水路的最大危险就是天气。山东根据洪武帝随时下达的支援辽东的命令，即使冬天也要派出运送船，遇到风浪而破损的事情时有发生。洪武九年（1376 年）正月，山东给辽东的冬衣补给在秋冬之交开始运送，户部议论后要求山东行省备好船只，从登州出发，将储粮 5 万石，棉布 20 万匹，棉花 10 万斤一起运送至辽东半岛。❶

建朝后十余年间，由于在四面进行征伐战争，使得明的军粮调拨处于非常困难的时期。即便如此，为了辽东的防御，用从山东运送的军粮来储备军事要冲地。辽东的北元势力在大明战争中袭击了军粮地，使得明军颓败。洪武五年（1372 年）十一月纳哈出侵略劫掠牛家庄，焚烧储备军粮 10 余万石，5000 余名明军战死。强调军粮重要性的洪武帝因为未能阻挡纳哈出的侵入之责，将都督佥事仇成降级为永平卫指挥使。❷由于山东军粮调拨的负担过重，洪武帝命令工部让太仓拿出海运船海运辽东军粮，并追加运送战袄及袴各 2.5 万件，以赏赐辽东的明军。❸

明代军队驻屯最大的问题在于费用。尤其军粮调拨的驻地主要是边防严峻的地区，军粮输送等困难重重。为了解决此问题，明朝实施屯田制，在当地进行调拨。明代的屯田是军屯和商屯分开，军屯从明初开始实行。即，令卫所驻屯的军队一部分专注防御，一部分从事屯田耕作。以洪武十八年（1385 年）之规定，60% 的兵力用以耕作屯田，40% 兵力用来防御。相反地，洪武二十五年（1392 年）在全国卫所中，70% 的兵力要屯田。❹给这些卫所的兵卒每人分配 15~50 亩，朝廷给提供农具、耕牛和种子。通过军卒的屯田耕作，要交纳所谓'屯田籽粒'的税粮。虽然无法准确得知洪武年间的屯田税粮，但通过永乐年间的记录可以证实未写的内容。❺

---

❶《明太祖实录》卷一〇三，洪武九年正月癸未，台北：台湾"中研院"历史语言研究所校勘影印本，1962 年。

❷《明太祖实录》卷七六，洪武五年十一月壬申，台北：台湾"中研院"历史语言研究所校勘影印本，1962 年。

❸《明太祖实录》卷八七，洪武七年正月壬申，台北：台湾"中研院"历史语言研究所校勘影印本，1962 年。

❹《明太祖实录》卷二一六，洪武二十五年二月庚辰，台北：台湾"中研院"历史语言研究所校勘影印本，1962 年。

❺《明太宗实录》卷一三五，永乐十年十二月庚辰，台北：台湾"中研院"历史语言研究所校勘影印本，1962 年。

明代在辽东军事占领地前进式地设置卫所，一面扩大领域，一面设置军政与民政机构。当然扩大的速度难以持续进行。军政所属辽东都使，民政是山东布政使所属。但是由于辽东的地理与人文特性，人口稀少，在同一地区不可能设置军政与民政机构。民政机构逐渐缩小，最后只限定在辽东半岛的辽南地区运行。洪武二十年（1387 年）纳哈出投降以后，在辽西地区增设卫所，辽南地区人口往辽西迁移，辽西卫所在增员的同时，辽南的民政机构也同样缩小。结果在洪武二十七年（1394 年）辽南的 4 个州被废除，在辽东所有地区均已具备军政体制。❶

四、洪武年间的皇帝中心体制与辽东都司

洪武帝认为，元末社会混乱的原因是以统治体制的放松为起因，无视民心，强压榨取，导致问题严重化。为了一扫从幼年时期体会到的社会弊端，强力推进社会、经济政策的修立。从群雄并起时期，关心各种制度整改的洪武帝在明建朝以后，顺次进行了在政治、军事、行政、经济、社会相关领域的多种制度整改。这种制度整改的目标是在国内实行礼制与法制的统治体制。礼制与法制的重点是以洪武帝为皇帝，确立以皇帝为中心的一元统治体制。

这种统治体制从制度上，中央与地方相分离，以边防为中心，设置军事目的的卫所以实行军政。用代替元而统一天下之名，对元的北伐是明朝在建朝初强力推进的课题。征伐北元的军事政策集中西北部，而辽东是在洪武初期维持现状以及实行招抚活动。刘益之降，纳哈出之降之后的期间里，洪武帝的辽东经略以维持现状和实行招抚为主。而相反，之后和其他地方所不同，并非军政与民政一起施行，而是全部往军政地区方向运营。南境虽然在地理上相对较远，但因为蒙古、女真、朝鲜多种势力的接连存在，使得军事目的成为首要。

洪武年间，从东部的辽东都司一直到西面的山西都司，尽管具备的军政体制与内地的行政体制时有冲突，但持久保留的理由是，使明朝时刻提醒蒙古的存在。洪武帝虽然征服了北元，但认识到北元可以通过强大的军事实力，随时从西面、北面、东面威胁明的边防。为了完成以明为中心的国际秩序，洪武帝要维持与帝国威严相称的军事实力。为了安定维持军事实力，继承了军民分离的传统。洪武帝为了确保和强化明朝军事实力，进行了多样性的努力。

辽东都司虽然实施屯田，但洪武年间未能获得屯田耕作的实效性，而是通过海运持续运送军粮。洪武初半期，山东虽然准备船只运送军粮，但由于能力有限，后来范围扩

❶ 张士尊：《明代辽东都司军政管理体制及其变迁》，《东北师大学报（哲学社会科学版）》，2002 年第 5 期，第 70–76 页。

大至利用太仓和浙江的船舶和军粮支援。❶从洪武帝的立场来看，建朝初期，派遣的集中对抗北元的大单位征伐军作战失败，在对抗从西面和北面来的蒙古军侵入的同时，维持辽东现状，通过持续的招抚政策归化北元势力。

在此过程中，洪武帝和辽东背后的高丽联结，压迫北元势力。但是杀害恭愍王和杀害明使事件的发生使得洪武帝的辽东政策往防御性方向变化，对高丽带有敌对的立场。❷

从洪武帝追求的皇帝中心统治体制的构筑层面来讲，为了辽东都司能够顺利畅通地上传下达皇帝命令，大范围兴建了驿站制度。在皇帝中心的统治体制中，辽东都司所具有的意义通过亲王分封可见一斑。为了功臣势力的驱除，以及皇帝权力的强化，虽然有多种形式的制度变化，但洪武帝一直致力于通过亲王分封，使边防军事力统治具有正当名分。辽东都司领域内两名亲王得以分封，足以见得洪武帝对于辽东都司的重视。

利用辽东都司的慰抚政策在表示持续关心的同时，也给予了优惠。即，洪武帝对于在辽东卫所布置的兵力，通过赏赐战斗服以及嘉奖等行动表明高度关心，在每一季考虑到寒冷的地理条件给予各种优惠。❸

五、结　语

元明交替不仅是以元为中心的国际秩序到以明为中心的国际秩序的变化，从明朝的立场来说，是从政治、军事、外交方面对作为重要地区的辽东实行军事管制。洪武年间辽东军政体制的构建过程是明初局势变化以及辽东地形特征反映的结果。洪武帝在建朝之后，为了征伐蒙古以及统治体制稳定，虽对辽东未有直接性的关心，但刘益投降以后在辽东设立了卫所。

洪武二十年，在某种程度上，以皇帝为中心的中央集权统治体制已经完成。对蒙古的征伐也临近尾声，果断对辽东的最大北元势力纳哈出进行讨伐并招降。之后洪武帝提出了本质性的辽东经略，具备了以辽东都司为中心的卫所体制，实施军事管制政策。另外，对在此地居住的女真族实施怀柔政策，使支配辽东更加安定化。在辽东各地实施屯田，为了具备自给自足的防御体制而努力。在此过程中，通过控制辽东以及对女真族的怀柔政策，提升了与朝鲜政治、外交、军事的紧张关系。

---

❶《明太祖实录》卷一一二，洪武十年五月丁亥，台北：台湾“中研院”历史语言研究所校勘影印本，1962年。
❷［韩］金暻绿：《恭愍王代国际情势与对外关系的展开样相》，《历史与现实》，2007年第64期。
❸《明太祖实录》卷七二，洪武五年二月癸巳，台北：台湾“中研院”历史语言研究所校勘影印本，1962年。

明初辽东地区军堡建置考
——以卫城为例

张晓明

（鞍山师范学院）

“辽地为京师左臂，西拱神州，北连胡寇，东邻朝鲜……”[1] 明代辽东地区的“屯堡”主要指保疆卫国的军事防御工事，即“军堡”。这些军事堡垒基本分布于东起鸭绿江西抵山海关的“凹”型防御带上。有明一代，在辽东都司体系下建立的镇、卫、所、堡、驿站、墩台等军事堡垒由东向西、向北渐次推进，发挥戍守边防、交通运输、信息传递等防御功能。[2]

一、辽东都司军事体系的初建

中原政权较早就于辽地设治，辽左地区政治经济文化与中原联系紧密。元末明初，红巾军袭扫辽东，故元势力寇掠不断，加之明朝政治遗民，辽东土著人口约有 10 万。这些元朝军民主要分布于辽河东部地区。[3] 该区域理论上为元代辽阳行省下属辽阳路、广宁府路等州县。因辽阳一带在金朝统治时社会经济已颇为发达，元时辽阳行省官员多为京师委派受东北蒙古诸王势力影响较小。[4] 所以，朱元璋经营辽东时一方面承继辽河东部原有州县，安顿辽东遗民；另一方面针对地域辽阔、紧邻诸夷的边疆重地进行军事布防。明初辽东军事体系的构建始于卫城的修建与都司卫所制度的确立。

洪武元年（1368 年）七月，大将军徐达领军攻克元大都，顺帝北走蒙古以谋复兴。

---

[1] ［明］毕恭等:《辽东志》,《辽海丛书》，沈阳：辽沈书社，1985 年，第 346 页。

[2] 有关“屯堡”的含义的研究，一般分为两类。按现代汉语词义解释划分为二:“村堡”，村民自发修建的有围墙的用于抵御贼寇的村镇;“军堡”，国家出资修建的保疆卫土的屯兵城。（参见李严、张玉坤:《明长城军堡与明、清村堡的比较研究》,《新建筑》，2006 年第 1 期，第 36 页；吴斌:《守望的距离——黔中屯堡的历史与文化观察》，昆明：云南大学，2010 年，第 10 页）根据明代历史文献词条含义划分亦有二类：泛指军屯或军屯处所；护屯之堡，即带有防御工事的屯田之所。（参见肖立军:《明代屯堡分布密度及修建规制浅探》,《明长陵营建 600 周年学术研讨会论文集》，北京：社会科学文献出版社，2010 年，第 409-417 页；夏然:《明代山海关地区军事防御体系初探》，天津：天津师范大学，2014 年）明初辽东地区屯堡多为军堡，大到辽阳、广宁等军事重镇，小到十里、五里相隔的自然村落，“各设烟台，以备储、候望、防守”。（参见［朝鲜］金中清:《苟全先生文集别集 · 朝天录》，林基中:《燕行录全集》第 11 册，首尔：东国大学校出版部，2001 年，第 454 页。）

[3] 曹树基:《中国人口史》第 4 卷，上海：复旦大学出版社，2005 年，第 154 页；张士尊:《也论“辽土”与“辽人”——明代辽东边疆文化结构的多元倾向研究》,《社会科学辑刊》，2011 年第 6 期，第 179-187 页。

[4] 吴晗:《朝鲜李朝实录中的中国史料》，北京：中华书局，1980 年，第 22 页。洪武四年四月，刘益以“金、复、盖、海等地归顺”。

辽东地区仍为故元势力所控制，且互为声援，暗通高丽，欲为边患。为靖中原、护幽燕，朱元璋采取政治招抚、军事打击双管齐下减灭北元外围旧部。洪武三年（1370年）五月，朱元璋劝降纳哈出曰："今天下已定，南极朱崖，北际燕云……卢龙戍卒，登莱、浙东并海舟师，咸欲奋迅，一造辽沈。朕闻尔总其众，不忍重扰。特命使者告以朕意使还，略不得其要领，岂以辽海之远，我师不能至欤……"❶可以看出，明廷收复辽东势在必行。洪武三年（1370年）九月，朱元璋诏谕辽阳等处官民，"审知天道，率众来归，官加擢用，民复旧业"❷。洪武四年（1371年）正月，命卫国公邓愈"往襄阳训练军马运粮饷，以给征蜀军士"❸。在明廷招安与兵临辽东的双重压力下，屯聚盖州得利赢城的辽阳行省平章刘益等于洪武四年（1371年）二月向明朝献表投降，并奉辽东地图及其军马钱粮籍数。明置辽东卫指挥使司，以刘益为指挥同知镇抚辽地军民。五月，故元平章洪保保、马彦翚、八丹等杀害刘益。但叛乱随即被右丞张良佐、左丞房暠等平定，明廷任命其为辽东卫指挥佥事。朱元璋于洪武四年（1371年）七月下诏，设置定辽都卫，任命马云、叶旺为都指挥使，吴泉、冯祥为同知，王德为佥事，令其"总辖辽东诸卫军马，修筑城池，以镇边疆"❹。洪武五年（1372年）二月，明廷在京支给辽东官员月俸，指挥使月米五石，同知四石，佥事三石，千户二石，百户一石五斗。❺洪武五年（1372年）六月，明廷置金、盖、复三州，辽河平原一带的社会经济秩序得以恢复。❻

此时辽东大部分区域仍为故元势力所控制，以纳哈出为首的故元势力时常袭击明朝驻军要害和仓储之地。洪武五年（1372年）十一月，纳哈出劫掠牛家庄，烧毁仓粮十万余石，军士死亡五千余人。❼都督佥事仇成降职，以靖海侯吴祯为定辽卫指挥使。明廷每次数以万计运粮定辽，以备辽左及其北部地区军事所需。明朝收复辽东形势严峻，治边尚以用兵为主，辽东都司卫所系统也恰是在明军收复辽东的过程中得以确立。"明以武功定天下，革元旧制，自京师达于郡县，皆立卫所。外统之都司，内统于五军都督府。"❽卫、所初为军事戍卫组织，"大率五千六百人为卫，千一百二十人为千户所，百十有二人为百户所。所设总旗二，小旗十，大小联比以成军。其取兵，有从征，有归附，有谪发。从征者，诸将所部兵，既定其地，因以留戍。归附，则胜国及僭伪诸降卒。谪发，以罪迁隶为兵者。其军皆世籍。"❾明朝任用归顺故元将官安顿辽东土著军民，依原地理范围设置了州县。但如上所诉，因纳哈出集

---

❶《明太祖实录》卷五二，洪武三年五月丁巳条，上海：上海书店，1982年，第1030-1031页。
❷《明太祖实录》卷五六，洪武三年九月乙卯条，上海：上海书店，1982年，第1100页。
❸《明太祖实录》卷六〇，洪武三年十二月戊子条，上海：上海书店，1982年，第1168页。
❹《明太祖实录》卷六七，洪武四年七月辛亥条，上海：上海书店，1982年，第1254页。
❺《明太祖实录》卷七二，洪武五年二月辛巳条，上海：上海书店，1982年，第1326页。
❻《明太祖实录》卷七四，洪武五年六月丙戌条，上海：上海书店，1982年，第1359页。
❼《明太祖实录》卷六七，洪武五年十一月辛未条，上海：上海书店，1982年，第1406页。
❽［清］张廷玉等撰：《明史》卷八九《兵志一》，北京：中华书局，1974年，第2175页。
❾［清］张廷玉等撰：《明史》卷九〇《兵志二》，北京：中华书局，1974年，第2193页。

团时常进犯辽阳、盖州等地，明廷遂于辽河东部设置军事卫所，抽调戍辽军士进行屯驻，加强辽东要冲的军事防御能力。从军政制度上看，明廷于辽东设置都指挥使司，上统于中央最高军事机构都督府，下设卫、千户、百户、旗等各级军事屯戍组织。洪武四年（1371 年）七月设置定辽都卫，都指挥使为辽东最高军事长官。洪武六年（1373 年）闰十一月置定辽右卫于辽阳城之北，立所属千户所五，命定辽都卫指挥佥事王才等领原将山东诸卫军马屯守。[1]次年正月定辽都卫奏报下属卫所军官时已出现左卫。且洪武七年正月，户部言“定辽诸卫，初设屯种兵食未遂……”[2]《明实录》中出现的隶属辽东都卫的仅有定辽右卫，“诸卫”中应包含定辽左卫。洪武八年（1375 年），明廷加大力度收复边疆地区。以纳哈出为代表的故元势力与明军在辽东地区亦展开激烈的争夺。洪武七年（1374 年），由定辽都卫内调千余户，往金州守御。[3]洪武八年四月，置金州卫指挥使司，隶定辽都卫，命袁州卫指挥，常福为同知。赣州卫指挥佥事王胜领兵屯守。[4]十一月，明廷令“在外各处所设都卫并改为都指挥使司”，约五千六百人为一卫。[5]定辽都卫改为辽东都指挥使司。辽东都司设立前，明军控制区域有限，定辽都卫初期士兵人数基本维持在一个边卫的规格。洪武五年（1372 年）二月，朝廷给辽东卫军士战袄，额数为五千六百七十五人。[6]洪武六年（1373 年）年六月，定辽都卫曾请设辽阳府县治，但因辽东地旷人稀、居民以军丁及其家属为主加之军务与边务繁重，遂罢置府县，立卫所以兵戍之。[7]明初，辽东地区罢州县，化二元政治管理体制为都司卫所一元体系，其主要原因是该地处于边陲，行政机构的军事职能尤重。[8]有明一代，辽东都司作为军管型政区的典型不具备设置州县的条件与需求。明初虽于辽阳一带恢复过州治，但随着辽东政局的稳定，都司卫所军事体系逐渐完备，州县机构于洪武后期均被裁撤。[9]

---

[1] 《明太祖实录》卷八六，洪武六年闰十一月癸酉条，上海：上海书店，1982 年，第 1532 页。

[2] 《明太祖实录》卷八七，洪武七年正月乙亥条，上海：上海书店，1982 年，第 1545-1546 页。

[3] 《明太祖实录》卷八七，洪武七年正月乙亥条，上海：上海书店，1982 年，第 1545 页。

[4] 《明太祖实录》卷九九，洪武八年四月乙巳条，上海：上海书店，1982 年，第 1682 页。

[5] 《明太祖实录》卷一〇一，洪武八年十一月癸丑条，上海：上海书店，1982 年，第 1711-1712 页。

[6] 《明太祖实录》卷七二，洪武五年二月癸巳条，上海：上海书店，1982 年，第 1329 页。

[7] 佟冬:《中国东北史》卷三，长春：吉林文史出版社，2006 年，第 562 页。

[8] 顾诚:《明帝国的疆土管理体制》,《历史研究》，1989 年第 3 期，第 135-150 页。文中指出“明代军事系统的都司（行都司）、卫、所在绝大多数情况下也是一种地理单位，负责管辖不属行政系统的大片明帝国疆土。”周振鹤:《体国经野之道——中国行政区划沿革》，上海：上海书店，2009 年，第 141 页。其在“明代都司卫所”部分中指出，明初朝廷于边疆要害之处遍设卫所，作为军事布防之用。洪武年间罢废部分边境州县，建立卫所，这部分卫所有自己的管辖地域和户籍，相当于行政区划的一种。

[9] 有关辽东地区州治的废止时间学界虽无定论，但张士尊的《明代辽东都司军政管理体制及其变迁》（《东北师大学报》，2002 年第 5 期）、杜洪涛的《明代辽东与山东的关系辨析——兼论地方行政的两种管理体制》（《中国边疆史研究》，2014 年第 1 期）等相关论著基本勾勒出洪武年间辽东罢废州治、实行军事管制的过程。据《明实录》《辽东志》《大明一统志》等文献中记载，明朝为尽快控制辽东、恢复辽东统治秩序先后恢复了金、复、盖州治。洪武六年（1373 年）六月，地方虽请设辽阳一带州县，但未被批准建置。洪武十年（1377 年）明廷下令“革（辽东）所属州县”，准备在辽东地区全面实行卫所制度，金、复、海、盖等地区籍民为兵，部分前往辽西新建卫所，但辽南四州仍有余民。洪武二十八年（1395 年），金、复、海、盖州学改为卫儒学，民治机构先后被裁撤，标志辽东都司卫所军事管理体系全面确立。

二、明初辽东卫城的营建

洪武七年（1374 年），卫所制度在辽东地区全面推行。首先，当年明廷“申定兵卫之政”，统一了卫所兵丁额数，强化了卫所军政组织管理职能。全国卫所按此标准进行设置或调整，遂辽东都司卫所的设立有据可依。其次，巩固已有的军事成果，进而西向打击纳哈出势力，均需要加速卫所等军事城堡的设置。辽东卫所的设置时间与空间分布与辽东边疆战略实施紧密相关。下面本文以军事城垒的修建为着眼点，主要介绍辽东卫城建置的基本情况。洪武四年（1371 年）至洪武二十年（1387 年）金山战役之前，明军首先进驻辽河平原东部，设置辽东都司及主要卫所，修筑卫城军事核心点，逐渐清除故元势力。金山战役以前修建了盖州、金州、复州、辽阳（定辽左卫、定辽右卫、定辽前卫、定辽后卫、东宁卫治所均在一城）、海州、沈阳（沈阳中卫、沈阳左卫治所在一城）等 6 座独立军事城池。[1]金山战役以后修建了广宁（广宁中、左、右卫）、广宁前屯（前屯、右屯二卫）等 6 座卫城。

盖州卫城：洪武四年（1371 年）二月，屯聚盖州得利嬴城的辽阳行省平章刘益等向明朝献表投降。明置辽东卫指挥使司，以刘益为指挥使，治于盖州。刘益被杀后，辽东卫指挥佥事吴立等主事并在盖州城旧址（今营口盖州市）修筑城池，北至海州卫一百二十里。洪武八年（1375 年）十一月，原辽东卫改为定辽后卫指挥使司。因在辽东诸城中，仅盖州城为修浚的新城，所以此时都司治所可能仍在盖州。十二月，纳哈出寇辽东，因盖州城高池深，守御备严，直犯金州。自金州返回，被都指挥叶旺阻击，纳哈出大败。洪武九年（1376 年）十月，改定辽后卫为盖州卫，复置定辽后卫于辽阳城北。辽阳、盖州一带作为御敌重镇，靖海侯吴祯在洪武九年期间督同该卫指挥向南扩建城池，以砖石包砌。盖州卫下设左、右、中、前、后 5 个千户所，公署均在卫城内。后千户所设置不久即迁至宁远小沙河（辽宁兴城市）。

金州、复州卫城：金州城为元万户府所在地，旧有土城，东至海岸一百里，东北至复州卫一百八十里。洪武四年，都指挥马云、叶旺派兵屯守。洪武五年（1372 年）六月，明军控制金、复、盖地区，并设州抚民，加固城池。洪武五年（1372 年）十一月，靖海侯吴祯“因完城练卒，尽收辽东未附之地”而还京，明军此时真正控制辽河平原一带。[2]

---

[1] 杨旸、李治亭、傅郎云：《明代辽东都司及其卫的研究》，《辽宁师范学院学报》，1980年第6期，第79–85页；刘谦：《明辽东镇长城及防御考》，北京：文物出版社，1989 年，第 7 页；张士尊：《明初辽东二十五卫建置考释》，《鞍山师范学院学报》，1994 年第 1–2 期；张士尊：《明代辽东边疆研究》，长春：吉林人民出版社，2002 年，第 12–17 页；李新峰：《明初辽东战争进程与卫所设置拾遗》，《世界大变迁视角下的明代中国——国际学术研讨会论文集》，2012 年，第 303–319 页……综观辽东二十五卫、二州的研究成果，设置时间（如盖州卫）、设置地点（如辽海卫、铁岭卫）等细节问题虽仍存探讨空间，但学界基本肯定辽东卫所是明廷收复辽东的成果，且于洪武年间完成了辽东军事防御体系的构建。

[2] 《明太祖实录》卷七六，洪武五年十一月辛未条，上海：上海书店，1982 年，第 1406 页。

洪武六年（1373年）六月，定辽都卫请设辽阳府县治（洪武后期，辽东遍设卫所，遂罢州县）。[1]洪武七年（1374年），明廷调派千余户驻守金州。洪武八年（1375年）四月，置金州卫指挥使司，隶定辽都卫。十月，纳哈出“越盖州径趋金州，时金州城垣未完，军士寡少。”[2]洪武十年（1377年），指挥韦富增筑，金州城全为砖石包砌。卫下设左、右、中、前4个千户所，治所均在卫城内。洪武二十年（1387年），明廷于海防要塞旅顺口设置中、左千户所以加强防御力量。同时，于“城东北一百三十里”设置盐场百户所，于“城东二百三十里”设置铁厂百户所。洪武十四年（1381年）九月，置复州卫指挥使司[3]，治所在今辽宁省瓦房店市，北至盖州一百八十里。次年，在旧址的基础上筑城。永乐四年（1406年），指挥蔡真用石砖砌城。复州卫城内置左、右、中、前四千户所。

辽阳城：辽阳城（古称辽东城，今辽阳市）一直为东北地区的繁庶之地。明代辽阳城西南到海州卫一百二十里。洪武四年（1371年），洪保保等以赏赉不公谋杀刘益，逃奔金山纳哈出集团。故元侍郎高暠、右丞张良佐平定叛乱后，由其总理辽东卫事务。洪武五年（1372年），恢复辽阳府州县，以千户徐便统属辽阳府事。[4]《明实录》记洪武六年（1373年）闰十一月置定辽右卫于辽阳城之北，立5个千户所，命定辽都卫指挥佥事王才等领原将山东诸卫军马屯守。[5]次年正月定辽都卫奏报下属卫所军官时已出现左卫。洪武七年正月，户部言“定辽诸卫，初设屯种兵食未遂……”，“诸卫”中应包含定辽左卫且二卫应同时所设。当时明廷“以左千户所青州土军五千六百人属定辽左卫，以右千户所莱州土军五千人并本卫官军七百九十四人属定辽右卫”，左卫领左、中、后3个千户所，右卫领右、后2个千户所。[6]洪武八年（1375年）十一月，设定辽前卫，领4个千户所。[7]洪武九年（1376年），盖州设卫，定辽后卫置于辽阳城北，领左、右、中、前4个千户所。[8]洪武十七年（1384年），设定辽中卫于辽阳，下设4个千户所。洪武十九年（1386年）七月，置东宁卫。东宁卫为辽东都指挥使司安排归附的高丽、女直官民而设，初“每五丁以一丁编为军。立东宁、南京、海洋、草河、女直5个千户所分隶焉。至是从左军都督耿忠之请，改置东宁卫。立左、右、中、前、后5个千户所，以汉军属中所，命定辽前卫指挥佥事芮恭领之”[9]。洪武五年（1372年），辽阳旧城已失（残破），都督马云、叶旺在遗址上修建。洪武十一年（1378年）二月，迁湖广都指挥使潘敬为辽

---

[1] 《明太祖实录》卷八三，洪武六年六月戊戌条，上海：上海书店，1982年，第1485页。
[2] 《明太祖实录》卷九九，洪武八年四月乙巳条，上海：上海书店，1982年，第1682页。
[3] 《明太祖实录》卷一三九，洪武十四年九月丙申条，上海：上海书店，1982年，第2189页。
[4] 斐焕星：《辽阳县志·建置沿革》卷一，台北：成文出版社，1973年，第85页。
[5] 《明太祖实录》卷八六，洪武六年闰十一月癸酉条，上海：上海书店，1982年，第1532页。
[6] 《明太祖实录》卷八七，洪武七年正月甲戌条、洪武七年正月乙亥条，上海：上海书店，1982年，第1544，1546页。
[7] 《明太祖实录》卷一〇一，洪武八年十月甲戌条，上海：上海书店，1982年，第1712页。
[8] 《明太祖实录》卷一〇一，洪武九年十月辛亥条，上海：上海书店，1982年，第1819页。
[9] 《明太祖实录》卷一七八，洪武十九年七月癸亥条，上海：上海书店，1982年，第2699页。

东都指挥使。[1]次年，潘敬扩建东北面土城。永乐十四年（1416年），都指挥使王真完成该城砖砌改造。

海州卫城与牛庄：海州卫城址辽金时期为县治，元属辽阳路澄州。旧为土城。洪武八年（1375年）十二月，纳哈出举兵进犯盖州，后于金州败于明军逃遁。[2]为防御纳哈出寇掠辽东，洪武九年（1376年）八月设海州卫，刘成为海州卫指挥同知。[3]同年，靖海侯吴祯督同刘成筑石砖包砌城堡。海州卫下设5个千户所，公署均在卫城之内。牛庄位于辽河平原下游，辽河支流汇于此南流入海。明代以前，牛庄已是重要的海运河运码头，其地名与“重要的港口和物资集散地”密切相关。[4]牛庄城位于海州卫城西北四十里。明初，牛庄亦是明军海运粮饷的战略要地，常驻军队数以千计。洪武五年（1372年）纳哈出南袭牛庄，烧毁仓粮，杀掠明军。[5]洪武七年（1374年）七月，倭夷寇海州。同年十一月，纳哈出复寇辽阳。[6]金山战役之后，明廷于辽东之间增置卫所以加强防务。据《辽东志·地理》载，洪武十一年（1378年）明廷置辽海卫，二十六年（1393年）徙治开原城。成书明代的史料虽罕见辽海卫在海州牛家庄的具体记载，但明初牛庄作为海运辽地物资的重要存储地及沟通辽西、辽东的交通枢纽确属于军区核心要害。[7]洪武二十一年（1388年），辽东地区基本完成驿站的设置，牛庄作为辽东地区重要的交通枢纽自然包括在内。洪武二十二年（1389年），朝鲜使臣权近赴南京朝贡时就曾入宿牛家庄驿。[8]洪武二十年（1387年）纳哈出集团覆灭后，明朝辽东防御体系延伸到昌图以北，牛庄已深处防御体系腹里。洪武二十三年（1390年），明廷将海州卫治于牛庄迁至开原城北。[9]辽海卫迁至开原后，牛庄归海州卫管辖。为防蒙古、女真南下，军事活动频仍，辽东增设海州参将一员，直辖牛庄驿。正统以后，为防御蒙古袭扰于辽东西部增置屯堡，该地东昌堡则与牛庄驿同在一城。[10]

---

[1] 《明太祖实录》卷一一七，洪武十一年二月甲辰条，上海：上海书店，1982年，第1909页。

[2] 《明太祖实录》卷一〇二，洪武八年十二月乙卯条，上海：上海书店，1982年，第1727页。

[3] 《明太祖实录》卷一〇八，洪武九年九月戊寅条，上海：上海书店，1982年，第1806页。

[4] 张士尊、顾玉顺：《牛庄：一座城堡、一条道路、一个港口的历史》，沈阳：沈阳出版社，2017年，第28页。

[5] 《明太祖实录》卷七六，洪武五年十一月壬申条，上海：上海书店，1982年，第1407页。

[6] 《明太祖实录》卷九一，洪武七年七月甲戌条，上海：上海书店，1982年，第1594页。

[7] ［明］李辅：《全辽志·地理》，金毓黻：《辽海丛书》第1册，沈阳：辽沈书社，1985年，第354页。关于辽海卫的初设时间和地点目前仍存争议。主要有两种说法：洪武十一年设于牛家庄，二十六年徙治开原，代表著述有张士尊《明初辽东二十五卫建置考释》（《鞍山师范学院学报》1994年第1-2期）、佟冬主编的《中国东北史》卷三（吉林文史出版社，2006年）、李新峰的《明初辽东战争进程与卫所设置拾遗》（《明史研究论丛》，2011年第6期）等；洪武二十一年或二十三年设于开原城北，参见杨旸的《明代辽东都司》（中州古籍出版社，1988年）、杨旸的《明代东北疆域研究》（吉林人民出版社，2008年）、陈晓珊的《明辽海卫初设时间及地望考》（《历史地理》，2011年第5期）等。

[8] 林基中：《燕行录全集》第1册，首尔：东国大学校出版部，2001年，第165页。

[9] ［明］李辅：《全辽志·沿革》，《辽海丛书》第1册，沈阳：辽沈书社，1985年，第533页。

[10] 明代中期以后，辽东都指挥使司、镇守总兵、监察官员（以巡抚为代表）组成行政、军事、监察系统，管理边疆事务。辽东总兵、参将、游击将军、备御、守备、守堡等军事系统的将兵直接戍守辽东边地屯堡要塞。（参见刘谦：《明辽东镇长城及防御考》，北京：文物出版社，1989年，第7页；张士尊：《明代辽东边疆研究》，长春：吉林人民出版社，2002年，第88-112页；张士尊：《明代辽东“东昌堡”考》，《鞍山师范学院学报》，2007年第5期，第59-61页）

沈阳卫城：洪武九年（1376年），明军已控制金州、盖州、辽阳一带。洪武十二年（1379年）年，马云领军平定大宁地区，明军陆续将军事防线向北推进。❶洪武十九年（1386年）八月，置沈阳中、左卫治，巩固明朝北部防御体系。城址南距辽阳一百二十里。明廷命指挥鲍成领原河南、山东校卒一万三百二十八人分兵屯守沈阳二卫，使其成为对阵纳哈出的展现前沿。❷洪武时期沈阳地区还置有沈阳中屯卫和沈阳右卫。前者设立于洪武三十一年（1398年）四月。后者设置时间史料未有明确记载，只见于《明史》中与左卫俱属京卫。金山战役之后，沈阳地区已属防御体系腹里，且相关史料中亦未见右卫治所地点及城池修建等信息，可排除其作为金山战役后补漏北区防御点的可能。沈阳作为沈王朱模的封地，沈阳卫所兼具筹备沈王护卫之功能，所以沈阳左卫与右卫应设于同时，规格相似。因沈王年龄较小，并未就藩，洪武二十六年（1393年）时沈阳左卫、沈阳右卫已调为京卫。❸明太宗朱棣即位后辽东三塞王（辽王、韩王、沈王）先后裁撤，沈阳中屯卫寄治直隶河间府，辽东二十五卫仅余沈阳中卫。

洪武时期，卫城设置的另一个阶段在金山战役结束之后。纳哈出为元朝勋臣木华黎的嫡系子孙，对元朝上层政治集团影响颇大。在集庆任职时被俘，朱元璋放其北归。❹后据守金山（吉林农安，辽河以北），久为边患。洪武二十年（1387年），以卫城为核心的辽东防线日趋严密并向纳哈出据守的金山一带逼近。辽东故元将领、部落酋长陆续率众降明。❺纳哈出部下亦互相猜忌，其势甚孤，已无外援。明廷中原安定，云南、四川问题也得到解决，军饷物资集运辽东。洪武二十年（1387年）正月，征虏大将军冯胜领师二十万北伐纳哈出。六月，纳哈出接受明朝招降。金山战役结束以后，明廷致力于收复东北地区元朝旧疆，并通过增置卫所的方式将防线向西、东、北三方进行延伸，基本完成了以卫所为主的军事体系的构建。

开原卫城：开原一带为我国北方古民族繁衍生息之地。渤海为上京龙泉府，金为上京会宁府，元为开元路。元末，为纳哈出所据。明朝初年，在此设置兀者、野人、乞列迷女直军民万户府。❻洪武二十年（1387年）十二月，以三个万户府为名设卫，即在斡朵里（今黑龙江依兰附近）置辽东三万卫指挥使司，以千户侯史家奴为指挥佥事。❼后

❶《明太祖实录》卷一二七，洪武十二年十一月庚申条，上海：上海书店，1982年，第2028页。

❷《明太祖实录》卷一七九，洪武十九年八月辛丑条，上海：上海书店，1982年，第2706页。

❸［清］张廷玉等撰:《明史》卷九〇《兵志二》，北京：中华书局，1974年，第2197页。

❹《明太祖实录》卷三，洪武元年十二月乙未条，上海：上海书店，1982年，第38页。

❺《明太祖实录》卷一三七，洪武十四年四月壬午条，上海：上海书店，1982年，第2164页；卷一三八，洪武十四年七月甲午条，第2173页；卷一三八，洪武十四年七月癸卯条，第2178页；卷一四三，洪武十五年三月乙卯条，第2248页；卷一四四，洪武十五年四月乙丑条，第2265页；卷一五〇，洪武十五年十一月庚申条，第2359页；卷一五三，洪武十六年四月己亥条，第2400页；卷一五九，洪武十七年正月乙卯条，第2459页；卷一六二，洪武十七年六月辛巳条，第2518页。

❻［明］毕恭:《辽东志·地理》卷一，金毓黻:《辽海丛书》第1册，沈阳：辽沈书社，1985年，第354页。

❼《明太祖实录》卷一八七，洪武二十年十二月庚午条，上海：上海书店，1982年，第2807页。

因粮饷难继，三万卫指挥佥事侯史家奴奏请还师开元。洪武二十一年（1388 年）三月，“徙三万卫于开元”❶。洪武二十三（1390 年）三月，迁辽海卫指挥使司于三万卫北城，调定辽卫指挥张复等领兵守御。❷明朝改“元”为“原”，城池也是在旧土城的基础上包砌而成，其南到铁岭卫九十里，南到辽阳三百三十里，距沈阳抚顺驿城五十里。

铁岭卫城：洪武二十年（1387 年）十二月，明廷命户部咨高丽：元朝隶属开元路铁岭北部东西之地女真、鞑靼、高丽人等土著军民皆归辽东统之。❸洪武二十一年（1388 年）三月，置铁岭卫指挥使，并自辽东至铁岭置七十站，站置百户。铁岭卫镇抚等官已至辽东，因收复失地、招抚女真人口等工作复杂多变，“指挥佥事李文、高颙、镇抚杜锡（寄）置卫于奉集县，以抚安其众”。铁岭之南旧属高丽人民，悉听本国管属。疆境既正，各安其守，不得复有所侵越。❹关于铁岭卫初置地点争议颇多，有黄城（今吉林集安市）、辽东奉集县（今沈阳市东南苏家屯奉集堡）以及咸镜道与江原道分界地等说法，其中在朝鲜半岛旧元双城总管府南界颇得学界认可。❺铁岭卫的设置是明朝恢复元代旧疆的重要举措，但元末明初高丽趁乱占领了朝鲜半岛北部东宁路和双城总管府。所以，当明廷宣布于朝鲜半岛北部铁岭山一带设置铁岭卫并宣布对其土地及人口的控制权时，高丽辛禑王在权臣崔莹的支持下派兵攻打辽东。高丽方因李成桂发动兵谏终止了对明战争，明朝因恐高丽与故元势力联合增加辽东防御负荷遂撤回在江界筹划铁岭卫的官兵。李氏朝鲜建立后，朝鲜诚心事大，明廷亦未重申在朝鲜半岛置铁岭卫。洪武二十六年（1393 年）四月，徙辽东铁岭卫治于沈阳、开元两界古嚚州之地（今铁岭市），即南距沈阳中卫一百二十里。❻

义州卫城：辽、金为州治，元属大宁路。元末自然灾害与社会动乱使辽西地区几乎成为无人区。洪武二十年（1387 年），为配合大军征讨纳哈出，指挥同知何浩统领金、复、盖三卫军马往十三山屯种守御，开始经营辽西地区。洪武二十一年（1388 年）八月，置辽东义州卫指挥使司，实领左、右、前、后 4 个千户所。❼指挥何浩在旧址上修筑城池，东距广宁卫一百二十里，南到海岸一百四十里。永乐时期，广宁后屯卫治迁至此城。宣德年间城得以用石砖包砌。

锦州城：广宁中屯卫、广宁左屯卫治所。舳舻侯朱寿督饷辽东期间领新编士卒至牛

---

❶《明太祖实录》卷一八九，洪武二十一年三月辛丑条，上海：上海书店，1982 年，第 2857 页。

❷《明太祖实录》卷二〇一，洪武二十三年三月癸巳条，上海：上海书店，1982 年，第 2857 页。

❸《明太祖实录》卷八七，洪武二十年十二月壬申条，上海：上海书店，1982 年，第 2807 页。

❹《明太祖实录》卷一八九，洪武二十一年三月辛丑条，上海：上海书店，1982 年，第 2857 页。

❺ 李花子：《明初铁岭设卫之谜》，《韩国学论文集》，2007 年第 2 期，第 18 页；刁书仁，崔文植：《明前期中朝东段边界的变化》，《史学集刊》，2000 年第 2 期，第 22 页；张杰：《朱元璋设置铁岭卫于鸭绿江东始末》，《辽宁大学学报》，2004 年第 1 期，第 72 页。

❻《明太祖实录》卷二二七，洪武二十六年四月壬午条，上海：上海书店，1982 年，第 3312 页。

❼《明太祖实录》卷一九三，洪武二十一年八月戊申条，上海：上海书店，1982 年，第 2893 页。

庄码头屯守，后调至辽河西左屯卫、锦州中屯卫。明廷任命铁岭卫指挥佥事任兴俞机往左屯卫，海州卫指挥佥事陈钟往中屯卫，分统士卒戍守。洪武二十四年（1391 年）九月，置广宁左屯、中屯二卫。[1]中屯卫初治关东驿（今绥中县东关驿），次年移治锦州。指挥曹奉在前代县治旧址上修筑城池，南距海岸五十里，东北到义州卫九十里。[2]左屯卫初于鞍山至十三山驿摆站屯种，二十六年（1393 年）迁至显州建卫（辽河以西，十三山以东，今锦州石卫镇一带），三十二年（1399 年）调广宁屯守，永乐元年（1403 年）移至锦州。成化、弘治年间锦州城得以扩建，城周围六旦以上三步，形状似“盘”，故俗称盘城。

广宁城：广宁为辽西地区的军事重镇，元末也速与纳哈出经常劫掠此地。纳哈出集团覆灭后，明廷在此设卫治，并修筑城池，与辽阳互为犄角，拱卫辽东地区。洪武二十三年（1390 年）五月，置广宁卫指挥使司，以王雄为指挥佥事。指挥王雄在前代旧址上修筑城池，其东到海州卫三百里，西到义州卫一百二十里。都督刘真后用石砖包砌。[3]洪武二十五年（1392 年），朱植被封为辽王，于广宁建置宫室配备护卫。广宁卫遂改为中护卫，辽王进驻广宁后得以恢复。洪武二十六年（1393 年）正月，明廷于广宁建置中（4 个千户所）、左（4 个千户所）右（3 个千户所）前后五卫及右屯（5 个千户所）、后屯、前屯（5 个千户所）三卫，命指挥佥事姚文、王确领兵屯守。[4]实则守御辽西地区及护卫辽王均需大量兵力，洪武二十六年广宁卫治整合后广宁城仅于广宁、广宁中、广宁左、广宁右卫。

广宁右屯、前屯卫城：洪武二十六年（1393 年），明廷在故元闾阳县临海乡旧址设广宁右屯卫治（今锦州凌海市右屯镇），领左、右、中、前、后 5 个千户所。朱棣夺取政权后，“改广宁中左右三卫仍为中左右前后五屯卫”。永乐时期指挥徐琦、李通开始筑城。周围四里三百六十步，东、南距海岸均三十里，北到广宁卫一百二十里。洪武二十六年（1393 年），广宁前屯卫设于原唐朝瑞州（今绥中前卫镇）旧址，初为土城，宣德、正统间用砖石包砌。

洪武时期辽东卫所的设置不仅在数量上接近二十五卫的常规建置，同时完成以辽阳、广宁、开原为核心的三线军事体系的布防。即以修筑卫城在千户所等配比上基本每卫五个层层拱卫军事要冲。同时，辽东土著人口较少，辽东军事体系建立后军民多编入卫所，加之明初边疆局势动荡，辽东社会呈现出鲜明的军事特点。

---

[1]《明太祖实录》卷二一二，洪武二十四年九月癸卯条，上海：上海书店，1982 年，第 3144 页。
[2] 张士尊：《明代辽东边疆研究》，长春：吉林人民出版社，2002 年，第 31 页。
[3]《明太祖实录》卷二〇二，洪武二十三年五月庚申条，上海：上海书店，1982 年，第 3027 页。
[4]《明太祖实录》卷二二四，洪武二十六年正月丁巳条，上海：上海书店，1982 年，第 3276 页。

三、明初辽东卫城的社会风貌

明初辽东战乱，民众居无定所，农事尽废，边地驻军粮饷匮乏。登辽诸将首要任务是：分兵屯驻军事重镇，修葺城池，安抚境内居民。军事上控制辽盖地区后，明廷于辽地创设卫所，调兵屯田，扩建军堡，练军保民，以巩固军事成果。[1]洪武年间修建的城堡均因军事需要而创，城高池深，威严雄壮。明朝诏令守将修筑城池务必“高深坚固，为经久之”[2]。永乐元年（1403 年）闰十一月，明廷令修辽东都司并诸卫城池。[3]洪武五年（1372 年），朝鲜使臣郑梦国赴明。其有诗云：“地经辽霫军容壮，路入登莱景物多。”辽东给作者留下的印象为边疆重镇，与内地景物迥异。在《行次复州呈王指挥兼简列为指挥相公》一诗记录了辽东新筑城堡的面貌，即“城修百雉峻，障布六花开”[4]。建文二年（1400 年），朝鲜使臣李詹在观光录中记述了明初辽东屯堡概貌。海州卫城“雉堞岩峣四面平，南临一水入云长”的高耸，连山站城“孤城为长栅，辕门静不哗”的荒寂。永乐十七年（1419 年），朝鲜使臣张子忠过高平驿站，宿盘山驿，记述辽东屯堡“新城粉堞”蔚为壮观。[5]

明初辽东卫城的社会文化载体主要元遗民、明军及家属。地理环境和政治环境造就了辽东以军事为中心的边地文化。明代以前中原政权虽在辽东设治，但更长的时间里“诸夷更相割据，各施其椎”，汉文化影响较弱。明初，针对蒙古、高丽、女真等土著居民采取“不易其处”“使之各安生业”的政策。即朝廷对于主动归附的部众给赐物资，遣还原地居住。[6]如洪武十五年（1382 年）十二月，故元将较金孛罗帖木儿等八十七人，自辽东来降，赐以冠带，据其“原处何职”进行差遣。明廷收复辽东时制定了以招抚纳降为主，辅以军事打击的方针。所以，辽东都司可因地制宜，灵活安排归附的元朝将卒和少数民族部众。具体来说，将官根据辽东都司卫所职位和个人经历仍以留用。部众编入卫所，或遣回原地或迁到异地给田屯种。洪武五年（1372 年）六月，定辽卫指挥同知冯祥等率兵，克十万山大片崖、小片崖、石瓮九崖等处，抚辑其民而还。[7]洪武十四年

---

❶《明太祖实录》卷七四，洪武五年六月辛卯条，上海：上海书店，1982年，第1360页。朝廷遣使赍敕至辽东谕都督佥事仇成曰：“兵戍辽阳已有年矣，虽曰农战交修，其航海之运，犹连年未已。近者靖海侯吴祯率舟师重载东往，所运甚大。昨晚忽闻纳哈出欲整兵来哨，为指挥叶旺中途阻归。因此而料彼，前数年，凡时值暑天，胡人必不策马南向。今将盛暑，彼有此举，情状见矣。粮运既至，宜严为备御，庶可无虞。”此条史料多被引用说明辽东屯田的时间起点，本文暂且不细探明军屯田时间，但设州、免粮、农战交修等信息可以说明洪武五年辽盖地区农业生产得到一定程度的恢复。

❷《明太祖实录》卷一七二，洪武十八年四月丙申条，上海：上海书店，1982 年，第 2631 页。

❸《明太宗实录》卷二四，永乐元年闰十一月癸亥条，上海：上海书店，1982 年，第 467 页。

❹ 林基中:《燕行录全集》第 1 册，首尔：东国大学校出版部，2001 年，第 62，94 页。

❺ 林基中:《燕行录续集》第 101 册，首尔：尚书院出版部，2008 年，第 12，14，73 页。

❻［明］李辅:《全辽志・风俗》,《辽海丛书》第 1 册，沈阳：辽沈书社，1985 年，第 632 页。

❼《明太祖实录》卷七四，洪武五年六月辛卯条，上海：上海书店，1982 年，第 1360 页。

（1381年）十一月，故元遗民六十九人自纳儿崖来归于女真千户所，诏以衣粮给之，遣归复州。[1]洪武十五年（1382年）八月，故元遗民一百四十八人，自黄城即该来归，诏给以衣粮俾屯田于析木城。[2]这些土著居民与明军士卒共同编入卫所中，在相同的体制内生产生活。土著居民多延留原俗，相对于明朝“汉制”和来自内地的“汉人”是少数，是异类。洪武五年（1372年），朝鲜使臣出使明朝于海路抵达山东登州，在《赴南诗》中表达了明初辽东文化与中原差距较大。“登州望辽野，邈矣天一涯。溟渤限其间，地分夷与华”[3]。洪武十五年（1382年）四月，“故元臣名祖自定辽来归。上问辽东风俗，明祖言：辽东地遐远，民以猎为业，农作次之，素不知诗。”[4]永乐十七年（1419年），朝鲜使臣张子忠入明，记述了辽地民族杂居、浸染胡俗的境况，即“诸种东胡近塞垣，寻常骑士尽櫜鞬。山蟠辽碣皇居远，人染金元虏俗存。”他还记述了华人居亲丧，食肉如常，如此恶俗甚多，皆是金元旧习。[5]习俗形成与演变必然受地理自然条件和历史社会条件的左右，汉族史书或受汉文化影响较深的朝鲜历史文献中涉及明代辽东少数民族习俗的内容，多从“以夏变夷”“夏高夷低”的“俯视”角度进行阐述。辽东地区“停丧”“食肉”等习俗定有其特定的历史渊源和文化传承。洪武十五年（1382年），名祖转述了元时居民留下的停丧习俗，“凡子丧其父、妻丧其夫，皆日至墓所拜，哭奠酒浆百日乃止，服衰三年……”[6]明代中期以后，朝鲜使臣记述中我们也能看到“亲死椽（棺材）沟壑经久不葬者颇多”“山上无坟，田中或家后园多置棺材”等相关景象。[7]

辽东屯堡内各民族混同杂居，皆隶卫所军籍，在相同的体制下相互碰撞，逐渐融合。洪武十七年（1384年）七月，定辽卫卒元遗民田帖木儿女佐儿被军中恶少欺压，诉于官，捕恶少，置于法。[8]洪武二十年（1387年）七月，封纳哈出为海西侯，属下大小官员俱与名分……初命辽阳、海州、盖州、复州、金州、崖头、大宁归省口内之人，各照原所居住……若已迁入民镇，可留彼暂住，若未入口，到瑞州间山左右。[9]洪武二十二年（1389年），朝鲜使臣权近等过连山站北“始有把截军（戍卒）及女真人家”。入辽东城前，宿头馆站近郊，感叹华夷杂处，四海一家。[10]明初，大量高丽“侨人”进入辽东

[1]《明太祖实录》卷一四〇，洪武十四年十一月癸卯条，上海：上海书店，1982年，第2203页。

[2]《明太祖实录》卷一四七，洪武十五年八月辛丑条，上海：上海书店，1982年，第2324页。

[3] 林基中：《燕行录全集》第1册，首尔：东国大学校出版部，2001年，第64页。

[4]《明太祖实录》卷一四四，洪武十五年四月丙戌条，上海：上海书店，1982年，第2270页。

[5] 林基中：《燕行录续集》第101册，首尔：尚书院出版部，2008年，第140页。櫜，古代车上用来盛东西的大袋子；鞬，马上的盛弓器。

[6]《明太祖实录》卷一四五，洪武十五年四月丙午条，上海：上海书店，1982年，第2270页。

[7] 林基中：《燕行录续集》第3册，首尔：尚书院出版部，2008年，第82页。

[8]《明太祖实录》卷一六三，洪武十七年七月壬戌条，上海：上海书店，1982年，第2531页。

[9]《明太祖实录》卷一八四，洪武二十年七月丙辰条，上海：上海书店，1982年，第2766页。

[10] 林基中：《燕行录全集》第1册，首尔：东国大学校出版部，2001年，第162页。

地区。[1]建文二年（1400年），朝鲜使臣李詹行至鞍山驿作诗云："须信圣神家四海，居民半是北来人"。[2]居住在屯堡的"辽人"与塞外蒙古族和边外女真人不同，他们语言虽异、习俗不一，但在统一的政治制度下、生活空间中，同一阶层身份无差，进行相同的生产劳作，终融合成"辽人"文化共同体。随着时间的推进，明代辽东地区多元文化共同体中汉族文化成为主流。[3]元末明初，辽东社会动荡不安，土著人丁约剩六万人。[4]洪武十五年（1382年）十二月，朝廷赏赐辽东诸卫士卒有十一万二千一百二十八人。洪武末期，辽东地区都司卫所制度已经确立，除鸭绿江至连山关一带尚未设治外，辽东境内的战略要冲均设卫城，境内军民均编入卫所，有事征调则分统于诸将，无事则还归各卫。辽东卫所屯军多来自内地，驿站、递运所军卒便由中原"赎罪囚徒"充之。[5]辽东设治伊始，卫所制度和屯田制度将辽东人口仅仅聚拢在屯堡周围，有警御敌，平时耕作。汉族军士是屯田耕作的主体，屯田制度决定了汉文化将成为辽东地区的主流文化。辽东社会稳定后，农业经济发展迅速。洪武十四年（1381年）三月，置辽东税课司，隶都司。洪武二十一年（1388年）九月，明廷"令天下卫所，督兵屯种"。十月，命五军都督府更定屯田法，凡卫所系冲要都卫，及王府护卫军士以十之五屯田，余卫以五之四。以农耕文化为代表的"德化教育"落根辽地。辽东地区汉文化不是数量上的优势而是体现在社会上层的提倡。有识之士均希望帝王将官推行社会教化来易辽东之蛮俗。如洪武五年（1372年），郑梦国在《宿盖州》诗中所云："民自往时散，城从今日修。盛朝四海家，遗俗可无忧"[6]。洪武十七年（1384年）闰十月，置辽东都指挥使司儒学，金、复、海、盖四儒学，教武官子弟。命皆立孔子庙，给祭器乐器以供祀事。洪武二十六年（1393年）二月，辽东二十一卫中定辽等七卫已有都司儒学，金、复、海、盖四州已有州学，其开元、广宁、义州亦皆名郡学，宜建学立师，以复其旧。建文二年（1400年），朝鲜使臣李詹拜谒辽阳城文庙云："斯文尚在风俗后，童冠如今聚读书。"此句恰能体现明初汉文化的发展概貌。[7]

明初，为清除故元势力和收复元疆，明军攻占战略要地修建城池。这些军事据点多是前代经济较为发达的地区，明朝在前代城址的基础上修建卫城。金山战役结束后，辽

---

[1] 王颋：《驾泽转云：中外关系史地研究》，海口：南方出版社，2003年，第249页。

[2] 林基中：《燕行录续集》第101册，首尔：尚书院出版部，2008年，第14页。

[3] 张士尊：《明代辽东边疆研究》，长春：吉林人民出版社，2002年，第123-125页。

[4] 张士尊：《也论"辽土"与"辽人"——明代辽东边疆文化结构的多元倾向研究》，《社会科学辑刊》，2011年第6期，第180页。

[5] 《明太祖实录》卷一八三，洪武二十年七月丙戌条，上海：上海书店，1982年，第2756页。"命左军都督府自山海卫至辽东，暨马驿一十四驿，各给官马三十匹，以赎罪囚徒为驿夫，驿百二十人，仍令田其旁近地以自给"。《明宣宗实录》卷一一三，宣德二年三月丁未条，1982年，第685页。"洪武中，以谪戍者递送，今四十余年，逃亡者多……"

[6] 林基中：《燕行录全集》第1册，首尔：东国大学校出版部，2001年，第98页。

[7] 林基中：《燕行录续集》第101册，首尔：尚书院出版部，2008年，第36页。

东继续增设卫城，在卫城之间的交通枢纽之地建置驿站及递运所城，并派兵屯种，且效果显著。这些城池的位置和建筑的规模、功能等均体现了军事堡垒的性质。洪武后期，辽东战事减少，军民围绕城堡进行屯种。宣德、正统时期，辽东又增修所城、铺城。它们多为土城，平时人们在屯堡内外居住和耕作，有贼寇境时便成为屯粮、避难之所。明中期以后，蒙古、女真不断南下袭掠，辽东地方官员对重要卫城进行维修加固。卫城、驿站、铺所、军堡、墩台渐次排列，又修筑边墙严防“野人”，辽东防御网络日趋严密。明初辽东城堡建置后，境内各族民众混同一家，以军事为核心进行生产和生活逐渐形成多元的边疆文化。

试析女真徙居安乐州的时间与身份

沈一民

（兰州大学历史文化学院）

明代卫所制的推行引发了全国性的人口流动，不仅形塑出西南地区的"屯堡人"，而且也引发了大批少数民族的内附。顾诚先生早已指出："当我们指出明代由于实行卫所制度，结果之一是大批汉族人口迁居于西南等地区时，还要看到明朝廷依据一部分少数民族人士的愿望，把他们安置到内地卫所。"[1] 东北地区，安置内附少数民族的地方行政设置主要是安乐、自在二州。对此，前辈学者已经进行全面而深入的研究，不过研究多集中于安乐、自在二州的设置沿革方面，对安乐州女真[2] 的分析尚有深入的余地。[3]"《三万卫选簿》保留了大小246名武官资料，其中89名'安乐州住坐三万卫带俸达官'，就是安乐州管下的女真移民。"[4] 这为分析安乐州女真提供了可能。因此，本文希望通过《明实录》与《三万卫选簿》的比读，对安乐州女真徙居时间、授官原则等问题进行详细的探究。

一、明初辽东经略与安乐州的设置

明朝自建立之初，一直困扰于来自蒙古的威胁。为了更有效地打击蒙古，明朝加强了对东北地区的招抚，希望从侧翼牵制、打击蒙古。洪武三年（1370年）秋，朱元璋命断事黄俦"赍诏宣谕辽阳等处官民"[5]。洪武四年（1371年）二月，故元辽阳行省平章刘益率众降明，献"辽东州郡地图，并籍其兵马钱粮之数"。朱元璋顺势"特置辽东卫指挥使司"，以刘益为指挥同知。辽东卫的设置，"是明朝接替元朝在东北的统治，于辽东地区设立地方军政权力机构的开始。"[6] 七月，朱元璋设定辽都卫指挥使司，以马云、叶旺

---

❶ 顾诚：《谈明代的卫籍》，《北京师范大学学报》，1989年第5期，第64-65页。

❷ 明仪文献中基本上都将"女真"写为"女直"。学界普遍认为女真改为女直发生在辽代，依据《大金国志》的记载，认为改写原因是避辽兴宗讳。

❸ 相关研究，［日］江嶋寿雄：《关于明初女直移居辽东——自在、安乐二州的一次考察》（《东洋史学》，1950年第1期）、《关于安乐、自在二州》（《史渊》，1951年第48期）两篇文章开创研究先河。中国学者则以奇文瑛用力最勤，除氏著：《明代卫所归附人研究》（中央民族大学出版社，2011年）外，《论〈三万卫选簿〉中的军籍女真》（《学习与探索》，2007年第5期）、《论明后期辽东安乐、自在州的变化》（《中国边疆史地研究》，2012年第3期）、《论明初卫所制度下归附人的安置与任用》（《民族研究》，2012年第6期）、《论明代辽东的女真人》（《纪念王钟翰先生百年诞辰学术文集》，中央民族大学出版社，2013年）等系列论文多有论及。

❹ 奇文瑛：《明代卫所归附人研究》，北京：中央民族大学出版社，2011年，第82页。

❺ ［明］（嘉靖）《辽东志》卷八《杂志》，《辽海丛书》第1册，沈阳：辽沈书社，1985年，第464页。

❻ 杨旸主编：《明代东北疆域研究》，长春：吉林人民出版社，2008年，第20页。

同为都指挥使，“总辖辽东诸卫军马，修治城池，以镇边疆”❶。洪武八年（1375年），朱元璋对全国卫所制度进行调整，改都卫为都司，十月，定辽都卫指挥使司正式改称辽东都指挥使司，马云、叶旺改任辽东都指挥使。至此，明朝在辽东地区的地方行政体系初具规模。

洪武二十年（1387年），朱元璋凭借军事优势迫使故元太尉纳哈出投降。以此为契机，明朝加快了在辽东地区设置卫所的步伐。洪武二十六年（1393年），辽王朱植之国广宁。与此相配合，“置广宁中、左、右、前、后五卫及右屯、后屯、前屯三卫，命指挥佥事姚文、王确领兵屯守。”❷明朝一次性地设置了八卫，其中广宁中卫、广宁左卫和广宁右卫成为辽东都司二十五卫中最后确定的部分。至此，辽东地区的地方行政体系基本形成。

需要指出的是，“洪武时期的全辽政策的战略基本点不在于统治辽东及迤远地区，而是为了防御蒙古”❸，因此，朱元璋所创立的二十五卫的功能是以防御为主，对辽东以外的女真缺乏控管和约束的能力。当朱棣对女真采取更为积极的招抚政策时，辽东都司二十五卫无法起到应有的辅助作用，朱棣不得不在原有的辽东行政体系外寻求突破。安乐、自在二州应运而生。永乐六年（1408年）四月，朱棣下旨兵部：“朕即位以来，东北诸胡来朝多愿留居京师，以南方炎热，特命于开原置快活、自在二城居之，俾部落自相统属，各安生聚”❹。朱棣明确指出营建快活、自在二城的初衷是安置内附的“东北诸胡”。为了更有效地管理，明朝特设行政机构加以管辖。五月，“命于辽东自在、快活二城，设自在、安乐二州。每州置知州一员、吏目一员。”❺六月，进一步完善安乐州、自在州的官制，“添设辽东自在、安乐二州同知、判官，各一员”❻。即以自在州管理自在城，以安乐州管理快活城。不过这些举措只是行政命令，真正执行则迟至永乐七年，此即《寰宇通志》等所依据的时间。《大明一统志》：“永乐七年，复置安乐、自在二州。”❼《辽东志》：“永乐七年，复置安乐、自在二州。”❽随着安乐、自在二州的设立，辽东都司二十五卫二州的地方行政体系最终定型。

《三万卫选簿》记录了大量徙居安乐州的女真，尽管《三万卫选簿》来源于贴黄、功

❶《明太祖实录》卷六七，洪武四年七月辛亥，台北：台湾“中研院”历史语言研究所校勘影印本，1962年。第1254页。

❷《明太祖实录》卷二二四，洪武二十六年正月丁巳，台北：台湾“中研院”历史语言研究所校勘影印本，1962年，第3276页。

❸ 李洵：《论明朝的全辽政策》，《下学集》，北京：中国社会科学出版社，1995年，第355页。

❹《明太宗实录》卷七八，永乐六年四月乙酉，台北：台湾“中研院”历史语言研究所校勘影印本，1962年，第1053页。

❺《明太宗实录》卷七九，永乐六年五月甲寅，台北：台湾“中研院”历史语言研究所校勘影印本，1962年，第1062页。

❻《明太宗实录》卷八〇，永乐六年六月乙酉，台北：台湾“中研院”历史语言研究所校勘影印本，1962年，第1066页。

❼［明］李贤、彭时等纂修：《大明一统志》卷二五《辽东都指挥使司》，西安：三秦出版社，1990年，第424页。

❽［明］（嘉靖）《辽东志》卷一《地理志》，《辽海丛书》第1册，沈阳：辽沈书社，1985年，第353页。

次簿、零选簿、编军簿、审稿、堂稿等第一手资料，但是其内容却存在着诸多纰漏。大致可以将错误分为两类。第一类是抄写错误。以答剌为例，《三万卫选簿》有两处记载可以互为校正。第一处记载："答剌，原系亦马剌女直头目，永乐二年赴京进贡。除授指挥佥事。"❶第二处记载："答剌，原系海西亦马剌卫女直。永乐七年招谕来降，赴京，钦除指挥佥事。"❷答剌迁居安乐州的时间并不相同，因为安乐州设置于永乐七年，第一处记载明显有误。第二类是格式所限而导致的文字减省。因为选簿无法容纳太多文字，所以不可避免地省略大量文字，从而导致了记载的失真。如"羊哈，原系海西考郎兀卫女直。永乐四年来降。五年赴京，除本卫指挥佥事"❸。永乐五年时安乐州尚未设置，此处记载肯定有缺略之处。不过，这些错误并不能掩盖《三万卫选簿》的重要性。如"旧选簿查有：宣德二年二月，告愿在安乐自在州住坐除官十三员，俱百户，升指挥佥事"❹。宣德二年（1427年）的一个月内就有12名少数民族徙居安乐州，根据所授武职为"指挥佥事"来看，他们的身份相当显赫，然而《明实录》中完全没有记载。《三万卫选簿》补《明实录》之缺的史料价值不言而喻。

二、女真徙居安乐州的时间

根据《明实录》，从永乐朝至景泰朝，先后有20批女真（永乐朝10批，宣德朝4批，正统朝3批，景泰朝3批）徙居于安乐、自在二州。《三万卫选簿》中明载徙居安乐州时间的女真有36人（永乐朝23人，宣德朝8人，正统朝3人，景泰朝2人）。在徙居的起始时间上，《明实录》与《三万卫选簿》完全相同。

女真徙居安乐州的时间始于安乐州初置的永乐七年。四月，"杻肥河等卫千户秃鲁忽等自陈，愿于三万卫及快活城居住。"❺秃鲁忽等人徙居于安乐州所在地快活城。上文提及的答剌，应即于此时随秃鲁忽徙居安乐州。景泰三年（1452年）后停止。景泰三年正月，"命来归女直指挥佥事管秃子女松哈、正千户阿卜哈子革撒袭职，俱于辽东安乐州支俸，给与（予）房屋。"❻这是《明实录》中最后一条徙居安乐州的记录。此处的"革撒"

---

❶ 中国第一历史档案馆、辽宁省档案馆:《中国明朝档案总汇》第55册，桂林：广西师范大学出版社，2001年，第145页。

❷ 中国第一历史档案馆、辽宁省档案馆:《中国明朝档案总汇》第55册，桂林：广西师范大学出版社，2001年，第213页。

❸ 中国第一历史档案馆、辽宁省档案馆:《中国明朝档案总汇》第55册，桂林：广西师范大学出版社，2001年，第158页。

❹ 中国第一历史档案馆、辽宁省档案馆:《中国明朝档案总汇》第55册，桂林：广西师范大学出版社，2001年，第149页。

❺《明太宗实录》卷九〇，永乐七年四月乙亥，台北：台湾"中研院"历史语言研究所校勘影印本，1962年，第1186页。

❻《明英宗实录》卷二一二，景泰三年正月壬寅，台北：台湾"中研院"历史语言研究所校勘影印本，1962年，第4563页。

应即《三万卫选簿》中的“革彻”，“革彻，景泰二年来降，除本卫正千户。”[1]二人的官职皆为“正千户”，加之彻的繁体“徹”与“撤”相似，应为同一人。至于时间的不同，合理的解释是革彻于景泰二年（1451年）内附，至三年（1452年）正月才得到明朝的最终允许。《三万卫选簿》的记载也止于景泰三年（1452年）。“哈丁加，原系吉河卫女直。景泰三年来降，升授指挥佥事。告愿安乐州住坐，三万卫带俸。”[2]

景泰三年（1452年）以后安乐州不再接收归附女真，与明朝东北局势的变化密切相关。“土木之变”后，蒙古军队重新深入东北地区，引发了东北政局的巨变。大量女真因战乱死亡，“海西、野人女直之有名者率死于也先之乱”[3]。一部分女真甚至投靠蒙古，与明朝为敌。如景泰元年（1450年），在脱脱不花的指挥下，女真与蒙古集合大军进犯辽东。“开原、沈阳等处，达贼入境，抢掠人畜，及攻围抚顺千户所城池。审知各贼，乃建州、海西、野人女直头目李满住、凡察、董山、刺塔，为北虏迫胁，领一万五千余人来寇。”[4]也先触发的东北巨变不仅导致朱棣建立的奴儿干都司卫所格局彻底崩坏，而且也导致明朝对内附女真的不信任。于谦的言论极具代表性。“诚恐此等安插男妇，因见犯边贼寇得志，我军失利，遂起奸谋，透漏消息，结连内应，其贻后患，决非细故。矧近日辽东安插达人纠合谋反出城，潜从贼寇者，动以百十计。此其明验，不可不防。”[5]面对明朝军力不振，以于谦为首的明朝统治层忧惧于边防溃于内奸，从而对内附女真产生了强烈的提防意识。在这种局面下，安乐州招抚女真的功能逐渐丧失。

从永乐七年（1409年）至景泰三年（1452年）的40多年时间里，永乐朝是女真徙居安乐州记载最多的时期，最高峰出现在永乐九年（1411年）。《明实录》中，永乐九年（1411年）有5批女真徙居，占永乐朝的一半。三月，“建州卫千户古那等及禾屯吉卫指挥不颜帖木儿等奏，愿居辽东安乐州。”[6]《三万卫选簿》亦有记载，但存在着文字的减省。“不颜帖木儿，永乐八年间招谕，赴京，除吉河卫指挥佥事，告愿安乐州住坐，带俸。”[7]六月，“卜鲁兀等卫千户团脱等奏愿居安乐州。”[8]九月，“建州卫千户囊那哈等来朝，奏

---

[1] 中国第一历史档案馆、辽宁省档案馆:《中国明朝档案总汇》第55册，桂林：广西师范大学出版社，2001年，第214页。

[2] 中国第一历史档案馆、辽宁省档案馆:《中国明朝档案总汇》第55册，桂林：广西师范大学出版社，2001年，第239页。

[3] ［明］马文升:《抚安东夷记》,《清入关前史料选辑》第1辑，北京：中国人民大学出版社，1984年，第3页。

[4] 《明英宗实录》卷一九二，景泰元年五月癸丑，台北：台湾“中研院”历史语言研究所校勘影印本，1962年，第4000页。

[5] 《明经世文编》卷三三《于忠肃公文集》，北京：中华书局，1962年，第241页。

[6] 《明太宗实录》卷一一四，永乐九年三月庚午，台北：台湾“中研院”历史语言研究所校勘影印本，1962年，第1451页。

[7] 中国第一历史档案馆、辽宁省档案馆:《中国明朝档案总汇》第55册，桂林：广西师范大学出版社，2001年，第208页。

[8] 《明太宗实录》卷一一六，永乐九年六月癸巳，台北：台湾“中研院”历史语言研究所校勘影印本，1962年，第1475页。

愿居辽东快活城。”[1]九月，“建州等卫指挥宁失加乞、塔河卫指挥失剌等来朝，奏愿居快活城。”[2]十月，“木束河等卫指挥使把剌答哈等二十四人来朝，奏愿居辽东自在、安乐州。”[3]

同样，《三万卫选簿》中，永乐九年（1411年）有8人徙居安乐州，约占永乐朝的35%。除不颜帖木儿外，“康阿剌孙，原系海西女直头目。永乐九年赴京进贡，授指挥同知。造愿自在州住坐，辽海卫带俸。……十八年，归并安乐州住坐，三万卫带俸。”[4]“阿剌孙，原系奴儿干女直头目。永乐九年，招谕赴京，除授指挥同知。告愿安乐州住坐，三万卫带俸。”[5]“阿剌孙，原系金牌万户。永乐九年，赴京，除指挥同知。安乐州住坐，三万卫带俸。”[6]此则记载源于“外黄”，而在武职袭替脚辈中则写为“阿喇孙”[7]，应为正解，是为了区别前一个“阿剌孙”而进行的必要修改。而“康阿剌孙”之所以冠之以姓，也是为了进行区别。奇文瑛先生早已指出：“赐姓以区别同名，也是原因之一。”[8]“你里乞，原系海西河卫女直。永乐九年，蒙招谕赴京，除授本卫指挥佥事。告愿安乐州住坐，三万卫带俸。”[9]“阿囊哈，永乐九年，归附赴京，除指挥佥事，辽海卫带俸。正统十年，归并安乐州，三万卫带俸。”[10]“戳落，原系海西兀里奚山卫野人。永乐五年赴京朝贡，除本卫指挥佥事。九年，招谕赴京，告愿安乐州住坐，三万卫带俸。”[11]“忽乞，原系兀里奚山卫女直。永乐五年，蒙内官亦失哈前来诏谕赴京，授指挥佥事，回还。九年，又蒙招谕前来。告愿安乐州住坐，三万卫带俸。”[12]根据《三万卫选簿》，包括不颜帖木儿、康阿

---

[1]《明太宗实录》卷一一九，永乐九年九月癸酉，台北：台湾“中研院”历史语言研究所校勘影印本，1962年，第1507页。

[2]《明太宗实录》卷一一九，永乐九年九月丁亥，台北：台湾“中研院”历史语言研究所校勘影印本，1962年，第1511页。

[3]《明太宗实录》卷一二〇，永乐九年十月丁巳，台北：台湾“中研院”历史语言研究所校勘影印本，1962年，第1521页。

[4]中国第一历史档案馆、辽宁省档案馆：《中国明朝档案总汇》第55册，桂林：广西师范大学出版社，2001年，第137页。

[5]中国第一历史档案馆、辽宁省档案馆：《中国明朝档案总汇》第55册，桂林：广西师范大学出版社，2001年，第142页。

[6]中国第一历史档案馆、辽宁省档案馆：《中国明朝档案总汇》第55册，桂林：广西师范大学出版社，2001年，第142页。

[7]中国第一历史档案馆、辽宁省档案馆：《中国明朝档案总汇》第55册，桂林：广西师范大学出版社，2001年，第146页。

[8]奇文瑛：《明代卫所归附人研究》，北京：中央民族大学出版社，2011年，第219页。

[9]中国第一历史档案馆、辽宁省档案馆：《中国明朝档案总汇》第55册，桂林：广西师范大学出版社，2001年，第158页。

[10]中国第一历史档案馆、辽宁省档案馆：《中国明朝档案总汇》第55册，桂林：广西师范大学出版社，2001年，第202页。

[11]中国第一历史档案馆、辽宁省档案馆：《中国明朝档案总汇》第55册，桂林：广西师范大学出版社，2001年，第206页。

[12]中国第一历史档案馆、辽宁省档案馆：《中国明朝档案总汇》第55册，桂林：广西师范大学出版社，2001年，第208页。

剌孙、阿剌孙、阿喇孙、你里乞、阿囊哈、戳落、忽乞等 8 人都是在永乐九年徙居安乐州。此外，“兀山哥，系忽石门卫女直人。永乐九年来降，除本卫指挥佥事。告愿安乐州住坐，三万卫带俸。”❶兀山哥，武职袭替脚辈中写为“兀丁哥”。《明实录》则写道：永乐十年四月，“忽石门卫指挥佥事兀丁哥、建州卫副千户可奚等诣阙，自陈愿居辽东自在、安乐二州。”❷兀丁哥应是永乐九年归附，次年徙居安乐州。所以这里不将兀丁哥计算在内。

永乐九年（1411 年）大批女真徙居安乐州，与亦失哈第二次东巡密不可分。《敕修奴儿干永宁寺碑记》：“永乐九年春，特遣内官亦失哈等，率官军一千余人，巨船二十五艘，复至其国，开设奴儿干都司。”❸《辽东志》：“永乐九年春，复遣中使率官军，驾巨船至其地。爵赉其人之来附者。设都司、都指挥三员康旺、佟答剌哈、王肇州以镇抚之。”❹这次东巡始于春天，这年最早见于记录的时间为三月，正好相合。《三万卫选簿》中的 8 人分别授官，康阿剌孙、阿剌孙、阿喇孙等 3 人被授予指挥同知，其余 5 人被授予指挥佥事，也与“爵赉其人之来附者”相合。

《明实录》与《三万卫选簿》在记载女真徙居安乐州的时间上，表现出一致性，即始于永乐七年（1409 年），终于景泰三年（1452 年）。二者呈现的趋势也完全一致。在近 50 年时间里，随着明朝在东北地区的战略收缩，徙居安乐州的女真呈现出逐朝减少的趋势。

三、女真徙居安乐州前的身份

《三万卫选簿》除了标注徙居安乐州的时间外，对徙居前的身份也有说明，有 46 人可以追索徙居前的身份。其中一些人记载得非常简单。如马嗷塔的身份为“三万卫前所故土官副千［总］”❺，“李道，原系建州左卫土官。”❻不过，大多数的记录较为详尽，从而为探讨明朝授官原则提供了契机。

明朝将安乐、自在二州的女真纳入到卫所体系中进行管理，允许他们世袭武职，此即《抚安东夷记》所谓的“皆量授以官，任其耕猎，岁给俸如其官”❼。根据他们徙居前的身份，明朝授予的世袭武职从指挥使至所镇抚不等，而“量授以官”的原则即他们内附

❶ 中国第一历史档案馆、辽宁省档案馆：《中国明朝档案总汇》第55册，桂林：广西师范大学出版社，2001年，第 165 页。

❷ 《明太宗实录》卷一二七，永乐十年四月甲戌，台北：台湾“中研院”历史语言研究所校勘影印本，1962年，第 1587-1588 页。

❸ 钟民岩、那森柏、金启孮：《明代奴儿干永宁寺碑记校释》，《中央民族学院学报》，1976 年第 1 期，第 50 页。

❹ ［明］嘉靖《辽东志》卷九《外志》，辽海丛书第 1 册，沈阳：辽沈书社，1985 年，第 470 页。

❺ 中国第一历史档案馆、辽宁省档案馆：《中国明朝档案总汇》，第55册，桂林：广西师范大学出版社，2001年，第 176 页。

❻ 中国第一历史档案馆、辽宁省档案馆：《中国明朝档案总汇》第55册，桂林：广西师范大学出版社，2001年，第 167 页。

❼ ［明］马文升：《抚安东夷记》，《清入关前史料选辑》第1辑，北京：中国人民大学出版社，1984年，第2页。

前的身份。大致可以将之分为新附女真各部酋长、故元官员、编入军籍的女真士兵等三大类。

第一类是新附女真各部酋长，在徙居安乐州女真中占比最多。如“康阿剌孙，原系海西女直头目。永乐九年赴京进贡，授指挥同知”[1]；“阿剌孙，原系奴儿干女直头目。永乐九年招谕赴京，除授指挥同知”[2]；“答剌，原系亦马剌女直头目。永乐七年招谕来降，赴京，钦除指挥佥事”[3]；“亦领哈，原系撒剌儿卫野人头目。永乐十年保送赴京，除本卫指挥佥事”[4]；“乞猛哥，原系兀者地面女直头目。永乐十年赴京朝见，升兀者右卫指挥同知”[5]；“也可本，原系海西撒剌儿卫女直头目，永乐八年保送赴京，除本卫指挥佥事”[6]；“哈喇卜花，原系考郎兀卫头目。永乐十二年朝觐，除指挥佥事”[7]；“必隆哈，原系海西随满河卫女直头目。永乐十年招谕赴京，除本卫指挥佥事”[8]；“亦令加（又写为亦令哈、亦合哈加），原系奴儿干女真头目。永乐十年招谕赴京，除可木河卫指挥佥事”[9]；“虎鲁罕，原系女直头目。永乐十二年招谕赴京，除指挥佥事”[10]；“兀尝哈，原系亦伦河卫野人头目。永乐八年保送赴京，升除兀鲁罕山卫正千户”[11]，等等。

以上 11 人都以“头目”指称，显系各部酋长。而他们被授予的世职却不尽相同。康阿剌孙、阿剌孙、乞猛哥 3 人为指挥同知；答剌、亦领哈、也可本、哈喇卜花、必隆哈、亦令加、虎鲁罕 7 人为指挥佥事；兀尝哈为千户。授官差异的原因不明，很可能是根据他们所部人数多少而进行的区别。

第二类是故元官员。具有女真身份的故元官员，也占有一定比例。如“阿剌（喇）

---

[1] 中国第一历史档案馆、辽宁省档案馆:《中国明朝档案总汇》第55册，桂林：广西师范大学出版社，2001年，第137页。

[2] 中国第一历史档案馆、辽宁省档案馆:《中国明朝档案总汇》第55册，桂林：广西师范大学出版社，2001年，第142页。

[3] 中国第一历史档案馆、辽宁省档案馆:《中国明朝档案总汇》第55册，桂林：广西师范大学出版社，2001年，第145页。

[4] 中国第一历史档案馆、辽宁省档案馆:《中国明朝档案总汇》第55册，桂林：广西师范大学出版社，2001年，第160页。

[5] 中国第一历史档案馆、辽宁省档案馆:《中国明朝档案总汇》第55册，桂林：广西师范大学出版社，2001年，第162页。

[6] 中国第一历史档案馆、辽宁省档案馆:《中国明朝档案总汇》第55册，桂林：广西师范大学出版社，2001年，第166页。

[7] 中国第一历史档案馆、辽宁省档案馆:《中国明朝档案总汇》第55册，桂林：广西师范大学出版社，2001年，第175页。

[8] 中国第一历史档案馆、辽宁省档案馆:《中国明朝档案总汇》第55册，桂林：广西师范大学出版社，2001年，第201页。

[9] 中国第一历史档案馆、辽宁省档案馆:《中国明朝档案总汇》第55册，桂林：广西师范大学出版社，2001年，第211页。

[10] 中国第一历史档案馆、辽宁省档案馆:《中国明朝档案总汇》第55册，桂林：广西师范大学出版社，2001年，第215页。

[11] 中国第一历史档案馆、辽宁省档案馆:《中国明朝档案总汇》第55册，桂林：广西师范大学出版社，2001年，第212页。

孙，原系金牌万户。永乐九年赴京，除指挥同知”[1]；“朱乃颜不花，前女直奚关总管，世袭同知。洪武十一年归附，充头目”[2]；“裴牙失帖木儿，女直人，前店哈千户所达鲁花赤。洪武十七年垛充小旗”[3]；“董奴扎，洪武十四年总管人户归附进贡，除南京副千户”[4]；等等。

第三类是编入军籍的女真士兵。与故元官员一样，这一类女真早在洪武间便已归附明朝，且在明朝军队中充任职役。如田牙失因“识字”而得以授职“经历”：“田牙失，原系建州卫女直。洪武年间归附。永乐十五年以识字达达起送赴部，除建州卫经历”[5]。梁卜牙秃、佛剌乃因招谕女真有功，被分别授予百户、卫镇抚等官职：“（寿山保）祖梁卜牙秃，系海西倒河卫女直人。永乐十二年同叔祖佛剌乃招谕，将梁卜牙秃除本卫百户，佛剌乃除本卫卫镇抚”[6]。而大多数人则是依凭着武功而获取武职，如刘贵：“原以舍人杀贼，升前职（试所镇抚）”[7]，梅异：“景泰元年瞭高山功，升所镇抚”[8]。白撒里、白都伦兄弟的经历更具典型性：“（白俊）曾祖白撒里，洪武二年归附，二十九年充土军，永乐三年不剌花等处招谕，四年升小旗，八年奴儿干招谕，十年升总旗，十三年老。伯祖白都伦代充总旗，本年奴儿干招谕升试百户，二十年仍往奴儿干招谕，宣德二年升实授百户。”[9]白撒里从洪武二十九年（1396年）入伍开始，至永乐十年才得以升职为总旗。白都伦从永乐十三年（1415年）袭职，直至宣德二年（1427年）才升职为百户，得以跻身于军官的行列。根据成化十四年（1478年）的规定：“军人有功，升一级至小旗，舍人升一级至冠带小旗，小旗升一级至总旗，冠带小旗升一级至冠带总旗，总旗升一级至试百户，冠带总旗升一级至实授百户。”[10]白撒里、白都伦兄弟二人完全是按部就班，没有任何的超擢，前后用时31年。这说明女真士兵通过军功获取较高职级是较为困难的。

---

❶ 中国第一历史档案馆、辽宁省档案馆：《中国明朝档案总汇》第55册，桂林：广西师范大学出版社，2001年，第146页。

❷ 中国第一历史档案馆、辽宁省档案馆：《中国明朝档案总汇》第55册，桂林：广西师范大学出版社，2001年，第155页。

❸ 中国第一历史档案馆、辽宁省档案馆：《中国明朝档案总汇》第55册，桂林：广西师范大学出版社，2001年，第139页。

❹ 中国第一历史档案馆、辽宁省档案馆：《中国明朝档案总汇》第55册，桂林：广西师范大学出版社，2001年，第156页。

❺ 中国第一历史档案馆、辽宁省档案馆：《中国明朝档案总汇》第55册，桂林：广西师范大学出版社，2001年，第146页。

❻ 中国第一历史档案馆、辽宁省档案馆：《中国明朝档案总汇》第55册，桂林：广西师范大学出版社，2001年，第227页。

❼ 中国第一历史档案馆、辽宁省档案馆：《中国明朝档案总汇》第55册，桂林：广西师范大学出版社，2001年，第266页。

❽ 中国第一历史档案馆、辽宁省档案馆：《中国明朝档案总汇》第55册，桂林：广西师范大学出版社，2001年，第289页。

❾ 中国第一历史档案馆、辽宁省档案馆：《中国明朝档案总汇》第55册，桂林：广西师范大学出版社，2001年，第272页。

❿ （万历）《明会典》卷一二三《功次》，北京：中华书局，1989年，第633页。

依据《三万卫选簿》，安乐州女真徙居前的身份决定了所授武职的高下。原系各部酋长的女真可以被授予从三品的指挥同知、正四品的指挥佥事及正五品的千户。故元官员则根据其原职的高低进行授官。编入军籍的女真士兵则少有授予高位者。

尤须注意的是，第一类女真的身份是“寄籍达官”，按照奇文瑛先生的解释，“永乐时期之后归附的女真、鞑靼诸族官员，他们是明朝政策优养群体，授职食俸，子孙世袭；与卫所关系只是代支俸禄，具有寄籍或寄住的特点。”其余二类女真的身份则是“军籍达官”，“洪武时期降附的鞑靼等族官员，亦即所谓的故元官兵。他们初因充实军伍被编入卫所，以明朝制度论，洪武时期归附入卫官兵皆属兵部管下的军籍身份，子孙世承军役。”[1]两相对比，“寄籍达官”与“军籍达官”的待遇可谓是天壤之别，充分体现出安乐州招抚女真的功能。

综上所述，安乐州设置的目的是招抚女真，通过《三万卫选簿》可以看到具体的执行情况。从时间上看，安乐州招抚女真的政策前后执行了 40 多年的时间。截至景泰三年（1452 年），有大批女真从奴儿干都司下辖卫所南下安乐州。这些女真南下的一个直接动因就是经济上待遇优厚。明朝按照他们徙居前的身份“量授以官”，不仅使得他们拥有了世袭武职，而且借此获得丰厚的俸禄和其他特权。而明朝以安乐州招抚女真的真正目的则是将羁縻政策下的女真纳入到卫所体制之下，使之成为明朝军事力量的组成部分。

---

[1] 奇文瑛：《明代卫所归附人研究》，北京：中央民族大学出版社，2011 年，第 138 页。

论明初开设卫所屯堡对贵州建省的意义

王雪华

（武汉大学）

明洪武年间明廷在今贵州境内设置24卫，比周边的云南、四川、广西等省（自治区）所设卫所均多，至成祖永乐年间最终设立贵州布政使司，“贵州为内地，自是始”[1]。究竟王朝时代在西南地区是如何开省的？它需要哪些前提条件？卫所屯堡组织对贵州建省有何实质性贡献？王朝时代对待西南民族地区的治理由羁縻制到土司制、再到与内地行政管理方式完全划一的这条路径，是否有利于该地域的治理？学术界对与此话题相关的卫所屯堡制度、土司制度、西南边疆治理和开发等课题，已有较深入的研究，成果众多，本文则更为注重卫所屯堡的建立对贵州开省的政治、经济和文化意义。因此，本文将对明初以设置卫所屯堡为先导，逐步达到建省目的的内在路径和关系加以阐释，考察明初卫所屯堡等举措出台的意义，探究贵州开设卫所及建省在开发西南边疆、在治理方式上与内地划一并逐步使民族地区内地化等方面所起的作用，以就教于方家。

一、贵州卫所屯堡的设置

明朝的卫所制度是朱元璋制定的一项重要的军政制度，它承前元制度而来。元朝的侍卫亲军即以“卫”为编制，卫设都指挥使或率使，“千户”是蒙古军的基本军事单位。出军当役的人户即为军户，军户一经入籍，则世代相守，不得更动。此种军籍制度为明朝所继承，此其承袭之一。承袭之二，即对元朝屯田法的仿效。元代“内而各卫，外而行省，皆立屯田，以资军饷”[2]，其中枢密院所辖各卫的屯田即为军屯。明初的军队也有屯种的功能。

洪武初年，朱元璋定卫所之制，以此编组军队。“自京师达于郡县，皆立卫所。外统之都司，内统于五军都督府，而上十二卫为天子亲军者不与焉”[3]，即各地的卫所由各都指挥使司分领，京师的卫军一部分由五军都督府统领，另一部分则是皇帝亲军，不在此列。“天下既定，度要害地，系一郡者设所，连郡者设卫。大率五千六百人为卫，千一百二十人为千户所，百十有二人为百户所”[4]。按照明代卫所的常规编制，每卫额定5600人，置

[1] ［清］张廷玉等撰:《明史》卷三一六《贵州土司传·思南》，北京：中华书局，1974年，第8178页。

[2] ［明］宋濂等撰:《元史》卷一〇〇《兵志三》，北京：中华书局，1976年，第2558页。

[3] ［清］张廷玉等撰:《明史》卷八九《兵志一》，北京：中华书局，1974年，第2175页。

[4] ［清］张廷玉等撰:《明史》卷九〇《兵志二·卫所》，北京：中华书局，1974年，第2193页。

卫指挥使司，该司统领左、右、前、后、中五个千户所。千户所额定1120人，每千户所设十个百户所。百户所额定112人，每百户领总旗二，总旗领小旗五，小旗领兵10人。

卫所是兵农合一、屯守兼备的组织，肩负屯种与戍守双重职能。卫所军户是世籍，父子相承。一人在军，全家随行。每军户有一丁在军中服役，称“正军”。户中有一人料理正军的生活，称“军余”。军官的子弟，称“舍人”。军队不但驻守某地，还须长期屯田，卫所的军户实际是明廷发遣的军事移民。卫所既是军事组织，又是军屯单位，自成体系，有自己特定的区域和明确疆界，与府州县在地域上有明确区分。

明代贵州地区卫所的设置，始于洪武四年（1371年）所设之贵州卫（治今贵阳）。当时，明军刚攻下川蜀，为了控制和稳定西南地区，朱元璋设贵州卫和永宁卫（治今四川叙永），以便与成都卫、武昌卫形成相互支援之势，由大都督府统管。贵州建立都指挥使司是在洪武十五年（1382年），朝廷在已有十三都指挥使司的基础上，又置贵州、云南二都指挥使司。洪武年间贵州都司所领卫所，据《明史·兵志》所记有贵州、永宁、普定、平越、乌撒、普安、层台（后革）、赤水、威清、兴隆、新添、清平、平坝、安庄、龙里、安南、都匀、毕节十八卫，及黄平千户所。[1]都司是军事机构，其时贵州地区的民事仍由云南、四川和湖广三省分治。

凡有卫所之处就有军屯，有军屯则有屯堡。所谓屯堡，是明朝屯种的军事卫所的驻地。洪武元年（1368年）朱元璋就在贵州镇远地区设置清浪、梅溪、相见、柳塘四个堡，首次将军屯的形式引入贵州东部，这是明朝在贵州设屯堡之始。明中期内阁大学士丘濬曾言：“惟我朝之制，就于卫所所在，有闲旷之土，分军以立屯堡，俾其且耕且守。”[2]可知有卫所即有屯堡，不可分离。军屯和民屯的所在地也是有严格区分的，据贵州的地方志记载：“如名屯名堡者，为军户居住；名村名庄名寨名院者，为民户居住。”[3]贵州的军屯，多以百户所为单位，或称屯，如五里屯、八里屯；或名堡，如孟官堡；或名哨堡，如通济哨堡、武定哨堡。屯堡中有官署、仓廒、房屋、钱粮等，在卫所区域内还有寺庙、祭坛等。多数卫所设有卫学或武学，其生员称军生。数以百计的屯堡散落在贵州各地。

按照规定，卫所需屯田自养，解决军队粮食用度诸事，所谓“一军之田，足赡一军之用，卫所官吏俸粮皆取给焉”[4]，“俾其且耕且守”[5]。卫所守军和屯军之间的比例，据《明会典》所记：“军士三分守城，七分屯种。又有二八、四六、一九、中半等例，皆以

---

[1] ［清］张廷玉等撰：《明史》卷九〇《兵志二·卫所》，北京：中华书局，1974年，第2198页。
[2] ［明］丘濬：《大学衍义补》卷三五《制国用》，北京：京华出版社，1999年，第320页。
[3] 江钟岷修，陈廷棻纂：《平坝县志·民生志》，贵阳：贵阳文通书局，1932年铅印本。
[4] ［清］张廷玉等撰：《明史》卷八二《食货志六》，北京：中华书局，1974年，第2005页。
[5] ［明］丘濬：《大学衍义补》卷三五《制国用》，北京：京华出版社，1999年，第320页。

田土肥瘠、地方冲缓为差。”❶贵州属于地远而且运输艰难的类别，故其屯多于守，即三分守护，七分屯种。屯田的基层组织是屯田百户所，合数屯即为一堡。屯军除自给之外，还需交纳税粮，称为屯田子粒或屯粮。以贵州都司所属各卫兵丁数目看，贵州有旗军近16万人，按照比例，则屯军当在11万人左右。宣德八年（1433年），贵州十八卫、二所，有屯堡700余所。❷正统六年（1441年），总督云南军务、行在兵部尚书王骥言：“贵州等二十卫所，屯田、池塘共九十五万七千六百余亩，所收子粒足给军食。”❸然而，随着时间的推移，原本对明政权取得和保有天下立下功劳的军屯制度，逐渐式微，“屯田之法久废，徒存虚名。”❹明代中叶之后，军屯已渐衰败。

贵州的卫所，与当地府、州、县以及土司的地界错杂而居。或是分土司之地建立卫所，例如分贵州宣慰司的地盘，设立贵州卫、贵州前卫、威清卫等。或是废土司，改建卫所，例如废普安军民府，设立普安卫。或是土司和卫所同处一地，比如永宁卫与永宁宣抚司同地。

数以百计的屯堡，与当地村寨参差交错，这种错杂、花插的屯堡设置，一方面可以起到分隔和震慑土司的作用；另一方面由于紧邻本地民众，对于传播中原的农业生产技术，提高当地的思想观念和文教水平，以及使贵州顺利过渡到与内地划一的省级行政单位，都是颇有助益的。

二、卫所屯堡设置对贵州建省的意义

明朝初年在贵州地区开设卫所屯堡，是中央王朝向贵州地区渗透的有力步骤，对其在永乐年间顺利建省大有裨益，具体体现在以下几个方面。

第一，从制度设计而言，在贵州地区推行卫所屯堡之制，为其后建省和设置流官打开了行政局面，奠定了改制的基础，使之最终与内地的行政治理方式划一。

今天贵州的地域，在元朝时分别由湖广、四川和云南三个行省管辖。明朝立国后，于洪武四年（1371年），在今贵阳设贵州卫。洪武九年（1376年）朝廷设浙江、江西、福建、广东、广西、湖广、北平等十二个布政使司，洪武十五年（1382年）增设云南布政使司，同年，设贵州都指挥使司，此为贵州地方最高军事机构，而贵州民事仍归云南、四川、湖广三省分管。至此，贵州设省、建立布政使司已呈现可能性。

洪武十四年（1381年）九月，明廷曾以三十万征南大军征战云南，次年即平定云南

❶ [明] 申时行等:《明会典》（万历朝重修本）卷一八《户部五 · 屯田》，北京：中华书局，1989年，第119页。

❷ [明] 杨士奇等:《明宣宗实录》卷九七，宣德七年十二月戊戌，台北：台湾“中研院”历史语言研究所校印本，1962年，第2189页。

❸ [明] 孙继宗、陈文等:《明英宗实录》卷八〇，正统六年六月壬午，台北：台湾“中研院”历史语言研究所校印本，1962年，第1594页。

❹ [明] 孙继宗、陈文等:《明英宗实录》卷八〇，正统六年六月壬午，台北：台湾“中研院”历史语言研究所校印本，1962年，第1594-1595页。

全境。当云南平定之后，朱元璋认识到云南的守卫尚须有全盘布局，便考虑将战略重点转移至贵州。朱元璋在给征南将军傅友德、左副将军蓝玉、右副将军沐英等人的上谕中说："比得报，知云南已克。然区画布置尚烦计虑。前已置贵州都指挥使司，然去云南尚远，今云南既克，必置都司于云南，以统率诸军。既有土有民，又必置布政司及府、州、县以治之……至如霭翠（笔者按：霭翠为贵州宣慰使）辈，不尽服之，虽有云南，亦难守也。"[1]可见，朱元璋对云南的治理，使他考虑到需要同时对贵州进行军政等方面的布置，使之成为稳定的入滇通道，于是，贵州的战略地位就非常明确。贵州成为省一级行政机构，到永乐十一年（1413 年）终于得以实现，即在该年设置贵州承宣布政使司。

自明洪武四年设贵州卫，直到永乐十一年设置贵州布政使司，贵州始成为省一级行政机构，结束了其分属云南、四川和湖广三省管辖的历史。当永乐五年（1407 年）所设交趾布政使司、在宣德三年（1428 年）撤掉后，贵州成为明朝十三布政使司之一。贵州布政使司所辖有八府，是在革除思州、思南二宣慰司，即改土设流后所置，它们是思州、黎平、新化、石阡、思南、铜仁、乌罗、镇远八府，外加贵州宣慰司和安顺、镇宁、永宁三州。以后有所调整，至明代后期，贵州布政司所辖有贵州宣慰司及贵阳、黎平、思州、思南、都匀等十府，其下有镇宁、永宁、普安等十四县。永乐十八年（1420 年），设贵州提刑按察使司，掌全省刑名按劾之事。至此，都、布、按三司齐备，与内地省级机构设置完全划一。

"贵州"之名，始于宋朝。元代在此设立八番顺元宣慰司，以控御黔中、黔南一带。明朝洪武初年，设贵州宣慰司城。不久，在宣慰司城内设贵州卫、贵州前卫和贵州都指挥使司，成为贵州一带最重要的军事中心。故建省后，以"贵州"为名，称为贵州布政使司。[2]贵州开省，早于东北、西北等地，湖北、湖南也还合称湖广，而贵州在明初已成为十三布政使司之一。

如果仅从贵州拥有的土地、人口、赋税等数字来看，其开省条件并不成熟。直至万历朝，巡按贵州御史宋兴祖还在奏疏中说："贵州虽名一省，实不如江南一大县，山林之路不得方轨，沟渠之流不能容船。民居其一，苗居其九。一线之外，四顾皆夷。即平居无事，商贾稀阔。"[3]大学士沈一贯也在密奏中说："盖贵州乃古罗施鬼国，地皆蛮夷，山多箐穴，水不涵渟，土无货殖，通计民屯仅十四万石，为天下第一贫瘠之处。官戎岁给全仰于湖广、四川二省，盖本非都会之地，从古不入版图。我朝但因云南而自此借一线

---

[1] ［明］夏元吉、胡广等：《明太祖实录》卷一四一，洪武十五年正月甲午，台北：台湾"中研院"历史语言研究所校印本，1962 年，第 2225 页。

[2] 贵州通史编辑部所撰：《贵州通史简编》，北京：当代中国出版社，2005 年，第 75 页。

[3] ［明］郭子章：《黔记》卷一三《止榷志上》，载贵州省文史研究馆编：《续黔南丛书》第一辑（中册），贵阳：贵州人民出版社，2012 年，第 1441 页。

之路，以通往来。”[1]都是说贵州建省的主要原因在于其战略位置的重要，是为了保证通往云南的交通线，而非因其农业、手工业和交通之发达。

由于明代西南移民的通道，主要以湖广—贵州—云南的官方驿道为交通线，为保护这一条由中原经湖广抵云南的驿道，满足明廷用兵云南的需要，明朝才决定在驿道所经的贵州地区设省。贵州道御史应朝卿对此也说过：“贵州崎岖山谷中……国家以滇南门户而郡县之。”[2]贵州纳入朝廷统一行政管理，主要是因其可为滇南门户的原因。

贵州开省的原因固然与其战略位置相关联，而真正能实现对贵州的有效治理，是与此前在贵州实施的卫所屯堡制度大有关系的。明初几十年间，随着明朝行政力量在贵州的深入，土司制度在逐步动摇，而卫所和外来移民的进入、屯田的开垦、数量众多且错杂而居的卫所屯堡，起到了监管土司、瓦解土司的作用，使得建立流官成为可能。例如，都匀、安顺二府的建立，就是以卫所为中心，扩大流官职能的结果，革除都云安抚司，改建都匀府，废除普定土府，升安顺州为安顺军民府。在僻远之地的贵州设置卫所，改变了贵州原有的政治形势，为开省提供了前提条件，卫所这种军事设置也对新开省份的社会稳定和社会控制起到了重要作用。

纵观中国历代王朝对西南边疆包括贵州地区的治理，起初是采用羁縻法，比如唐宋设置羁縻州县，使其首领自我镇抚。随着中央王朝控制力的加强，宋、元、明时期推行土司制，明朝是将土官一律纳入王朝管理系统，将土官、流官分治，土官自成体系。但是，从中央王朝对西南地区进一步控制的目标而言，土司制度仍是过渡形式。明朝开始，即在贵州、云南等地改土设流，直至清代中期趋于完成。这种由羁縻而设土司、由土官而改流官的路向，揭示出王朝对边远地区的控制力在逐步加强，直至与内地的行政治理完全划一，也反映出贵州与其他核心区域的同质性在提高，而差异性、异质性则逐步消失，从而使中央政府更易达成对边地的有效治理。

第二，从经济效果来看，卫所屯堡的设置，促使大批军事移民进入贵州，为定居屯田、开发贵州起到了重要作用，这些军户成为建设贵州省的生力军。

省的建立，需要有人口基础，而调往贵州“屯种听征”的卫所官军及其家属，为贵州提供了可观的人口数额。明初在贵州建立 24 卫，兵丁人数大约在 16 万人，按照军户制度，正军和随行余丁可婚娶，妻小须随营居住，因此，贵州卫所的兵丁及家属当有数十万之众。按照“三分守城，七分下屯”的规定，仅屯种的兵丁就应在 10 万人以上，如果将余丁计算在内，则人数更多。他们在开垦田地、兴修水利、推广牛耕技术、引进新的农作物品种等方面，发挥了重要作用。军屯所建立的屯堡星罗棋布，遍布贵州各地，

[1] ［明］沈一贯：《敬事草》卷五《乞罢广西贵州税使揭帖》，明刻本。

[2] ［明］郭子章：《黔记》卷一三《止榷志上》，载贵州省文史研究馆编：《续黔南丛书》第一辑（中册），贵阳：贵州人民出版社，2012 年，第 1440 页。

他们所带来的中原先进农耕技术，是对本地民众的极好示范，会产生一定的辐射效应。

大量移民的到来，也在一定程度上改变了贵州原有的社会结构，引入了新的生产方式。卫所屯田将内地的地主经济引入贵州，因为军屯实质上是一种特殊形式的地主制经济，每个屯军授田一份，官方发给牛具和种子，按规定交纳屯粮，并承担一定徭役，他们与地主制下的佃农有相似之处，这种生产模式对于贵州本地经济发展起到了示范作用。明代中期以后，卫所屯军逃亡现象严重，逃军往往进入土司地区，充当佃户，而屯官则侵吞屯田，招佃农民，演变为地主。卫所中还有大量在营佐助正军的“余丁”及妻小家眷，他们可以自行开垦田地，三年后才起科纳粮，他们的土地可以买卖、租佃，若干年后，也分化出地主和自耕农，这些都促进了地主制经济的发展。

第三，从文化认同而言，卫所屯堡带来新移民的大规模进入，使汉民族在贵州成为强势群体，起到了同化当地民族的作用，也给当地带来了文教事业的繁荣。

元明之际，贵州地区地广人稀，劳动人口不足。明初朱元璋实施“移民实边”之法，将民众由稠密地区强制迁往“宽乡”，贵州正是“调北填南”的人口受益区域。其中使贵州人口迅速增长的重要方式之一就是卫所屯堡所带来的军事移民，此外，官府招徕和商屯募集而来的民户也有不少。明代所定卫所制度，每卫定额5600人，一人在军，全家同往。按每户4~5口人计，则每卫有两万余人。据嘉靖《贵州通志》所记，司府州卫所军民人户近15万户，51万丁口，其中军户6万余户，26万丁口。[1]至万历时期，司府州县卫所军民共10万余户，近51万丁口，其中军户近6万户，18万丁口。[2]据曹树基研究，明代贵州军卫人口达42万[3]，移民人口已超过本地土著居民。在移民人口中，卫所军户始终是一支最重要的力量。

由于移民的到来，明清时期的贵州尽管在中原和江南人眼里是边荒之地，但是却出人意料地盛产科举人才，有“七百进士六千举人”之谓[4]。贵州科举成就的取得，既与开省之后重视文教、兴学育才相关，也与卫所移民带来的内地人才优势大有关系。据统计，在明代贵州109名进士中，有军籍者32人，占比29%；有官籍者35人，占比32%；民籍28人，占比26%。他们多数来自入黔的军人、官员和移民后代之家，显然，他们比当地土著具有更好的文化基础和受教育环境，由此带来贵州科举人才的兴盛。[5]这些军户多来自江南和中原一带，带来了原居地重视耕读的文化传统。贵州平越历史上第一个进士黄绂，就是平越卫军户的后代，祖籍在河南封丘，正统十三年（1448年）取中进士[6]，为

---

❶（嘉靖）《贵州通志·户口》，明刻本。
❷（万历）《贵州通志·省会志》，明刻本。
❸ 曹树基:《中国人口史》第四卷，上海：复旦大学出版社，2005年，第180页。
❹ 陈福桐:《六千举人 七百进士》，载庞思纯:《明清贵州七百进士》，贵阳：贵州人民出版社，2005年，第260页。
❺ 庞思纯:《明清贵州七百进士》，贵阳：贵州人民出版社，2005年，第3页。
❻［清］张廷玉等撰:《明史》卷一八五《黄绂传》，北京：中华书局，1974年，第4897页。

有明一代名臣。黔东南历史上的第一个进士周瑛，是兴隆卫军户之后，其祖父随征南将军傅友德出征云南，留守兴隆，原籍江西临川，景泰五年（1454 年）取进士，官至广西右布政使，曾撰《兴隆卫志》。[1] 在他的家风影响下，其子孙有五人皆为举人出身。明中叶著名理学家、思想家孙应鳌，是嘉靖朝进士，其父、祖、曾祖也均为举人出身的官员，孙氏先祖即是清平卫军户，由扬州府如皋随军入黔，定居于此。清初平坝“一门四进士”的陈法、陈澂、陈庆升、陈若畴祖孙四人，追溯其先祖正是明初平坝卫左所百户陈旺的后人，陈旺是扬州府江都人，在明洪武年间从傅友德征南而来。

贵州的诗歌之盛也始于明朝，此前中原人未闻贵州地域有文人创作的诗歌传世，正如清朝翰林官、贵州人莫友芝所云：“黔自明始有诗，萌芽于宣、正，条衍于景、成以来，而桐豫于隆、万”[2]。可见贵州诗歌之盛，实始自明朝建省。莫友芝评价明代贵州诗坛说：“贵州自成祖开省，迄于神宗，阅二百年，人才之兴媲于上国。”指明代贵州诗坛颇为繁荣，可媲美京师。他还提示贵阳诗人谢三秀（三秀，字君采）尤为突出，言其“专精风雅，隽永冲融，驰骋中原，卓然一队”[3]。清初著名诗人朱彝尊对谢三秀也有“天末才子”之目，对其诗作评价甚高：“君采诗甚清稳，由其生于天末，习染全无，此黔人之轶伦超群者”[4]。

由于地处僻远，贵州地区的书画家在明朝开省之前少见于记载，但是，自明正统以后便有著名画坛人物出现，其中以崇祯朝杨龙友最有成就。杨龙友以“诗书画三绝”闻名天下，与董其昌、王时敏等名家并驾齐驱。他在诗坛上也被视为“崇祯八大家”[5]，又被誉为“金陵九子”。清修《贵州通志》称赞杨龙友“博学，能诗文，尤精于书画，虽片楮寸幅，人争宝之”[6]。清代官修《明史》亦称：“文骢善书，有文藻。”[7] 杨龙友出自贵阳卫军户家庭，原籍江西吉州，洪武年间其先祖杨德随军征黔，以武功被授千户之职，自此定居贵阳。

贵州卫所屯堡大规模移民的出现和省级行政机构的建立，带来了重视文教事业和科举的传统。通过文化事业，又将中央王朝的价值体系灌输到民众意识之中，促使其观念的同化，这种文化的趋同有利于确立民众对中央王朝体制和汉文化的认同，在某种程度上也带来了贵州地区文教事业前所未有的兴盛。

总而言之，明初贵州建省，设立都、布、按三司机构，将贵州正式确立为省级行政

[1] ［明］过庭训：《本朝分省人物考》卷一一五《周瑛传》，明天启刻本。

[2] ［清］莫友芝：《雪鸿堂诗搜逸序》，载顾久：《黔南丛书》第四辑，贵阳：贵州人民出版社，2009年，第3页。

[3] ［清］莫友芝：《黔诗纪略·谢君采先生三秀传证》，载顾久：《黔南丛书》第四辑，贵阳：贵州人民出版社，2009 年，第 6 页。

[4] ［清］朱彝尊：《静志居诗话》卷一七《谢三秀》，清嘉庆扶荔山房刻本。

[5] 晚明人夏云鼎编选《崇祯八大家诗选》，杨龙友为其所收八大家之一。

[6] ［清］鄂尔泰：（乾隆）《贵州通志》卷三〇《人物》，清乾隆六年刻、嘉庆修补本。

[7] ［清］张廷玉等撰：《明史》卷二七七《杨文骢传》，北京：中华书局，1974 年，第 7102 页。

区划，这是对贵州地区政治、经济和文化的发展而言最为重要的举措，其意义极为深远。而此前所置遍布贵州主要地区的卫所屯堡制度及其军事移民的举措，对当地的行政格局、民族构成和社会生态都起到了转变性作用，奠定了改制建省的基础。反过来看，对明政权这一层面而言，以军屯的方式开发贵州边地，进而将贵州纳入十三布政使司的治理模式，与王朝其他核心区域同等治理，使其内地化，而不再采用对待边疆的特殊治理方法，这反映出在对王朝发展整体考量之后，明朝扩大内地区域范围、充实内地力量的有力诉求，是明朝前期大国兴盛的一种表征。

明代贵州军事戍防体系考述*

罗 权

（贵州师范大学喀斯特生态文明研究中心）

贵州自古为蛮荒之地，虽自汉武帝开西南夷时已见诸史册，然历代多羁縻治之，不能实现直接管理，故宋太祖有“惟尔贵州，远在要荒”之语。❶元代在贵州境内设八番顺元等处宣慰司、播州宣慰司、思州宣慰司、新添葛蛮安抚司、乌撒乌蒙宣慰司、亦溪不薛宣慰司、普定路、普安路等行政机构，分属四川、湖广、云南三省，地多土司，中央权力的渗透亦非常有限。及至明朝，改变了历代贵州统而不治的局面，先后设立都指挥使司、布政使司、按察使司等机构，正式将其升级为一级行政区而由中央直接管理，广建卫所、州县，使这片长期游离于中央王朝统治之外的区域逐渐开始了内地化的过程。明代贵州省在经济上仍然十分落后，不仅不能为中央缴纳赋税，当地政府与军队的开支甚至不得不仰仗川、湖两省的接济，建省更多是出于其军事区位特殊性的考量。因此，对明代贵州军事戍防体系的研究，对了解贵州建省的意义、了解明代西南边疆治理等诸问题具有重要价值。

一、防御重心：以贵阳为中心，固守一线之路

明代贵州在两京十三省中省域面积最为狭小，今黔北一带当时仍为播州宣慰司辖地，隶于四川省；黔东南的广大地区，仍然属于未开化的“生苗”区域，中央权力无从进入；东部不少府县与湖广省的卫所犬牙交错，辖区民户不多。故顾祖禹称，“贵州，蕞尔之地也。”❷对于农耕社会来说，贵州的地理环境非常恶劣，“黔处天末，崇山覆岭，鸟道羊肠，舟车不通，地狭民贫，无论仕宦者视为畏途，即生长于黔而仕宦于外，习见中土之广大繁富，亦多不愿归乡里。”❸清初学人田雯亦指出：

贵州，古荒服地也，东临荆楚，西接蜀粤，南倚滇云，亦西南至奥区也。虽华阳黑水列在方州，而毒溪瘴岭，蔽日寻云，一线羊肠，袅空切汉，行路之难，难于上青天。加以衣羽穴居，鸟言椎发之伦星罗而棋布，剡药矢响大黄，日寻于攻剽格斗，故虽以虞

---

*本文已发表于《中国边疆史地研究》2019年第1期。

❶ ［清］鄂尔泰等修，靖道谟、杜诠纂：（乾隆）《贵州通志》卷三三《艺文·宋太祖谕普贵敕》，《中国地方志集成·贵州府县志辑》第5册，成都：巴蜀书社，2006年，第43页。

❷ ［清］顾祖禹：《读史方舆纪要·贵州方舆叙要》，北京：中华书局，2005年，第5231页。

❸ ［清］陈法：《定斋先生犹存集》卷五《黔论》，贵阳：贵阳文通书局，1924年，第50页。

帝之圣，殷宗之贤，必七旬而后格，三年而后克，不甚难乎？❶

贵州境内山脉众多，重峦叠嶂，绵延纵横，山高谷深，气候复杂多变，阴雨连绵，有“天无三日晴，地无三里平”之称。❷受地理环境制约，贵州不是适宜发展传统农业的地区。同时，贵州在明代以前为少数民族聚居地，经济生产以渔猎或原始的刀耕火种式粗放型种植农业为主，社会发展水平较低。其社会组织以土司制度为主，还有大片属于原始社会时期的“生苗”地界，中央权力无法渗透。直到明代，虽然中原地区已经发展成为先进而成熟的农耕文明区，但贵州仍是一片蛮荒景象，经济非常落后。故当洪武初播州、贵州、金筑、程番等土司先后纳款于明后，中书省提出土司之地既入版图，即同王民，应当收其赋税时，朱元璋指出，“西南夷之地，自昔皆入版图，彼率先来归，所有田税随其所入，不必复为定额以征其赋。”❸洪武二十一年（1388 年）户部以贵州各处土司“恃其顽险，不服输送，请遣使督之”时，朱元璋又指出，“蛮人避远，其知畏朝廷、纳赋税，是能遵声教矣！其逋负，岂故为耶？必其岁收有水旱之灾，故不能及时输纳耳。其所逋租，悉行蠲免。今宜定其常数，务从宽减。”❹此后，户部定各地土司赋税，其数目并不多，占据黔西广大地区的水西土司岁输三万石，占据黔中腹地的金筑长官司仅输三千石。土司的土地并不丈量，而仅定其总数，致使周边所设州县之百姓往往将土地投献于土司，以得到政府免税的优待，致使贵州赋税大幅减少。直到万历十年（1582 年）实行度田后，冒隐田籍的情况才有所改观，但田赋收入仍非常少，“黔省土瘠民贫，（税收）不及中州一大县。”❺由于经济落后，仕者往往视若畏途，“其官于黔者，或不欲至，至则意旦夕代去，固无怪其然，乃士生其间，或谬自陋，通籍后往往籍其先世故里，视黔若将浼焉。”❻

至于州县、土司以外的地区，则为处于原始部落阶段的各少数民族占据，称之为“生苗”，以区别于服从朝廷管理的“熟苗”。有明一代，“生苗”的数量远远超过“熟苗”，即所谓“生苗多而熟苗寡”❼，“汉夷杂错，而夷倍蓰焉”❽。他们“有囤峒而无城郭，有头目而无君长，专事斗杀，何知仁义；语言不通，风俗各别”，明廷无力实行直接统治。永乐

---

❶［清］田雯：《黔书》卷上《并建》，段志洪、黄家服主编：《中国地方志集成·贵州府县志辑》第 3 册，成都：巴蜀书社，2006 年，第 469 页。

❷［明］王士性：《广志绎》，北京：中华书局，2006 年，第 323 页。

❸《明太祖实录》卷八八，洪武七年三月甲戌，台北：台湾“中研院”历史语言研究所影印本，1962 年，第 1558 页。

❹《明太祖实录》卷一八八，洪武二十一年二月庚申，台北：台湾“中研院”历史语言研究所影印本，1962 年，第 2823 页。

❺［明］陈子龙等辑：《皇明经世文编》卷四一九，《四库禁毁书丛刊》集部第 28 册，北京：北京出版社，1997 年，第 408 页。

❻［明］郭子章：（万历）《黔记·序》，段志洪、黄家服主编：《中国地方志集成·贵州府县志辑》第 2 册，成都：巴蜀书社，2006 年，第 7 页。

❼［明］郭子章撰，杨增辉、麻春霞整理：《〈黔记·诸夷〉考释》，贵阳：贵州人民出版社，2012 年，第 3 页。

❽［明］郭子章：（万历）《黔记·序》，段志洪、黄家服主编：《中国地方志集成·贵州府县志辑》第 2 册，成都：巴蜀书社，2006 年，第 8 页。

四年（1406 年），洪州泊里蛮夷长官司属内少数民族攻劫临近州县，旋即表示顺服，有司请旨调军征讨，明成祖朱棣却称“驭夷之道，既服，舍之可也”❶。这种思想反映了明代对西南原始部落阶段少数民族的态度，即“唯羁縻之，使不为乱而已”❷。明代“生苗”区遍及贵州南部，《黔书》指出：“何为生苗？定番之谷蔺，兴隆、清平、偏桥之九股苗，都匀之紫姜，夭坝九姓九名、镇远之黑苗，铜仁之红苗，黎平之阳洞、罗汉苗、侗人也。此三者，苗之最为患者也。”❸这些地区欲其服从尚且不易，无法对其纳赋征役。因此，贵州并不拥有建省的经济基础，官员之俸禄、军士之饷银，其大半还需要依靠四川、湖广等邻近省份接济。据考证，川、湖两省每年额解贵州之粮饷基本维持在 20 万石以上，还不包括大量的临时性摊派，这一数目超过了贵州土司认纳及州县田赋的总和。❹

贵州自古为少数民族聚居地，明代建省以后，虽然通过军事屯垦、招徕移民等手段吸引汉人进入，仍无法改变少数民族人口占绝对多数的局面，故至万历年间，郭子章仍称贵州“民居其一，苗居其九,一线之外，四顾皆夷”❺。这些少数民族在明代王朝势力进入以后，不满于生存空间的压缩，不断掀起反抗浪潮。在明军进入贵州之初，平伐、谷霞、谷浪等地少数民族就掀起了反抗斗争。❻云南平定后，不少土司“犹桀骜不朝”❼。在明军强大的武力震慑下，虽然大范围的反抗都在逐渐平复，但小规模的抗争仍然不断。万历以后，随着明王朝统治危机的加深，西南少数民族亦不断掀起波澜，播州之役，动用军队二十余万，耗费白银 449 万两。❽奢安之乱，成都被围百余日，贵阳被围三百余日，自贵州巡抚王三善以下高级将领死者枕藉。❾纵观有明一代，贵州时常面临严峻的军事形势，对于城市以外的地区，无法实行全面有效的管控，因而对贵州的管控，其核心思想是“固守一线之地”。

明朝在贵州筑城置官的初衷，就是为了使贵州境内各土司能够服从朝廷，保证入滇大道的畅通。洪武十五年（1382 年）正月，蓝玉等遣使报云南捷于京师，朱元璋就指出，若不能降服贵州境内土司，“虽有云南，亦难守也。”❿随后贵州都司及布政使司等机构的设立，都是出于保障入滇驿道的目的，时人亦多有论述。王士性认为，“西南万里滇中，滇自为一国，贵竹线路，初本为滇之门户，后乃开设为省者，非得已也”⓫。“出沅州

❶《明太宗实录》卷六〇，永乐四年十月癸卯，台北：台湾“中研院”历史语言研究所影印本，1962年，第875页。

❷［明］郭子章撰，杨增辉、麻春霞整理：《〈黔记·诸夷〉考释》，贵阳：贵州人民出版社，2013 年，第 3 页。

❸［清］田雯：《黔书》卷上《苗蛮种类部落》，段志洪、黄家服主编：《中国地方志集成·贵州府县志辑》第3册，成都：巴蜀书社，2006 年，第 474 页。

❹ 郑维宽：《明代贵州军粮来源考述》，《贵州社会科学》，2007 年第 3 期。

❺［明］郭子章：(万历)《黔记》卷一三《止榷志》，贵阳：贵州人民出版社，2012 年，第 303 页。

❻《明太祖实录》卷八七，洪武七年正月戊子，台北：台湾“中研院”历史语言研究所影印本，1962年，第1549页。

❼《明太祖实录》卷一四〇，洪武十四年十二月辛未，台北：台湾“中研院”历史语言研究所影印本，1962年，第2213 页。

❽ 刘利平：《明代“播州之役”军费考》，《中国边疆史地研究》，2012 年第 3 期。

❾［清］谷应泰：《明史纪事本末》卷六九《平奢安》，北京：中华书局，1985 年，第 146-158 页。

❿《明太祖实录》卷一四一，洪武十五年正月丁亥，台北：台湾“中研院”历史语言研究所影印本，1962 年。

⓫［明］王士性：《广志绎》，北京：中华书局，2006 年，第 333 页。

而西，晃州即贵竹地；顾清浪、镇远、偏桥诸卫旧辖湖省，故犬牙制之。其地止借一线之路入滇，两岸皆苗。”[1]顾祖禹论道，“贵州自元以来，草昧渐辟，而山箐峭深，地瘠寡利，苗蛮盘绕，迄今犹然。惟是滇南北上，必假道兹土。”[2]万历名臣李化龙在指挥平播之役时明确指出：“盖贵州原非省会，止以通滇一线，因开府立镇，强名曰省。其实皆高山峻岭，军民无几，尚不能当他省一大府，有何名马方物，其谁不知之？”[3]贵州巡抚郭子章亦在奏疏中言：“贵州四面皆夷，中路一线，实滇南出入门户也。”[4]

湖广入滇大道之贵州段，自湖广都司所辖之平溪、清浪、镇远、偏桥诸卫开一线路进入贵州，经贵州都司辖下兴隆、清平、平越、新添、龙里、贵州、威清、平坝、普定、安庄、安南、普安诸卫，由亦资孔驿而达云南都司辖下之平夷卫，再往西而达昆明。可以看出，明代贵州境内直辖于都司的卫、守御所除了赤水卫、毕节卫、都匀卫、普市守御所等少数几个外，其他全部分布于入滇大道上。

在一线之地的防御中，贵阳无疑是其枢纽。贵阳正位于贵州省中部，“东阻五溪，西距盘江”[5]，方便左右控御一线驿道。同时，贵阳地形险要，“山广箐深，重冈叠寨；富水绕其前，贵山拥其后，复岭四塞，为西南之都会；天府金城，滇楚之锁钥，蜀粤之藩屏。”[6]东西通达的地理区位，加上易守难攻的地理形势，是使明朝选择其作为控御一线之路枢纽的内因，也是其最终能够成为省会的必备条件。在一线之路中，贵阳犹人之腹心，东、西诸卫所则如人之双臂。双臂不存则人不能战，腹心不守则人不能活。顾祖禹指出：“府当四达之郊，控百蛮之会。一旦有警，则滇南隔绝，便成异域。故议者每以贵阳为滇南之门户，欲得滇南未有不先从事贵阳者。自滇南而东出贵阳，其必争之地也。”[7]

二、防御策略：分区域防御，数省联合

明代设立贵州省，其目的是保障明王朝通往云南驿道的安全，以巩固其在西南的统治。当时的贵州“山箐峭深，地瘠寡利”[8]，经济落后，交通状况也十分恶劣。同时，少数民族的叛乱持续不断，使明朝时常有顾此失彼之感。为了巩固贵州的统治，单纯依靠贵

---

❶［明］王士性：《广志绎》，北京：中华书局，2006 年，第 324 页。

❷［清］顾祖禹：《读史方舆纪要》卷一二〇《贵州一》，北京：中华书局，2005 年，第 5243 页。

❸［明］李化龙：《平播全书》卷一《奏议》，《续修四库全书》第434册，上海：上海古籍出版社，1995年，第 275 页。

❹［明］陈子龙等辑：《皇明经世文编》卷四一九，《四库禁毁书丛刊》集部第28册，北京：北京出版社，1997年，第 408 页。

❺［明］李贤：《大明一统志》卷八八《贵州布政司》，西安：三秦出版社，1990 年，第 1350 页。

❻［清］仁宗敕撰：《嘉庆重修一统志》卷五〇〇《贵阳府》，收入《四部丛刊续编》史部第29册，上海：上海书店出版社，1984 年，第 103 页。

❼［清］顾祖禹：《读史方舆纪要》卷一九一《贵州二》，北京：中华书局，2005 年，第 5247 页。

❽［明］黄训编：《名臣经济录》卷二〇《贵州图叙》，《景印文渊阁四库全书》第443册，台北：台湾“商务印书馆”，1982 年，第 374 页。

州一省难以奏效，必须打破省界的阻隔，建立数省联动机制，才能达到稳定形势之目的。永乐十四年（1416 年）三月，“命都督梁福充总兵官，往来湖广、贵州，严饬兵备”❶，此后贵州总兵亦称贵州湖广总兵，其职责就是为了协调贵州、湖广的军事防御。嘉靖二十九年（1550 年）麻阳苗变，命都御史张岳讨平之，寻驻沅州，称为总督川贵湖北都御史。四十二年（1563 年）撤总督川贵湖北都御史，但为了统一管理贵、湖交界苗疆地带之军事，以巡抚贵州都御史，兼领湖北一道。❷此外，隶于湖广都司之清浪参将、隶于四川都司之川贵参将，其职责也主要是为了协助贵州军事戍防。贵州内部，则将兵力布局划分为四大区域，而总统于贵州巡抚。四个区域分别为安平守巡道、贵宁守巡道、新镇守巡道和思仁守巡道，其防务也与邻近省份协同完成。

安平守巡道，辖龙里、威清、平坝、普定、安庄、安南、普安七卫，贵阳、安顺二府，普安、定番、镇宁、永宁四州及新贵一县。此道与云南沾益州、广西泗城州接界，贵阳入滇大路从中穿过。为了统一事权，朝廷还赋予其兼制沾益、泗城两州之权。道设参政一员，从三品，驻省城贵阳，其副官为分巡安平威清兵备道副使，驻普定。参政与副使之下，设都指挥使体统指挥两人，一驻安庄卫，专管普安、安南、安庄三卫，普安、永宁、镇宁三州，以及关岭一所地方；一驻平坝卫，专管威清、平坝、普定三卫，安顺一府。明制，“度要害地系一郡者设所，连郡者设卫，大率五千六百人为卫”❸。鉴于安平守巡道对保证入滇大道的重要性，七卫共设旗军 48 092 名进行屯防，除了威清卫数额略少外，其他皆足额甚至超额，普安卫旗军数量甚至是一般卫所的两倍多。但是，明中期以后卫所旗军缺额的情况非常严重，景泰四年贵州按察使王宪就曾奏称，“贵州卫所、站、堡、旗、甲军人往差逃亡，十去八九。”❹原来旗军数量最多的普安卫，甚至损失了 93.37% 的军兵（见表 1）。

表 1　万历年间安平道旗军数额变动表

单位：人

项目	普定卫	威清卫	平坝卫	安南卫	普安卫	安庄卫	龙里卫
原额	6905	5100	5600	5600	13 777	5599	5600
查存	2439	1815	2116	1201	913	1656	1212

资料来源：万历《黔记》。

❶《明太宗实录》卷一七四，永乐十四年三月癸巳，台北：台湾“中研院”历史语言研究所影印本，1962 年，第 1915 页。

❷［清］迈柱等：(雍正)《湖广通志》卷二四《军政志》,《景印文渊阁四库全书》第532册，台北：台湾“商务印书馆”，1982 年，第 7 页。

❸［清］张廷玉等撰:《明史》卷八九《兵志一》，北京：中华书局，1974 年，第 2193 页。

❹《明英宗实录》卷二二五，景泰四年正月丁卯，台北：台湾“中研院”历史语言研究所影印本，1962 年，第 4898 页。

安平道的防御任务，主要是为了入滇大道的畅通。自威清卫而西，除了驿道以北为水西土司管辖，尚能约束部族外，驿道南部多为“生苗”区，劫夺商旅之事屡见不鲜。天启水西安邦彦反明后，驿道北部形势也变得严峻起来，各卫所“为水西所苦，其东又诸苗杂据，惟中一道通行耳”❶。随着明中期以后安平道军士数量的急剧下降，安平道的防御更加艰难。明前期少数民族劫夺商旅尚属偶然事件，抢劫的对象也只是零星客商。明中期以后，商道劫夺的事件变得频繁起来，劫夺的对象甚至包括官军。一些土司甚至私设关卡，向来往的官商、军士征税，孤悬于黔西南“生苗”区的安笼所，自北门而出官道上，“俱系狼夷设抽蛮税，劫抢军商。”❷同时，重兵驻防的卫所城池，由于戍防力量的削弱，也成为少数民族攻击的对象。与安顺府同治一城的普定卫，明中期后因军队大幅减员而导致城防吃紧，多次发生“贼人”搭梯入城行劫的事件。❸同时，城外各处军屯田地，也遭到抢夺，徐霞客在经过普定、安庄、安南各处时，就发现“各州之地，俱半错卫屯，半沦苗孽，似非当时金瓯无缺矣”❹。

贵宁守巡道，辖贵州宣慰司，贵州、贵州前、毕节、乌撒、赤水、永宁六卫及普市所。该道主要防御任务是控制乌蒙地区的水西、永宁等土司，万历后还被授予兼制四川乌撒、东川、乌蒙、镇雄四土府及永宁宣抚司之权。贵州兼治此四府，除因该地区彝族土司剽悍难治外，还出于补给粮秣的需要。四府每年需协济贵州本色粮 14 324 石、折色粮银 3100 两。四府属四川，贵州原无权管理，故“每年解纳、不及十分之三”❺。将其纳入贵宁道防区，筹集粮饷就更为便利。该道设参议一员，从四品，驻乌撒，其副官有二，一为分巡贵宁毕节道兵备副使，驻毕节；一为都指挥体统指挥，驻乌撒卫，专管乌撒、毕节、赤水、永宁四卫及普市一所地方。乌蒙山区为彝族聚居区，“种类虽异，而其始皆出于啰啰，厥后子孙蕃衍，各立疆场，乃异其名曰东川、乌撒、乌蒙、芒部、禄肇、水西，无事则互起争端，有事则相为救援”❻，土司力量强大，盘根错节。特别是永宁奢氏、水西安氏，盘踞川滇黔数百年，“倚为唇齿，时通姻娅”，对明朝造成严重威胁。天启元年奢崇明起兵反明，围成都百余日；次年安邦彦继起，围贵阳三百余日，掀起规模庞大的“奢安之乱”。此后直至明末，这一地区形势一直紧张。顾祖禹称：“川南亦蛮夷渊薮也。西起乌撒，东抵平茶，回环不啻千里，跳梁之祸往往而起。万历以降，遵义、永宁之乱，其尤剧者也。而贵州诸境，与川南皆犬牙相错，不特平越掣遵义之肘，毕节掎永

❶［明］徐弘祖：《徐霞客游记》，北京：中华书局，2010 年，第 377 页。

❷［明］郭子章撰，伍孝成、吴声军编著：《〈黔记·舆图志〉考释》，贵阳：贵州人民出版社，2013年，第127页。

❸［明］郭子章撰，伍孝成、吴声军编著：《〈黔记·舆图志〉考释》，贵阳：贵州人民出版社，2013年，第87页。

❹［明］徐弘祖：《徐霞客游记》，北京：中华书局，2010 年，第 376 页。

❺［明］陈子龙等辑：《皇明经世文编》卷四一九，《四库禁毁书丛刊》集部第28册，北京：北京出版社，1997年，第 478 页。

❻《太祖洪武实录》卷一九二，洪武二十一年七月丁酉，台北：台湾“中研院”历史语言研究所影印本，1962年，第2890 页。

宁之足也。故出奇制胜，从事于贵州者，什恒居其五六。”❶贵宁道管辖永宁、水西，又与播州接界，军事区位不言自明。为了控制这一地区，遏制强大的土司势力的发展，靠贵州一省之力无法做到，必须与四川协作。明代设分守川、叙、泸、坝底及贵州迤西等处地方参将一员（简称“川贵参将”），驻永宁卫，属四川省下川南道，协同治理乌蒙地区。贵宁道原有屯驻军 39 196 名，明中期以后数额也呈现大幅减少的趋势，已不足万人。普市守御所甚至仅余 84 名，根本无法完成防御任务（见表 2）。

表 2　万历年间贵宁道旗军数额变动表

单位：人

项目	贵州卫	贵州前卫	毕节卫	乌撒卫	赤水卫	永宁卫	普市所
原额	5704	6905	5567	6189	7468	5943	1420
查存	2833	2439	1211	1448	1088	—	84

资料来源：万历《黔记》。

新镇守巡道，辖平越、都匀、黎平、镇远四军民府，黄平、麻哈、独山三州，余庆、湄潭、瓮安、清平、镇远、施秉、永从七县，新添、平越、都匀、兴隆、清平五卫及黄平所。这一地区东接湘西，南带广西，中有里古州未开化之生苗聚居地，作为苗疆腹地，“苗蛮环伺，乘间抵隙，每烦扑灭焉。”❷道设参政一员，驻平越卫，副官为分巡新镇都清兵备副使一员，驻都匀卫；都指挥体统指挥一员驻平越卫；都指挥体统指挥一员驻镇远卫。万历二十七年（1599 年）平定播州后，为防其复叛，贵州巡抚郭子章在与播州地界接壤之兴隆卫题设分守兴黄参将一员，专管兴隆、清平二卫，黄平州、黄平所、余庆县等地。同时，还有归湖广都司所辖之分守贵州兼清浪参将一员，驻清浪卫，专管平溪、清浪、镇远、偏桥四卫及思州、镇远二府。❸

元代以后，为了实现数省相互制衡的目的，一改前代以山川形便划分政区的方法，而以犬牙交错为主导思想。明因元制，在贵州境内设置了许多隶属于他省的实土卫所。贵宁道所属之镇远府与湖广都司辖下之镇远、偏桥、清浪诸卫，黎平府与铜鼓、五开两卫，所辖区域皆如锯齿般咬合在一起，而镇远府与镇远卫、黎平府与五开卫，更为同城而治。这样的结果必然导致事权不一，“平居无事，两省皆置之度外，一旦匪类窃发，有争杀抢掠之事，则两省互相推诿。”❹加之新镇道深入苗疆，更增加了防御的难度。以都匀府论之，“都匀之为郡，不独部夷难驭，盖尤有邻患焉。东连草塘，西近泗城，南接南

❶ ［清］顾祖禹：《读史方舆纪要》卷一二〇《贵州一》，北京：中华书局，2005 年，第 5241 页。

❷ ［清］顾祖禹：《读史方舆纪要》卷一二〇《贵州一》，北京：中华书局，2005 年，第 5240 页。

❸ ［明］陈子龙等辑：《皇明经世文编》卷四一九，《四库禁毁书丛刊》集部第28册，北京：北京出版社，1997年，第 478 页。

❹ 戴逸、李文海主编：《清通鉴》（第 7 册），太原：山西人民出版社，2000 年，第 2764 页。

丹，北连平伐，四面皆警。势若蜂房，稍动则毒螫攒聚起。”[1]为此，明廷令新镇道兼制湖广偏桥、镇远、铜鼓、五开等卫及广西南丹州。到了明中期，新镇道的军力也呈现大幅下降的趋势，军士逃亡严重，清平卫还发生了香炉山兵变，军士逃亡故绝，后虽经重新招募，也仅剩屯操军士共306名（见表3）。

表3　万历年间新镇道旗军数额变动表

单位：人

项目	新添卫	平越卫	黄平所	都匀卫	清平卫	兴隆卫
原额	5990	7017	1109	6674	9803	7137
查存	888	266	389	960	306	1023

资料来源：万历《黔记》

思仁守巡道，辖思州、思南、石阡、铜仁四府，并兼制湖广平溪、清浪二卫及镇筸、麻阳等处，四川遵义府及酉阳、邑梅、平茶各土司。内设分守思仁抚夷道参议一员，驻思南；分巡思仁石抚苗道兵备副使一员，驻铜仁；守备铜仁等处都指挥体统指挥一员，驻平头司威远营，专管铜仁府与铜仁县；守备思石等处都指挥体统指挥一员，驻湄潭县，专管思、石二府及湄潭县。此道之府县皆为永乐十一年（1413年）改土归流而设，其思州、思南、石阡尚称平静，而铜仁府由于地处黔省与湖广苗疆之连接枢纽，成为贵州最难治之区。“其地高山峻谷，诸苗环处其中，苗性嗜杀，虔刘爨掠，无日不警”[2]。万历间巡按御史冯奕垣论道：

黔固夷薮也，而铜为甚。黔诸苗轻慓嗜杀，劫敚无宁时，势殊棘也，而铜之红苗为甚。铜僻处蓁菁，面面皆苗，诸所聚庐而居，列坊肆而市者，较他方亦稍加焉。以故苗贼眈眈，日思乘一隙以肆啮噬于斯，而保障弗完，重关天险之谓何？彼狰狞者，举趾堂奥，一食顷为墟，顾不足深虑乎哉？[3]

明中期以后，湘西苗疆形势急剧恶化。嘉靖三十二年（1553年），明廷以贵州总兵加提督麻阳等处地方职衔，由贵阳移驻铜仁，令其节制镇筸参将并督调两省汉土官兵，湖广镇筸、九永二守备，常德、辰州、沅州、九溪、永定、施州六卫，永顺、保靖、施南、散毛、五寨等土司，及四川酉阳、平茶、邑梅等土司悉听节制。万历二十七年（1599年），播州之战爆发，贵州总兵移驻贵阳以便居中调度。次年平播后，改春、夏两

[1] ［明］郭子章撰，伍孝成、吴声军编著：《〈黔记·舆图志〉考释》，贵阳：贵州人民出版社，2013年，第298页。

[2] ［明］万士英修纂，黄尚文点校：（万历）《铜仁府志》卷一《方舆志·舆图》，长沙：岳麓书社，2014年，第17页。

[3] ［明］万士英修纂，黄尚文点校：万历《铜仁府志》卷一《方舆志·舆图》，长沙：岳麓书社，2014年，第16页。

季驻省城以防播州余部复起，秋、冬两集驻铜仁防苗。[1]思仁道各府中，也是铜仁府布置的兵力最多。其他府县守城兵多不及百人，思南府的守军甚至只有民兵，铜仁府的守城兵力则为正规之标兵1000名。[2]城池以外，还有大量民兵、募兵、苗兵等，并有龙里卫旗军协助防守，其兵力总数达到万余人。

三、防御据点：城池、关隘、寨堡、哨卡、驿站

明代贵州仍处于“汉多夷少”的局面，军粮又不能够自给，故其戍防并不能面面俱到，而是采取守点为主，连点成线，连线成网的方式。面对“四顾皆苗”的局面，防御型聚落的营建就变得非常重要。明代的防御聚落，由城池、关隘、营堡、哨卡、驿站等构成。

洪武四年（1371年），置贵州卫，隶于成都都卫，是为明朝军事力量进入贵州之始。[3]此时的明军刚经历统一四川、消灭明昇之役，尚需修整，且北面尚有蒙古的威胁，没有足够军力大规模筑城，贵州城亦只“因元旧址”。[4]十四年（1381年）平云南后，朱元璋决定加强贵州军事力量，筑普定城以保护入滇大道，筑乌撒城以镇乌蒙山区，筑沙溪城以卫黔北。次年，正式设立贵州都指挥使司，城池体系得以陆续建立起来。洪武二十年（1387年），云南越州土司阿资反明，破普安州，云贵少数民族亦纷纷起事，出现“蛮僚叛服不常”的局面[5]，平越卫甚至出现“管内堡寨士兵亦与官兵相拒”的极端事件[6]，贵州局势岌岌可危。为此，洪武二十二年至二十三年间，朱元璋令延安侯唐胜宗等往云南训练军士，并在入滇沿线“置平溪、清浪、镇远、偏桥、兴隆、清平、新添、龙里、威清、平坝、安庄、安南、平夷十二卫屯守”[7]，卫所城池纷纷建立，形成了诸多军事重镇。卫所城池建立的目的，就是以强大的军事力量控制交通，钳制贵州土司。由于防御任务重，卫城有城镇规模大、城镇高、以砖石为主的特点，军事防御能力强等特点。永乐十一年（1413年）思州、思南二宣慰司改流，置贵州布政使司后，一些府县城池也纷纷建立起来。但明代贵州的州县城池地位远不及卫所城池，有的府县为了防御需要，

---

[1] ［明］郭子章：《黔记》卷二一《兵戎志》，贵阳：贵州人民出版社，2013年，第460页。

[2] ［明］郭子章：《黔记》卷二一《兵戎志》，贵阳：贵州人民出版社，2013年，第472页。

[3] 《太祖洪武实录》卷七〇，洪武四年十二月丙申，台北：台湾“中研院”历史语言研究所影印本，1962年，第1308页。

[4] 史籍虽多有洪武五年都司马烨筑贵州城的记载，但贵州都司建立于洪武十五年，而马烨则是在洪武二十四年才由陕西调任贵州都指挥同知的，这一记载明显有误。见《马烨修筑贵州城垣质疑》，《〈黔记·舆图志〉考释》，第30页。

[5] 《太祖洪武实录》卷二〇〇，洪武二十三年三月癸巳，台北：台湾“中研院”历史语言研究所影印本，1962年，第3005页。

[6] 《太祖洪武实录》卷一九九，洪武二十三年正月庚辰，台北：台湾“中研院”历史语言研究所影印本，1962年，第2984页。

[7] 《明太祖洪武实录》卷二〇二，洪武二十三年六月乙丑，台北：台湾“中研院”历史语言研究所影印本，1962年，3028页。

甚至直接设治于卫城，出现“卫所为主，郡邑为客，缙绅拜表祝圣皆在卫所”[1]的局面，这是明代贵州城池的一大特色。明前期贵州各卫兵力常在5000人以上，有的甚至多达万余，能够很好完成守卫城池的目的，对周边少数民族形成强大的军事威慑。万历二十八年（1600年），平定播州，分其地一为播州军民府，属四川，一为平越府，属贵州。为了巩固贵州的统治，防止播州余部复起，贵州又兴起了新一轮城池建设浪潮，除了瓮安、湄潭、龙泉、余庆等新置县的城池纷纷兴建外，清浪卫、龙里卫、新添卫、平越卫、铜仁府、思南府、黄平州等城池也进行了大规模修整，或易土以砖石，或增修水城、城楼、月城、垛口等防御设施（见表4）。

表4　明代贵州城池修筑情形表

城池名	修筑情况	城市形制	防御问题
省城	洪武初因元址建，万历九年、十三年、二十七年增修	周1309丈6尺5寸，高2丈2尺，基宽2丈，垛口2243个，城门楼阁6座5门，小月楼15座，水关2座，城铺47座	东西二门外人稀难守，北关外人烟稠密，议设外城
定番州	创自成化十三年；万历十四年，知州范彬用石修砌	周594丈5尺，高1丈3尺，宽1丈1尺，垛口719个，城门楼阁4座，月城小楼4座，城铺16座	东、西二门设关固守。南门临水稍远，北门倚山人少难守
威清卫	洪武二十六年指挥焦琴筑。万历十三年副使郑秉厚砌拦马墙以石，筑月城	周796丈，高1丈5尺，宽1丈，垛口1349个，城门楼阁5座，小月楼5座，城铺29座	南门人户稍聚，东、西北三门人少难守，盗屡入城
平坝卫	洪武二十三年筑	周900丈，宽6尺，垛口1800个，城门楼阁4座，小月楼1座，水关2座，城铺35座	北门至西南户稀难守，万历十九年盗逾入五次
普定卫（安顺府）	洪武十四年安陆侯吴复筑土城，嘉靖三十一年副使廖天明始砌以石，加女墙	周1257丈，高2丈，宽2丈，垛口2223个，城门楼阁7座，小月楼11座，水关3座，城铺55座	西至西南人少屯寨远难守，贼曾搭梯入城行劫
安庄卫（镇宁州）	洪武二十五年指挥陆秉筑	周780丈，高1丈4尺，宽七八尺，垛口1690个，城门楼阁5座，小月楼7座，水关2座，城铺42座	北门外人户稀哨，东门外无人居住，近城屯堡，屡被苗夷烧劫
安南卫（永宁州）	洪武二十五年指挥梁海建	周797丈，平处高1丈7尺，坡岭高1丈3尺，宽7尺，垛口1622个，城楼4座，月城小楼4座，城铺39座	西、北门外无人居住，跨山难守
普安州、卫	洪武十五年筑	周497丈5尺，高1丈8尺，宽1丈6尺，垛口1150个，城门楼4座，城铺28座	随山崖而建，陡峻多石可守
安南所	洪武二十三年筑	周280丈，高1丈5尺，宽1丈，城门楼4座，垛口448个	西门至北门人少难守
安笼所	洪武年间筑	周360丈，高1丈3尺，垛口629个，城门楼4座，城铺4座	东门至北门无人户居住，难守

[1] 钟铁军:《释明代贵州之“州卫同城”》,《中国历史地理论丛》，2004年第2期。

续表

城池名	修筑情况	城市形制	防御问题
平夷所	洪武二十二年筑	周251丈，高1丈5尺，城门楼4座，冷铺4座，垛口310个	西门至南门跨山无人栖止，难守
乐民所	洪武二十二年	周225丈，高1丈2尺，1门，楼阁1座，城铺10座	—
毕节卫城	洪武十六年指挥使汤昭建排栅，三十年指挥李兴、李隆砌砖石	周741丈5尺，高2丈3尺。垛口1648个，城基宽1丈5尺，城楼6座，城铺32座，嘉靖七年建月城取水	西北无壕，人烟稀少
乌撒卫（府）	洪武十四年建	周1080丈2尺，垛口1530个，城基宽2丈，高1丈2尺，城楼4座，城铺29座，兵马司21间	北门外人烟稀少，难守
永宁卫（宣抚司）	洪武时，指挥使杨广与禄肇筑	河东城441丈，高2丈，城基宽2丈，垛口805个，城楼2座，水关2座，铺20座；河西长670丈，高1丈8尺，城基宽2丈，垛口1225个，城楼5座，水关2座，城铺30座	大西门抵南门，跨山难守。其他倚水可守
赤水卫	洪武年间建	周692丈，高1丈8尺，城基宽2丈，垛口1386个，城楼6座，小月城楼1座，城铺40座。东西二门外坡高20余丈，南门外倚水，北门外跨山开壕	—
赤水前千户所	洪武年间设	周320丈，高1丈4尺，垛口327个，城楼2座，城铺10座	—
摩尼千户所	洪武年间建	周300丈，高1丈2尺，垛口320个，城楼2座，城铺10座	—
白撒千户所	洪武年间建	未筑城	—
龙里卫	洪武二十三年指挥戴钦筑。万历三十一年，郭子章增高楼垛1尺	周840丈，高1丈7尺，垛口1400余个，城门4座，城楼5座，城铺20座	西关有龙里站驿，人烟颇集，屡被苗劫
新添卫	洪武二十二年镇抚王璧建土城，万历十三年巡抚舒应龙等砌以石，二十九年行参政尤锡类等易土垛为石	周1070丈，高1丈2尺，城门4座	万历二十五年乡官率乡民袭城而入
平越府（平越卫）	洪武四年修；万历三十一年修水城	周1400丈，高1丈5尺，垛口1300个，串楼1032间，城楼5座，月城4座，城铺24座	—
黄平州	洪武初立土城。万历三十一年巡抚郭子章砌以砖石	高1丈6尺，周1300丈，垛口1300个，城门楼阁4座	—
瓮安县	万历二十九年改流设，参政尤锡类等筑	高1丈7尺，周370丈，垛口594个	—

续表

城池名	修筑情况	城市形制	防御问题
余庆县	万历三十年参政尤锡类等筑	周317丈5尺，高1丈6尺，城门楼阁3座，月城2座，水关3座	—
湄潭县	万历三十年参政尤锡类等筑	高1丈5尺，周388丈，城门楼阁4座，月城3座，水洞5处	—
都匀府（卫）	洪武二十七年平羌将军何福筑土城，后指挥黄镛砌石。万历二十一年副使朱熙洽将西城加高	周1072丈，高1丈，宽2丈，串楼384间，垛口620个，城楼5座，月城、转阁、敌楼8座，城铺15座	—
独山州	—	无城	明官多缺
麻哈州	原筑土墙，嘉靖三十一年知州杨敏砌石，寻圮。万历十六年知州胡友禄砌以石	周400丈，高1丈2尺，宽7尺，垛口460个，城门楼阁4座，月城2座，串房496间	—
清平卫（清平县）	洪武二十三年指挥司铎筑土城，万历四年参将侯之胄砌以石	城楼4座，串楼792间，垛口792个	—
兴隆卫	洪武二十六年指挥张龙筑	高1丈3尺，周530丈，城门楼4座，城铺26座，串楼230间	—
偏桥卫	洪武二十二年康郡马筑	周1128丈，高1丈2尺，基厚1丈，外石内土，串房1100间，垛口220个，城楼4座，西角敌楼1座，东水关1座，万历二十七年，建敌台8座	—
镇远府	—	无城，两侧设关	—
镇远卫	洪武二十二年筑	周927丈，高1丈3尺，宽8尺，垛口1872个，城门楼阁5座，城铺43座	—
施秉县	嘉靖四十二年知县詹大同筑，万历二十七年知县文嘉兆将周围垛口封塞	530丈，高1丈3尺5寸，宽1尺，垛口1026个。城门阁楼3座，城铺13座	—
石阡府	嘉靖元年建城，四十年甃以石	周606丈，高1丈8尺，串楼606间，垛口583个，城门楼阁、水关各4座，无月城	—
龙泉县	万历三十年参政尤锡类等筑石城	周361丈，高1丈7尺，宽1丈5尺，垛口720个，城门楼阁4座，月城4座，水关2座	北门至西门一带人少难守
思南府	嘉靖二十八年知府李梦祥筑，万历廿七年知府修补	周770丈，高1丈8尺，宽1丈4尺，垛口1498个，城楼5座，大水关1座，小水关3座，城铺10座，串楼847间	—
印江县	弘治七年改流设。万历间增修串楼	周430丈，高5尺5寸，宽3尺，垛口720个，城上小楼4座，下竖门4个	西门至北门倚山，寨分窎远，人烟罕稀

续表

城池名	修筑情况	城市形制	防御问题
务川县	旧土城，嘉靖二十四年知县刘敏之包石，万历二十年砌城垣	高1丈7尺，周540丈5尺，马道宽9尺，垛口162个，城楼4座，水洞4处，城堡6座	西、北二门外人户稀少难守
思州府	永乐十一年知府崔彦俊营土城，万历六年知府杨云鹍建包以石	周320丈，垛口445个，城楼3座，高楼转角敌楼4座，铺8座，后山顶敌台厅3间	正统己巳陷于寇，嘉靖辛亥再陷
铜仁府	景泰二年知府朱鉴筑土城，嘉靖二十二年知府李资坤廓而砌之；万历三十年修砌郡城，并建铜仁县土城附于府城北	周936丈，垛口868个，城楼7座，角楼3座，串楼803间	北门起由东门下南门人户稀少，难守
清浪卫	洪武二十二年傅友德筑，万历二十八年指挥朱维岳砌敌台三座	周1364丈，城楼3座，转角楼2座，串楼1074间，垛口1074个，高1~1.2丈不等	—
平溪卫	洪武二十二年指挥许昇筑	周1120丈，高1丈2尺，宽1丈2尺，垛口951个，城门楼5座，月城3座，转角楼4座，得胜楼1座，水窦7处。城下有马道	景泰间红江苗万余抵卫西山围攻，指挥郑泰击败之，建楼为得胜楼

资料来源：万历《黔记》、弘治《贵州图经新志》。

从表 4 可以看出，明代贵州卫所及府县城池处于十分严峻的军事压力下，不少城池曾经遭到少数民族的进攻，有的甚至有被多次攻陷的情形。因此，单纯的城池防御并不能有效控制这一新辟疆土，必须组织更纵深的防御体系，以拱卫城池安全，关隘寨堡的设置就显得尤为必要。明代贵州的关隘，多设于城池附近险要之处，以便控制交通要道，并方便对城池进行支援。如都匀石屏关，“城西十里，林箐蒙密，通平伐、刚肘，夷贼出没为患，近年挖劫城路皆由此。知府杨德全议设哨守，一十三年知府王珽相度箐峡，立关设兵防御，最为雄踞。”[1]关隘分为两种类型，一种常设驻军，如贵阳城东南之新添关、鸦关，西北之响水关，皆设关城，以兵戍守。[2]更多的关隘则是在军事形势紧张或战事发生之时，才派兵前往防御，临时增兵戍防。

明代贵州的寨堡，主要有控制交通要道，及保护屯田两种目的。一些地位重要的堡寨，戍军数量较多，如安南卫的尾洒堡，万历时期仍有军兵 448 名。由于军事形势严峻，寨堡的数量也很多。贵阳府辖区内著名的寨堡即有陆广河寨、赵官堡、孙官堡、青崖堡等，其中陆广河寨、青崖堡战略地位最为重要。陆广河寨位于贵阳城北 120 里之陆广河畔，居省城通往水西土司驻地大方之驿道上，其地有奢香所设“龙场九驿”之一的陆广

[1] ［明］郭子章：《黔记》卷二一《兵戎志》，贵阳：贵州人民出版社，2013 年，第 469 页。
[2] ［明］郭子章：《黔记》卷二一《兵戎志》，贵阳：贵州人民出版社，2013 年，第 460 页。

河驿，并设有陆广河巡检司以镇之。天启二年（1622 年）水西安邦彦反，围省城贵阳。明廷擢王三善为右佥都御史、贵州巡抚以讨之。十二月，明军复龙里城，解贵阳围，令总兵官何超渡陆广河直捣大方。次年正月，水西军大破明军于陆广，何超败逃，参将杨明楷被执，姚旺等二十六将皆战死。❶安邦彦堑陆广以自守，成为水西军的重要据点，故《滇纪》载："陆广河有水口寨，又有陆广城，为水西要地。"❷直至崇祯元年（1628 年），兵部尚书朱燮元督川、湖、云、贵、广五省之军以讨之，才得以收复陆广，克大方。青崖堡即今贵阳市南之青岩古镇，自贵阳而南至定番州（今惠水县），沿都泥江（今涟江）两岸为地形平坦的坝子，是贵州境内水稻主产区之一，故明代于此建堡以卫军屯，弘治《贵州图经新志》载，"青崖，在治城（贵阳城）南五十里，贵州前卫屯田其下"❸。在贵阳府辖区内，其北面主要为水西土司控制，而南面自元代设置八番顺元宣慰司以来，农业垦殖就得到了较好的发展，明代于此设定番州、广顺州，是贵阳府最重要的粮食来源地。安邦彦围贵阳之时，即遣其党李阿二督四十八庄兵围青崖，断贵阳粮道。巡抚王三善于龙里破水西兵后，立即遣王建中救青岩，"焚贼寨四十八庄，定番路始通。"❹崇祯十一年（1638 年）徐霞客游历至青崖堡时称，"是贵州南鄙要害，今添设总兵驻扎其内"❺，可见其地位之重。除了军屯堡寨外，不少百姓也修筑屯堡以便防御，这类寨堡的卫兵一般由百姓轮流充当，或自行出资募兵担任，如都匀府之杨家堡、乐乍堡、琵琶堡均为民屯，三堡共有义兵 100 名。如今贵州仍保留有大量的明代屯堡遗存，以安顺地区最为集中，有天龙、云峰、九溪等 300 多个屯堡村寨，其服饰、语言、风俗、建筑等都保留有明显的明代遗风，并具有显著的军事寨堡特征。

哨卡也是明代贵州防御的重要构成，各卫戍军除了部分屯驻城池、营堡外，大部分分散于各处哨卡。哨卡并不一定设城，绝大多数仅建立营房以盘诘过往客商，监视少数民族的行动，一般每哨人数在 15~30 名，设小旗、总旗、头目、把总、百户、千总、指挥等军官以统率之。明中期以后随着军事形势的恶化，这些单薄的兵力已很难控制地方，以数哨集结于一地进行集中防御成为趋势。如威清卫 15 哨中，平夷、尖山、关家、马场、平桥、黑泥、六寨 7 哨俱团聚于黑泥哨为一大哨，委把总一员督管，而干塘、碗口、俞家、长凹、五岔岭、永靖、芦荻、曾家 8 哨则团聚于长凹岭哨为一大哨，委把总一员督管。❻卫所所属哨卡，其军士一般由卫所旗军担任，也有在采取募兵形式的。州县哨卡

---

❶［清］张廷玉等撰：《明史》卷二四九《王三善传》，北京：中华书局，1974 年，第 6456 页。

❷［清］顾祖禹：《读史方舆纪要》卷一二一《贵州二》，北京：中华书局，2005 年，第 5250 页。

❸［明］沈庠：《弘治贵州图经新志》，段志洪、黄家服主编：《中国地方志集成·贵州府县志辑》第 1 册，成都：巴蜀书社，2006 年，第 12 页。

❹［清］顾祖禹：《读史方舆纪要》卷一二一《贵州二》，北京：中华书局，2005 年，第 5252 页。

❺［明］徐弘祖：《徐霞客游记》，北京：中华书局，2010 年，第 371 页。

❻［明］郭子章：《黔记》卷二一《兵戎志》，贵阳：贵州人民出版社，2013 年，第 462 页。

一般以募兵为主，一些地区则以纳粮百姓承担，如永宁州马跑、阿邦、固郭、安平、阿里、沙营、黄毛、查城后、马安、顶营、慕役、阿由、黄土坡等十三哨，军士全部来自顶营、募役、沙营、阿里等处粮民。[1]少数民族也是哨卡兵士的重要来源，平坝卫的苗哨，即以当地土兵担任，他们的粮秣则是由自种明朝分予的田地而来。铜仁府的哨卡军士中，也有很大一部分由苗、仲、革、瑶等族土著担任。[2]

由于明代贵州戍防最重要目的，是为了保障入滇大道的畅通，故而驿站的防御显得尤为重要，其军事戍防构成贵州军事防御体系的重要组成部分。各驿站一般都选址于卫所城池附近，以便有事时能够相互支援。明中期后随着兵士的大量逃亡，各府县城池的军士数量都不多，不少地方需要依靠民兵自行防御，如思州府有驻军 80 名，思南府有民兵 90 名民兵，打手 80 名，印江县有守城民兵 51 名，乡兵 40 名，务川县则仅有守城乡兵 48 名。而驿站军士的数量，常维持在百余名以上，有的甚至达到三四百名，可见明廷对贵州驿站戍防的重视（见表 5）。

表 5　明代驿站戍防情况表

卫所	驿站及兵士情况
普定卫	普定站，军119名
威清卫	威清站，360名，万历九年革120名，存244名，万历末年有294名
安庄卫	安庄站，军418名
安南卫	尾洒站，军236名；尾洒堡，军兵448名
普安卫	湘满站，军70名；新兴站，军153名；亦资孔站，军240名
龙里卫	龙里站，原额站军315名，万历间实有206名；龙里站哨，把总一员，募兵80名
贵州卫	贵州站，军330名
毕节卫	毕节站、周泥站，戍军数量不详
乌撒卫	乌撒、瓦甸，黑张、傥塘、普德归等6站，戍军共525名
新添卫	新添站，军原额322名，逃亡198名，实在124名
平越卫	平越站，军46名；杨平站，军106名；黄丝站，军50名
清平卫	重安站，把总1员，募兵92名；清平站，正军50名，余丁25名
兴隆卫	东坡站，官兵91名

资料来源：万历《黔记》卷二一《兵戎志》。

---

[1] ［明］郭子章：《黔记》卷二一《兵戎志》，贵阳：贵州人民出版社，2013 年，第 463 页。

[2] ［明］郭子章：《黔记》卷二一《兵戎志》，贵阳：贵州人民出版社，2013年，第476页。仲，主要指今布依族。革，贵州的一个少数民族族群，无文字，有自己的语言、服饰和生活习惯，自称是上古传说中的射日英雄羿的后代，是一个有待识别的民族。

综合所述，受地理环境所限，贵州并不适宜发展传统种植农业，故至明代仍处于贫穷落后状态，兵员、粮秣之补给均仰仗于邻省。而“夷多汉少”的局面，使贵州一直处于紧张的军事形势下，不仅发生了播州之役、奢安之乱这样大规模的叛乱，“生苗”劫夺商旅、进攻城市的情况也屡见不鲜。如何进行有效的军事控御，一直是明廷维系贵州统治所面临的核心问题。明廷在沿驿路建立卫所城池，保障驿道通畅的前提下，采取联省控御、分段设防的手段，并通过城池、关隘、寨堡、哨卡、驿站构筑起连点成线、连线成面的戍防体系，在巨大的军事压力下基本维持了这个新设行省的合理运转，加强了贵州与中央的联系，极大促进了贵州的内地化进程。

贵州卫所建置及其在明代的变革

吴才茂

（凯里学院）

学术界有关明代卫所变革之研究，呈现出两大方向：一是论述卫所在明代的变化，多以其在明中期以后就逐渐衰变为主要着眼点，集中研究了卫军废弛、兵力衰落、军户逃亡与清军等问题。❶二是多以其在清代的演变为研究重点，其深度也从宏观论述逐渐转向了不同地域的个案研究。❷这些研究路径，当然是极正确的，也取得了较为丰赡的研究成果。就明清卫所在贵州的变革而言❸，起始甚早，从明初开始，就在不断地调整与变动之中，如古州卫从置到废，不到三个月时间，乌蒙卫也在置二年之后，就改为毕节卫等。而“既然按明初定制，州县和绝大部分卫所都是地理单位，它们就具有由行政系统改为军事系统（即府州县改为卫所）或者由军事系统改为行政系统（即卫所改为府州县）的可转换性……明中期以后，总的趋势是从都司、卫、所辖地内划出一部分设立州县……卫所辖地行政化的势头不断加速”❹。就此而论，卫所郡县化的历程，亦从明代就已开始，不管是切割军民指挥使司所辖之地分置州县，还是直接由卫所改设州县，均有实例可循。而事实上，卫所制度从来就不是一个僵化的制度设计，它初期虽然以军事防御为重点，但亦兼有

---

❶ 主要成果参见吴晗:《明代的军兵》，收氏著:《读史劄记》，北京：生活·读书·新知三联书店，1956年，第111-124页；于志嘉:《明代军户世袭制度》，台北：台湾学生书局，1987年，第67-91页；张金奎:《明代卫所军户研究》，北京：线装书局，2007年，第345-397页。

❷ 宏观论述的代表作如顾诚:《卫所制度在清代的变革》，《北京师范大学学报》，1988年第2期，第15-22页。近年来对各地卫所府县化历程的研究，取得了很多深入的研究成果，例如于志嘉对江西的研究（于志嘉:《卫所、军户与军役：以明清江西地区为中心的研究》，北京：北京大学出版社，2010年），邓庆平对河北蔚县（蔚州卫）的研究（邓庆平:《州县与卫所：政区演变与华北边地的社会变迁——以明清蔚州为中心》，北京师范大学博士论文，2006年），孟凡松对湘黔边界的九溪卫、永定卫的研究（孟凡松:《郡县的历程——明清武陵山区地方行政管理体制研究》，陕西师范大学博士论文，2009年），谢湜对太仓州与南岭卫所军户演变的研究（谢湜:《明代太仓州的设置》，《历史研究》，2012年第3期，第29-43，189-190，193页；谢湜:《“以屯易民”：明清南岭卫所军屯的演变与社会建构》，《文史》，2014年第4期，第75-110页）。

❸ 就贵州卫所在清代的变革，相关研究涉及已颇为丰富，如杨伟兵指出，清代前中期对云贵地区实施的府州升降、卫所裁并和改土归流等行政、疆域调整，是中央王朝有效治理边疆和民族地区的具体政治活动表现［杨伟兵:《清代前中期云贵地区政治地理与社会环境》，《复旦学报（社会科学版）》，2008年第4期，第39-48页］。而专论如孟凡松从“改卫归流”的角度，对卫所改流的原因、过程与意义做了论述（孟凡松:《略论清代贵州改卫归流》，《安顺学院学报》，2011年第2期，第1-4页）。施剑对贵州卫所在清代的裁汰尤其是屯田的处理做了较为深入的分析（施剑:《清前期贵州卫所之裁撤及其屯田处置》，《历史档案》，2014年第2期，第57-65页）。值得指出的是，上述研究并未考虑明代贵州卫所的变革问题，因此，本文在其研究之基础上，拟对贵州卫所在明清两代的变革进行整体研究，呈现卫所郡县化的过程就是贵州政区格局的形成过程。

❹ 顾诚:《明帝国的疆土管理体制》，《历史研究》，1989年第3期，第142-143页。

屯垦的重要任务，在戍守与屯种之间，本身就为这一制度的伸缩提供了张力。对于贵州少数民族聚集之地的卫所而言，这种张力有着更大的拓展空间，非常鲜明地表现出了一种“活的制度史”[1]。在讨论这种“活的制度史”之前，尚需先从贵州卫所的建置说起。

一、卫所的建置

贵州卫所之设置，学术界已有较为成熟的研究成果。这里仅须特别指出者，是贵州卫所的大规模设置，与少数民族社会变乱有极为密切的联系。经洪武十五年九月再平云南“诸部”，十六年正月以云南乌撒、乌蒙、芒部三府割隶四川布政司并“来朝”之后[2]，贵州西部少数民族地区暂时安定了下来。然而，这种平静只是暂时性的，因文化碰撞的不适应与社会权益的争夺而导致的摩擦，发生极为频繁。[3]贵州西部地区刚刚平息，东部地区又烽烟四起。洪武十八年四月，“思州诸洞蛮作乱”[4]，九月，“洞蛮吴面儿等寇古州”[5]，十九年六月，“麻哈苗蛮杨孟等聚众作乱”[6]，至洪武三十年“古州上婆洞蛮林宽，自号小师，聚众作乱”[7]，这十二年间，贵州东南部及其与湖广接错地带，少数民族大小变乱，以《明太祖实录》所记来看，基本上年年发生。鉴于此，《明史》干脆直接记述为：“靖、沅、道、澧之间，十年内亦寻起寻灭”[8]。而贵州西部地区，于洪武二十五年，也发生了较大的社会变乱，史载：

毕节罗罗诸蛮复叛，攻掠屯堡，杀伤屯田军士五百余人，百户宋礼御之，亦为所杀，群蛮遂并力攻堡，复杀阁雅驿丞，劫掠粮、马，焚六广河巡检司。于是威清卫青龙山井堡猡猡相煽而起，掩袭守堡官军……南侵贵州，北蹂毕节，东接沙溪，西通威清之境，

[1] 邓小南在研究唐宋官僚制度的研究时，提倡“活的制度史”，这种研究路径把制度作为“动态的历史过程”和根植于“关系”的机制而探究其运行实施与形成演变，进而拓展政治史研究的空间。参见包伟民主编:《宋代制度史研究百年（1900—2000年）》，北京：商务印书馆，2004年，第101-102页；邓小南:《祖宗之法——北宋前期政治述略》，北京：生活·读书·新知三联书店，2006年，第5-8页。

[2] 《明太祖实录》卷一四八，洪武十五年九月乙亥，台北：台湾“中研院”历史语言研究所校勘影印本，1962年，2346页;《明太祖实录》卷一五一，洪武十六年正月辛未，台北：台湾“中研院”历史语言研究所校勘影印本，1962年，第2380页;《明太祖实录》卷一五二，洪武十六年二月辛卯，台北：台湾“中研院”历史语言研究所校勘影印本，1962年，第2387页。

[3] 事实上，明代西南民族地区社会冲突激烈、频繁，尤以贵州为最，有人曾逐年进行统计，“明代276年中，贵州发生战事的年份共有145年，占有明一代一半以上时间”。参见刘学洙:《明清贵州沉重的军事负担》,《贵州师范大学学报》，2001年第4期，第62-65页。

[4] 《明太祖实录》卷一七二，洪武十八年四月丙辰，台北：台湾“中研院”历史语言研究所校勘影印本，1962年，第2634页。

[5] 《明太祖实录》卷一七五，洪武十八年九月乙亥，台北：台湾“中研院”历史语言研究所校勘影印本，1962年，第2660页。

[6] 《明太祖实录》卷一七八，洪武十九年六月癸丑，台北：台湾“中研院”历史语言研究所校勘影印本，1962年，第2697-2698页。

[7] 《明太祖实录》卷二五一，洪武三十年三月庚辰，台北：台湾“中研院”历史语言研究所校勘影印本，1962年，第3633-3634页。

[8] ［清］张廷玉等:《明史》卷三一〇《湖广土司》，北京：中华书局，1974年，第7983页。

往来杀掠。[1]

面对“叛服靡常”的变局，明王朝迅速采用军事镇压的方式平息，接着设置卫所屯兵戍守，这无疑加速了卫所的建立的速度，贵州卫所建置的第二次高潮由此而来。尤其是贵州东部地区，如平定思州“诸洞”，置五开卫以镇之。[2]平定堂厓“诸洞蛮”，“诏其地立古州卫镇守”[3]。而在平定古州林宽变乱的过程中，更是以置铜鼓卫的办法，层层推进，最终平之。[4]至洪武三十年，五开一线，即有五开、古州、铜鼓三卫的设立，其中五开卫外置了平茶、中湖（潮）、铜鼓、新花（化）亮寨、黎坪（平）、龙里、平茶屯、新化屯等 8 个二级守御千户所[5]，加上靖州卫外设的天柱、汶溪二守御千户所。[6]这些卫所不仅与靖州等卫一道防御着湖广、贵州与广西的交界地带，防护着湖广通往广西的驿道，而且由靖州卫经五开而达湖广入滇大道的交通线也基本打通。

对于那些已设土官衙门之地的周围，常发生“乱不能治”的事件，也加速着卫所的设置。如兴隆卫之设，即因黄平安抚司“蛮民作乱，颍国公傅友德讨平之，遂置卫，命府军左卫指挥佥事胡质领兵守之”[7]。永宁宣抚司境内“蛮僚叛服不常”，故置普市守御千户所，“屯兵镇之”[8]。龙里长官司地，也“命凤翔侯张龙领兵置”[9]龙里卫。还有一些土官所辖之地，因所属“苗蛮屡叛”，便会直接改司为卫，都匀安抚司改为都匀卫，即是这样的例子。[10]

---

[1] 《明太祖实录》卷二一五，洪武二十五年正月乙未，台北：台湾“中研院”历史语言研究所校勘影印本，1962年，第 3171 页。

[2] 《明太祖实录》卷一七二，洪武十八年四月丙辰，台北：台湾“中研院”历史语言研究所校勘影印本，1962年，第 2634 页。

[3] 《明太祖实录》卷二二六，洪武二十六年三月癸亥，台北：台湾“中研院”历史语言研究所校勘影印本，1962年，第 3307 页。

[4] 《明太祖实录》卷二五五，洪武三十年九月癸亥，台北：台湾“中研院”历史语言研究所校勘影印本，1962年，第 3678-3679 页。

[5] 《明太祖实录》卷一七九，洪武十九年十一月己卯，台北：台湾“中研院”历史语言研究所校勘影印本，1962年，第 2713 页；《明太祖实录》卷一九三，洪武二十一年十月庚子，台北：台湾“中研院”历史语言研究所校勘影印本，1962 年，第 2908 页；（弘治）《贵州图经新志》卷七《黎平府·公署》，收入《中国地方志集成·贵州府县志辑》第 1 册，成都：巴蜀书社，2006 年，第 78 页。按，后文所引贵州地方志，除特别注明外，均为此版本，不再赘注出版社与出版年，仅注书名、卷数与页码。

[6] 《明太祖实录》卷二一七，洪武二十五年五月戊申，台北：台湾“中研院”历史语言研究所校勘影印本，1962年，第 3201 页；（康熙）《天柱县志》下卷《兵防》，《中国地方志集成·贵州府县志辑》第 23 册，成都：巴蜀书社，2006 年，第 94 页；[清] 张廷玉等撰：《明史》卷四四《地理志五》，北京：中华书局，1974 年，第 1095 页。

[7] 《明太祖实录》卷一九六，洪武二十二年癸亥，台北：台湾“中研院”历史语言研究所校勘影印本，1962年，第 2950 页。

[8] 《明太祖实录》卷二〇〇，洪武二十三年三月癸巳，台北：台湾“中研院”历史语言研究所校勘影印本，1962年，第 3005 页。

[9] 《明太祖实录》卷二〇一，洪武二十三年四月庚子，台北：台湾“中研院”历史语言研究所校勘影印本，1962年，第 3008 页。

[10] 《明太祖实录》卷二〇五，洪武二十三年十月丙寅，台北：台湾“中研院”历史语言研究所校勘影印本，1962年，第 3062 页。

另外，对贵州的土官，朱元璋一直抱着警惕的态度，他说："其乌撒、芒部诸蛮，外虽服从，中藏狙诈，倘或托以心腹，将有不测之变。龙海之蛮奸诡尤甚，水西恐与贼阴谋，皆须防闲，有备无患，切宜慎之"❶。在此态度下，压制土司势力的扩张，亦为经营贵州的重要策略之一，其对策自然以屯兵戍守为主。如在贵州、思南、思州等土官的周围设置卫所，加强军事控制。除洪武四年已置贵州卫与贵州宣慰司、永宁卫与永宁宣抚司同城外，洪武二十四年，又置贵州前卫于贵州宣慰司同城。❷而在思州与思南，洪武二十三年"置平溪卫指挥使司于思州"❸，接着"置清浪、偏桥二卫指挥司于思南宣慰司之地"❹，洪武二十五年，"置思州千户所及思南左、右千户所"❺。

这样，通过武力"平叛"与屯兵戍守的方式，至洪武三十年，贵州境内的卫所网络体系已经全部建立。此后，虽在建文帝时期有所裁革，如铜鼓卫一度被裁废❻，但建文帝这"四年之间，今日省州，明日省县，今日并卫，明日并所，今日更官制，明日更勋阶"❼的局面，在永乐帝登基以后，得到纠正。至永乐十一年建省之后，贵州省境内卫所数为24卫（其中6个军民司），2个一级千户所，21个二级千户所。其建制沿革过程，已为诸多研究成果所辨析，即不再赘。❽兹据已有研究成果，并结合相关史料，列此期贵州境内卫所（见表1）。

---

❶《明太祖实录》卷一九二，洪武二十一年七月戊戌，台北：台湾"中研院"历史语言研究所校勘影印本，1962年，第2891页。

❷《明太祖实录》卷二一一，洪武二十四年八月庚午，台北：台湾"中研院"历史语言研究所校勘影印本，1962年，第3136页。

❸《明太祖实录》卷二〇〇，洪武二十三年三月癸巳，台北：台湾"中研院"历史语言研究所校勘影印本，1962年，第3005页。

❹《明太祖实录》卷二〇一，洪武二十三年四月辛酉，台北：台湾"中研院"历史语言研究所校勘影印本，1962年，第3010页。

❺《明太祖实录》卷二一六，洪武二十五年二月丙子，台北：台湾"中研院"历史语言研究所校勘影印本，1962年，第3183页。

❻《明太宗实录》卷一四，洪武三十五年十一月丁亥，台北：台湾"中研院"历史语言研究所校勘影印本，1962年，第255页。

❼［明］朱鹭：《建文书法儗·前编》，收入《明杂史十六种》第4册，北京：中华书局，2013年，第96页。

❽ 郭红的考辨尤为详细，参见郭红：《明代贵州都司建置研究》，《贵州文史丛刊》，2002年第1期，第28-34页；郭红、靳润成：《中国行政区划通史·明代卷》，上海：复旦大学出版社，2007年，第505-519，585-587，589，593-595页。

表 1　永乐初贵州境内卫所一览

贵州都司			
设置年份	卫所名／所数[❶]	性质	备注
洪武四年（1371年）	贵州卫/5	实土[❷]	洪武二十四年改军民司
洪武四年（1371年）	永宁卫/5	准实土	地有永宁宣抚司，属四川布政司
洪武十一年（1378年）	黄平所	实土	直隶贵州都司
洪武十五年（1382年）	普定卫/5	实土	洪武十五年改军民司
洪武十五年（1382年）	普安卫/10	实土	洪武二十二年改军民司
洪武十五年（1382年）	乌撒卫/5	准实土[❸]	后所在云南霑益州
洪武十五年（1382年）	平越卫/5	实土	—
洪武十七年（1384年）	毕节卫/5	实土	由乌蒙卫改设而来，乌蒙卫洪武十五年置
洪武二十一年（1388年）	赤水卫/9	实土	—
洪武二十一年（1388年）	赤水卫前所	实土	洪武二十七年迁建于层台卫治，层台卫洪武二十一年置，二十六年废
洪武二十一年（1388年）	七星所	实土	永乐以前属乌撒卫，后改隶毕节卫
洪武二十一年（1388年）	平夷所	实土	隶普安卫
洪武二十二年（1389年）	安庄卫/6	实土	—
洪武二十二年（1389年）	兴隆卫/5	实土	—
洪武二十二年（1389年）	白撒所	实土	隶赤水卫
洪武二十二年（1389年）	摩泥所	实土	隶赤水卫
洪武二十三年（1390年）	威清卫/5	实土	—
洪武二十三年（1390年）	平坝卫/5	实土	—
洪武二十三年（1390年）	安南卫/5	实土	—
洪武二十三年（1390年）	新添卫/5	实土	洪武二十九年改为军民司
洪武二十三年（1390年）	龙里卫/5	实土	洪武二十九年改为军民司
洪武二十三年（1390年）	清平卫/5	实土	—
洪武二十三年（1390年）	都匀卫/5	实土	洪武二十九年改为军民司
洪武二十三年（1390年）	普市所	实土	—
贵州都司			

❶ 千户所数据嘉靖二十年前修纂的《大明一统文武诸司衙门官制》统计。

❷ 明代卫所按性质分，据已有的研究成果，分“实土”“非实土”“准实土”三种类型。所谓“实土”卫所，是指设置于未设布政司和州县处的卫所，“非实土”卫所则是指当地同时设置有州县（东北的安乐州、自在州除外，他的情况比较特殊），而所谓“准实土”卫所，是指在边疆地区与都司卫所与布政司管辖的交错地带。他们与卫所有没有实际管辖屯田或土地没有直接关系。卫所划分实土与非实土的价值，在于明朝疆域管理的类型和地理行政区划，判断起也非常简单。参见陈梧桐，彭勇：《明史十讲》，北京：中华书局，2016 年，第 55-56 页。

❸ 郭红未言乌撒卫性质，然根据乌撒卫后所远置云南霑益州的情形来看，可归为准实土之列。

续表

设置年份	卫所名／所数	性质	备注
洪武二十三年（1390年）	安南卫/5	实土	—
	新添卫/5	实土	洪武二十九年改为军民司
	龙里卫/5	实土	洪武二十九年改为军民司
	清平卫/5	实土	—
	都匀卫/5	实土	洪武二十九年改为军民司
	普市所	实土	—
洪武二十四年（1391年）	贵州前卫/5	准实土	—
洪武二十五年（1392年）	关索岭所	实土	隶安庄卫
	思州所	—	属土军千户所
	思南所❶	—	属土军千户所
洪武二十六年（1393年）	乐民所	实土	隶普安卫
	安南所	实土	隶普安卫
洪武二十七年（1394年）	阿落密所	实土	隶赤水卫
洪武三十一年（1398年）	安笼所	实土	隶普安卫
永乐十二年（1414年）	思州所	准实土	在思州宣慰司
	思南所	准实土	在思南宣慰司
湖广都司❷			
设置年份	**卫所名／所数**	**性质**	**备注**
洪武十八年（1385年）	五开卫❸/16	实土	在思州宣慰司境，后治黎平府
湖广都司			

❶ 洪武二十五年，曾设思南左、右二千户所，废除时间不明，至永乐十一年，又设思南左、右千户所，十二年变为思南千户所，十四年，亦仅有思南千户所出现，其与思州千户所一道，于洪熙元年被废。参见郭红、靳润成:《中国行政区划通史·明代卷》，上海：复旦大学出版社，2007 年，第 595 页。

❷ 对于湖广都司所辖卫所，郭红等未分出其性质，兹据其区分贵州都司的标准，结合这些卫所的实际情形，分辨出其性质。

❸ 郭红等言五开卫下共有8个二级守御千户所，分别为：平茶、平茶屯、中潮、铜鼓、新化亮寨、黎平、龙里、新化屯（参见郭红、靳润成:《中国行政区划通史·明代卷》，上海：复旦大学出版社，2007 年，第 585-587 页）。（嘉靖）《湖广图经志书》则记为 10 个：黎平守御千户所、龙里守御千户所、新化屯千户所、新化亮寨守御千户所、中潮守御千户所、平茶千户所、平茶屯千户所、中右千户所、中中千户所、铜鼓守御千户所。见（嘉靖）《湖广图经志书》卷一九《靖州》，第 1570 页。而（道光）《黎平府志》据现已失佚的“旧志”——《黎平五合志》的记载，对五开卫下辖的千户所述之甚详：洪武十九年，筑卫城，设左、右、中、前、后五所于城内，外向险要处设十所两屯……内外共十七所。建文元年冬十月，改并在外所，分移入五开卫城，先城内只设左、右、中、前、后五所，今将怀仁改为中右，以其地为阳潮屯，武阳所改为中中，以其地为天甫屯，平和所改为中左，以其地为龙安屯，俱移入城内，为八所。成化二年，又迁中右为洪州所，中中为播阳所，外改长春所为堡，并入中潮，后以播阳窎远，拨归通道县，故今城内六所，城外九所。参见（道光）《黎平府志》卷二《地理志》，第 254-255 页。其中，武阳守御千户所，亦见于卫选簿中，例如：“洪武二十七年七月，周泰系五开卫武阳守御千户所故世袭百户周茂嫡长男，钦袭清浪卫前所世袭百户”。

续表

设置年份	卫所名 / 所数	性质	备注
洪武十九年（1386年）	平茶所	实土	隶五开卫
	平茶屯	实土	隶五开卫
	中中所	实土	隶五开卫
	中左所	实土	隶五开卫
	中右所	实土	隶五开卫
洪武二十一年（1388年）	中潮所	实土	隶五开卫
	铜鼓所	实土	隶五开卫
	新化亮寨所	实土	隶五开卫
	新化屯所	实土	隶五开卫
	黎平所	实土	隶五开卫
洪武二十二年（1389年）	镇远卫/5	实土	在思南宣慰司境，后属镇远府
洪武二十三年（1390年）	平溪卫/5	实土	在思州宣慰司境，后属思州府
	清浪卫/5	实土	在思南宣慰司境，后属镇远府
	偏桥卫/5	实土	在思南宣慰司境，后属思州府
	汶溪所	实土	隶靖州卫
洪武三十年（1397年）	铜鼓卫/12	实土	在思州宣慰司境，后属黎平府
洪武二十五年（1392年）	天柱所	实土	隶靖州卫
	龙里所	实土	隶五开卫
	新化屯所	实土	隶五开卫

制表说明：据郭红，靳润成《中国行政区划通史·明代卷》对卫所沿革考述结论所制，若笔者阅读所及，有新见者，则随文注出。

通过这些卫所的设置，至永乐时期，贵州卫所体系已经基本成型，此后除了一些细微的调整，如洪熙元年裁废思州、思南二千户所外，基本保持了永乐时期的建制，直到崇祯三年，平定水西土司变乱之后，又才增置了敷勇、镇西二卫所和于襄、息烽、濯灵、修文、威武、赫声、柔远、定南八个守御千户所，此后再无变化。可以说，由于少数民族社会变乱而设置的卫所，成为贵州卫所设置的主要动力来源。

二、从指挥使司→军民指挥使司→指挥使司的转换

贵州都司有八个卫经历过这种变化，这一过程的轨迹是：首先，设置卫所，而因所辖之地少数民族众多，迅速转为军民指挥使司；其次，在以军管民的过程中，因民事逐渐不适应军事管理，而分割军民指挥使辖地设置府州县，形成卫所管军，府州县管民的格局。

明代冠以“军民”的设置，始于甲辰年（1364年）设置的怀德军民宣抚司[1]，这一制度是继承了元末在四川、湖广遍设军民安抚司的做法，[2]当时主要是在少数民族地区设置军民宣抚司或军民安抚司等。[3]而明清时人提及的“卫军民指挥使司”，则始于洪武十二年的“改河州右卫指挥使司为河州军民指挥使司”[4]。它其实是一种与内地的府州县及边地的军民府、宣慰司等地理单位并行的行政建置。[5]明人丘濬指出：

所谓军民府或军民指挥使司者，又兼设土官以辖夷人，随其地而设其官，因其俗而为之治，善者授以职，恶者分其势，是盖得有虞分背之义、《禹贡》丕叙之意也。[6]

在丘濬看来，军民指挥使司治理之下的土官与宣抚司、宣慰司等土司，只在级别上存在差异而并无本质区别。而据明制，卫所武官也是世袭的，在形式上与世袭的土官并无区别，这对卫所武官和少数民族首领家族之间建立长期稳定的关系，无疑有重要作用。而这种稳定的统治关系，则为有效落实明王朝的各项政策创造了条件。

就贵州地区而言，尽管少数民族众多，但开始并没有直接设置军民指挥使司，而是先设置卫所。在洪武十四年设置贵州都司之前，已有的贵州卫、永宁卫以及2个二级千户（黄平所、平越所），均未带“军民”。贵州都司建立之后设置的卫所，起始亦均非“军民卫所”。[7]直到洪武十五年三月改普定卫为普定军民指挥使司开始，贵州的卫指挥使司逐渐出现了一个向卫军民指挥使司转变的浪潮。兹据《中国行政区划通史·明代卷》所记贵州卫所沿革考述[8]，制表2如下。

---

[1]《明太祖实录》卷一五，甲辰年六月戊戌，台北：台湾“中研院”历史语言研究所校勘影印本，1962年，第196页。按：《明史》卷七六《职官志五》（第1875页）记洪武二十三年，“又设军民指挥使司、军民千户所……”时间上误。

[2] 李新峰：《明代卫所政区研究》，北京：北京大学出版社，2016年，第93页。

[3] 例如，乙巳年（1365年），置靖州军民安抚司。《明太祖实录》卷一七，乙巳年七月庚辰，台北：台湾“中研院”历史语言研究所校勘影印本，1962年，第237页。

[4]《明太祖实录》卷一二五，洪武十二年七月丁未，台北：台湾“中研院”历史语言研究所校勘影印本，1962年，第2004页。值得注意的是，洪武三年，就已有卫指挥使司代管蛮夷军民长官司的事例出现，史载：“（洪武三年），复立湖耳、潭溪、新化、欧阳、古州及八万亮寨六处蛮夷军民长官司，秩从五品，隶辰州卫。”《明太祖实录》卷四八，洪武三年正月庚戌，台北：台湾“中研院”历史语言研究所校勘影印本，1962年，第958页。

[5] 这种情况在明代中期得以体现，据《南京都察院志》载：“嘉靖二十一年，各处进册衙门总计一千六百八十三：府二百四十，州二百三十，县一千一百三十九，军民府一十三，宣慰司四，宣抚司五，安抚司八，招讨司一，各卫军民指挥使司一十七，长官司一百一十八，千户所一，盐运司一，盐课提举司二，上林苑监一，巡检司二。”［明］施沛：《南京都察院志》卷二五《职掌十八》，《四库全书存目丛书补编》第74册，济南：齐鲁书社，2001年，第720-721。

[6]［明］丘濬：《大学衍义补》卷一五三《治国平天下之要·驭夷狄·四方夷落之情上》，明正德丙寅岁刊本，东京大学东洋文化研究所藏。

[7] 后世撰修的贵州地方志，多直书洪武十四年设置了平越卫军民指挥使司，误。如（光绪）《平越直隶州志》卷二《地理志·沿革》（第36页）所记“洪武十四年置平越军民指挥使司”就与正史所记相去甚远，《明史》卷四六《地理志七》（第1205页）载：“洪武十四年置平越守御千户所。”《明太祖实录》则记洪武十五改平越千户所为平越卫指挥使司，至洪武十七年二月才“改平越卫为军民指挥使司。”参见《明太祖实录》卷一四三，洪武十五年闰二月戊子，台北：台湾“中研院”历史语言研究所校勘影印本，1962年，第2244页；《明太祖实录》卷一五九，洪武十七年二月甲申，台北：台湾“中研院”历史语言研究所校勘影印本，1962年，第2464页。

[8] 郭红、靳润成：《中国行政区划通史·明代卷》，上海：复旦大学出版社，2007年，第505-519页。

表 2　卫指挥使司、卫军民指挥使司转换一览

卫名	设置时间	转变为卫军民指挥使司时间	又转为卫指挥使司时间
贵州卫[1]	洪武四年	洪武二十四年	正统元年
平越卫	洪武十五年	洪武十七年	万历二十九年
普定卫	洪武十五年正月	洪武十五年三月	成化中期
普安卫[2]	洪武十五年	洪武二十二年	万历十四年
新添卫	洪武二十三年	洪武二十九年	不详
龙里卫	洪武二十三年	洪武二十九年	不详
都匀卫	洪武二十三年	洪武二十九年	弘治八年
清平卫[3]	洪武二十五年	不详	不详

由表 2 可见，洪武时期贵州都司下辖共计 8 个卫改成军民指挥使司，这种拥有"军民"头衔的政区单位，"意味着它的法定职责是既管军又管民，对于军民两大系统泾渭分明的总体格局而言，这已经不仅是重要的例外现象，而且是原则性的补充措施。"[4]换言之，明初贵州的政区是一种"军管型政区"[5]，即以军事力量为后盾的政区管理模式。这种模式也成为设置流官政权前的一种过渡性制度设计，为贵州地方流官政权的建立创造了

❶　郭红等指出：永乐二十一年七月有"贵州军民卫指挥使司"的记录，但《大明一统志》已不言，正统三年贵州军民指挥使司下的长官司改隶贵州宣慰司，疑军民司此时废为贵州卫（第 506 页）。而据（道光）《贵阳府志》卷一《大事纪上》（第 38 页）载："正统元年八月，罢贵州军民卫指挥使司为贵州卫，以金筑安抚司直隶贵州布政司。"

❷　郭红等指出，"因方志等多将军民司亦记为卫，故无法弄清楚废军民司为卫的时间"（第512页），事实上，并非方志如此，即便是明代的实录，亦多未明确标识，常常以卫称之。兹举都匀卫的例子说明，尽管其在洪武二十九年便改为军民指挥使司，但检阅之后至弘治八年的历代实录，明确记为都匀卫军民指挥使司的仅有一条，即永乐二十一年贵州设置四道按察分司时，分辨明晰："……新镇道按治兴隆、清平二卫，平越、新添、龙里、都匀四军民指挥使司，黄平千户所，镇远、黎平、新化三府。"《明太宗实录》卷二六一，永乐二十一年七月丙午，第 2390 页。其余均直书"都匀卫"。参见《明太宗实录》卷六二，永乐四年十二月庚戌，第 896 页；《明宣宗实录》卷一九，宣德元年七月丙申，第 497 页；《明英宗实录》卷三一，正统二年六月己未，第 609 页；《明宪宗实录》卷三二，成化二年七月辛巳，第 635 页；《明孝宗实录》卷六〇，弘治五年二月丙寅，第 1158 页，等等。换言之，卫军民指挥使司和卫指挥使司之间，因史料对之记载不清晰，错讹与混乱在所难免，连生活在晚明的文史名家沈德符，即已感困惑，如他在提及军民指挥使司"以文统武"时，就说："军民者与掌兵不同耶，但自宣慰而下，既为文臣，何以俱属都司钤辖。又如云南之澜沧军民指挥使司，乃武官也，何以又统浪蕖州文官耶，此皆官制之紊当议者。"［明］沈德符：《万历野获编补遗》卷四《土司文职》，北京：中华书局，2006 年，第 926 页。

❸　清平卫究竟有没有转变为军民指挥使司？《中国行政区划通史·明代卷》（第515页）和《明代卫所政区研究》（第 119 页）均认为清平卫不带"军民"，其根据可能均源自上述《明太宗实录》贵州设置四道按察分司时，清平卫并非军民指挥使司，仅为卫指挥使司。然而，（弘治）《贵州图经新志》卷一二《清平卫军民指挥使司》（第 133 页）、（嘉靖）《贵州通志》卷一《建置沿革·清平卫军民指挥使司》（第 237 页）均作"清平卫军民指挥使司"，考两志在划分带"军民"卫与非"军民"卫时，是以是否辖有土司为标准，即辖有土司者，则称为"某某卫军民指挥使司"。这显然亦为时任贵州官员的一致看法，换言之，在他们看来，卫所兼有民政事务，即为"军民指挥使司"。因此，在未有资料确切否定两志记载的情况下，笔者仍视清平卫为军民指挥使司。实际上，谭其骧在《释明代都司卫所制度》一文中，即视之为实土卫所。参见谭其骧：《释明代都司卫所制度》，收入氏著：《长水集（上册）》（第二版），北京：人民出版社，2009 年，第 162 页。

❹　李新峰：《明代卫所政区研究》，北京：北京大学出版社，2016 年，第 92 页。

❺　"军管型政区"是除正式政区外的准政区，尤其在边境和少数民族地区，往往采用军管或军事监护形式的特殊政区进行统治管理。参见周振鹤：《体国经野之道——中国行政区划沿革史》，上海：上海书店，2009 年，第 136 页。

条件。[1]兹以都匀地区为例说明这种变化情况如下：

都匀地区，元代曾在此设有都云军民府、都云县、都云桑立等处、中都云板水等处。[2]洪武十三年，始内附，据《明太祖实录》载："四川都匀、定云土酋夭金總等来归，上其故元所授安抚符印及山川形势之图。"[3]洪武十六年置都匀长官司[4]，十九年改置都匀安抚司。[5]二十三年十月，都匀所属少数民族屡起变乱，都督何福讨平之后，认为需要"置卫屯守"，方能使之安宁，遂改都匀安抚司为都匀卫，隶贵州都司。[6]洪武二十九年四月，"改贵州都司所属龙里、新添、都匀三卫为军民指挥使司。"[7]都匀军民指挥使司隶四川布政使司，永乐十七年，仍属于贵州都司。[8]此后，都匀军民指挥使司拥有了管军又

❶ 郑维宽:《论明代贵州地方流官政权的建立过程及特点》,《贵州文史丛刊》，2011年第3期，第109-114页。

❷ ［明］宋濂等撰:《元史》卷六三《地理志六》，北京：中华书局，1976年，第1541，1543页。

❸ 《明太祖实录》卷一三〇，洪武十三年二月癸酉，台北：台湾"中研院"历史语言研究所校勘影印本，1962年，第2061页。

❹ ［清］张廷玉等撰:《明史》卷四六《地理志七》，第1204页;(民国)《都匀县志稿》卷三《建置》,《中国地方志集成·贵州府县志辑》第23册，成都：巴蜀书社，2006年，第32页。

❺ 《明太祖实录》卷一七九，洪武十九年八月戊申，台北：台湾"中研院"历史语言研究所校勘影印本，1962年，第2717页。

❻ 《明太祖实录》卷二〇五，洪武二十三年十月丙寅，台北：台湾"中研院"历史语言研究所校勘影印本，1962年，第3062页;［明］朱元璋敕定:《诸司职掌·兵部·职方部》，收入《续修四库全书》第748册，第719页。

❼ 《明太祖实录》卷二四五，洪武二十九年四月丙午，台北：台湾"中研院"历史语言研究所校勘影印本，1962年，第3562页。

❽ ［清］张廷玉等撰:《明史》卷四六《地理志七》，北京：中华书局，1974年，第1204页。按，值得辨析的是，郭红等曾仔细考辨贵州地方志后，指出贵州诸通志关于都匀军民指挥使司于永乐十七年改属贵州都司的记载是错误的(郭红、靳润成:《中国行政区划通史·明代卷》，上海：复旦大学出版社，2007年，第517页)。从其所列证据来看，认为《明太祖实录》《寰宇通志》《诸司职掌》等明朝早期的史料均记都匀卫隶属贵州都司。其实，都匀卫建制以后就属贵州都司，并无疑问。问题出在洪武二十九年改为都匀军民指挥使司后，这些史料未讲明它归属问题，如《寰宇通志》载:"(洪武)二十三年改置都匀卫指挥使司，隶属贵州都司，二十九年改军民指挥使司。"［明］陈循等撰:《寰宇通志》卷一一五《都匀卫军民指挥使司》，收入《玄览堂丛书续集》第2辑第18册，台北：正中书局，1985年，第306页。《明太祖实录》亦仅一句"改贵州都司所属龙里、新添、都匀三卫为军民指挥使司"，并没进一步说明隶属关系。若要说都匀卫改为军民指挥使司之后，还属于贵州都司的例子，郭红等并未举出，即《明太祖实录》卷二四六(洪武二十九年五月乙丑，第3568页)载："贵州都匀卫平浪长官司洞水等寨蛮贼狄把作乱，杀其土官王应名，贵州都指挥使程暹率兵讨平之，应名妻吴氏携其九岁子阿童来诉，请袭父职，从之。"但是，从洪武二十九年四月丙午(1396年5月26日)到洪武二十九年五月乙丑(1396年6月14日)，相隔仅18天，这时即便都匀军民指挥使司已它属，在时间上尚有记为贵州之可能。之后直到永乐二十一年，又才见《明太宗实录》确记都匀军民指挥使司属于贵州(参见《明太宗实录》卷二六一，永乐二十一年七月丙午，第2390页)。这样看来，从洪武二十九年五月之后一直到永乐二十一年之间，都匀卫军民指挥使司的归属问题，并没有确切的材料说明它属贵州都司还是改属了四川布政司。而后来贵州的地方志，基本沿袭《大明一统志》所记都匀卫:"(洪武)二十三年改置都匀卫军民指挥使司，领都匀等七长官司，属四川布政司。永乐十七年始以七长官司改属贵州布政司，而本卫属于贵州都司，今兼领长官司七。"［明］李贤等撰:《大明一统志》卷八八《贵州布政司·都匀卫》，台北：台联国风出版社，1977年，第5456页。例如，(弘治)《贵州图经新志》基本上照抄:"洪武十六年置都云安抚司，隶四川布政司……二十三年奏改安抚司为都匀卫，领长官司七，仍隶四川布政司，永乐十七年割所领长官司七改属贵州布政司，而本卫属贵州都司，寻复以长官司七还属。"(弘治)《贵州图经新志》卷八《都匀府》(第93页)，(嘉靖)《贵州通志》卷一《建制沿革》(第30页)、(万历)《贵州通志》卷一四《都匀府》(第295页)所记于此同，郭子章《黔记》卷二《大事记》(第30页)则仅有"永乐十七年改都匀卫隶贵州都司"一句。从明代贵州的四部方志来看，弘治、嘉靖、万历三部通志的错误在于：洪武二十三年设都匀卫，是隶属贵州都司而非四川布政司，中间的曲折转属关系并未交代清楚，这样容易让人误解。而《黔记》则回避了洪武二十三年至永乐十七年这段时间的隶属关系，只记有永乐十七年改属贵州都司，此亦容易让人产生误解。直到《明史》，才解决了这个问题，至于康熙以后的贵州地方志，则是沿袭了《明史》的说法。

管民的法定职责，对都匀地区进行了卓有成效的开发。但是，在此过程中，也遇到了非常多的问题。例如，当地少数民族常有变乱而杀害土官之举。❶而又由于辖地过大，都匀卫的兵力甚至不能防护一些距离较远土司的安全❷，例如，宣德七年九月，贵州都匀卫陈蒙烂土长官司副长官张勉奏：

本司离卫遥远，地连古州八万生苗，广西苗獠、洞寨与所属化从等寨长韦。翁同等相诱为恶，叛服不常，累逋赋税，或出侵掠，闻官兵追捕，即据险抗拒，或奔窜远伏，官军既回，又出为害。乞如永乐故事，调广西泗城州土兵一千，立堡镇守，遇有缓急，即行剿捕，庶使蛮夷知畏，善良安业。命兵部悉从其言。❸

因此，对于这么广阔的辖区和复杂的少数民族人群，尚需专门设置“流官抚治”，于是贵州镇巡等官，都以为应“如永乐年间事例，开设府暨州县，铨选流官抚治之”❹。在此背景下，弘治七年五月：

开设贵州都匀府，升九名、麻哈二长官司为独山、麻哈二州，并改清平长官司为清平县，州县皆属于府，府带管都匀、邦水、平州、平浪四长官司，其烂土、丰宁二长官司独山州领之，县及平定、乐平二长官司，麻哈州领之。府设知府、推官、经历、司狱各一员。独山州设知州一员，流官、土官同知各一员，吏目一员。麻哈州设知州一员，流官同知及土官吏目各一员，县设知县、典史各一员，并改都匀卫儒学为都匀府儒学，仍旧止设教授一员。❺

这样，都匀军民府下辖的七个长官司全部被改流，九名改置为独山州，并辖烂土、丰宁二长官司，而都匀、邦水、平州、平浪四长官司纳入府管，另外，在这次改土归流中，还把清平卫下辖之清平长官司，改为清平县。从此，都匀地区在全面实现郡县化的过程中，走出了关键的一步，有了明晰的行政区划建置，形成了一府、二州、一县的政区格局。而都匀军民指挥使司其他涉及民政的法定权力也逐渐被都匀府取代，例如，弘治八年二月，贵州都御史邓廷瓒便奏请：

---

❶《明宣宗实录》卷三四，宣德二年十二月庚申，台北：台湾“中研院”历史语言研究所校勘影印本，1962年，第861页;《明宣宗实录》卷一〇九，宣德九年三月壬午，台北：台湾“中研院”历史语言研究所校勘影印本，1962年，第2441页。

❷ 例如，合江舟陈蒙烂土长官司，在卫城东二百里，丰宁长官司，在卫城南二百二十里。[明] 李贤等撰:《大明一统志》卷八八《贵州布政司·都匀卫》，台北：台联国风出版社，1977年，第5456-5457页。

❸《明宣宗实录》卷九五，宣德七年九月丁巳，台北：台湾“中研院”历史语言研究所校勘影印本，1962年，第2143-2144页。

❹（民国)《独山县志·文征志》卷一《明孝宗谕都匀府敕》，第577页。按，永乐十一年贵州开省，虽设“八府”，但除镇远府辖有镇远州与思南府辖有婺川县外，其他均未辖州县（参见《明太宗实录》卷一三七，永乐十一年二月辛亥，台北：台湾“中研院”历史语言研究所校勘影印本，1962年，第1661页;《明太宗实录》卷一四九，永乐十二年三月乙亥，台北：台湾“中研院”历史语言研究所校勘影印本，1962年，第1375页）。它们是为了节制贵州部分土司而设立的。参见顾诚:《明帝国的疆土管理体制》，《历史研究》，1989年第3期，第139页。

❺《明孝宗实录》卷八八，弘治七年五月戊申，台北：台湾“中研院”历史语言研究所校勘影印本，1962年，第1632-1633页。

都匀既开设府治，请以原隶都匀卫之独山巡检司及在城税课局，并来远、都镇二马驿俱改隶都匀府。其都匀卫原是军民指挥使司，请节去“军民”二字，于新降印信篆文止称“都匀卫指挥使司”。从之。❶

于是都匀军民指挥使司又重新回到了以管军为主的轨道上来，只在“夷情要务”上有与都匀府“协合议行”的权力。由都匀卫到都匀军民指挥使司再到都匀卫的变动，都匀卫的辖地大幅度缩小。实际上，这是明代在贵州“改土归流”过程中的重要一环，即通过先以“军事管理型政区”的方式设置特殊的政区，然后再逐渐郡县化，这是贵州政区形成过程中最重要的特点之一。

三、卫所的州县化

由卫所设置州县，并非始于清代的卫所裁撤，在明代即已有例。就贵州地区来说，在卫军民指挥使司的辖地，分割一块地盘出来建立州县，虽然不能说是裁汰卫所置州县的开始，却可以说是这种由军管型政区到一般行政政区转变的雏形。而真正出现由所改县的例子，则是天柱守御千户所改为天柱县。

天柱守御千户所，洪武二十三年置❷，系湖广靖州卫“在外”的三大守御千户所之一❸，也是联通黎平府（五开卫）至湖广通向云南“一线路”上的交通网络点，距离靖州卫约 110 千米。这些深嵌于苗、洞地区的卫所，尽管有强烈的震慑功能，却未必能使少数民族归心，它们在日常生活中，面临诸多民政管理上的问题，化解这些由于民政而引起的矛盾，并非卫所武官的专长。虽然明朝也曾于卫所中设置经历司一类的文职，但由于其地位卑微和专职钱粮，在处理民政事务上，亦常常一筹莫展，更不要说在少数民族聚集之地了。❹于是，卫所州县化成为民众所期盼的另外一种管理模式。天柱改所为县缘由，正好说明这一点。时任贵州巡抚江东之曾写具有调查报告性质奏疏，名为《定县名靖边方疏》，在这份折子里，他首先以对话的形式，询问靖州知州彭学夔和会同知县陆可行有关天柱所改县的缘由，二者的答复，均言“惟建县一事，可使诸苗帖服”，其中陆可行曰：

苗与洞民互相荼毒，官军收鹬蚌之利，如苗杀我民，官军声言剿捕，苗不得出入耕

---

❶《明孝宗实录》卷九七，弘治八年二月壬午，台北：台湾“中研院”历史语言研究所校勘影印本，1962 年，第 1788 页。

❷《明太祖实录》卷二一七，洪武二十五年五月戊申，台北：台湾“中研院”历史语言研究所校勘影印本，1962 年，第 3201 页。

❸ 其余两个千户所为汶溪和武冈，参见（嘉靖）《湖广图经志书》卷一九《靖州卫》，《日本藏中国罕见地方志丛刊》，第 21 册，北京：书目文献出版社，1991 年，第 1570 页。按：汶溪千户所建在清水江边的白市平坝中，遗址在今贵州天柱县白市镇汶溪村，笔者曾于 2011 年 8 月至该地进行田野调查，尚有所城土墙遗存。武冈千户所治在今湖南武冈市，与天柱县相距超过 250 千米。

❹ 张金奎：《明代卫所经历司制度浅析》，《故宫博物院院刊》，2007 年第 2 期，第 118-126 页。

布，我民杀苗，无所告诉，统苗报复，或伏路要杀，或墩锁索赎，不问所报，非所仇卒之利归，剧豪害遗苗类，苗所以愿建县也。会同县洞民即苗之种，与天柱所近，而离县远，不但苦苗劫杀，输纳不敢往县，奸猾征收，每一两骗至四五两，洞民素不甘心，日望建县更切。于苗也，卫有贪官，具有贪民，建县之说，屡议屡止，其故难言之矣。❶

很显然，不管是苗民还是洞民，因为相互间的截杀及卫所官军的不作为，成为他们迫切希望建县的理由。为了进一步了解切实的情况，江东之决定“亲历该所，以观苗情”：

近其郭，弘阔坦夷，四面如绣，虽中土都会无能逾之，所谓天开地运，不终沦于夷域者也。行其庭，栋宇整饬，美哉奂仑，皆苗人运木赴工，不日成之，所谓不费官帑，县治聿新者也。升其堂，苗人千人衣巾汉制，伏阶罗拜，恳臣代奏万岁天子，愿为良民，诚所谓不藉甲兵，烟尘息警者也。❷

在实地考察的基础上，江东之的结论是：

今天柱所之苗，惟建一县治，即麾下不去，事当谨始而虑终，时尤难得而易失。苗欲受成于县，而县不立，苗欲听令于官，而官不设，地方官屡许之，而屡不上闻，再失信于今，无以控驭于后。……且苗粮因建县而纳，不建则不纳，以苗之粮供苗之用，不但县治一新，虽文庙与典史衙各皆领认，是钱粮无不敷也。……建县之举，有利而无害。……❸

经过江东之等人的努力，朝廷同意“改所为县……同峝乡、口乡、汶溪并本所苗寨以成县治。”❹由是以后，那种“人以剽悍为上，苗以劫夺为生”的面貌逐渐消失，取而代之的景象，则是“易刀剑而牛犊，易左衽而冠裳，好勇习战之风，日益丕变”❺。

事实上，万历天柱所改县与铜仁司改县一道，均为江东之巡抚贵州的重要成果。在江东之看来，卫所也好，土司也罢，因军民分治与夷汉分治存在的畛域之念，是导致社会变乱频发的主要原因。在他看来，只有郡县化，才会使这种畛域之念而导致的社会动荡趋于安宁，并举例说，“如镇远府之镇远县，都匀府之清平县，思南府之印江县，皆改之即安，人无反侧”❻。因此，紧随其后的贵州巡抚郭子章，亦认同这种治理理念，在贵州

❶［明］江东之:《瑞阳阿集》卷三《黔中疏草》,《四库全书存目丛书》集部第167册，济南：齐鲁书社，1997年，第48页。

❷［明］江东之:《瑞阳阿集》卷三《黔中疏草》,《四库全书存目丛书》集部第167册，济南：齐鲁书社，1997年，第49页。

❸［明］江东之:《瑞阳阿集》卷三《黔中疏草》,《四库全书存目丛书》集部第167册，济南：齐鲁书社，1997年，第49页。

❹（康熙）《天柱县志》上卷《沿革》,《中国地方志辑成·贵州府县志辑》第22册，成都：巴蜀书社，2006年，第56页。

❺（康熙）《天柱县志》上卷《风俗》,《中国地方志辑成·贵州府县志辑》第22册，成都：巴蜀书社，2006年，第58页。

❻［明］江东之:《瑞阳阿集》卷三《黔中疏草》,《四库全书存目丛书》集部第167册，济南：齐鲁书社，1997年，第62页。

大兴改土归流，推进郡县化。

尤其是随后的播州之乱与水西之乱，更加速了这种郡县化的进程，导致了晚明贵州政区有了非常大的变动，主要体现在：播州之地于万历二十九年被析为二郡，“以关为界，关内属川，关外属黔。属川者曰遵义，属黔者曰平越。遵义领州一，曰真安，县四，曰遵义、绥阳、桐梓、仁怀。平越领一州，曰黄平，县四，曰湄潭、余庆、瓮安、安化。”[1]随后，水西之乱又起，至崇祯三年，平定水西之地而设开州一州，置敷勇、镇西二卫，建于襄、修文、赫声、濯灵、定南、威武、息烽、柔远等八千户所。[2]至此，贵州都司下辖20个卫，2个一级千户所，而贵州布政司下辖10府、9州、14县、1宣慰、76长官司[3]，郡县规模远较明初宏大。[4]若把明初卫所与府州的比例与此时作一对比，亦可见到这种扩大的趋势。永乐二十一年设立监察系统时，贵州四道（贵宁、安平、新镇、思南）按察分司按治的范围，卫所约占70%，府州约占30%。[5]而至崇祯四年，卫所约占46%[6]，府州县仅约占54%。这一变化体现出：出于军事目的而建的卫所系统，其建制过程迅速，一蹴而就，建成之后，亦较为稳定。而州县的建制是一个地区开发较为成熟之后的表现，正如谭其骧所指出的那样：“一地方创建县治，大致可以表示该地开发已臻成熟。”[7]因此，其建制过程也较为缓慢。就贵州少数民族地区而言，开建州县并非易事，只有经过卫所系统逐渐开发之后，州县才得以逐渐建立，并且卫所一直担负着州县的护卫。

然仍值得注意者，是贵州布政司的行政统辖体系并未如内地那样完整和成熟，一些卫所的地位仍然高于当地的府州县[8]，以致“卫所为主，郡邑为客，缙绅拜表祝圣皆在卫”[9]的局面并未得到根本上的改变。但无论如何，贵州布政使司从当初的“八府一州一县”之地，到逐渐建立起了较为完善的府州县的地方行政管理体系，贵州地方体制格局至此亦逐渐成形。而天柱县“先设卫所，后将卫所改建为‘郡邑’”的政区演变方式，也将成为清朝改造贵州卫所城镇的主要模式。[10]

---

❶ 《明神宗实录》卷三五八，万历二十九年四月丙申，台北：台湾“中研院”历史语言研究所校勘影印本，1962年，第6696页；[明]茅瑞徵：《万历三大征考》，《四库禁毁书丛刊》史部第70册，北京：北京出版社，2000年，第333页。

❷ （康熙）《贵州通志》卷三《建置沿革》，康熙三十一年刻本，重庆市图书馆藏。

❸ [清]张廷玉等撰：《明史》卷四六《地理志七》，北京：中华书局，1974年，第1197页。

❹ 牛平汉编著：《明代政区沿革综表》，北京：中国地图出版社，1997年，第276-299页。

❺ 顾诚：《明帝国的疆土管理体制》，《历史研究》，1989年第3期，第139页。

❻ 含湖广都司在贵州境内的五开、铜鼓、镇远、偏桥、平溪、清浪6卫，卫所数据见（光绪）《钦定大清会典事例》卷五五六《兵部·官制·卫所》，《续修四库全书》第806册，上海：上海古籍出版社，2002年，第696页。

❼ 谭其骧：《浙江省历代行政区域——兼论浙江各地区的开发过程》，《长水集》（第二版）上册，北京：人民出版社，2009年，第422页。

❽ 例如，思州府，直到康熙初年，知府陆世楷还抱怨说：“思州孤悬楚境，平、清两卫上下夹持，势皆抗衡，事多掣肘，若非附于大邦，断难支撑。”（康熙）《思州府志》卷八《艺文·裁并思州府议》，《中国地方志集成·贵州府县志辑》第15册，成都：巴蜀书社，2006年，第571-572页。

❾ [明]王士性著，周振鹤点校：《王岳游草·广志绎》卷五《西南诸省》，北京：中华书局，2006年，第325页。

❿ 钟铁军：《释明代贵州之“州卫同城”》，《中国历史地理论丛》，2014年第1期，第38页。

四、结　语

明代之前，并无贵州行省建制，建省之前，“其民职有司则仍属湖广、四川、云南三行中书省地”[1]。永乐十一年勉强建省，亦仅“八府一州一县”之地，“籍之入不足以当中土一大郡”[2]。但若加上洪武时期及崇祯三年置于贵州地区的卫所，恐怕出身新添卫的丘禾实不会再认为不低“中土一大郡”。因这些“实土”或“准实土”卫所，本就和州县一样，“也是一种地理单位，负责管辖不属行政系统的大片明帝国疆土。”[3]换言之，贵州在明代，行政区划除那不足为时人所道的“八府”之外，更多的疆土隐藏在卫所军事系统中。其实，从卫到军民卫的转变，就可清晰地看到这种疆土管理的方式，迨至军民均管的军民卫管理到一定程度时，就逐渐出现了切割军民卫置州县的方式出现。明代中期以后，贵州陆续地设置新的府州县，就是卫所逐渐郡县化的过程。而晚明改所为县、改所为州的成功事例，无疑也为清代改卫置县或并卫所入州县，提供了先例。

---

❶ ［清］张廷玉等:《明史》卷四六《地理志七》，北京：中华书局，1974 年，第 1197 页。

❷ ［明］郭子章:《黔记·序》，收入《中国地方志集成·贵州府县志辑》第3册，成都：巴蜀书社，2006年，第7页。

❸ 顾诚:《明帝国的疆土管理体制》，《历史研究》，1989 年第 3 期，第 136 页。

平溪置卫与黔东侗族地区发展研究

汪　兴

（铜仁市侗学研究会）

卫所制度是明朝的一种军制，它是明太祖朱元璋称帝前在南京创建的。1368 年，明王朝建立后，为了加强对各个地方的军事管制，便将卫所制度延伸至全国各地。到了明洪武二十六年（1393 年），达到鼎盛时期。据史料记载，全国共有内、外卫 329 个，守御千户所 65 个。[1] 而平溪卫就是建于明洪武二十三年（1390 年）的外卫之一。那么，平溪卫是在怎样的情况下设置的？它的演变情况及对黔东侗族地区有何影响呢？本文就此进行深入探讨。

一、平溪置卫的历史背景

平溪自古为重要的交通要道，史上有“滇黔门户，控荆楚上游，固一冲要地也”[2] 之美誉。因此，这里不仅是兵家的必争之地，同时也是各个时期统治阶级重要机构设置地。据史料记载；自宋宝祐五年（1257 年）十一月，这里便有官兵驻防；元至元二十一年（1284 年），在此地设置了第一个机构——野鸡坪蛮夷长官司；二十七年（1290 年），改设平溪蛮夷长官司。明王朝建立后，于洪武五年（1372 年）置务程龙鳌坪岳溪长官司（司址设长岭）；是年，野鸡坪长官司与黄道溪长官司合并，名黄道溪蛮夷长官司（司置设茅坡）。

明王朝为了加强对西南地区的控制，自明洪武四年（1371 年）至二十三年（1390 年），先后从贵州到云南的驿道上（贵州境内）建立了贵州卫、普安卫、黄平卫、乌撒卫、水西卫、平越卫、毕节卫、五开卫、赤水卫、镇远卫、平溪卫、清浪卫、偏桥卫等二十四卫。其中平溪卫、清浪卫、偏桥卫、镇远卫、五开卫隶属湖广行都指挥使司管辖。其余各卫则归贵州都指挥使管辖。那么，明王朝选择在平溪等地置建这些“卫”的主要原因有哪些要素呢？

其一，巩固明王朝统治的需要。1368 年，明王朝建立，天下初定，国贫民困，人民

---

[1] ［清］张廷玉等撰：《明史》卷九〇《兵志二》，古籍本，未刊行，第 66 页。

[2] 中国人民政治协商会议贵州省玉屏侗族自治县委员会：《贵州玉屏县志》注释本，贵阳：贵州民族出版社，1995 年，第 1 页。

群众因战乱而流离失所者不计其数，土地大量荒芜，兵无所征，粮无所出，若不继续实行“亦兵亦农”的卫所制度，就很难巩固其统治。通过建立卫所这一军事组织形式，使农民既为国家当兵，又为国家纳粮，既确保国家有足够的兵员和充足的粮饷，又有效地促进了经济社会的恢复发展。同时，也是为了更加强化了对西南少数民族地区的控制。明初，云南尚在元朝梁王把匝剌瓦尔密的控制之下，明王朝多次遣使诏谕，均被梁王杀害或无功而返。于是，明洪武十四年（1381 年），朱元璋决定出兵 30 多万人进军云南，主力自湖广辰、沅，过平溪卫等主要驿道干线进入贵州，偏师自四川永宁而下曲靖，数月克云南。云南平定后，便将 30 多万大军在贵州境内就地沿东、南驿道分兵设卫布防，这样就把湖广、四川、云南、贵州及广西连成了一体。

其二，平溪的独特地理位置决定。平溪位于云贵高原向湘西丘陵倾斜的过渡地带，有“黔楚襟喉”之称。境内有水道——㵲水河和湘黔驿道穿境而过，是从东进入西南地区的重要通道之一。据明《贵州通志》卷四徭役记载：“贵州多陆路，惟镇远、清浪、平溪三处系马驿而通河递送。”同时，此地还有一个重要的机构——思州宣慰司，为明初贵州境内四大宣慰使司之一。其驻地与平溪相邻，两者之间相距仅 30 余千米。思州宣慰司辖地较广，据《贵州通史》记载：思州宣慰司原领都坪峨异溪、都素、施溪、黄道溪、湖耳、亮寨、欧阳、新化、中林验洞、龙里、赤溪湳洞、福禄永从、潭溪、八舟、洪州泊里、曹滴洞、西山阳洞、石阡、龙泉坪、苗民等二十长官司。其地域在今岑巩、玉屏、万山、石阡、凤冈、黎平、锦屏、从江、榕江等黔东、黔东南以及湖南新晃的广大地区。而平溪则作为入思和入黔的第一门户，其战略地位便显而易见。

其三，为推行“改土归流”政策而提前布局。1368 年，明王朝建立后，贵州境内的贵州、播州、思州、思南四大宣慰司相继上表归顺。朝廷为稳定西南地区大局，便沿袭了元朝的建制，继续实行土司制治边的“怀柔”策略。“以土官治土民”政策的施行，虽然暂时保持了“大一统”的格局，并维护了一方地域的稳定，但其日益强大的土司势力，给明王朝留下了“尾大不掉”的隐患。对此，田汝成在《炎徼纪闻》中指出：“夷情之尤掣肘者，在乎土酋犷悍，抗坏王略，效尤习灭逆节，比起法令格阂而不执行，骎骎乎尾大不掉之患，虽欲羁縻渐不可得。”[1] 因而，明王朝在洪武十五年（1382 年）平定云南梁王把匝剌瓦尔密的叛乱后，不仅将 30 万大军就地驻防，而且在短短的几年时间里，在贵州境内建立了 24 个“卫”。从思州、思南两个宣慰司辖地“卫”的设置情况看，就相继设置有平溪卫（驻军 5614 人）、清浪卫（驻军 6244 人）、偏桥卫（驻军 5600 人）、镇远卫（驻军 5600 人）、铜鼓卫（驻军 18 036 人）、五开卫（驻军 32 261 人），合计为 73 355 人，占湖广行都指挥使司总兵力的 33.45%。而这些“卫”的驻军人数均是足额和

[1] ［明］田汝成撰：《炎徼纪闻·原序》，古籍本，未刊行，第 1 页。

超额编制，这其实质就是在“两思”领地中央安插了一个楔子，无形中给明王朝“改土归流”大策的推行埋下了伏笔。此后，在明永乐十年（1412年），即在平溪置卫二十三年之后，“改土归流”大策率先在思州、思南两府的地域上拉开了大幕，也使贵州成了明王朝十三行省之一。

二、平溪卫的设置、疆域及演变

1. 平溪卫的设置

平溪卫指挥使司于明洪武二十三年（1390年）阴历的三月三十日设置[1]，其地域辖平屯、沅屯、麻屯。并隶属于湖广行都指挥使司管辖，是扼守西南的重要军事据点之一。该卫共领兵5614人，下设前、后、左、中、右五个千户所，每个千户所额定1120人，设正千户1人，副千户2人。经考证，这五个千户所的辖地范围分别为：平溪卫城由“中、后”两个千户所守御；右所设在沅州（今芷江）境内的平溪一里、平溪二里；前所设在麻阳县的玉屏屯里；左所设在鲇鱼堡（今大龙镇）境内。而每个千户所设10个百户所，百户所额定112人，由正副百户统领。每百户领总旗2个（每总旗辖50人），总旗领小旗5个，小旗领兵10人。

同时，该卫除沅屯、麻屯外，还在平屯境内设48个军屯。据《玉屏侗族自治县志》第一篇第二章“行政区域”记载：“明代，平屯下辖48屯，有考47屯。即平屯、青屯、大屯、铁山屯、陆家屯、刘家屯、资家屯、侯家屯、鲁溪屯、军屯、郑溪屯、青浪屯、樊家屯、皇仁屯、郑家屯、合鸡屯、贺家屯、汪家屯、方家屯、羊蔡屯、马家屯、关家屯、丁家屯、前光屯、下屯、叶溪屯、蔡溪屯、马溪屯、关屯、黄选屯、徐家屯、董家屯、詹家屯、何家屯、扣鸡屯、南屯、七里塘屯、马西屯、程家庄屯、迷路屯、团仓坪屯、风水屯、董溪屯、甘屯、陆溪屯、唐家屯、油榨屯。”[2]

而平溪卫城始建于明洪武二十三年（1390年）四月初一，由指挥同知许升率兵督建。据明《黔记》卷五载：“平溪卫城，洪武二十二年，指挥许升筑，周围一千一百二十丈，高一丈二尺，宽一丈二尺，垛九百五十一个，城门楼五座，月城三座，转角楼四座，得胜楼一座，水宝七处。城下有马道便巡，东北城垣倚水可守，西南跨山，人烟稀少，四方城垣坚固。”[3]又据清《平溪卫志书》建置（第9页）载：“城池周围九里十三步，城五门，楼五座，别置水柜七座。”后被兵残缺。清康熙五十年（1711年），卫守备吴丕烈补修。署知县卢造量再修。清乾隆三年（1738年），知县张能后领帑重修。续有坍塌。清乾隆二十二年（1757年），署知县赵沁领帑重修。

---

❶《明太祖洪武实录》卷二〇〇，古籍本，未刊行，第8页。

❷ 玉屏侗族自治县县志编委会:《玉屏侗族自治县志》，贵阳：贵州人民出版社，1993年，第43页。

❸ ［明］郭子章纂:《万历黔记》卷五，古籍本，未刊行，第102页。

经实地考证，平溪卫城东抵文水河，南抵东门坡、南门坡，西抵紫气山，北抵舞阳河，依地势而建，略呈正方形，以子午线偏西23.5°为北、南门轴线，东、西门轴线与之垂直，城区面积约为1.35平方千米，为当时黔东第一大邑。

2. 疆域及演变

平溪卫设立后，其管辖疆域为平屯、沅屯、麻屯。那么，这些疆域究竟在何处呢？

平屯：从《平溪卫志书》星野（第11页）中记载的情况来看，颇为详细，其疆域为“东抵沅州之晃州驿六十里，南抵天柱县一百七十里，西抵清浪卫六十里，北抵思州府四十里。”再从平屯地舆图来看，其四至方位为：东部边地为波州户（今湖南新晃侗族自治县境内），北部边地为迷路户，西部边地为天水平户（今岑巩县境内），南部边地为野鸡坪。大致是今贵州省玉屏县域全境及湖南省新晃的部分区域。

沅屯：在今湖南省芷江县境内。据清康熙《平溪卫志书》田赋（第13页）记载：“沅屯，离卫一百六七十里附近。”又据清《沅州府志》卷三疆域（第11页）记载：“西陆路至贵州玉屏县界一百七十里。”经查考，沅屯的详细地址在清《沅州府志》《芷江县志》等史料中有“平一里、平二里、平三里、平四里、平五里、平六里”的记载，其具体方位在“县西六十里至一百九十里之间”，大致区域也就在今玉屏县城至芷江县新店坪镇之间。

同时，史料对其屯田数量有确切的记载。据清《玉屏县志》卷五（第107页）记载：“原额屯田地：二万六千一百九十四亩三厘九毫三丝；内除雍正八年拨归楚省沅州、麻阳县管辖熟田：九千五十七亩二分三厘五毫四丝二忽八微七尘，又雍正十二年分拨归荒田：四千六百三十八亩六厘三毫四丝二忽七微五尘二纤外。实额田：一万二千四百九十八亩七分四厘四丝四忽三微七尘八纤。”又据清《芷江县志》卷九（第123页）载：“雍正八年，黔省玉屏县拨归屯赋及雍正十三年（1735年）复拨荒芜共田七十五顷五十六亩五厘三毫八丝五忽六微二尘二纤，额征银六百四十七两六钱六分一厘七毫五丝九忽四微二尘三纤六渺。”对比这两个史料，可确认如下两方面的信息。

其一，时间。清雍正八年（1730年），是撤卫建玉屏县的第三年，按照“黔、楚两省会议，将附近湖广麻阳县之麻屯拨归麻阳；附近湖广之沅屯，拨归沅州”[1]之议定，玉屏已如期将在沅屯、麻屯的军屯地划归了沅州、麻阳两地。

其二，屯田。根据上述史料的记载，平溪卫三屯（平屯、沅屯、麻屯）的原总耕地面积为26 194亩。归黔后，划拨给沅州、麻阳的耕地面积达13 695亩，其中仅芷江境内的荒芜田就达806亩。而平屯的耕地面积仅余12 498亩。

麻屯：在今湖南省麻阳县境内。据清康熙《平溪卫志书》田赋（第13页）记载：“麻

---

[1] 中国人民政治协商会议贵州省玉屏侗族自治县委员会:《贵州玉屏县志》注释本.贵阳：贵州民族出版社，1995年，第51页。

屯，离卫五百里余。”对此，在《麻阳县志》《沅州府志》中也分别做了详细的记载：“兵士频繁，课税奇重，瘟疫流行，人迹逃亡过半，割绝户之田为平（溪）、清（浪）、偏（桥）、镇（远）、辰（州）、沅（州）6 卫屯田，麻阳县编籍减至七里。”❶“永乐元年，以绝户土田割付平清偏辰沅六卫屯田，麻阳仅存七里。”❷这充分证明，到麻阳县境内进行军屯的不仅仅只限于平溪卫军，而且还有清浪、偏桥等其他六卫。那么，隶属于平溪卫的“麻屯”具体方位应在哪里呢？《麻阳县志》中对此也有详细的记载：明洪武十四年（1381 年），麻阳编籍 39 里；二十四年（1391 年），并为 24 里；永乐元年（1403 年），减为 7 屯里。而这七屯里中就有玉屏屯里、清溪屯里、镇远屯里、施秉屯里。据考证，玉屏屯里为今麻阳县的郭公坪乡所在地域。

自平溪置卫，到清雍正四年（1726 年）这 336 年间，平溪卫的疆域没有任何改变。但在清雍正五年（1727 年）撤平溪卫，建玉屏县，改隶贵州后。于次年，“奉旨划清地界，经黔、楚两省会议，将附近湖广麻阳县之麻屯拨归麻阳；附近湖广之沅屯，拨归沅州；将附近玉屏县之沅州西溪六里，拨归玉屏。”❸玉屏县令卢造到任后，将沅、麻两屯拨归给沅州和麻阳县，而沅州知州以“西溪六里为楚省藩篱”为由，没有按照约定将西溪六里拨归玉屏县。直到雍正八年（1730 年），才将西溪六里中平三里的四、八两甲拨归玉屏县。而实际上玉屏县就只管辖原平屯所辖地域。后来，在清道光二十七年（1847 年）编撰的《黔南识略》记载：“雍正六年，划麻沅两屯归湖南芷江县，仅将平屯三里中之两甲拨归玉屏，共三十余户，幅员最狭，虽所属有波州、新庄、龙溪口、曹家溪、田软坪等处，皆离城七八十里，且插入本府及晃州、芷江地界，畸零相错，难以疆域道里计也。”❹也对此进行了确认。至此，平溪卫的疆域演变也因此画上了句号。

3. 平溪卫军的来源及构成

平溪卫自明洪武二十三年（1390 年）设立以后，其卫军是从何地征调而来的呢？据清《平溪卫志书》等史料记载，明洪武二十三年（1390 年），许升领军 5614 人成为第一批进驻平溪卫的卫军，随后，在明朝的各个时期，均有卫军相继进驻。那么，这些不同时期的卫军是从何处征调而来的呢？又是因何缘故征调而来的呢？据《中国明朝档案总汇》卷六十四《平溪卫武职选簿》中，从对平溪卫“百户”以上官员的记载情况来看。经查证，共计 128 名，其记载的起止时间为明洪武二十二年（1389 年）至明崇祯十三年（1640 年），共计 251 年。而在这些人员名单中，最长的有十一辈人。再从这些人的籍贯来看，主要分为两个方面。

---

❶《麻阳县志·大事记》，古籍本，第 12 页。

❷ 杜连英、杨序凯编：（同治）《沅州府志》，北京：中国言实出版社，2016 年，第 100 页。

❸ 中国人民政治协商会议贵州省玉屏侗族自治县委员会编：（乾隆）《贵州玉屏县志》，贵阳：贵州民族出版社，1995 年，第 51 页。

❹［清］爱必达撰：（乾隆）《黔南识略》卷十八，古籍本，第 17 页。

一是黄州府地区。据明《平溪卫武职选簿》中记载，从湖广都司所属黄州府征调而来的有蕲州、广济、黄梅三地武职人员共48人，占总人数的36.92%。其中，蕲州32人，广济8人，黄梅7人，蕲水1人，分别占总人数的24.61%、6.15%、5.38%、0.77%。现列述如下。

（1）蕲州籍（33人）

袁应龙，蕲州人，明洪武三十五年（1402年）入卫，任平溪卫左所指挥佥事。

汪朝东，蕲州人，明成化十五年（1479年）入卫，袭平溪卫左所副千户。

唐民望，蕲州人，明万历三十六年（1608年）入卫，任平溪卫左所百户。

邓位，蕲州人，明正德十三年（1518年）入卫，任平溪卫左所试百户。

夏松，蕲州人，明正德八年（1513年）入卫，任平溪卫左所百户。

田时秋，蕲州人，明宣德元年（1426年）入卫，袭平溪卫左所试百户。

田世学，蕲州人，明洪武二十二年（1389年）入卫，任平溪卫左所试百户。

陈勋，蕲州人，明洪武年间入卫，任平溪卫左所试百户。

成天爵，蕲州人，明洪武二十二年（1389年）入卫，任平溪卫左所试百户。

叶允中，蕲州人，明正德八年（1513年）入卫，任平溪卫左所试百户。

马相，蕲州人，明成化年间入卫，任平溪卫左所试百户。

关仲良，蕲州人，明正德九年（1514年）入卫，任平溪卫左所试百户。

韦经，蕲州人，明洪武二十二年（1389年）入卫，任平溪卫左所署百户事总旗。

孙文，蕲州人，明洪武二十二年（1389年）入卫，任平溪卫左所冠带总旗。

张宪，蕲州人，明成化四年（1468年）入卫，袭平溪卫副千户。

程万里，蕲州人，明景泰三年（1452年）入卫，任平溪卫右所百户。

陈大用，蕲州人，明正德八年（1513年）入卫，任平溪卫右所署试百户。

王华，蕲州人，明弘治十七年（1504年）入卫，任平溪卫左所百户。

王林，蕲州人，明洪武二十二年（1389年）入卫，任平溪卫左所百户。

陈宝，蕲州人，明洪武二十二年（1389年）入卫，任平溪卫左所百户。

郑原，蕲州人，明洪武二十二年（1389年）入卫，任平溪卫左所百户。

倪恩胜，蕲州人，明洪武二十三年（1390年）入卫，任平溪卫后所百户。

蔡迪，蕲州人，明弘治年间入卫，任平溪卫后所百户。

燕名，蕲州人，明洪武二十二年（1389年）入卫，任平溪卫后所试百户。

胡宪，蕲州人，明洪武二十二年（1389年）入卫，任平溪卫左所试百户。

田荣，蕲州人，为田志二的第四辈子孙，入卫时间记载不详。明嘉靖八年（1529年），任平溪卫后所试百户。

熊天富，蕲州人，明正德八年（1513年）入卫，袭平溪卫后所试百户。

黄碧，蕲州人，明天顺四年（1460 年）入卫，任平溪卫左所百户。

郑升，蕲州人，明成化三年（1467 年）入卫，任平溪卫左所百户。

曹禧，蕲州人，入卫时间记载不详，其子曹纲于明成化二十年（1484 年）八月袭平溪卫右所百户。

田宁，蕲州人，入卫时间记载不详，其子田俊于明景泰元年（1450 年）五月袭平溪卫左所百户。

袁和，蕲州人，入卫时间记载不详，其子袁全于明天顺八年（1464 年）十月年袭平溪卫右所百户。

周镇，蕲州人，入卫时间记载不详，其子周马儿于明成化四年（1468 年）十月袭平溪卫后所百户。

（2）广济县（8 人）

刘端，广济县人，入卫时间记载不详，其第五辈孙刘京于明成化二十一年（1485 年）七月袭平溪卫右所试百户。

方寸公，广济县人，明洪武二十二年入卫，因军功授平溪卫试百户。

黄铨，广济县人，明正德年间入卫，任平溪卫右所试百户。

贺荣，广济县人，明洪武二十二年入卫，任平溪卫中所试百户。

周璋，广济县人，入卫时间记载不详，其第六辈孙周璋于明嘉靖元年（1522 年）三月袭平溪卫中所试百户。

郑英，广济县人，入卫时间记载不详，其子郑祖儿于明弘治七年二月袭平溪卫中所试百户。

何润，广济县人，入卫时间记载不详，其子何俯于明天顺八年十月袭平溪卫中所百户。

江茂，广济县人，入卫时间记载不详，其子江山于明弘治十一年十一月袭平溪卫中所百户。

（3）黄梅县（7 人）

聂渊，黄梅县人，明景泰年间入卫，任平溪卫中所试百户。

马瑛，黄梅县人，其父马渊于明景泰年间入卫，袭平溪卫前所百户，其子马良因功升平溪卫正千户。

陈隆，黄梅县人，其父于明弘治年间入卫，袭平溪卫前所百户。

方福，黄梅县人，于明宣德年间入卫，任平溪卫前所百户。

冯兴，黄梅县人，明洪武二十二年入卫，任平溪卫前所试百户。

朱铨，黄梅县人，明洪武二十二年入卫，任平溪卫前所试百户。

李宗五，黄梅县人，明洪武二十二年入卫，任平溪卫前所小旗。

上述来自黄州府蕲州地区平溪卫武职，其入黔始祖几乎都有一些共同的经历，即二十二年被垛集为军，或充总甲、小甲，二十三年并充总旗或小旗。

二是其他地区籍。除上述卫军来源外，还有从安徽、山东、北平、江苏、福建、河南等地征调而来的军源。现列述如下。

许升，安徽全椒县人，明洪武二十三年，本卫第一任指挥使，领兵建平溪卫城。

郑中，山东临清人，明永乐二年，与流官；八年，迄北征进杀败阿鲁台，功升本卫指挥同知；十年，具启授流官附选。

毛翥，北平顺天府人，明永乐年间入卫，系平溪卫世袭指挥使。

侯杰，安徽合肥人，明洪武二十七年入卫，平溪卫世袭指挥使。

李炽，河南杞县人，明永乐十四年入卫，平溪卫指挥同知。

洪世臣，安徽含山县人，明洪武二十九年入卫，平溪卫世袭指挥使。

刘任，上海崇明县人，明宣德六年入卫，平溪卫世袭指挥同知。

张松，安徽来安县人，明洪武二十九年入卫，平溪卫世袭指挥佥事。

李春芳，江苏江都县人，明洪武二十五年入卫，平溪卫指挥佥事。

慕显祖，山东莱阳县人，明正统元年入卫，七年升平溪卫指挥佥事。

钱重，四川开州人，明永乐年间入卫，平溪卫指挥佥事。

於岳，浙江黄岩县人，明宣德八年入卫，平溪卫指挥佥事。

高岳，陕西山阳县人，明永乐十五年入卫，平溪卫指挥佥事。

万里鹏，安徽定远县人，明永乐年间入卫，平溪卫指挥佥事。

高楠，安徽合肥县人，明洪武二十三年入卫，平溪卫指挥佥事。

陆时秋，江苏沛县人，明永乐二十二年入卫，平溪卫指挥佥事。

徐三礼，安徽寿州人，明洪武二十四年入卫，平溪卫指挥佥事。

夏庭绅，江苏泰州人，明宣德六年入卫，平溪卫镇抚。

高应宸，明天启七年入卫，平溪卫指挥佥事。

郑之屏，福建莆田人，明洪武二十三年入卫，平溪卫镇抚。

贺恩，山东鱼台县人，明宣德三年入卫，平溪卫正千户。

张官，河北清河县人，明永乐二十二年入卫，平溪卫副千户。

周尚文，江苏盱眙县人，明洪武二十三年入卫，平溪卫百户。

徐贵，安徽寿州人。有父徐铭，丙申年归附，癸卯年充小旗，吴元年充总旗，洪武八年除百户，十七年故。贵系嫡长男，十八年袭百户，二十四年为年深钦依越等升除平溪卫左卫世袭正千户。

周能，江苏盱眙县人。有父周旺，丙午年归附，洪武十七年升小旗，二十年充总旗，三十一年除平溪卫左所百户，老疾。

殷义，山东滕县人。有父殷成，前王平章下佥事，洪武元年除百户，拨徐州卫，二十二年为年深总旗事不与俸调平溪卫，二十七年故。

孟云，旧名斗保，甘肃平凉县人。父孟原亨，洪武二年归附充头目，四年充总旗，六年充参随头目，九年充银牌先锋，阵亡。云系嫡长男，袭平溪卫世袭百户。

万斌，安徽无为州人。有义曾祖杨华辅，癸卯年从军，甲辰午故。吴元年垛充士军，将祖父万荣随姓作杨荣选充总旗。洪武四年并枪除授永平卫后所镇抚；二十三年调平溪卫后所，故。

王原，北平大兴县人。伯王成，洪武元年充军，五年故。父王得成补役，二十年以年深老军除试百户，往平溪卫立堡摆站，三十二年故。

通过对上述史料的论证分析，从中可以得出以下两个结论。

其一，征调到平溪卫的卫军主要以湖北黄州府地区为主。在明《平溪卫武职选簿》中共记载128人，其中，有48人是从黄州府地区调入，占总人数的37.5%；其余则是从山东、安徽、福建、江苏、陕西等地调入。

其二，征调的时间先后不一。有平溪卫置卫时期调入，有随后不同时期调入。而在明《平溪卫武职选簿》记载中，多次提到两个不同的地名；即贵州香炉山和云南麓川。就贵州香炉山而言，经考证，香炉山位于贵州凯里市西15千米，海拔1200余米，是苗岭有名的山峰。香炉山四面石崖绝壁，形如香炉，故名香炉山。这里曾于明景泰二年发生了韦同烈领导的苗民起义。据史料记载，明正统年间，朝廷三次派兵远征云南麓川。大军过贵州，沿途征派徭役，肆意骚扰，激起了贵州各族人民的强烈反抗，先后有邛水、清水江、烂土、凯口、草塘和仁怀等地的农民起义。明景泰二年（1451年）7月，兴隆卫苗族韦同烈起义，被清平、平越、都匀等处布依族、苗族人民推举为“苗王”，在香炉山上“环顶立寨，坚筑排栅三层，人莫能上”。起义军先后围攻新添、清平、兴隆、平越等卫所。同年十二月，明廷急调湖广、四川、云南和贵州的官兵近20万人围剿。在敌众我寡形势下，香炉山陷落，韦同烈被俘，牺牲于北平。

而这时平溪卫被征调参与征战的官军有：侯杰（指挥同知）、洪刚（指挥同知）、张俊（指挥同知）、汪清（正千户）、汪钰（副千户）、韦天爵（总旗）、程万里（百户）、陈大用（百户）8人（有史可考），他们均因功都得到升职。其中，对汪钰（副千户）是这样记载的：“汪钰，蕲州人，祖汪得，洪武二十二年军，故父汪清补，正统六年，征云南麓川，奇功，七年，升总旗；阵亡。叔汪洪，景泰元年，充总甲；二年，征贵州香炉山有功，升总旗。征伤，无嗣，钰替充总甲。成化十一年，并枪充总旗。十四年，贵州西堡等处，斩首四颗，十五年，升本卫试百户。”[1]汪钰这一支人在明《平溪卫武职选簿》

[1] 孟凡松:《明代卫所选簿校注·贵州卷》，南京：广西师范大学出版社，2020年，第389页。

中记载中共有八代人，汪钰为第三代，也是入卫的第一代，第四至八辈为汪福、汪量、汪朝东、汪大准、汪文光。他们入军后的军职先后为总旗、总甲、试百户、左所副千户。

再就云南麓川（今瑞丽）之役而言。据史料记载；明正统年间，明朝廷四次［正统四年（1439年）、正统六年（1441年）、正统七年（1442年）、正统十三年（1448年）］派兵对云南麓川宣慰司思任发、思机发父子叛乱进行征伐。

明正统元年十一月，云南麓川宣慰使思任发起兵叛明，相继进攻孟定（亦称勐定，今云南耿马境内）、湾甸（今云南施甸东南）、南甸（治今云南梁河东北）、金齿（今云南保山南）等地。明廷命左都督方政、都督佥事张荣率军赴滇，协同右都督沐昂进剿。三年（1438年）七月，思任发遣兵万余人占据潞江安抚司（治今云南腾冲东南），自称“法”（法为滇王号）。四年（1439年）正月，明廷命镇守云南总兵官沐晟、左都督方政、右都督沐昂率师进剿。因沐晟、方政抚剿主张相悖，致使方政孤军奋战，官军败绩。思任发乘势进犯景东（今属云南）、孟定，并攻占孟赖、孟达等地。五月，明廷命沐昂为总兵官，右都督吴亮为副总兵，都督佥事马翔、张荣为左右参将，率军进讨，败绩。

五年（1440年）七月，沐昂遣都指挥佥事方瑛、指挥柳英率军败思任发于者章硬寨，斩首500余级。六年（1441年）正月，明廷命定西伯蒋贵为总兵官，都督同知李安、都督佥事刘聚为左右副总兵，都指挥使宫聚、都指挥佥事冉保为左右参将，兵部尚书王骥总督军务，统率四川、贵州、南京、湖广等地兵15万，再次大举征剿。师至金齿，兵分3路：冉保率军自细甸（即湾甸）趋孟定，会木邦、车里之师（木邦宣慰司治今缅甸新维，车里宣慰司治今云南景洪）；王骥、蒋贵由中路抵腾冲（今属云南）；刘聚等自下江、夹象石合攻，径攻上江。官军首败之于上江，斩首5万余级，再败之于罗卜思庄（今云南盈江东南）等地，歼敌10余万人，继败之于麓川，歼敌数万，思任发携家眷逃往缅甸。七年（1442年）八月，明廷复命蒋贵、王骥等率军征讨思任发。

八年（1443年）二月，师至腾冲，兵分5营，分道并进，大败叛军，焚舟数百艘，思任发复遁去。十年（1445年）十二月，缅甸宣慰使卜剌浪马哈省将思任发交给朝廷斩首，其子思机发仍据孟养（今缅甸卡杜附近）为叛。十三年（1448年）三月，明廷命王骥提督军务，宫聚为总兵官，张轨、田礼为左右副总兵，方瑛、张锐为左右参将，率南京、云南、湖广、四川、贵州土汉官军13万人讨伐思机发。

十月，师抵金沙江，思机发率军列栅于江西以拒，官军乘木邦及缅甸2宣慰司船200余艘强渡，突破其防线，大败之。追至孟养，再败之于鬼哭山等寨，斩获甚众，思机发不知所向。尔后，思任发少子思禄复拥众为叛，重新占据孟养。王骥以明军久战疲乏，且叛军难平，遂与思禄订约，以金沙江为界，战争以和而终。

此间，平溪卫被征调参与征战的官军有：许玘（指挥使）、高楠（指挥佥事）、万里鹏（指挥佥事）、汪朝东（副千户）、孙承祖（冠带、总旗）、朱缨（试百户）、燕荣召（试百户）、胡正（试百户）、熊世杰（试百户）9人（有史可考），他们均因功都得到升职。

三、平溪置卫前的社会状况

平溪古名雄溪，在汉末至宋时与樠溪、西溪、沅溪、辰溪一并统称为五溪蛮。《水经注》载："武陵有五溪：谓雄溪、樠溪、沅溪、西溪、辰溪。夹溪悉为蛮族所居"。蛮族（夷、彝）是当时封建统治者对少数民族的称谓。唐贞元五年（789年），在黔中道任职的吕颂说：这里的自然环境，"素多瘴疠，山峡重深，毒雾蒸云，常在窗户。四时多雨，不识霜雪。终岁阴昏，少见天日。出门无路，举目唯山。猿鸟之心，如在笼槛"；这里的社会状况："溪洞蛮夷，性本生梗，木石为武，鸟兽同群。宽之，则伏匿山林，不遵王命；迫之，则结聚蜂虿，为患边陬。"[1]《明史记事本末》载："峒人，一曰峒蛮，散处于牂牁、溁溪之界，在辰、沅尤多。"[2]明王士性《广志绎》也说："出沅州而西，晃州即是贵竹地，顾清浪、平溪、镇远诸卫旧辖湖省，其地上借一线之路入滇，两岸皆苗。""然非一种，曰宋家、曰蔡家、曰仲家、曰龙家，……曰西苗、曰紫薑苗。"[3]其时将峒混称为苗，至清代亦如此。

平溪置卫前的各个时期，其受管的地域和称谓也不一。春秋战国时期，为楚黔中地，秦汉时期，为黔中郡、武陵郡地。梁为东牂牁郡西平阳县地。隋为寿州地，唐为渭溪县地。宋改雄溪为平溪，并设平溪峒，隶沅州麻阳县。清乾隆《辰州府志》载："乾道元年（1165年），诏平溪峒，互市盐来，价听民便。"[4]至元二十一年（1284年），设野鸡坪蛮夷长官司；至元二十七年（1290年），设平溪蛮夷长官司，隶思州、管番民总管府。思州宣慰司亦为至元十八年置。原为思州安抚司，隶湖广行省。至正年间（1341—1368年）分为思州、思南两部，领镇远一府（今镇远县）、婺川一县（今务川县）及14州、52长官司。辖地包括今铜仁与黔东南州大部分地区。杨、吴、姚三姓是黔东侗族地区的大姓，从其传承谱系记载的生活习俗几乎与上无异。

"仡伶"乃是侗族的自称，"峒人"或"仲家"则是汉族对侗族称谓。"仡伶"之名于宋代。《宋史·西南溪洞诸蛮》载："乾道七年（1171年）靖州有仡伶杨姓，沅州生界有仡伶副峒官吴自由。"《老学庵笔记》载："沅、靖等州，有仡伶，男未妻者，以金鸡羽插髻，农隙时，至一二百人为曹，手相握而歌，数吹笙在前导之。"《小方壶斋舆地丛纱》载，"苗（侗）童之未妻者，曰罗汉"，"皆髻插鸡翎"。清《玉屏县志》载：明末清初，曹申吉途经玉屏时所写的《入黔有述》诗中叙有"文身笑白鹇"之句等，反映峒人与其

[1]《全唐文》卷四八〇，古籍本，第6页。

[2]［清］谷应泰撰：《明史记事本末》卷四补编，古籍本，未刊行，第1530页。

[3]［清］王仕性，田景琳点校：《广志绎》卷五《西南诸省》，北京：中华书局，1981年，第133页。

[4]［清］席绍葆，谢鸣谦等修纂：《清乾隆辰州府志》卷十二《备边考》，古籍本，未刊行，第14页。

他民族不同的生活习俗。

四、平溪置卫后对黔东侗族地区的影响

平溪卫自1390年置卫到1727年撤卫建玉屏县，总共存续了337年时间。那么，在这300多年时间里，平溪置卫对黔东侗族地区经济社会发展带来了什么样的影响呢？

1. 维护了黔东侗族地区的社会稳定

在宋、元时期，黔东广大地区属思州宣抚司的辖地，据《元史·地理志》载，思州宣抚司有66个长官司，分布在贵州东部、湖南西部、四川南部和广西北部等广大地区。到了元朝中期后，思州田氏土司逐渐分为两大派。到明初，形成思州、思南两宣慰司，且仇杀不休。而这种相互仇杀起因较多，有为土地田产兼并；有土官之间的兼并；有土官世袭、争妻夺妾等，他们均以“强凌弱，众暴寡”的方式，几乎充斥着整个土司时代。那么，这种仇杀带来的后果是什么呢？

其一，黔东地区长期处于动荡不安的状态。据王士性《广志绎》载：“土官争界，争袭，无日不寻干戈，边人无故死于锋镝者，何可以数计也。”[1]土官之间的相互仇杀，使广大百姓面临“杀害掳掠妻女，草菅人命，弃家失业，不得安生”的厄运。

其二，造成了黔东地区经济长期滞后。由于黔东地区属多山地带，山岭重叠，高山深谷，与外界交往十分困难，客观上造成了一定的封闭状况，再加上土官之间的相互仇杀、兼并，以及严格的“鬻田有禁”“不得私售田土”，一切土地归土司所有政策的限制，使本已落后的经济发展态势更加陷入困境。

进入明朝时期后，尤其是平溪、清浪、镇远、偏桥等卫建立后，大量的卫军进驻黔东地区，并实行军屯，采取“分军以立屯堡，俾其且耕且守。盖以十分为率，七分守城，三分屯耕，遇有儆急，朝发夕至”[2]。使黔东地区的社会环境得到了稳定。据调查，自明洪武二十三年（1390年）到明朝末期，发生在平溪卫辖地范围内的仇杀、兼并等大规模的武装械斗事件大幅减少。

2. 促进了黔东侗族地区的经济发展

明朝卫所在“戍兵屯田，就粮自赡”的政策下，拉开了大规模屯田序幕，黔东侗族地区农业生产力也因此得以大幅度提升。主要有以下三个方面的表现较为明显。

其一是农耕水平的改变。明朝之前，黔东侗族地区由于地处山区，地广人稀，再加之在地方土司的长期统治下，仍然是“畲山为田，不以牛耕，每岁易。”农业生产还十分落后，其耕作方式为原始的刀耕火种，有的还甚至处于“赶山吃饭”狩猎的阶段。明洪武二十三年（1390年），平溪置卫后，到来的不仅是驻卫的军士，而且其家人也随之

---

[1] ［明］王士性，田景琳点校：《广志绎》卷五《西南诸省》，北京：中华书局，1981年，第113页。

[2] ［明］邱濬：《大学衍义补》，资料来源：https://www.dushu.com/guoxue/104754/1139417.html

而来。按明代卫所制度规定，一人在军，全家必须相随前往，若每军士的家庭以5口计算，一个卫所士兵及其家属总计可多达2万余人。而从贵州省的情况来看，据明万历《贵州通志》统计，仅贵州都司所辖18卫2所，即有“军户二万二千二百七十三户，二十六万一千八百六十九丁口。”再从屯田的情况来看，平溪卫屯田总面积为26 194亩，而贵州都司辖境的屯田多达94.5320万亩。因此，从总体而言，军事移民既带来了发达的先进生产方式，更引进了诸多黔东地区此前未曾种植的农作物新品种和手工业生产技术。据调查，如今在玉屏县域境内普遍栽植的油茶，就是在这一时期引进的产物。这对于相对封闭落后的黔东地区而言，在生产观念、生产手段、生产方式等方面必然产生了冲击。

其二是手工业的变化。明代卫所建立后，由于交通的改善，社会治安的稳定，再加之设卫之初，需要兴建城堡、修建军营、修道架桥等基础设施，以及打造军器、制造各种农具及用具，需要大批工匠，致移民、商人、工匠纷至沓来。而这些工匠中有随军而来，有卫军屯田之后从中原征用而来，也有因商而来。大量人口的增加，各种生活用品的广泛需求，也使相应的手工作坊大量出现，由此产生了各种生产加工作坊和职业工匠。如“碾坊”“油榨坊”“豆腐坊”“烧酒坊”“染坊”以及木匠、铁匠、石匠、泥瓦匠、裁缝师傅、船工等各种专业的手工业者。他们相继从事着不同行业，极大促进了黔东地区手工业的发展和城镇的兴起。

其三是商业的发展。就平溪卫所辖地区的商业而言，最初有史料记载的可上溯到宋朝时期，据清《辰州府志》卷十二备边考（第14页）载：“乾道三年（1167年），诏平溪峒，互市盐米，价听民便，毋相抑配，其猺人岁输身，丁米务平收，无取羡余及折输钱，违者论罪。”从字面意思来看；诏，有两层含义；一是为告诉、告诫之意；二是天子下达臣属的文体，分为即位诏、遗诏、表诏、伏诏、密诏、手诏、口诏等。它始于秦始皇，终于清朝，是一种命令文体。而这里用“诏”，就是专对平溪峒因设“市”而“旨”。再从“峒”来看，是宋代以后羁縻州辖属的行政单位。大者称州，小者称县，又小者称峒。其中也就意味着，平溪自南宋乾道初年才是商业的发端。而平溪置卫后，随着人流、物流量的不断增大，商业也随之发展起来，并逐渐形成固定的场期，卫境内主要有平溪场、朱家场、大屯场、田坪场、兴隆场等五个场，场期每隔五天一次，以农历计，赶场的日子有初一、初六、十一；有初二、初七、十二或初五、初十、十五等。据清《沅州府志》卷七（第72页）记载：“龙溪口市，在县西一百三十里平二里㵲水之北，……凡产自贵州境内之马鞍山、平崖场诸处者，由朱家场肩货于此，估客以舴艋载运。”同时，民间还留有“挑不完的朱家场，填不满的麻音塘”之说。

3. 推进了黔东侗族地区文化的发展

文化是决定一个国家、地区和一个人素质的核心体现。黔东地区是一个侗族、苗族、土家族等多民族居住的地区，也属于开发较晚的地区之一，其文化种类和深度虽然逊于自然条件较好的地区，但具有自身独特的文化内涵。平溪设卫前，境内土民的住所可谓“山居野处，蓬门荜户”，耕作也是“处山箐者，芟林火之”，而“农暇即以渔猎为事，得兽先祭鬼而后食”，尤其“疾病不事医药，惟用鸡卜、瓦卦，以占吉凶，屠牲祭鬼而已”❶，“人多好巫而信鬼，贤豪亦所不免”❷等，足见其落后、野蛮、愚昧。

建卫后，大量外籍官员、军士及家属入籍，其中包括许多忠于朝廷、学识渊博、能力卓著的名臣、贤宦、文士、武将，这些人才不仅带动了黔东地区本土人才的脱颖而出，而且也使黔东侗族地区吸收了大量的外来先进文化。“自改土以来……苗獠种类不一，习俗各殊，声教渐敷，为之丕变”❸。清《玉屏县志》卷四学校志也载：“前明时，卫初设，学尚未建，学属辰州府提调，止府学训导一员，分斋于平，司学校事。弘治年间，卫绅士侯位、高岚凤、曹绎……等，赴阙乞恩，往返三次，于弘治十七年乃得请。由鸠工庀材，越年告成，卫始有学。”境内居民由此“人渐知读书”，思想逐渐开化。后来，更是“民性淳和，欲尚俭约，化行俗，美风景，颇类中州”❹。

同时，平溪卫自明弘治十七年（1504年）有卫学开始，到明朝末期，这一百多年的发展历程中，先后有余翱（安徽凤阳人，进士，时任四川道御史）、熊明遇（江西进贤人，万历进士，时任操江巡抚，后任大司马）两位重量级官员被贬戍到平溪卫。尤其是熊明遇的到来，他倡导建起了鸿雪草堂，并集士讲学，为平溪卫培养大量的人才。在他的《兔儿坪产芝九茎赋诗纪瑞二首》诗中有这样的描述：“离披野草挟菌芝，怪得书生喜上眉。三秀五云歌胜事，却将青圃当铜池。”“芝草由来未有根，郁蒸佳气彩云痕。曾经九朵甘泉殿，乐府斋房朝至尊。”❺

教育事业的大发展，为黔东侗族地区培养了众多的人才。以平溪卫为例；明朝时期，平溪卫学子考中进士有4人（侯位、唐一鹏、张佐宸、曾凤彩），考中举人有35人。形成了“人文蔚起，科甲蝉联”的局面。

4. 搭建了黔东侗族人民与外界联系和沟通的平台

明朝以前的黔东侗族地区曾被视为“蛮荒之地”。到了明代初期，仍维持着社会的全封闭状态。据《平溪卫志书》记载，平溪置卫以前，境内虽地广，则耕地甚少，处于“刀耕火种，仍夜郎故习”，经济极其落后的状态。明洪武二十三年（1390年），平溪置卫后，尤其是明永乐年间“改土归流”大策的施行，各地流寓、商贾等来往便逐渐增多，

---

❶ ［明］谢东山、张道撰修：《明贵州通志》卷三，古籍本，未刊行，第4页。

❷ 贵州省铜仁地区政治志编辑室等整理：（民国）《铜仁府志》校注本，贵阳：贵州民族出版社，1992年，第26页。

❸ 贵州省铜仁地区政治志编辑室等整理：（民国）《铜仁府志》校注本，贵阳：贵州民族出版社，1992年，第26页。

❹ 贵州省铜仁地区政治志编辑室等整理：（民国）《铜仁府志》校注本，贵阳：贵州民族出版社，1992年，第26页。

❺ 中国人民政治协商会议贵州省玉屏侗族自治县委员会编：（乾隆）《贵州玉屏县志》注释本，贵阳：贵州民族出版社，1995年，第339页。

据清光绪《铜仁府志》载:“自改土归流以来，流寓是邦者，多吴、楚、闽、蜀人”。明嘉靖年间，一些府、县还对外告示“凡外来定居者，三年不纳赋税”。以奖惠外来流氏，并动员一些土著大姓捐给外来居民部分土地和工具，鼓励他们在境内择地聚居，从事生产、经商、办学等。这些外来人民，增进和发展了民族之间文化、科技交流。例如，铜仁一些旧志记载了《种橡树养蚕示文》《札发治疫医方示文》等，在当时调整产业结构、发展经济方面起到了重要促进作用，而且在瘟疫流行时，对于保障人民的生命健康更是功德无量。

从大量史资料记载中可以看出，在明代，黔东地区还有油桐、生漆等手工业原料的种植；尤在明中后期，境内纺棉、织布、榨油甚至印染等产业相继兴起，有木匠、篾匠、铁匠、弹花匠、油榨匠、泥瓦匠等“设坊、设铺，或行于乡”。境内贸易也日益繁荣，城乡均有手工业产品和农副产品集市，对外商业贸易也很兴隆。据民国《铜仁府志》记载:“地居辰常上游，舟楫往来，商贾所集。”这不仅结束了土司制下“禁民居不得瓦屋，不得种稻”“人才不得科贡”的野蛮统治，而且使黔东侗族地区人民与外地的往来日益频繁。

国家治理体系视角下的明代云南昆明城空间形态分析
——兼论其军事结构下的城乡关系

曹洪刚

（贵州日报报刊社）

明代云南是西南边疆的前沿阵地，是国家治理体系和国家安全重要的关键区域。[1]明代昆明城是明代云南府的会城，并且与云南六卫同城。[2]以明代云南会城昆明城市形态的地理分析和城市形态在不同时间段的空间增长，明代昆明城市形态空间的布局以政治、军事衙署为主要体现，随着明王朝统治的深入，城市空间结构不断完善和增长。通过对明代云南会城昆明卫所屯田点的分析研究，认为在明代云南会城昆明与周边屯田聚落形成一种带有军事特征的城乡结构关系，使得明王朝的统治和国家治理体系不断深入到基层社会中，有效地巩固明代的统治和国家安全。

一、明代云南昆明城的微观地理环境

昆明城西是碧鸡山，周围十数里，峰峦碧色，石壁如削，下瞰滇池，为诸山之最。其北为关，曰碧鸡关。[3]在云南府东十里许是金马山，山不甚高而绵亘于东南数十里。有长亭，其下为关，曰金马关。[4]螺山在云南府城中，山有巨石，皆深碧色，望之蟠簇如螺髻状。下有洞，深黑莫测，尝有人燃炬入其中，行两日，阻水而返。今郡城倚其山之阴。[5]在螺山之北是商山，连峰叠巘，丹崖翠壁，雄丽岧崒，有鸾停鹄峙之状。[6]在云南府南是滇池，周回三百余里。[7]在滇池西北有玉案山，盘郁逶迤十余里，佛刹绕之，花木竹石可

---

❶ 曹洪刚：《从〈明实录〉中云南筑城的记载看明朝边疆安全观》，《西部发展研究》，成都：四川大学出版社，2015 年，第 115-132 页。

❷ 从明代云南卫所城市与行政区划城市的关系看，明代云南卫所城市有四个类型，即云南会城与六卫同城、卫所与府治所同城、卫所与州县治所同城、重要军事战略位置进行单独卫所筑城。

❸ 李春龙，刘景毛校注：（景泰）《云南图经志书》，昆明：云南民族出版社，2002 年，第 4 页。

❹ 李春龙，刘景毛校注：（景泰）《云南图经志书》，昆明：云南民族出版社，2002 年，第 5 页。

❺ 李春龙，刘景毛校注：（景泰）《云南图经志书》，昆明：云南民族出版社，2002年，第5页。今郡城依其山之阴。阴，北图本同。正德《志》卷二“云南府山川·螺山”条云“在府治北”，山之北面曰阴，明代云南府城在螺山之南，此“阴（陰）”字应作“阳”，李春龙，刘景毛校注：（景泰）《云南图经志书》，昆明：云南民族出版社，2002 年，第 65 页。

❻ 李春龙，刘景毛校注：（景泰）《云南图经志书》，昆明：云南民族出版社，2002 年，第 5 页。

❼ 李春龙，刘景毛校注：（景泰）《云南图经志书》，昆明：云南民族出版社，2002 年，第 5 页。

怪可愕，亦胜境也。❶在云南府城东盘龙江，源出屈偿、昧样、邵甸山中，凡九十九，混混然与诸涧合而为一，蜿蜒滂湃，南入滇池。❷云南府城五里许是南坝闸，其东北所出诸泉，咸会于盘龙江，至松花坝则分而为二，其一由金马山之麓流过春登里，其二由商山之麓流过郡城。❸这是明代云南昆明城的微观地理环境，西为碧鸡山、东为金马山，在城中有螺山，在螺山北是商山，在云南府南是滇池三百余里，在滇池西北为玉案山，在府城东为南盘江。从这一微观地理环境上看，这是选择修建城址的一个有利的地理环境。

二、明代云南昆明城的空间形态及城市空间的生长

（一）明代昆明城池形态

明代云南府城昆明，城池形态坚固，具有抵御外敌和保护城市中官民的作用，是国家治理和镇守西南边疆重要的象征。云南“府城，建自洪武十五年，周九里有奇。共六门，南曰崇正，东曰咸和，西曰广威，北曰保顺，西南曰洪润，东北曰永清”。从云南府城（今昆明市主城区）修建的各门名称看，六门中有两门的名称与滇池水环境关系密切，东北门名“永清”，所指乃滇池最重要的入湖河流盘龙江，在明代云南府城筑城时成为东护城河，清水蜿蜒流淌于城墙下；西南门名曰“洪润”，因当时滇池水域广大，几乎达到云南府城西南门附近（今昆明市小西门一带），出了西南门，则为元明清时重要的码头“篆塘”，连接滇池巨浸，甚至洪水泛滥时则内浸西南城门，故称“洪润”。洪武十五年（1382 年）云南府筑城的城市形态，可以看出滇池水域仍然较大，特别是云南府城的西南面几乎仍然是未成陆的湖沼区，迫使云南府城不能按国家规制立方正墙。明代云南府城是云南军政中心，为保全省会稳定平安，扬威蛮夷之区，云南官府在牢固地确立云南政治、经济、文化中心的地位的同时，进行水利建设，其城门的设置和命名还有“引清水灌良田，阻遏洪水润会城”之意。明初云南府城筑城格局不合规制的形态正好反映了滇池北岸水域广大，直抵城墙之下，甚至迫使西南城墙在滇池影响下只能凹陷而筑，滇池北岸成陆地域相对狭小，农业开发只能在云南府城以北进行，城南尚处于滇池水域或季节性成陆的湖沼状态。❹昆明城演武之地有二处：一在崇正门外，曰小教场；另一在保顺门外，曰大教场。❺城门上各有楼，其崇正门之楼则更漏在焉。前有坊四，曰忠爱、曰安远、曰金马、曰碧鸡。环城有池，可通舟楫。❻其外有重关楼凡九，各跨衢市

❶ 李春龙，刘景毛校注：（景泰）《云南图经志书》，昆明：云南民族出版社，2002 年，第 5 页。

❷ 李春龙，刘景毛校注：（景泰）《云南图经志书》，昆明：云南民族出版社，2002 年，第 6 页。

❸ 李春龙，刘景毛校注：（景泰）《云南图经志书》，昆明：云南民族出版社，2002 年，第 6 页。

❹ 陆韧：《明代滇池控制性水利工程与水环境变迁》，中国地理学会历史地理专业委员会《历史地理》编辑委员会编：《历史地理》第 38 辑，上海：复旦大学出版社，2019 年，第 25 页。

❺ 李春龙，刘景毛校注：（景泰）《云南图经志书》，昆明：云南民族出版社，2002 年，第 9 页。

❻ （万历）《云南通志》卷五《建设志第二》，方国瑜主编：《云南史料丛刊》第六卷，昆明：云南大学出版社，2000 年，第 525 页。

之隘，万历庚申按御史潘俊建[1]，这是明代昆明城逐渐形成的城池形态。

（二）明代昆明城政治、军事空间分布

明代国家地方治理体系主要体现在城市与乡村的治理，在城市中不断设置不同功能的官署，完善国家治理地方的功能，彰显国家治理的象征。明代昆明城内部空间不断增长，主要表现在其政治空间、军事空间、仓储空间、教育空间、宗教空间和休闲空间等方面，这也象征国家治理体系的不断扩大。明朝，政治和军事机构是城池内重要的建筑空间，它是一个城市的管理机构，是国家治理的重要体现。在明代云南昆明城，主要以明代的布政司、都指挥使司、按察司和督察司等政治、军事机构为主。

洪武十五年（1382 年）建云南布政司，在城之中，黔府南（黔府在布政司北），洪武十五年（1382 年）建。内有经历司、照磨所、理问所、司狱司、济用库、架阁库、仪从库，外有薇垣、宣化二坊，在其南。景泰五年（1454 年）春，左布政使贾铨别建一坊于其西，总兵官沐璘题之曰“福民”。

洪武十五年（1382 年）建云南都指挥使司，在布政司之西南，内有经历司，外有振武、宣威二坊，立于街之东西，其断事司则别置于东南之前街。领卫一十有九、守御千户所六。万历《云南通志》记载：操道、屯道在司外之西。云南六卫，散置于城中，各有经历司，卫镇抚，左、右、中、前、后及中左六千户所，其千户所亦各有所镇抚一、百户所十。云南左卫在府治东，洪武十五年（1382 年）建。领左、右、中、前、后、中左六千户所中。所各领百户十。右卫在府治西南，洪武十五年（1382 年）建，领所同左卫。中卫在府治东北，洪武十五年（1382 年）建，成化间改建今治，领所同上。前卫在府治西南，洪武十五年（1382 年）建，领左、右、中、前、后五千户所。后卫在府治东，洪武十五年（1382 年）建，领所同前卫。广南卫洪武二十九年（1396 年）建于广南府，永乐元年（1403 年）迁建于云南府治东，弘治十五年（1502 年）重修，领左、右、中、前四千户所。所领百户十。各卫俱有经历司、卫镇抚。各所亦所镇抚。以上六卫俱有仓，与广备仓连比。帅府，在城之崇正门内，建于景泰二年（1451 年）。今总兵、镇守、参赞司等官，遇有边境重务，会议于此，议定，然后行之。

在布政司之东，洪武二十九年（1396 年）建云南按察司。内有经历司、照磨所，其司狱司则置于门外，又有弼教、慎法二坊立于东西。然分按四道日安普、曰临元、曰洱海、曰金沧，而安普道则在本司之东南，相去百数十步耳。

云南府治，在广威门内，洪武十五年（1382 年）建置。内有经历司、照磨所、司狱司、广盈库、架阁库，其广备仓、滇池鱼课司、僧纲司、阿吒力僧纲司、道纪司，则散置于城之内外。税课司在府南城外。旌善、申明二亭在府前。旧察院，在崇正门内，

[1] 古永继点校：（天启）《滇志》卷五《建设志第三》，昆明：云南教育出版社，1991 年，第 181 页。

建于永乐二年（1404年），今参赞都御史居之。新察院，在咸穆门内，建于正统二年（1437年），今巡按御史居之。

昆明县治，旧在按察司北，今徙布政司之东南，有典史厅。所属赤水鹏巡检司去县东六十里（万历年间《云南通志》记载，在县东十七里），清水江巡检司去县西三十五里（万历年间《云南通志》记载，在县西五十里），河泊所在城外，养济院在城东门内，到正德年间，云南府昆明县新建一个养济院，各州都有。嘉靖二十三年（1544年）重修昆明县治，“以甲辰正月初十曰经始，为堂崇一丈九尺，基加崇三尺，正门基崇二尺，仪门二尺有奇，市民居拓地，从九丈二尺，横二十五丈一尺，为周垣一百九丈四尺。为衙三，为幕厅一。为祠、为库、为狱、为楼、为亭，于堂后者二，左曰致恭，以礼宾也；右曰慎思，退自省也。曰狱中厅回春，示仁也。由门堂廊舍而降至庖温之所约一百七十有余间，皆新所作，其他则仍旧而加修者，辟陋就佳，高明炳焕，翼然改观。于是年六月十五曰以成。告费取诸官，计银五百二十有九两；工匠取驭诸雇，借夫诸民，每丁役其力止五曰，劳节而不怨。”❶

都察院在布政司南，正统五年（1440年）建。隆庆二年（1568年），巡抚都御史陈大宾迁建五灵庙右。经历司、照磨所、司狱司俱在司内。清军道在司外之东南，弘治七年（1494年）建。屯田道在司外之西南，弘治十年（1497年）建。提学道在司外之东南，弘治十二年（1499年）建。中军营在都察院南，隆庆四年（1570年），巡抚都御史陈大宾、巡按御史刘翾会疏请建。金腾兵备道、沧澜兵备道、临安兵备道、曲靖兵备道俱在布政司。分巡临元道在布政司外之东。分巡金沧道、分巡洱海道俱在布政司外之西。驿传清军道在布政司外东，以分巡洱海道改建。参将府在都司西南。隆庆四年（1570年），巡抚右副都御史陈大宾、巡按御史刘翾疏罢，临元守备指挥改设参将一人。公议府在布政司南，旧为镇守衙门，弘治间改今名。凡镇巡三司官，有地方大议，则会于此。巡按察院旧在布政司东南，嘉靖十三年（1534年），巡按御史董珊迁于布政司西南，以旧院为清察院。嘉靖三十九年（1560年），巡按御史王大任重修。清军察院在布政司东南。督理银场道、督粮盐法道、分守安普道、分守临元道、分守金沧道、分守洱海道俱在布政司东，弘治十三年（1500年），改旧贡院为之。❷这是云南昆明城明代中后期城市形态政治空间增长的重要表现。

明代在征服云南设省之后，在洪武十五年（1382年）设立云南布政司和云南都指挥

---

❶ 李春龙，刘景毛校注：（景泰）《云南图经志书》，昆明：云南民族出版社，2002年，第9页；（万历）《云南通志》卷五《建设志第二》，方国瑜主编：《云南史料丛刊》第六卷，昆明：云南大学出版社，2000年，第525页。

❷ 李春龙，刘景毛校注：（景泰）《云南图经志书》，昆明：云南民族出版社，2002年，第7-9页；（正德）《云南志》卷二《云南府》，方国瑜主编：《云南史料丛刊》第六卷，昆明：云南大学出版社，2000年，第128页；（万历）《云南通志》卷五《建设志第二》，方国瑜主编：《云南史料丛刊》第六卷，昆明：云南大学出版社，2000年，第519-525页；古永继点校：（天启）《滇志》卷五《建设志第三》，昆明：云南教育出版社，1991年，第179-181页。

使司，洪武二十九年（1396年）建立按察司，明朝中后期，正统五年（1440年）建都察院，这是明代云南昆明城内城市形态衙署最重要的政治空间。在明代前期，明朝在云南府城昆明建立完善的“三司”制度，在政治、军事、司法等方面不断完善治理制度，建立相应的衙署，完善明王朝的统治能力，在明朝中后期，建立监察、弹劾的都察院制度，进一步完善国家治理体系。

（三）明代昆明城仓储空间分布

仓储制度是中国古代重要的备荒措施，在明代建立起完备的仓储体系。在云南府城昆明，明王朝不仅在各个军事体系的卫所建立了卫仓，预备仓在府州县都有建立，不断完善仓储体系。仓储体系的建立，加强了明王朝对国家治理体系的能力。

明代云南府仓储[1]：六卫仓，可储米十万石有奇，而岁入之额不过三万，今并六卫仓于四卫，以中卫仓改作之。见在十廒，可贮谷二万石。又拓旁隙地，度其中可置四十廒，环以周垣，岁籴谷二千石实之。自是岁以为常，遇凶岁，取收贮久者，平价粜之；至秋成，籴以还仓。如汉耿寿昌之法，专备非常，不轻出。以旗鼓守备司管钥，籍出入之数于簿，院司各一。籴谷之银，发藩司司其出入，以标下兵三人守之，不设斗级。小惠仓，与预备仓连廒，在县治后。万历二十年（1592年），督学黄廷宝捐金积谷，以惠士之贫者。广备仓在府治北门。预备仓在府治北门，各州县皆有。天启四年（1624年）巡按御史罗汝元即左卫仓改建，其制大略与常平仓同，暂以指挥司其出纳。常平仓，在府北门，天启四年（1624年）巡抚都御史闵洪学即中卫仓改建。明代云南昆明城具有较完备的仓储和救灾体系。

（四）明代昆明城教育空间分布

教育是国家治理体系中重要的一环。明代昆明城已经建立完备的科举教育体系，有府学、县学、儒学、社学、书院、贡院等教育场所。这为明朝在边疆和地方治理提供人才保障和思想教育。

云南府学，在府治之南，元至正二十一年平章政事赛典赤建置，今因之。[2]阴阳学、医学俱在云南府东南。[3]贡院，在帅府之北，景泰四年（1453年）春，今右佥都御史郑颙以设科取士所系非轻，乃与总兵官沐璘合谋立之。弘治十二年（1499年），巡抚右副都督御史李士实、陈金相继迁贡院到保顺门，布政司西北。中为至公堂，堂后为监临衡鉴堂，左偏为提调监试厅，右为考试内廉，列以收掌试卷、弥封、誊录。对读四所。堂之前为明经取士坊，坊前为明远楼。东西为文场，四隅为了高楼。更前为天开文运门，为仪门、大门。仪门内外为供给所，大门外为旗台，为二坊，左曰腾蛟，右曰起凤，颇

[1] （万历）《云南通志》卷五《建设志第二》，方国瑜主编：《云南史料丛刊》第六卷，昆明：云南大学出版社，2000年，第526页；古永继点校：（天启）《滇志》卷五《建设志第三》，昆明：云南教育出版社，1991年，第181页。

[2] 李春龙，刘景毛校注：（景泰）《云南图经志书》，昆明：云南民族出版社，2002年，第7-9页。

[3] （万历）《云南通志》卷五《建设志第二》，方国瑜主编：《云南史料丛刊》第六卷，昆明：云南大学出版社，2000年，第524页。

为宏壮。万历七年（1579 年），巡按刘维增号舍以砖云。[1] 贡院是明代云南科举选拔的最重要标志，是云贵地区开科举的重要表现，是昆明城内城市形态教育文化空间发展的一种表现。译子馆在布政司东。[2] 武馆在崇正门外，隆庆四年（1570 年）巡抚右副都御史陈大宾建。万历元年（1573 年），巡抚侍郎都御史邹应龙增修。[3]

云南府儒学在府治东南，汉章帝元和二年建，唐天宝间废。元至元间，总管张立道复置学舍，建文庙，后平章政事赛典赤拓大之。国朝洪武初，西平侯沐英重建，规制始备，景泰间，巡抚佥都御史郑颙树成德、达才二坊，天顺五年（1461 年），都督沐瓒重修。弘治十五年（1502 年），巡按御史何琛勒乡贡题名碑，建讲堂，聚奎楼增置号舍。嘉靖十年（1531 年），建启圣祠。世宗御制《敬一箴亭》及《注释视听言动心五箴碑》，州县学皆有。万历元年（1573 年），巡抚侍郎兼督御史邹应龙作泮池。[4] 昆明县儒学，旧在府学西北菜海子，弘治十六年（1503 年），巡抚都御史林元甫，巡按御史陈天祥建。嘉靖十七年（1538 年），巡按都御史汪文盛因地势卑湿，迁于府学东南半里。[5] 云南府社学，建有 27 所，俱在府城内外。[6]

明代昆明县建有书院两所，一为五华书院，一为文昌书院。五华书院，在府学后西北处，嘉靖三年（1524 年）巡抚王启建，万历二年（1574 年）、万历十四年（1586 年）分别由抚邹应龙、提学黄琮重修。文昌书院，在西门外文昌祠左，御史刘翾隆庆年间建。[7]

明代在边疆云南不断地完善教育体系，昆明城内府学、县学、儒学、社学、书院、贡院等教育场所从点到面的扩充，城内教育空间的扩大，为国家治理、边疆治理培养人才，稳定了边疆的发展。

（五）明代昆明城的宗教场所空间分布

明代云南昆明城的寺观众多[8]：五华寺，旧名悯忠寺，在城中悯忠山之巅。城之内外，佛寺非一所，曰能仁、曰大德、曰妙应、曰慧光、曰觉照、曰长乐、曰观、曰葵向，而

---

[1] 李春龙，刘景毛校注：（景泰）《云南图经志书》，昆明：云南民族出版社，2002年，第9页；（万历）《云南通志》卷五《建设志第二》，方国瑜主编，《云南史料丛刊》第六卷，昆明：云南大学出版社，2000 年，第 523 页；古永继点校：（天启）《滇志》卷五《建设志第三》，昆明：云南教育出版社，1991 年，第 180 页。

[2] （万历）《云南通志》卷五《建设志第二》，方国瑜主编：《云南史料丛刊》第六卷，昆明：云南大学出版社，2000 年，第 523 页。

[3] （万历）《云南通志》卷五《建设志第二》，方国瑜主编：《云南史料丛刊》第六卷，昆明：云南大学出版社，2000 年，第 523 页。

[4] （万历）《云南通志》卷八《学校志第五》，方国瑜主编：《云南史料丛刊》第六卷，昆明：云南大学出版社，2000 年，第 595 页。

[5] （万历）《云南通志》卷八《学校志第五》，方国瑜主编：《云南史料丛刊》第六卷，昆明：云南大学出版社，2000 年，第 597 页。

[6] （万历）《云南通志》卷八《学校志第五》，方国瑜主编：《云南史料丛刊》第六卷，昆明：云南大学出版社，2000 年，第 597 页。

[7] 雷继亮：《历史地理学视野下的明清云南书院研究》，昆明：云南大学，2012 年。

[8] 李春龙，刘景毛校注：（景泰）《云南图经志书》，昆明：云南民族出版社，2002 年，第 17–23 页。

巍然据夫滇南之胜概者，惟五华寺焉。圆通寺，在城中螺山之下。太华寺，在滇城之西碧鸡山，山之远近以寺名者曰华亭、曰太平、曰罗汉、曰普贤；以庵名者曰即心、曰松隐、曰悟空，而惟太华为最胜。寺之内有碧莲方丈，元僧玄鉴开山所建也。筇竹寺，在玉案山。环山皆禅刹，而以寺名者十三：曰遍觉、曰圆照、曰宝昙、曰宝印、曰宝珠、曰清净、曰云居、曰妙高、曰海源、曰正觉、曰龙华、曰宝华、曰善觉；以庵名一：曰玉泉。盖筇竹寺为首称，而其胜实过之。前所谓寺，惟海源有大悲阁，乃平章脱欢普花所建。涌泉寺，在商山之麓，寺之南有文殊寺。灵应寺，在金马山之麓，回视数里，而在真庆观之南者曰地藏寺，在春登里者曰安国寺，在官渡里者曰妙湛寺、曰法定寺。长春观，在城内贡院之西，其址旧为王府，而废湮久矣。往年云南诸司、府、卫等衙门，每遇节，当庆贺，聊假城外觉照寺习仪，隘不能容。景泰三年（1452 年）春，今右佥都御史郑颙会总兵官沐璘合众词，请允创为殿宇，翼以两庑，口以重门，宏深壮丽，前墀可容万人，乃奉万岁牌居殿中，至期率众习仪于墀，选委道官凌道崇者领其徒，修其教以主之，署其门曰“长春观”，盖寓无疆之祝而亦不改其旧额云。昭灵观，在黔宁王庙下，洪武庚辰年建立。真庆观，在郡城东三里许。龙泉观，在龙泉之东，旧名龙泉道院。

明代云南昆明城的祠庙有：文庙，在府学之西，中为太成殿，殿前左右为两庑，肖圣贤之像于其间。有古柏数株立于墀，盖百余年矣。外建尊经阁，与殿对峙，又其外则灵星门也。咸阳王庙，在郡学之西。黔宁王庙，在郡治之南。定远王庙，在黔宁王庙之东。城隍庙，在城之中，春秋有祀典。其同祀者有风云雷雨山川之坛，在东郊。有社稷之坛，在西郊。又有厉坛，在社稷之北。行事之夕，城隍于风云雷雨山川则配之，于厉则主之。富民、宜良二县亦皆有各坛，并城隍祠宇。太灵庙，在城隍庙之东。[1] 旗纛庙[2]，亦有祀典，旧在城南小教场，而卑陋不堪，今议移立于长春观之西。祀军千六纛之神。每岁霜降，都司官以少牢行事。

云南府有五个漏泽园，一在二忠祠，一在归化寺，一在羊宣坡，一在银顶山，一在西坛。各州县皆有。[3]

（六）明代昆明城的休闲空间分布

明代云南昆明城的堂亭主要有[4]：敬思堂，在滇城之中，前黔宁王之所建也。思召堂，

---

❶ 李春龙，刘景毛校注:（景泰）《云南图经志书》，昆明：云南民族出版社，2002 年，第 23-32 页。

❷ 李春龙，刘景毛校注:（景泰）《云南图经志书》，昆明：云南民族出版社，2002年，第32页;（正德）《云南志》卷二《云南府》，方国瑜主编:《云南史料丛刊》第六卷，昆明：云南大学出版社，2000 年，第 131 页。旗纛庙，是明代卫所军队精神信仰的一个场所，明代对旗纛庙的祭拜达到高峰，目前学界对旗纛庙的研究还很薄弱，有很大的研究空间。

❸ 李春龙，刘景毛校注:（景泰）《云南图经志书》，昆明：云南民族出版社，2002年，第7-9页;（正德）《云南志》卷二《云南府》，方国瑜主编:《云南史料丛刊》第六卷，昆明：云南大学出版社，2000 年，第 128 页;（万历）《云南通志》卷五《建设志第二》，方国瑜主编:《云南史料丛刊》第六卷，昆明：云南大学出版社，2000 年，第 519-525 页；古永继点校:（天启）《滇志》卷五《建设志第三》，昆明：云南教育出版社，1991 年，第 179-181 页。

❹ 李春龙，刘景毛校注:（景泰）《云南图经志书》，昆明：云南民族出版社，2002 年，第 13-14 页。

在太华寺之北。泰然堂，在五华山寺之东净明院内。真意亭，在泰然堂之后。还有两个医学斋室：慎斋和存仁斋。云南府的楼阁有❶：南楼，前黔宁王之所建也，重屋三层，落成于洪武十九年（1386年），题之曰“南楼望远”，即今崇正门之城楼也。南楼铜漏，嗣西平侯沐春置以明时。聚远楼，在五华山泰然堂之南，先时日东僧昙演所建，凡滇南之景，一览具在。后定边伯乐其胜，乃重修之，以为游观之所。

明代云南昆明城的井泉主要有：清侯井，在布政司内。阐西井，在城隍庙内。石岩井，在圆通寺内石岩之下。四井：一曰白石井，在布政司之西：一曰石井，在今贡院之东；一曰阿泥井，去城北四里江头村；一曰青石井，去城西七里团山下。皆渊深清冽，四时不竭，足以赡居民、樵牧、商旅之日汲焉。龙泉：有二处：一出郡城北商山之麓；一出郡城西勒甸村山内。冷泉，源亦出商山之麓。瀑布泉，在宝珠寺后有翠岩。❷

明代云南昆明城古迹主要有：潮音洞，在螺山下。双白塔，在城之南，一在□□寺，一在慧光寺，相峙而立，蒙氏嵯颠（巅）所造，盖自四方来者莫不远见之，亦云南之望也。仙人奕棋石，在玉案山顶，有石若棋枰，其中凹处，隐然类当升布子之所。世传昔有仙人奕棋于此，盖亦以其异而奇之耳。❸苴兰城在城北十余里，楚庄蹻王滇时所筑，名谷昌城。傍有玉女城，乃梁王时所筑。高跷关城在昆明县云津桥，今无。❹

明代云南昆明城的主要桥梁有❺：云津桥，在城东二里许，当通衢，所跨者即盘龙江之水，自商山之麓流过郡城，所谓萦城银棱河者是也。桥旧名大德，毁于兵，洪武癸酉，西平侯沐春复瓷石为之，其东西表以二坊，因桥之名，视旧有加焉。溥润桥，在咸和门外，所跨者即云津桥从来之水也，上为屋若干楹，旧名“至正桥”。通济桥，在城南关市中，即银棱河之旁流泛注入于市而不可渡，故为是桥，亦表以坊，与金马、碧鸡二坊相接立也。

通过对明代云南会城昆明城不同时段的研究分析，明代会城昆明城市形态空间的布局以政治、军事衙署为主要体现。随着明代云南昆明城的政治空间不断地增长和扩大，政治、军事、司法、教育、宗教等城市空间形态不断完善，城市空间形态增长变化反映了一个城市的治理体系不断地改进和完善，明王朝的统治不断加深。

三、明代昆明城卫所屯田形成军事结构下的城乡关系

明代在全国推行卫所制度，形成一种新形态的地理单元，军户屯田供给士兵及家属

❶ 李春龙，刘景毛校注：（景泰）《云南图经志书》，昆明：云南民族出版社，2002年，第14-16页。

❷ 李春龙，刘景毛校注：（景泰）《云南图经志书》，昆明：云南民族出版社，2002年，第12-13页。

❸ 李春龙，刘景毛校注：（景泰）《云南图经志书》，昆明：云南民族出版社，2002年，第23页。

❹ （正德）《云南志》卷二《云南府》，方国瑜主编：《云南史料丛刊》第六卷，昆明：云南大学出版社，2000年，第132页。

❺ 李春龙，刘景毛校注：（景泰）《云南图经志书》，昆明：云南民族出版社，2002年，第35-37页。

军粮，进而治理国家军队。顾诚教授详细阐述了明初全国土地分属于行政系统和军事系统的观点，认为明代军事系统的都司卫所在绝大多数情况下同行政系统的基层组织——府州县一样是一种地理单位，管辖着大片不属于行政系统的明帝国疆土。正是由于明代推行这一政策，在卫所城市及其周边进行屯田，这体现了一种军事特征下的城乡结构，构成了新型的带有军事屯戍的特殊城乡关系。

云南屯田最为重要，盖云南之民多夷少汉，云南之地多山少田，云南之兵食无所仰。不耕而待哺，则输之者必怨；弃地以资人，则得之者益强。此前代之所以不能乂安此土也。今诸卫错布于州县，千屯伦列于原野。收入富饶，既定以纾齐民之供亿；营垒连络，又足以防盗贼之出没。此云南屯田之制所以甚利最善，而视内地相倍蓰也。又内地各卫俱二分操守，八分屯种，云南三分操守，七分屯种。❶

（一）明代云南昆明城与卫所屯田分布形成的城乡关系

明洪武年间就以云南府城为中心，设置了云南左、云南右、云南前、云南后、云南中和广南六个卫，明代屯戍云南的官军约30%集中在滇池流域戍卫屯田。明初滇池北岸湖盆平原自元代赛典赤进行海口河、松华坝、金汁河的水利建设，成为最早的军屯区。但是明初滇池水位尚高，北岸成陆区域狭小，只有云南府城的北面和东面具备了农业开发的条件，因此较早的卫所屯田主要分布在当时云南府城的北部、东部和南部晋宁州。云南府城南门外尚不能稳定地进行农业生产，屯田官军只能“环山皆为屯”。明代中期动用滇池流域的六卫官军及民夫数万，进行海口河工程和南坝闸工程建设，卫所官军是滇池水利建设的生力军，也是滇池水利的受益者，随着滇池南北的海口河工程和南坝闸工程建设的开展，他们在逐渐涸干成陆的滇池北岸平原进行农业开发。据正德《云南志》记载，明代中叶滇池附近的集中屯田点就达100多个，卫所屯田点的分布由明初集中于云南府城以北、以东区域向云南府城以南、以西具备农业开发条件的成陆区发展，使元代以前文献上不曾记载过农业开发的中庆路城以南和以西的湖盆地区形成了大量的屯田点。❷

云南府六卫在云南府附近的屯田分布情况❸：金马山屯、官渡河尾屯、四道坝边屯、不墩村屯、回流湾屯、松花坝屯、北庄□屯、石虎岗屯俱云南左卫。大西门外屯、黄土坡屯、西海子屯、金马山屯、黑林铺傍屯、马村屯、岗头村屯俱云南右卫。官渡屯、苜蓿厂屯、南坝屯、南海子屯俱云南中卫。小西门外屯、西板桥屯、老者村屯、金马山屯、南海子屯、西海子屯、小东村屯俱云南前卫。北门外莲花池边屯、小西门外鱼池傍屯、

❶ （正德）《云南志》卷二《云南府》，方国瑜主编：《云南史料丛刊》第六卷，昆明：云南大学出版社，2000年，第126-127页。

❷ 陆韧：《明代滇池控制性水利工程与水环境变迁》，中国地理学会历史地理专业委员会《历史地理》编辑委员会编：《历史地理》第38辑，上海：复旦大学出版社，2019年，第37-38页。

❸ （正德）《云南志》卷二《云南府》，方国瑜主编：《云南史料丛刊》第六卷，昆明：云南大学出版社，2000年，第126-127页。

白庙屯、官渡屯、西海子屯俱云南后卫。西板桥屯、波罗村屯、金马山屯、狗街子屯、黄土坡屯俱广南卫。以上俱昆明县地方。

从上述屯田地名的记载，对其中部分的屯田地点进行地名学分析，确定其与云南会城的城乡关系，如：金马山屯，金马山在云南府东十里许，可以确定金马山屯的地理位置；大西门外屯，在云南会城的大西门外屯田；小西门外屯，在云南会城小西门外屯田；小西门外鱼池傍屯，在云南会城小西门外鱼池附近屯田；北门外莲花池边屯，在云南会城北门莲花池边进行屯田；黄土坡屯，黄土坡这一地名在今天昆明仍然有（在昆明西郊，昆畹公路和昆明——沙朗——款庄公路交会点，呈块状复合式聚落[1]）。

（二）明代云南昆明城与驿、堡、铺、哨屯田形成的城乡关系

云南的驿、堡、铺、哨是由卫所军户进行戍守，但也有部分民户进行戍守，所以驿、堡、铺、哨所在地也是卫所的屯田点。云南有驿无递，故以堡代之；有驿必有堡，堡主递送，领以百户，世职其事，实以军士，世役其事。官军皆国初拨定人数，环堡居住，有田无粮。云南左卫管辖的驿堡有[2]：滇阳驿在会城外东南大市，洪武十六年（1383 年）建。板桥驿在会城东四十里，弘治九年（1496 年）建，以利浪、汤池二驿改建。晋宁驿在州东北五里。安宁驿在州治东，洪武十九年（1386 年）建，成化间改置州南。禄脿驿在州治西七十里，洪武十九年（1386 年）建。禄丰驿在禄丰县治西，洪武十九年（1386 年）建。杨林驿在嵩明州西南二十五里。板桥堡在驿东南。以上都为云南左卫管辖。其他云南五卫都应有管辖的驿堡，但没有留下记载。

云南地方夷汉杂处，盗贼出没无常，故于各道路每十里或二三十里各设哨戍以守之。大哨五十人，小哨或二三十人，俱以指挥千百户等官主之。官及各哨兵俱连家小住扎，一年一换，亦有民哨与军哨相兼守戍。云南府卫所管辖的哨戍有：竹箐哨，正统间建。南冲山哨，天顺间建。鹌鹑山哨，景泰间建。赤水鹏，哨宣德间建，俱云南左卫官军。南平关哨，景泰间建。北寒场哨，正统间建。石天哑□哨，天顺间建。普吉村哨，弘治间建，俱云南右卫官军。观音堂哨，天顺间建。七孔坡哨，天顺间建。龙济桥哨，天顺间建。黑矣碑哨，景泰间建，俱云南中卫官军。梁王山哨，宣德间建。黑龙潭哨，弘治间建，俱云南前卫官军。接天石哨，成化间建。棠梨湾哨，天顺间建。六里箐哨景泰间建，俱云南后卫军官。七孔坡哨，天顺间建，广南卫官军。县府哨在富民县后山北隅，弘治十年（1497 年）建，云南右卫官军。黄土坡哨在呈贡县东三十里，成化二年（1466 年）建，本县土民。黄土坡哨在归化县西十里，□□□之巅山，弘治四年（1491 年）建。云南中卫官军。

---

[1] 昆明市人民政府编：《云南省昆明市地名志》（内部发行），1987 年，第 425 页。

[2] （正德）《云南志》卷二《云南府》，方国瑜主编：《云南史料丛刊》第六卷，昆明：云南大学出版社，2000年，第 129 页。

龙济桥哨，在州东南。马鞍山哨，在州西。俱云南中卫官军。[1]康熙《云南府志》中记载的明代云南府管辖的哨有：普吉哨、黄土坡哨、半箇箐哨、太平哨、双桥哨、十里坡哨、两旦石哨、桃园哨、响水哨、关索岭哨、马喇唎哨、白石崖哨、窑哨、一碗水哨，以上各哨明制共设哨兵一百八十七名，今裁。[2]从哨的地名来看，云南六卫管辖的哨的位置设置一般在箐、关、潭等重要的地理位置和关口，哨在云南的设置一般在明代中期以后。

云南铺舍大抵与江南中州不同。江南中州铺司兵俱民户轮充，一年一换。云南或以民户，或系国初调来军士，俱环铺居住耕种，子孙世役。总铺在云南布政司南，金马铺在金马山，板桥铺在板桥驿前，赤水鹏铺在赤水鹏巡检司，黑林铺在府治西十里黑林里，高桥铺在碧鸡山下，清水江铺在清水江巡检司，已上铺俱在昆明县地方。[3]

在今天昆明还保留了一些明代时期的卫所屯田聚落地名，如大哨[4]、小哨[5]、北仓上营[6]、白岩哨[7]、前卫屯[8]、小坝[9]、马军场[10]、织布营[11]、肖家营[12]、傅家营[13]、大罗家营[14]、刘家

---

❶ （正德）《云南志》卷二《云南府》，方国瑜主编：《云南史料丛刊》第六卷，昆明：云南大学出版社，2000年，第129–130页。

❷ （康熙）《云南府志》卷四《建设志四·关哨津梁》，康熙三十五年（1696年）刻本。

❸ （正德）《云南志》卷二《云南府》，方国瑜主编：《云南史料丛刊》第六卷，昆明：云南大学出版社，2000年，第130页。

❹ 在昆明北郊，烟墩山麓，7204公路两侧，距市区23.4千米，村始建于明代，聚落依山垭口呈块状。昆明市人民政府编：《云南省昆明市地名志》（内部发行），1987年，第415页。

❺ 在昆明北郊，花鱼沟北面，距市区19.3千米，村始建于明代，聚落7204公路两侧，呈点状分布。昆明市人民政府编：《云南省昆明市地名志》（内部发行），1987年，第415–416页。

❻ 在昆明北郊，落索坡南面，距市区6.3千米，是明代的军粮仓库，因在昆明城北，故名北仓。曾有军队分三处驻守，称上营、中营、下营。居北者曰北仓上营，后演变为村，呈长方形块状聚落。昆明市人民政府编：《云南省昆明市地名志》（内部发行），1987年，第416页。

❼ 在昆明东郊。官渡区小哨、小河、大板桥、双龙四个办事处交界地附近，距市区21千米，早前，古驿道经此并设哨，附近有白色岩石，故名。村落始建于清，处山狭谷。聚落呈山脊块状。昆明市人民政府编：《云南省昆明市地名志》（内部发行），1987年，第417页。

❽ 在昆明东北郊，金殿东北面，距市区18.3千米，以明代驻军屯田得名。聚落依缓坡呈不规则块状分布。昆明市人民政府编：《云南省昆明市地名志》（内部发行），1987年，第417页。

❾ 在昆明东北郊，金汁河畔，距市区1.6千米，地处平坝，因旧时金汁河中筑小水坝得名，聚落沿穿金路两侧略呈长方形块状分布，始建于明。昆明市人民政府编：《云南省昆明市地名志》（内部发行），1987年，第418页。

❿ 在昆明东郊，金马寺南面，距市区2.1千米。地处平坝，古代通京驿道经此，明代此处驻有马军（即骑兵），故名。聚落沿金马公路两侧略呈三角形块状分布。昆明市人民政府编：《云南省昆明市地名志》（内部发行），1987年，第419页。

⓫ 在昆明东南郊，小板桥西面，距市区9.2千米，地处平坝，明代兵营，后屯田演变为村，村民多以织布为业，故名。村落略呈长方形块状分布，小溪绕村而流。昆明市人民政府编：《云南省昆明市地名志》（内部发行），1987年，第422页。

⓬ 在昆明南郊，自卫村南面，距市区17.8千米，古为兵营，以首领姓氏命名，村始建于明代，呈方形，块状聚落。昆明市人民政府编：《云南省昆明市地名志》（内部发行），1987年，第424页。

⓭ 在昆明南郊，普自村西面，距市区12.5千米。地处平坝，明代设兵营，为大将军傅友德后裔所居，是明末兵部尚书傅宗龙故里，故名。聚落略呈长方形块状分布。昆明市人民政府编：《云南省昆明市地名志》（内部发行），1987年，第424页。

⓮ 在昆明南郊，矣六（村）南面，距市区22.1千米，为明代兵营，以首领姓氏命名，后演变为村，村分大小，此为大村，故名。聚落依滇池东安沙滩，略呈方形块状分布。昆明市人民政府编：《云南省昆明市地名志》（内部发行），1987年，第424页。

营❶、范家营❷、小屯❸、律哨凹子❹、烟子哨❺等。这些聚落都在当时云南会城昆明附近屯田，云南六卫在云南会城昆明附近进行屯田耕种，形成一种具有军事特征的城乡关系。

从明代昆明城六个卫屯田和驿、堡、铺、哨戍守地看，卫所军队不仅保卫城池官署衙门，还进行农业生产，从而形成具有军事特征的城乡关系。这种带有军事结构的城乡关系，有力地保障中心区域城市安全，是明代国家治理体系的重要表现。

四、结　语

综上所述，我们可以大致廓清明代云南会城的选址的地理环境、内部城市形态，随着明王朝统治的加深，云南府昆明城衙署不断地设立，明代会城昆明城的政治空间不断地增长。通过对昆明城周边的卫所屯田点的分析，云南府城昆明与周边屯田聚落形成一种带有军事特征的城乡结构关系，这是明代国家基层治理体系的重要表现，有效地巩固了明代的统治和国家安全。

---

❶ 在昆明西北郊，王家桥北面，云南冶炼厂南面，距市区（西站）6.5千米。明代为军屯营地，后成村，以村名姓氏得名，村舍略呈长方形块状聚落，四周有水田环绕。昆明市人民政府编:《云南省昆明市地名志》（内部发行），1987年，第427页。

❷ 在昆明西北郊，王家桥东北面，距市区（西站）6.5千米，明代是军屯营地，后成村，以村名姓氏得名。村舍略呈长方形块状聚落。昆明市人民政府编:《云南省昆明市地名志》（内部发行），1987年，第428页。

❸ 在昆明西北郊，黄土坡北侧，距市区（西站）4.5千米，旧时曾在此军屯，名上中营，亦名小屯，形成村落后，沿用小屯之名，聚落成长方形。昆明市人民政府编:《云南省昆明市地名志》（内部发行），1987年，第428页。

❹ 在昆明西北郊，盛家塘西南面，律哨水库东北面，距市区32千米，明、清在此设过哨所，故称立哨，又因地势低洼，演写为律哨凹子，村舍呈方块状聚落。昆明市人民政府编:《云南省昆明市地名志》（内部发行），1987年，第431页。

❺ 在昆明北郊，落水洞水库南面，三多水库西北面，直距市区18千米，明、清时在此设哨，以燃火所起之烟为信号，故名，聚落于山坳，略呈圆形。昆明市人民政府编:《云南省昆明市地名志》（内部发行），1987年，第432页。

明代川滇黔三省分治下乌撒地区军政管控与交通护卫探析

夏自金

（德宏师范高等专科学校）

乌撒以乌蛮乌撒部所居之地而得名，地处今天贵州与云南交界处。元初设乌撒宣慰司兼管军万户府❶，同时设乌撒路，辖境约为今云南镇雄县、贵州威宁县、赫章县境和毕节市部分地区。❷元明清时期乌撒以其交通位置的重要性和民族关系特殊性，特别是云南与内地重要交通驿路干线线路东移，由元代的“乌蒙道”变为明代“乌撒道”，成为明代西南边疆云南与内地和长江航道相接的重要驿站道路，乌撒地区的交通战略地位凸显，明朝加强了乌撒地区的军政管控和驿站道路护卫，乌撒地区出现了川、黔、滇三省分治的特殊管理模式，有力地维护了西南边疆稳定和交通安全。以往对于明代川滇黔交汇处乌撒地区的研究，学界从政区考释、土司制度❸和交通发展❹等视角多有研究，很少关注交通道路变迁与交通护卫、军政管控方式的变化，明代创设乌撒地区三省分治下的军政管控和交通护卫模式，尚无人进行深入研究，本文拟对此进行探讨。

一、明初由川入滇交通干线东移与乌撒交通战略地位凸显

自汉晋隋唐宋元以来，云南有两条传统的经由四川与内地联系的重要交通干线，即西线清溪关道，东线石门关道。元代东线石门关道设置为站赤道❺，称为“由中庆经乌蒙老雅乙抹入四川水陆站赤道”，从中庆路城（今昆明）经嵩明州、曲靖路、乌蒙路（今

---

❶ [明] 宋濂等:《元史》卷一五《世祖纪十二》，北京：中华书局，1976 年，第 312 页。

❷ [明] 宋濂等:《元史》卷六一《地理志四》，北京：中华书局，1976 年，第 1483 页。

❸ 相关论著如方国瑜:《中国西南历史地理考释》，北京：中华书局，1987年；方国瑜:《彝族史稿》，成都：四川民族出版社，1984 年；方铁:《西南通史》，郑州：中州古籍出版社，2003 年；王继超:《乌撒简史》，贵阳：贵州民族出版社，2015 年；王文光、段丽波:《试论明朝对乌蒙等部的治理及其政治搏弈关系》，《云南师范大学学报》，2008 年第 3 期，第 57-62 页；东人达:《乌撒彝族土司研究》，《贵州民族研究》，2010 年第 6 期，第 116-121 页；郭声波、王开队:《由虚到实——唐宋以来川云贵交界区犬牙相入政区格局的形成》，《江汉论坛》，2008 年第 1 期，第 73-77 页。

❹ 陆韧:《明代云南的驿堡铺哨与汉族移民》，《思想战线》，1999年第6期，第85-89页；陆韧:《云南对外交通史》，昆明：云南人民出版社，2011 年；[美] 李中清著，林文勋、秦树才译:《元明清时期中国西南地区的交通发展》，《思想战线》，2008 年第 2 期，第 70-75 页；陈庆江:《元代云南通四川、湖广驿路的变迁》，《中国历史地理论丛》，2003 年第 2 期。

❺ [明] 解缙等辑:《永乐大典》卷一九四一九，引《经世大典·站赤篇》，转引自方国瑜主编:《云南史料丛刊（第二卷）》，昆明：云南大学出版社，1998 年，第 634 页。

云南昭通）至四川宜宾共立水陆站赤21个[1]，这条道路元代简称为“乌蒙道”。乌蒙道是经由乌蒙（今云南昭通）连接四川宜宾入川或在宜宾接长江水道的重要交通干线，因此元朝“立川蜀水驿，自叙州达荆南府”[2]，到达长江中下游地区。元代乌蒙道上最重要的控制性区域为乌蒙路地区，“乌蒙乃云南咽喉之地”[3]，乌蒙道险阻异常，不仅要经过险厄的石门关（今云南盐津豆沙关），而且从盐津老雅乙抹滩头站（今盐津滩头镇）沿横江入金沙江航道的“乌蒙水路险恶，舟多破溺”[4]。因此元朝多次议将此重要的交通干线走向略东移经由乌撒地区入川至泸州与长江航道相接，但终因各种原因阻碍，未能成为正式的驿站道路[5]，故《经世大典》《析津志·天下站名》等均未有乌撒道的站赤记载。但明初则实现了乌蒙道向乌撒道的变迁，即从经由乌蒙地区东移为经由乌撒地区至泸州入川，乌撒道成为具有重要战略意义的交通干线。

明初为平定西南边疆，从洪武四年（1371年）起就多次“遣使往谕云南、八番、乌撒等诸蛮”[6]，由此可见处于交通战略地位的乌撒与云南、八番（今贵州省贵阳地区）同等重要。洪武十四年（1381年）九月，朱元璋任命颍川侯傅友德为征南将军，永昌侯蓝玉为左副将军，西平侯沐英为右副将军，统率三十万征南大军往征云南，分两路进兵，“自永宁先遣骁将别率一军以向乌撒，大军继自辰、沅以入普定，分据要害，乃进兵曲靖，曲靖，云南之喉襟，彼必并力于此以拒我师，审察形势，出奇取胜正在于此。既下曲靖，三将军以一人提劲兵趋乌撒，应永宁之师。大军直捣云南，彼此牵制，彼疲于奔命，破之必矣”[7]。三十万征南大军自南京出发，分兵两路，从北、从东两方大举向云南挺进：北路，傅友德分遣都督郭英、胡海洋等领兵5万由四川南下“从征云南，由永宁趋乌撒，进克可渡河”[8]。胡海洋5万大军行进道路正是“乌撒道”[9]，由此可见乌撒道在明朝平定西南边疆发挥了极其重要的军事交通战略作用。胡海洋进入乌撒后，随即开展招抚，以军事力量护卫道路畅通，“遂城乌撒，得七星关以通毕节，又克可渡河”[10]，明军屯兵乌撒，筑乌撒城，作为明朝平定云南征战时期的交通护卫据点，占领七星关[11]，攻克可渡河[12]，使明

---

[1] 陆韧：《高原通途——云南民族交通》，昆明：云南教育出版社，2000年，第62页。

[2] ［明］宋濂等：《元史》卷一〇《世祖纪七》，北京：中华书局，1976年，第201页。

[3] ［明］宋濂等：《元史》卷一〇〇《兵志三·屯田》，北京：中华书局，1976年，第2578页。

[4] ［明］宋濂等：《元史》卷一六《世祖纪十六》，北京：中华书局，1976年，第364页。

[5] ［明］解缙等辑：《永乐大典》卷一九四一九，引《经世大典·站赤四》，北京：中华书局，1986年影印版，第7217页。

[6] 《明太祖实录》卷六七，洪武四年八月己酉，台北：台湾“中研院”历史语言研究所，1962年，第1268页。

[7] 《明太祖实录》卷一三九，洪武十四年九月壬午，台北：台湾“中研院”历史语言研究所，1962年，第2185页。

[8] ［清］张廷玉等撰：《明史》卷一三〇《胡海传》，北京：中华书局，1974年，第3831页。

[9] 《明太祖实录》卷一三九，洪武十四年九月丁未，台北：台湾“中研院”历史语言研究所，1962年，第2193页。

[10] 《明太祖实录》卷一四〇，洪武十四年十二月庚辰，台北：台湾“中研院”历史语言研究所，1962年，第2215页。

[11] 七星关，位于贵州省毕节市七星关区与赫章县交界之七星河处，是贵州交通三大名关之一。

[12] 可渡河，主河道为宣威与贵州的威宁、水城的界河。由西北向东南流经龙潭、得禄、倘塘、杨柳等交通重要站点，与北盘江的干流格香河在普立的腊龙汇合称为北盘江。

朝控制了云南与内地联系最重要的交通干线之一“乌撒道”，保障西南边疆云南与明朝中央的联系。

为维护平定云南所取得的胜利成果，云南初定，朱元璋虽下令对进入云南的交通道路进行全面的官道驿站建设，“今遣人置邮驿通云南，宜率土人随其疆界远迩，开筑道路，其广十丈，准古法以六十里为一驿，符至奉行”❶。乌撒道成为明朝云南交通驿站道路建设的重点，朱元璋诏谕曰：“自永宁至乌撒卫，由可渡河，亦系使客经行大道，本处土人毋得阻滞人行，如有阻滞经行，照依地方剿捕”❷。由此确立乌撒道由卫所护卫的基本原则。洪武年间对乌撒道进行疏通水道、设置驿、站、铺舍建设。❸

第一，疏通进入长江航道的永宁河水道。永宁河是由今四川叙永流入长江的支流，洪武二十三年九月景川侯曹震“疏四川永宁河。时，永宁宣慰使司言：‘所辖之地，水道有百九十滩，其江门、大滩等八十二处皆石塞其流。’诏景川侯曹震往疏凿之”❹。疏通永宁河的目的是使乌撒道从云南陆行至明代永宁宣抚司（今四川叙永县）便开始利用永宁河水道至泸州（今四川泸州市）进入长江航道，水路是古代交通最便捷的方法，疏通永宁河水道，可极大地节约交通运输成本。

第二，军事驿传设施堡、站的设置。洪武二十年（1387 年）朱元璋即命沐英统筹乌撒道整条道路的驿站和军堡的布局，“自永宁至大理每六十里设一堡，置军屯田，兼令往来递送，以代驿传。于是自曲靖火忽都至云南前卫易龙设堡五”❺。乌撒道途经云南境内的区段设置 5 个军堡负责驿站递送建设，主要有沾益站（今云南沾益）、倘塘站（今云南宣威市北倘塘镇）、普德归站（约为今云南宣威市杨柳乡可渡村）。❻

第三，进行全面的驿、军站❼建设。洪武二十四年贵州都指挥同知马烨全面统筹乌撒道整条道路的驿站布局，马烨“置永宁至沾益州邮传四十八”❽。由贵州进入四川主要站点有乌撒驿、站（驿、站并设，均在今贵州威宁县城），瓦甸站（贵州赫章县双平乡瓦店村），黑张站（今贵州赫章县城），周泥驿（今毕节市杨家湾镇周驿站），毕节驿、站（驿、站并置，均在今毕节市），层台驿（今贵州毕节市层台镇），白岩驿，赤水驿（今四川叙永县赤水镇），阿永站，摩泥驿、站（今四川叙永县摩尼镇），普市驿（今四川叙永县正

---

❶ 《明太祖实录》卷一四二，洪武十五年二月癸丑，台北：台湾“中研院”历史语言研究所，1962年，第2232页。

❷ ［明］张紞：《云南机务抄黄》，见方国瑜主编，徐文德、木芹纂录校订：《云南史料丛刊》第4卷，昆明：云南大学出版社，1998 年，第 558-559 页。

❸ 姜建国：《明代贵州驿道交通变迁及其原因》，《历史地理》第 37 辑，上海：上海人民出版社，2018 年。

❹ 《明太祖实录》卷二〇四，洪武二十三年九月戊午，台北：台湾“中研院”历史语言研究所，1962年，第3059页。

❺ 《明太祖实录》卷一八七，洪武二十年十二月丁巳，台北：台湾“中研院”历史语言研究所，1962年，第2805页。

❻ 可渡村位于云南省宣威市杨柳乡，自古便为中原入滇的咽喉，号称“秦道明关，滇黔锁钥”。

❼ 姜建国：《明代贵州驿道交通变迁及其原因》，《历史地理》第37辑，上海：上海人民出版社，2018年。明代贵州境内交通干线上既设有传统的驿，又设置了负责军事护卫和驿传递送任务的军站。

❽ 《明太祖实录》卷二一一，洪武二十四年八月甲戌，台北：台湾“中研院”历史语言研究所，1962年，第3138页。

东镇普市村），永宁驿（今四川叙永县城）。❶从永宁驿开始即沿用宁河走水路至四川泸州（今四川泸州市）接长江航道或入川。因为明朝前期建都南京，永乐十九年后迁都北京，无论怎样借助长江航道至南京或常德转陆路前往北京是明代云南与中央王朝联系的最便捷交通，所以“乌蒙道”东移变迁为“乌撒道”密切了西南边疆云南与中央的联系。

第四，设置急递铺，确保中央王朝在西南边疆政令通达和边情上报及时。洪武二十四年“贵州都指挥同知马烨巡示所置邮传未有邮卒，请以谪戍军士应役，每十铺置百户一人总之，就屯田自给”❷，这说明乌撒道由贵州都司负责急递铺的设置和护卫，大约每十铺派一百户长管理，每铺约有卫所官军11人“应驿”，并就地屯田。乌撒卫管理乌撒至云南沾益“乾海子铺、腰站铺、箐头铺、可渡河铺、箐底铺、云关铺、倘塘铺、通南铺、来宾铺、十里铺、沾益铺、在城铺、二铺、泉水铺、青石铺、旧瓦甸铺、赤冈铺、水塘铺。各司兵不等”❸。毕节卫下辖“丰乐铺、长冲铺、鸦关铺、云山铺、撒剌居铺、周泥铺、虎岭铺、平山铺、野马铺、乌平铺、威镇铺、迎宾铺、木稀铺、头铺、二铺、归化铺”❹赤水卫有“赤水铺、清水铺、阿永铺、阿落密铺、层台铺、木落铺、板桥铺、寅宾铺”❺等共43铺，“俱洪武间颍川侯奏设”❻。

经过洪武年间的大力建设和经营，乌撒道已经建设成为西南边疆联系内地最重要和设施完善的驿道之一。为了充分发挥这条驿道在护卫西南边疆和政令通达的作用，明朝特别在这条道路的每个驿站设置有储米粮仓“命户部自四川永宁至云南，每驿储米二百五十石以给谪戍云南者”❼。乌撒道经由川、滇、黔三省地界，乌撒地区成为这条驿站道路上最为关键的控制性节点，成为云南与中国统治中心和经济发达地区交通的要冲和枢纽，乌撒地区的交通战略地位凸显，因此明朝非常重视对这一区域的管控，在乌撒地区形成了行政管理属于四川布政司乌撒府，军事镇戍属于贵州都司乌撒卫，乌撒道在云南境内的区段的交通护卫则归属于贵州都司乌撒卫下属的乌撒后所护卫，使乌撒地区在明代形成川滇黔分治的局面。

---

❶［明］沈庠修，赵瓒纂：（弘治）《贵州图经新志》卷一六《乌撒卫指挥使司·公署》，见黄加服、段志洪主编：《中国地方志集成·贵州府县志辑》第1册，成都：巴蜀书社，2006年，第174页。

❷《明太祖实录》卷二一一，洪武二十四年八月甲戌，台北：台湾“中研院”历史语言研究所，1962年，第3138页。

❸［明］王耒贤、许一德修纂：（万历）《贵州通志》卷一〇《乌撒卫》，见《日本藏中国罕见地方志丛刊》第17册，北京：书目文献出版社，1991年，第208页。

❹［明］王耒贤、许一德修纂：（万历）《贵州通志》卷一〇《毕节卫》，见《日本藏中国罕见地方志丛刊》第17册，北京：书目文献出版社，1991年，第198-199页。

❺［明］王耒贤、许一德修纂：（万历）《贵州通志》卷一一《赤水卫》，见《日本藏中国罕见地方志丛刊》第17册，北京：书目文献出版社，1991年，第218页。

❻［明］王耒贤、许一德修纂：（万历）《贵州通志》卷一〇《乌撒卫》，见《日本藏中国罕见地方志丛刊》第17册，北京：书目文献出版社，1991年，第208页。

❼《明太祖实录》卷一八三，洪武二十年七月丁未，台北：台湾“中研院”历史语言研究所，1962年，第2761页。

二、乌撒道军事护卫与乌撒卫准实土卫所屯田镇戍

贵州建省较晚，明永乐十一年（1413年）贵州布政使司设立为贵州建省的标志，而主管军事的贵州都指挥使司的设置却早于贵州建省，因为明朝巩固和稳定西南边疆战略中，管控贵州，打通并护卫经由贵州进入云南的交通道路是关键，所以贵州地区设置卫所和军事机构贵州都指挥使司设置早于贵州建省。洪武十四年（1381年）九月征南大军进军云南，洪武十五年元月，云南大部平定，全靠交通道路畅通来保障明朝中央对几十万征南大军的军事调度、后勤保障和粮饷供应。而由当时的明朝都城南京连接云南的两条道路“乌撒道”“普安道”所经地区处于元朝四川行省、湖广行省和云南行省三省交界地区，无法进行统筹护卫，于是在平定云南大部的洪武十五年（1382年），首先设置贵州都司及云南左、右、前、后、普定、黄平、建昌、东川、乌撒、普安、水西、乌蒙、芒部、尾洒14个卫。[1]这14个卫除了“云南左、右、前、后”4卫外全部均布局于经贵州、四川入云南的两条交通干线上，初由贵州都司统辖，其中在彝族聚居区的交通干线上就有建昌、东川、乌撒、普安、水西、乌蒙、芒部等卫[2]，足见明太祖朱元璋对明朝中央进入云南交通干线的重视。洪武十五年（1382年）二月云南都指挥使司成立[3]，部分军卫转归云南都司统辖，但为了更好地解决军粮的集中调运，必须确保道路畅通，明朝特别重视充分利用长江水道运送军粮乌撒道的护卫，洪武十五年（1382年）八月朱元璋给傅友德、蓝玉、沐英的诏书要求在乌撒道设置军卫屯堡“俾馈饷岁足。如是则兵卫相属，道路易通，无事则分兵驻守，有警则合兵剿捕”[4]。并对彝族聚居区的东川、芒部、乌撒诸卫进行重新调整，将兵力集中于交通干线乌撒道上，“将东川卫于七星关南一日半，乌撒往北一日半，立为一卫，令东川人民供给；其乌撒令乌撒人民供给，务要岁足军食；七星关立一卫，或乌蒙，或芒部合令那处蛮人供给，务要岁足军食；自永宁迤南至七星关，分中札一卫，令六诏、羿子等蛮人供给，务要岁足军食”[5]。随后特别敕谕傅友德“兵既艰食，固不宜分。止于赤水、毕节、七星关各置一卫。黑张之南，瓦店之北，中置一卫，如此分守，则云南道路往来无碍矣”[6]，平定云南不足半年，乌撒道上迅速布局永宁、七星关、赤水、毕节和乌撒5个卫。洪武二十一年（1388年）九月陕西都指挥马烨征南还朝奏言：“泸州与永宁接壤乃诸蛮出入之地，宜置守兵”，明朝随“置泸州、赤水、层台三

[1]《明太祖实录》卷一四一，洪武十五年春正月丁亥，台北：台湾“中研院”历史语言研究所，1962年，第2224页。

[2]《明太祖实录》卷一四一，洪武十五年春正月丁亥，台北：台湾“中研院”历史语言研究所，1962年，第2224页。

[3]《明太祖实录》卷一四二，洪武十五年二月癸丑，台北：台湾“中研院”历史语言研究所，1962年，第2232页。

[4]《明太祖实录》卷一四六，洪武十五年秋七月己巳，台北：台湾“中研院”历史语言研究所，1962年，第2293页。

[5]《明太祖实录》卷一四六，洪武十五年秋七月己巳，台北：台湾“中研院”历史语言研究所，1962年，第2292-2293页。

[6]《明太祖实录》卷一四七，洪武十五年八月乙巳，台北：台湾“中研院”历史语言研究所，1962年，第2325页。

卫指挥使司”，并“调长安等卫官军一万五千二百二十人分置各卫”❶。当西南边疆完全稳定后，明朝对乌撒道的护卫力量进行了调整，洪武二十七年（1394年）六月撤层台卫❷，增设普市守御千户❸，将“滇、蜀、贵州之冲，山溪险峻”❹不利于卫所屯田的七星关卫改置为七星关千户所❺，属乌撒卫指挥使司，后改属毕节卫❻。由此可见几乎乌撒道所有的交通节点关隘都设置了军卫，其密度远远大于其他地区，形成了军事镇戍管控乌撒道的局面。

在乌撒道的军事护卫中，乌撒卫交通战略位置特别重要，因为乌撒道上“有七星关河，亦曰可渡河，源出四川乌撒府，即北盘江上流，七星关在其上，下流入云南沾益州界”❺，也就是说乌撒卫正处于乌撒道上通七星关，下入云南沾益的交通枢纽处，是全面管控乌撒道的关键节点，明朝对乌撒卫不仅采用军事力量强化，而且采取了准实土卫所的管理方式。

首先，强化乌撒卫军事实力，洪武二十一年（1388年）八月朱元璋“命户部运钞七十五万七千四百锭往四川永宁宣抚司，赐普定侯陈桓等所统征南军士十二万九千三百九十七人及乌撒卫军士五千三百余人”❻。这时乌撒卫虽然只有5300名官军，但朱元璋却将其与普定侯所率近13万征南大军并列提及赐予军需钞锭，说明乌撒卫具有特别重要的战略意义。随后，明朝不断调军增强乌撒卫是军事力量，到明朝中期，嘉靖《贵州通志》所记乌撒卫指挥使司的军士数量更是高达9338人。❼由此可见，与正常的明代军卫5600人比，乌撒卫大大超编，这是因为乌撒卫所处川滇黔三省交界处，军事镇戍任务繁重，为了长驻屯镇，乌撒卫近万官军及其家小散布于乌撒地区进行军事屯田，形成沿交通线分布，驻守屯田，战时防御，平时耕作的镇戍态势。

其次，乌撒卫准实土卫所的性质决定了该卫有明确的卫所辖地及其界线，据弘治《贵州图经新志·至到》所记乌撒卫“东至毕节卫界一百五十四里，西至四川乌蒙府界二百里，南至云南曲靖军民府界二百三十七里，北至四川芒部府界二百里，东南到普安卫界五百七里，西南到四川东川军民府界二百五十里，东北到毕节卫界三百九十里，西

---

❶《明太祖实录》卷一九四，洪武二十一年冬十月庚午，台北：台湾“中研院”历史语言研究所，1962年，第2914页。

❷［清］张廷玉等撰：《明史》卷四六《地理志七·贵州》，北京：中华书局，1974年，第1216页。

❸《明太宗实录》卷二六一，永乐二十一年秋七月丙午，台北：台湾“中研院”历史语言研究所，1962年，第2390页。

❹［明］沈庠修，赵瓒纂：（弘治）《贵州图经新志》卷一六《毕节卫指挥使司·关梁》，见黄加服、段志洪主编：《中国地方志集成·贵州府县志辑》第1册，成都：巴蜀书社，2006年，第170页。

❺［清］张廷玉等撰：《明史》卷九〇《兵志二·卫所》，北京：中华书局，1974年，第2212页。

❻［清］张廷玉等撰：《明史》卷四六《地理志七·贵州》，北京：中华书局，1974年，第1216页。

❺［清］张廷玉等撰：《明史》卷四六《地理志七·贵州》，北京：中华书局，1974年，第1216页。

❻《明太祖实录》卷一九三，洪武二十一年八月乙巳，台北：台湾“中研院”历史语言研究所，1962年，第2893页。

❼［明］谢东山、张道修纂：（嘉靖）《贵州通志》卷四《兵防》，见黄加服、段志洪主编：《中国地方志集成·贵州府县志辑》第1册，成都：巴蜀书社，2006年，第306页。

北到四川叙州府界六百五十里”❶。辖境广大，超过乌撒府的地界，同时说明乌撒卫屯田护卫区域也非常广。据陆韧研究指出，明代卫所移民的计算为1名正军需附带1名军余，正军和军余均需带家小到卫所镇戍屯田，因此每一名正军的移民数应该按两个家庭算。以核心家庭每户3人计算，乌撒卫9338名官军实际等于1.8万余户，近6万人分布在乌撒卫辖境内镇戍屯田。❷就镇戍兵力而言，驻兵屯种，既可以加强防御，镇戍地方，又可以解决军粮需求问题。对东川、芒部、乌蒙、乌撒等彝族聚居区，朱元璋认为“其地山势险峻，道路崎岖，林箐深邃，……宜且驻兵屯种，待以岁月，然后可图也”❸。

就乌撒卫而言，洪武二十七年（1394年）九月，云南乌撒军民府知府卜穆曾上奏朝廷，诉说沾益州屡侵夺其地，朱元璋诏令西平侯沐春理断。洪武二十八年（1395年），西平侯沐春对这一事情给出处理结果，并上言：“沾益、乌撒地境相邻，连年争地不决，宜以所争地给乌撒卫官军屯种。可之。”❹可见乌撒卫已经开始进行屯种。据民国《威宁县志》卷十一《屯垦志》整理，乌撒卫所辖五所，其方位为：中所，附城；前所，即七星关一带；后所，即宣威，今隶云南；左所，在城西四十里左所塘；右所，在城东五十里结里。而五所之下屯田的具体地名为：

各屯田地皆系分隶五所，自宣威划隶云南后，仅余四十八屯，即：小屯、南屯、头塘屯、二铺屯、头屯、水石屯、客家屯、幺站屯、四铺屯、五里屯、瓦店屯、水槽屯、水塘屯、西屯、七里屯、黄泥屯、前毛屯、汪家屯、干河屯、石板屯、牛困屯、东屯、石鸡屯、凉鸡屯、躲雨屯、大北屯、水草屯、张望屯、尚家屯、吴官屯、陈广屯、外家屯、海子屯、马家屯、卯官屯、杨湾屯、乌木屯、耿家屯、官坊屯、野马屯、响水屯、郝邬屯、辛官屯、白草屯、薛家屯、郑家屯、幺站屯、站坡屯❺。

明代军事屯田的生产组织是以“屯”为基本单位。一般言之，屯的基层组织是“屯所”，即“屯田百户所”。❻宣德年间，贵州按察使应履平在给朝廷的奏事中提到“贵州诸卫城池二十有六，屯堡七百有余”❼。明末川贵总督朱燮元在奏疏中回忆说，“昔年设立黔省之初，止置卫所而无郡县，只有屯堡而无村落。及后渐次充拓，添设府州县治。所

---

❶ ［明］沈庠修，赵瓒纂：（弘治）《贵州图经新志》卷一六《乌撒卫指挥使司·至到》，见黄加服、段志洪主编：《中国地方志集成·贵州府县志辑》第1册，成都：巴蜀书社，2006年，第173页。

❷ 陆韧著：《变迁与交融——明代云南汉族移民研究》，昆明：云南教育出版社，2001年，第36-39页。

❸ 《明太祖实录》卷一九二，洪武二十一年秋七月丁酉，台北：台湾“中研院”历史语言研究所，1962年，第2890页

❹ 《明太祖实录》卷二三六，洪武二十八年二月庚午，台北：台湾“中研院”历史语言研究所，1962年，第3452页。

❺ 苗勃然，王祖奕纂：（民国）《威宁县志》卷一一《屯垦志》，见黄加服，段志洪主编：《中国地方志集成·贵州府县志辑》第50册，成都：巴蜀书社，2006年，第604-605页。

❻ 王毓铨：《明代的军屯》，北京：中华书局，1965年，第182页。

❼ 《明宣宗实录》卷九七，宣德七年十二月戊戌，台北：台湾“中研院”历史语言研究所校勘影印本，1962年，第2186页。

谓民者，皆苗”❶。这是指明初的情况，也可以间接反映出乌撒卫的屯田情况。

三、明代乌撒治乱与乌撒府归川

乌撒地区为彝族分布的核心地带，周边有乌蒙、芒部、东川等诸彝族部落，各部落不仅地域相连，而且民族社会结构相同，生产生活方式一致，而且“东川、芒部诸夷，种类皆出于罗罗。厥后子姓蕃衍，各立疆场，乃异其名曰东川、乌撒、乌蒙、芒部、禄肇、水西。无事则互起争端，有事则相为救援”❷，历代王朝均将其看作一个整体进行治理。如元朝设乌撒乌蒙宣慰司，统管“乌撒部、阿头部、易溪部、易娘部、乌蒙部、简畔部”❸等。《明史》卷三百一十一《四川土司传》中专设《乌蒙乌撒东川镇雄四军民府列传》，并称“乌蒙、乌撒、东川、芒部，古为窦地、的巴、东川、大雄诸甸，皆唐乌蒙裔也”❹，说明其历史渊源和内部联系非常紧密，一有动静，则互通声息。如元朝大德五年（1301年）罗鬼反叛，“乌撒、乌蒙、东川、芒部诸蛮从之皆叛，陷贵州”❺，这样的联合行动影响广大，朝廷难以治乱，往往采取调整行政区划的方式，分割各部，削弱其联合势力，元末后至元元年（1335年）“诏以乌撒、乌蒙之地隶四川行省”❻，将原属云南行省乌撒、乌蒙划归四川行省，分割乌撒、乌蒙、东川、芒部的整体实力，疏解了西南边疆云南少数民族管理压力。

明初洪武十四年（1381年）出兵平定云南时，朱元璋就意识到该区民族复杂性，指示征南大军说：“西南诸部，自古及今，莫不朝贡中国。朕受天命为天下主十有五年，而乌蒙、乌撒、东川、芒部、建昌诸部长犹桀骜不朝。朕已遣征南将军颍川侯、左副将军永昌侯、右副将军西平侯率师往征。”❼平定云南的征南大军挺进云南，“于是东川、乌蒙、芒部诸蛮震詟，皆望风降附”❽。但大军刚过，洪武十五年（1382年）四月“乌撒诸蛮复叛”❾，六月，迫使征南右副将军西平侯沐英自大理还军滇池，镇戍云南会城（今昆明），甚至在不得已的情况下，沐英只得亲自带兵与征南将军颍川侯傅友德兵汇合进击乌撒，

---

❶《崇祯长编》卷六四，崇祯五年十月壬辰，《明实录》附录本，台北：台湾“中研院”历史语言研究所校勘影印本，1962年，第3752-3753页。

❷［清］张廷玉等撰:《明史》卷三一一《四川土司列传一·乌蒙乌撒东川镇雄四军民府列传》，北京：中华书局，1974年，第8004页。

❸［明］宋濂等:《元史》卷六一《地理志四》，北京：中华书局，1976年，第1483页。

❹［清］张廷玉等撰:《明史》卷三一一《四川土司传》，北京：中华书局，1974年，第8002页。

❺［明］宋濂等:《元史》卷一六二《刘国杰传》，北京：中华书局，1976年，第3812页。

❻［明］宋濂等:《元史》卷三八《顺帝纪一》，北京：中华书局，1976年，第828页。

❼［清］张廷玉等撰:《明史》卷三一一《四川土司列传一·乌蒙乌撒东川镇雄四军民府列传》，北京：中华书局，1974年，第8002页。

❽［清］张廷玉等撰:《明史》卷三一一《四川土司列传一·乌蒙乌撒东川镇雄四军民府列传》，北京：中华书局，1974年，第8003页。

❾［清］张廷玉等撰:《明史》卷三一一《四川土司列传一·乌蒙乌撒东川镇雄四军民府列传》，北京：中华书局，1974年，第8003页。

造成云南省会空虚，首尾难顾的困难局面。七月“大败其众，斩首三万余级，获马、牛、羊以万计”❶。虽然平定了乌撒之乱，但是滇中空虚，后院起火，“云南城守者少，诸夷因相扇为叛谋”，土官杨苴纠集蛮众二十余万来攻会城昆明❷，危及整个云南的安全。

如何加强乌撒地区的管控提上了明中央政府的日程。行政区划调整，再次成为加强该区管控的重要手段。敕征南将军傅友德等曰：“乌蒙、乌撒、东川、芒部诸酋长虽已降，恐大军一还，仍复啸聚。符到日，悉送其酋长入朝。”❸说明乌蒙、乌撒、东川、芒部同属于云南省管辖，势必还会再次出现乌蒙、乌撒、东川、芒部四部联合“啸聚”反叛的情况，所以朱元璋要求各部“悉送其酋长入朝”，通过朝贡方式对诸部首领进行政治控制的同时，还需要借助行政区划的手段，减轻西南边疆云南的管理压力。洪武十六年（1383 年）春正月随将云南所属乌撒、乌蒙、芒部三府隶四川布政使司，“以其地近四川，故割隶之”❹。洪武十七年（1384 年）五月，割云南东川府隶四川布政使司。并且将前已割隶四川布政司的乌撒、乌蒙、芒部等府升为军民府❺，至此将刚刚建立不久，原属云南布政使司之下的乌撒、乌蒙、芒部、东川四府调整到四川布政使司管辖，并升为军民府，减轻了云南的防守压力。

乌撒地区为滇蜀之咽喉要地，所设军民府“与本省永宁宣抚司、乌蒙军民府并贵州水西及云南沾益州境土相连”❻，据正德《四川志》乌撒军民府“东西广四百四十里，南北袤三百五里，东至贵州宣慰司界二百五十里，西至乌蒙军民府界一百九十里，南至云南沾益州界九十五里，北至芒部军民府界二百一十里，至四川一千二百五十里。京师九千四百八十里。南京六千三百一十里”❼。明代军民府主要设置于西南地区世居民族聚居地，隶属于布政使司，在明代的职官体系中属于文职土司。洪武初年凡“西南夷来归者，即用原官授之”，“以劳绩之多寡，分尊卑之等差，而府州县之名亦往往有之”❽。“芒部、乌蒙、乌撒、东川等军民府，即古之西南诸夷。我太祖平定川蜀之后，不尽以为郡县，即官其酋长以主族类，……羁縻驾驭，经久远略，无过于此”❾。乌撒军民府与乌撒卫指挥使

❶ ［清］张廷玉等撰：《明史》卷三一一《四川土司列传一・乌蒙乌撒东川镇雄四军民府列传》，北京：中华书局，1974 年，第 8003 页。

❷ 《明太祖实录》卷一四八，洪武十五年九月乙亥，台北：台湾“中研院”历史语言研究所，1962 年，第 2345-2346 页。

❸ ［清］张廷玉等撰：《明史》卷三一一《四川土司列传一・乌蒙乌撒东川镇雄四军民府列传》，北京：中华书局，1974 年，第 8003 页。

❹ 《明太祖实录》卷一五一，洪武十六年春正月辛未，台北：台湾“中研院”历史语言研究所，1962 年，第 2380 页。

❺ 《明太祖实录》卷一六二，洪武十七年五月辛丑，台北：台湾“中研院”历史语言研究所，1962 年，第 2511 页。

❻ 《明神宗实录》卷七七，万历六年七月癸酉，第 1664 页。

❼ ［明］熊相纂修：（正德）《四川志》卷二三《乌撒军民府・疆域》，见马继刚主编：《四川大学图书馆馆藏珍稀四川地方志丛刊续编》，成都：四川大学出版社，2015 年，第 1360 页。

❽ ［清］张廷玉等撰：《明史》卷三一〇《土司传・序》，北京：中华书局，1974 年，第 7982 页。

❾ ［明］陈子龙等：《皇明经世文编》卷一四九《与胡静庵论芒部改流革土书》，北京：中华书局，1962 年，第 1485 页。

司的犬牙相邻情形，在明人的视野下视为“祖宗立法固有深意，乃疆土错交黔域，府卫并在一域，而卫则属黔，府则属蜀”❶。军民府更多地体现为一种地方自治方式，多由当地世居民族长官任职，无权控制驻扎在其境内的卫所军兵，也是土司特殊政区的一种形式。

同时也使乌撒地区出现了军政管控分离的局面特殊管控模式，军事管控属于贵州都指挥使司，行政管理则属于四川布政使司。乌撒地区这种特殊的军政分离管控方式，其优势在于乌撒道交通干线的护卫由贵州都司统筹，乌撒卫的交通战略地位在于，“贵州已设都指挥使，然地势偏东，今宜于实卜所居之地立司，以便控制”❷，便于乌撒卫发挥关键节点的控制作用；乌撒府划归四川布政使司，减轻了乌撒道管控的民政压力。但是，“四川土司诸境，多有去蜀远去滇、黔近者。如乌蒙、东川近于滇，乌撒、镇雄、播州近于黔。明太祖略定边方，首平蜀夏，置四川布政司，使招谕诸蛮，次第归附。故乌蒙、乌撒、东川、芒部旧属云南者，皆隶于四川，不过岁输贡赋，示以羁縻”❸，明代乌撒地区军政分离的管控方式，虽然有利于交通护卫，但却疏于行政管理，只能“示以羁縻”，无法真正管理，还容易造成某些民族部落势力坐大，区域动荡不断，明代这种情况始终没有得到改变。

四、乌撒后所对云南境内乌撒路的交通护卫与屯田

乌撒后所属于乌撒卫，明初为保证明朝与云南的联系，便于互通声气以巩固统治，打通交通、卫戍干线变得举足轻重。洪武十五年（1382年）二月，明朝在平定云南之初，在加紧设置卫所的同时，朱元璋就遣使敕谕水西、乌撒、乌蒙、东川、芒部、沾益诸酋长：“今遣人置邮驿通云南，宜率土人随其疆界远迩开筑道路，其广十丈，准古法以六十里为一驿，符至奉行。”❹明朝非常重视对这条道路的修筑和维护，并不断增置驿、堡、铺、站等交通机构，完善驿递制度。沾益地方与乌撒相连，元时曾设乌撒宣慰司，大军征南，平乌撒，以其地设州。“洪武十五年，取乌撒土府腹地置卫通驿”❺，即为沾益卫。洪武十六年（1383年）春，乌撒划归四川，并置乌撒卫于贵州都司之下，而沾益仍属云南管辖，同时改沾益卫为千户所，称乌撒后所，洪武十六年（1383年）始筑乌撒卫后所土城于沾益❻，

❶《明神宗实录》卷五五七，万历四十五年五月庚辰，台北：台湾“中研院”历史语言研究所，1962年，第10508页。

❷［清］张廷玉等撰：《明史》卷三一一《四川土司列传一·乌蒙乌撒东川镇雄四军民府列传》，北京：中华书局，1974年，第8003页。

❸［清］张廷玉等撰：《明史》卷三一一《四川土司列传一·序》，北京：中华书局，1974年，第8001页。

❹《明太祖实录》卷一四二，洪武十五年二月癸丑，台北：台湾“中研院”历史语言研究所，1962年，第2232页。

❺ 王钧图、陈其栋修，缪果章纂：（民国）《宣威县志稿》卷一《大事记》，《中国地方志丛书》第43号，台北：成文出版社，1967年，第54页。

❻ 王钧图、陈其栋修，缪果章纂：（民国）《宣威县志稿》卷一《大事记》，《中国地方志丛书》第43号，台北：成文出版社，1967年，第54页。

乌撒卫的后千户所，南驻云南曲靖军民府沾益州[1]，“防乌撒、沾益出没之地”[2]。

乌撒卫后千户所设在距离卫治一百八十里云南曲靖军民府之下的沾益州，因沾益地方与乌撒相连，“皆川、云、贵咽喉地”[3]，是乌撒入蜀道的重要交通节点。据《明史》所载：“明初大军南下，女土官实卜与夫弟阿哥二人，率众归顺，授实卜以乌撒土知府，授阿哥以沾益土知州。”[4]两地虽然在归属上经过调整滇、蜀异辖，实际上则彼绝此继，通为一家。洪武十七年（1384年）七月，改云南沾益卫为千户所。[5]为更加利于控制土司，保障交通要道，将降卫为所、地处沾益州的千户所划归乌撒卫，称乌撒后所，占据一线官道。景泰《云南图经志书》对乌撒卫后千户所“公署”条记载：“在（沾益）州治之西，洪武十七年调镇本州，领所镇抚一,百户所十。其城周围一百一十五丈，开东西南北四门。”[6]如沾益坝区原无城，洪武十六年（1383年）设乌撒后所而筑土城，永乐元年（1403年）改建石城，其后沾益州“特侨治于乌撒后所耳”，逐渐发展成今天的宣威县城。[7]

洪武二十四年（1391年）八月，贵州都指挥同知马烨巡示所置“永宁至沾益州邮传四十八”，因未有邮卒，“请以谪戍军士应役，每十铺置百户一人总之，就屯田自给。从之”[8]。从每十铺置百户一人可知，其所设置的“邮传四十八”指的是四十八个铺。其中，乌撒卫下辖18铺，据弘治《贵州图经新志》记载：“曰在城、曰干海子、曰腰站、曰箐头、曰可渡河、曰普德归、曰箐底、曰云关、曰倘塘、曰通南、曰来宾、曰么站、曰十里、曰泉水、曰青石、曰瓦甸、曰赤岗、曰水塘，凡一十八铺”，明代贵州铺兵多为卫所军士，卫所的户口数包括屯、城、站、铺官军。嘉靖《贵州通志》记载贵州都司下辖卫所铺兵的数量，其中乌撒卫铺兵为“一百五十九名”[9]，上引民国《威宁县志》中的二铺屯、四铺屯等明显是以卫治为准，根据距离来设置并对屯田点进行命名。乌撒卫后所沿官道设置有箐底、云关、倘塘、通南、来宾、么站、十里诸铺，均需要屯田自给。据

---

❶ ［明］陈文纂修：（景泰）《云南图经志书》卷二《曲靖军民府·沾益州·公廨》，见方国瑜主编，徐文德、木芹纂录校订：《云南史料丛刊（第六卷）》，昆明：云南大学出版社，1999年，第39页。

❷ 《明太祖洪武实录》卷一八八，洪武二十一年二月癸丑，台北：台湾“中研院”历史语言研究所，1962年，第2819页。

❸ ［清］张廷玉等撰：《明史》卷二六〇《杨鹤列传》，北京：中华书局，1974年，第6726页。

❹ ［清］张廷玉等撰：《明史》卷三一一《四川土司一·乌蒙乌撒东川镇雄四军民府》，北京：中华书局，1974年，第8011页。

❺ 《明太祖实录》卷一六三，洪武十七年秋七月庚戌，台北：台湾“中研院”历史语言研究所，1962年，第2526页。

❻ ［明］陈文纂修：（景泰）《云南图经志书》卷二《沾益州·公廨》，见方国瑜主编，徐文德、木芹纂录校订：《云南史料丛刊（第六卷）》，昆明：云南大学出版社，1999年，第38页。

❼ 王钧图、陈其栋修，缪果章纂：（民国）《宣威县志稿》卷二《舆地志上·城池》，《中国地方志丛书》第43号，台北：成文出版社，1967年，第134页。

❽ 《明太祖实录》卷二一一，洪武二十四年八月甲戌，台北：台湾“中研院”历史语言研究所，1962年，第3138页。

❾ ［明］谢东山、张道修纂：（嘉靖）《贵州通志》卷四《徭役》，黄加服、段志洪主编：《中国地方志集成·贵州府县志辑》第1册，成都：巴蜀书社，2006年，第294页。

道光《宣威州志》有“来宾铺田，铺人李荆捐入文昌阁马官冲九丘五亩，塘房门首四秋四亩，坟冲一丘，亩半，并瓦房三间。原征谷租，市斗二石三斗，久经隐没”，至嘉庆年间清查出来之后，继续“改定额租，岁征谷八市斗，积作乡试卷金”❶，用于发展教育。另有“太和村，位于（龙洞）乡驻地北面……早年为军屯地区，要支付差役，名曰铺田”❷。

站的设置在贵州都司之下较为普遍，明人王士性记载西南地区的贵州、四川、云南役军为站夫的情况，认为“本朝勾取军伍总属虚文，不问新旧，徒为民累。惟贵竹卫所之军与四川、云南皆役之为驿站舆夫，粮不虚糜而岁省驿传动以万计”，并认为这种做法“反得其用”❸。明初站户军不给粮，直到弘治年间，都御史孔镛建议之下，才每月给粮三斗补给，但主要还是需要自耕自食，上引民国《威宁县志》有幺站屯、瓦店屯、么站屯、站坡屯等站户屯田的村落保留。军站军士世代应役，同时成为定居该地的军事移民。乌撒卫后所在清初雍正八年（1730年）裁撤，划归威宁州，“后所屯赋入州，分境自可渡桥以上”❹。完成改土归流后的宣威州辖七里，分别为宣化里、永安里、顺得里、加惠里、沛泽里、浴恩里、遵化里等。其中宣化里：

其地自可渡以上至板桥、东屯，形势狭长，为一线官道，皆后所屯军经营之地，拨自威宁者也。查粮册，九、十两甲无着，相传失归威宁。邑人旧多军籍，取科第入仕版，率皆托端卫学，故其为县基本，在卫不在沾。❺

即宣化里即是明代乌撒卫后千户所经营之地，至此划隶云南宣威州，依据民国《宣威县志稿》在狭长的交通道路沿线左右尚有小耿屯、甘家屯、钱家屯、王屯、小阎屯、大阎屯、刘官屯、鲍家屯、杨家屯、母家屯、朱家屯、范家屯、宗家屯、滕家屯、徐屯、何屯、张家屯、夏家屯、大屯、东屯、邱屯、大耿屯、母官屯、大屯、小屯等众多屯田村落分布。❻

可见，“明太祖取土司心腹地置邮传通道，镇以卫所屯军，为乌撒卫后三所”，使沾益州形成“介南北两盘江间，幅员广大，其间一线官道为乌撒卫后所屯军地面，即宣化

❶ 刘沛霖等修，朱先鼎等纂：（道光）《宣威州志》卷四《书院・祭田附》，《中国地方志丛书》第33号，台北：成文出版社，1967年，第60页。

❷ 宣威县地名委员会办公室：《云南省宣威县地名志》（内部资料），1987年，第117页。

❸［明］王士性著，张新民点校：《黔志》，见《黔南丛书》第9辑，贵阳：贵州人民出版社，2010年，第10页。

❹［清］刘沛霖修，朱光鼎纂：《宣威州志》卷二《建置沿革》，《中国地方志集成・云南府县志辑》，南京：凤凰出版社，2009年，第27页。

❺ 王钧图、陈其栋修，缪果章纂：（民国）《宣威县志稿》卷二《舆地志上・区域》，《中国地方志丛书》第43号，台北：成文出版社，1967年，第157页。

❻ 王钧图、陈其栋修，缪果章纂：（民国）《宣威县志稿》卷二《舆地志上・区域》，《中国地方志丛书》第43号，台北：成文出版社，1967年，第158-205页。

里是也。屯军皆中土大姓，而土州所统皆系夷民”[1]的局面。并在驿道上设11铺，均拨官军驻守。到清代，宣威共分为七里，其地最中央的一条“因旧驿道由乌北直贯沾南，纵数百里，横不过十余里，为屯军防御耕种地点，其间铺、堡、驿站，森然罗列，所以控驭土司而便利交通者”[2]的汉族聚居地，逐渐发展为移民新区。

五、结　语

元末明初出入云南的交通干线乌蒙路东移，乌撒地区的交通格局为之改变，形成明中央王朝与云南互通声息的重要官道——乌撒入蜀道，乌撒地区战略地位与交通区位优势增强；又深处于世居民族聚居区。在明初征南大军平定云南之后，建立云南布政使司和都指挥使司对云南进行治理，随着国家统治的深入，明朝在云南面临复杂的边疆管理问题，尤其把边疆问题的重点放在云南滇西地区。为稳定边疆，在川、滇、黔三省行政区划调整时被多次调整，元代属于云南行省，明代则出现三省分治的局面，行政区划上乌撒地区属于四川布政司所属乌撒军民府；军事镇戍方面，明代贵州都司下辖乌撒卫；交通护卫上，专设贵州都司下属乌撒卫、毕节卫、赤水卫等护卫乌撒道贵州境内区段，并特别设置乌撒后所于云南境内，护卫云南境内区段。清代康熙三年，进行行政区划调整，乌撒地区归属于贵州省威宁府，至今不变，成为今贵州省的威宁地区。总之，明代乌撒地区的管控及交通干线乌撒入蜀道的护卫，涉及云南、四川和贵州三省，本来明朝把乌撒府划属四川，军事建置也应相应划归四川，但在军事建置上则在永乐年间将乌撒卫指挥使司划归贵州都司，而乌撒卫后千户所更是沿一线官道延伸至云南沾益州，形成乌撒卫“准实土”的道路控制区。在这种三省分治的局面之下，大量的军事移民屯驻在乌撒地区进行军事镇戍和交通护卫，一边屯田一边保障驿、堡、站、递运所等交通机构的有效运转，维护边疆秩序的稳定，这种局面的形成适应了明初乌撒地区的治理。但随着时间的推移，到明后期彝族聚居的乌撒地区三省相互掣肘，军民府、卫所和道路管辖分离的特点，最终导致彝族势力在这一区域膨胀，交通道路梗阻，形成三省管控的弱化区。所以清代初期在这一区域进行了强而有力的改土归流并分别划归贵州、云南两省，真正实现对乌撒地区更为有效的管控。

---

[1] 缪国章著，耿国宝点校：(民国)《宣威县志稿》卷二《舆地志上·区域》，昆明：云南人民出版社，2015年，第60页。

[2] 王钧图、陈其栋修，缪果章纂：(民国)《宣威县志稿》卷一二《土司传》，《中国地方志丛书》第43号，台北：成文出版社，1967年，第1055页。

明代广西卫所官军来源考

范玉春

（广西师范大学历史文化与旅游学院）

朱元璋建立明朝后，创建了体系庞大的卫所制度。卫所制度是一种世袭兵役制，其士兵来源主要有三，“有从征，有归附，有谪发。从征者，诸将所部兵，既定其地，因以留戍；归附，则胜国及僭伪诸降卒；谪发，以罪迁隶为兵者”[1]。由于卫所制度具有军户单独立户、一人为军、全家随戍、子孙世袭等特点，卫所的设立事实上造成了大量移民。终明一代，今广西境内共设有 11 个卫、20 个千户所。这些卫所主要分布在今桂林、南宁、柳州、贵港等地。明代广西卫所是在明朝征服广西的过程中逐渐建立起来的，其官军、旗军主要是外地人，以卫所为依托的军事移民成为明代广西外来移民的重要组成部分。考察明代广西各卫所官军的来源，不仅可以深化对明代卫所制度的研究，也有助于揭示广西移民历史脉络及其对社会历史发展的影响。揆诸正史、地方志、选簿、族谱、碑铭等史料，可以发现，明代广西卫所官军来源比较集中，江淮、湖广和江西籍官军占有很大的比例，蒙古族和回族也以达官、达军身份进入了广西。

一、江淮地区是广西卫所官军的主要来源地

明代早期卫所官兵主要是所谓的“从戎之士”和“降附之人”，其中“从戎之士”是指在元末追随朱元璋的江淮籍将士，他们在元末明初的战争中为朱元璋扫平群雄、建立明朝立下赫赫战功，成为明朝前期武官集团的主体，他们不仅执掌明朝五军都督府，也成为地方卫所军官的主要构成力量。广西卫所大多是在明军平定广西后建立的，跟随杨璟等人平定广西的朱元璋旧部即所谓的“从戎之士”成为广西卫所武官的主体。为了充实广西卫所的力量，洪武三年（1370 年）三月，原籍江淮的“广西卫指挥佥事左君弼奏请收集故所部合肥军士赴本卫调用，上从之，凡得一千八百八十七人，置百户一十七人，就令统诣广西守御”[2]。

在地方志、《武官选簿》等资料中，我们可以看到大量江淮籍武官的身影。

桂林是明代广西卫所分布最集中的地区，也是江淮籍卫所武官活动的重要舞台。《桂林右卫武官选簿》记录了 174 名（武官或其家族）自都指挥使至试百户等不同等级武官的

---

[1] ［清］张廷玉等撰：《明史》卷九〇《兵志二》. 北京：中华书局，1974 年，第 2193 页。

[2] 《明太祖实录》卷五〇，洪武三年三月壬子，台北：台湾“中研院”历史语言研究所校印本，1962 年，第 983 页。

籍贯，其中来自江淮地区的共有50名，占到近30%，而且大多为中高级武官。萧县人林遇春，丙午年（1366年）归附，充小旗，死后，其子林泉补役，历升至河南都司指挥同知，永乐至宣德时期改调广西都司指挥同知，子孙袭职桂林右卫指挥使，到万历二十八年（1600年），已传12辈。❶定远县人徐兴，甲午年（1354年）归附，乙巳年（1365年）除神武卫千户，洪武十一年（1378年）除桂林右卫指挥佥事，第二辈徐麟于洪武二十五年（1392年）替升指挥使。至天启年间，已传10辈。❷寿州人王良于甲辰年（1364年）充总旗，历升百户，洪武十三年（1380年）升实授副千户，征云南等处，阵亡；王中升通州卫世袭指挥佥事，"为事，广西征进，复职，调桂林右卫，升指挥同知"，后升广西都指挥同知。王泰系王中嫡长孙，钦准袭祖原职，永乐年间授交州中卫指挥佥事，钦仍回桂林右卫。到万历时期，已传8辈。❸寿州人方全，"旧名德全，乙未年从军，甲辰年充小旗，洪武二年充总旗，八年除百户，调桂林右卫中所"，子孙立功升至桂林右卫指挥佥事，到万历时期，已传13辈。❹寿州人史良，旧姓徐，癸巳年（1353年）从军，历充总旗、百户，洪武六年（1373年）升副千户，十七年（1384年）升指挥佥事，其子孙于洪武二十七年（1394年）"为事充军，复职，调桂林右卫"，到万历年间，已传12辈。❺凤阳县人戚成，癸巳年（1353年）从军，历充总旗、百户，洪武二十三年（1390年），戚成之子戚谅调桂林右卫左所，子孙历升桂林右卫副千户、千户、指挥佥事、世袭指挥使，至万历时期，已传9辈。❻

设于洪武三年（1370年）的柳州卫中也有大量江淮籍武官。《柳州卫选簿》记载了107名武官的籍贯，其中来自江淮地区的有32名，占总数的30%。嘉靖时期官至湖广巡抚、漕运总督、兵部右侍郎、刑部右侍郎等的张翀的先祖是凤阳寿州人，始迁祖张□宗"洪武初从龙，南定广西，抵柳郡，遂家焉"，传6代至张翀。❼张翀之母李氏，先祖籍贯不详，"其先锦衣隶世家，后改柳州卫千户"❽，也是军事移民的后裔。

位于南宁府城的南宁卫及其下辖各千户所也有很多江淮籍武官。据乾隆《南宁府志》记载，南宁卫及其下辖卫所至少有18名来自江淮的武官，驯象卫至少有10名，其中南宁卫指挥吴世勋、陶源、王懋德、李延忠、杨式、吴怀仁、孙云仍、王履亨以及镇抚朱世臣均是江淮籍。❾武缘县境内设守御千户所，武官也有多人来自江淮。王得，全椒人，

❶《桂林右卫武官选簿》，《中国明代档案总汇》第58册，桂林：广西师范大学出版社，2001年，第120页。
❷《桂林右卫武官选簿》，《中国明代档案总汇》第58册，桂林：广西师范大学出版社，2001年，第120-121页。
❸《桂林右卫武官选簿》，《中国明代档案总汇》第58册，桂林：广西师范大学出版社，2001年，第132-133页。
❹《桂林右卫武官选簿》，《中国明代档案总汇》第58册，桂林：广西师范大学出版社，2001年，第146-147页。
❺《桂林右卫武官选簿》，《中国明代档案总汇》第58册，桂林：广西师范大学出版社，2001年，第135-136页。
❻《桂林右卫武官选簿》，《中国明代档案总汇》第58册，桂林：广西师范大学出版社，2001年，第131-135页。
❼［明］张翀：《鹤楼集》卷三《成都教授屏山府君行状》，北京：京华出版社，2005年，第138页。
❽［明］殷正茂：《明故诰封太恭夫人张母李氏墓志铭》，柳州市地方志编纂办公室《柳州文献丛书》编辑部：《柳州诗文征》，香港：香港新世纪国际金融文化出版社，2000年，第377页。
❾［清］苏士俊：《南宁府志》卷二十九《职官志》，南宁：广西人民出版社影印本，2008年，第1180-1182页。

"洪武初，以功升世袭百户，子膴，功升副千户，洪武二十八年，调守御武缘"，后升至武缘千户所正千户[1]，子孙世袭。严冬，广陵（今江苏扬州辖境）人，"洪武中，功升百户，调守御武缘，子成袭，成弟文，文子纲，纲弟绅，绅弟经，经子玺，玺子霖，正德十二年，功升副千户；霖子汝贤，贤子惟忠，调柳州卫所副千户"[2]。

南丹卫设于洪武二十八年（1395 年），最早位于庆远府南丹州，永乐以后先后迁至宾州和上林县。《南丹卫武官选簿》记载了 58 名武官的籍贯信息，其中江淮籍武官 31 名[3]，占总数的53%。舒纲，字朝举，"其先宣城人，曾祖暹，洪武中官太医院，戍南丹，遂籍宾州"[4]。设于洪武二十八年（1395 年）的奉议卫最早位于奉议州，官军主要来自随军南征的外地卫所。曾在嘉靖初年出任柳庆参将的广西名将沈希仪，"其先临淮人也，有讳葆者，高祖时以功授湖广蕲州卫指挥同知，改广西驯象卫。葆传子忠，调奉议卫。景泰间，迁奉议卫于贵县，于是沈氏家贵县"[5]。

上述结论在各种家谱材料中也得到了佐证。在灌阳有史料记载的 100 多个外来姓氏中，有大量系明代卫所军事移民的后裔，江淮籍武官也不在少数。李家桥李氏"原籍庐州府合肥县元乡李家村人，承充天长卫军，于明洪武三年随翁员外调征广西，三次获级得功，升指挥官，于洪武八年拨灌阳鲁山屯田，业居耕管，其粮饷自解司库。然职于指挥，获掌千军之令。边镇灌邑，遂立标记：上直大小河江、槽碓、阴江及盐田、六源三洞、黄竹源、九牛山、宝鼎岭山，下至于沙罗大源、黄花桐木等处，俱皆处深山穷谷，至曾孙法森，仍掌军令，与民人蒋茂奇议招义宁县袁、梁、侯、兰四姓瑶民，擅射药弩，攻除盗贼，居民赖安。法森字用蕃，妻窦氏，生四子"，其中第四子李高，号古台，明正德癸酉举人，嘉靖癸未进士，即任南京山东道监察御史，奉敕巡按直隶、河南等处，政绩显著，妻邓氏，生子楷，"后裔世居李家桥"[6]。马渡桥及新街龙云村李氏迁灌始祖元明，"由江南池州府石埭县筑石巷发迹，仕粤，敕封副都御史，于明洪武二年奉调巡灌，拨屯卫民，遂宅居县城北廓"，子孙袭千户，后由马渡桥移居今龙云村。[7]

---

❶ ［清］世纶、余思诏修，［清］詹作述纂:《武缘县志》卷六《职官志·武职》，民国抄本，第14页。同书卷六《职官志·宦绩》：王膴，全椒人王得之子，"以父功袭凤阳留守司右所百户，累功升世袭副千户，洪武二十八年，调广西，从都督杨文征奉议、南丹等处，十二月，调南宁卫武缘守御千户所，征青水蛮。永乐四年，征安南，又征马平、忻城等处，屡有战功，世袭武缘千户"。第 24-25 页。

❷ ［清］世纶、余思诏修，［清］詹作述纂:《武缘县志》卷六《职官志·武职》，民国抄本，第 15 页。

❸ 《南丹卫武官选簿》，《中国明代档案总汇》第 58 册，桂林：广西师范大学出版社，2001 年，第 329-377 页。

❹ ［明］郭棐:《宾州志》卷九《献征志》，《日本藏中国罕见地方志丛刊》，北京：书目文献出版社，1990 年，第 86 页。

❺ ［明］唐顺之:《都督沈紫江生墓碑》，［清］汪森辑:《粤西文载》卷七四，《景印文渊阁四库全书》第1467册，台北：台湾"商务印书馆"，1983 年，第 314-315 页。

❻ 灌阳县地名委员会办公室:《灌阳姓氏通书》，灌阳县地名委员会办公室内部刊印，1993 年，第 108 页。

❼ 灌阳县地名委员会办公室:《灌阳姓氏通书》，灌阳县地名委员会办公室内部刊印，1993 年，第 106 页。

二、广西卫所中的湖广、江西、江南籍卫所官军

自明初开始，湖广人即多以“降附”身份迁入广西。明朝洪武元年，杨璟平定广西，其所率明军主力就来自武昌、荆州、益阳、常德、潭州、岳州、衡州、醴陵等卫所。[1]其中很多人是陈友谅、徐寿辉余部，后投降明军，成为明朝卫所中的所谓“降附”。

驻守桂林城的广西护卫、桂林中卫、桂林右卫等3卫戍卒及其家属人口达5万左右，有大量来自湖广、江西和江南的中下级军官和旗军。《桂林右卫武官选簿》所载桂林右卫军官中来自湖广、江西的武官有44人，仅次于江淮籍武官；来自今浙江、江苏、福建的武官为19人。江西饶州府余干县人胡礼于洪武四年（1371年）收集充兴武卫军，死后，“胡顺礼代役，拨燕山中护卫前所，后调金吾左卫前所”，历升总旗、百户，三辈胡泰于正统二年（1437年）袭调桂林右卫中左所，以世袭百户身份署所镇抚事。[2]湖广、江西、江南籍旗军占比更大，人数更多，很多旗军后代通过科举考试走上明代政治舞台的中心。万历年间官至内阁首辅的吕调阳，“先世湖广大冶人，国初，抽丁补伍，戍天长卫，后改戍桂林。率易岁一更，不为常至。祖鑑婚于刘，是为公祖妣，遂占籍桂林焉”[3]。曾任太常寺少卿的张星，原籍湖广桃源县，“高大父国镇戍桂林”，因此落籍桂林，传4代至张星[4]。正德年间官至南京兵部尚书的屠楷，祖籍“浙之鄞人，高祖德源，洪武初始徙桂林，因家焉”[5]。

正德、嘉靖之际官至南京工部尚书的梧州人吴廷举，“先世湖广嘉鱼人，洪武间遣戍九江，又调广西苍梧所，遂系籍焉”[6]。

位于湘桂交通要道上的全州、灌阳、平乐、富川、贺县等守御千户所士卒也多从湖广、福建、江南地区征调。灌阳卿家村卿氏迁灌始祖闰三，籍隶湖南永州府零陵县东湘桥，“先世原籍浙江杭州府仁和县，明洪武二年，充当旗军，因拨屯以卫民，随军来灌”[7]；新街镇板桥村（龙桥村辖自然村）黄姓迁灌始祖黄细，“由江西吉安府泰和县随洪武军迁于灌阳南关外居住，继则徙于峡口，终则定居板桥”[8]；青箱王氏，迁灌始祖德铭，

---

[1] ［清］郑采宣、陈虞昭修，［清］杨德麟纂：《灵川县志》卷三《纪事志》，乾隆三十一年刻本，第66页。

[2] 《桂林右卫武官选簿》，《中国明代档案总汇》第58册，桂林：广西师范大学出版社，2001年，第233-234页。

[3] ［明］唐汝楫：《赠大学士吕璋墓志铭》，［清］汪森辑：《粤西文载》卷七四，《景印文渊阁四库全书》第1467册，台北：台湾“商务印书馆”，1983年，第317页。

[4] ［明］马如骥：《太常寺少卿张星墓志铭》，［清］汪森辑：《粤西文载》卷七四，《景印文渊阁四库全书》第1467册，台北：台湾“商务印书馆”，1983年，第309页。

[5] ［明］徐养正：《屠公楷神道碑铭》，［清］汪森辑：《粤西文载》卷七四，《景印文渊阁四库全书》第1467册，台北：台湾“商务印书馆”，1983年，第312页。

[6] ［明］湛若水：《南京工部尚书吴公神道碑》，［清］汪森辑：《粤西文载》卷七三，《景印文渊阁四库全书》第1467册，台北：台湾“商务印书馆”，1983年，第296页。按：苍梧千户所应该是梧州千户所。

[7] 灌阳县地名委员会办公室：《灌阳姓氏通书》，灌阳县地名委员会办公室内部刊印，1993年，第136页。

[8] 灌阳县地名委员会办公室：《灌阳姓氏通书》，灌阳县地名委员会办公室内部刊印，1993年，第140页。

“军户名王陶，居官守卫，原籍南京应天府溧阳县都司巷人，明洪武初年，授三万卫镇辽东，明宣德三年（1428 年），改调广西桂林府灌阳县守御所，领崇顺司马鞍山屯田，遂定居崇顺里（今观音乡辖）”❶；芳田、官塘等地李氏迁灌始祖李仁，“湖广孝感县人，……除留守右卫所镇抚，后改留守中卫，洪武二十年六月调苏州卫，后调灌阳守卫，家于县治北关”❷；徐家湾丰坊园、板栗山王氏，原籍江西吉安府永新县鹅公大坵桂花树脚，始祖文忠，明洪武初年来灌，宅居县治北门。❸

以柳州为中心的桂中地区也有大量湖广、江西籍戍卒。明代柳州八贤之一的戴钦，“先世居江西之宁州，洪武初，乃戍于柳”，至戴钦时已是第六代。❹柳州佘氏始祖原为河南人，后迁居湖广孝感县，元末，佘思诚任将仕右郎，“明兴，以诬谪戍柳州，故遂为柳人”❺，位列明代柳州八贤的佘勉学即为其后代。来宾大良村姜姓始迁祖姜观，祖籍湖广零陵县，正德年间，“以军功受封来宾指挥百户所，居县城姜家巷（今改名盐阜街），明鼎革，世职废，徙居大良村”；方姓始迁祖方昭，祖籍湖广江夏，宣德年间（1426—1435 年）从军广西，有军功，“受封来宾县千户世职”，定居来宾。❻

洪武二十八年（1395 年），朝廷派兵平定南丹州土官之乱后，以随征官军设立庆远卫、河池千户所等卫所，导致大量湖广籍军事移民迁居此地。弘治、正德时官至右副都御史的宜山人冯俊，先世湖广兴国州人，“洪武初，有福原者，公之曾祖也，代外氏补戎庆远”❼，由此落籍宜山。明代横州是驯象卫所在地，官军人数最多时达2万人，而且多数系充军的罪犯，来源相当复杂，“惟城中为军卫所居，多江浙人”❽，导致横州城内方言转变为以江浙音为主。

三、广西卫所中的达官与达军

广西地处边陲，远离京师，环境恶劣，成为朝廷安置归附人的重要地区，早期的归附人大多以世袭军户身份派驻广西各卫所，明代中期以后，广西又是带俸达官的重要安置区；来自广州四卫的班军中也包括了部分达官、达军，他们轮戍梧州城，成为明代广

❶ 灌阳县地名委员会办公室:《灌阳姓氏通书》，灌阳县地名委员会办公室内部刊印，1993 年，第 50 页。

❷ 灌阳县地名委员会办公室:《灌阳姓氏通书》，灌阳县地名委员会办公室内部刊印，1993 年，第 106 页。

❸ 灌阳县地名委员会办公室:《灌阳姓氏通书》，灌阳县地名委员会办公室内部刊印，1993 年，第 63-65 页。

❹［明］戴希显:《鹿原稿跋》，［清］汪森辑:《粤西文载》卷五九，《景印文渊阁四库全书》第1466册，台北：台湾“商务印书馆”，1983 年，第 731 页。

❺［明］李义壮:《奉直大夫四川合州知州致仕佘公墓志铭》，刘汉忠编著:《柳州明代八贤编年》，北京：方志出版社，2019 年，第 92 页。

❻ 翟富文:《来宾县志》上编《人民一・氏族》，台北：成文出版社，1936 年（民国二十五年石印本），第 185-186 页。

❼［明］吴廷举:《右副都御史冯公神道碑》，［清］汪森辑:《粤西文载》卷七三，《景印文渊阁四库全书》第1467册，台北：台湾“商务印书馆”，1983 年，第 294 页。

❽［明］王济:《君子堂日询手镜》，北京：中华书局，1985 年，第 4 页。

西达官、达军的重要来源。达官、达军在广西的分布相对比较集中，主要分布在桂林、柳州和梧州三地，成为当地卫所武官的重要来源之一。

明代广西卫所中的达官、达军主要来源有安插与随征后留戍两种途径。

广西卫所中最早的达官、达军应该是洪武初期归附的故元将士。明朝建立以前，对于在内地降附的蒙古人、色目人等民族，朱元璋采取措施，“散其小民，令就农桑，坏其营垒，无使复聚”❶，或者令其就便充实军伍❷。经过洪武初年的多次征讨，残元势力已被驱赶到大漠以北，部分故元将士眼看大势已去，纷纷归附。洪武三年（1370 年），朱元璋对归附的蒙古和色目人采取区别对待的原则，“以少壮者隶各卫为军，俾之屯守；老弱隶北平为民”❸。广西成为达官、达军的重要安置地区之一。蒙古人脱列伯号称元末“关中四将军”之一❹，洪武二年（1369 年）在大同战败降附，出任广西护卫指挥佥事，洪武七年（1374 年），脱列伯奉命“于朔州等处招集旧部故元士卒一千三百六十余人、家属三千四百六十余口，俾之编伍”❺。洪武二十年（1387 年），故元降将纳哈出及诸王哥列沙、国公观童及帖木儿不花所部被朝廷“赐衣服、冠带有差，第其高下，授以指挥、千百户，俾各食禄而不任事，分隶云南、两广、福建各都司以处之”❻，“广西自是有达目”❼。到洪武二十一年（1388 年）二月，下令“凡归附韃靼官军，皆令入居内地，仍隶各卫所编伍”❽。直到明代中期，广西仍是安置归附蒙古人、色目人的重要地区。哈密位于嘉峪关以西，成祖永乐年间，“遣官招谕之，许其以马市易，即遣使来朝”，其首领被封为忠顺王，复立哈密卫，“以其头目马哈麻火者等为指挥、千百户等官”，此后“比岁朝贡”，“修贡惟谨”。天顺时期，哈密日益衰微，“众益离散”，“其国残以破故，来者日众”❾。这些来归的哈密诸部，也有人被安置到广西。成化二十一年（1485 年）十二月，“命降迤西降夷职。广西桂林左卫（按：应为桂林右卫）安置指挥同知舍列克等为正千户，指挥佥事牙的干等为副千户，正千户皮儿、迭力迷失为百户，副千户哈丹等为所

---

❶《明太祖实录》卷二八上，吴元年十二月丁未，台北：台湾“中研院”历史语言研究所校印本，1962年，第424页。

❷《明太祖实录》卷二八上，吴元年十二月丙辰，台北：台湾“中研院”历史语言研究所校印本，1962年，第431页。上谕：“闻大军下山东，所过郡县，元之省院官来降者甚多，两将军皆留于军中”。

❸《明太祖实录》卷八〇，洪武六年三月丁巳，台北：台湾“中研院”历史语言研究所校印本，1962年，第1454页。

❹［清］张廷玉等撰：《明史》卷一二四《扩廓帖木儿传》，北京：中华书局，1974 年，第 3710 页。

❺《明太祖实录》卷九一，洪武七年七月己丑，台北：台湾“中研院”历史语言研究所校印本，1962年，第1599页。

❻《明太祖实录》卷一八五，洪武二十年九月戊寅，台北：台湾“中研院”历史语言研究所校印本，1962 年，第 2775-2776 页。

❼［清］汪森辑：《粤西丛载》卷二四《达目》，《景印文渊阁四库全书》第1467册，台北：台湾“商务印书馆”，1983 年，第 707 页。

❽《明太祖实录》卷一八八，洪武二十一年二月丁卯，台北：台湾“中研院”历史语言研究所校印本，1962年，第 2827 页。

❾［清］张廷玉等撰：《明史》卷三二九《西域传·哈密》，北京：中华书局，1974 年，第 8515 页。

镇抚，百户阿黑麻等俱冠带总旗”❶。由此可见，安置在桂林右卫的迤西达官人数不少。嘉靖以后，随着明朝防御力量的增强和蒙古内部分化的加剧，蒙古各部仍有归降者。嘉靖三十五年（1556年）九月，兀良哈人脱脱“携六十五人来归，诏俱发两广安插”❷。

永乐以后，聚居在南北两京和北部边境地区的达官军，凭借其较强的战斗力，成为明朝的重要依靠力量，经常被征调巡守、增援北方各卫所，或者扈从皇帝出征。正统以后，随着卫所制度的逐渐破坏，达官军日益成为两广地方官员最为看重的力量，达官军经常被征调用于镇压南方少数民族“叛乱”，很多达官、达军随征后即留戍地方，编入卫所。正统末年，因广东黄萧养之乱，聚居京师“但食禄粮”的达官军“奏准随征”，立下赫赫战功，“其后一概差调，习骑射，敢勇耐劳，行阵间颇得其力”❸。达官军被广西地方官视为对付瑶、壮的杀手锏。天顺四年（1460年）七月二十一日，两广巡抚叶盛上疏陈述“达军杀贼事”，称：“两广地大贼多，官军数少”，“及访得达官、达军熟于弓箭，能制蛮贼，见在南京等处食粮在闲”，因此请求于“南京等各处在闲达官、达军内精选一千或五百员名，连家小，差官统领管送两广总兵等官处交割安插，听调差贼，庶任用得宜，盗贼可灭”❹。天顺五年（1461年），都督同知和勇“统两京达官旗军九百五十余人往两广杀贼”❺。成化初，韩雍以左佥都御史身份赞理两广军务，征讨浔州大藤峡瑶民，所部军队来自在京、湖广等地卫所，其中也包括了不少达军。统领达军的游击将军和勇，原名脱脱孛罗吉，是蒙古和宁王阿鲁台之孙。宣德年间，阿鲁台为瓦剌所败，其子阿卜只俺率所部“款塞来归”，被宣宗“赐第京师”，阿卜只俺死后，脱脱孛罗吉袭指挥使职，升都督佥事。天顺元年（1457年），赐姓名和勇❻。成化二年（1466年），两广总督韩雍奏请将索证达官军家就地安置，有眷者由官府送来两广团聚，无家小者则由三司设法筹措官钱代为聘娶，其目的就是让达官军能安心长驻，日后“但遇两广地方贼情警急，听调杀贼”。❼弘治十五年（1502年），湖广按察副使黄肃“上疏陈广西地方事宜”，其中提到，“广西官军数少，不足征调，土兵复不听调遣，夷寇所畏者惟汉达官军，宜量调

❶《明宪宗实录》卷二七三，成化二十一年十二月己丑，台北：台湾“中研院”历史语言研究所校印本，1962年，第4601-4602页。

❷《明世宗实录》卷四三九，嘉靖三十五年九月庚申，台北：台湾“中研院”历史语言研究所校印本，1962年，第7531页。

❸［清］汪森辑：《粤西丛载》卷二四《达目》，《景印文渊阁四库全书》第1467册，台北：台湾“商务印书馆”，1983年，第707页。

❹［明］叶盛：《叶文庄公奏议·两广奏草》卷八，崇祯赐书楼刻本，爱如生数字化《中国基本古籍库》，第158页。

❺《明英宗实录》卷三二七，天顺五年四月庚辰，台北：台湾“中研院”历史语言研究所校印本，1962年，第6736页。

❻［清］张廷玉等撰：《明史》卷一五六《和勇传》，北京：中华书局，1974年，第4282页。

❼［明］韩雍：《议处广西地方事宜疏》，［明］应槚初辑，［明］凌云翼嗣作，［明］刘尧诲重修：《苍梧总督军门志》卷二三《奏议一》，北京：全国图书馆文献缩微复制中心，1991年，第245-246页。

保定等府达官军舍二千人发广西安置，听调杀贼"[1]。尽管此议最后由于兵部的反对未能落实，但却反映了广西地方高度倚重达官军的事实。

明代广西卫所中达官、达军的分布比较集中。桂林右卫和桂林中卫均有达官、达军分布。万历时期，桂林中卫"达官舍目一百五员名"，桂林右卫"达官舍目八十六员名"[2]。其中既有各个时期被安插在此的达官军，也有因犯罪被谪发、改调到广西各卫所中的蒙古、色目人世袭军户。据《桂林右卫选簿》记载，桂林右卫指挥使麻凤，从军始祖为大都驴，籍贯宝坻县，"系金山达军，洪武二十年归附充军"，后辈立功升至青州左卫指挥同知、指挥同知，因"二次失事"，降为桂林右卫署指挥佥事。[3]桂林右卫正千户宛承祖，先祖宛者秃，"系达达人"，任桂林右卫左所达实授总旗，后辈后因军功历升试百户、副千户、正千户。[4]桂林右卫中左所试百户哈国贤，其迁桂始祖哈只克"系安插哈密人"，归附时间在弘治与正德年间，初为总旗，后辈因功升试百户[5]。洪武至永乐时期出任桂林右卫中左所百户的也义、也斌、也忠应该也是洪武时期安插桂林右卫的达军。[6]

柳州卫中的达官大多是来自山后的蒙古人。永乐初年，柳州卫中所达官世袭所镇抚闻定住，祖籍密云县，洪武二十年（1387年），"祖原系同纳哈出归附，除百户，后降所镇抚"，洪武后期调任柳州卫，世代相袭，历功升副千户。[7]洪武二十五年（1392年）五月调任柳州卫中所正千户的陈长寿，"原系同纳哈出归附，除授前职，支俸不管事"，其后嗣也"袭授本卫所世袭副千户，支俸，不管事"[8]。柳州卫指挥同知王言，"山后人"，一辈王成，旧名撒栾，归附时间不详，原系系羽林前卫流官指挥同知，四辈王智袭羽林前卫指挥同知，为柳州卫带俸指挥佥事。[9]柳州卫指挥佥事马迅，"山后人"，其祖军马成，本名汪家儿，又曰王家儿，"初来归附，授为正千户，命于永平卫带俸"，永乐八年（1410年），"征剿胡寇有功"，升为指挥佥事，赐姓名曰马成，五辈马胜于天顺年间改为柳州卫世袭指挥佥事[10]。柳州卫署知乎佥事正千户张启贤，山后人，从军始祖伯提迷实，"洪武二十三年军"，其后代于天顺五年（1461年）由金吾左卫"调柳州卫"[11]。

此外，部分达官、达军是随广东班军戍守梧州城。成化五年（1469年），两广总督

---

[1] 《明孝宗实录》卷一八七，弘治十五年五月乙亥，台北：台湾"中研院"历史语言研究所校印本，1962年，第3442页。

[2] ［明］杨芳编纂，范宏贵点校：《殿粤要纂》卷一《桂林府图说·置校》，南宁：广西民族出版社，1993年，第43页。

[3] 《桂林右卫武官选簿》，《中国明代档案总汇》第58册，桂林：广西师范大学出版社，2001年，第123页。

[4] 《桂林右卫武官选簿》，《中国明代档案总汇》第58册，桂林：广西师范大学出版社，2001年，第150页。

[5] 《桂林右卫武官选簿》，《中国明代档案总汇》第58册，桂林：广西师范大学出版社，2001年，第239-240页。

[6] 《桂林右卫武官选簿》，《中国明代档案总汇》第58册，桂林：广西师范大学出版社，2001年，第237页。

[7] 《柳州卫武官选簿》，《中国明代档案总汇》第58册，桂林：广西师范大学出版社，2001年，第271-272页。

[8] 《柳州卫武官选簿》，《中国明代档案总汇》第58册，桂林：广西师范大学出版社，2001年，第293页。

[9] 《柳州卫武官选簿》，《中国明代档案总汇》第58册，桂林：广西师范大学出版社，2001年，第256页。

[10] 《柳州卫武官选簿》，《中国明代档案总汇》第58册，桂林：广西师范大学出版社，2001年，第259-260页。

[11] 《柳州卫武官选簿》，《中国明代档案总汇》第58册，桂林：广西师范大学出版社，2001年，第276页。

开府梧州，为了加强对梧州的防卫，朝廷下令从广州等卫所征调官军轮班戍守梧州城，其中就包括了部分原来在广州四卫中的达官、达军。成化八年（1472 年），官府在位于桂江以西的梧州府城北云山门外创建达官营，用于安置从广州各卫所征调来戍守梧州的达官班军。❶与其他广东班军一样，这批达官军被编班前往梧州戍守，分为二班，“广州左卫旧一班，达官哨一百一十九员名”，到万历时期减至 94 员，“广州右卫旧二班，达官哨九十二员名”，万历时期减至 81 员。达官军的班期比同在梧州城轮戍的普通广东班军要短，普通班军是半年一换，达官军则“俱三月一换，一班以正月、七月十五日上班，二班以四月、十月十五日上班，遇闰俱不计”❷。

总的来看，达官、达军在广西的分部相对比较集中，主要是桂林右卫、桂林中卫和柳州卫，需要通过比试方能承袭的属军籍达官，免于比试的则属于寄籍达官。❸

综上所述，由于明代广西卫所武官主要是来自江淮、湖广、江西等地，其中江淮籍武官在广西卫所中占有较大比重，表明淮西集团在明代前期具有不可替代的优势地位。湖广、江西、江浙地区的武官大多是在朱元璋平定张士诚、陈友谅等地方势力过程中的归附者，他们成为朱元璋平定广西的主要军事力量，在军事行动结束后，被就地安置在新设卫所之中。明代广西卫所中以蒙古人和色目人为主的达官、达军人数不多，分布也比较集中。对明代卫所武官的来源问题进行追溯，不仅可以进一步揭示明代卫所制度的内容，也是我们研究广西移民史的一个重要切入点。

---

❶ ［明］谢君惠修，［明］王尚贤、马神征纂：《梧州府志》卷四《郡事志》，南宁：广西人民出版社（据崇祯四年刻本影印），2013 年，第 184 页。

❷ ［明］应檟初辑，［明］凌云翼嗣作，［明］刘尧诲重修：《苍梧总督军门志》卷一一《兵防八》，北京：全国图书馆文献缩微复制中心，1991 年，第 136 页。

❸ ［明］杨芳编纂，范宏贵点校：《殿粤要纂》卷二《梧州府・置校》，南宁：广西民族出版社，1993年，第240页。

晋北的明朝军事设施利用变迁

李华彦

（彰化师范大学历史所）

一、前　言

山西省北部（晋北），或以人为的行政区划视之，单纯地指由内外长城包围而成的大同地区，自明朝开国起，就是重要的边防地区，永乐朝之后，国都迁至北京，“天子守边”，更成为拱卫京师的长城重镇。大同镇的北段长城屯堡，延伸入内蒙古地区者，主要是洪武、永乐朝肇建，洪熙、宣德朝全面修缮，而于正统朝逐渐废弃的边墙，弘治到万历朝，则因蒙古再兴带来的军事威胁，迫使明廷不断加强兴筑大同镇的防御工事，渐形成完备的数百屯堡、城墙，环环相卫，在九边镇中具有举足轻重的地位。[1]

大同的建城历史，据学者考证，至少始于汉朝初年，当时就是一座军事城，有许多考古信息可对照城中各设施的古今位置，四面城墙则是夯土建材，墙上布满历代重复修建的痕迹，最外层是明代所修，也是最后大规模整修者。[2]作为军事重镇，长城和屯堡的景观在大同随处可见，据尚珩、湛月辉的研究，明朝屯堡由城墙、隘口、敌台、烽火台、镇城、路城、卫城、堡城、过河城桥等部位组成，而大同乃至长城沿线的屯堡，在前代就由夯土筑成，明初继续袭用并维修、新增建物，洪武末达到工程规模高峰，其后，直到明末，官方都持续修缮长城和屯堡，明朝的军事建筑水平也是中国历来最高，时至今日，卫所堡寨大多都能找到遗迹，其中又以修于嘉靖年间的为多。[3]

论及明朝在大同的军事设施，其工程常就地取材，应用黄土高原常见的夯土版筑技术。明朝屯堡的夯土厚度都在15厘米以上，保存度高，但难免因自然侵蚀和居民利用而年久凋敝。[4]大同镇长城大成于嘉靖朝，其内、外各五堡分别建于嘉靖十八（1539年）和嘉靖二十三年（1544年），先有捍卫边防之用，迄隆庆朝（1567—1572年）开放边市

---

[1] 大同地区明代城堡的规格数据，可见2007—2008年“全国长城资源调查暨山西长城资源调查”计划成果，参见尚珩：《明大同镇长城防御体系研究》，太原：山西大学，2007年，第11-164页。

[2] 张志忠：《大同古城的历史变迁》，《晋阳学刊》，2008年第2期，第28-35页。

[3] 尚珩：《明大同镇长城防御体系研究》，太原：山西大学，2007年，第21页。湛月辉：《明代大同镇长城研究》，昆明：云南大学，2015年，第8-9页。

[4] 湛月辉：《明代大同镇长城研究》，昆明：云南大学，2015年，第6-61页。

后，再增安定交易之功。❶明朝于正统、嘉靖、隆庆三朝时，曾开放长城马市，大多都选在布有重兵的大同屯堡，如镇羌堡，借军威镇管贸易，既满足蒙人生活需求以止战，又防止他们趁便入侵，大同的军事建设也足以担此重任。❷

气候环境上，大同地处高纬度，气候寒冷，雹、霜、旱灾频仍，农业收成本就不丰。❸明代两百多年在大同持续地积极建城、屯田，影响更大，不仅破坏水土，还造成风沙侵蚀、湖泊干涸等生态后果。❹人文活动与历代战争，使得当地水土保持困难，20世纪后，则因煤炭业发达而增生地质毁坏、生态恶化等情形。❺

大同地区城市性质与人地生态的演变方面，汉人一直是当地主要居民，明朝前半，当地人数在15万余之谱，称得上北方大都市。❻汉唐以来，当地汉人习于祭祀各种神祇，如崇圣、节孝、文昌等祠林立，而三教的寺观也遍布该地；外族方面，明初有蒙古哈喇真、哈连二部约5万人驻牧在此，扰边无常。❼明朝历来出于军事考虑经营大同镇，官方持续移民屯田、营建卫所，民堡和军堡相辅相成，宣德之后防线内缩，军民堡结合为一套完整的防御体系，作为北边对蒙贸易的后盾。17世纪中后期，因蒙古接受清朝统治，大同的边防性质消失，塞上商业市镇的特性凸显出来，成为重要的货物集散地，也是商贾前往恰克图市场的物质补给站。❽

明朝时期，大同地区的官制演变上，最初是靖难之役后，明成祖于此设置总兵；正统元年（1436年）派都御史巡抚宣大，同时伴随着镇守中官；成化十年（1474年）专设大同巡抚一职，不再与宣府共治，但成化二十年（1484年）又增设宣大总督，兼管两卫。正统时，大同的巡抚与总兵权力平均，并无大小之分，巡抚兼管卫学的教育事务；景泰后，因中央的支持，文职的巡抚权力渐凌驾于武职的总兵之上；成化之后，巡抚专责整饬边备，总兵专事作战，分工较明；弘治以后，因颁布了作战失利则文武官一并连坐的"失机罪"，致使巡抚和总兵休戚与共，互相包庇。明中期之后，大同文武官制定

---

❶ 李海林、马志强：《明大同镇内五堡探析》，《晋阳学刊》，2012年第1期，第16-20页。内五堡为镇边、镇川、弘赐、镇虏、镇河，在大同镇城之北，嘉靖十八年建，用以拱卫原孤悬在外的大同镇；外五堡为镇羌、助马、拒墙、拒门、保安，在内五堡之北，嘉靖二十四年建成，与内五堡成掎角之势，用以强化大同镇之防御体系，参见李海林：《明代大同镇外五堡地名考辨》，《山西档案》，2013年第2期，第26-29页。修正李海林关于助马堡的建成时间，应是嘉靖二十五年二月，参见《明世宗实录》卷三〇八，台北：台湾"中研院"历史语言研究所校勘影印本，1962年，第2页。

❷ 弋晓东：《明代大同马市研究》，呼和浩特：内蒙古大学，2013年，第9-23页。

❸ 杨国华：《明代大同镇防务研究——以败虎堡为例》，呼和浩特：内蒙古大学，2008年，第32页。

❹ 王杰瑜、王尚义：《明代大同镇建设与生态环境变迁》，《地理研究》，2012年第31卷第11期，第1952-1960页。

❺ 娄娜：《山西大同生态文明建设研究》，秦皇岛：燕山大学，2014年。

❻ 赵立人、李海：《明代大同鼓楼与〈大同鼓楼记〉——兼论明代前期大同城的建设》，《山西大同大学学报（社会科学版）》，2011年第25卷第1期，第43页。

❼ 杨国华：《明代大同镇防务研究——以败虎堡为例》，呼和浩特：内蒙古大学，2008年，第14-15，28页。

❽ 管佩芬：《明清时期大同城镇发展轨迹——从军事重镇向商业城镇的转型》，呼和浩特：内蒙古大学，2013年，第1-31页。

型、职权分明，但作战御边的实力却渐渐衰弱。[1]

以上研究对于大同地区屯堡的军事性质，已做出多元考证，但对于这些流传至今的军事设施，在明代之后如何应用、与民众生活的结合情形，尚未能多加探讨，这是本文将着力之处。

二、明代在大同地区的军事建设演变

大同地理位置四通八达，历来为兵家必争之地，战争不断。此处地形复杂，山地、丘陵、盆地、平地并见，属于大陆性季风气候，降雨集中在夏季，年均雨量400毫米，春秋凉爽，冬季干冷而长。[2]传统人文景观上，大同位于农耕、游牧两种生活形态的交界带，最早于周显王三十六年（公元前333年）赵国在此筑长城以防胡，[3]迄今，南迁至此的游牧民族，受汉人影响，住宿形式从蒙古包变成四合院、数家汇成村落，定居性不断加强，作物种类、农具、耕作法等方面，也渐仿汉人深耕细作，但部分游牧习性，如重视牲畜、牧养与耕种并行等，仍旧保留，但学会贮存干草以备牲畜过冬，或者出售。[4]

明廷在大同兴建防御工事，最早见于洪武五年（1372年）十二月“筑大同城”，工程规模不明，但应是在元朝的旧城基上再加兴作，此次筑城，仅是明初在与北元对峙的长城在线，规划的一系列边防政策之一而已。继之，六年（1373年）正月，大将军魏国公徐达、副将军曹国公李文忠至大同（山西）、北平等处修理城池，练兵训将，紧锣密鼓地布防，至夏末时，大同都司含左、右卫在内，已有五卫之多。[5]大同（都）卫即后来列名“九边镇”的大同镇。明代大同乃至整个长城沿线的各卫所，在建立之初便是“屯堡”性质，驻军要地皆屯田，满足粮饷自给的军事理想，[6]另外，晚期也置驿站。

洪武末，大同卫的防御体系已称完备，总共有大同及左、右三护卫、蔚州卫、朔州卫和东胜左、右卫7处，军校等兵数共计6.02万余员，外加大同中、左、右、前、后5个屯卫，专事屯种。[7]除了军队之外，出于实用考虑，明太祖也将流徙罪与实边政策合一执行，充实国防实力，如洪武二十八年（1395年）秋，湖广省会同县常与傜贼互通的

---

[1] 李美荣、李海林：《明代大同镇巡抚之设置及其权力演变》，《山西大同大学学报（社会科学版）》，2015年第29卷第3期，第46-49，57页。

[2] 娄娜：《山西大同生态文明建设研究》，秦皇岛：燕山大学，2014年，第23-24页。

[3] ［明］王士琦辑：《三云筹俎考》，《续修四库全书》史部第739册，上海：上海古籍出版社，1995年。

[4] 卫才华、张鑫：《外长城沿线山西边关古村镇民族民俗融合论析——以大同得胜堡、落阵营和新平堡为例》，《山西大同大学学报（社会科学版）》，2015年第29卷第3期，第9页。

[5] 《明太祖实录》卷七七，台北：台湾“中研院”历史语言研究所校勘影印本，1962年，第6页；《明太祖实录》卷七八，台北：台湾“中研院”历史语言研究所校勘影印本，1962年，第3页；《明太祖实录》卷八三，台北：台湾“中研院”历史语言研究所校勘影印本，1962年，第1页。

[6] 明朝卫所制度和屯田是同时设立、一体并存，且普遍存在于各省境内，屯田有军屯、民屯、商屯3种，本文专指军屯，参见先巴：《明代卫所制度与青海高原屯寨文化的形成》，《青海民族大学学报（社会科学版）》，2010年第36卷第3期，第89-93页。

[7] 《明太祖实录》卷二三七，台北：台湾“中研院”历史语言研究所校勘影印本，1962年，第1页；《明太祖实录》卷二四一，台北：台湾“中研院”历史语言研究所校勘影印本，1962年，第4页。

蛮洞男女1252人，就被发往大同戍边，每人还获赐衣服三件。[1]至于封于大同的明朝藩王——明太祖第十三子朱桂及其后13位代王，非欺压平民者则平淡以终，在大同防边事务上参与、贡献极小。[2]质言之，洪武时期，既是大同地区新入明朝版图之时，也是大同卫建立和整套防卫体系扩充之期。

永乐时期，明廷对大同的建设，只是延续、修改洪武时期的规制。永乐元年（1403年）三月，江阴侯吴高镇守山西大同，节制山西行都司诸卫，可见山西卫即大同卫，且已是一体调度。元年九月又设大同左、右卫，后于七年闰四月，将洪武朝所置的大同左、右二护卫迁到定边、镇朔，再下一个月，就将大同左、右护卫改为大同左、右二卫。其后，永乐十年（1412年），属大同前卫的东胜卫出现中左所、中前所、前前所，都于大同左卫增加守备，意即大同左卫重要性大于前卫，也许因建制较久所致。[3]

明成祖即位之后在大同的一系列举措，就是将洪武时期的军事建制调整、移防、合并，创新融旧，极富灵活性。不过，大同卫各处的屯田发展到永乐时期，已经变成“山西行都司属卫军士，今或全卫，或十之七八屯种，故操练者少”[4]。永乐时期兴筑的大同镇屯堡，墩台每2里1座，1墩15~30人，每个卫所单位里的兵丁都要屯垦补充军需。[5]

洪熙、宣德时期，大同镇的军事建设一沿旧制，鲜少更动。正统四年（1439年）时的近京长城屯堡规制如下：通州至怀来共9堡，每堡4600余人，由京军驻扎；怀来至万全左卫共7堡，每堡3000余人，由宣府军驻扎；万全左卫至大同共10堡，每堡1700余人，由大同军驻扎。正统时的军需运补事宜，因各区屯堡人数不等而出现困难，因此准备增加京军34 300余人因应，当时，山西每年要运到大同、宣府、偏头关三边税粮共1 552 700石。[6]须注意的是，即使到景泰朝（1450—1456年），大同卫一直属于军事建制，与民政体系分离，民政另有山西大同府大同县，县内有云中驿则与军制相仿。[7]

成化末期，大同卫辖区内有土墩154座，外加偏头关的土墩17座，未包砖石，与“甃以石”的宣府卫269墩同时整修。此外，嘉靖初，长城九边镇明确成形之后，大同镇与山西镇已经分开，大同镇的年度经费是84.4万余两，编制外的奇兵、游兵、援兵岁逾

[1]《明太祖实录》卷二四二，台北：台湾“中研院”历史语言研究所校勘影印本，1962年，第1页。

[2] 吕秀琴：《大同马铺山明代王墓碑考》，《大同职业技术学院学报》，2005年第19卷第1期，第35-36，45页。

[3] 永乐元年三月，江阴侯吴高镇守山西大同时，大同已经建设完备，并非大同镇建立之始，参见《明太宗实录》卷一八，台北：台湾“中研院”历史语言研究所校勘影印本，1962年，第1页；《明太宗实录》卷二三，台北：台湾“中研院”历史语言研究所校勘影印本，1962年，第2页；《明太宗实录》卷九一，台北：台湾“中研院”历史语言研究所校勘影印本，1962年，第2页；《明太宗实录》卷九二，台北：台湾“中研院”历史语言研究所校勘影印本，1962年，第14页；《明太宗实录》卷一三三，台北：台湾“中研院”历史语言研究所校勘影印本，1962年，第1页。王杰瑜、王尚义：《明代大同镇建设与生态环境变迁》，《地理研究》，2012年第31卷第11期，第1953-1955页。

[4]《明太宗实录》卷一一四，台北：台湾“中研院”历史语言研究所校勘影印本，1962年，第7页。

[5] 王杰瑜、王尚义：《明代大同镇建设与生态环境变迁》，《地理研究》，2012年第31卷第11期，第1953-1955页。

[6]《明英宗实录》卷五一，台北：台湾“中研院”历史语言研究所校勘影印本，1962年，第6页；《明太宗实录》卷五五，台北：台湾“中研院”历史语言研究所校勘影印本，1962年，第3页。

[7]《明英宗实录》卷一九五，台北：台湾“中研院”历史语言研究所校勘影印本，1962年，第3页。

万人，费银30余万两；经费来源是户部核定、北京太仓库供给，还有河东运司输入，但此两项财源不足一半经费。

屯堡里的卫所军官实行游宦制，在各省的军事职位间移转迁调，与明朝的文官体制相仿。嘉靖三年（1524年）十月，保定巡抚刘麟奏陈获准："军政考选惟务得人，不必出自本卫。"[1]主张人才流通，万历三十三年（1605年）三月的军官升调资料，则展示了这一原则：以贵州抚院中军刘岳为四川漳腊游击、蓟镇马兰路参将王怀忠为辽东开原参将、河间游击刘国光为山西太原参将、大同镇羌堡守备杨茂春为蓟镇沈阳游击、南京大教场坐营卢志濂为神枢营游击、山东德州卫指挥祝世泰为辽东蒲河备御、河南弘农卫指挥王家栋为甘肃金塔寺堡守备、甘肃红崖堡守备马如豸为蔡旗堡守备、云南洱海守备纪朝元为山东即墨守备。[2]其他类似的数据，在《明实录》中俯拾即是。明军在大同的防御措施必须筑有屯堡，因为"大同地平无险可恃"[3]，旷野平坦、一览无遗，敌人可长驱直入。

三、明代大同地区的屯堡部署

洪武时期在大同地区的军事建设，总共有3道11城，有单独使用砖、土两种建材而成的，也有先夯土为城，再包砖而成者，显示明太祖非常积极经营大同地区的战略工事（见表1）。

表1　洪武时期大同镇城堡修筑情况[4]

道	路	所辖城堡	修筑年代和材质
阳和道所辖新东二路	东路	天城城	洪武三十一年砖筑
		阳和城	洪武三十一年砖筑
分巡冀北道所辖北东路暨不属路	不属路	蔚州城	洪武七年包砖
		广昌城	洪武六年砖建
		广灵城	洪武十六年土筑
		浑源州城	洪武元年因之
		大同城	洪武年大将军徐达因旧土城包砖
分守冀北道所辖西井二路	井坪	应州城	洪武八年土筑
		怀仁县	洪武十六年筑
		马邑县	洪武十六年土筑
		朔州城	洪武三年砖建

[1]《明世宗实录》卷四四，台北：台湾"中研院"历史语言研究所校勘影印本，1962年，第6页。
[2]《明神宗实录》卷四〇七，台北：台湾"中研院"历史语言研究所校勘影印本，1962年，第9页。
[3]《明世宗实录》卷四六〇，台北：台湾"中研院"历史语言研究所校勘影印本，1962年，第1页。
[4] 尚珩：《明大同镇长城防御体系研究》，太原：山西大学，2007年，第16页。

永乐时期，明军设立屯堡，作为守备据点，每小屯有4~7所，交通便利处筑1大堡，环以土城，有8个城门和环城的壕堑护卫，护城河的深阔可达4尺至1丈，大堡内聚集屯粮，小屯则稍存每日用粮，一旦有警，人畜便进入大堡固守。屯堡是较小的军事据点，更大的是城，分为卫城、县城、堡城三级，另外，在宁夏、甘肃、大同、辽东等地，永乐帝也下令广筑类似“子母堡”等民堡，聚合民力，增强国防力量。明初在北方山口修建的防御设施，主要位于山西中北部恒山主脉、河北省西部太行山主脉北麓地区，如雁门关、太和岭、武朔诸山谷间的73隘，对比明朝向北的开疆拓土范围，已是名副其实的“内地”，不再如以前一般，经常是主要战场，由此往南，便是人口密集、田陌发达的盆地或平原，故此地自明代开始，渐渐以防御为主，往后，既有的山口防御墙、堡寨和长城等军事设施，也陆续使用和重修，留存至今。❶

明代台堡除了驻扎士兵，同时也有士兵家属住在附近，自耕自食。洪熙至正统时期，明朝停止大规模出塞征讨，卫所兵丁大量内徙，北方疆土出现向南退缩的趋势，大同地区再度成为边境，都司、卫所的建设重点，便落在整修和维持防御能力，如在镇城、卫城之外围修筑城堡，以加强其守备力量，故此时期明军的主流趋势虽非主动出击，但修筑晋北墩堡的工事反而非常积极。正统十四年（1449年）八月的土木堡之变后，明朝弃守东胜左右卫、云川、玉林等地❷，对蒙古的军事经营转趋消极，以守备为主，因此，更加积极修整防卫用的边疆台堡。❸明朝在大同地区的防御设施内缩，形同示弱，蒙古的入侵频率反而增加，如《三云筹俎考》所言：

东胜既失，虏焰复燃。景泰、天顺而后，云中应朔之区，时时备虏，至嘉靖，则无岁不蹂践为战场矣！❹

土木堡之变可以视为明蒙关系的关键转折事件，此后，明朝对于宿敌蒙古的态度，由备战出击转为防御羁縻，并于嘉靖朝开始尝试以边市贸易取代对战，虽然此策也曾遭遇反对意见，但时序进入16世纪，明朝处置蒙古关系也采用新方式，希望达成和平共存，如《安攘考》载：

尝窃筹之人，皆谓贡市久则边备衰，不知边备修而后贡市久；皆谓虏情叵测，或有乘间而跳梁，不知虏惧闭关甚于争雄。❺

所谓“乘间而跳梁”，如景泰元年（1450年）六月蒙古寇蔚州，于谦便提议增设紫

❶ 尚珩：《明大同镇长城防御体系研究》，太原：山西大学，2007年，第30，33页。

❷［明］王士琦辑：《三云筹俎考》卷一，《续修四库全书》史部第739册，上海：上海古籍出版社，1995年，第18页。

❸ 尚珩：《明大同镇长城防御体系研究》，太原：山西大学，2007年，第41-48，56-58页。

❹［明］王士琦辑：《三云筹俎考》卷一，《续修四库全书》史部第739册，上海：上海古籍出版社，1995年，第1页。

❺［明］王士琦辑：《三云筹俎考》卷一，《续修四库全书》史部第739册，上海：上海古籍出版社，1995年，第2页。

荆、倒马两处关隘，同时屯田，厚植实力。[1]此例显示，明朝中期以后，明廷虽尝试减少战争、与蒙古并存，但在军事防御上未曾松懈，仍持续视边情而随时戒备。明蒙交流的新方式——边市或贡市，试行于嘉靖时期，唯因此期间大同地区遭受蒙古入侵的频率增多，使得明廷仍必须倚武备为后盾，边市贸易地点也多选在重兵守卫的大同屯堡，如镇羌堡，以在有坚强军事监控机制的状况下，提供物质交流机会。[2]

明代的墩台，有带围墙的大墩台和沿边墩台两种，前者围墙边长 1 米，仅开南门，中央筑方形墩台，边长和高度都是 1 米；后者是夯土台基，边长和高度都是 1 米，夯土层厚 1 厘米。[3]这些建筑里，边墩是战时最小战斗单元和承平时最小生产单元，平常用来传递军情，其下还有“腹里墩”，设置较边墩更稀疏，守军一般 3~5 人，用以辅助边墩。[4]

晋北的各明代墩堡，数百年来因河流、雨水长年冲刷，出现缺口，也有的因建材土质不好，自然坍塌，成为依稀可辨的条状城墙、独立存在的敌台和烽火台。大同盆地的夯土城墙，内含沙粒较多，受风雨剥蚀，损毁严重，至今，有许多段已塌陷成坡状。明朝修建长城的原则是“就地取材”，晋北的明代军事设施都是夯土材质，越靠近山脉之处，土层就越薄，取得的建材中往往夹杂石料，大同地区的长城便以此为材，较少使用砖石材料。[5]

四、清代之后大同地区的军事建制演变

大同镇还有另一重要的卫星城市——大同右卫，在清朝雍正三年（1725 年）成为朔平府。大同右卫源于洪武二十五年（1392 年）新设的“定边卫”，当时筑了城墙，但不久便遭裁废，直到永乐七年（1409 年），才又在原地复设“大同右卫”，并将卫城建筑完成。正统年间，明朝将北方军事部署内缩，大同边外的玉林卫内迁并附属到右卫，合称“右玉林卫”，此后便无兴革，延到嘉靖四十五年（1566 年），才又重修此城，万历三年（1575 年）更用砖包覆原有土墙，规模达到周长 9 里 8 分、高 4 丈 2 尺、宽 3 丈 5 尺，厚实坚固，抵抗蒙古的侵袭。不过，又隔了约百年的清康熙年间，大同右卫才又获得两

---

[1] ［明］王士琦辑：《三云筹俎考》卷一，《续修四库全书》史部第 739 册，上海：上海古籍出版社，1995 年，第 18 页。

[2] 弋晓东：《明代大同马市研究》，呼和浩特：内蒙古大学，2013 年，第 9-23 页。

嘉靖后，“三云”地区对蒙战争尤多，遍布玉林川、红崖儿、阳和、平虏、井坪、岢岚、朔州、马邑、山阴、应州等地，均在大同卫防御境内，参见［明］王士琦辑：《三云筹俎考》卷一，《续修四库全书》史部第 739 册，上海：上海古籍出版社，1995 年，第 21-30 页。

[3] 尚珩：《明大同镇长城防御体系研究》，太原：山西大学，2007 年，第 51 页。

[4] 王杰瑜、王尚义：《明代大同镇建设与生态环境变迁》，《地理研究》，2012 年第 31 卷第 11 期，第 1954 页。

[5] 尚珩：《明大同镇长城防御体系研究》，太原：山西大学，2007 年，第 21 页。湛月辉：《明代大同镇长城研究》，昆明：云南大学，2015 年，第 8-9，22，33 页。

次整修，最终于雍正三年（1725年）废卫，改置朔平府。❶

明朝的各种北方军事设施，到改朝换代后，因蒙古地区也纳入清朝治下，失去了边疆重镇的功能，越来越视同内地。举其他地为例，遵化县是明代末期对清军作战的前线，备受重视，设有遵化卫、东胜右卫、忠义中卫、宽河守御千户所等3卫1所，但进入清代统治之后，它们全被并入遵化县，返归一般州县治理模式，原有的军事性质和地位消失，直到康熙二年（1663年）六月，顺治帝安葬于此县，转为皇家陵寝重地，获升格为遵化州，加强守备，才稍复一丝军事色彩。❷

山西大同府的朔州，也发生同样的情形。当地在明代是边陲重镇，开国初年就设立军门，但后来军门被移驻阳和县，嘉靖年间添设兵宪粮府衙门，设1卫5所，由守备、掌印、巡捕、管屯等官员掌理各项事务。清朝统治中原后，山西北部成为腹里之地，不再是边区，顺治十年裁去兵粮衙门和掌印、管屯两官，仅存州、卫衙门，分理军民，十六年又裁撤卫，其下5所改成“里”，将5里的户口钱粮都并入朔州管理，化明代的军籍、卫所为一般民籍管理。❸

明代北方边疆的军事部署情形（见图1和图2），图1和图2显示了“州卫分治、兵民分治”的意思。图1中的雁门关、五花营、演武场、宁武军口、草场及绘有旗帜的关隘设施，都是军事设施；图2中的朔州方城和东、西、南、北四关，均是洪武三年（1370年）的夯土筑城，稍后又用砖包覆，另外还有相关军事设施：敌台楼12座、门楼4座、角楼4座、铺楼24座、烟墩4座。图2中的各村堡，像狼儿里、桑家堡里等，则属于朔州的民里，不归卫所管辖，而原属明代军事卫所的地名，到清代后，只能从名字稍微辨认出，如左里的烟墩村，就是明朝朔州卫前、后、中、左、右5所的左所烟墩所在之处，同理，“前里—金城屯”，应是明朝朔州前所的金城屯田。❹

图2上方的王万庄堡、神武村堡等，也具有防卫性质，但应属民间基于治安理由而兴建的夯土堡寨，不具有官方军事性质，然而，此地州卫、军民的区别，在顺治十六年（1659年）之后都不再有意义，因为一切明代的卫所编制都取消了，全部归入朔州治下的民籍管理模式。

---

❶ ［清］刘士铭修，王霨纂：（雍正）《朔平府志》卷一四，台北：傅斯年图书馆，1733年（雍正十一年）刊本，第13页。

❷ ［清］郑侨生修，叶向升纂：（康熙）《遵化州志》卷二（北京：线装书局，2001，《清代孤本方志选》影印康熙钞本），第1-3页。

❸ ［清］方叔裔重修：（康熙）《朔州志存》卷一，北京：中国方志库，1936年（民国二十五年）刻本，第6页。

❹ ［清］方叔裔重修：（康熙）《朔州志存》卷一，北京：中国方志库，1936年（民国二十五年）刻本，第7-9，12页。

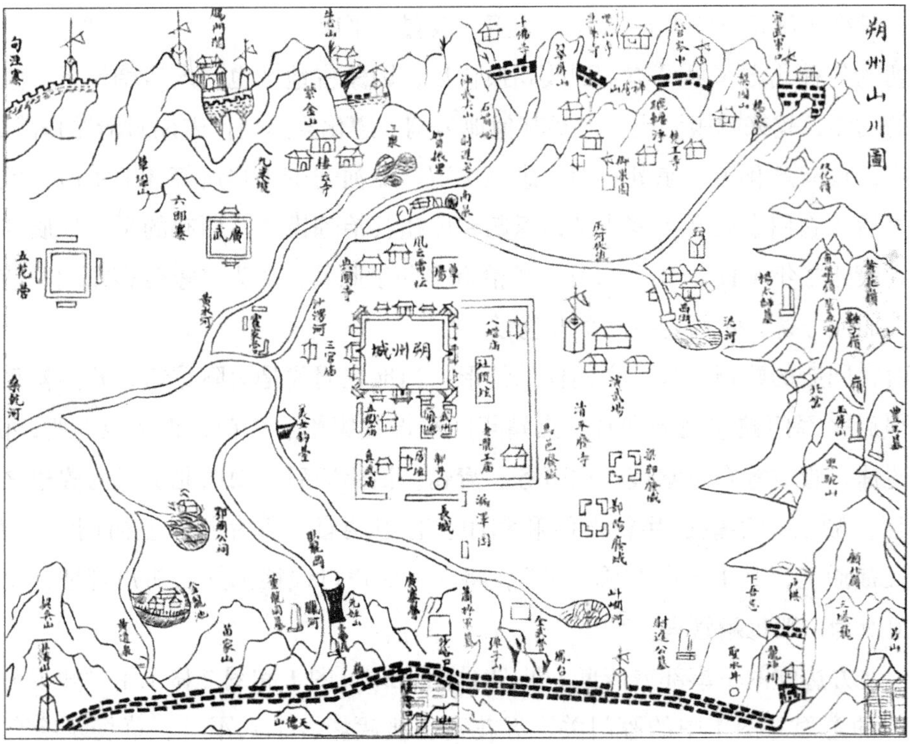

图 1　明末清初山西朔州山川图❶

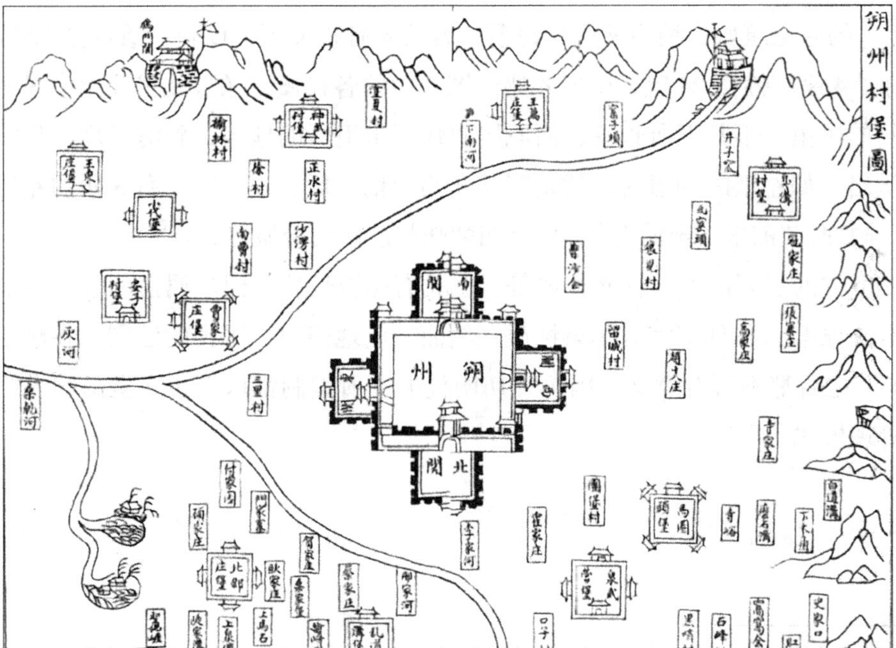

图 2　明末清初山西朔州村堡图❷

---

❶［清］方叔裔重修（康熙）《朔州志存》卷一，北京：中国方志库，1936年（民国二十五年）刻本，第2-3页。

❷［清］方叔裔重修（康熙）《朔州志存》卷一，北京：中国方志库，1936年（民国二十五年）刻本，第3-4页。

裁撤明代设置的军事卫所，将之改制为一般的府、州、县，与长城内地省分划一治理，实现内地化，是清朝的长期目标，此政策于雍正朝执行最积极。雍正三年（1725年），大同右卫改制为朔平府，辖有1州4县，分别是原大同卫的右玉卫、左云卫、平鲁卫，再加上原属朔州的马邑，均改为县，而朔州维持原级。❶明代卫所虽然遭到废弃，但基于统御漠南漠北的蒙古各族需要，清廷仍大加利用明代的军事设施，善予维修。

新设立的朔平府，府治与右玉县衙都设在原大同右卫城里，辖下5州县境内犹存有许多明代卫所城堡，大小规模不等，清廷仍派兵守卫台堡，雍正七年、八年、九年更连续重修朔平府城墙，采取内夯土、外包砖的严密工法，修缮4座门楼、3座角楼、28垛口、564守铺，四门外还修有月城，东门（和杨门）外设置八旗营房。城内有将军、都统、府、县、参守等官和镶黄、正黄两旗官兵。以此部署言之，山西北部在盛清时期，仍带有高度军事色彩，只是与前明相较，康熙中叶之后的大同右卫诸堡寨，仅有三分之一设官守御。❷由此可见，清廷处置晋北明朝军事设施的原则是删繁就简，择精要者整修运用，非必要的台堡，便任其闲置了。

---

❶ ［清］刘士铭修，王霨纂：（雍正）《朔平府志》卷三，台北：傅斯年图书馆，1733年（雍正十一年刊本），申序，第4–5页、蒋序，第2页、姓氏，第1，14页。

❷ ［清］刘士铭修，王霨纂：（雍正）《朔平府志》卷三，台北：傅斯年图书馆，1733年（雍正十一年刊本），第4，13–14页。

考察明代承天卫所及其建置

周红梅　周明岳

（湖北省钟祥市明显陵管理处）

明代卫所制，是明朝开国皇帝朱元璋采用“寓军于民”的军事思想，在边界或者要害地方推行军屯、战耕结合的军事制度，是吸取中国历史屯田经验，是一种寓兵于农，守屯结合的建军制度。用朱元璋的话说：“吾养兵百万，不费百姓一粒米。”这种思想在明初湖广安陆卫古郢中地区（湖北省钟祥市）所在地，也体现得非常明显。

洪武九年（1376年），将安陆府改为安陆州，因城池紧靠汉水，地理位置十分显要。朱元璋在元至正二十五年（1365年），命大将常遇春攻城略地时就曾告之：“安陆、襄阳横据上流跨连巴蜀，控扼西北，自古所必争之地，今置不取，将贻后忧。”[1]这样的战略要地，自然要受到明王朝的重视。因此，在攻克安陆的当年年底就在此设立安陆卫，驻进了庞大的军事机构。因而才有后来的明朝“三王封郢”及军旅屯驻，特别是嘉靖皇帝登基以后，将安陆州擢升为承天府，与当时的南京应天府、北京顺天府齐名为“天”字号府，并将管辖范围扩大到五县二州，又有意将兴都城设为“中京”。

一、早期承天卫所的建设

承天卫的前身是安陆卫，而安陆卫是明朝湖广最早建立的军事机构之一。

明初，朱元璋建立大明政权，在他看来，元朝之所以经常发生宫廷政变，主要原因就是，元末农民起义四处爆发，元王朝在各地缺少强有力的藩卫。有鉴于此，洪武三年他就作出了封藩的安排，除把太子留守京城外，其他皇子均分封到边疆或者重要地区为藩王，是希望他的子孙们能镇守一方，成为保障国家的后备力量。

洪武二十四年（1391年），朱元璋将第二十四子郢王朱栋，分封古郢中，古郢中不仅在历史上是楚国的陪都，而且也是一处文化圣地。洪武二十五年（1392年），在已有安陆卫的情况下，又为郢王专设安陆中护卫，由郢王直接掌管，这支亲军护卫，下设三个千户所，按明朝典制大约为3300人。实际永乐六年（1408年），郢王才到自己的藩国安陆州。郢王就藩之前，一直居住在南京。这期间仍然行使对藩国的管理和建设，他命卫所部队在藩国垦荒屯田，耕种戍守，发展生产，为后来的兴都繁荣打下了良好和坚实的基础。

---

[1] 《明太祖实录》卷十七，元至正二十五年（1365年）乙巳（五月）乙亥（十八日），台北：台湾“中研院”历史语言研究所校印本，1962年。

永乐十二年（1414 年）十一月，郢王病逝，享国六年，终年二十七岁。郢靖王生有四女，因无子嗣位而革除封国，其家眷回归南京，大部分护卫及官属改拨他任，只留内官使及奉祠各一人，校尉五十人在藩国，专供王墓岁时祭祀，留守人员大部分乃落籍钟祥，成为现在钟祥部分姓氏的先民始祖。

永乐二十二年（1424 年），成祖朱棣之孙、仁宗皇帝朱高炽第九子梁王朱瞻垍，又受封于此。梁王朱瞻垍与宣德皇帝朱瞻基为一母所生。皇兄朱瞻基念“兄弟之谊”，对梁王赐赏格外优厚，“岁给钞十万贯，倍于他王。”宣德四年（1429 年）八月，梁王带着护卫及官属人员，就藩湖广安陆，住进工部遣官临时修治的梁王府。一年后又奏请将位于城西的郢靖王府改造为梁王府邸。正统六年（1441 年）正月，梁王以疾薨，享国十二年，终年 30 岁。生有两女，为新宁郡主、宁远郡主，也因无子嗣位而革除封国。所遗军校一百五十户，成化十六年（1480 年），应襄王所请，命以五十户守梁庄王坟，三十户守夫人坟，其余军校和庄田均由襄府暂管。

按照明代的藩封制度，又一位皇子被封古郢中，为兴王朱祐杬。朱祐杬是成化皇帝朱见深的第四子，嘉靖皇帝的父亲，弘治四年（1491 年）十月，建造兴王府邸于郢中。之前，兴王初封国为德安，后改卫辉，再改安陆。弘治七年（1494 年），十八岁的兴王朱祐杬偕同蒋妃及护卫、官属人员，就藩湖广安陆。孝宗皇帝朱祐樘对兴王格外优厚，将郢、梁二王所遗庄田四百四十九顷均赐予兴王，实属富庶之国，不愿意居住在先王府中，就以“梁邸居州城之西隅，地形偏下，且有通达冲其前，复请迁于城之正中”[1]。因此，在原基础上又按照武备重新建设城池和兴王府，此后兴都城的建制非常完备。

兴都城池形态有五座门：“南一曰阳春，东二曰威武、阅武，西一曰石城，北一曰拱辰，门各有楼，而阳春、石城各月城。”[2]城墙设置有雉堞，雉堞的高度和人体高度差不多，具有防御功能。万历三十年《承天府志·武备志》关于垛口砖制：“垛下身高三尺，口上高三尺，共六尺。”（按照明朝营造尺：1 尺 =0.31 米，那么砌垛下墙高三尺为 0.93 米，垛口墙高三尺为 0.93 米，共六尺计 1.86 米，内墙为女墙高三尺，即 0.93 米，既有易守难攻之效，无战争时期亦可“以武卫文”，以备不时之需。）

二、承天卫所的建置

承天卫戍机构，始建于元至正二十五年（1365 年），当时朱元璋为防守古郢中，便在郢中城白雪楼西北建安陆卫所，调飞熊卫亲军指挥王志为卫指挥使，后有吴复、常遇春等先后担任指挥使。永乐六年（1408 年），这里被选为郢王府址，移卫机构于旧安陆州治东百步，即今钟祥市二中附近。弘治六年（1493 年）兴王受封郢中，选府址于城

---

❶《兴都志》卷一《典制一·肇封以来总纪》，1937 年（民国二十六年钟祥县志局重刊），第 5 页。

❷《兴都志》卷七《典制七·兴都建设·城池》，1937 年（民国二十六年钟祥县志局重刊），第 3 页。

正中，安陆卫机构也在城之中，刚好这时郢王府及梁王府都已除封，所以卫戍机构又再次迁还于城西北原址。其建制有正厅五间，后堂、厢房六间，左右廊十四间，门两重。此外还有经历厅一所、镇抚厅一所，军械局一所，监狱一所，仓库一所。嘉靖十三年（1534 年），指挥张宪创立右千户及旗纛庙各一所。“旗纛庙”是军中重要的祭祀之地，目的在于壮军威。《大明会典》记载：“凡各处守御官，俱于公廨后筑台，立旗纛庙，设军牙六旗纛神位。春祭用惊蛰日，秋祭用霜降日……若出师，则取旗纛以祭。”[1]可见，旗纛庙也是按照国家制度建立的祭礼场所。

安陆卫初建时下设左、右、中、前、后五个千户所，各有千户（正五品）镇抚（从五品）、百户（正六品）等将领，旧属湖广都司，成化年间改为郧阳行都司所辖，隶五军都督府之前军都督府。洪武中溪洞苗民反叛，加上老马刘盘踞随州大洪山，所以就将安陆卫左所官军全部调往永定卫，前所百户张胜、朱真官军拔守随州。永乐间设立漕运，从剩余四所官军中抽调一千零三十名，定拨驾船债运京储，由安陆卫指挥同知丛贞负责管领。运船每五年一造，每船奏定价银一百两，军卫自备三十两，府县出价七十两。正统十四年（1449 年）英宗朱祁镇蒙尘时，襄献王有陈言、慰安二书堪比周公，所以天顺元年（1457 年）五月，英宗复辟后，设襄阳护卫指挥使司，将安陆卫右所调护襄阳，加上轮戍靖州和补征广西等地造成伤亡减员。到嘉靖初年，安陆卫实际可用官军人数大约只有三千人。正德十三年（1518 年）前，屯田数量为六百三十顷三十四亩。嘉靖四年（1525 年）春，奉命掣回襄阳护卫右所，增加屯田两百七十二顷四十三亩。为加强汉江水路安全，将先前驻守丰乐驿的三十余名官兵，改为往来江上巡逻军。

嘉靖四年（1525 年）八月，嘉靖皇帝又命调安陆卫右所官军于显陵卫。之前，有人提出以安陆卫五所官军皆当全设，理由是随州寇盗已除，百年空闲无事，襄府既有襄阳护卫以充使令，又有襄阳卫以守城池，两处官军皆宜取回本卫。但显陵守备太监杨保认为，在外官军无法取回，过去安陆卫军员虚设，是有王府护卫军弥补，现在王府军扈从进京，城内空虚没有护卫是不行的，因此奏请只将安陆卫右所官军改编为显陵卫，拱护二圣山陵，他的建议得到了嘉靖皇帝批准，并按照长陵事例月支本色米一石。

为加强郢中城防，嘉靖十八年（1539 年）四月调荆州左卫为显陵卫，由正军李貌才等一千二百余名充之，随带战船四十三只。此时安陆州已经升格为承天府，所以安陆卫随着区划名称的变更整体改为承天卫，属兴都留守司管辖，仍隶前军都督府。原安陆卫右所正军金忠等恢复为承天卫右所驻守城内，止于皇城及本城四门防守，继续享受显陵卫官军月支实米八斗、折色二斗的待遇。折色就是将米折算成银子，每年二月、十月关支折银，按照每米一石折银五钱的标准兑现。当时军官俸禄标准是指挥使八石，同知六石二

[1] ［明］《大明会典》卷九四《旗纛》，内府刻本，第 10 页。

斗，佥事五石八斗，镇抚三石八斗，正千户四石二斗，副千户军三石八斗，百户三石，总小旗一石。军人只身六斗，有妻一石，纪录、老疾军及把门、修仓等余丁各三斗，而显陵卫军人直接按照一石执行，充分说明嘉靖皇帝“崇重汤沐之意”。[1]根据嘉靖二十年《兴都志》和万历三十年《承天府志》记载，承天卫官员的任职和职官情况见表1和表2。

表1　嘉靖二十年《兴都志》承天卫官员任职情况

序号	姓　名	官　职	籍　贯	备　注
1	王　佩	指挥使	直隶兴化县人	—
2	叶　辅	指挥使	直隶合肥县人	—
3	刘　珮	指挥使	直隶定远县人	—
4	黄　恩	指挥使	河南光州人	—
5	秦　高	指挥同知	直隶定远县人	—
6	从　爵	指挥同知	直隶繁昌县人	—
7	汪　恩	指挥同知	直隶寿州人	—
8	高　选	指挥同知	辽宁锦州人	—
9	蔡　恩	指挥同知	陕西同洲人	—
10	尹　仕	指挥同知	永定府迁安县人	—
11	邓　玺	指挥佥事	湖广石门县人	—
12	胡　潆	指挥佥事	江西浮粱县人	升署都指挥佥事
13	张　宪	指挥佥事	直隶乐亭县人	—
14	朱　臣	指挥佥事	直隶盱眙县人	—
15	周　勋	指挥佥事	山东文登县人	—
16	邵　南	指挥佥事	直隶全椒县人	—
17	张　悌	指挥佥事	直隶青苑县人	—
18	曹　茗	指挥佥事	直隶凤阳县人	—
19	周　金	锦衣卫百户	湖广钟祥县人	嘉靖十二年恩奏巡视显陵

表2　万历三十年《承天府志》承天卫职官名单

官　职	姓　名	品　级
指挥使	王邦钟、叶可义、黄希文、刘绪、张书绅	—
指挥同知	秦口文、尹之任、从世杰、汪丕丞、高如山	—

[1]《明世宗实录》卷二六五，嘉靖二十一年八月壬辰，台北：台湾“中研院”历史语言研究所校印本，1962年。

续表

官职	姓名	品级
指挥佥事	邓崇善、胡效忠、邵继祖、张澡、朱朝卿、曹持宪、夏世臣、蔡胤孝、周之屏	—
镇抚	大良臣	—
右所	邓尚志、解应宗、覃璠、袁继志	均为千户
	蔡应贤、徐行教、陈起龙、魏尽忠、萧应凤、李世勋、厓群策、倪民悦、关节、朱承禄	均为百户
中所	沈崇文、马杲、徐应魁	均为千户
	孙显明、潘光先、秦上、雷时化、黄实、韦大臣、司世爵、萧应亨、汤民悗、孙承业	均为百户
前所	张友颜、王世爵、颜大有、许良将、谢世爵、鲁九龄、程国忠、汤梓、林恩	均为千户
	江楠、谢应诰、吴三乐、金体仁、沈承恩、张豸、朱英、刘承应、蒋应奎	均为百户
后所	刘秀实、汤之璧、范体正、唐鲁	均为千户
	潘纯、王应节、马继原、蔡承恩、杨相、高登、童添绶、袁应凤	均为百户

三、兴都留守司

嘉靖十八年（1539年）三月，嘉靖皇帝南巡承天之后，为了彰显帝乡的心情，湖广地方以承天为陵寝所在，宜如凤阳事例，请建留守统辖诸卫，这个请示上报到嘉靖皇帝那里。嘉靖皇帝接到奏报后当然高兴，“参三都之定式，立恒久之通轨”[1]。五月，便批准了承天府增加军事的建置。在兴都城东阅武门即大东门内增加了“兴都留守司”机构，主掌兴都守御防护之事，并诏定兴都旧邸官守，凡宫殿门禁关防出入内臣，俱照两京例行，可见其规格与管理，均与两京无异，进一步提高了留守司的地位。众所周知，嘉靖皇帝龙飞安陆州引发的区域性重大变化，除了设置兴都留守司之外，之前还有嘉靖十年八月升安陆州为承天府之举措。

兴都留守司掌一方军政，率其卫所隶于五府之前军都督府，而听于兵部，但五年一次的例行考选仍属于湖广巡抚管辖。嘉靖二十年（1541年）正月十一日，巡抚湖广都御史陆杰奏言：“承天、显陵二卫旧隶湖广行都司，属抚治郧阳都御史今改隶属兴都留守司，未定所辖，不便考选。”[2]兵部认为考选改属湖广巡抚更为方便，兵部的建议得到嘉靖皇帝的采纳。

兴都留守司设主官正留守一人、副留守一人、协同佥书一员，万历六年前后裁革副留守。其属官有经历司经历一员、断事一员、都事一员。管辖三卫一所，承天卫、显陵

❶《兴都志》卷九《典制九·承天卫》，1937年（民国二十六年钟祥县志局重刊），第5页。

❷《明世宗实录》卷二四五，嘉靖二十年正月戊戌（十一日），台北：台湾“中研院”历史语言研究所校印本，1962年。

卫、沔阳卫、德安守御千户所，随州守御百户所。首任留守黄济，由湖广都司署都指挥同知改任。根据万历三十年《承天府志》所记载，兴都留守司留守官员名单见表3。[1]

表3 万历三十年《承天府志》兴都留守司留守官员名单

序号	姓名	任职时间	之前官职	籍贯
1	黄济	嘉靖十八年 首任，武举选任正留守	—	武昌人（一说为直隶合肥县人）
2	江山	嘉靖十八年 副留守	—	均州人（一说湖广长沙县人）
3	李翱	嘉靖二十年 副留守，后升正留守	协同佥书	武昌人（一说湖广善化县人）
4	刘节	嘉靖二十二年任	—	荆州人
5	刘佩	嘉靖二十五年任 嘉靖四十一年复任	—	承天人
6	吴熹	嘉靖二十九年任	—	京都人
7	贺凤	嘉靖三十五年任	—	浙江人
8	许元	嘉靖三十五年任	—	—
9	朱文	嘉靖四十年任	—	凤阳人
10	苏节	嘉靖四十三年任	—	—
11	管海	嘉靖四十三年任	—	—
12	韩德祯	隆庆元年任	—	—
13	庄重	隆庆五年任	怀远卫指挥	—
14	刘葵	隆庆六年任	陕西西安卫指挥	—
15	郭应乾	万历元年升任	协同佥书	—
16	何万钟	万历四年任	苏州卫指挥，武进士	—
17	于超	万历九年任	常德府廪生，武进士	—
18	解节	万历九年任	—	武昌左卫人
19	李应诏	万历十二年任	—	南昌卫人
20	吴承荫	万历十四年任	南京卫人，武进士	—
21	韩似甫	万历十六年任	四川泸州卫人，武进士	—
22	余允升	万历十六年任	—	南京天虎贲右卫人
23	柴时泰	万历十九年任	岳州卫指挥	—
24	黄岗	万历二十一年任	绍兴卫指挥使，武进士	—

[1] 《承天府志》卷二《龙飞纪下》，明万历三十年刻本，收录《日本藏中国罕见地方志丛刊》，北京：书目文献出版社，1990年影印本，第47页。

续表

序号	姓　名	任职时间	之前官职	籍　贯
25	黄冲霄	万历二十四年任	南京天虎贲左卫指挥，武进士	—
26	麻　镇	万历二十六年任	广西桂林卫指挥，武举	—
27	黎国辉	万历二十八年任	武进士	福建泉州卫人
28	李　登	万历二十八年任	武功中卫署都指挥，武进士，	—
29	李思忠	万历二十九年任	云南后卫百户，武进士	河南中牟县人
30	李　奇	万历二十九年之后任职官员		
31	杨继武			
32	蔡宏毅			
33	沈寿崇			

嘉靖年间后期裁革都事，兴都留守司有护卫军三百七十五人，守御屯田群牧千户所三百七十人，仪卫司三十二人。兴都留守司管辖的沔阳卫，设在沔阳州治东北，明初建守御千户所，洪武六年（1373 年）改旧沔阳府治故址建。设经历司镇抚司，领四个千户所，三十六个百户所。到嘉靖二十年（1541 年），任指挥使八人，同知十八人，佥事十四人，经历一人，知事一人，正千户八人，副千户三十一人，卫镇抚二人，所镇抚各一人，百户四十四人，令吏二人，典吏二人，镇抚司吏一人，千户所吏各一人，百户所军吏三十六人，总旗七十二人，小旗三百六十二人，军三千六百人。沔阳卫旧属湖广都司，嘉靖二十一年（1541 年）三月四日，督工尚书顾璘提议，改沔阳卫、德安所属兴都留守司，驻军人数大约四千余人，屯田九百四十八顷。

兴都留守司管辖的德安守御千户所，设在德安府东，洪武初建立，旧属湖广都司，嘉靖二十一年（1542 年）改属兴都留守司，驻军人数大约一千二百人，屯田六百二十一顷六十六亩。

兴都留守司管辖的随州守御百户所，设在随州州治东，洪武元年（1368 年）由安陆卫分守于此。驻军人数大约二百一十人，屯田一百一十七顷零四亩。留守司驻地有厅五间，穿堂三间，后房五间，左右房共三十间，门二重三间，经历、断事厅各一所，旗纛庙一所，住宅七所，监狱一所。

在兴都辖区内除了上述军事派驻以外，嘉靖年间还设立分守荆西道和分巡荆西道两个重要的派驻机构。这里的“两道”不是都察院下设的十三道监察御史，而是湖广承宣布政使司和湖广提刑按察使司下设的巡道，相当于省级派驻机构。布政使司参政参议分守诸道，按察使司设官分巡诸道，形成一种划片管理的模式。湖广先后建立八道即武昌道、下荆南道、上荆南道、荆西道、上湖南道、下湖南道、上江防道、下江防道。

设立荆西道，是湖广抚臣积极争取的结果。嘉靖十八年（1539年）六月，湖广巡抚陆杰上疏称：

承天府旧为州治，本属下荆南道，辖于抚治郧阳都御史，恭遇皇上乘龙御天升而为府，及蒙恩旨，命属巡抚湖广都御史统辖。臣窃见下荆南一道，所属郧、襄、承三府，穷极北界，千有余里，郧阳居万山之中，樊城为四方之会，流民为患今古所虞。襄阳有太和山，成化间改设参议专官管摄，弘治间改兼分守，近年以来参议不暇顾理，香钱多为提点私取，斋粮多为佃民逋负，此殆分守不专之验也。臣查德安府所属随州、应城与承天接壤，皆在汉江之东，而德、黄、武、汉四府俱属武昌一道，地方广远，其守巡官员方病于周巡遍履之难。臣愚以为分武昌道之德安与承天别为一道，布政司专设分守官一员，于承天府住扎，请敕一道与守备太监协同守护二圣陵寝。按察司专设分巡官一员，铸给印信一颗，于沔阳州住扎，问理刑名往来，提督承天所属堤防，就近各为铨补，以便供事。伏乞皇上钦赐道名，永厥休美。❶

嘉靖皇帝看到奏疏，认为这个建议很好，就安排下发到户、兵二部详定。此后又有清军御史姚虞也以先帝陵庙所在，事体隆重，提出改设守巡以重陵寝等建议，一并下发到户、兵二部议处。嘉靖十九年（1540年）三月二十三日，陆杰等的奏请终于有了结果，户部、兵部、吏部等会商以后，改置湖广承天、德安二府为荆西道，设守、巡官各一员。五月，嘉靖皇帝亲自任命参议方远宜分守荆西道。七月，再命户部员外郎湖广按察司佥事柯乔担任首任分巡荆西道。充分说明嘉靖皇帝对承天的重视。

明朝都司卫所制，是明朝早期基本的军事组织，是全国一套完备的军事防御体系。从考察承天卫来看，军事体系非常完备，而且也非常庞大，贯穿了整个明朝，特别是嘉靖登基之后，为了凸显自己给予家乡和父亲崇高的政治地位，选留和荫护了一大批人，如嘉靖二十年，显陵卫带俸都指挥佥事段钦，后荫升其孙段应祖为指挥同知；嘉靖四十三年《明古郢徐母夫人墓志铭》载："徐氏有始祖名回祥者，自洪武二十五年奉例选取南京锦衣卫校尉，于洪武二十七年前来安陆下屯，开垦田地住种至永乐六年，复住南京迎接郢王安陆之国即今承天也。至宣德四年（1429年）奉敕存留公等五十名守坟供祀"。至嘉靖时由南方迁入的徐氏一族已成为钟祥的名门望族，还有与其同时留下的现居九里回族乡的笪姓回民始祖，武略将军答失蛮（碑文为此"答"，现书笪），当时身份为代管千户，在此居住达600年之久，子孙众多。《钟祥先民传》中有很多关于这类人员的记载。

❶《兴都志》卷三《典制三·大狩以来总纪》，1937年（民国二十六年钟祥县志局重刊），第15-16页。

明代海宁卫的历史形态及其功能

朱　韬

（东北师范大学历史文化学院、安顺学院屯堡研究中心）

有明一代，卫所军政体系流布帝国全境。版图内辽东都司、贵州屯堡、西北卫所因其典型意义得到学界重视，而近年针对东南沿海卫所的研究亦渐次见闻。海宁卫即属东南沿海卫所类型，地处嘉兴海盐县境而为浙北海防重镇，“南抵绍之三江，北抵松之金山，声势联络，实相为犄角云”❶。通过解构海宁卫历史形态的时空格局并分析其功能性演变，可为明以来浙北沿海市镇的发展提供一种历史图景与诠释。

一、海宁卫初置时间、地点考

关于明代海宁卫的初置时间，目前所见有吴元年、洪武三年、洪武十七年三说。分述如下。

《太祖实录》（吴元年四月）有提及“海宁卫指挥孙虎”者，九月“甲辰，转统军元帅，累功升海宁卫指挥同知，至是中矢死”❷（吴元年说）。

《太祖实录》载（洪武三年十二月）“壬子，曹国公李文忠奏置浙江七卫，曰钱塘，曰海宁，曰杭州，曰严州，曰崇德，曰德清，曰金华，及衢州守御千户所，计兵总五万二千五百一十三人，从之”❸；万历《杭州府志》载“洪武三年始立杭州卫都指挥使司，海宁、钱塘二卫指挥使司……洪武二十年改海宁卫为所”❹（洪武三年说）。

弘治《海盐县志》载“在县西一十步，海盐县旧基也。洪武十七年移县于东偏而改设本卫于此”❺；《海盐县图经》及天启《海盐县志》载“海宁卫指挥使司，在县城内，洪武十七年置”，天启《海盐县志》并引旧志云“洪武十七年三月十五日开设海宁卫”❻（洪武十七年说）。

卫所制度肇始于明初的江南，是时沿海卫所更替无常，尚未成定制，史料语焉不详。

---

❶ ［清］王彬修，［清］徐用仪纂，海盐县史志办公室点校：（光绪）《海盐县志》卷一二“武备考”，杭州：浙江古籍出版社，2015年，第433页。

❷ 《明太祖实录》卷二五，台北：台湾“中研院”历史语言研究所校勘本，1962年。

❸ 《明太祖实录》卷五八，台北：台湾“中研院”历史语言研究所校勘本，1962年。

❹ （万历）《杭州府志》卷三五“兵防上”，北京：中华书局，2005年。

❺ （弘治）《嘉兴府志》卷一八“公署·海盐县治”，明弘治刻本。

❻ ［清］王彬修，［清］徐用仪纂，海盐县史志办公室点校：（光绪）《海盐县志》卷一二“武备考”，杭州：浙江古籍出版社，2015年，第430页。

但我们仍可从上述三类不同的时间表述中梳理出海宁卫早期演变大致线索：早在朱元璋尚未御极的吴元年四月，海宁卫指挥设置已成事实，当年九月即有孙虎因军功升“海宁卫指挥同知”并战死沙场。而从当时环境来看，杭嘉湖一带尚处于新生朱明政权与张士诚政权对峙的势态，所谓“海宁卫”当在战中所设，或有职无实，属临时机构承担对张士诚的军事行动。到洪武三年，天下已平，李文忠奏设海宁卫等诸卫所成其在地化（多与县治同署）进程之始。海宁卫于洪武三年十二月后隶杭州都卫，八年十月起隶浙江都司。洪武二十年，海宁卫降格为守御千户所，《大明一统志》卷三八“杭州府公署”条载“海宁守御千户所，在海宁县东，洪武二十年建”[1]，而元明之际的海宁县署即今海宁市盐官镇。然而洪武十七年时，在海盐县署之武原镇也出现了“海宁卫”的设置，并在洪武十九年时新置两千户所于其下，“癸巳，置澉浦、乍浦二守御千户所，隶浙江都司”[2]。故于相邻之海盐武原镇与海宁盐官镇，“海宁卫”同名并存三年之久，直到后者卫置所，而以“海宁”为名，前者当可视为后者之延续（海盐县本无海宁地名）。此后海宁卫始终置于海盐县境。

综上所述，海宁卫设置时间当不晚于吴元年四月，而设置地点从最初的盐官镇迁至海盐武原镇，其间有同名二卫并存的局面，恰好也印证了明初卫所设置的混乱。

二、海宁卫所设置形制、人员考

通常意义上海盐武原镇时期之海宁卫始于明洪武十七年，至清顺治年间改制裁撤完结。

（一）海宁卫、所形制

依明制，海宁卫外隶浙江都指挥使，内隶于左军都督府，下辖左、右、中、前、后五所，另有乍浦、澉浦二守御千户所，形成以海宁卫为中心，北依乍浦，南联澉浦的阵势一字铺开。

海宁卫又设“东转塘、朱公亭、头寨、第二、南寨、北寨、龙王塘、闸口、落塘、大寨、小寨、寨头”[3]十二寨；乍浦所设“独树林、梁庄大寨、梁庄旧寨、长沙湾、蒲山外寨、金家湾、唐家湾”[4]七寨；澉浦所设“西山黄、南海口、混水闸、葫芦湾”[5]四寨。

在临水要隘则“设海盐、澉浦、乍浦三关，水寨兵船七十八只，立把总三员，哨官十员，正副捕舵、缭椗、梢手、散兵两千余名。船有福、苍、小哨、叭喇乌、八桨等项

❶《大明一统志》卷三八“杭州府公署”，明天顺五年内务府刊本。

❷《明太祖实录》卷一七九，台北：台湾“中研院”历史语言研究所校勘本，1962 年，第 2711 页。

❸［清］顾祖禹：《读史方舆纪要稿本》卷九一“浙江三”，上海：上海古籍出版社，1993 年，第 202 页。

❹ 浙江省地方志编纂委员会编：（雍正）《浙江通志》卷九七“海防三”，北京：中华书局标点本，2001 年，第 2227 页。

❺ 浙江省地方志编纂委员会编：（雍正）《浙江通志》卷九七“海防三”，北京：中华书局标点本，2001 年，第 2227 页。

名色，福船捕兵五十名，苍船捕兵三十名，小哨捕兵二十名，叭喇乌、八桨船捕兵各十名。在乍浦者船舶西海口，在海盐者泊白塔港，在澉浦者泊黄道庙。”❶

各卫所及军寨间以烽火台相望：其中海宁卫有六座，分别“曰麦庄泾、曰中寨、曰九里亭、曰教场、曰夹塘、曰蓝田庙”❷；乍浦所有五座，分别“曰秦驻山、曰青山、曰墙山、曰西山、曰庙山”❸；澉浦所有五座，分别“曰独山、曰高公山、曰陈山、曰观山、曰惹山”❹。

另设有县巡检司两处：一为澉浦镇巡检司，驻澉浦，一为海口巡检司，驻武原镇东门外。

海宁卫体现出典型水陆联防之体系特征。卫、所内除步军外，各置马军、水军，随配战马、船只。卫、所间以关、寨、烽火台（瞭望台）相连。在明代初年，东南沿海之卫所水陆联防体系体现出水军出海保障维持海路漕运安全的海上主动姿态，永乐正统年间，海宁卫曾调“战舰协哨沈家门水寨（位舟山外海）”❺。而汤和筑城后随着明中后期海路漕运的罢止以及倭寇来犯，沿海卫所逐渐转向以陆岸防御为主，水军为辅，主要起到“磐诘舟航，以防奸细”❻之职。

（二）海宁卫、所城池

海宁卫辖有海宁卫城、澉浦城、乍浦城三城。城池设立背景皆与明初汤和发起沿海卫所筑城运动相关，“（洪武）十七年，命信国公汤和巡视海上，筑山东、江南北、浙东西沿海诸城”❼，又光绪《海盐县志》引万历《海盐县志》载“洪武十七年，太祖命信国公汤和巡视要塞，筑城增兵，以固守备，遂委指挥许能率军增筑四门月城，皆以砖石为之”❽。及后屡有修缮，“永乐十六年，都指挥谷祥等复修城，周九里三十五步，高二丈五尺。陆路城门四：东曰靖海、西曰望吴、南曰来熏、北曰镇朔。水门南西北三，惟东濒海，故旧无水门。”又“嘉靖三十二年，都指挥张鈇增筑土城以为外墉”，“（嘉靖三十三年）知县郑茂增筑子城四，并城敌台十有八，其制可三面瞰外，施炮石”，“万历二十一

❶［清］王彬修，［清］徐用仪纂，海盐县史志办公室点校：（光绪）《海盐县志》卷一二“武备考”，杭州：浙江古籍出版社，2015年，第432页。

❷［清］王彬修，［清］徐用仪纂，海盐县史志办公室点校：（光绪）《海盐县志》卷一二“武备考”，杭州：浙江古籍出版社，2015年，第434页。

❸［清］王彬修，［清］徐用仪纂，海盐县史志办公室点校：（光绪）《海盐县志》卷一二“武备考”，杭州：浙江古籍出版社，2015年，第434页。

❹［清］王彬修，［清］徐用仪纂，海盐县史志办公室点校：（光绪）《海盐县志》卷一二“武备考”，杭州：浙江古籍出版社，2015年，第434页。

❺［清］王彬修，［清］徐用仪纂，海盐县史志办公室点校：（光绪）《海盐县志》卷一二“武备考”，杭州：浙江古籍出版社，2015年，第430-431页。

❻［明］严从简著，余思黎点校：《殊域周咨录》卷三，北京：中华书局。1993年，第90页。

❼［清］张廷玉等撰：《明史》卷九一《兵志三》，北京：中华书局，1977年，第2243-2244页。

❽［清］王彬修，［清］徐用仪纂，海盐县史志办公室点校：（光绪）《海盐县志》卷四“舆地考一”，杭州：浙江古籍出版社，2015年，第173页。

年，知县王临亨重筑”，“天启初，知县樊维城复缮完之”[1]。海宁卫署则在“在城东门西二十二步”[2]。

以上可知海宁卫城即海盐县城，汤和筑城前已有雏形，但真正具备军事防御功能在许能增筑四门月城之时，此后有永乐、嘉靖、万历、天启四朝五次修缮。因军民共用，主要筑城修缮任务由当地县民承担，按《继图经》说“军三之，民七之”[3]。

澉浦“镇旧无城，十九年置所时，朝命安庆侯成、荥阳侯遇春筑”“城周八里十七步，高二丈四尺五寸，池周九里，深一丈一尺、阔五丈，陆门四，水门西一”[4]。城池呈不规则十字布局，街区聚于城西，

乍浦“城周八里三百三十二步，高二丈，池周一千六百三丈，深八尺，阔一十丈，陆门四，水门北一，则十九年信国亲行相度所筑也”[5]。城池呈方形，街道为十字格局，中心建有镇边楼，街区聚于城南并外延至海。

海宁一卫二所城池之祭祀空间基本一致。有旗纛庙“祀军牙六纛之神，守御长官武服行礼”[6]，三处旗纛庙分别位于海宁卫署之东、澉浦所署之北，乍浦所署之东。有圣妃庙（宫）祭祀宋人都巡检林愿之女，祀为海神：洪武二十九年建海宁卫圣妃庙，在“县西北二百五十步，十字街北”[7]；澉浦圣妃庙宫在南门外操备厂，后移至南门内；乍浦圣妃宫则在南海口苦竹山。海宁卫城紫虚道观之西有关帝庙，“旧有庙侧向，万历四十五年，本卫彭昭毅公绍贤以祠具庑下为亵，拓地以广旧基，立轩殿、门庑各三楹，专祠向南，朔望行香虔礼”[8]。澉浦、乍浦二所城池内亦有城隍庙，分别在澉浦南门大街、乍浦东门大街。

（三）海宁卫、所之人员结构

就守备人员构成而言，海宁卫初设指挥使一人，同知二人，佥事私人，镇抚二人，各所及守御千户所设千户一人，副千户二人，镇抚一人。总计卫所官员 127 人，兵员 10 302 人，另有巡检司两处各弓兵 70 人计 140 人。因其拱卫省城杭州，“海宁一卫，尤为要害”[9]，守备力量远较常例一卫 5600 人为多，此数保持至明中后期卫所制瓦解之际。

---

❶ ［清］王彬修，［清］徐用仪纂，海盐县史志办公室点校：（光绪）《海盐县志》卷四“舆地考一”，杭州：浙江古籍出版社，2015 年，第 173 页。

❷ ［明］胡震亨辑著：《海盐县图经》卷二“方域篇第一之二”，杭州：浙江古籍出版社，2009 年，第 19 页。

❸ ［清］王彬修，［清］徐用仪纂，海盐县史志办公室点校：（光绪）《海盐县志》卷四“舆地考一”，杭州：浙江古籍出版社，2015 年，第 173 页。

❹ ［清］王彬修，［清］徐用仪纂，海盐县史志办公室点校：（光绪）《海盐县志》卷四“舆地考一”，杭州：浙江古籍出版社，2015 年，第 174 页。

❺ ［明］胡震亨辑著：《海盐县图经》卷七“戍海篇第三”，杭州：浙江古籍出版社，2009 年，第 208 页。

❻ ［明］胡震亨辑著：《海盐县图经》卷七“戍海篇第三”，杭州：浙江古籍出版社，2009 年，第 211 页。

❼ ［明］胡震亨辑著：《海盐县图经》卷七“戍海篇第三”，杭州：浙江古籍出版社，2009 年，第 211 页。

❽ ［明］胡震亨辑著：《海盐县图经》卷七“戍海篇第三”，杭州：浙江古籍出版社，2009 年，第 211-212 页。

❾ ［清］顾祖禹：《读史方舆纪要稿本》卷九一“浙江三”，上海：上海古籍出版社，1993 年。

另海防吃紧时期，乍浦、澉浦二城有调防“湖、严、海宁三所军”❶。

嘉靖年间，兵制鼎革。所沿海卫所从营兵制转向募兵制，并设把总之职，以卫指挥任职，海宁卫设“海宁总，驻乍浦”❷。后又设总兵驻定海，下设参将，海宁卫设“分守嘉湖参将，驻县城”，嘉靖二十八年增设“杭嘉湖参将，专驻海盐”“统陆兵四总，前营、后营、左营、右营。水兵一枝，游哨驻扎海盐县，海宁一总属其调度”❸。

三、海宁卫抗倭史略

自洪武年海宁卫所始设，海盐沿海即屡遭倭寇进犯。据光绪《海盐县志》卷十二“历代兵事”❹列载有：

“洪武五年五月二十一日，倭寇澉浦，杀略人民。”

“洪武二十六年九月倭寇澉浦，明年正月又来寇。”

“永乐二年夏，有倭来寇。十四年五月，倭大掠县境，毁民庐，杀守戍，驱人畜无算。”

“正统七年七月，倭寇乍浦。八年六月又来寇，百户徐荣战殁。十四年夏，倭夷犯境，杀官军。”

“成化十二年，倭寇突至，嘉兴府同知赵哲戒严乃退。”

“嘉靖二十五年夏五月，漳寇及崇明寇犯乍浦、金家湾，军士陈马儿死之。二十七年，复犯黄湾、秦驻坞，军兵童钦等死之。是年十月，又掠郑家埭、包家埭而去。”

“嘉靖三十二年四月初二日，倭七十余人泊舟演武场北……又明日，有流贼名八大王者四十余人自金山来，经乍浦、梁庄，过独山至白马庙……五月初四日，贼船三十有七泊龙王塘，可宽督率军民登城守御……”

“嘉靖三十三年四月初六日，贼众乘二舶抵龙王塘……”

“嘉靖三十四年正月初一日，贼数千出沙口，焚掠而行……四月二十三日，贼自金山、乍浦来盐……二十九日，诸军会剿于王江泾，大捷……五月二十二日，北来贼万余，次八团圩，经海盐男抵赖头门，西犯袁花镇。次日又贼千余继之。十一月二十日，贼六十人自大步门登岸……”

“嘉靖三十五年正月，贼首徐海拥众数万，与柘林贼陈东合，分兵掠诸郡。”

---

❶ [清] 王彬修，[清] 徐用仪纂，海盐县史志办公室点校：(光绪)《海盐县志》卷一二“武备考”，杭州：浙江古籍出版社，2015 年，第 431 页。

❷ [清] 王彬修，[清] 徐用仪纂，海盐县史志办公室点校：(光绪)《海盐县志》卷一二“武备考”，杭州：浙江古籍出版社，2015 年，第 431 页。

❸ [清] 王彬修，[清] 徐用仪纂，海盐县史志办公室点校：(光绪)《海盐县志》卷一二“武备考”，杭州：浙江古籍出版社，2015 年，第 431 页。

❹ [清] 王彬修，[清] 徐用仪纂，海盐县史志办公室点校：(光绪)《海盐县志》卷一二“武备考”，杭州：浙江古籍出版社，2015 年，第 441-443 页。

综上，洪武至嘉靖年间，倭寇与海匪计有20批次登陆海宁卫所防区［除洪武五年（1372年）海宁卫尚未设立］，击退倭匪3次，战胜倭匪5次，而余皆败绩。明王朝苦心经营沿海卫所防卫体系成效在数据面前颇显尴尬，单纯扼守要塞并不能阻止海上威胁，嘉靖三十二年甚至连海宁卫本部亦被攻占，证明单纯依靠陆岸防卫之战略失策。最重要的胜利则系嘉靖三十四年之“王江泾大捷”——但这是一次集体作战成果，而非海宁卫所单兵作战之功。此役抗倭名将胡宗宪、张经、汤克宽以及俞大猷系数出场，并最终斩敌首两千余级。而嘉靖后期，沿海卫所的对手显然已非东洋之倭寇，而多系本国海匪。

笔者以海宁卫为微观样本考察其历史形态与功能，并在很大程度上映射出明代东南沿海卫所之普遍性特征。而若将视野再放大至内地卫所，则又显见差异，可以文化的“涵化”与“固化”理论予以解释。沿海卫所本地处东南，明清以来即是帝国之经济发达区域与儒学重地。而卫所又多与所在府县同治，军民杂处，卫所文化在当地并非强势文化，导致以民俗变军俗，最终导致卫所文化的消亡。而以安顺屯堡为代表之内地卫所，在明王朝对西南边陲地区的经略中，除去军事意义外扮演了更加重要的角色：即先进的汉文明的传播者与守护者。且由于云贵系蛮夷之地，本无流官之设，故卫所之设反成日后当地多数府州县城池所在。在此种情形下，屯堡文化在有明一代是贵州当地之“强势文化”或“上位文化”，屯堡人在被周边少数民族聚落包围的情况下自然形成文化孤岛，将许多中古时期之汉人传统流传至今。

军势与迁徙
——明代南丹卫治所变迁

方容兰

（河池学院）

一、问题的提出

南丹卫的设立，是明朝中央政府管控桂西地区所采取的重要措施，而南丹卫治所的选择，则关系到明廷对桂中地区控制的力度。考察南丹卫治所的变迁，既透视出明王朝经略广西的政策，也与明代广西军事局势变动有着密切的关系，尤其与明代八寨起义、大藤峡民族叛乱息息相关。虽然有学者对南丹卫建置及迁徙等问题进行探讨，但是，南丹卫仍有一些问题须进一步辨析，钩稽史料得知，关于南丹卫治所的迁徙，多为瘴气因素，然而，南丹卫治所的迁徙仅仅是因为自然环境的影响？南丹卫又为何一直在瘴气严重的桂中地区—宾州地区不断反复迁徙？历史文献资料关于以上问题的记载皆不详细，因此本文试图从文献资料入手，希冀能理清明代南丹卫治所的变迁历程。

二、南丹卫的设立及其意义

洪武二十八年（1395 年），南丹卫设立，因其地处南丹州而得名。南丹州位于今广西壮族自治区的西北地域，位置偏远，而民族众多，一直属于中央王朝统治的边缘地带。

南丹唐时为羁縻明州，属黔州都督府，后改属宜州。宋开宝七年（974 年），壮族土酋莫洪皭纳土归宋，随后，朝廷在莫洪皭的属地设置南丹州，由莫氏土酋世袭统治管辖治理南丹州各溪、洞。元时又称南丹州安抚司，成宗大德二年（1298 年），并入庆远路。[1]明朝建立之初，朱元璋对广西地区继续实行土司制度，南丹州土司莫天护归附明廷，朱元璋随之将南丹州改为庆远府南丹安抚司，莫天护为同知。而莫天护天性懦弱，不能控驭族部，势力强大的宗族嚣张跋扈，甚至“杀河池县丞”[2]，与其他蛮族互相勾结、发动叛乱，洪武三年（1370 年），明太祖朱元璋便罢庆远南丹军民安抚司，设立庆远府。洪武七年（1374 年），由于莫氏土司的强大势力，明太祖重新设置南丹州隶属庆远府，命莫金为知州。[3]然而渐生异心的莫氏家族并没有因此听命于明王朝，洪武二十八年（1395

[1] ［清］顾祖禹：《读史方舆纪要》卷一〇九《广西四》，北京：中华书局，2005 年，第 4928-4929 页。

[2] 《明太祖实录》卷五〇，“洪武三年三月辛亥”条，上海：上海书店，1984 年，第 981 页。

[3] ［清］张廷玉等撰：《明史》卷三一七《广西土司一》，北京：中华书局，1974 年，第 8207 页。

年），南丹、龙州、奉议等州土官纷纷发动叛乱。明廷出兵平定此次反叛后，为了加强对该土司聚集地区的统治，朱元璋废除了南丹、奉议等州，并“诏置南丹、奉议、庆远三卫指挥使司”[1]，在这些地区进行军事管控，南丹卫由此设立，其治所在南丹州。洪武二十九年（1396年）正月，明廷又将南丹卫改为“军民指挥使司”[2]，使其兼具了军事和民政两种职能，由此取代了原先南丹莫氏土司的统治。但不久，南丹军民指挥使司又“寻罢军民，止于卫”[3]，成为单纯的军事机构。

南丹卫的设立具有重要的意义：其一，南丹卫的建立是在平定土官叛乱之后，该地区出现权力真空的情况下，直接由卫所官军为取代莫氏土司在该地区的统治，在南丹州此次权力转换中扮演着不可或缺的角色，对于稳定当时该地区的治安和管理起到了重要的作用。其二，南丹州隶属于庆远府，而庆远府境内辽阔，且大都地势险要，环境十分恶劣，交通多有不便，且土州众多，地方势力十分强大。《殿粤要纂》称，“庆远越在西北极境，环绕土夷，惟东北与柳城接地辽阔，盖右江一藩蔽也”[4]可见一斑。南丹虽在庆远境内，但庆远府治却与南丹州相距甚远，而“庆属诸土酋皆桀骜”，南丹州又是庆远府土酋中势力最强悍的。[5]南丹州地区“蛮峒多而错杂，是控据咽喉之地，称为形要”[6]，在桂西占有重要战略位置，南丹卫于此设立，同奉议卫与庆远卫东西呼应，三者互为犄角，形成强大的军事包围圈，震慑了圈内的南丹、那地、东兰及奉议等土夷势力，对加强明廷对桂西北地区的控制和管理起到了极其重要的作用。此外，“从庆远卫到南丹卫经奉议卫、向武所至驯象卫，一字排开”，更是形成了对桂西地区的“镇戍连环”，对于控御桂西亦具有十分深远的军事意义。[7]其三，南丹等地蕴藏了朱砂、锡、银等多种矿产资源，自唐宋以来，就已经得到政府的重视，民间商贸也十分频繁。[8]及至明初，因为矿藏开发的课税繁重，政府对矿产开采管理甚为严厉，除政府用度所发之矿场，基本禁止了地方私发山海之藏的行为。明朝初年，统治者不主张开矿场，朱元璋屡次拒绝开矿之议，认为开矿“利于官者少，损于民者多”，但采矿屡禁不止。南丹矿产资源丰富，永乐年间，成祖即“斥河池民言采矿者”[9]。因此，南丹卫在维护地方安定的同时，也为政府对南丹等地矿产资源的管理提供了保证。

---

[1] 《明太祖实录》卷二四〇，“洪武二十八年八月癸未”条，上海：上海书店，1984年，第3495页。

[2] 《明太祖实录》卷二四四，“洪武二十九年正月乙酉”条，上海：上海书店，1984年，第3546页。

[3] ［清］张廷玉等撰：《明史》卷四五《地理志六》，北京：中华书局，1974年，第1156页。

[4] ［明］杨芳：《殿粤要纂》卷二，《北京图书馆古籍珍本丛刊》第41册，北京：书目文献出版社，1998年，第765页。

[5] ［明］杨芳：《殿粤要纂》卷二，《北京图书馆古籍珍本丛刊》第41册，北京：书目文献出版社，1998年，第775页。

[6] ［清］顾祖禹：《读史方舆纪要》卷一〇九《广西四》，北京：中华书局，2005年，第4929页。

[7] 范植清：《明代广西卫所的设置与迁徙》，《中南民族学院学报》，1993年第2期，第108-112页。

[8] 罗玉芳：《明代南丹卫建制初探》，《河池学院学报》，2010年第3期，第112-116页。

[9] ［清］张廷玉等撰：《明史》卷八一《食货五》，北京：中华书局，1974年，第1970页。

三、明代广西军势的变化与南丹卫治所的变迁

根据相关文献考证所得，明代南丹卫有明确记载的治所变迁情况共三次。三次治所迁徙除却南丹卫自身发展需要外，更重要的是受到广西军事形势变化的影响，尤其是与桂中地区军事态势的转变密切相关。

（一）永乐柳、浔诸蛮的叛乱与南丹卫首迁上林

永乐二年（1404年）十二月，“移广西南丹卫于宾州上林县”[1]，这是南丹卫迁址的最早记述,《明史·地理志》亦载其事，永乐二年（1404年）十二月，南丹卫“徙上林县东”[2]，即宾州“上林东二里”[3]。

关于此次迁址的原因，诸正史中均未说明，唯《苍梧总督军门志》略载其事，以“军不乐居”为由，但亦未详说。按其后文所提“屯种绝户荒田”及考虑到南丹卫特殊的自然环境，此处所提军士不乐居的原因当指卫所粮食供应困难问题。

南丹卫初治南丹州，南丹地广人稀，高山深箐密布，山多田少，农业发展落后，道路交通不便，直接影响到了卫所兵将的粮食供应问题，成为制约南丹卫发展的桎梏。如何解决将士的粮食供给问题，明初，广西布政司上疏曰：“新设南丹等卫及千户所岁用军饷，有司所征不足以给”，于是“帝命具置屯田，给耕种”[4]，不久便派人到桂林等地买牛给卫所军官耕种。明廷一方面采取了卫所军士耕种的屯田法，另一方面允许商人以开中输粟纳盐的方式来解决边军粮食问题。但南丹州山多田少的地貌以及本地土著早已占有土质肥沃的土地，决定了它不能进行大规模的屯田活动。此外，南丹卫所在之地位置偏远，道路不通畅，更是阻止了商人在南丹开中屯种的步伐，以至于南丹卫设立的第二年，征南将军左都督杨文便不得不抱怨，“独南丹不通舟楫，山路崎岖，商人中纳盐粮避远就近。宜令先于南丹输粟为便”[5]，以期解决南丹地区卫所粮食供应问题。

但南丹卫自设立至永乐二年（1404年）迁出，在军队屯田及政府政策的支持之下，已有约十年之久的时间，单以粮食供应不足的缘由来解释其卫址的迁徙似乎并不能充分说明问题。笔者以为这与当时柳、浔诸蛮叛乱的桂中地区军事形势的转变有莫大关系。

太祖朝虽然确立了对广西的全面控制，但是官土、汉蛮之间的矛盾并不能彻底解决，广西地区民众反叛的活动也从未停止。洪武二年（1369年），广西诸峒暂平，就有中书

---

❶《明太宗实录》卷三七，“永乐二年十二月乙酉”条，上海：上海书店，1984年，第634页。

❷［清］张廷玉等撰:《明史》卷四五《地理志》，北京：中华书局，1974年，第1156页。

❸［明］应槚、刘尧诲:《苍梧总督军门志》卷七《兵防三·司卫所官军》，北京：全国图书馆文献缩微复制中心，1991年，第104页。《苍梧总督军门志》载南丹卫初迁宾州上林时间为永乐三年，按《明太宗实录》及《明史》俱以此事发生在永乐二年，应当是应书抄录有误，故取永乐二年为是。

❹［清］英秀:《庆远府志》卷一九《时事志上》，南宁：广西人民出版社，2009年，第326页。

❺《明太祖实录》卷二四四，“洪武二十九年二月丙申”条，上海：上海书店，1984年，第3545页。

省大臣建议通过迁蛮入内地的方式来解决边患，太祖以“溪洞蛮僚杂处，其人不知礼义，顺之则服，逆之则变，未可轻动”为由，主张实施“兵分守要害以镇服之。俾日渐教化，数年后，可为良民”的“镇主教辅”政策❶，然而实际成效并不明显，反叛现象仍不能禁止。

永乐初年，柳、浔诸蛮时叛时附。永乐元年（1403年），“柳州等处蛮不靖，遣礼部员外郎李宗辅等敕谕之”❷，“庆远、柳、浔诸蛮方杀掠吏民，（韩观）乃上章请讨”❸，允以平定。永乐二年（1404年），浔州、桂林、柳州三府蛮民复叛，韩观“遣朱辉以偏师破之。蛮大惧”❹。永乐三年（1405年），“迁江县蛮乱”❺。永乐四年（1406年），柳、浔诸蛮趁明廷平定安南后，“措置交趾缘途诸堡”之际，再次叛出。❻柳浔地区蛮夷活动的频繁，加重了桂中地区的社会动乱，军事形势十分严峻，成为亟待解决之问题。

柳州位置显要，地处桂中枢纽，东北可到达昭平、桂林，西南连接黔、邕，“控扼藩落，封疆不啻千里。”府内河流众多，蜿蜒曲折，“与牂牁会边于夜郎，为骆越要害，足以控制诸蛮”❼，是抑制桂中诸蛮发展的关键所在。一旦柳州诸蛮作乱，桂林、浔州等地诸蛮势必瞬起而与之交相呼应，危及整个桂中地区的安全。故而解决柳、浔蛮乱，柳州军事管控的完善成为重中之重的问题。明廷对柳州府地区十分重视，柳州领二州十县，其中，府东设有柳州卫，下辖融县、象州、武宣、来宾、宾州、迁江屯田千户所。柳州府境内，东、南、西北、东南地区皆有卫所军官镇抚，唯有位于西部的上林地区缺乏相应的军备。上林北接忻城，西至思恩，东南达迁江，东北至武缘，这些地区都是蛮乱较为严重的地区，史称“上林瑶壮最稠”❽。但从上林周边形势和军事部署来看，上林是柳州府的薄弱环节。南丹卫官军徙至上林，在一定程度上正好可以承担这一防务，完善柳州府境的军事布置，实现对柳州府的严格控制，镇慑蛮乱，截断桂、柳、浔三州蛮民的联系，加强对桂中地区的军事力量。

此外，随着南丹、奉议、庆远三卫在桂西北的设立，强大的军事力量震慑了庆远府诸土州易乱之地，加上政府对当地的安抚政策，瑶蛮峒民相继归附。此地渐趋稳定，南丹卫在此处的镇抚作用也逐渐减弱，面对柳浔地区蛮乱四起的军事形势，南丹卫迁址至上林东二里成为必然之势。

---

❶［清］张廷玉等撰：《明史》卷三一七《广西土司一》，北京：中华书局，1974年，第8205页。
❷［明］谈迁：《国榷》卷一二，北京：中华书局，1958年，第876页。
❸［清］张廷玉等撰：《明史》卷一六六《韩观传》，北京：中华书局，1974年，第4480页。
❹［清］张廷玉等撰：《明史》卷一六六《韩观传》，北京：中华书局，1974年，第4480页
❺［明］谈迁：《国榷》卷一三，北京：中华书局，1958年，第950页。
❻［清］张廷玉等撰：《明史》卷一六六《韩观传》，北京：中华书局，1974年，第4481页。
❼［清］顾祖禹：《读史方舆纪要》卷一〇九《广西四》，北京：中华书局，2005年，第4898页。
❽［明］杨芳：《殿粤要纂》卷二，北京图书馆古籍出版编辑组：《北京图书馆古籍珍本丛刊》，北京：书目文献出版社，1998年，第761页。

（二）正统大藤峡瑶民起义与南丹卫二移宾州

永乐二年（1404年），南丹卫迁徙至上林东二里后，在镇压柳、浔诸蛮的任务上发挥了重要作用。永乐五年（1407年），明朝廷为进一步解决柳、浔诸蛮反复叛乱的问题，发动了一次较大规模的征伐活动，永乐帝命征南将军韩观以贵州、两广兵由柳州攻马平、来宾、迁江、宾州、上林等县，“皆破之，会兵象州，复进武宣、东乡、桂林、贵县、永福，斩首万余级，擒万三千余人，群蛮复定。”[1]自此，明廷对该地区有了较为强力的控制，永乐九年（1411年）以后，更是少有动乱发生，社会秩序相对稳定。

然而随着正统年间大藤峡瑶民起义的不断高涨以及上林东二里地理环境的恶劣的影响，南丹卫治所再次发生转变。南丹卫“正统六年（1441年）五月徙宾州城，与宾州千户所同治”[2]。

《明实录》对此次事件做了详细的记述，正统六年（1441年），先是总兵官安远侯柳溥上奏称南丹卫、奉议卫、向武千户所都处于烟瘴之地，气候极其恶劣，“官军相继死亡者，不知其数，而存者百有二三，亦多疲病，不堪备御。乞迁南亢地方，以免其患。章下行在、兵部左侍郎邝埜等请令溥择其地以闻，至是，溥上所拟地方，故有是命。”[3]此议为朝廷采纳，迁南丹卫于宾州，奉议卫迁于平南县，向武千户所迁于贵县。明言南丹卫此次迁址是由于原治所所在区域属于烟瘴之地，瘴气肆虐，造成士卒伤亡惨重，削弱了守备力量，故将其迁入宾州城。

乍看之下，是烟瘴问题导致了南丹诸卫所的迁徙，但细究之后，疑点颇多。究其缘由有二：第一，三卫所迁入之地，仍是烟瘴较为严重的地区。如奉议卫迁入之平南县，早在洪武二十二年（1389年），浔州知府沈信就曾说道：浔州府境，接连柳州、象州、梧州、藤州等地，“若久驻兵，则瘴疠时发，兵多疾疫，又难进取，兵退复出为患。”以至于不得不依靠当地民众为援，桂平、平南二县，“旧附瑶民，皆便习弓弩，惯历险阻”，与官军“相为声援”，协同捕捉瑶民。[4]向武千户所迁入的贵县也在浔州府境，仍然脱离不了瘴气的侵扰，则上述以瘴气为由的迁徙实难成立。第二，从军事地理的角度来看，三卫所迁入地是控扼大藤峡瑶乱的有效地带。其中，奉议卫及向武千户所迁入之平南县、贵县，位于浔州府境内，毗邻大藤峡，战略地位极为重要。平南县是大藤峡瑶民出入的重要通道之一，又因临近瑶区，时常受到瑶民的劫掠，县民“旧附瑶民”，战斗素养较

[1] ［清］张廷玉等撰:《明史》卷一六六《韩观传》，北京：中华书局，1974年，第4481页。

[2] ［清］张廷玉等撰:《明史》卷四五《地理志》，北京：中华书局，1974年，第1156页。据明清各版《广西通志》及《苍梧总督军门志》《读史方舆纪要》均载迁宾州事在正统七年，唯《明英宗实录》与《明史》同，记为正统六年。按各版《广西通志》及《苍梧总督军门志》所记此事内容大致相差无几，实为因袭相抄之故，而《读史方舆纪要》，又为明末清初之人顾祖禹私撰之作，与《明英宗实录》及官修《明史》相比，可靠性较差，故此处以正统六年为是。

[3] 《明英宗实录》卷七九，“正统六年五月乙卯”条，上海：上海书店，1984年，第1573页。

[4] ［清］张廷玉等撰:《明史》卷三一七《广西土司一》，北京：中华书局，1974年，第8217页。

高，斗争经验十分丰富。浔州府切近大藤峡等山，史料记载，此地域“瑶寇不时出没，劫掠居民，阻绝行旅，近山荒田，为贼占耕”，浔州府平南县等百姓建议“左右两江人多食少，其狼兵素勇，为贼所惮。若选委头目，屯种近山荒田，断贼出没之路，不过数年，贼徒坐困，地方宁靖矣。”❶正统二年（1437年），山云在听取平南等县民众的建议之下，欲以土官狼兵屯耕在大藤峡瑶民出没县境通道的荒田上，以此来阻断和削弱反叛瑶民的势力，得到了中央政府的肯允。贵县亦是瑶民出入的重要通道之一，其县内龙山更是成为瑶民肆乱的重要屏障。顾祖禹在《读史方舆纪要》中形象地记述道：“诸蛮每恃藤峡为奥区，以桂平之大宣乡崇姜里为前庭，象州东南乡，武宣北乡为后户，藤县五屯障其左，贵县龙山据其右，若两臂然。”❷宾州虽不及贵县及平南县与大藤峡关系之紧密，但亦是阻挡大藤峡瑶民西进路线的重要屏障。大藤峡起义军是一支强大的军事力量，当他们受到挫折后，常常沿着红水河进入山高水迅，地势险要的八寨地区。正如霍韬所说：“八寨者，实为四方寇贼渊薮也，大藤峡又八寨之羽翼也”❸。南丹卫迁址于宾州，有利于震慑宾州地区的蛮夷，切断大藤峡起义军与八寨瑶壮的联系。王士性说道：“奉议卫设于贵县，驯象卫设于横州，南丹卫设于宾州，皆在左右两江之中，要使控制蛮夷，声息援接，五屯以备藤侠，昭平以续江道，建置俱不为无意”❹，实乃真知灼见。

综上所述，南丹卫等三卫所迁址于防备大藤峡起义有着重要意义。再结合文献记载，正统初年，恰是侯大苟等领导的大藤峡瑶民起义蓬勃发展期，南丹卫、奉议卫、向武千户所的此次迁址与此不无关系。

（三）镇抚八寨与南丹卫三徙上林

嘉靖年间，广西军事形势更严峻。起源于洪武初年的八寨农民起义发展至此时进入高潮阶段，“数万之众转战驰骋于广西宾州、思恩、庆远、横州、邕州、太平、柳州和桂林等州府广大地区”❺，他们相互支援、四处出击，数次震动明朝政府，影响甚大。

为了应对八寨起义，明廷命南京兵部尚书王守仁、广西布政使林富等人为首指挥官军对八寨起义军进行了强有力的镇压，至嘉靖七年（1528年）冬十月，八寨起义被镇压。

八寨虽已平定，但王守仁认识到：“若不及今设置军屯卫县，据其心腹要害，以厄塞各贼呼吸之咽喉，断绝各贼牵引之脉络，不过数年，又将屯聚生息，祸根终未剪除”❻，如何有效地控制这一地区成为当时亟待解决的重要难题。王守仁在考察了八寨周边的地理

❶［清］张廷玉等撰：《明史》卷三一七《广西土司一》，北京：中华书局，1974年，第8218页。
❷［清］顾祖禹：《读史方舆纪要》卷一〇六《广西一》，北京：中华书局，2005年，第4806页。
❸［明］王守仁：《王阳明全集》卷三九《地方疏》，上海：上海古籍出版社，1992年，第1465页。
❹［明］王士性：《广志绎》卷五《西南诸省》，北京：中华书局，1981年，第114页。
❺ 蓝承恩：《八寨新考》，《广西民族研究》，1987年第3期，第103-110页。
❻［明］王守仁：《王阳明全集》卷一五《议立县卫》，上海：上海古籍出版社，1992年，第653页。

环境，从广西军事部署的全局考虑，提议在八寨上林县周安堡建立新城，并将南丹卫从宾州城迁至该地，以加强对八寨地区的管控。在《处置八寨断藤峡以图永安疏》中，他详细地阐述了自己的主张。

臣等看得周安堡正当八寨之中，四方贼巢道路之所，会议于其地创筑一城，度可以居数千之众者，而移设南丹一卫于其间。盖南丹卫旧在南丹州地方，为广西极边穷苦之地，非中土之人所可居者。故自先年屡求内徙，今已三迁而至宾州（笔者按：据文献记载，南丹卫迁址宾州实为二迁，此处当误），遂为中土富乐之乡。宾州既有守御千户一所官军，而又益以南丹一卫，自远来徙，无片田尺土之籍，但惟安居坐食，取给于宾州。州城之内，皆职官旗舍之居；州民反避处于四远村寨；每遇粮差徭役，然后入城。故州官号令不行于城中，而政事牵沮，地方益弊。今计一卫之官军虽不满五百之数，盖尽移其家众则亦不下二千。以二千之众，而屯聚于一城，其气势亦已渐盛，足充守御。遂清理屯田之在八寨者，使之屯种，又分拨各贼占据之田，使各官军得以为业，以稍省俸给月粮之费，彼亦无不乐从。且宾州之城既空，又可以还聚居民，修复有司之治，亦事之两便者也。❶

疏奏呈上以后，王守仁便积极开始筑立新城的计划。《批右江道移置凤化县南丹卫事宜呈》记载，嘉靖七年（1528年）八月初十日，王守仁对南丹卫治所修筑城垣、起造公廨的各项事宜提出了详细规划，并对建城经费的来源作了考量。❷九月，在《改委南丹卫监督指挥牌》文中，又对南丹卫官军在周安堡屯扎、搜剿计划做了详细安排，并对迁徙卫所所用的木头、砖瓦、人夫、匠作、工食等项做了估算。❸此外，忻城县古蓬镇凌头村周安庄白虎山上保存至今的碑刻资料对王守仁委派官军修筑南丹卫城垣的情况作了记述。❹

但不久，王守仁离任，南丹卫迁址上林县周安堡的计划也被其继任者林富推翻。林富认为八寨地区交通不达，蛮夷混杂，瘴疾密布，不适合官军居住，且南丹卫一旦迁入，即成孤军，如有紧急军情，便无法迅速地得到外援之力。此外，他还提到宾州是两江屏障，如果南丹卫从宾州撤走，则该地区的兵力会显得很单薄。如果八寨叛乱，壮瑶叛民分兵牵制八寨，而大众进攻宾州，则宾州恐逾险，两江将失去屏障。❺在综合考虑之下，林富主张将南丹卫迁往上林县三里，既未出宾州，又能急救八寨，可“求彼此相宜缓急可恃，以为地方长久之虑者”❻。林富的建议得到了朝廷的认可，但亦终未施行。八寨问题

---

❶ ［明］王守仁:《王阳明全集》卷一五《奏疏七》，上海：上海古籍出版社，1992年，第511-512页。
❷ ［明］王守仁:《王阳明全集》卷三〇《三征公移逸稿》，上海：上海古籍出版社，1992年，第1118-1119页。
❸ ［明］王守仁:《王阳明全集》卷三〇《三征公移逸稿》，上海：上海古籍出版社，1992年，第1123-1124页。
❹ 方容兰:《明代广西南丹卫研究》，桂林：广西师范大学，2016年，第19页。
❺ 方容兰:《明代广西南丹卫研究》，桂林：广西师范大学，2016年，第19页。
❻ ［清］汪森:《粤西文载》卷七《议上思田等处事宜疏》,《景印文渊阁四库全书》第1465册，台北：台湾“商务印书馆”，1983年，第547-554页。

依旧没有得到解决。

万历七年（1579年），八寨瑶壮再度发起大规模的起义，龙哈、咘咳等地农民纷纷响应，“彼其聚党万余人，据地五百里”[1]，声势浩大。朝廷委派两广总督刘尧诲与广西巡抚张任等人负责剿灭起义，官军兵分四路齐向八寨地区进攻，八寨起义再次被镇压下去。为了加强对八寨瑶、壮的控制，刘尧诲等人就八寨等地的善后事宜建言献策，“今大征克捷，合照原题议，将该（南丹）卫见存官军三百余名移守于三里，与（思恩）参将同城，仍建造卫所衙门。”[2]在继承前人的经验总结之下，建议迁徙南丹卫八所于三里，与思恩参将同城驻守。此处三里，即宾州上林县三里，林富所议之地。万历九年（1581年），五月，南丹卫上林三里新城建造完工，六月官军迁入新城。[3]至此，南丹卫治所第三次迁址完成。

四、结 论

明代南丹卫共经历了三次迁址，是广西卫所中迁徙最为频繁的卫所之一，具体反映了明廷通过军事部署的调整来应对复杂的军事形势的不断变化。明朝初年，明太祖为构建对广西的全面控制局面，在桂东、桂中地区建立了流官政府，并辅之以卫所机构，后经洪武二十八年（1395年）的军事征讨行动后，军事部署迅速向桂西推进，明王朝的势力深入到桂西土司地区，形成了从庆远卫、奉议卫、南丹卫、向武千户所、驯象卫，一字排开的镇戍连环。

建文以后，广西各民族的矛盾逐渐恶化，古田、马平、八寨、大藤峡等地瑶壮民族的起义不断，不仅声势浩大，而且往往交相呼应，相互支援，严重危及明王朝在广西的战略部署，明廷急需军队镇压桂中统治区的民族起义。于是，从永乐年间开始，明廷就有意识地改变对广西的战略部署，由综管广西全部，转向对东、中部瑶壮等少数民族众多而易乱之地的控制，须将原来深入土司地区的卫所相继向桂中、桂东迁徙，实行重点军事防御。南丹卫的三次迁徙就是这种形势下的军事部署。第一次迁居上林东二里是为了镇压永乐年间柳浔诸蛮的起义，第二次迁徙宾州城则是为了阻断正统年间大藤峡瑶壮民族起义的西进路线和扩张局势，第三次转移至上林三里也是为了弹压八寨地区的壮瑶反叛。

综上所言，南丹卫卫址的不断迁徙，虽有其受到自然环境影响而追求自身发展的原因，但更多的是与广西军事形势的变化和明朝廷对广西军事部署的调整有关。

---

[1] ［清］汪森:《粤西文载》卷七《督府刘公平蛮碑》,《景印文渊阁四库全书》第1466册，台北：台湾“商务印书馆”，1983年，第467页。

[2] ［明］应槚、刘尧诲:《苍梧总督军门志》卷二七《会议十寨善后疏》，北京：全国图书馆文献缩微复制中心，1991年，第340页。

[3] ［明］郭应聘:《郭襄靖公遗集》卷五《十寨善后告成并叙录效劳官员疏》，上海：上海古籍出版社，2013年，第121页。

甘青“卍”八角屯城的遗存实考记

刘　冻

（江苏广播电视总台）

明洪武十二年（1379年），朱元璋为稳固边防，平息洮州十八番族之乱，下诏平西将军沐英、都督府奉国将军金朝兴等率大军西征，并强制兵丁家眷随军西迁洮州，平叛后沐英率军民加固扩筑卫城，以备长久镇守边关之用。

沐英在甘肃至青海的沿路上修筑了多座迄今保存较为完整的卫城和屯城，其中一个深藏于甘肃和青海交界处的甘加草原之中。这座用土和石头夯成的屯城，形状是个空心的佛教万福符号——“卍”，人称“八角城”，素有“军屯”之称。这里绝大部分军民是明初时从南京一带随军迁徙而定居过来的，在屯城建筑、语言文化、服饰习俗方面，至今仍保留着江淮的民俗文化遗风。

一、从“明朝南京移民”调查入手

2005年4月11日至21日，青海日报社主办的《西海都市报》以“寻访娘家”为专栏，每日专版讨论青海汉族的祖源问题，还专程派记者到南京市寻访传说中的故地，众多专家学者也参与了此讨论。报社每天都要接到上百个来自西宁、平安、湟中、大通、民和、乐都、湟源等县市的读者的电话，有的提供线索，有的提供族谱来作证，引起了较大的社会反响。

2006年南京地方志专家陈济民先生接到一位叫李诚的甘肃省甘南藏族自治州人的来信，信中说，在甘肃临洮他的老家，先祖都是南京“应天府纻丝巷”人，几百年前从遥远的江南迁徙到西北。人们至今还唱着“茉莉花”，保留着江南人的生活习惯，供奉着徐达、常遇春等明朝将领。

之后，《东方文化》周刊的“文史”栏目历时几年专门组织了专家组和采编团队对甘肃和青海一带的“明朝南京移民”进行了多次深度的实地田野调查和采访报道工作，取得了有效的进展。

根据对甘青地区“明朝南京移民”的地缘考现结果来看，在两地多地区的史料中频繁出现了两个关键词：一是“卍”八角屯城，二是应天府柳树湾纻丝巷。于是，我们对“卍”八角屯城进行了探访调查，并对“应天府柳树湾纻丝巷”也进行了地名考证。

二、地缘考现“卍”八角屯城

甘南藏族自治州地处青藏高原东北边缘与黄土高原西部过渡地段，明代属陕西都司管辖，是藏、汉文化的交会带。位于夏河县城约33千米，在甘加乡境内甘加滩偏东央曲河与央拉河交汇处东北岸台地上有一座明代军屯遗址。

这座古军屯遗址叫八角城，又称“卍”城，“卍”在藏语里叫雍仲，因此又叫雍仲城。当地人称“卍”八角屯城，但究竟是谁建的，建于何年，过去却没有进行过深入的考证，只传说初建于西汉，在宋朝曾是党项、西夏、角斯啰活动和战争的中心。

八角屯城坐落在甘加草原深处，曾是丝绸之路的一个站点，已有2000多年历史。据史料记载，它是汉置白石县旧址，也是河州通往西南蕃的要道之隘口，是当年汉、羌、唐、蕃之边塞重镇，也是汉与吐谷浑、吐蕃、西夏、角斯啰等王朝剧烈争夺的战略要塞。

这座别具一格的屯城建筑在半山坡上，背靠祁连雪山脚下的“白石崖”，在崖底部距地面约30米偏西处，有一可容三四人进出的天然溶洞，洞高3.5米，宽4米，深1500米，洞内有道路，搭有独木梯、独木桥，道回路绕。溶洞里有潺潺流水，石壁上有天然形成的藏文元音和辅音字母。

关键是洞内可以藏兵，而且能直通到青海的循化撒拉族自治县境内，起着重要的战时军事作用。在这甘青两省的界山下，八角城和白石崖在一起，白石崖与其说它是山，不如说是一排坚实敦厚的石墙。八角城是古人建造的城墙，那白石崖就像是上天打造的巨型城墙，为的就是守护这一方净土。

八角屯城当年的护城河历经沧桑，已“蜕变”成一条小溪。八角屯实际上是一个空心十字形城，因为在一个空心十字的各角上有一个城墩，形成八角突出，城名由此而得。这座用土和石头夯成的小城，形状其实是个空心的佛教万福符号——“卍”，它突破了中国古代城市四四方方的格局。

“外不见木、内不见土”的屯城城墙长2193米，高11米，屯城内占地300亩。墙体由一层土，一层砂逐层夯筑，中间夹以棍、柳条、苏鲁固络、坚硬无比，至今保存完好。此城打破了一般正方形成4个面和12个面的常规，有36个墙面，加上8个城墩，共由60个面组成城围，各犄角之间都能相互接应，均在弩箭射程之内。

屯城外有护城河、壕等附属设施，东、西北均有瓮城。城北因依山而无门，东西瓮城内有“S”形通道，从西城经南门至东城筑有外廓，南门外并有外城。城墙呈曲线形排列，墙面多，夹角距离近，均在弓弩射程之内，城下无死角，加之城门通道极小，无隙可乘，可谓易守难攻。该城在城堡建筑形式上式样奇特、在我国现有古城中是独一无二的。

西门是一个很窄的“U”形过道，只容得下一个人通过，颇有“一夫当关、万夫莫开”之势，可见建城者的防范意识之强烈。从另一角度说，这里是古代边关之地，兵荒马乱、烽火连年，至今仍是挣不脱的荒凉。

城内如同一个打了土围子的村庄，迂回曲折，初来乍到的人往往感觉进入了一个土黄色的“迷宫”。明朝汉族兵民迁徙到这里修筑房舍，开垦荒地，建立村落，从事农、副、手工业生产。汉人居住的房子被叫着“板升”，而“板升”又是“百姓”的变音，意味“百姓”（特指汉人），这个词原为蒙语始于明代，专指少数民族中的汉族村庄，并有城、屋、堡子之意。

现在的八角屯城叫八角村，是藏、汉、回三族混居，共有80户人家、500多居民，靠畜牧业为主。全村的用水都来自城门口的一个泉眼，泉水倒是非常清澈，伸手掬了一把，虽是八月酷暑，仍觉冰寒刺骨。

据说1958年之前，这个藏在草原深处山坳里的小城，是座废弃的荒城。1958年，1000多名河南人来到此地，他们将北门封上，在西面挖了一个城门一样的大洞，可以进出车辆。河南人是怎么发现这里的，后来又怎么走得无影无踪，并没有令人信服的答案，屯城真是一个谜。

近几年来，在该城发现的新石器时代的陶片，汉、晋及唐、宋、明以来的条砖、板瓦、筒瓦、铁钱等大量文物充分说明该地历史悠远。八角屯城以其悠远的历史，重要的地理位置，奇特的城池建筑形式，引起了文史界的深切关注，亟待着进一步的开发研究。

三、寻找“南京籍”遗迹

在地方史学家贡卜扎西先生的陪同下，我们走访了八角城内外和周边乡镇的汉族和回族居民及几十里外的青海同仁市和循化县的一些部落。

所访的老辈们介绍自己的老祖都是明初从南京应天府和江淮巢湖跟随徐达、沐英和金朝兴打到甘南洮州的，后来又随金鼎兴指挥使和藏族头人南秀节在此修建了堡卡，取名“万字八角屯城”，素有“军屯”之称。

史料中表明，明初徐达曾两征甘南，第一次是明朝建立前一年，即1367年。洪武三年，这里又开始一场和元军的战争。战争结束之后，主要将领返回，而大批中级以下的将士则留驻甘南。当时朝廷用兵的规律，每占领一地，除了留有大批官兵驻守外，其妻儿子女也随之迁去，并征召居民去戍边屯田，最终定居下来，繁衍生息。

据《明太祖实录》记载：“洪武十二年（1379年）春正月，洮州（临潭旧称）十八族番叛，命沐英移兵计之，英军至洮州旧城。英部将士之中多为江淮人。”洮州一直是陇右汉藏聚合、农牧过渡，东进西出、南联北往的门户，被史家称为北蔽河湟。这里是西控番戎，东济陇右的边塞要地，更是唐番古道的要冲地段，史称“进藏门户”。

洮州十八族头目公开与明朝抗衡，朱元璋派平西将军沐英、都督府佥事奉国将军金朝兴率京、秦、豫、鲁各路兵马进剿，并派曹国公李文忠往筹军事，叛乱很快被平息。为提升洮州对于西北边陲的重要地位，朱元璋下诏，命令李文忠委派将军金朝兴在当地藏族头目南秀节的大力协助下，在原洪和城的基础上扩建、增高，修筑了洮州卫城。

朱元璋后再度降旨李文忠留守，遂将南京和安徽一带的军士随金朝兴的弟弟金鼎兴西行北上，将甘青边界上的原宋代军塞修建成军屯，在当地开荒种田。官兵们战时为兵，平时三分守城七分屯田。后陆续命屯军家属迁来定居，成为甘南“卍八角军屯”的永久居民。

同时，中央政府动用强制等手段，从南京迁移一批居民去耕种开垦，以巩固在当地的统治，并带去内地先进的农业和手工业技术。所以，现在这里大部分人的老家均来自南京应天府柳树湾纻丝巷和江淮巢湖。

《洮州厅志》中记载：“指挥佥事金朝兴，原籍南京纻丝巷人。洪武十一年秋八月同西平侯沐英征洮州。”金朝兴将军的后人到现在还完整地保留着从明朝到今天的家谱：朱明定鼎金陵，金朝兴安家南京纻丝巷。洪武十一年，金朝兴以都督奉国将军带着两个弟弟及巢湖柘皋金府坝人马，随沐英远征洮州。后来，李文忠命令金朝兴就地建筑洮州卫城，因功封宣德侯，金朝兴的弟弟金鼎兴、金建兴获封洮州卫指挥使。金朝兴洪武十五年（1382年），平定云南时在会川（会理）战死，追封沂国公，谥武毅。

“应天府柳树湾纻丝巷”，应该和南京的纺织业有关，但是从地名史中没有找到“纻丝巷”的任何信息。会不会是经过了几百年的变迁，当地的老人们记错了？或是明朝初年曾有过“纻丝巷”，但随着城市的扩展，后来地名就不复存在？

同时，当地的家谱中还有“竹丝巷”“珠玑巷”等记载，由于年代久远，口耳相传，也许是以讹传讹。似乎是“竹子巷”的音转来的，临近甘肃的青海部分县民就说是“竹子巷”迁去的。而竹子巷位于当年的柳树湾，即今天的蓝旗街，当年建皇宫时将这一带大批居民迁往云贵，也有可能有部分迁徙到甘肃洮河流域和夏河甘加八角军屯了。

《青海地方史略》：“现今青海汉族居民中广泛地传说‘从南京迁来的’云云。考之史实，大都是明初的军户或民屯而来，民间保存的碑记和谱中也证实了这一点。如湟中县大才乡孙家窑东侧王氏坟茔石碑云：‘原籍南京，拨户来宁’。《清郭氏家谱》记：‘明初徙居西宁’。如此等等。至于民间传说中有‘来自南京竹子巷’乃音讹。”

《高原古城西宁》：“明代移民也并非全是京城的老百姓，除了南京外，还有江淮各地的。明代中叶后，北京移民来青海的也不少，还有陕西、山西的农民更是源源不断。或谓京城里设了专管移民事宜的主（都）司官员，让各地进京待迁的移民暂居‘主（都）司巷’，于是通过官府迁来的移民们便自称从南京主（都）司巷来。”

四、传承中的江南民俗文化

在洪武年间（1368—1398年），当时与夏河八角屯城接壤的有莫泥、土门、石咀、朵只巴、槐树、西儿、牙塘、乔家岔、沙马、陡石等关。明王朝为了边境的安宁，曾沿河州卫的边界设置了二十四座关隘，以防边地藏族部落的骚扰和掠夺，明临洮府通判刘承学有诗云："年年仗尔防夷夏，险似长河万里城"。

当年沐英在洮州卫西北部的夏河县甘加草原的甘青境界上修筑了一道南北走向的边墙，主要是用于防备外族的进犯。边墙以内汉人属于屯军的后裔，务农为主；而边墙之外则以藏族人口居多，逐渐过渡到高原牧区。

著名历史学家顾颉刚于20世纪30年代撰写的《西北考察记》中有一段话说："洮河流域一带的汉人都说祖先来自南京、徐州、凤阳三地，乃'初明戡乱来此，遂占田为土著'。许多人家比如宋姓、李姓等都有家谱，记录着可以追溯到明代封过官的祖先。看来明代曾在这一带用过兵，中原的军队带进了一批移民，扩大了汉人在甘肃分布的范围。"

现在当地百姓至今还保留着南京先人的穿着打扮和喜庆习俗，口唱"茉莉花"的歌谣。更值得注意的是，甘南境内至今还有不少庙宇供奉着徐达、常遇春、李文忠、胡大海、沐英等明朝功臣的塑像，有18位之多，当地人称之为"十八位龙神"。

南京先祖移民在甘南及八角屯城周边，先后有60多种姓氏，其中东文、武、火、水等不多见的姓氏。在他们的社火表演中，江淮人插秧的动作往往是重头戏，还有在语言文化、服饰习俗方面至今仍保留着江淮遗风。

屯民们言谈举止之中，常常流露出对于根的记忆，对于祖脉的记忆。八角屯城周边的汉族方言与吴方言中有很多词意相同，比如他们称奶奶为"阿婆"；上街叫上该；姑姑为孃孃；叫大大，阳平为伯父，上声为父亲；把从漏槽和屋瓦中流下的雨水叫廊檐水。采访记者用南京方言交谈时，当地人也都能听得懂。

这里汉人的婚丧习俗与南京也有惊人的相似相同处，如结婚时的绞脸；婚后三日娘家人来下面，南京称为"元饭"；将婚后家境的好坏变化归结为妻子的"脚气"；丧事中的打狗饼、招魂幡、吹唢呐、葬穴形制、葬后三日全山（复山）等，两地习俗完全一致。

当地汉族人还拿出了过去穿着的老衣，有开叉很高的长襟对褂，还有头上包的各种颜色的头巾，这些老式样是他们600多年前从明朝的南京一带来的，服装还是600年前的样子。这种服饰现只在洮州卫城一带平时穿戴和流行。再次证明，这些明朝的移民们把祖籍表达在了自己的衣着上，留在了感念先辈的内心中。

另外，原产于甘南八角屯城一带的夏河蹄筋，是以羊蹄筋为主料，配以木耳、黄花等分别蒸、煮而成，特点是柔滑鲜香。据史载："常单车就舍而食"，明代大将徐达西征吐蕃时，对夏河蹄筋非常欣赏，自此夏河蹄筋声誉更高，成为西北地区高级筵席上的佳肴。

“卍”八角屯城的回族和汉族祖籍应在江南应天府及周边地区，600 年前被大明王朝开国之初的“分流归化”政策所迫，举家流徙上万里。从气候温热，风光宜人，物产丰盛的长江三角洲流域，长途跋涉，生离死别，最后落居到这大西北最为寒冷闭塞的高原地域。

这里虽然偏僻寒冷，交通闭塞，但有人居处，就有耕耘劳作在繁衍四季，使商业贸易通恒于外。虽生活困苦艰辛，却精神寄托和文化以约定俗成的方式在民间经久流行。他们的血液里天生具有的南方人多情委婉、文采厚积的禀赋，自始至终都用一种江淮人天生浪漫，富于幻想的方式和现实相结合，精心构造着自己的美好家园。

略论明初洮岷地区军管型政区的设立及其影响

徐　成

（南京财经大学）

在我国历史上，一些王朝为了能够对其疆域实行更为有效的行政管理，除了设立正式政区之外，往往还会在边境和少数民族地区，采用军管或军事监护形式的特殊政区进行统治管理，如两汉魏晋时期的都尉、汉唐时期的都护府、北魏时期的镇戍等。

明朝建立后，于洪武年间罢废部分边境州县，建立卫所，作为军事布防之用。这部分卫所拥有自己的管辖地域和户籍，俗称实土卫所，而成为行政区划的一种。正如谭其骧先生所指出的："置卫所以统辖军伍，设都司以掌一方兵政，其初本与地方区划不相关。洪武初或罢废边境州县，即以州县之任责诸都司卫所；后复循此例，置都司卫所于未尝设州县之地，于是此种都司卫所遂兼理军民政，而成为地方区划矣。"[1]

洮岷地区西控诸蕃，东毗中原，北蔽河湟，历来为秦陇藩篱，地理位置极为重要。明定天下后，为了进一步加强中原王朝对西北诸地的统治，于洪武十一年（1378 年）七月和洪武十二年（1379 年）二月相继建立了岷州卫和洮州卫。而军管型政区的设置，对洮岷地区的社会发展带来了极大的影响。

一、明初洮岷地区军管型政区的设立

（一）洮岷地区的区域战略地位

洮、岷两地毗邻，沿革与文化发展相近，安危相关，故历史时期常以洮岷并举。明代在此分设洮州卫和岷州卫，所辖范围主要为今甘肃省临潭、卓尼、岷县一带，以及漳县、宕昌、礼县、迭部等地部分。

洮岷地区位于甘肃南部黄土高原和青藏高原交会处，其地北接河西走廊，南连藏彝走廊，不同地域的民族或部落往往经此而得以交往，是历史上汉、羌、氐、藏、蒙、回等众多民族杂居交错之地。鉴于此，费孝通先生提出："紧接青藏高原的这一缕黄土地区出现了一条成分复杂、犬牙交错的民族地带，不妨称之为陇西走廊。在现有的分省地图上，这条走廊正是甘、青两省接壤地区，往南延伸便到云贵高原的六江流域。"[2] 独特的地理位置和复杂的民族结构，使得洮岷地区具有了极为重要的区域战略地位，如《洮州

[1] 谭其骧：《释明代都司卫所制度》，《禹贡》，1935 年第 3 卷第 10 期。

[2] 费孝通：《甘南行（上）》，《瞭望》，1986 年第 2 期，第 18-20 页。

厅志》所言："洮岷为秦陇藩篱，洮又岷之襟喉"，其地"西控诸番，东屏两郡，南俯松叠，北蔽河湟"，实为"华夷之枢纽也"[1]。

元代时，洮岷地区归吐蕃宣慰使司管辖，隶脱思麻路，主要居民为西蕃的众多部落，"洮岷番人三百八十余族"[2]。对于西蕃，中原王朝历来视其为危害西部边疆安定一个重要因素，"西蕃即西羌，族种最多，自陕西历四川、云南西徼外皆是。其散处河、湟、洮、岷间者，为中国患尤剧。"[3]明朝建立后，如何对陇右地区实行有效统治，继而稳定整个西部边疆，是中央政府亟须解决的问题。

起初，明廷曾仿效元朝的做法，在河州设西安行都指挥使司，希望以一种部落化的管理来应对西北边防之患，但效果却远不如元朝。为了解决问题，明廷不久之后在河、洮、岷等地区进行了一系列有针对性的改革，其核心内容便是增设岷、洮二卫，并在此基础上最终形成了一条以西宁卫（今青海西宁市）为起点，向南经河州（今甘肃临夏市）、岷州（今甘肃岷县）、洮州（今甘肃临潭县），一直延伸到四川西北地区的战略防御带。此条防御带的主要任务是防御西蕃，而新设的岷、洮二卫正是这条防御带上的重要节点。

（二）岷、洮二卫的设立

如前所述，明朝在控制西北地区之后，采取了任用少数民族首领和元朝故官来对这一地区进行统治的举措。洪武四年（1371 年）正月，"设河州卫，命为指挥同知，予世袭。知院朵儿只、旺家奴并未指挥佥事。设千户所八,百户所七，皆命其酋长为之。"[4]河州卫"置千户所八：曰铁城、曰岷州、曰十八族、曰常阳、曰积石州、曰蒙古军、曰灭乞军、曰招藏军；军民千户所一，曰洮州"[5]。可见此时的洮岷地区只是各自设立了千户所，均隶属于河州卫。

由于使用了大量元朝旧官，再加之中央政府实行的是间接管理，致使洮岷地区的稳定存在诸多隐患，地方叛乱不时发生。如洪武六年（1373 年）六月："洮州三副使阿都儿等以出猎聚众，约故元岐王朵儿只班寇边。朵儿只班等率众驻大通山黑城子，入寇河、兰二州。西宁卫千户祈者公孙哥等领兵击之，斩其知院满答立等一百余人，千户伦达力战死，寇遂解去。"[6]

由于吐蕃频频起事，严重影响了明朝在洮岷地区的统治，洪武十年（1377 年）四月，朱元璋任命邓愈为征西将军、沐英为副将军，对西番发动了大规模的军事讨伐。在取得阶段性胜利之后，于洪武十一年（1378 年）七月，"命西平侯沐英率陕西属卫军士

---

[1] ［清］包永昌纂:《洮州厅志》卷二《舆地》，清光绪三十三年（1907 年）刻本，上海图书馆藏。
[2] ［清］田而穟纂:《岷州志》卷六《典礼・番贡》，清康熙四十一年（1702 年）刻本，上海图书馆藏。
[3] ［清］张廷玉等撰:《明史》卷三〇三《西域二》，北京：中华书局，2000 年，第 5723 页。
[4] ［清］张廷玉等撰:《明史》卷三〇三《西域二》，北京：中华书局，2000 年，第 5723 页。
[5] 《明太祖实录》卷六〇，洪武四年正月辛卯，清宣统元年（1909 年）上海会文堂石印本，南京图书馆藏。
[6] 《明太祖实录》卷八三，洪武十二年六月己巳，清宣统元年（1909 年）上海会文堂石印本，南京图书馆藏。

城岷州，置岷州卫镇之"[1]。新设的岷州卫并非由原来的岷州千户所简单升格而成，除直属5个千户之外，明廷又将阶州、汉阳、礼店、洮州、岷州、十八族番汉军民千户所等原本由河州左卫管辖的千户所全部转归岷州卫节制[2]，由此可见岷州卫的重要军事地位。

洪武十二年（1379年）正月，"洮州十八族番酋三副使等叛，据纳麟七站之地。"[3]朱元璋派沐英征讨洮州地区的叛乱，又命李文忠督理军务，"边境事宜悉从节制"[4]。二月，沐英率兵抵达洮州旧城，"寇遁去，追斩其魁数人，尽获畜产。"[5]平叛之后，朱元璋充分认识到了洮州的重要地位，认为"洮州，西番门户"，因此应该"筑城戍守，扼其咽喉"，于是"置洮州卫，以指挥聂纬、陈晖等六人守之"[6]。新设的洮州卫"领千户所五"[7]，规模小于岷州卫。

洮岷二卫设立后，又在各自统辖地域范围内，建立了大量的屯堡和屯寨。其中洮州卫有堡寨82座，如常旗堡、郑旗寨、张雄寨、东石旗寨、温旗寨等；岷州卫有堡寨63座，如哈山寨、梅川寨、野仁沟寨等。[8]这些屯堡屯寨大都屯守并举，之间一般相隔2.5~5千米，彼此拱卫相犄，最终形成了以卫治为中心的辐射状堡寨防御体系。

二、明初洮岷地区的军事移民入迁

（一）移民入迁的根本原因

元朝政府统治者为游牧民族，在统治期间屡有圈占耕地划为游牧区之举，因此元时很多耕地并未得到有效利用，再加上元末长期的战争破坏，致使大明建立之际，农民流离、田地荒芜已是常态。为了重新配置社会劳动力，明廷采取了"移民就宽乡"的政策，即政府大规模组织人多地少的"狭乡"居民到人少地多的"宽乡"去屯种，以调节当时国内人地分布不平衡的现象，从而尽快恢复社会经济生产。

地处青藏高原边缘地带的洮岷地区自然是"狭乡"，因此，明朝建立后，大量的外地移民陆续进入这一地区，而军事方面的考量，是洮岷地区众多外籍移民入迁的首要因素。

大明代元后，以元顺帝妥欢贴睦尔为首的蒙古势力虽然被迫退出中原，但仍企图卷土重来，恢复元朝的统治，"元人北归，屡谋兴复……故终明之世，边防甚重。"[9]对于洮

---

❶《明太祖实录》卷一〇九，洪武十一年七月辛巳，清宣统元年（1909年）上海文会堂石印本，南京图书馆藏。

❷ 武沐:《岷州卫：明代西北边防卫所的缩影》,《中国边疆史地研究》，2009年第2期，第31-43页。

❸［清］张廷玉等撰:《明史》卷三〇三《西域二》，北京：中华书局，2000年，第5723页。

❹《明太祖实录》卷一二三，洪武十二年正月丙寅，清宣统元年（1909年）上海文会堂石印本，南京图书馆藏。

❺［清］张廷玉等撰:《明史》卷三〇三《西域二》，北京：中华书局，2000年，第5724页。

❻［清］张廷玉等撰:《明史》卷三〇三《西域二》，北京：中华书局，2000年，第5724页。

❼［明］张雨撰:《边政考》卷三，中国西北文献丛书编纂委员会编:《中国西北文献丛书》卷三，兰州：兰州古籍书店，1990年影印版，第235页。

❽［明］张雨撰:《边政考》卷三，中国西北文献丛书编纂委员会编:《中国西北文献丛书》卷三，兰州：兰州古籍书店，1990年影印版，第370页。

❾［清］张廷玉等撰:《明史》卷九一《兵志三》，北京：中华书局，2000年，第1493页。

岷一带而言，北有故元势力，西为吐蕃聚居区，而元蒙古族统治者与吐蕃因宗教共通而具有天然的联系。因此，在洮岷地区构筑一系列的军事边卫，以阻止蒙古势力南下，并防止蒙番结盟而对明军形成合击之势，是明初政府必须高度重视的一个问题。正如《岷州志》所言："陇右为西秦之屏翰，洮岷又为陇右之藩篱，外接番戎，内连巴蜀，足兵之道，诚宜急讲。"❶

正是在这种军事战略考量之下，明初政府对作为陇右屏障的洮岷地区不断用兵，并很快在此设立军管型政区，大量征战、卫戍于此的将士留了下来。同时，按明廷则例，戍边将士的妻小也一并随之而来。明制一卫大抵为 5600 人，而一些边陲卫所的规模往往要大于腹里军卫，明嘉靖、隆庆朝时，洮州卫有"马步官军五千六百二十二员名"，岷州卫有"军七千五百五十四员名"❷。若按每军带 3 人计，则洮州有随军家属 16 866 人，岷州有随军家属 22 662 人；若每军带 5 人，则洮州有 28 110 人，岷州有 37 770 人。而嘉、隆时期各卫所军屯人员已有大量逃亡，故明初洮岷兵员还要更高。当然，战争中的降将降卒以及因躲避战乱而内附的一些少数民族人口，也是洮岷地区移民的来源组成。由此可见，因军事因素入迁的兵民构成了洮岷地区外籍移民的主体。

（二）军事移民的主要来源地

明代洮岷地区的移民以卫所移民为主，其中江淮地区是其最主要来源地。首先，征战洮岷并留下卫戍的将士多来自江淮。朱元璋最早起兵于淮西，后长期转战于淮东、江南等地。明初进驻洮岷地区的徐达、常遇春、沐英、李文忠、金朝兴、胡大海等将官，他们子弟或部下，大部分为应天府和凤阳府一带的江淮人氏。如岷州卫设立后，朱元璋命指挥马烨等官"统率马、步、左、右、前、后、中壮士万余筑城垣、建四门、造战楼、敌台百余座"❸，而"明威将军佥岷州卫军民指挥司事马烨，淮东六合县人"❹。洮州卫设立后，都督佥事金朝兴奉命主持修筑洮州新城，金朝兴，"南京纻丝巷人……从西平侯沐英讨洮州番，朝兴首取甘朵、降其万户，又追斩积石州土官阿昌七站、土官失纳等，遂平番乱，奉曹国公李文忠命筑洮城，晋秩宣德侯，弟鼎兴、建兴俱授卫指挥使，因家于洮焉"❺。

其次，除了留戍的征战将士之外，为了进一步巩固边防，明廷又陆续迁调了内地各省官军来到洮岷地区戍守，其中相当大一部分为江淮兵士。如洪武十五年（1382 年），岷州卫升为军民指挥使司后，明廷"移直隶各省官军守之"❻，其"直隶各省"指的便是江

❶［清］田而穟纂：《岷州志》卷十《兵卫》，清康熙四十一年（1702 年）刻本，上海图书馆藏。

❷［清］顾祖禹撰，贺次君、施和金点校：《读史方舆纪要》卷六十《陕西九》，北京：中华书局，2005 年，第 6140 页。

❸《岷州卫建城碑文》，《岷县志》编纂委员会编：《岷县志》，兰州：甘肃人民出版社，1995 年，第 669 页。

❹ 武沐：《岷州卫：明代西北边防卫所的缩影》，《中国边疆史地研究》，2009 年第 2 期，第 31-43 页。

❺［清］包永昌纂：《洮州厅志》卷一〇《职官》，清光绪三十三年（1907 年）刻本，上海图书馆藏。

❻［清］田而穟纂：《岷州志》卷二《沿革》，清康熙四十一年（1702 年）刻本，上海图书馆藏。

淮一带。朱元璋建立明朝后，定都应天府（今江苏省南京市），将应天府、苏州府、凤阳府等14个府级单位和徐州、滁州等4个直隶州直隶中央六部，其范围大致相当于今天的江苏、安徽和上海两省一市。永乐十八年（1420年），明成祖朱棣迁都，也以北平布政使司所辖府州为直隶，称北直隶，而原京师地区改称南直隶。上述资料中的迁移时间是在洪武时期，直隶尚未区分南北，故"直隶各省"指的就是南京所统的各府及直隶州。

明制规定军籍世袭，父死子继，如无调遣，其驻地固定，因此以江淮籍为主体的军士迁入洮岷地区后，不仅自身留了下来，同时也使其后世于此地繁衍生息，成为永久居民。如洮州卫城建成之后，在卫城西南十五里处，又建造了红堡子屯堡，其建造者叫刘贵。刘贵，祖籍直隶六安州，在洪武十二年随沐英、曹国公、李文忠西征洮州后，又奉旨在"洮西开占地土……招军守御"。洪武二十六年（1393年）五月，刘贵亡故，其子刘顺"袭除洮州卫左所世袭管军百户赠昭信校尉"，继续在此开耕田地，招军守御。永乐八年（1410年）三月，刘顺病故，其子刘聚承袭父职，并管理屯军征收粮草事务。刘聚死后，其职由儿子刘清承袭，后逐代传给刘英、刘泰（约于明孝宗弘治年间，即1488—1505年间任职）、刘汉（约于明世宗嘉靖年间，即1522—1566年间任职）、刘芳、刘尚德、刘启臣。明神宗万历四十四年（1616年），刘启臣奉勘合推选掌管本所上五百户所印信。万历四十六年（1618年）奉命督军土口、卓逊、太平寨、水磨川等寨，万历四十七年（1619年），奉命管理旧洮州堡兼后司把总职务。至崇祯十七年（1644年）明朝灭亡，刘氏家族前后在洮州任职十代。❶

由于入迁洮岷地区的移民江淮人氏为主，因此江淮一带便成了移居于此的人们关于来源的集体记忆。20世纪30年代，历史学家顾颉刚考察临潭时发现，"此间汉回人士，问其由来，不出南京、徐州、凤阳三地方，盖明初以戡乱来此，遂占地为土著……此间有民歌云，'你从哪里来？我从南京来。你带什么花儿来？我带茉莉花儿来。'洮州无茉莉花，其为移民记忆中语无疑也"❷。而时至今日，在洮岷方言中仍然保留的江淮方言的部分语音系统、基本词汇和语法结构。例如洮州方言韵母的发音动程跟普通话相比显得较短，由于发音动程的原因以及前后音素和声调的影响，洮州方言中没有ai、uai、iou、au、iau、uo等复元音韵母，这一点和南京方言极为相似；又如洮州方言中，将姑姑称为"娘娘"、"太阳"称为"热头"、"晚上"称为"夜来"，这在南京、安徽等地的方言中也是常见的。❸这种方言的相似，显然是历史时期大量人口迁徙印迹的一个侧面反映。

---

❶ 据《刘氏家谱》整理，参见张艳玲：《洮州"屯堡文化"研究——以临潭县流顺乡红堡子村为例》，兰州：兰州大学，2015年，第24-25页。

❷ 顾颉刚：《西北考察日记》，中国人民政治协商会议甘肃省委员会文史资料研究委员会：《甘肃文史资料选辑》第28辑，兰州：甘肃人民出版社，1988年，第226页。

❸ 王可峰：《甘肃洮州方言成因探析》，《西北民族大学学报》，2013年第5期，第158-162页。

三、军管型政区设立对洮岷地区社会经济的影响

（一）屯田与垦荒

洮岷地区地处高寒，耕作粗放，原本农牧业生产发展较为缓慢，在明初军管型政区设立之后，洮岷地区社会经济开始得到了不断的发展。大量的军事移民入迁，使得解决军士的粮饷需求成为首要问题。若就地征派，一则洮岷地方供给能力有限，二则民众将不堪负担；若从中原内地调拨，洮岷地区又僻处边隅，交通困难，军粮转输极为不便。

为了能使卫所将士的军粮问题得到及时解决，明朝政府大力推行屯田，尤其是军屯，即政府有计划地组织军队，在国有荒地和官地上，大规模地进行农业生产建设，这是一种寓兵于农、兵农合一的政策。对此，朱元璋曾下令申谕："兴国之本在于强兵足食……兵兴以来，民无宁居，连年饥馑，田地荒芜。若兵食尽资于民，则力重困，故令尔将士且耕且战……自今宜及时开垦，以收地利，庶兵食充足，国有所赖。"❶

明军进驻洮岷地区之后，就立刻展开了屯田垦荒，如岷州甫一开卫，方有马烨等官旋即"立屯所三处，辟荒八千余亩，布种万石"❷。大量的军事移民入迁，给洮岷地区带来了充足的劳动力。关于屯田与守城军士的比例，明初规定："边地，三分守城，七分屯种。内地，二分守城，八分屯种。"❸此后屯守之数又有更改，但具体比例并无定数，《明会典》载："天下大率卫所军士以三分守城七分屯种，又有二八、一九、四六、中半等例，皆随地而异云。"❹总体原则是"临边险要者，守多于屯。在内平僻，或地虽险要而运输难至者，皆屯多于守"❺。洮岷地处险要，且交通不便，因此军士分配比例必然是屯多守少。如果以洪武十三年（1380年）朱元璋下诏"陕西卫军以三分之二屯田"❻算，则洮岷二卫仅屯田的军士就近9000人，再加上军属，其数字就更大了。

为保证屯军进行生产，政府会给每军都授以一定亩数的屯地，一定亩数的军屯土地称为"分"。明时一分的亩数因土地远近、贫瘠或荒田数量多寡而不一，"每军种田五十亩为一分，又或百亩，或七十亩，或三十亩，二十亩不等"❼。据《甘肃通志稿》引明嘉靖所修《陕西通志》所载，洮、岷二卫每军屯田数为60亩、49亩，屯田数额为223 528亩、186 036亩，屯粮数额13 411石、11 162石。❽

---

❶［明］余继登:《皇明典故纪闻》卷一，明万历二十九年（1601年）刻本，南京图书馆藏。

❷《岷县志》编纂委员会编:《岷县志》，兰州：甘肃人民出版社，1995年，第669页。

❸［清］张廷玉等撰:《明史》卷七七《食货一》，北京：中华书局，2000年，第1257页。

❹［明］徐溥等纂修:《明会典》卷一九《户部四》，《文渊阁四库全书》史部第617册，台北：台湾"商务印书馆"，1982年。

❺［清］张廷玉等撰:《明史》卷九〇《兵志二》，北京：中华书局，2000年，第1466页。

❻［清］张廷玉等撰:《明史》卷二《太祖本纪》，北京：中华书局，2000年，第24页。

❼《明会典》卷一八《户部·屯田》，明万历十五年（1587年）刻本，南京图书馆藏。

❽ 米小强:《明代河、洮、岷州三卫军粮补给考》，《兰州教育学院学报》，2011年第6期，第8–10页。

屯田的根本目标是“强兵足食”，明初洮岷地区的军屯垦荒，在很大程度上缓解了戍边军队的粮需，食足进而兵强。明初所建立的以洮州卫、岷州卫为重要节点的陇右防御线，不仅成功地完成了切断蒙古与吐蕃联系的战略重任，而且也有效遏制了西北游牧民族的侵扰，保卫了大明西北边陲的安全，致使“西陲晏然，终明世无番寇之患”❶。

（二）以茶马贸易为中心的商业发展

军管型政区的设立，不仅促进了洮岷地区农业生产经济的发展，而且也极大地保证了以茶马贸易为中心的商业经济活动的进行与发展。

明朝政府对蒙藏等少数民族“威德兼施”，“威”即广置卫所、屯兵戍守，以武力去震慑；“德”即采取羁縻笼络政策。而明廷对番族的羁縻策略，则主要是通过茶马贸易来实现的。

青藏高原特殊的地理条件，使得生活其内的人群只能以食肉为主，而茶叶可以去膻解腻，促进消化，故对于藏民而言极为需求。甚至到了“夷人不可一日无茶”❷的地步。另外，吐蕃地区拥有良好的孳牧条件，水草丰美，多出良马，恰好可以满足中原地区的需求。因此，自唐末起，中原与吐蕃地区的官营茶马贸易就已兴起。

明朝继承了前朝通过“以茶驭番”的策略，即通过官营控制茶叶贸易，这样既可使“西番”诸部受制于中原王朝，又可达到“博马”的目的，同时还能获得大量的茶税，可谓一举多得，时人言之：“金城以西，绵亘数千里，以马为科差，以茶为酬价，使之远夷臣民，不敢背叛。如不得茶，则病且死，以是羁縻之，实贤于数万甲兵，此制西番以控北夷之上策也。”❸

明代与西番易马的茶叶主要来源于陕西和四川，而无论川茶还是陕茶，在其运输路线中洮岷地区都是必经之地。如陕茶，从陕西紫阳始发，经石泉、西乡到汉中，经汉中批验所检验后，一路经勉县、略阳、徽县、西河到达洮州、岷州，这条线路被称作“汉洮道”❹。置岷、洮二卫后，该地区在茶马互市中所处的地位更加突出，明代中央政府先后在此设立了洮州茶马司和岷州茶马司，负责统领茶马贸易的相关事务。

洮州茶马司和岷州茶马司的设立，使得岷、洮二卫成了明代西北茶马贸易的前站和重心，洮、岷二卫成了西北地区重要的商品集散地和经济交流中心，“重商”“善商”的区域文化传统逐渐形成，闻名后世的“洮商”也随之诞生。茶马贸易的繁荣，不仅加快了洮岷本地的发展，同时也将其经济影响力辐射到了周边地区，并形成了以茶马贸易为核心内容的边地“民族经济区域圈”。

---

❶ ［清］张廷玉等撰：《明史》卷三三一《西域三》，北京：中华书局，2000 年，第 5757 页。

❷ ［明］王圻撰：《续文献通考》卷二二《征榷》，明万历三十一年（1603 年）刻本，南京图书馆藏。

❸ ［明］杨一清：《为修复茶马旧制以抚驭诸番夷安靖地方事》，［明］陈子龙选辑：《明经世文编》卷一一五，明末平露堂刻本，南京大学图书馆藏。

❹ 李刚：《论历史上三条茶马古道的联系及历史地位》，《西北大学学报》，2011 年第 4 期，第 113-117 页。

明代军屯的基层管理浅释

肖立军

（天津师范大学历史文化学院）

学界对明代卫所及军屯的研究，成果丰硕❶，但是对明代军屯的基层管理者及相关问题进行宏观探讨的专文似较少见。明代管屯卫所官旗主要可分为三级，严格说来，百户以下属于基层。但为考察的方便，略从卫官谈起。

一、卫官及千户

指卫指挥、同知或佥事，后来则为管屯官或管屯佥书。此外也包括千户。明万历时南京巡屯御史彭而珩《乞修屯政疏》提到，“指挥、千户譬则州县长吏”❷。明总督张岳嘱托其子张宓，“汝今方离吾侧，接应人事之始，凡事须小心收敛……凡哨守、巡捕、巡司、驿递等官来迎送者，千户、县佐以上辞之勿见，余官平揖相接。皆必衣巾，若行跪拜者，必避。其迎送人役，至交界遣回。”❸前一资料将指挥、千户比附州县官，后一资料将千户与县佐官并提。

明代中后期，卫所实际管事的武官是掌印、佥书。

卫所设立掌印、佥书等情况，（嘉靖）《宁国府志》卷三《秩统纪》记载，“使以下并世袭，凡袭荫及诸军政悉报上右军都督府，以达于兵部。每岁抚、按察其贤否，阅五岁一废置之，名曰考选军政。常以一人统卫事，谓之军政掌印；一人掌训练，一人督屯田，谓之军政佥书。又一人职巡捕，一人治军器，一人领漕舰，岁饷京师并以选充而漕事为难，谓之见任管事。非此者编诸行伍，谓之带俸差操，故有运军、屯军、操军、局军、城军、巡军之目，并统于掌印，各以其事修其政令。岁委带俸一人入贺万寿节，又千户一人，百户二人，部卒宿卫南京，谓之京操，秋行春返。”❹ 顾炎武的《天下郡国利病书》引（嘉靖）《宁国府志》时略加修改：“一人治卫事，谓之军政掌印。一人掌操练，一人

---

❶ 邓庆平：《明清卫所制度研究述评》，《中国史研究动态》，2008年第4期，第14-21页；杨晨宇：《清代卫所裁并研究综述》，《史志学刊》，2017年第6期，第83-91页。

❷ ［明］彭而珩：《乞修屯政疏》，见［明］朱吾弼：《皇明留台奏议》卷一三《财储类》，《续修四库全书》第467册，上海：上海古籍出版社，2002年，第588页。

❸ ［明］张岳：《小山类稿》卷一七《杂著一·还乡事略付宓》，《景印文渊阁四库全书》第1272册，台北：台湾“商务印书馆”，1986年，第496页。

❹（嘉靖）《宁国府志》卷三《秩统纪》，《天一阁藏明代地方志选刊》第23册，上海：上海古籍书店，1962年，第10页。

督屯粮，谓之军政佥书。又一人巡捕，一人治军器，一人领漕运，谓之见任管事。并以选充，不惟其品，不与此者谓之带俸差操。铨授于吏部……一人掌印，又一人佥书”。此为卫所设立掌印和佥书情况。

都司、卫所设置掌印及佥书情况，据《吾学编·皇明百官述》卷下记载，“都指挥使司掌官军之政令，各率其卫所以隶于五府，而听于兵部。凡都司并流官或得世官，岁抚、按察其贤否，五岁考选军政而废置之。使、同知、佥事，常以一人统司事，曰军政掌印。一人练兵，一人屯田，曰军政佥书。巡捕、军器、漕运、京操、备御诸杂务并选充之，曰见任管事。否，曰带俸。凡备倭、守备行都指挥事者，不得升牙公座。凡朝廷吉凶之礼，视布政司。经历典出纳文移，都事为之贰；断事理刑狱，副断事为之贰，吏目从之。司狱守狱。”❶这是都司的设官情况。外卫，“一人统卫事，曰军政掌印；一人练兵，一人屯田，曰军政佥书。”❷

此处所指都司、卫所制度（一人掌操练，一人督屯粮，为军政佥书）是明中期以后的情况。

景泰时期卫管屯官还不属于佥书，景泰六年（1455 年）“户部奏，彭城等卫屯田粮草递年不完，其佥书及首领官宜如掌印及管屯官例住俸，候催完日支给，仍令天下都司、卫所俱准此例”❸，景泰帝从之。卫所佥书与管屯官二者并提。

弘治时期，管屯官与佥书官有别。弘治二年（1489 年）八月，兵部尚书马文升等言“请行天下都司，止留军政三员，及管屯、管马、巡海、京操都指挥亦一体列衔”❹。管屯不属于军政（包括掌印与佥书）。

弘治七年（1494 年）四月，南京守备魏国公徐俌等言，“军政、管屯各有司存。今天下都司卫所屯粮年终不完者，都司管屯及卫所掌印、管屯并有屯种官家停俸，经一岁不完者，都司掌印、卫所佥书及首领官、按察司管屯官并停俸。是因屯粮罚及军政，似为未平。户部覆议，谓掌印官亦难辞责，请自今年终不完者，先将管屯及有屯种官家停俸，经一岁不完者乃及掌印并按察司管屯官。其佥书军政首领官勿论。从之。”❺反映弘治七年（1494 年）时都司佥书军政、管屯官是不同的。

从《明实录》的记载来看，正式设管屯佥书可能始于正德元年（1506 年）。正德元年（1506 年）六月甲子，“铨补湖广都司都指挥佥事李玉于行都司军政，佐凤佥书，管

❶［明］郑晓：《吾学编》卷六六《皇明百官述》卷下，《续修四库全书》第425册，上海：上海古籍出版社，2002年，第 149 页。

❷［明］郑晓：《吾学编》卷六六《皇明百官述》卷下，《续修四库全书》第425册，上海：上海古籍出版社，2002年，第 150 页。

❸《明英宗实录》卷二五一，景泰六年三月庚申，北京：中华书局影印本，2016 年，第 5433 页。

❹《明孝宗实录》卷二九，弘治二年八月庚戌，北京：中华书局影印本，2016 年，第 659 页。

❺《明孝宗实录》卷八七，弘治七年四月庚辰，北京：中华书局影印本，2016 年，第 1617 页。

理屯操”[1]。正德初年已将都司佥书与管理屯田联系起来，概尚未普及。卫的屯田佥书任命，《实录》未必记载，但是都司屯田佥书出现，将会影响到卫所屯田佥书的设置。至迟嘉靖时期，明确以卫管屯官为军政佥书之一。

明代卫一级管屯官起初有卫佥事等，随后是杂差管屯官，又设置了管屯军政佥书。[2]

二、百户或屯老

据《南京都察院志》记载，“近访得各该卫所官员率多擅行占役，轮办月钱，或指帮贴操运，领驾快船，或指造册、工食等项名色，滥科使用。以致各千、百户及屯老、旗甲望风效尤，殃众妨屯，莫此为最。”[3]在百户外，提到了屯老。

所谓屯老，当渊源于或比照乡里老人。据嘉靖《六合县志》卷一记载，“按，屯田与六合民田相杂，其屯所奸盗等弊与县相倚，理当纠察。嘉靖十六年（1537年）该屯田御史周冕奏准，于各屯所选择谙练一人，佥充屯老，如老人，然统辖于县”[4]。意思是屯老和里老人差不多。乾隆《郧西县志》记载，“明代乡设老人一人，选年高为众所服者，导民善，平争讼。地分军民，故有屯老、民老之目”[5]。

所谓里老人，据嘉靖《德化县志》役法记载，“国朝役制，一里十甲，挨次轮差。有正役谓之里甲，有泛役谓之均徭。正役凡十家为甲，别推有产力者为之长。一里之地为十甲者，共一百一十家。循环应役，催征钱粮，勾摄公事及出办上供物料，官府一岁经常杂泛之费，皆以丁产兼论。十年造册，则有书手一人，贴书二人。其在县坊者为坊长，每里又有老人一名主风俗、词讼，总甲一人掌觉察地方非常，凡老人、总甲以为众推服者为之。”[6]

上述资料有的谈乡老人，有的谈里老人。因为，乡一般不属于行政单位，县之下的里甲是行政性基层机构，所以也可以笼统称为乡里老人，或里老人，任务是厘正风俗，调解纠纷。

正德十年（1515年）九月，“巡抚保定都御史张淳奏，大名有宁山、怀庆二卫并赵府群牧所，军营杂处，往往藏匿盗贼。请每屯置一屯老，十家置一总甲，听州县官讥察，

---

[1]《明武宗实录》卷一四，正德元年六月甲子，北京：中华书局影印本，2016年，第424页。

[2] 曹循：《明代卫所军政官述论》，《史学月刊》，2012年第12期，第39-45页；程彩萍：《明代带俸武官初探》，《江苏社会科学》，2013年第2期，第237-246页。

[3]［明］施沛：《南京都察院志》卷一四《巡视屯马职掌一·留台总约巡务类》，《四库全书存目丛书补编》第73册，济南：齐鲁书社，2001年，第412页。

[4]（嘉靖）《六合县志》卷一《附屯田》，《天一阁明代方志选刊续编》第7册，上海：上海书店出版社，1990年，第782页。

[5]［清］冯泰运：（乾隆）《郧西县志》卷二〇《余编》，《故宫珍本丛刊》第144册，海口：海南出版社，2001年，第393页。

[6]［明］许仁等：（嘉靖）《德化县志》卷五《役法》，方宝川、陈旭东主编：《福建师范大学图书馆藏见方志丛刊》第34册，北京：国家图书馆出版社，2008年，第38页。

则有司之权重而盗可息”[1]，兵部覆议，皇帝批准。因为防盗贼，有司介入屯堡管理，管辖系统是：总甲—屯老—州县官。总甲相当于里甲制的甲长，屯老相当于里长，屯老、里长听州县直接监督。

钦州知州林希元建议恢复屯田，将包括军、余在内的屯田所获税粮，“屯老责之甲头，甲头责之屯丁，以本州判官掌之，而总督于知州”[2]。甲头管10人，相当于卫所小旗，或里甲制中的甲长。屯老负责征收屯粮，隶属管屯官或州县长贰。级别相当于里长。

管屯百户属管屯官范畴，但是级别在县之下，相当于里甲中的里，或屯老。《石洞集》卷九《公牍二》之《教·止迎·谕里长》记载，“十七都里长胡道升言：常例，里长上役，甲首、百户皆贺。幸仁廉治县，感化自新。偶八甲管下朱坤、朱鸾各具仪贺，非惟贻升赃罪，亦见奸弊未尽除也。谨将仪上，乞令领回，仍禁革。仁廉，则吾不能。能辞常例，是道升脱于流俗，可与共兴唐虞之治者也。知县嘉焉，贺仪发回，道升奖赏。故谕。”[3]

这是一条很有意思的资料，表明百户与里长有交往，地位差不多，但里长上任，有的地方百户例行要送礼祝贺。

三、旗甲或屯长

明代典籍中，关于军屯基层管理者，经常出现如下提法。

（一）总小旗

众所周知，小旗统10名正军，相当于里长。总旗统50正军，介于小旗和百户之间，地位高于里甲中的甲长，低于甲长。

（二）旗甲

明代旗甲，有多种含义。

指里甲。万历时南京巡屯御史彭而珩《乞修屯政疏》概括说：“指挥、千户譬则州县长吏，然旗甲里排也，屯伍编户也”[4]。他说指挥、千户与州县平级，屯军相当于民户，中间的“旗甲”相当于“里排”。里排大约泛指里甲。

与里相仿。《南京都察院志》卷十六《职掌九·佥旗甲》记载：“夫旗甲即粮里也。卫有各所，花户远近不一，输纳迟速不一，故征收不得不须旗甲。然旗甲之浇淳关一伍之完负，与其俟逋负，而申详批追，何如慎佥于初，可以省后来许多设法。余见伍官黩

[1] 《明武宗实录》卷一二九，正德十年九月辛丑，北京：中华书局影印本，2016年，第2572页。

[2] ［明］林希元:《奏复屯田疏》，载于［明］张国经:（崇祯）《廉州府志》卷一一《奏议志》，北京：书目文献出版社，1992。

[3] ［明］叶春及:《石洞集》卷九《公牍二》之《教·止迎·谕里长》，《景印文渊阁四库全书》第1286册，台北：台湾“商务印书馆”，1986年，第563页。

[4] ［明］彭而珩:《乞修屯政疏》（上于万历十九年闰三月），载于［明］朱吾弼:《皇明留台奏议》卷一三《财储类》，《续修四库全书》第467册，上海：上海古籍出版社，2002年，第588页。

货行私，所佥非系贫寒，即系流棍。贫寒多花费逃遁，流棍多包揽侵收。故不得已而委指挥编审，而指挥之黩货复然，则余将奚望哉。以后管屯指挥齐集所属，照兵部黄、快船编审事例……甲以众编，则下不得规避。卫与所会同编审，则彼此不得轻重其手。但一年一编，不免骚扰。须今预编三年，造册详允，遵依派定，依次应役。”❶此处旗甲相当于里。

指总旗。《南京都察院志》卷十六《职掌九·禁分伍》记载：“旧例每伍（即旗，当指小旗）设旗甲二名催收屯粮，舍余人等俱属旗甲总收汇解，故额数易以稽查。迩来官舍人等自行告纳，又有一二刁军朦胧捏告，立为分伍名色，钱粮既无统摄，迟速得以自由，粮数混淆，完欠难核。以后革去分伍、自纳名色，依旧旗甲总收，不者本旗赴告，罪之。”❷此处当指总旗。

总旗、小旗之泛称。万历巡屯御史彭而珩认为，“一卫有一指挥，一所有一千户，催征之力有余。官催旗甲，旗甲催花户，指臂之势易使……花户有拖欠者，许旗甲报官，勾追。其屯地穹远，花户有愿赴旗甲代纳者，听其便。旗甲革去积滑，选军丁殷实者充之，如是则将焉用百户哉。”❸此处当泛指总旗、小旗。

此条材料未提百户，类似记载不乏其例❹。明代南京至少是部分京卫屯田，指挥、千百户等在收获时下屯或在仓征收，平时不下屯，所以百户起的作用小。

隐指小旗。在其他地区，有时，所言旗甲统领的人数不多。

在京营，给事中张卤在谈及旗甲时称，“今三大营以文武二大臣总督，即古谓大将。副将四员，即大将之偏裨。每参佐下把总十员，即参佐之部曲将。把总下管队伍名，即把总之部曲将。管队下五旗甲，每旗甲下军人五名，是以旗甲约束五人。把总约束管队，参佐约束把总，副将约束参佐，大将约束副将”❺。不管实行情况如何，作为兵部尚书认为京营旗甲应统 5 人。

在漕运军中，明末毕自严总结说：“祖宗之制，每船旗甲一名，旗军十名，皆取之卫

---

❶《南京都察院志》卷一六《职掌九·佥旗甲》，《四库全书存目丛书补编》第73册，济南：齐鲁书社，1995年，第 452 页。

❷《南京都察院志》卷一六《职掌九·禁分伍》，《四库全书存目丛书补编》第73册，济南：齐鲁书社，1995年，第 453 页。

❸［明］彭而珩：《乞修屯政疏》（上于万历十九年闰三月），载于［明］朱吾弼：《皇明留台奏议》卷一三《财储类》，《续修四库全书》第 467 册，上海：上海古籍出版社，2002 年，第 588 页。

❹［明］蔡献臣：《清白堂稿》卷三《清屯审甲以苏运苦事呈文》记载，“照得军政莫重于转运，转运尤重于选旗。然欲清审旗甲，须要查理屯田，盖屯以资运。挽卒负数百石之粮，历数千里之程，交纳京边，干系非小。不有恒产而使之领船驾运，有不偾事者几希。故清屯田者，赡军之本也。镇江卫……该旗甲二百三十八名。先年于六所百户六十员下，每员佥旗四名领运。后因逃亡事故，参差不齐，遂于六千户所通融佥补，有一百户下佥数名者，有一百户下全无佥者。”镇江卫运军旗甲在百户之下，开始一百户下选 4 员，后改为一百户下“佥数名者”。《四库未收书辑刊》集部第 6 辑第 22 册，北京：北京出版社，2000 年，第 63 页。

❺［明］张卤：《预上京营五论以大振戎机疏》，《明经世文编》卷三六五《武备一》，北京：中华书局，1962年，第 3940-3941 页。

所”[1]。旗甲统10人。

上述两场合，旗甲统军10人或10人以下。此外，旗甲的定位侧重于甲，相当于里甲中的甲。

总体来看，据所见材料，旗甲泛指总小旗，在不同场合，有时侧重于总旗，有时侧重于小旗。有时与民里相提并论，有时与民甲地位相当。在弱化百户的情况下，直接对卫的管屯官负责；在突出百户情况下，作为小旗的色彩重，突出与民甲对应的一面。

（三）屯长、屯头等

关于屯长，地位与旗甲差不多，王在晋称，“征催籽户不得不责成于屯长，督率屯长不得不责成于屯官，屯官则由屯道督率”[2]。屯道为管屯佥事等，监管卫所管屯官。自下而上的序列为：屯军—屯长—屯官—屯道。

据明陈仁锡的《无梦园初集》记载，辽东“每卫有掌印指挥一员，有掌所千户五员，有署印百户五十员。总旗、小旗、屯头、甲首、纠察户有军几名，马几匹，帮军余丁几名，随马军田几分”[3]。

前述两材料，第一条为屯长的材料，第二条为屯头的记载。屯长或屯头地位与旗甲相当，都是在卫所和屯军中间的环节。《南京都察院志》卷十六《职掌九》记载，“夫县官统里长，卫所统旗甲，此太祖高皇帝旧制。故累次明旨，一则曰提督旗军，二则曰率各该旗军。故民粮之完负，责之里长，未闻知县亲下乡也。屯粮之完负，责之旗甲，何必指挥亲下乡乎。”[4]彭而珩万历十九年（1591年）上《乞修屯政疏》提道，“卫有一指挥，一所有一千户，催征之力有余。官催旗甲，旗甲催花户，指臂之势易使”[5]。从前述辽东“屯头、甲首”并称来推测，此屯头更像民甲的身份。

在不突出百户的情况下，卫所管屯官下为旗甲或屯长（为两级管理），再往下为就是屯田正军或余丁。

四、结　语

据所检索的资料，明代卫所到屯田军余间大致可分四级，分别是卫官及千户、百户、总小旗、屯军（后来是卫所管屯佥书、屯老、旗甲或屯长、屯军或余丁）。屯军有时也

---

[1] ［明］毕自严:《覆台臣谢三宾陈设漕镇利病疏》,《度支奏议》卷一五《云南司》,《续修四库全书》第490册，上海：上海古籍出版社，2002年，第32页。

[2] ［明］王在晋:《越镌》卷二〇《议·严州军政四议》,《四库禁毁书丛刊》集部104册，北京：北京出版社，1997年，第477页。

[3] ［明］陈仁锡:《无梦园初集·海集一·复辽实着》,《续修四库全书》第1382册，上海：上海古籍出版社，2002年，第61页。

[4] 《南京都察院志》卷一六《职掌九》,《四库全书存目丛书补编》第73册，济南：齐鲁书社，1995年，第466页。

[5] ［明］彭而珩:《乞修屯政疏》（万历十九年闰三月），见［明］朱吾弼:《皇明留台奏议》卷一三《财储类》,《续修四库全书》第467册，上海：上海古籍出版社，2002年，第588页。

承担其他任务，仅以屯田而言，分别对应县官、里长、甲长、民户。有的地方淡化百户一级，形成卫所管屯官—旗甲（或屯长）—屯田军余系列，大略为三级。

卫所基层管屯者，与里甲长有关。明代军屯处所，不少与里甲相邻，屯田者起初虽身份为旗军余丁（后来也有被豪民侵占或佃农佃种者），但是从事的职业与农民相近，都是种地纳粮。管屯官旗等，常被比附为里长甲首，而且二者也确实有交集。叶春及所言“常例里长上役，甲首、百户皆贺”便是其生动写照。

到了清代，取消卫所世职，设守备等管理卫所军屯。后来卫所逐渐归并到州县管理，但屯头等名目在个别地方还存在[1]。

[1] ［清］钱之青：（乾隆）《榆次县志》卷五《田赋》，国家图书馆古籍资源库数字方志，第3页。

从庞尚鹏“清理屯田奏疏”看明中后期九边屯政*

常文相

（中国社会科学院历史理论研究所）

庞尚鹏“清理屯田奏疏”乃是其于隆庆二年（1568年）在右佥都御史任上，“自江北躬历九边，先后列上屯政便宜”❶之作。这些奏议不仅集中反映了当时九边屯政废弛情形，更包含着他就此规拟的各项整饬举措，从而为了解与透视明代中后期北边卫所屯政实施状况及彼时士大夫的应对筹划思路，提供了一系列丰富有效的文本范例。关于明代军事屯田方面的研究，较有代表性的如王毓铨的专著《明代的军屯》，分上下两编，详尽而全面阐述了明代军屯的制度和作用、军屯上的生产关系及其破坏过程，由此分析明代军屯的变化趋势与原因。该书大体将明代军屯的破坏及其“民田”化视作屯种军丁（广义上亦为农民）进行反压迫、反剥削的阶级斗争的结果，从政治支配角度揭示了屯田制度的实质。❷再如寺田隆信的著作《山西商人研究》中专有一节讨论明代北部边塞军事消费地区的“屯田粮”问题，表示正统初年免纳屯田正粮的政策变化“加速了屯田的私有和兼并”，使得“当地的势要之家和高级军人等以发展土地的私人经营的形式来取代屯田体制”，即“与政府支配下的屯田制度的崩溃相应的是，一部分屯田转移到了当地势要之家和高级军人手里”。❸此外，李龙潜《明代民屯制度初探》、李三谋《明化九边军屯与军牧》、孙靖国《明代宣府镇军屯情况简述》等分别以总体和个案的形式探讨了明代军民屯田发展状况。❹又有邓智华《庞尚鹏清理九边屯田考》，简要论述了庞尚鹏巡视九边的经历及其清理屯政的思路措施。❺本文打算在前人研究基础上，把庞尚鹏清理九边屯田的建议规划放置于明代屯田制度演变历程中加以综合考量，归纳并评析奏疏所见九边屯政面临的问题、解决的方案与其中显示的政策倾向，力图从隆庆初年这一特定时

---

* 本文系国家社科基金一般项目“商业化变迁中的明代国家运行机制研究”（22BZS054）的阶段性成果。

❶ ［清］张廷玉等撰：《明史》卷二二七《庞尚鹏传》，北京：中华书局，1974年，第5952页。

❷ 王毓铨：《明代的军屯》，北京：中华书局，1965年。

❸ ［日］寺田隆信：《山西商人研究》，张正明等译，太原：山西人民出版社，1986年，第71-73页。

❹ 李龙潜：《明代民屯制度初探》，《暨南学报》1984年第1期，第32-40页；李三谋、刘彦威：《明代九边军屯与军牧》，《古今农业》，2008年第2期，第56-66页；孙靖国：《明代宣府镇军屯情况简述》，《渤海大学学报》，2008年第6期，第93-96页。

❺ 邓智华：《庞尚鹏清理九边屯田考》，《青海社会科学》，2008年第1期，第174-177页。

间剖面切入，充拓和细化对明代屯田的整体认识，同时发掘其中蕴含的体现明中后期以来时代特征的社会变迁意义。

明代屯田之制有军屯、民屯之分，"天下卫所州县军民皆事垦辟"，大体而言："移民就宽乡，或召募或罪徙者为民屯，皆领之有司。而军屯则领之卫所。边地，三分守城，七分屯种。内地，二分守城，八分屯种。每军受田五十亩为一分，给耕牛、农具，教树植，复租赋，遣官劝输，诛侵暴之吏。"❶明成祖即位伊始，令"每军田一分，正粮十二石，收贮屯仓，听本军支用，余粮十二石，给本卫官军俸粮"；永乐末洪熙初，改各屯军"减征余粮六石，共正粮一十八石上仓"；宣德末正统初又诏，"每军正粮免上仓，止征余粮六石"，至是科则始定。❷且军田每分"又或百亩，或七十亩，或三十亩、二十亩不等"，军士守屯复有"四六、一九、中半等例"，皆视"田土肥瘠、地方冲缓"以因时地而异。❸

边地屯政本为实军储、省供输、固守御而设，意在"寓兵于农，有事则战，无事则耕"，即明太祖所谓"吾养兵百万，要不费百姓一粒米"。❹故洪、永之时，屯米常溢，边粮恒足，"东自辽左，北抵宣、大，西至甘肃，南尽滇、蜀，极于交阯，中原则大河南北，在在兴屯矣"❺。然自正统后，屯务渐弛，田土常被内监、军官侵夺，弘、正以降，更是收成愈减而军多逃死，边储大匮。嘉靖年间，屡有大臣建言兴屯实边，企复旧制之利。至穆宗继位，乃命庞尚鹏清理两淮等处盐政，兼领九边屯务。庞尚鹏素负经济才，慷慨任事，在动身前往九边之前，就曾先以巡行江北所见，题请整理屯务。奏疏围绕开垦抛荒、清理侵占、查复原额、追征子粒四事展开，提出"信招徕之令，缓役使之劳，立巡省之规，定土田之等"，同时要求严查势豪占夺，详勘军民侵没，并置文簿小票，立限完纳，杜绝上下串通蒙蔽。❻该疏所论虽为江北屯田，但庞尚鹏提纲挈领，已由是大致勾画出部署之要，确立了屯政整顿的基本构想。接下来他又结合对九边各镇的实际考察，据时因地，依次开陈献策，更为系统地表达了自己的屯田整治主张。

一、九边屯政面临的主要问题

明代九边地区卫所肩负着国家北部边防重任，从各镇所处地理位势言，蓟州、宣府、

❶ ［清］张廷玉等撰:《明史》卷七七《食货志一》，北京：中华书局，1974 年，第 1884 页。

❷ ［明］申时行等:《明会典》卷一八《屯田》，北京：中华书局，1989 年，第 121 页。

❸ ［明］申时行等:《明会典》卷一八《屯田》，北京：中华书局，1989 年，第 119 页。

❹ ［清］嵇璜、曹仁虎等:《钦定续文献通考》卷一二二《兵制》，《景印文渊阁四库全书》第629册，台北：台湾"商务印书馆"，1986 年，第 450 页。

❺ ［清］张廷玉等撰:《明史》卷七七《食货志一》，北京：中华书局，1974 年，第 1884 页。

❻《明穆宗实录》卷二五，隆庆二年十月庚寅，台北：台湾"中研院"历史语言研究所，1962 年，第 686-687 页；［明］庞尚鹏:《百可亭摘稿》卷二《清理屯田疏》，《四库全书存目丛书》集部第 129 册，济南：齐鲁书社，1997 年，第 170-173 页。

辽东地近京师，分列门庭左右，尤担护翼之责；大同、山西、延绥切当虏冲要害，更以延绥一镇孤悬塞外，东西皆邻敌境；而固原视各边位处内界，宁夏、甘肃又据山河之险，三镇边患或较东部诸镇稍轻。在庞尚鹏看来，各镇军情地势虽有不同，但或旷田多存，或闲丁自余，甚有水利之便，故大都具备恢复屯田的条件。如蓟州“屯田之荒芜者，凡一千一百顷有奇”，设法兴垦，“数本不多，为力似易”[1]；宣府“迩年来休养生息，家有余丁”，且“堤防警备，岁鲜虏尘”[2]；辽东“地多沃壤，鲜赋税，常薄种而广收”，辽河以东更是“人多辐凑，渐可招徕”[3]；山西“三关平原沃野，悉为良田”，虽间有抛荒，然“可耕者无虑百万顷”[4]；固原、宁夏原享屯耕之利，前者“屯田与民相等”[5]，后者“水利疏通，固宜屯牧阜成”[6]；至于甘肃，“万山环合，诸水回流”，既可蔽羌胡，又有“高阜原隰，此边人百世之利也”。[7]

天时地利尚有可为，然九边各镇依旧屯政不修，屯田难复。究其原因，除水旱灾歉及边警时作等外部因素外，通观庞尚鹏前后奏疏，主要可归纳出如下几条。

（1）屯田失额，乃为官兵人等私占典卖，欺隐侵夺。如蓟州各卫，“或本军在逃，地归卫官，而隐占之弊生；或两图便益，私相典卖，而埋没之弊生；或势豪利其膏腴，逼勒抵换，或官舍因其邻近，径自侵渔，而兼并之弊生；或承佃年深，攘为已业，或指称隙地，投献权门，而雄据之弊生”[8]。宣府之地，先年豪猾之徒也常好“将各处屯田移易名色，投入权门，倚内臣之家以供寺观则曰‘香火地’，借钦赐之名以献公侯则曰‘功臣地’”[9]，伸缩挪移，影射飞诡。延绥屯田兼并之害亦深，若武弁同僚递相遮护，“侵夺屯田，隐占为业，祖孙相继，盘踞自如，凡应纳屯粮，悉置诸度外”，其余官舍彼此效尤，同样“用强霸耕，不纳子粒”，而将负担转嫁给一般屯军均摊，致其“或捐月粮扣补，

[1] ［明］庞尚鹏：《百可亭摘稿》卷三《清理蓟镇屯田疏》，《四库全书存目丛书》集部第129册，济南：齐鲁书社，1997年，第181页。

[2] ［明］庞尚鹏：《百可亭摘稿》卷三《清理宣府屯田疏》，《四库全书存目丛书》集部第129册，济南：齐鲁书社，1997年，第186页。

[3] ［明］庞尚鹏：《百可亭摘稿》卷三《清理辽东屯田疏》，《四库全书存目丛书》集部第129册，济南：齐鲁书社，1997年，第190页。

[4] ［明］庞尚鹏：《百可亭摘稿》卷三《清理山西三关屯田疏》，《四库全书存目丛书》集部第129册，济南：齐鲁书社，1997年，第202页。

[5] ［明］庞尚鹏：《百可亭摘稿》卷四《清理固原屯田事》，《四库全书存目丛书》集部第129册，济南：齐鲁书社，1997年，第214页。

[6] ［明］庞尚鹏：《百可亭摘稿》卷四《清理宁夏屯盐疏》，《四库全书存目丛书》集部第129册，济南：齐鲁书社，1997年，第222页。

[7] ［明］庞尚鹏：《百可亭摘稿》卷四《清理甘肃屯田疏》，《四库全书存目丛书》集部第129册，济南：齐鲁书社，1997年，第227页。

[8] ［明］庞尚鹏：《百可亭摘稿》卷三《清理蓟镇屯田疏》，《四库全书存目丛书》集部第129册，济南：齐鲁书社，1997年，第183页。

[9] ［明］庞尚鹏：《百可亭摘稿》卷三《清理宣府屯田疏》，《四库全书存目丛书》集部第129册，济南：齐鲁书社，1997年，第188页。

或变家产包赔”。[1]固原则多牧地草场，“阡陌参差，疆界混杂，蚕食兼并之患其来已久”，更有“屯丁暗将屯田投入监苑，避重就轻，蔓引株连，日益月甚”。[2]

（2）行伍空虚，军丁逃亡踵继，耕种无人。如宣府“土瘠人贫，屯军尽废，皆以余丁充之，往往坐累倾家，流移相踵”[3]。辽东户口消乏，“多由数年来或杀虏于强寇，或冻馁于荒年”，间亦有“避差科之劳、惧战斗之苦”者，趁时逃窜，走匿穷乡。且该镇还尝将屯军尽改操军，更使屯田废坠，粮草无措，可谓“有其地而无其人”。[4]再如固原屯田肥瘠不一，概以重征，则纳少赔多，其靖虏一卫，屯军“力不能支，逃流者已十之五六”，以致“屯地荒芜，尺籍消耗”。[5]又宁夏每年入卫军士往返道途，“物故者常不下数百”，至“挑选补伍，悉于屯丁内坐名抽拨，遂令屯籍消耗，日甚一日”。[6]甘肃各堡亦“缺伍甚多，每遇防秋拨军按伏，往往疲于奔命，且縻费行粮，日不暇给”[7]。

（3）牛种匮缺，无处措办。如延绥“地方薄而虏患不可测，且每年牛种，无从称贷于人，是以力无所施”[8]。甘肃屯田抛荒，盖因路远利微，人困敛急，患非一端，“然牛种之资无从处给，遂攒眉卒岁愁叹饥寒，所至有之”[9]。

（4）官府征派失均，繁敛苛扰，屯军税粮难完，偏劳重累。如蓟州粮额多具虚赔之害，此沿边地土“有原系膏腴可耕之田，一遇山水泛滥辄漂没成河者，或有沙石及硗薄不堪耕种者，或有虏骑出没无常不得收获者”，然“地虽荒芜，其粮仍在，额征之数，连年杖并，督责包赔”。[10]宣府同有“征敛烦苛、虚粮不均之弊”，其“承委各官妄增虚数……多系悬空摊派”，且“不问肥瘠，一概取盈”，遂使“富者有田而无税，贫者有税

---

[1] ［明］庞尚鹏：《百可亭摘稿》卷四《清理延绥屯田疏》，《四库全书存目丛书》集部第129册，济南：齐鲁书社，1997年，第207页。

[2] ［明］庞尚鹏：《百可亭摘稿》卷四《清理固原屯田事》，《四库全书存目丛书》集部第129册，济南：齐鲁书社，1997年，第214页。

[3] ［明］庞尚鹏：《百可亭摘稿》卷三《清理宣府屯田疏》，《四库全书存目丛书》集部第129册，济南：齐鲁书社，1997年，第188页。

[4] ［明］庞尚鹏：《百可亭摘稿》卷三《清理辽东屯田疏》，《四库全书存目丛书》集部第129册，济南：齐鲁书社，1997年，第192页。

[5] ［明］庞尚鹏：《百可亭摘稿》卷四《清理固原屯田事》，《四库全书存目丛书》集部第129册，济南：齐鲁书社，1997年，第216页。

[6] ［明］庞尚鹏：《百可亭摘稿》卷四《清理宁夏屯盐疏》，《四库全书存目丛书》集部第129册，济南：齐鲁书社，1997年，第224页。

[7] ［明］庞尚鹏：《百可亭摘稿》卷四《清理甘肃屯田疏》，《四库全书存目丛书》集部第129册，济南：齐鲁书社，1997年，第230页。

[8] ［明］庞尚鹏：《百可亭摘稿》卷四《清理延绥屯田疏》，《四库全书存目丛书》集部第129册，济南：齐鲁书社，1997年，第209页。

[9] ［明］庞尚鹏：《百可亭摘稿》卷四《清理甘肃屯田疏》，《四库全书存目丛书》集部第129册，济南：齐鲁书社，1997年，第229页。

[10] ［明］庞尚鹏：《百可亭摘稿》卷三《清理蓟镇屯田疏》，《四库全书存目丛书》集部第129册，济南：齐鲁书社，1997年，第183-184页。

而无田”。❶辽东田土亦“开垦曾未逾年，而征敛诛求，迄无宁日”，屯丁“往往苦于包赔”。❷大同地区也“粮额之轻重不均，豪强之欺隐滋甚”，其屯田“除原额已足外，复浪加新增名色，或据册有数而纳粮无人，或地本荒芜而粮多赔累，人甚苦之”。❸山西屯军一样受摊赔之扰，管屯官据“新增之名”为“实征之数”，“督追严急，均派包赔”。❹此种额外杂征各镇普遍存在，且奏疏中庞尚鹏对延绥、固原、宁夏、甘肃四镇科差酷滥的揭露尤为详切。如延绥于额征之外，名色甚多，“头会箕敛，曲法侵渔，或赔荒粮，或逼征逋负，或取协济夫马以资送迎，或令抽办柴薪以供朝夕，诛求日甚，力不能支”，甚至“招抚复业之人，相率指为奇货，门摊之税，照常派征”。❺固原卫所对军丁擅取强夺，恣意浚削，为害亦深。疏中有言：

近年来边境多事，差役日繁，以均徭则有上中下，门则诸银差矣，而所吏屯头、旗甲、库禁、水夫、兵牌、城夫诸力差，皆不能免也。若指挥千百户既查余丁跟用，复编派伴当，索见面月钱……屯丁人数有限，而前后召募新军，搜括无宁时……甚则户无空丁，尽编行伍，每年调操防守衣甲弓马之费，诚不忍言。况兼管屯官溪壑之欲无穷，科敛之弊百出，如地亩每顷银一钱，有收至二三钱者；屯粮每斗先取样粮一升，仍要尖斛加耗；甚或官旗揽纳加倍征收，复以违限问罪为名，指称名色，酷意诛求。❻

宁夏边镇“因丁派田，常有不均之叹”，且同样税粮綦重，“虽丰年尤不免包赔之患”，以是“催科之严，包赔之苦，力不能胜”。❼甘肃军卫不问家资贫富人力强弱，“照名摊派，计亩催征”，旗吏又从中操弄，“或以上丁而夤缘幸免，或以佣夫而频年牵累”，此间“豪强者种无粮之地，贫懦者纳无地之粮”，科烦役劳、苦乐失均情形与其他各镇并无二致。❽

（5）将贪兵惰，假公营私，在上渎职暴横，在下因循玩愒。如宣府“地方狭小粮额繁重，复加以将官之养廉，相继呈请，蚕食渐多”，又“横借私牛，滥役官军，以耕稼

❶［明］庞尚鹏:《百可亭摘稿》卷三《清理宣府屯田疏》,《四库全书存目丛书》集部第129册，济南：齐鲁书社，1997年，第186页。

❷［明］庞尚鹏:《百可亭摘稿》卷三《清理辽东屯田疏》,《四库全书存目丛书》集部第129册，济南：齐鲁书社，1997年，第191页。

❸［明］庞尚鹏:《百可亭摘稿》卷三《清理大同屯田疏》,《四库全书存目丛书》集部第129册，济南：齐鲁书社，1997年，第196页，第198页。

❹［明］庞尚鹏:《百可亭摘稿》卷三《清理山西三关屯田疏》,《四库全书存目丛书》集部第129册，济南：齐鲁书社，1997年，第203页。

❺［明］庞尚鹏:《百可亭摘稿》卷四《清理延绥屯田疏》,《四库全书存目丛书》集部第129册，济南：齐鲁书社，1997年，第206页。

❻［明］庞尚鹏:《百可亭摘稿》卷四《清理固原屯田事》,《四库全书存目丛书》集部第129册，济南：齐鲁书社，1997年，第220-221页。

❼［明］庞尚鹏:《百可亭摘稿》卷四《清理宁夏屯盐疏》,《四库全书存目丛书》集部第129册，济南：齐鲁书社，1997年，第223页。

❽［明］庞尚鹏:《百可亭摘稿》卷四《清理甘肃屯田疏》,《四库全书存目丛书》集部第129册，济南：齐鲁书社，1997年，第227-228页。

而滋荼毒”，利归于己，害及国家。[1]再山西“人情偏泥于故常，未免因仍之弊；部卒苟安于游惰，不亲稼穑之劳”，其“分理屯务者类多贪墨营私，无从振策”，三关军士也皆“掉臂闲步，竟不思为终岁计”。[2]延绥该管官员玩法欺公，忌惮全无，不仅“有强指他人熟地冒报抛荒，以图省力者；有将官牛别耕私地，而强夺他人之牛以耕官田者；有散种子于所部军人，而照数追收子粒者；有将原拨步军卖放散遣，而别行拘扰出力代耕者；有强借军人车驴驮载粮草，而倚官为市者；有既支名下廪粮，复科索步军轮流供应者”，且其地屯丁上粮亦每每通同仓攒作弊，糠粃掺半，以次充好，“甚或贿结官军，兑支影射”。[3]又如甘肃，“小民类皆惮科差而厌农业，惟欲顶缺军名伍，坐支月粮”，故其“屯地荒芜，仓廪空虚，有由然矣”。[4]

大体观之，明中叶后屯政败坏之因，正如庞尚鹏于奏疏里反复所陈：“或惮包赔之苦，或虑抽军之害，或本管官旗科克，或沿边将领诛求”[5]；“岁事之丰歉无常也，虏骑之出没不测也，差役之征科难禁也”[6]；“有凭凌渔夺者，有影射雄据者，有科敛诛求者，有干没侵欺者，有相视胡越者……竟使耒耜之夫，强者窥避，弱者流移”[7]。仅以延绥一镇而言，“屯丁之消耗一也，虏患之频仍二也，征科之繁苦三也，豪强之兼并四也”[8]，即此四点情由，或可以概其余。

二、针对屯政废坏提出的解决方案

面对屯政种种弊端，庞尚鹏参酌时情，随地咨访，从宜从便规划出一套解决方案。他在《清理大同屯田疏》中曾明确表示：“自今观之，惟清查隐占、均平粮额、开垦抛荒最为目前急务。”[9]其实，这三条概括性指导意见并非仅仅针对大同，而是代表了庞尚鹏整

---

❶［明］庞尚鹏：《百可亭摘稿》卷三《清理宣府屯田疏》，《四库全书存目丛书》集部第129册，济南：齐鲁书社，1997年，第187-188页。

❷［明］庞尚鹏：《百可亭摘稿》卷三《清理山西三关屯田疏》，《四库全书存目丛书》集部第129册，济南：齐鲁书社，1997年，第201-202页。

❸［明］庞尚鹏：《百可亭摘稿》卷四《清理延绥屯田疏》，《四库全书存目丛书》集部第129册，济南：齐鲁书社，1997年，第208-209页。

❹［明］庞尚鹏：《百可亭摘稿》卷四《清理甘肃屯田疏》，《四库全书存目丛书》集部第129册，济南：齐鲁书社，1997年，第230页。

❺［明］庞尚鹏：《百可亭摘稿》卷三《清理蓟镇屯田疏》，《四库全书存目丛书》集部第129册，济南：齐鲁书社，1997年，第183页。

❻［明］庞尚鹏：《百可亭摘稿》卷三《清理大同屯田疏》，《四库全书存目丛书》集部第129册，济南：齐鲁书社，1997年，第197页。

❼［明］庞尚鹏：《百可亭摘稿》卷四《清理延绥屯田疏》，《四库全书存目丛书》集部第129册，济南：齐鲁书社，1997年，第206页。

❽［明］庞尚鹏：《百可亭摘稿》卷四《清理延绥屯田疏》，《四库全书存目丛书》集部第129册，济南：齐鲁书社，1997年，第206页。

❾［明］庞尚鹏：《百可亭摘稿》卷三《清理大同屯田疏》，《四库全书存目丛书》集部第129册，济南：齐鲁书社，1997年，第196页。

理九边屯务的施政核心，下面择要阐述。

首先，清查隐占直切屯政要害。《清理蓟镇屯田疏》起始即论“立号纸以清隐蔽”，提议设置三方号纸，“上一方书本军姓名及原祖何人，或见存，或故绝；中一方书屯田坐落土名、界至及原额亩数，或新增若干；下一方书本军自种，或某人承佃，或见今抛荒，或系侵占埋没”，审验既明，则办纳有据，且待“号纸填完，攒成文册二本，一留该卫，一送兵备道存照”。其“严督责以清欺隐”一项则要求卫所掌印、管屯等官“通查侵占埋没屯田”，并互相监督，接受检举，以勘核成效定行奖惩。[1]又大同军民杂处，“加以王府牧马草场、将官养廉田地及随侍官校免买民屯，互相参错”，故此庞尚鹏详议丈量云：

丈量诚不可已也，必须委官沿丘履亩，随地处分……每五顷为一大丘，上插牌橛，明开四至。孰为民田，何人管业；孰为屯田，何人见种；孰为养廉，何人拨给；孰为随侍，何人承买。各依亩数，填注姓名……另分别屯田若干，见种成熟若干，抛荒堪种若干，水冲沙压若干，各该种草若干……仍令置立丘单，每丘二幅，前半面图画地形，后半面照前牌橛填写姓氏及军民田地各项名色，并成熟、抛荒数目，一送各该掌印官印钤收照，一送见委丈量官临时磨对有无异同。每丘择地多而谨畏老成者一为丘长，二为丘副，责令先将丘内地数丈算明白……听候委官亲临，公同丈量。将地力分别上中下三等九则，以便派征钱粮……事完，各攒造鱼鳞册，以备查考。[2]

至若延绥各卫屯田尚有底册相沿可考，《清理延绥屯田疏》同样指出，“今惟责成各卫管屯官，除踏勘抛荒众证明实，就于各所项下开注明白外，其余埋没欺隐者，严令管屯千百户据实清查，申呈勘处”，只有赏罚并用，下情上达，则“兼并欺隐之弊，庶几少有廓清”。[3]而《清理固原屯田事》中“查原额以便拨补”一款，其意亦在责令有司公同丈勘，使民地、屯地、牧地各归所在，“明画疆界，不许混争”。[4]

其次，均平粮额以清丈田地为前提，以杜绝偏累为目的。《清理蓟镇屯田疏》说道，田有荒芜漂没，经查勘无误即与豁除，自“别处新增量行给补”，免予包赔，其余“应纳粮草，通填定实征册及以由帖给屯户”，明开确数，使人易晓。同时，经管官员审编粮头须“将本卫屯户分为等则，或轮流应役，或协济朋充，酌拟成规”，定期清审，造

---

[1] ［明］庞尚鹏：《百可亭摘稿》卷三《清理蓟镇屯田疏》，《四库全书存目丛书》集部第129册，济南：齐鲁书社，1997年，第182-183，187-189页。

[2] ［明］庞尚鹏：《百可亭摘稿》卷三《清理大同屯田疏》，《四库全书存目丛书》集部第129册，济南：齐鲁书社，1997年，第196-197页。另，大同地区亦存在将官借养廉名义强占屯田的情况，疏中“革养廉以补屯种”一条论辞与之前宣府奏疏基本一致。

[3] ［明］庞尚鹏：《百可亭摘稿》卷四《清理延绥屯田疏》，《四库全书存目丛书》集部第129册，济南：齐鲁书社，1997年，第207-208页。

[4] ［明］庞尚鹏：《百可亭摘稿》卷四《清理固原屯田事》，《四库全书存目丛书》集部第129册，济南：齐鲁书社，1997年，第215-216页。

册备案，不得迁就滥免。[1]《清理宣府屯田疏》中也讲明“辨等则”与“审佃种”，有司当“验其地力，分为三等九则，酌拟征科”，改重为轻，每亩毋过一斗，同时“功臣、香火及养廉、牧种、附余等地通革去纷纷名色，并入屯田项下，将额粮照则均摊”，并备细查检各卫屯丁，“除力能耕种照常外，其有贫懦不堪者，就将该所壮丁酌量更替”，如此清田丁，考实征，豁虚粮，归旧额，轻重适均而损益得宜。[2]《清理大同屯田疏》里讨论新增屯田一款，表示应丈量核实，多寡适均，“以新增之地均摊旧管之粮，疆界既明，则欺隐尽革，税敛既薄，则输纳易完”[3]。《清理山西三关屯田疏》列举了当地卫所抛荒田地及起科屯粮数目，倡言“豁抛荒以禁暴敛”“议减折以杜偏累”，且就便用开荒新增抵充正额，使各卫“彼此凑给，不烦处补”。[4]《清理延绥屯田疏》亦对审编人户、清查田土做出安排，前者规定各官从公编派屯头，分等征佥，“务使屯丁免倾覆之虞，钱粮绝侵欺之弊”；后者要求其将地亩“踏勘明白，若果抛荒，即豁免额粮……借此补彼，凑足原额，复相率开垦以渐图之”，此正谓“随地而量定赋税，因粮而量派均徭”。[5]庞尚鹏关于固原、宁夏、甘肃三镇屯田的奏疏同样涉及清理丁粮的内容，其立意行事与前述仍大体相近，或搭配凑补，或开豁免科，既因人授地，复据地征粮，内中《清理固原屯田事》更一连提出诸如“酌新增”“查原额”“处抛荒”“勘虚增”“核名实”“严清丈”“议均平”等多项措施，皆要在去虚就实，裒多益寡，宽责息扰，究贪除暴。[6]

最后，若云清查隐占、均平粮额乃是着意对内整顿，那么开垦抛荒便可看成向外开源。《清理蓟镇屯田疏》谈及“拨军士以广开垦”“宽差役以广召种”“明区别以垦荒田”三条，大意为申令有司详查明报，措处牛种，随地拨军，“待三年成熟后方许征收子粒，即支作官军月粮”，而将牛种还官，田给永业，公私俱利。各卫仍须综理稽核，务期实效，按季把“给过田亩、拨过军士、支过牛种、开垦过数目”等造册呈送，以凭劝惩。至于僻远旷地，军力不及，当确立招种之令，“凡开垦荒田，通免抽军及佥充粮头并杂泛差役……给与执照，永为己业”；应征钱粮考其用工难易，或蠲三年，或免五年，“俱待成熟得利之日，酌量分数”；尚余荒地不能尽垦，“凡诸色人等有能尽力耕种，悉免起

[1] ［明］庞尚鹏：《百可亭摘稿》卷三《清理蓟镇屯田疏》，《四库全书存目丛书》集部第129册，济南：齐鲁书社，1997年，第183-184页。

[2] ［明］庞尚鹏：《百可亭摘稿》卷三《清理宣府屯田疏》，《四库全书存目丛书》集部第129册，济南：齐鲁书社，1997年，第186-188页。

[3] ［明］庞尚鹏：《百可亭摘稿》卷三《清理大同屯田疏》，《四库全书存目丛书》集部第129册，济南：齐鲁书社，1997年，第198页。

[4] ［明］庞尚鹏：《百可亭摘稿》卷三《清理山西三关屯田疏》，《四库全书存目丛书》集部第129册，济南：齐鲁书社，1997年，第202-204页。

[5] ［明］庞尚鹏：《百可亭摘稿》卷四《清理延绥屯田疏》，《四库全书存目丛书》集部第129册，济南：齐鲁书社，1997年，第209-211页。

[6] ［明］庞尚鹏：《百可亭摘稿》卷四《清理固原屯田事》，《四库全书存目丛书》集部第129册，济南：齐鲁书社，1997年，第215-219页。

科”。[1]《清理辽东屯田疏》复载“宽粮额以劝开垦”“广召种以辟荒芜”“清逃丁以便招集”诸款，表示屯军垦荒可待六年业成后酌定差等，“随其远近肥瘠，从宜起科”；拨军屯垦以外之荒田，“无分官旗舍余、寄籍客户，听其自行认种，各照顷亩告给牛种”，五年后分等纳粮；同时清查余丁，登报在册，各相结合成组，依例给田垦种。[2]《清理大同屯田疏》亦曰“明赏罚以劝开垦”：“今惟责成将官，拨军开垦，务令通力合作。牛具、种子取给于官，每岁秋收，除将子粒补还牛种外，其余悉计亩均分。直待五年之后，果有成业，然后酌议从轻则征粮。”[3]《清理宁夏屯盐疏》则论及该地边墙夹道内多有腴地可耕，经清丈后招种开垦，轻征赋税，免除杂役，且将佃人“清查贯址，编成保伍，使相为守望”，由是生聚日广而边塞充实。[4]至于其他各镇，奏疏中也多次申明如“宽征科以广召种”“广耕牧以资战守”“广屯种以给兵食”“免起科以广召种”等鼓励垦荒的处措，与前议基本相同，且清理延绥、甘肃屯田两疏又专门提到“给牛种以资开垦”的具体办法。[5]

此外，委任责成、整肃纪纲、强化监管、溥施惠恤诸事也多为庞尚鹏所关注，他在奏疏中反复议及“均责成以期实效”“严征收以防侵盗”“别功罪以专责成”“明职掌以专责成”“严督责以清奸弊”“专委官以责成效”“严责成以期实效”种种款目，旨在综核名实，完备稽考，赏功罚过，厘弊绳奸，并反对任情差发，刻意取盈，一再呼吁“宽一分则民受一分之赐”，以求休养生息之余，获地辟粮足之效，其良苦用心，溢于言表。

三、修举屯政的配套措施

可以认为，清理九边屯田是一项综合性较强的复杂工作，需要多维并举、数策兼用才能达至物阜食丰、兵强边固的最佳效果。故而庞尚鹏在正面提出诸多修复屯田、改进屯政的必要措施外，又从侧面寻求一些补充完善的配套办法，这主要体现在广招商、通盐法、宽海禁、免关税、筑塞垣、兴水利等几个方面。

---

❶［明］庞尚鹏:《百可亭摘稿》卷三《清理蓟镇屯田疏》,《四库全书存目丛书》集部第129册，济南：齐鲁书社，1997年，第182-184页。

❷［明］庞尚鹏:《百可亭摘稿》卷三《清理辽东屯田疏》,《四库全书存目丛书》集部第129册，济南：齐鲁书社，1997年，第191-193页。

❸［明］庞尚鹏:《百可亭摘稿》卷三《清理大同屯田疏》,《四库全书存目丛书》集部第129册，济南：齐鲁书社，1997年，第197页。

❹［明］庞尚鹏:《百可亭摘稿》卷四《清理宁夏屯盐疏》,《四库全书存目丛书》集部第129册，济南：齐鲁书社，1997年，第223-224页。

❺ 有关资给牛种,《清理甘肃屯田疏》云:“动支粮草折银……每牛一只给银贰两，种粮随宜，俱以三年内听便还官，息粮每年一石加一斗……略仿社仓之法，另廒收贮，置立循环查考。以后愿领牛种者，即于息粮内支给，免再支年例折银。”［明］庞尚鹏:《百可亭摘稿》卷四《清理甘肃屯田疏》,《四库全书存目丛书》集部第129册，济南：齐鲁书社，1997年，第230页。延绥则为先期动用余盐银，抵还办法疏中所陈不甚明晰，或与甘肃接近。

如《清理蓟镇屯田疏》中“宽斗头以广开中”一项，表示招商中引应在维持原有定价前提下依据岁时丰歉量从增减，“务要反覆酌量市斗仓斗，较若画一，各无异词，明揭告示，听商人认纳，刻期完报”，并严治买卖窝本、抑勒贫弱的不法奸徒，“但令商人稍有盈余，乃为通商足边之长策”。[1]《清理宣府屯田疏》说到其地近来盐法通行，米豆易致，商人争先，报中逾额，理当趁机从权处置，先行招徕，一面改开残盐“以补预纳之数”，一面“于今年秋成之期，预发来年引目”，庶使“各商见积之粮，得以乘时见售”，人心踊跃而众望有慰。同时还须“禁嘱托以绳巨奸”，杜绝钻求包揽等专擅盐利、阻坏盐法行为，“凡盐粮开中，俱于各该地方张挂告示……听各商人先赴各仓上纳完足，监督、通判等官即出给实收赍投赴部，以凭填给勘合，其粮未入仓先告认状者，不得徇情准受”。[2]《清理辽东屯田疏》论有“增盐额以实仓庾”和“酌引价以恤边商”两款，主张增开长芦盐引，令盐商纳银运司，赴场自买，并酌定引价，降低中盐资产限制，规范边、内二商盐引交易，既“广中纳之门”，又“无专利偏累之弊”。[3]《清理大同屯田疏》同样指出招中盐粮应以时宽减，避免商人坐困受祸：

> 各路时估俱每年分为四季，城堡有远近，岁时有丰歉，物价有低昂。先从各该守巡兵备道督同军卫有司随地剂量，按季详定，然后关白户部管粮郎中，彼此参酌，给票通行。仍著立限期，如春夏时估即限春夏上仓，若延至秋成即改从秋季时估，以革迁延观望之弊。其应用斗脚、工食等费……公同会估，即议入数内，无令蹙额包赔。其粮料纳完，即隔别委官查盘明白，付官攒守支，并不得与诸商复相关涉。[4]

再《清理山西三关屯田疏》讲，先年该镇曾依命改部分淮盐给予宣府，虽补配别盐然价值难齐，故“在三关以失此为觖望，在宣府以得此为奇货”。今当将其他盐场盐引同淮盐兼搭，“量派各边，使甘苦适均”，且中纳本色防备不虞乃“盐粮不易之定例”，权征折色只可偶作调停，若沿循此习，不事蓄积，“则商人弄幻术以为利媒，军士负虚名而无实惠矣”。[5]《清理延绥屯田疏》亦云清理盐粮应招商面计，立限督催，痛绝诛敛，严革虚出，“主管者不得留难，监收者不许抑勒，若有违期，定行治罪”，并建议把延安府原行河东盐改为花马池盐，而从“延镇年例银内每岁扣除，类发宣府，以

---

[1] ［明］庞尚鹏:《百可亭摘稿》卷三《清理蓟镇屯田疏》,《四库全书存目丛书》集部第129册，济南：齐鲁书社，1997年，第185-186页。

[2] ［明］庞尚鹏:《百可亭摘稿》卷三《清理宣府屯田疏》,《四库全书存目丛书》集部第129册，济南：齐鲁书社，1997年，第189-190页。另,《清理大同屯田疏》中亦述及“禁嘱托以绳巨奸”一条，文辞与《清理宣府屯田疏》相同。

[3] ［明］庞尚鹏:《百可亭摘稿》卷三《清理辽东屯田疏》,《四库全书存目丛书》集部第129册，济南：齐鲁书社，1997年，第194-196页。

[4] ［明］庞尚鹏:《百可亭摘稿》卷三《清理大同屯田疏》,《四库全书存目丛书》集部第129册，济南：齐鲁书社，1997年，第200页。

[5] ［明］庞尚鹏:《百可亭摘稿》卷三《清理山西三关屯田疏》,《四库全书存目丛书》集部第129册，济南：齐鲁书社，1997年，第204-205页。

补河东原额”。❶《清理固原屯田事》规划盐务则提出委任专官往来巡察，“凡商灶利病责成处分，不许营私袭弊，苟且因循”❷。《清理宁夏屯盐疏》也言明“查填积滞勘合”“均派淮浙盐粮”及“专任盐池委官”，以使盐法周转，资本流通，诸商均利，公私兼得。❸

又辽东三面濒海一面邻敌，仅山海关一线与内地相连，鉴于商贸之利难获，庞尚鹏即主张“宽海禁以备接济”和“革关税以资农末”。他在奏疏中表示，先年因“布花解本色为登、莱之累，遂罢海运”，致使“舟楫不通，商贩鲜至……生计萧条，闾里丘墟”，而“海道通行，不独商贾凑集……且辽东饥则以移粟望山东，山东饥则以移粟望辽东，彼此兼济”。若虑戍卒逋逃，倭寇出没，只需禀遵成法，验引盘诘，警戒守备，且“山东布花仍旧征折色，由山海关转解，庶乎官不劳而民不扰，辽东、山东两利俱全矣”。至于山海关之设，本为“控扼胡虏，箝制逋逃”，关税早年既裁，已无复旧之理，“况宁远、广宁皆有税课司……征商严密如此，其何以堪”，故“自今惟查引验货，一如祖宗成法，悉免其抽税，即农末获相济之利，而行旅皆愿出其途矣”。❹

《清理辽东屯田疏》还提议“设圈台以便收保”及“开沟洫以备旱潦”，前一项要求有司遍查荒田就便拨军垦种：“耕则通力合作，收则计亩均分，处给牛种，随便还官。仍相度地宜，督令修筑圈台，远近联络。如零骑入境，即收敛人牛，先为防避计。其同田军士或专耕获，或为哨望，彼此更番，利害同情。”后一项疏浚水利，须应选委专官，相度地形，开凿渠堰，因势导引，“潦则疏之以为容纳之区，旱则引之以资灌溉之利……剂量既定，揆日程工，举千百人而相率为之……此不惟可以兴水利，而亦足以御胡马”❺。《清理延绥屯田疏》也谈到“筑塞垣以护耕作”，计划在该镇东路仿照西路增筑边墙，费虽不赀，“然于保障之功，耕稼之利，实百世永赖”。❻《清理甘肃屯田疏》同样言及“修边墙以全腴地”与“明综核以兴水利”，指出修垣筑堡垦田其间，可免番虏掠扰，合当行抚臣通查，“分别险夷，酌量缓急，计画丈尺，以定其难易先后之序”，然后分用操军驿夫，“每名日给盐菜各有差等，悉于库贮官银内计虑周详”，如此“人力之更番迭作，

❶［明］庞尚鹏:《百可亭摘稿》卷四《清理延绥屯田疏》,《四库全书存目丛书》集部第129册，济南：齐鲁书社，1997年，第213-214页。

❷［明］庞尚鹏:《百可亭摘稿》卷四《清理固原屯田事》,《四库全书存目丛书》集部第129册，济南：齐鲁书社，1997年，第221页。

❸［明］庞尚鹏:《百可亭摘稿》卷四《清理宁夏屯盐疏》,《四库全书存目丛书》集部第129册，济南：齐鲁书社，1997年，第224-226页。

❹［明］庞尚鹏:《百可亭摘稿》卷三《清理辽东屯田疏》,《四库全书存目丛书》集部第129册，济南：齐鲁书社，1997年，第193-194页。另,《清理延绥屯田疏》里提到“严责成以通运道”，认为延绥地僻险远，输挽艰难，择其利多而害少者，是以开运道操舟运粮济边为便。

❺［明］庞尚鹏:《百可亭摘稿》卷三《清理辽东屯田疏》,《四库全书存目丛书》集部第129册，济南：齐鲁书社，1997年，第191页。

❻［明］庞尚鹏:《百可亭摘稿》卷四《清理延绥屯田疏》,《四库全书存目丛书》集部第129册，济南：齐鲁书社，1997年，第211页。

不敢言劳，官库之搜括借支，未常告匮，不出一二年，百堵皆兴”。而“该镇屯田全资水利”，亦应综理得人，使修筑疏通，秩然有法。[1]

此外，清理宣府、大同两镇屯田疏中均说到“酌支放以图实用”，建议把收贮年久的客兵有余之粮改发主兵，并“将应给折色存贮”，务使“屯粮彼此搭配，通融关领，即时补还”。[2]《清理宁夏屯盐疏》和《清理甘肃屯田疏》又都依据政务实际繁简情况提出更置管粮衙门驻地，调整解发督理差官。且后者另题有“剿零骑以保耕获”“处番贼以禁骚扰”两条，主张对敌“预哨探，明烽堠，或据险邀击，或望尘穷追”，复添筑方墩，“一以备军马之按伏，一以便耕农之趋避”；而对待西番则须采用羁縻之法，“各就族属中择其为众所信服者，假以头目名色，授以旗号，令其自相约束，遵奉禁令”，联结之党既分，犷悍之心可销。[3]

四、奏疏所见整顿九边屯政的思路及取向

庞尚鹏博纳众议，斟酌计划，整饬屯政力求上助裨边防，下允合舆情。[4]他的“清理九边屯田”系列奏疏即反映了其修举屯务的思路与取向，以下予以简要分析。

第一，从全局着眼，注重统筹规划。庞尚鹏并未单就屯田一事发议，而是将之与盐法疏通有机结合起来，做到统一管理，以促动二者互补共进，发挥整体效用。如其言：“国初盐法，每引只纳粮二斗五升，盖以盐商戮力垦田，充实边塞，故特从宽假以广招徕。若商人有能捐赀开垦荒田者，待成熟之后，量征其租十之一二，听就近堡报纳盐粮。官军有渔猎侵扰者，悉从重惩究。此又盐法、屯田相为表里之意也。”[5]奏疏中庞尚鹏屡屡论及广开中，兴盐利，把增加盐税收入作为充实边储军需的一项重要手段，并多方调解九边各镇、国家与商人及边、内二商之间于盐法运行中产生的各种利益纠纷，务使屯政、盐务相辅相成，汇为合力。

第二，不泥旧规，因地制宜，根据人情时势从权区处。如说起拨军垦荒，一般情况表现为“通力合作，计亩均分”，但庞尚鹏在《清理蓟镇屯田疏》里却认为于此“犹有

---

[1] ［明］庞尚鹏：《百可亭摘稿》卷四《清理甘肃屯田疏》，《四库全书存目丛书》集部第129册，济南：齐鲁书社，1997年，第229，231页。

[2] ［明］庞尚鹏：《百可亭摘稿》卷三《清理大同屯田疏》，《四库全书存目丛书》集部第129册，济南：齐鲁书社，1997年，第199页。另，《清理宣府屯田疏》内同载此条，只是没有“将应给折色存贮”几字。

[3] ［明］庞尚鹏：《百可亭摘稿》卷四《清理甘肃屯田疏》，《四库全书存目丛书》集部第129册，济南：齐鲁书社，1997年，第233-234页。

[4] 在将九边全部巡历过后，庞尚鹏又奏进《核屯政以责实效疏》，综合前情再次备陈“查开垦”“严征收”“清丁田”“清牛种”“禁科克”“清水利”“慎出纳”“核侵渔”“集众思”“明赏罚”“查祗应”等事，可资参看。［明］庞尚鹏：《百可亭摘稿》卷四《核屯政以责实效疏》，《四库全书存目丛书》集部第129册，济南：齐鲁书社，1997年，第236-240页。

[5] ［明］庞尚鹏：《百可亭摘稿》卷四《清理甘肃屯田疏》，《四库全书存目丛书》集部第129册，济南：齐鲁书社，1997年，第233页。

未尽事宜，渐觉纷争，较长竞短，恐将来有废弛之患”。他表示，“地之肥瘠有难例论，人之勤惰彼此悬殊，至于每岁收成皆一概取必，而无所区别于其间，是导之以争也”，故提议该管军官“酌量名数，派以丘段，仍攒造田亩册以备查考，各令尽力劝相，均其劳则亦均其利，毋使退有后言，或相鱼肉”。❶而辽东地区则荒田甚多，缺人佃种，只好改屯田作营田，其法“拨军耕作，牛具种子给领于官，终岁以农为专责，而战守不与焉”。营田之军“月粮之外，复给口粮”，人皆争为，弊端亦显，“岁敛所入原无常数，百计侵渔、曲事蒙蔽者所至有之，故就其月之所给，计其岁之所收，多寡较量，或有大相悬绝者”。庞尚鹏由此权衡损益，虑及营田所得虽少，然抛荒尤为失策，遂令之“照旧耕种，先将应纳额粮抵其岁支本折之数，仍查羡余若干，尽入官仓，以备支用”，待条件具备，“有可耕之人，即改复屯田，尽革营田名色，军回原伍，照常操备”。❷可见，庞尚鹏能够意识到农耕劳获中平均主义的不足，因而对调动屯军的个人积极性多有留意。《清理甘肃屯田疏》提到西宁米贱，各军月粮愿得折色；庄浪乏粟，各军月粮愿得本色。庞尚鹏遂筹议，“每年庄浪将年例折色银解西宁道，酌量本折，从宜给军；西宁将岁收本色存贮仓场，听庄浪道差官转运，回卫放支”，如是“彼此相资”而“两利俱全”。❸至于其在盐政事务中之斟酌权宜、通融调剂已如前述，此番种种正像他自己所称：“法必待于申饬之严，而后持循于不废；事必贵于调停之善，而后变通以尽宜。”❹

第三，肯定商业足边裕国的有益功用，视军民、商人与国家构成一命运息息相关的共同体，并强调凭助市场机制，借用商人财力，较大程度运用利益驱动方式改善经济管理水平。在庞尚鹏眼中，商人通财鬻货，转运贸迁，自有不可或缺的社会职能，尤其九边各镇地偏道远，交通不便，“各省商人往来于此，百货兼备，而农具亦于是取给焉”❺，他们从中展现出的固边安民的长远价值愈显重要。然若“在官司取盈于锱铢以足原额，在商人较量于升斗以规厚利，彼此牵制，多顾避嫌疑，以致官与商人非惟不相济而反相病”❻，因此庞尚鹏不仅对“冒不测之险而行货绝域远逾数千里”❼的商人深表怜悯同情，且一贯

---

❶［明］庞尚鹏：《百可亭摘稿》卷三《清理蓟镇屯田疏》，《四库全书存目丛书》集部第129册，济南：齐鲁书社，1997年，第184页。

❷［明］庞尚鹏：《百可亭摘稿》卷三《清理辽东屯田疏》，《四库全书存目丛书》集部第129册，济南：齐鲁书社，1997年，第193页。有关营田同屯田的区别，可参见王毓铨：《明代的军屯》，北京：中华书局，1965年，第7-8页。

❸［明］庞尚鹏：《百可亭摘稿》卷四《清理甘肃屯田疏》，《四库全书存目丛书》集部第129册，济南：齐鲁书社，1997年，第232页。

❹［明］庞尚鹏：《百可亭摘稿》卷四《清理宁夏屯盐疏》，《四库全书存目丛书》集部第129册，济南：齐鲁书社，1997年，第222页。

❺［明］庞尚鹏：《百可亭摘稿》卷三《清理辽东屯田疏》，《四库全书存目丛书》集部第129册，济南：齐鲁书社，1997年，第194页。

❻［明］庞尚鹏：《百可亭摘稿》卷三《清理蓟镇屯田疏》，《四库全书存目丛书》集部第129册，济南：齐鲁书社，1997年，第185页。

❼［明］庞尚鹏：《百可亭摘稿》卷三《清理辽东屯田疏》，《四库全书存目丛书》集部第129册，济南：齐鲁书社，1997年，第194页。

提倡以官民一体之心行农末互资之政，屯种、开中双管齐下，终至“边境富饶则转输不劳而自足，利在民者，未始不在官也”[1]。基于以上认识，庞尚鹏力图惠商恤民，因势利导，如他指出，“彼揆度于盈缩之间，或得失利害不能相酬”[2]，“若非宽恤招徕，恐本重而利轻，各商解散，即强之不能至矣”[3]。其于《清理延绥屯田疏》中又表示：“本商勘合俱私相贩卖，从来不赴运司，故本重利轻，人无固志。臣虽历举两淮引价，委曲谕之，彼皆以万里畏途，不乐远离乡井，夫孰能强之？今惟酌量宽减，无泥常格，令远商风动云从，翕然而至，仍设法监督，使飞挽无后期。”[4]庞尚鹏还曾考虑到“物价不齐，有难预定”，提议大同地区“于每年冬季预发明年勘合，待开春之后一遇市价称平，听商人不时报中，转移迟速之间，即公私兼利”。[5]总的来讲，庞尚鹏对商品经济及商业关系在当时社会的发展蔓延表现出足够重视，故能适应现实需求主动调整策略，倾向依照市场规律、动用经济手段兼顾各方权益，平衡各方收益，即若“军士以折色而籴买供家，商人以盐粮而报中规利，皆随在各足，不待远求，其为塞上之利亦博矣”[6]。同时，他并未放松政府在经济组织管理中起到的主导调控作用，如在推动开海通商方面主张“所在官司严盘诘之令，重逋逃之罚，不许姑息以长奸”[7]，在处置边、内二商盐引交易方面明令“中途接买者不得抑勒以济其奸，而各边中纳粮草商人亦不得轻于贱售”[8]，由是措办有方而众情乐趋，官、军、商、民互济共利之效，于中彰显。

第四，以条编形式征派屯丁粮草差役，与明中叶后的赋役改革历程遥相契合。如《清理延绥屯田疏》议革科征之扰曰：

行该道清查，除力差如看堂、看库、看仓、应捕、狱卒之类，每年严行该卫掌印官督同管屯官从公面审，酌定上中下三则人户，剂量编派。其余银差逐项订正，应留者照旧存留，应革者即时裁革，分析明白，逐款开填……然后类为全数，归并一条鞭追征。或论丁，或论粮，各照地方旧规……刊刻小票，填定数目，用印钤盖，给与屯丁收执，

---

❶［明］庞尚鹏：《百可亭摘稿》卷三《清理蓟镇屯田疏》，《四库全书存目丛书》集部第129册，济南：齐鲁书社，1997年，第184页。

❷［明］庞尚鹏：《百可亭摘稿》卷三《清理辽东屯田疏》，《四库全书存目丛书》集部第129册，济南：齐鲁书社，1997年，第194页。

❸［明］庞尚鹏：《百可亭摘稿》卷三《清理蓟镇屯田疏》，《四库全书存目丛书》集部第129册，济南：齐鲁书社，1997年，第185页。

❹［明］庞尚鹏：《百可亭摘稿》卷四《清理延绥屯田疏》，《四库全书存目丛书》集部第129册，济南：齐鲁书社，1997年，第213页。

❺［明］庞尚鹏：《百可亭摘稿》卷三《清理大同屯田疏》，《四库全书存目丛书》集部第129册，济南：齐鲁书社，1997年，第201页。

❻［明］庞尚鹏：《百可亭摘稿》卷三《清理辽东屯田疏》，《四库全书存目丛书》集部第129册，济南：齐鲁书社，1997年，第192页。

❼［明］庞尚鹏：《百可亭摘稿》卷三《清理辽东屯田疏》，《四库全书存目丛书》集部第129册，济南：齐鲁书社，1997年，第194页。

❽［明］庞尚鹏：《百可亭摘稿》卷四《清理宁夏屯盐疏》，《四库全书存目丛书》集部第129册，济南：齐鲁书社，1997年，第222页。

照此纳完，监收官批付执照，以杜重科。其屯粮或米豆，或草束……或本色，或折色，或全征，或减免……悉照前票刊行，其粮头则总给长单以示遵守。❶

无独有偶，《清理固原屯田事》亦言减免屯丁负担："凡军卫屯田除办额粮草及地亩银外……尽将屯地内应征本色、折色及均徭合办数目，刊刻由帖，逐项开填。该卫用印钤盖，送道挂号，给屯丁遵照完纳。凡一项报完，即监收官于帖内明注'完讫'二字，给还执照。如有额外多科一钱一物，许指实陈告，以凭参提究治。"且庞尚鹏还于同疏指出，屯地"原额者不分肥瘠，一概征纳本色，不免有低昂之互异；新增者不论高下，一概通减折布，不免有精粗之不同"，为方便收支，其欲"将新旧屯地区别等则，均征价银"，庶为可行长策。❷以上情况的出现正顺应了彼时赋役合并折银的历史趋势，屯政理所当然成为赋役改革的必要一环。

第五，垦荒政策宽松灵活，折射出屯田的"民田"化趋向。❸庞尚鹏表示，既然兴复屯田以拓荒增收为首要目的，且官方又人财物有限独臂难撑，那么政府即可依时因地采取适当激励举措，通过广泛动员民力来扩大垦田规模，而不必刻意营求对土地的直接持有掌握。在此层意义上，官与民（包括军丁、商人）之间由于利益的相对一致也可说存在着某种程度的经济合作关系，正如他讲："开垦既众则纳粮数多，孰谓非官民兼利乎？顾诸司所以振率而劝导之者何如耳。"❹这样，庞尚鹏主张放宽限制，给足优惠，不仅应督促军士"分率部伍，躬耕境上，凡山麓肥饶之地，听其自行采择，定为经界，议立章程"❺，且于"极边抛荒田土，不拘军民、僧道、流寓、土著人等，悉听尽力开耕"❻，并尽可能予之宽假照顾，"不必屑屑拘定原额"❼，甚至承认私人的土地占有权，田不拘亩数，既经丈明，"给与执照，世为已业，永不起科，亦不许豪强妄称己地，辄行告夺"❽，成业

---

❶［明］庞尚鹏：《百可亭摘稿》卷四《清理延绥屯田疏》，《四库全书存目丛书》集部第129册，济南：齐鲁书社，1997年，第207页。

❷［明］庞尚鹏：《百可亭摘稿》卷四《清理固原屯田事》，《四库全书存目丛书》集部第129册，济南：齐鲁书社，1997年，第221，217-218页。

❸ 王毓铨指出，明代屯田（军田）的"民田"化有如下表现："承种者不一定再是屯田旗军或顶种军余，召人承种（承佃）不拘军民"；"佃种者获得了'永远管业''永为己业'之权"；"照'民田'则例起科，'屯粮'变成了'民粮'"；"不再是'官田'，变成了'民田'"；"既非'官田'，就不再还官，父子相传，可以买卖"。王毓铨：《明代的军屯》，北京：中华书局，1965年，第329页。

❹［明］庞尚鹏：《百可亭摘稿》卷四《清理甘肃屯田疏》，《四库全书存目丛书》集部第129册，济南：齐鲁书社，1997年，第231页。

❺［明］庞尚鹏：《百可亭摘稿》卷三《清理山西三关屯田疏》，《四库全书存目丛书》集部第129册，济南：齐鲁书社，1997年，第202页。原文有缺失，另据《明经世文编》所录而补。

❻［明］庞尚鹏：《百可亭摘稿》卷四《清理甘肃屯田疏》，《四库全书存目丛书》集部第129册，济南：齐鲁书社，1997年，第233页。

❼［明］庞尚鹏：《百可亭摘稿》卷三《清理蓟镇屯田疏》，《四库全书存目丛书》集部第129册，济南：齐鲁书社，1997年，第183页。

❽［明］庞尚鹏：《百可亭摘稿》卷四《清理甘肃屯田疏》，《四库全书存目丛书》集部第129册，济南：齐鲁书社，1997年，第233页。

后“若原主告争，不得追夺，另查荒田给还”[1]，以此维护垦田政策的长期稳定。

第六，注意外部环境和自然条件的影响，提出设屯堡、修边墙、兴水利等配套性措施佐益屯政。庞尚鹏深知，一方面屯田收入巩固了边境地区的防御力量，另一方面屯政的顺利推行也离不开强有力的军事后援以为安全保障。其道：“使得边墙限隔，则动有牵制，岂能长驱突入内地乎？即欲溃墙而逞其势，亦非一蹴之所能及也。烽堠之先传，耕牧之收保，将士之邀击，皆可以早见而豫待之矣。”[2]筑堡建垣，戒备戍守，其重自不可忽。同时庞尚鹏又能较充分考虑到边地不利农作的环境劣势，以为“高仰者冈阜相连，卑下者沙石相半……且天时难必，水利不兴，雨旸或致愆期，则束手无从效力，此米价之腾涌，边储之缺乏，职此故也”[3]，加之沟渠建设“往因综理非其人，以致修筑不时，疏通无法，而启闭浇灌之间，甚有纳贿徇私、用强侵盗、彼此不得均沾者”[4]。他因而提议：“合行该道各分委廉干官亲诣各渠，逐一踏勘，凡淤者疏浚，坍者补筑，断渠则架以木槽，高地则创为水车，沟口则限以尺寸，放水则定以日时。其合用工程，就于各渠内有田之家酌议均派，定为规则，每年督责该卫所印、屯官，督同各坝总、小甲查照遵行。”[5]水利既成，缓急有赖，功在长远，庞尚鹏对屯务的综合整治，确实称得上计虑周密，合理全面。

五、余　议

屯政作为富国固边之要务，其利弊成败一直都为明代君臣所重点关注。尤其在明中期以后，随着屯务废败日益加剧，不少士大夫纷纷上言纠偏剔蠹，兴垦复业，逐步达成了较为一致的意见。若把庞尚鹏的“清理九边屯田”系列奏疏放置于明代屯政演变及士大夫提出相关建议的总历程中予以延展考察，则可清晰看到他在思想认识上对此类诸多整治屯田言论的继承与发展。庞尚鹏认为，屯政颓坏虽由内外、主客多种因素合就促成，不过官府诛求无度、科敛失均的“人祸”才是根本原因，奏疏中他对这方面的揭露也最为详切。其实在庞尚鹏之前，屯务病端早已被有识臣僚不断指出，如嘉靖前期刚就任南

[1] ［明］庞尚鹏：《百可亭摘稿》卷三《清理辽东屯田疏》，《四库全书存目丛书》集部第129册，济南：齐鲁书社，1997年，第192页。

[2] ［明］庞尚鹏：《百可亭摘稿》卷四《清理甘肃屯田疏》，《四库全书存目丛书》集部第129册，济南：齐鲁书社，1997年，第229页。另，此前庞尚鹏还曾上疏，陈请在边墙之外广种树木，借以据险设伏，阻扼敌势。［明］庞尚鹏：《百可亭摘稿》卷二《酌陈备边末议以广屯种疏》，《四库全书存目丛书》集部第129册，济南：齐鲁书社，1997年，第145-146页。

[3] ［明］庞尚鹏：《百可亭摘稿》卷四《清理延绥屯田疏》，《四库全书存目丛书》集部第129册，济南：齐鲁书社，1997年，第211页。

[4] ［明］庞尚鹏：《百可亭摘稿》卷四《清理甘肃屯田疏》，《四库全书存目丛书》集部第129册，济南：齐鲁书社，1997年，第231页。

[5] ［明］庞尚鹏：《百可亭摘稿》卷四《清理甘肃屯田疏》，《四库全书存目丛书》集部第129册，济南：齐鲁书社，1997年，第231页。

京大理寺右寺丞的林希元即表示：屯田之害首在科税太重，摊征失实，故军士不堪输纳，多有逃亡；军士逃亡又导致其田渐为豪民、官军隐据，地土既失，粮额难完；税粮亏欠，官府复责令卫所包赔，层层下派，军士益发困敝，由此连锁反应，形成恶性循环。[1]是故庞尚鹏整顿屯务着眼于均平赋役以宽恤军民，从清查田地、核实人丁二项入手，同时顺应时变，广施开垦，而内中不拘身份招民耕荒并永不起科的做法，也可称其来有自。《明会典》载：永乐二年（1404年）尝令，各处卫所"若官员军余家人自愿耕种者，不拘顷亩，任其开垦，子粒自收，官府不许比较"[2]；嘉靖八年（1529年）题准，"甘肃等边凡开垦水地者，不分额内额外，俱照例三年方行起科，南北山地听其尽力开垦，永不起科"[3]；嘉靖二十二年（1543年）复题，"各边抛荒地土，不拘将帅、军民开垦成业，即为己产，永不起科"[4]；至隆庆四年（1570年）明廷重申，"各边有自垦田地，照永乐二年事例，永不起科"[5]。再如前引林希元疏曰："法尚通变，必因其时，时变可通，何必旧也。今卫所之兵逃亡过半，守城且不足，况可复屯种乎……屯田之设本在足食，粮苟不亏斯已矣，何必军乎？"[6]时任南京试御史的方日乾又议招佃南畿屯田："今将抛荒屯田不拘军民、僧道之家，听其各择所便开耕，具告本衙门计亩定税，给帖承耕，免其二年租税，不许屯田官分外科扰，候三年成熟方许征纳……成熟之后若有新军补役，逃户复业，亦不许告争，待十年之后另为区处，如无补役、复业之军，则永为己业。"[7]产自有恒，人心易安，以上权从民便、通达时宜的政策主张，对庞尚鹏屯务治理方略的出台应给予了一定影响。

值得注意的是，庞尚鹏还能够将国家、军丁、商人、民众视为利益关联、荣损与共的一个整体，正视商业开展所发挥的佐军资边的有益作用，较鲜明表达出利用市场机制、采取经济手段调节各方利益关系的思想。在此之后，明人提出的有关整理屯务的建议大都试图把兴复屯田和疏通盐法有效结合起来，以期二者实现优势互补，共同促进，并希望尽量避免因赋役大范围折银带来的物资供应困难。如万历朝大学士李廷机曾云："欲复屯政，盍令商输粟于边，耕者有所资，积者有所散，而塞下自实。盖诸议者之指，大都任人广募，薄征缓取，而盐法与屯田相为维持。"[8]阁臣叶向高同样认为"盐政不修则屯政

---

❶ ［明］林希元：《应诏陈言屯田疏》，载陈子龙等：《明经世文编》卷一六三，北京：中华书局，1962年，第1651页。

❷ ［明］申时行等：《明会典》卷一八《屯田》，北京：中华书局，1989年，第122页。

❸ ［明］申时行等：《明会典》卷二〇二《开垦》，北京：中华书局，1989年，第1015页。

❹ ［明］申时行等：《明会典》卷二〇二《开垦》，北京：中华书局，1989年，第1015页。

❺ ［明］申时行等：《明会典》卷一八《屯田》，北京：中华书局，1989年，第122页。

❻ ［明］林希元：《应诏陈言屯田疏》，载陈子龙等：《明经世文编》卷一六三，北京：中华书局，1962年，第1652页。

❼ ［明］方日乾：《抚恤屯田官军疏》，载陈子龙等：《明经世文编》卷二一〇，北京：中华书局，1962年，第2201页。

❽ ［明］李廷机：《九边屯政考》，载陈子龙等：《明经世文编》卷四六〇，北京：中华书局，1962年，第5044页。

难复”，且指出“军国经费，半倚商缗”，边防有赖于商，愈见显明。[1]时翰林院官员薛三省也议及“欲兴屯则莫若复军政，欲广积则莫若严清夺，欲多积则莫若复开中”，表示应“少减其粟数，令商有余赢”，以是人乐赢忘苦，奔走塞下，“商有所输开而屯者又有所获，其获有余粟，又得因商之易粟而有所泄”。[2]明末总理屯务佥都御史方孔照复言：“更宜设法招商，宽其榷课，而后各边会通，有无不窘。”[3]同时，放宽土地的私人占有权限越发为大势所趋。除前述外，隆庆初福建地方官叶春及又讲：“盖人四方无择，而田万古不移……今诚未得军以耕之……授之贫民，而责其六石之入，而无月粮之费，此与军之所耕何损？”[4]其后李廷机、叶向高亦一再发论：

> 召募开垦及令军民自种，量征其税，或以为利归于下，则人乐趋。往时为边帅、豪户垦种，田不荒芜而公粜亦便，纷纷清勘，适生厉阶。夫与膏土沃田鞠为茂草，孰若捐以予人？请明诏有能垦种者，悉与为业，毋有所问。[5]

> 今盐法之旧虽未能尽复，亦宜讲求屯田之意……令沿边之人随宜占垦，毋问所从来。但使荒芜日辟，谷价不腾，不必纷纷清勘，以滋厉阶。俟人心乐趋，边境稍戢。[6]

可以说，自长时段眼光看，庞尚鹏清理屯田的一整套主张，在明代屯政变迁史上正处于一个承上启下的关键位置。此外，庞尚鹏并未忽视敌我态势、自然条件等客观环境对屯政推进造成的不利影响，因而能着意从筑堡垣、修水利等技术层面讲求切实可行的防治办法。其在亲身巡历踏勘基础上形成的综合规划，与他人复屯劝垦的一般性言论相比，显得更为中肯实用。

总体而言，庞尚鹏综观全局，思虑长远，其筹划的清理九边屯田系列举措，内有核心，外有搭配，各项内容连缀呼应，大致构成了步调协同统一的政府监管体系。他从严清查、均赋役、广招徕、免苛责等几个方面反复阐说，既申明国家在经济统制层面发挥的主导作用，又强调官府不能单纯依靠超经济方式强制推行政令，而应顺遂时情民意，因势利导，由此改善并强化其经济管理运作职能。同时，庞尚鹏奏疏里每每流露的通商裕国、惠商益民及包括军丁、商人在内的民众与国家互适同体、兼济共利的观念，正确切反映了当时社会商业化程度日见增强的现实。而屯田税差折银及军田“民田”化的趋势，则进一步印证了普通民众对土地的人身依附关系的逐渐减弱，标志着明中叶以降社会流动性与自由度的普遍提高。这样看来，有明一代屯务政策的演化，不仅仅揭示出农

---

[1] ［明］叶向高：《屯政考》，载陈子龙等：《明经世文编》卷四六一，北京：中华书局，1962 年，第 5060 页。

[2] ［明］张萱：《西园闻见录》卷九一《屯田》，《续修四库全书》第1170册，上海：上海古籍出版社，2002年，第 136 页。

[3] ［清］孙承泽：《春明梦余录》卷三六《屯田》，王剑英点校，北京：北京古籍出版社，1992 年，第 604 页。

[4] ［明］叶春及：《修军政》，载陈子龙等：《明经世文编》卷三六六，北京：中华书局，1962 年，第 3956 页。

[5] ［明］李廷机：《九边屯政考》，载陈子龙等：《明经世文编》卷四六〇，北京：中华书局，1962年，第 5044 页。

[6] ［明］叶向高：《屯政考》，载陈子龙等：《明经世文编》卷四六一，北京：中华书局：1962 年，第 5061 页。

民阶级反对专制权力政治压迫和经济剥削的斗争历程，也非一概表现为地方势要军官对国有田地的私吞独占，其中透射出的既同国家权力互相纠缠又隐含时代新意的社会变迁趋向，事实上更值得我们留心关注。

论“屯堡”文化现象存在于特定地域的原因

方　铁

（云南大学西南边疆少数民族研究中心）

清代与民国时期，贵州地方志有关于“屯军堡子”“屯堡人”的记载。20世纪中期以来，一些学者对“屯堡人”做了调查和研究，认为“屯堡人”是对今贵州省平坝、安顺、镇宁、晴隆、普定等地明代屯军后裔的称呼，现存30余万人。其祖先大都原籍江南，明代迁至贵州西部，历经数百年的发展演变，至今仍聚居在卫所驻军居住的屯堡社区，并较完整保留明代江南汉族文化的特征。[1]

考察历代“屯堡人”分布地区开发、移民及其社会变迁的历史，可以认为，“屯堡人”的存在是一种特有的文化现象，其形成与延续有多方面的原因。“屯堡人”的存在十分少见，堪称是反映人类历史活动的“活化石”。

一、明代以前与明代的今贵州西部

探知“活化石”“屯堡人”的具体情形，必须了解“屯堡人”生活的地区，尤其是明朝在今贵州西部设置卫所之前以及设置卫所两个时段的情形。

贵州西部地区开发甚晚。贵州省的地势是中间高四周低，宛如一个倒扣的面盆。相对来说，贵州省的四周地区开发较早，尤其是北部的遵义地区。遵义地区长期归蜀地管辖，居民主要来自相邻的巴蜀地区，其生产、生活方式亦接近原居住地。贵州东部靠近湖南。在较长的时期，贵州东部与相邻的湘西地区属于同一自然人文地理单元。贵州西部的安顺等地，则与云南有较多的联系，尤其与相连的今滇东北、滇中的关系较为密切。贵州省的中部则地势较高。由于山岭起伏、林木茂密，散布喀斯特地貌，又无重要交通线经过，贵州中部长期封闭人口稀少，开发的时间很晚。

今滇东北地区开发甚早。[2]秦朝开通由成都经僰地（今四川宜宾）进入今滇东北的五尺道，并置官守。西汉时云南地区归入中原王朝的版图。两汉从蜀地迁来一些移民，逐渐在云南发展为当地的大姓。今滇东北曾是移民大姓聚集之地，两汉、西晋时期，今滇东北的发展在云南地区一度领先。《华阳国志·蜀志》称蜀郡、广汉、犍为三郡为“三

---

[1] 颜建华等：《安顺屯堡与安顺屯堡人》，《贵州民族研究》，2009年第3期，第107-111页。

[2] 方铁：《秦汉至元代的滇东北》，《西南民族大学学报》，2018年第9期，第195-200页。

蜀”，言其土地沃美、人士杰出。❶汉代犍为郡所辖的朱提、堂琅、存鄢诸县，均在今滇东北地区。❷在晋朝以犍为属国改置的朱提郡（治今云南昭通），居住朱、鲁、雷等大姓，“其民好学，滨犍为，号多人士，为宁州冠冕”。❸东晋、南朝时期，今滇东北地区陷入长期战乱，造成严重的破坏。唐朝经营云南地区，重视保护由成都经过云南通往今缅甸、印度的交通线。南诏崛起，受命平定今滇东北爨氏白蛮的反叛，擅自用武力将今滇东北的大量百姓强迁至今滇西的永昌（治今云南保山）等地。散居山谷的乌蛮因言语不通未被迁走。以后，曲州（今云南昭通）、靖州（今云南大关）、石城（今云南曲靖）西至龙和（今云南禄丰以东）的地区，“荡然兵荒”。周围山地的乌蛮乃徙居爨氏白蛮故地，❹成为这一地区的主要居民。南诏与唐朝决裂后，放弃对今滇东北的经营，这一地区长期陷入衰落。

宋代以乌蛮为主体的群体，在今滇东北、滇南等地发展为时称“三十七部”的部落联盟，其他势力则渐趋灭绝。乌蛮势力扩展到今贵州西部。至元十七年（1280 年），位今贵州西部的罗氏鬼国既降复叛，元朝令云南、四川、湖广三省军队征讨。播州官吏李德辉派人劝降，罗氏鬼国首领阿察泣告：“吾属百万人”，若强征至死不降，君既来劝说则愿降。元朝遂改罗氏鬼国为顺元路（治今贵阳）。❺13 世纪中叶元朝经营其地，今滇东北地区迎来复兴。自东晋起今滇东北长期沉寂封闭，至 13 世纪中叶长达约 900 年。受今滇东北跌宕演进的影响，自东晋起今贵州西部的发展长期滞后，默默无闻。

13 世纪中叶，为汲取兵力夹攻南宋，蒙古宗王忽必烈受命率军绕道西北进攻大理国。平定云南等地后，为经营云南地区与中南半岛，元朝建云南行省，统治范围包括今云南省、四川西南部、贵州安顺等地与中南半岛北部。云南行省的设治堪称繁密。《元史·地理四》称云南行省共设 37 路。位今贵州西部的路，有普安路（驻今贵州普安附近）、普定路（驻今贵州安顺）、乌撒路（驻今贵州威宁彝族回族苗族自治县）等。元朝又在今贵州西部设乌撒乌蒙宣慰司。❻大德四年（1300 年），元朝立乌撒、乌蒙等处郡县。❼为加强省治中庆（在今昆明）与大都（在今北京）的联系，元朝先后开通由中庆经曲靖、普安（在今贵州）、顺元、镇远北上的驿路，因途经湖广行省称“湖广道”；以及从中庆经乌蒙（今昭通）、乌撒（今威宁）、叙州（今宜宾）赴四川的“乌撒道”。这两条驿路因经今贵州地区，这一区域乃受重视。据《元史·地理六》：“贵州（治今贵阳）

---

❶ ［晋］常璩撰：《华阳国志》卷二《蜀志》，成都：巴蜀书社校注本，1984 年，第 254 页。
❷ ［汉］班固撰：《汉书》卷二八上《地理志·第八上》，北京：中华书局点校本，1962 年，第 1599 页。
❸ ［晋］常璩撰：《华阳国志》卷四《南中志》，成都：巴蜀书社校注本，1984 年，第 394 页。
❹ ［唐］樊绰撰：《蛮书》卷四《名类》，北京：中国社会科学出版社校释本，1985 年，第 129 页。
❺ ［明］宋濂等撰：《元史》卷一六三《李德辉传》，北京：中华书局点校本，1976 年，第 3818 页。
❻ ［明］宋濂等撰：《元史》卷六一《地理四》，北京：中华书局点校本，1976 年，第 1467 页。
❼ ［明］宋濂等撰：《元史》卷二〇《成宗三》，北京：中华书局点校本，1976 年，第 430 页。

地接八番（今贵州西部），与播州（今贵州遵义）相去二百余里，乃湖广、四川、云南喉衿之地”。

除普遍设置官衙外，元朝还在今贵州西部设立屯田。《元史·兵三》称，蒙古军队进入中原，遇坚城、顽敌多屯田固守。元朝建立后，“皆立屯田，以资军饷”“云南、八番（指今贵州西部）、海南、海北之地，因是蛮夷腹心，则设兵屯旅以控扼之”。❶元朝在今滇东北、黔西一带发展军民屯田。延祐七年（1320 年），元朝设普定路（治今安顺）屯田，“分乌撒、乌蒙屯田卒 2000 人赴之”。❷元朝在云贵等地实行土官制度。普遍任用本地民族为各级土官，对土官较为信任，实施后取得明显成效，也使一些土官伺机坐大。元代罗罗（乌蛮）势力进一步扩展，发展为分布顺元（治今贵阳）、曲靖（治今曲靖）、乌蒙（治今昭通）、乌撒（治今威宁）、越嶲（今西昌地区）等地的强大势力，❸一定程度上削弱了元朝在今贵州西部的统治。

元大德五年（1301 年），雍真（今贵州开阳）的罗罗土官宋隆济、水西（今贵州鸭赤河以西）土官蛇节，因远征八百媳妇国的官军路过骚扰而发动起义。起义发展到乌撒、乌蒙、东川、芒部、普安等地，元廷调集湖广等省军队四万余人才予镇压。❹战争给波及地区造成严重的破坏。大德八年，因乌撒、乌蒙、芒部、东川等路出现饥荒与瘟疫，元廷准予赈恤。❺明初今贵州西部等地的罗罗势力十分强大，分为东川、乌撒、乌蒙、芒部、禄肇、水西诸部。元前期迁居云南东北部、今黔西等地的军民及其后裔，乃被强大的罗罗势力同化。

明代今滇东北与今贵州西部的地缘政治发生重大改变，主要是今滇东北与今黔西部分地区划给四川管辖并广置土司，以及明朝建立贵州省。

关于今滇东北改隶四川的经过。清人魏源说：“初，明洪武中，未下滇，先平蜀，招服诸蛮，故乌蒙、乌撒、东川、芒部四军民府旧属云南者，皆改隶四川。然诸土司皆去川远，去滇、黔近；乌蒙、东川近滇，乌撒、镇雄、播州近黔。嘉靖中，虽改芒部为镇雄府，旋因陇氏之乱，仍革流归土；虽命东川兼听云南节制，仍不属滇而属川”，❻顾炎武则称今滇东北等地改隶四川，明廷有较深层次的考虑。他说：洪武年间，西路（乌撒道）乌撒（治今威宁）、乌蒙（治今昭通）、东川（治今会泽）、芒部（治今镇雄）四军民府，东路（普安道）、普安州（治今贵州盘州）俱属云南。以后将领傅友德上奏朝廷，认为“东路普安州之盘江，西路乌撒府之七星关河，皆入滇门户，洪流巨浸，诚一夫当

---

❶ ［明］宋濂等撰：《元史》卷一〇〇《兵三》，北京：中华书局点校本，1976 年，第 2558 页。
❷ ［明］宋濂等撰：《元史》卷二七《英宗一》，北京：中华书眉点校本，1976 年，第 604 页。
❸ ［元］李京撰：《云南志略·诸夷风俗》，昆明：云南民族出版社辑校本，1986 年，第 86 页。
❹ 方铁：《西南通史》，郑州：中州古籍出版社，2003 年，第 500 页。
❺ ［明］宋濂等撰：《元史》卷二一《成宗四》，北京：中华书眉点校本，1976 年，第 460 页。
❻ ［清］魏源撰：《雍正西南夷改流记上》，载《圣武记》卷七，北京：中华书局点校本，1984 年，第 284 页。

关、万夫莫开之险，万一云南有变，据此二险，是无云南矣”。建议将以上四军民府改隶四川。永乐年间又将普安州改隶贵州，企望收取“撤云南之藩篱，启其门户”之效。[1]

客观来说，明朝将今滇东北等地改隶四川并广置土司，实为一大失策。其地诸土司距成都2000余里，距滇、黔省会仅数百里。“滇、黔有可制之势而无其权，四川有可制之权而无其势”。由于四川官府鞭长莫及，今滇东北等地的土司“土蛮不耕作，专劫杀为生，边民世其荼毒”。有司屡次奏请改隶云南，枢臣亦动诿勘报，但“弥年无成画”。[2]

明朝将今滇东北等地改隶四川，初衷是确保乌撒入蜀旧路（原乌撒道）、普安入黔旧路（原湖广道）的安全，结果却适得其反。洪武间明军攻取云南，朱元璋谕傅友德将领：“兵既艰食，固不宜分，止于赤水、毕节、七星关各置一卫，黑张之南、瓦店之北，中置一卫，如此分守，则云南之路往来无碍矣”。[3]可见对乌撒入蜀旧路之重视。云南行旅赴内地多走上述两路，但最终仍以普安入黔旧路为首选。[4]今滇东北等地改隶四川并设土司，致使乌撒入蜀旧路沿途的土司形成割据之势，经过的行旅渐稀。乌撒入蜀旧路通行不畅，又助长沿途土司嚣张的气焰。

洪武十六年（1383年），明朝将云南所属乌撒、乌蒙、芒部三府改隶四川，次年割云南东川府改隶四川。乌撒、乌蒙、芒部皆改为土司管辖军民府，定其赋税。后因乌撒、乌蒙、芒部、东川土司“岁赋毡衫不如数”，诏予减免，改为三年一入贡，岁以为常。正统七年（1442年），因道路不畅，明朝革去乌撒、乌蒙的递运所。芒部土司一度被改流，因乌蒙、乌撒、东川诸土官“与芒部为唇齿”，数次发动叛乱，朝廷又恢复芒部土司的建置。嘉靖四十一年（1562年）前后，乌撒、乌蒙、芒部土司势力扩展至四川永宁、云南沾益、贵州水西等地，“诸土官境土相连，世戚亲厚，既而以各私所亲，彼此构祸，奏讦纷纭”“当事者颇厌苦之”。乌撒、东川、乌蒙、镇雄（由芒部改名）诸府地界，相错于川、滇、黔、楚之间，“统辖既分，事权不一，往往轶出为诸边害”。[5]

关于乌蒙、乌撒、东川、芒部等处的土司，史籍称：“嗜利好杀，争相竞尚，焚烧劫掠，习以为恒。去省穹远，莫能控制，附近边民，咸被其毒”。在乌撒、乌蒙、芒部等地，见于记载的居民仅有少数民族数种。雍正四年（1726年），云南巡抚鄂尔泰上奏清廷，称东川为土司禄氏世守，“明季并未归版图”。所辖地区半未开辟，“兼之土人凶悍，专事劫掠，川民不肯赴远力耕，滇民亦不敢就近播垦。”云南寻甸、禄劝、沾益三州百姓常遭东川土司残害，“绑掠人口，劫抢牲畜，不一而足”。乌蒙土府更是“骄悍凶顽，素

[1] ［清］顾炎武撰：《天下郡国利病书》，上海：上海古籍出版社，2012年，第3742页。
[2] ［清］魏源撰：《雍正西南夷改流记上》，载《圣武记》卷七，北京：中华书局点校本，1984年，第284页。
[3] 《洪武实录》卷一四七，洪武十五年八月乙巳条。南京国学图书馆影印本。
[4] ［明］刘文征撰：（天启）《滇志》卷四《旅途志》，昆明：云南教育出版社点校本，1991年，第163页。
[5] ［清］张廷玉等撰：《明史》卷三一一《四川土司一》，北京：中华书局点校本，1974年，第8013页。

称难治”，不仅东川土司被其杀害，“凡黔滇蜀接壤之处，莫不受其荼毒”。[1]今贵州西部土司猖獗违法的情形，与今滇东北相去不远。

乌撒入蜀旧路（原乌撒道）因土司作乱日渐荒废，中原地区联系云南乃主要靠普安入黔旧路（原湖广道）。湖广道开通于至元二十八年（1291年）。据元代《析津志·天下站名》，湖广道的走向为从中庆（在今昆明）启程，经过杨林、马龙、曲靖、塔剌迷、普安、普定（今安顺）、贵州（今贵阳）、葛龙（今贵定）、麻峡、黄平达镇远，遂接通辰州（今湖南沅陵）的“常行站道”；再经常德（今湖南常德）、公安（今湖北公安）乃达江陵。[2]明代的普安入黔旧路，基本上是沿行元代的湖广旧道。宋代安南独立，中原王朝丧失钳制云南与中南半岛的重要阵地，明代的普安入黔旧路乃成为内地联系云南的咽喉要道。为解决云南孤悬边陲的危急形势，明朝改变洪武初年将今贵州地区分属云南、四川、广西诸省的做法，以普安入黔旧路通过的云南、湖南之间的区域为核心，正式建立贵州省。

洪武十五年（1382年），明朝设贵州等处提刑按察司与贵州都司。永乐十一年（1413年），思南宣慰使田宗鼎、田州宣慰使田琛为争夺朱砂产地仇杀，明廷派镇远侯顾成遣兵执送京师，“乃分其地为八府四州，设贵州布政司，而以长官司七十五分隶焉，属户部……府以下参用土官”。[3]至此贵州建为一省，进入全国十三布政司之列。贵州布政司领八府、一州、一县，以及一处宣慰司和三十九处长官司；以后又调整为十府、九州、十四县，以及一处宣慰司与七十六处长官司。贵州布政司所设的十府为：贵阳、安顺、都匀、平越、黎平、思南、思州、镇远、铜仁和石阡，统治范围包有除今遵义、瓮安以外的今贵州其他地区。[4]明朝在贵州地区设置行政统治机构，与所置立的军队机构都司卫所互为表里。为防止地方官府形成割据，明朝将省级政区分割为承宣布政使司、提刑按察使司、都指挥使司，分别掌管一省的行政、司法与用兵指挥之权。

自永乐十一年（1413年）明朝设贵州布政司，普安入黔旧路虽“大路仅通一线，四围尽属险峒，苗蛮族多，民人绝少”。[5]但因有贵州布政司管控尚可通行，乃逐渐成为云南联系中原的交通命脉。保护普安入黔旧路的安全，遂成为朝廷关心的大事。

二、“屯堡”居民的来源与生存状况

关于普安入黔旧路成为内地联系云南交通命脉的情形，明代史籍多有记载。

---

[1] ［清］《云南巡抚管云贵总督事鄂尔泰为陈东川事宜、仰祈圣裁奏事》（雍正四年三月二十日），载《朱批谕旨》鄂尔泰奏折一，故宫文物馆编，1930年印。

[2] ［元］熊梦祥撰：《析津志·天下站名》，北京：北京古籍出版社辑佚本，1983年，第130页。

[3] ［清］张廷玉等撰：《明史》卷三一六《贵州土司传》，北京：中华书局点校本，1974年，第8167页。

[4] ［清］张廷玉等撰：《明史》卷四六《地理七》，北京：中华书局点校本，1974年，第1197页。

[5] ［清］洪承畴撰：《奏陈收拾人心疏》，载《明清史料》第6册，北京：中华书局，1987年。

唐龙《处置地方贼情疏》称："云南西连番夷，南辖木邦、缅甸，实四川、贵州之藩篱也。曲靖所辖六州县，由府西而趋沾益之中路，以达四川、山陕，曰西路；由府东而趋沾益及罗雄之旁径，以达贵州，抵湖广常德，分而南之江西、浙江、南直隶、山东，北之河南、北直隶，以总会于京师，曰东路，尤云南之襟喉也"。❶明人王士性游历甚广，对云南、贵州等地十分熟悉。其言：行旅自湖南出沅州往西赴云南，"(至）晃州即贵竹地；顾清浪、镇远、偏桥诸卫旧辖湖省，故犬牙制之。其地止借一线之路入滇，两岸皆苗。晃州至平夷十八站，每站虽云五六十里，实百里而遥，士夫商旅纵有急，止可一日一站，破站则无宿地矣"。❷《万历野获编》称：由内地入滇有三道，"其自湖广常德府入贵州镇远府，以达云南之曲靖府，是为中路，则今日通行之道也"。❸

在贵州设省前后，朝廷积极加强当地的防卫力量。明初在贵州地区设置 13 卫和一个千户所，驻军 74 000 余人。成化六年（1470 年），明朝在贵州地区共置 20 卫，下设屯堡 700 余座，计有军士 145 400 余人。驻守贵州的军人及其家属合计有 60 万余人。❹

明朝的卫所制度颇具特色。卫所制度下的军士皆为世籍，父死子继；未得朝廷的命令军队驻地不能移动；军队在驻地长期屯田驻守，军士可带家眷。事实上被编入卫所派镇各地的军士，亦即官府强制发遣的移民。所不同者，是遇有战事这些丁壮必须参加战争，事毕返回驻地。明代后期卫所制度崩坏，编入卫所的军士大都成为自耕自食的农民。查考有关记载，明代派至西南的军队和进入边疆的内地百姓，在当地人口中占有很大的比例。据记载，弘治四年（1491 年），贵州布政司有人 25 万余口，万历六年有人 29 万余口。据近人研究，嘉靖时贵州地区的人口约有 350 万，其中相当一部分是来自内地的军民移民。❺

明朝置贵州省的初衷，是为保护普安入黔旧路的安全。普安入黔旧路沿线便成为卫所设置最密集的地区。贵州官吏提出应补充普安入黔旧路沿线的驻军，可迅速收到明效。据《条上卫事宜疏》："滇黔十八站，普安居道里之中，普安而下为新兴、安南，又为查城、关岭，望贵阳益咫而滇远矣"。因此建议于查城、关岭，新兴、安南普安诸处补充兵员，"此不过用兵七八千，旌旗相望矣。……此经理旬日，而事大集也"。❻据（天启）《滇志》，由普安入黔旧路往东，经昆明、平夷、普安、安南、盘江、关索岭、安庄卫、普定、平坝、威清等地，乃达贵州（今贵阳）。在普安入黔旧路今贵阳以西的路段，设有普安（今盘州）、安南（今晴隆）、普定（今安顺）、平坝（今平坝）、安庄（今镇宁）

---

❶ ［明］刘文征撰：(天启)《滇志》卷二二《艺文志》，昆明：云南教育出版社点校本，1991 年，第 738 页。
❷ ［明］王士性撰：《广志绎》卷五《西南诸省·贵州》，北京：中华书局，1981 年，第 133 页。
❸ ［明］沈德符撰：《万历野获编》卷二四《入滇三路》，北京：中华书局，1997 年。
❹ 方铁：《西南通史》，郑州：中州古籍出版社，2003 年，第 624 页。
❺ 路遇等：《中国人口通史》，济南：山东人民出版社，2000 年，第 747 页。
❻ ［明］刘文征撰：(天启)《滇志》卷二三《艺文志》，昆明：云南教育出版社点校本，1991 年，第 773 页。

等卫，均分布在驿道的沿线地区。[1]史称以上诸卫为“上六卫”。一些卫所的驻地或有迁移的情形。如安顺州治原在旧州，成化中迁至普定卫城。

明代设卫所之处均辟有屯田。由于贵州地少山多土地贫瘠，军士可耕之地甚少，但各地建立的军屯也是一个不小的数目。据尚书王骥上奏，正统六年（1441 年），贵州 20 卫所屯田面积达 95 万余亩，“所收子粒足给军实”。[2]以后出自土地被隐占、军士逃亡等原因，屯田数量有所减少。万历三十年（1602 年），贵州屯田的面积降为 63 万余亩。[3]开展屯田后贵州一度实现军粮自给。但因军队过往频繁与管理不善，“百八十年以来，地方多事，逃亡事故，十去七八”。[4]由于大批军士死亡或逃散，贵州不少地方的屯田抛荒，每年官俸军粮的开支仍需外省协济。通常贵州一军授水田 12 亩，旱地六田，少于其他屯田地区。“上六卫”中以安庄卫屯田的数量较多，达 72 193 亩，其次是平坝卫，有屯田 36 112 亩，其他卫的屯田则相对较少。[5]

自贵阳入云南的道路，为普安入黔旧路的要害。明初即遣驻军队。贵州官府转贵竹等长官司土目永则、阿克等奏称：“贵州荒服之地，不通中国。自国朝开基，始创军卫，建置州县。彼时苗蛮虽被新化，终染旧习，时或梗叛，谋陷城池，焚烧驿传，劫掠乡村，军民不得安生。时，有镇远侯顾成来镇兹土，能施方略，善布德威，相机剿杀，因俗抚绥。由是苗蛮慑服，边境清宁”。[6]但长期以来，黔西等地的守备仍较薄弱，难以抗御罗罗等势力的侵扰，军士的生存环境十分恶劣。万历三十三年（1605 年），巡抚贵州郭子章的奏疏称：自征苗以来粮饷欠缺，官兵困苦，军士未能归籍者，“窜入各寨潜为勾引”。往年仅间或出没，今则无日不出劫，往年仅数十成群，今则动辄数百，往年仅劫客商今则劫及官员，抢劫行为甚至迫近省会，“贵州数百里之境顿成盗薮”。[7]郭子章所说的情形已十分严重，明朝因国力衰落，无法进行有效的治理。

在特定的时代条件下，卫所及其将士在特定的地域逐渐形成封闭的汉人社会。王士性《广志绎》说：在云南、贵州等地，“开设初只有卫所，后虽渐渐改流，置立郡邑，皆建于卫所之中，卫所为主，郡邑为客，缙绅拜表祝圣皆在卫所”“诸省惟云南诸夷杂处之地，布列各府，其为中华人惟各卫所戍夫耳。……故卫所所治皆中国人”。[8]今黔西地区的情形，与“云南诸夷杂处之地”大致相同。驻守云南、贵州卫所的将士主要来自江苏、浙江

[1] ［明］刘文征撰：（天启）《滇志》卷四《旅途志》，昆明：云南教育出版社点校本，1991 年，第 163 页。

[2] 《英宗实录》卷八〇，正统六年六月壬午条，台北：台湾“中研院”历史语言研究所校印本，1962 年。

[3] ［明］郭子章撰：《黔记》卷一九《贡赋志上》，北京图书馆古籍出版编辑组编：《北京图书馆古籍珍本丛刊》史部地理类第 43 册，北京：书目文献出版社，1998 年。

[4] （嘉靖）《贵州通志》卷三。

[5] ［明］郭子章撰：《黔记》卷一九《贡赋志上》，北京图书馆古籍出版编辑组编：《北京图书馆古籍珍本丛刊》史部地理类第 43 册，北京：书目文献出版社，1998 年。

[6] 《英宗实录》卷一〇八，正统八年九月癸丑条，台北：台湾“中研院”历史语言研究所校印本，1962 年。

[7] 《神宗实录》卷四一四，万历三十三年十月甲寅条，台北：台湾“中研院”历史语言研究所校印本，1962年。

[8] ［明］王士性撰：《广志绎》卷五《西南诸省・云南》，北京：中华书局，1981 年，第 127，129 页。

等地。云南本地汉族传说祖先来自南京柳树湾石门坎，为关于先辈来源的历史记忆，贵州地区亦同。另据《洪武实录》：洪武二十七年（1394年），“置普定卫儒学及惠民药局”❶“上六卫”地区陆续增添服务机构，生活保障逐步健全，乃在较小的范围形成一个移民社会。元代迁居今滇东北、黔西地区的军民，逐渐被强大的罗罗势力同化。在明代驻扎卫所之前，黔西地区不存在类似云南的农业地区，汉族与本地民族融合形成人数较多的白蛮群体。驻守在今黔西地区的卫所军士，便无融入白蛮等搀杂汉人成分之居民群体的可能。

“上六卫”地区因与当地土司、夷霸势力混杂，驻军的安全经常受到威胁。据《明史·四川土司一》，乌撒、东川、乌蒙、镇雄（由芒部改名）诸土司地界，相错于川、滇、黔、楚之间。“统辖既分，事权不一，往往轶出为诸边害”。❷据《天下郡国利病书》，普安诸驿土人有罗罗，仲家，仡僚等，绝少汉人。清初洪承畴称：自云南经贵州达内地的普安入黔旧路，“大路仅通一线，四围尽属险峒，苗蛮族多，民人绝少”。❸

贵州卫所集中的今黔西地区形成特有的封闭型社会，还受到朝廷治边方略的深刻影响。明朝在云南、贵州等地实行卫所、土司制度并行的治策。朝廷经营的重点是卫所地区，对土司地区不甚重视。❹这一做法有助于卫所地区实现稳定与发展，但客观上扩大了卫所、土司两地的差距，并造成卫所、土司地区隔绝的局面。明朝在卫所以外的地区推行土司制度。土司制度施行的范围较元代更广，制度规定亦较严密。但明朝的直接统治并不涉足土司地区，致使被土司、苗霸势力包围的驿道沿线卫所，陷入极为孤立、自我封闭的窘境，在罗罗等地方势力聚集的今贵阳以西地区，情形尤为严重。“上六卫”位于罗罗三十七部与苗人、仡僚等势力－分布区的结合部，卫所军士既受到罗罗三十七部掳掠的威胁，同时有遭受苗霸欺凌的可能。罗罗三十七部、苗霸势力也存在矛盾。“上六卫”的军士处于上述两大势力的相接地带，这一状况对军士的生存亦现有利的一面。

三、清代“屯堡”居民的状况

清代民国时期，黔西地区的一些地方志有关于明代卫所后裔的记载。

清代《安顺府志·风俗志》称：“屯军堡子，皆奉洪武敕调北征南……，家口随之至黔。”道光七年（1827年）纂修的《安平县志》云：“屯堡即明洪武时之屯军。妇女青衣红袖，戴假角（原注：以银或作细练至簪上，绕髻一周，以簪绾之，名曰假角，一名风头笄）。女子未婚者，以红带绕头。已婚者改用白带。……男子善贸易，女子不缠脚。一切耕耘，多以妇女为之。家祀祭神，多力善战，间入行伍，衣冠与汉人无异。”❺据道光

❶《洪武实录》卷二三一，洪武二十七年正月壬寅条，台北：台湾“中研院”历史语言研究所校印本，1962年。
❷［清］张廷玉等撰：《明史》卷三三一《四川土司一》，北京：中华书局点校本，1974年，第8013页。
❸［清］洪承畴撰：《奏陈收拾人心疏》，载《明清史料》第6册，北京：中华书局，1987年。
❹ 方铁：《论元明清三朝的边疆治理制度》，《云南民族大学学报》，2016年第1期，第79-84页。
❺［清］刘祖宪纂修：《安平县志·风土志·屯堡人》卷五。

二十七年《黔南职方纪略·安顺府》:"民之种类，于苗民之外，有屯田子、里民子，又有凤头鸡，凡此诸种，实皆汉民，然男子汉装，妇入服饰似苗非苗。询之土人云，洪武间自凤阳拨来安插之户，历年久远，户口日盈，与苗民彼此无猜。"[1] 据咸丰时撰写的《安顺府志》:"郡民皆客籍，惟寄籍有先后，其可考者，屯军堡子，皆奉洪武敕调北征南。当时之官，如汪可、黄寿、陈彬、郑琪作四正，领十二操屯军安插之事，散处屯堡各乡，家口随之至黔。妇人以银索绾发髻分三绺，长簪大环，皆凤阳汉装也。故多江南大族，至今科名尤众。"[2] 民国《平坝县志》称:"名曰屯堡者，屯军驻地之地名也。……迨屯制既废，不复能再以军字呼此种人，惟其住居地名未改，于是遂以其住居名而名之为屯堡人"。[3]

上述记载所说的"屯军堡子"或"屯堡人"，大致具有如下的特点。

其一，"屯军堡子""屯堡人"的居住地有一定的规律，即分布在元代开通由湖南经贵州入云南之湖广驿道西段的沿线，修建相对集中的村寨聚族而居。其二，"屯堡人"顽强保留了传统文化的特征，如"男子善贸易，女子不缠脚。一切耕耘，多以妇女为之。家祀祭神，多力善战，间入行伍，衣冠与汉人无异"，尤其以妇女的装束较为明显，"妇人以银索绾发髻分三绺，长簪大环，皆凤阳汉装也。"据笔者亲履其地调查，清末民国时期，"屯堡人"仍以纺织土布、以蓝靛浸染为蓝布，背负至附近村寨售卖为主要副业；男女分工明确，妇女负责制作蓝布，男子背负蓝布外出售卖。至于妇女"人以银索绾发髻分三绺，长簪大环""青衣红袖，戴假角"，以及装束以穿着蓝衣为特色，至今仍相沿未改。其三，"屯堡人"聚族而居，进而发展为一些大姓，著名的有汪、黄、陈、郑等姓，并热衷于科举考试，且成绩不俗，"多江南大族，至今科名尤众"。现今"屯堡人"的一些村寨，还保存了供奉汪、黄等祖先的庙宇，考取大学的年轻人也为数不少。其四，"屯堡人"与周边的其他居民较少交往，亦谈不上彼此婚嫁，可说在西南边疆多民族地区，表现出卓然超立的形象。

黔西一带的明代卫所后裔，长期保留自己封闭的社区及社会，与黔西地区特定的自然地理环境、清代移民的类型改变、贵州社会演变具有复杂性等因素有关。

西南边疆多石的山地生态系统脆弱，开发不当易引起水土流失与资源破坏。贵州多山少平地。贵州山地的特点是高低悬殊大、坡度陡峭及土层较薄，种植作物的适宜性与宜耕性均差。贵州西部广泛分布喀斯特石灰岩地貌。喀斯特地貌地区山岭起伏，土层瘠薄且不易储水，居民种植、放牧、采集都十分困难，人口承载量极为有限。民间形容当地种包谷是"种一瓢，收半箩"。困守黔西地区的明代卫所，在自然条件艰苦的条件下艰难度日。

清代是我国统一多民族国家趋于巩固的时期。经康、雍、乾三代的积极经营，清朝

---

[1] [清]罗绕典撰修:《黔南职方纪略·安顺府》卷一，道光二十七年成书。
[2] [清]常恩总纂:(咸丰)《安顺府志》卷一五《地理志·风俗》。
[3] 陈廷棻总纂:(民国)《平坝县志》，台北：成文出版社，1932年(民国二十一年铅印本)。

的社会经济获得长足的发展。道光十五年（1835年）全国人口超过4亿人，致使不少地区出现人口过度密集的现象，人口向外地流动成为难以阻止的趋势。清廷担忧人口流动导致社会失稳，多次发布禁止迁徙的告示。云南等地人稀地广，当地官府则采取借予耕牛、种子等优惠措施，吸引流民前来垦种。

清代向人口稀少地区自发转移的流民，与明代以军事镇守形式迁居云贵等地的卫所军士不同。清代流民社会地位低下，缺少发展生产需要的资金与技术，而且主要以分散、流徙的形式迁居外地。坝子与其他条件较好的地区，大都被明代迁来的卫所军士及其后裔占据，外来人口很难进入。清代云南有民谚："穷走夷方急走厂"。指外来流民进入云南，多选择入厂矿当矿工，或赴边疆僻地垦荒这两条路。即便如黔西一类的瘠薄之地，因自然资源匮乏、开发前景欠佳，当地的"屯堡人"亦不欢迎外来人口移居。兼之越过黔西地区，便可进入改土归流之后土地丰饶、人口稀少，并可享受云南官府优惠政策的云南东部，外来流民便很少在黔西地区落籍。内地经普安入黔旧路迁入贵州的流民，或定居镇远等谋生较易的东部地区，或进入云南自然条件较好的地区。

"屯堡人"不欢迎清代的外来流民，还有双方籍贯不同、生活习惯有异方面的原因。明代卫所军士主要来自江南，多指"南京柳树湾石门坎"为祖籍之地。清代迁居云贵地等地的流民，则主要来自江西、湖南等中部省份的贫困地区。在云南为官的吴大勋注意到这一现象。所著《滇南闻见录》称：滇南汉人，"大抵江、浙之人居多，既好体面，又难吃苦，手乏身疲，不能行动。至今城市中皆汉人，山谷荒野中皆夷人，反客为主，竟成乐国。至于歇店饭铺，估客厂民，以及夷寨中客商铺户，皆江西、楚南两省之人"。[1]贵州的情形与云南相去不远。乾隆二十年（1755年），云南巡抚郭一裕的奏疏称：云南居民夷多汉少，"所谓汉人者，多系江西、湖南、川陕等省流寓之人，相传数代，便成土著。而挟财往来贸易者，名为客民"。[2]长期以来，黔西及附近地区的社会秩序欠佳，各地村寨封闭自保，对外人十分警惕。《雍正西南夷改流记上》称：清初乌蒙、乌撒、东川、芒部诸土司猖獗，"滇、黔有可制之势而无其权，四川有可制之权而无其势。土蛮不耕作，专劫杀为生，边民世其荼毒"。又说："贵州土司向无钳束群苗之责，苗患甚于土司"。雍正四年（1726年），鄂尔泰因公务赴云南。其奏疏称："臣由贵阳府起程，过威宁镇，至东川府，此三百六十里内人烟俱寂，鸡犬无闻，惟隔三十里有塘兵二三名，茅屋数间。""田皆蒿莱，地尽荆棘，耕种不施，渔樵绝迹者，则以地近凶夷，徒赍粮以资寇盗，故民不肯为，官不敢问"。[3]在这样的情况下，"屯堡人"对外来流民持冷淡消极

[1] ［清］吴大勋撰：《滇南闻见录》，见方国瑜主编：《云南史料丛刊》，昆明：云南大学出版社，2001年。

[2] 《云南巡抚郭一裕为备陈地方情形、仰祈睿鉴奏事》（乾隆二十年十月初三日），载《宫中档乾隆朝奏折》，台北故宫博物院，1982年。

[3] 《云贵总督鄂尔泰为敬陈东川事奏事》（雍正四年十二月二十一日），载《朱批谕旨》鄂尔泰奏折二。

的态度，便不足为奇。另外，清朝保护贵州地区的驿道，仅安排少量驿兵，且不带家眷，不具备形成大规模军事移民的条件。这些零散的驿兵很少见于记载，亦较少融入“屯堡人”群体。

清朝统治贵州地区，大致分为吴三桂割据、改土归流、善后整顿等三个时期。

全国实现统一后，清朝借助藩王的力量统治南方地区。朝廷封吴三桂为平西王镇守云贵地区。吴三桂擅权专横，通过封官许愿拉拢土司，云贵地区被吴三桂割据十余年。康熙十二年（1673 年），吴三桂联合西南诸藩起兵造反。“三藩之乱”长达八年之久，云贵地区因此遭受战乱的严重破坏。“三藩之乱”平定后，云贵地区法治严重松懈，土司、苗霸横行不法的状况暴露出来。

雍正继位，决心改变变动的局面。他任命鄂尔泰为云贵总督，于雍正四年（1726 年）至九年主持在西南边疆进行大规模的改土归流。贵州省改流的重点，是黎平以西、都匀以东、镇远以南的清水江生苗区域。《雍正西南夷改流记》称：“贵州土司向无钳束群苗之责，苗患甚于土司。而苗疆四周几三千余里，千有三百余寨，古州距其中，群寨环其外。左有清江可北达楚，右有都江可南通粤，皆为顽苗蟠据，梗隔三省，遂成化外。如欲开江路以通黔、粤，非勒兵深入，遍加剿抚不可。”清军沿清水江、丹江遍设重营，以控江路，凡下江溶洞之深远大箐，皆伐山通道，“穷搜窟宅，神焦鬼烂，百里内外咸震虢，负弩络赴”。清军进攻清水江等地大开杀戒，“苗四山号泣”。经持续用兵，位于苗疆腹地的古州（治今溶江）被平定，商路开通，“楚、粤商艘直抵镇城外”。平定贵州东部后，清朝设八寨、丹江、清江、古州、都江、台拱等六厅，时称“新辟苗疆”。改流“开辟苗疆二三千里”“几当贵州全省之半”“(清朝）增营设汛，凡腹内郡县防兵大半移戍新疆”。❶部分改流也波及贵州西部，清朝曾招降镇宁、永宁、永丰与安顺的生苗 1398 寨。

大规模的改土归流在雍正九年（1731 年）结束，贵州进入调整巩固的时期，衍生的问题随之而来。雍正十三年，因官吏“征粮不善”，“新辟苗疆”的苗民发动大规模的反抗。廷臣中畏事者称苗疆不可守，“前功几尽失，全局几大变”。乾隆帝继位，授张广泗以七省经略使之职，残酷镇压起义。乾隆六十年（1795 年），在贵州东部与相连的湖南地区，又发生大规模的苗民起义。苗民提出“逐客民、复故地”的口号，官府被迫采纳“民地归民，苗地归苗”的应对之策。❷平定苗民起义后，清朝在当地广修碉堡、炮台，修筑边墙百余里，实行严密监视、隔绝居民往来的政策。在清朝的严密统治下，苗民的反抗逐渐止息，外来人口陆续进入，苗民社会亦发生明显的改变。

总体来看，清朝对贵州地区的几次大规模用兵，主要集中在贵州东部的“新辟苗疆”

❶［清］魏源撰:《雍正西南夷改流记上》，载《圣武记》卷七，北京：中华书局点校本，1984 年，第 287 页。
❷［清］魏源撰:《雍正西南夷改流记下》，载《圣武记》卷七，北京：中华书局点校本，1984 年，第 292 页。

等地，涉及安顺等黔西地区的不多。由于黔西地区较少遭受战争破坏，当地的传统社会得以保留。

四、结　语

清代、民国时期贵州地方志记载的“屯堡人”，为明代当地卫所驻军的后裔。“屯堡人”分布在贵州西部的平坝、安顺、镇宁、晴隆与普定等地，即明代的普安入黔旧路自贵阳入云南路段的地区。一些卫所驻守上述区域，逐渐演成封闭自守、群体繁衍的区域社会。随着时间的推移，“屯堡人”形成以家族群体自助、重视传统与教育、妇女耕织持家、男子擅长贸易、与周边居民较少交往为特征的“屯堡”文化。

以“屯堡人”“屯堡”文化为基础形成的“屯堡”文化现象，形成于特定的时期，分布于特定的地域。既有贵州地区共性方面的原因，也有特定时代与“屯堡”所在地个性方面的缘由。

贵州地区共性方面的原因。一是贵州多山少平地，耕地、水源等资源十分匮乏，限制了移民进入的数量与经济发展的速度。二是贵州建省较晚，管理机构不够完善，基层管控亦欠深入，致使贵州一些地区社会发育滞后，民族融合程度偏低。在很长的时期，罗罗、苗人等本地民族在贵州占有绝对优势，汉族融合本地民族形成的白蛮群体十分弱小。三是贵州的卫所集中分布在普安入黔旧路的沿线，以贵阳以西的路段较为密集，职责是保护驿道的畅通。为自身安全并长期固守，卫所对周边势力保持高度的警惕，不愿过多交往。四是受到明朝治理贵州方略的消极影响。明朝在贵州实行卫所与土司、苗地分治的政策，[1] 加剧了卫所与土司、苗地的隔阂，对卫所所在地形成封闭社会起到推动的作用。

特定时代与“屯堡”所在地个性方面的缘由。一是明代以前今黔西地区发展不顺利，一些时期被统治者严重忽视。汉晋时期今黔西地区出现繁荣，东晋至 13 世纪中叶则长期徘徊于低谷。元代开通云南至湖广的驿道，所通过的今黔西地区出现为时不久的复兴。明初将今滇东北与黔西部分区域划给四川并广置土司，官府对上述区域实难控制。兼之明朝将卫所与土司、苗地分治，黔西等地的罗罗势力更为强大，甚至一枝独秀。在这样的情况下，各民族的交往与自然交融不多，元代迁居当地的少量军民亦被罗罗等同化。二是“屯堡人”居住的“上六卫”地区，位于罗罗三十七部与苗霸势力的交接地带。“上六卫”既受三十七部与苗霸的侵扰，又因地处两大势力的交接地带，可利用两者的矛盾

[1] ［清］魏源撰：《湖南苗防录叙》：“宋羁蛮专抚绥，则高爵厚赏不餍欲；明备苗专防范，则筑哨屯兵不遏衅；终宋世威不振，终明世苗不服。”载夏剑钦编：《中国近代思想家文库·魏源卷》，北京：中国人民大学出版社，2013 年，第 174 页。魏源称：“明备苗专防范，则筑哨屯兵不遏衅”，可谓得明朝专一防范南方蛮夷、筑哨屯兵以监视及隔绝情形之真谛。

而实现自保。三是雍正间清朝在贵州地区进行的改土归流，以及改流后及乾隆年间发生的严重战乱，主要在贵州的中部与东部，较少波及黔西地区，有利于当地“屯堡”社会的延续。四是“上六卫”地区遍布喀斯特地貌，耕地、水源等资源贫瘠，居民谋生不易。外来移民既不受“屯堡人”欢迎，也很难在这一地区立足。清代外来移民的影响十分微弱，是黔西“屯堡”社会得以保留的又一原因。

总之，贵州“屯堡”文化现象的形成及延续，是多种因素复杂作用的结果。云贵地区民族关系的一个显著特点，是汉族移民与本地民族在较大范围内长期杂居并互相影响，呈现渐进性的融合过程。明清两代汉族移民大量进入云贵地区，在民族关系的融合发展中起到主导作用，当地各民族和谐相处、共存互助的格局乃得以形成。[1]贵州“屯堡”文化现象的存在，说明西南边疆民族关系演变的情形十分复杂。基于特定的时代与自然人文环境，可能形成不同于主流类型的若干亚类型，由此反映了历史发展过程的复杂性、多样性，以及不同的区域可能存在明显的差异。

---

❶ 方铁:《西南边疆汉族的形成与历朝治边》,《中国边疆史地研究》，2012年4期，第77-88页；方铁:《云南古代民族关系的特点及形成原因》,《社会科学战线》，2013年第7期，第130-136页。

苗岭走廊的明代屯军后裔族群探析

吕燕平

（安顺学院屯堡文化研究中心）

有明一代，中央政府出于扼控西南的战略需要，在云贵地区广设卫所屯堡、开通驿道，巩固西南边疆地区与内地的交通，加强云贵与中央政府的联系，使得贵州东西向交通的地位和作用日益重要。元代以来，贵州的东西向交通要道“一线路”，沿着苗岭山脉沿线展开，形成通往云南的走廊地带——苗岭走廊。明清以来，进入苗岭走廊地区的大量汉族屯军及其后裔，不仅带来农耕技术、江南文化的交流，也与当地少数民族产生互动、融合，不仅形成独特、丰富的族群文化，也留下较多民族融合的案例，对当地发展产生深远的影响。

一、苗岭走廊

（一）苗岭

在地理上，苗岭山脉横亘于贵州中部，是贵州省境内珠江水系与长江水系的分水岭。实际上，苗岭山脉有狭义和广义之别。狭义之苗岭，是指惠水以东至雷公山分水岭高地，长约180千米，宽约50千米，东西断续绵延。而在广义上，指西起六枝、东达锦屏、贵阳以南、独山以北的东西分水岭高地，这一表述与前述民国时期编修的《续修安顺府志·地理志》中“苗岭”表述一致。

（二）苗岭走廊

从地域空间看，苗岭地区主要包括贵州南部黔东南苗族侗族自治州、黔南布依族苗族自治州、黔西南布依族苗族自治州三个少数民族自治州，铜仁市南部、贵阳市、安顺市、六盘水市、毕节市西部。这些地区正是贵州少数民族分布的主要地区，世居贵州的十八个民族均有在此生活。

自古以来，苗岭地区即为氐羌、百濮、苗蛮、百越族系的交汇地带，聚居少数民族众多，“百苗”之说犹可窥知。然而，“百苗”与“苗岭”之“苗”，并非专指苗族，而是包括苗族、布依族、彝族等在内的少数民族的泛称。明清之际，贵州土司林立，势力较大的土司主要分布在苗岭以北，如水西安氏分布在西北部，水东宋氏分布在中北部，思州田氏则主要在东北部，播州杨氏则分布中北部水东宋氏以外。苗岭以南，从东至西，则为苗、侗、布依、仡佬或聚族而居，或零星分布，土司势力则较为弱小。从贵州古代以来民族迁徙和分布格局看，彝族自黔西北乌蒙山区南下，然后收缩；布依族则沿着红水河、南北盘江上游河谷溯源而上，或向北、向西；苗侗或由东向西、由南向北；汉族总体是由北向南、由东向西，在苗岭山区呈现交汇之势。因此，苗岭走廊成为贵州古代以来民族互动与融合最为集中和典型之地。

苗岭走廊是沿贵州苗岭山脉东西向延伸、南北交汇的民族迁徙流动的通道。与前述几条走廊相比，苗岭走廊的特点在于：其一，苗岭走廊在贵州建省之前即为湖广、四川、云南的接合部，是为西南少数民族文化与中原汉族迁徙流动的通道，元明以来成为湖广进入云南的通道。其二，苗岭走廊位于我国第二级阶梯，是西南地区第一阶梯与第三阶梯的桥梁，其海拔从100多米上升2000多米，自然、人文垂直地带性、多样性明显，形成民族多样性和文化多样性，堪称研究民族关系和族群文化多样性的宝地。其三，苗岭走廊位于滇、湘、桂、渝四省（市）的枢纽，属欠发达地区，其研究对落实区域协调发展战略，保证全国经济社会协调稳定发展，具有重大的现实意义。其四，苗岭走廊所在的贵州腹地素具军事、政治的战略意义，从庄蹻入滇、元朝灭宋、明初平滇、抗战后方乃至“三线建设”，均显示该区战略地位的重要性，于边疆稳定、国家安全、国防建设至关重要。

苗岭走廊通道地位和交通体系的形成，经历了长期的历史发展。元代，苗岭走廊的通道作用及其重要性开始凸显，经历明清，得到不断完善。“苗岭走廊”的通道，主要为陆路，民国以前是古驿道——湘黔驿道、滇黔驿道、黔桂驿道、川黔驿道。民国以后，抗战时期的滇黔公路，曾发挥了重要的作用。1949年以后，老320国道、沪昆高速公路。在铁路方面，湘黔铁路、滇黔铁路、黔桂铁路、川黔铁路建成，巩固了苗岭走廊的通道地位和作用。在水路方面，清水江、都柳江、乌江以及南北盘江、红水河在陆路交通建成之前和之后，也具有重要地位。概言之，苗岭走廊系横贯贵州境内东西部、连接湖广与云南边疆的主要通道，以滇黔驿道为主，辅以黔桂驿道、川黔驿道及其周边河流水道，形成一个交通体系。

二、苗岭走廊明代屯军后裔族群

（一）隆里所老汉人

隆里老汉人，是指生活在锦屏县隆里所城内的汉族居民，作为明代屯军的后裔，保持浓郁的汉文化。隆里，为隆里乡驻地隆里所村所在，隆里所城内24个村民小组，730户2937人，住有王、胡、江、杨等18个姓氏。

隆里所，亦称井巫城。因系龙里长官司治地缘故，前期称作龙里。清顺治十五年（1658年），龙里改称“隆里”，取隆盛之意。龙里守御千户所更名为“隆里所”，下辖寨杜屯、寨扒屯、郭家屯、八所屯、巴开屯、四所屯、界头屯、密岩屯、金竹屯、刘家屯、苏基屯11屯。

明洪武十一年（1378年），黎平吴勉起事，攻克黎平、锦屏、通道一带。明太祖朱元璋派第六子朱桢率军镇压，其后留兵屯垦。龙里地处要冲，盆坝宽阔，适宜为屯军之地。洪武二十五年（1392年），朝廷设置龙里守御千户所，隶属湖广都司五开卫。永乐二年（1404年），五开卫13名军官、360名兵士被派驻龙里所，按职授田，亦兵亦农，子孙相袭。13员官户按姓氏和官衔被编成三字谣："陶姚王、鲍尹张、七百户、加所王，三千户、江李杨，镇抚胡、都司庄，指挥一、是东王"，流传至今。明以来隆里城屡经战火（见表1），对当地影响深远。

表1　隆里建所后历经的战事

时间	战　事
洪武三十年（1397年）	婆侗林宽起事，攻龙里、占新化、打平茶、围黎平四千户所。所破，千户指挥吴德、镇抚井孚被杀，楚王桢与湘王柏率军督征、镇压
景泰五年（1454年）	苗人首领蒙能军暴动，攻打龙里。率众兵先攻龙里不克，不胜懈去
景泰六年（1455年）	蒙能军又起暴动，复攻龙里，与龙里庄荣守御军相持14天，五开卫陈友生大刀军来援，蒙能军败退
天顺四年（1460年）	湖广麻城李天宝入黎平府属鬼池、绞洞等苗寨聚众万余人，自称王，建元武烈，出兵攻打龙里所，后被都督李震率兵镇压
正德十六年（1521年）	苗首李太宗、周吉孟利用宗教信仰攻杀龙里所城，杨千户（秀钟）、尹百户（仲义）奋勇出城与战，不利阵亡
顺治六年（1649年）	郝永忠破所，鲍、尹、庄三官被杀害，所人死伤过半，幸存者往外逃亡，所中七十二姓仅存二十姓氏
咸丰六年（1856年）	天柱张秀眉举行苗民起义，席卷黔东南大部，隆里所被攻陷，所内尸横遍野，艾家湾（底下荫）血流成河。次年黎平府出兵讨平

资料来源：根据《隆里乡志》资料整理。

隆里所城初建时为土夯成，不久因大雨城墙多倾塌。永乐二年（1404年），由屯兵修复，逐渐形成明代黔东南的重要军事城堡。随着明代军屯文化的融入，再加上苗侗土著文化的固守，卫所驻地形成了独特的文化地理单元，在教育、风俗、方言、信仰等方面迥异于周边地区，成为卫所军屯文化的典范。

隆里深悬少数民族腹地，自古以来不但精于自保，尤善于作美乡梓。隆里居民大多来自江南，以安徽、江西居多，其建筑形式、艺术手法均具有徽派风格，是明代遗落在贵州民族地区的优秀建筑代表，对研究我国传统建筑文化和地域性建筑文化提供了难得的实物，具有建筑、艺术和历史价值。隆里古城的花脸龙、汉戏、迎故事等汉文化艺术瑰宝至今得到传承和保护，隆里岁时节日内容丰富，饮食制作精致。

明清时期，隆里西南角教场曾开设过集市——“兴隆市”，市场街道长200余米，宽5~6米，为鹅卵石镶嵌的花街。南头有戏楼，明清时期唱过大戏。后由于战乱兵燹，市场逐渐萧条、停场。民国三十一年（1942年），隆里由黎平县拨属锦屏县，隆里集市恢复，地点设在隆里城内中心地段“观音堂”处，以周一、周六为场期，延至1952年。1994年，锦屏县工商部门与县政府出资在城东北修建面积400多平方米、摊位近百的农贸市场，欲招四邻乡民前来赶场贸易，仍亦未如愿，偌大的农贸市场一直空闲。隆里人以小商小贩为业者很多，农忙人少，农闲人多，每场不下四五十人，他们在附近的中黄、启蒙等市场赶“转转场”，或贩耕牛、小猪，相互转换、调剂余缺；或长途贩运大米、盐、土烟、辣椒等农副产品到王寨（今锦屏县城）、黎平、榕江、寨蒿和广西的富禄、八洛等地，往返几天，翻坡越岭，披星戴月，虽吃尽辛酸，但能谋取微利，以养家糊口。商业贩运活动，成为隆里次于农业的第二产业，是主要的生活来源。

（二）顾成后裔：苗汉融合

黔东南苗族侗族自治州是贵州苗族和侗族的主要聚居地，在凯里市近郊一个苗族聚居的山寨——开怀村，有一座明代将军坟，坟前有一块1988年新立的墓碑——“明千户指挥 广威将军顾公良相之墓”，其碑文曰：

我祖良相公，原籍江南华亭县朱氏巷，乃入黔始祖夏国公镇远侯顾成之六世孙，也即入黔一世祖顾垣的五世孙。驻镇香炉山。承袭千户指挥爵，谥广威将军；娶王氏，生六世祖顾踞。明孝宗七八年间，祖因军事失误，惧上究罪。因埋名隐姓，潜逃开怀，取用苗名邦迪，另安家立业，娶苗女文氏，生六世祖难邦、松邦、优邦、佼邦，传凯棠、开怀，排羊、八寨四支顾氏苗族。四百余年来，我顾氏家族藤漫瓜瓞，树大根深，滔滔江河，源远流长，虽分苗汉，实为一本。民族融合，自公始也。今聚合族，勒石立碑，永志不忘焉。

裔孙 香炉山支、开怀支、凯棠支、排羊支、八寨支侍奉

一九八八年戊辰十月 吉日立

明孝宗弘治年间，镇守黔东南军事要塞香炉山的“千户指挥”顾良相，为顾成六世孙。时麻哈吴姓土司与蒙姓土司发生矛盾，兴兵构怨。顾良相出面调停、劝和，蒙司不从。顾一怒之下，出兵助吴司打败蒙司。蒙司怀恨在心，趁顾回兵香炉山时，在半途苦李井埋伏兵，顾军遭袭死伤大半。顾夜潜回家，令家里上报已亡，然后潜逃到苗村开怀，隐姓埋名，藏匿下来，当地苗人呼为“邦迪”（傍靠苗家的汉人），此后以苗名行世。顾娶苗女文氏生四子，均以苗族“父子连名制”行世，成为苗汉融合的第一代传人。顾恐其事败露，待诸子长大，即令分居四方：长子雄邦去凯棠，传凯棠支顾氏苗族；次子松邦留在开怀，传开怀支顾氏苗族；三子优邦送去排羊，传台江县排羊支顾氏苗族；四子佼邦分去八寨，传八寨支顾氏苗族。加上原留在香炉山的儿子顾驹一系，顾良相以下在

黔东南共传五支裔孙：四支为苗族，一支为汉族，共4万多苗、汉后裔。

顾氏四支苗族裔孙的姓名形式除少数保留原姓（顾），因其他原因改为别姓（有唐、王、李、杨）外，绝大多数均采用苗族的“父子连名制”，凯棠雄邦支系，逆推父子连名制为：1燕宝、2宝熊、3熊养、4养略、5略绍、6绍荣、7荣卡、8卡金、9金斗、10斗留、11留香、12香鼎、13鼎雄、14雄邦、15邦迪（明代顾良相），姓名符号完全苗化。按《顾氏族谱》追算，黔东南顾氏以顾成为入黔始祖，顾成之子顾绀（勤）为入黔一世祖，二世祖顾兴中、三世祖顾诚、四世祖顾旻，均在贵州带兵驻守。传至五世祖顾良相，承袭其父顾旻“千户指挥”官职，驻守香炉山，不料命途多舛，生出上述变故。

贵州顾氏入黔始祖顾成，系明初大将，晋封镇远侯、夏国公。明初“调北征南”时，顾成为先锋官，后任普定卫指挥使，晋升贵州都指挥使后，其子顾统继任普定卫指挥使，今安顺城内有顾府街，传为昔日顾氏府宅所在，所以得名。顾统传下的安顺顾氏宗族，人丁颇多，亦为一郡望族。

（三）安顺屯堡人

屯堡人主要集中分布在安顺一带，其历史渊源可上溯至明初。洪武初年，元梁王把匝剌瓦尔密盘踞云南，不愿归附。洪武十四年如（1381年），朱元璋以颍川侯傅友德、永昌侯蓝玉、西平侯沐英等为统帅，率30万明军往征云南，十二月，征南战事毕。为巩固西南，明王朝在安顺一带设置了普定卫、平坝卫、安庄卫以及关岭守御千户所、定南所，屯田驻军。按明制，军队须携带眷属，是所谓“佥军”。这批屯军及其家属，从此落籍黔中安顺一带，构成了屯堡人的最早来源。屯堡人言及其始祖，多有“征南而来”“骑着高头大马打仗而来”之说，部分家谱、墓碑也有佐证。

“屯堡第一村”——九溪村《顾氏宗谱》载：

始祖成公，由前明洪武二年，奉敕征讨填黔，授征南都指挥之职。躬膺王命，统率王师，自吴来黔，其后平服黔地有功，封镇远侯进征南将军，遂久镇南疆……子孙聚族于此邦者十三府。

民国十九年修编的鲍屯《鲍氏家谱》卷一载：“大明洪武二年调北征南，我始祖鲍公讳福宝由江南迁徙贵州……”当然，屯堡人并非只是明朝屯军的后裔。明朝屯军及其裔只能构成屯堡人的一部分，而非全部。屯堡人的形成过程中既有军人的成分，亦有大量以其他方式进入屯堡区域的移民成分。屯堡人的形成是在明初“征南”屯军的基础之上，汇集了此后因“填南”和以其他方式迁入的汉族移民成分，经历明清数百年时间内逐渐形成，其间不乏与当地少数民族的互动与融合。

屯堡文化独具特色，内容丰富。（1）屯堡村落聚集，具有城堡式特点，民居建筑内部注重装饰。（2）屯堡妇女服饰具有“大袖、长袍、码裙”的特点，挽髻于脑后，包帕；穿大袖长袍，前襟缀花边；腰系丝绸系带。脚穿绣花、尖头、长筒布鞋，天足习俗。

（3）屯堡方言具有独特的“堡子声”，语音上多颤音和浓厚的卷舌音、儿化音。（4）崇祖、慎终、追远，精心编印、保留家谱。此外具有共同的历史记忆，尚地戏、玩花灯、喜唱山歌，迎汪公、庆五显坛，重耕读、善工商，社区结构具有封闭性等。

（四）北盘江流域的喇叭苗

喇叭苗，分布在北盘江中游地区的晴隆县、普安县、水城区和六枝特区交界地带，主要有普安县龙吟镇和晴隆县中营镇、长流乡、花贡镇等乡镇，以及毗邻的水城格支、六枝特区中寨等部分乡镇，人口约10万。

洪武十四年（1381年），朱元璋下令征伐云南的30万大军中，偏师5万人来自湖广宝庆府（今邵阳）。

洪武十四年（1381年）九月，征南将军颍川侯傅友德兵至湖广，分遣都督胡海洋等帅兵五万由永宁趋乌撒。

洪武十四年（1381年）十二月，征南将军颍川侯傅友德、左副将军永昌侯蓝玉、右副将军西平侯沐英率大军由辰、沅趋贵州，进攻普定，克之。罗鬼、苗蛮、仡佬闻风而降。至普安，复攻下之。乃留兵戍守，进兵曲靖。❶

平定云南后，各地土目相继叛乱不断，纷纷围攻留驻明军。

洪武二十一年（1388年）十二月，越州叛酋阿资等率众寇普安，烧府治，大肆剽掠。征南将军颍国公傅友德等率兵击之，斩其营长者梁满已青。

洪武二十二年（1389年）正月，征南将军颍国公傅友德等复击走叛酋阿资，上（土）官普旦来降。时，阿资退屯普安，倚崖壁为寨，友德以精兵蹙之，蛮众皆缘壁攀崖，坠死者不可胜数，生擒一千三百余人，获马牛羊五千三百余头。阿资遁还越州。❷

阿资“退屯普安，倚崖壁为寨”，主要在今普安县北部普纳山一带。攻打普纳山，因山势陡峭、四周悬崖峭壁，极其艰难。明军每次进攻，都被山上滚木礌石打退，难以接近。最后明军中的湖广籍兵士想出一个办法，用竹子等扎成笆摺，中间夹以干草等，以减轻滚木礌石打击力。攻山时，根据笆摺大小，由几名或十几名士兵推着笆摺在前，其余士兵跟在后面，才顺利接近关卡。此后，双方近战，十分激烈。传说明军最后是在一位被俘号兵的暗示下，攻下普纳山。战事平息，湖广籍兵士留屯在以普纳山为中心的晴隆县、普安县北部，就地“立营屯种”。此后，人们就把揽着“笆摺”攻山的湖广兵称为“揽笆摺”“挡笆摺”，后转音为“哪笆摺”“老巴子”，最后称作“喇叭子”“喇叭人”。20世纪80年代，经民族识别，“喇叭人”被识别认定为“喇叭苗”。

喇叭苗具有独特的文化：（1）民间信仰，信仰佛教、道教，崇巫尚鬼，信奉“三洞桃源”，有“庆坛”“勾愿”“庆坛”等傩仪祭祀活动。（2）婚俗，新娘坐花轿，男骑马迎娶，

❶ 贵州民族研究所编：《明实录·贵州资料辑录》，贵阳：贵州人民出版社，1983年，第21页。
❷ 贵州民族研究所编：《明实录·贵州资料辑录》，贵阳：贵州人民出版社，1983年，第61-62页。

行拜堂仪式。（3）女子服饰，已婚妇女束发锥髻于头顶，高约三寸，罩以青布，留两尾垂于脑后。穿青、蓝布衫，衣长过膝，袖短口大一尺二寸。排领和怀面排领、袖口等均用红、蓝两色布条镶边，订花边或绣瓜米心、狗牙、万字格、水波式花纹。腰间扎青布或蓝布腰带，结前尾后。穿青色摆裆裤，裤脚宽一尺二寸，无花边。天足，脚穿勾心花鞋，有线花、鞋尖呈鼻尖样。耳配吊环、竹节环等。戴银制、骨制或玉石手镯、戒指。擅长刺绣和挑花。（4）语言文化，“喇叭话”为贵州汉语方言的“方言岛”，与湖南城步一带明代宝庆府通用的汉语湘方言湘西次方言很接近。

三、苗岭走廊屯军族群的变迁

明清时期，苗岭走廊先后设置了20多个卫所，驻扎10万以上的屯田军户。由于身处特殊的人文生态和历史变迁，屯军族群与少数民族的互动融合较为复杂。早期，多通过军事征伐、少数民族起义，屯军族群与当地少数民族军事互动频繁，其中不乏惨烈的杀戮。而后王朝更迭，屯军转民，不再有昔日的身份和特权。随着市场交易、社会交往的频繁，敌视与隔膜逐渐淡化，婚姻互动与融合在所难免，前述顾成苗汉后裔体现的苗汉互动、融合较为典型，隆里老汉人、屯堡人、喇叭人（苗）与苗族和布依族的互动融合情况差异甚大。

隆里所自建所至咸丰六年（1856年），遭受七次战争劫难，不乏惨烈，损失巨大。在锦屏、黎平、剑河三县交界的青山界高寒山区，生活着隆里古城逃去的王姓、胡姓、姚姓、陶姓等家族，始终保存着汉民族的习俗，操隆里人口音。他们多是清咸丰同治年间苗侗起义军攻占隆里时出走隆里人的后代。战争的洗礼，铸就了隆里老汉人的执着，也使屯军后裔与当地少数民族的婚姻互动存在着数百年的隔膜，形成“孤岛文化”。隆里人曾固守“所不连寨，司不通所”规矩，不与城外土司所属各寨通婚，除限于城内各姓氏间进行外，也与15千米外的新化所通婚姻，故而关系友善。在两地民间，有“蚱蜢”“蛤蟆”昵称的互指，即便是小孩戏称对方白发年老者，也不会生气，其他村寨的人则不可。系因咸同年间，两所同遭遇攻打，各自上山、进洞得以幸免，自然同病相怜。民国时期，隆里人始终保持与汉族内部通婚。20世纪50年代后，隆里人逐渐结束不与外族通婚的历史。隆里市场至今未兴，同与周边少数民族经济互动难以进行、长期隔膜存在有关。

在安顺屯堡社区，屯堡人素有严格的通婚圈，族内通婚而不与少数民族和非屯堡人通婚，是其婚姻制度的核心，这一婚姻制度可追溯到屯堡人落土贵州的起点。当初，调北征南先是军士，后来带着家属随军，落土之后是以军户、贴户为细胞。咸丰《安顺府志·地理志·风俗》载：

郡民皆客籍，惟寄籍有先后，其可考据者，屯军堡子，皆奉洪武敕调北征南。当时之官，如汪可、黄寿、陈彬、郑琪作四正，领十二操屯军，安插之类，散处屯堡各乡，家口随之至黔。[1]

《安顺府志·烈女志》对“家口随之至黔”之说不乏史料印证：

吴文荣妻邹氏，昆山邹思明之女。洪武初，思明戍普定，邹氏甫五岁，随母居乡间。长适同里吴文荣，乃同夫奉母，历万里至卫省父。未几，父调征当行，文荣请代往，遂殁于阵。邹时年二十一，恸毁几绝。父母勉谕之，誓死守节，孀居四十七年，未尝忘哀。

王二妻黄氏，随夫戍普定，行至中途，夫卒。氏年二十四，携幼子间关至卫，守节不移。

王召保妻裴氏，随夫戍普定。保丧，裴年二十。哀恸尽礼，竭力以事舅姑，抚养遗腹子，始终如一。[2]

入黔早期屯堡人与少数民族的婚姻互动、融合极少，但在中后期，情况逐渐出现变化，甚至一些大姓望族也不例外。

四、讨　论

其一，苗岭走廊明代屯军族群的在地化。苗岭走廊族群的互动融合具有复杂多元性：在互动方面，明清时期的军事性质互动较多，其后经济互动、文化互动、社会互动渐增；在融合方面，喇叭苗的互动融合较早，隆里老汉人则几无融合，屯堡人有零星的融合，凯里顾成苗族后裔的形成具有家族性特点。明代屯军族群与当地少数民族互动深广程度的加强，是脱离明代卫所制度场影响的必然。而由于屯军族群规模差异，苗岭走廊不同地域的族群互动重心也有所不同。总体上，苗岭走廊族群的互动融合加速了族群在地化进程。

其二，苗岭走廊明代屯军族群文化的形成机制。苗岭走廊的明代屯军后裔族群现象多样化，在我国的民族走廊中是较为突出的。明代以来，由于卫所制度在西南的推行，通过设屯立堡，随着来自江淮、湖广军士的长期屯田戍守，汉民族与汉文化大量进入贵州地区，经历600多年来与当地少数民族的对抗、互动、融合，形成屯军后裔族群文化的多样性，具有军旅、屯耕（垦）、戍边的体现，也融入了地方性。屯军后裔形成族群及其文化，与明代推行的卫所屯田制度、户籍管理制度的先在设计不无关联。

其三，苗岭走廊明代屯军族群的地位和作用。自古以来，苗岭走廊的少数民族众多、支系复杂，族群互动融合频繁。苗岭走廊在明代通道作用的凸显，是国家意志的体现，

---

[1] ［清］常恩总纂，安顺市地方志编纂委员会点校：《安顺府志》卷一五《地理志·风俗》，贵阳：贵州人民出版社，2007年，第306页。

[2] ［清］常恩总纂，安顺市地方志编纂委员会点校：《安顺府志》卷四一《烈女志（三）》，贵阳：贵州人民出版社，2007年，第935页。

而屯军族群则是肩负国家使命执行者，成为国家与地方的勾连。屯军族群与少数民族的互动融合，体现西南地区社会融合进程，是中华民族多元一体的体现，也是西南民族地区国家化的助推器。

其四，苗岭走廊的形成及其社会文化意义。虽然贵州在建省之前为湖广、云南、四川的交接地界、偏僻之地，但苗岭走廊的重要基础——苗岭山脉所经地区，夜郎、牂牁、罗殿、且兰等方国的存在，族群迁徙、互动的早已有之。明清以后，贵州在西南地区的地位和重要性凸显，随着明代卫所屯军在苗岭山脉沿线的屯耕常态化、在地化，国家意志强力推进加速了历史演进，故而该区域族群互动及其文化多样性具有全国民族走廊地区的普遍性，也有其独特性，进而贡献了贵州案例。

锦屏县亮江流域明代屯堡探寻

吴庆云　何清静　舒秀梅　吴锡镇

（贵州省凯里市自然资源局、黔东南民族职业技术学院、贵州省黔东南苗族侗族自治州文联诗词家协会）

一、锦屏县亮江流域自然环境

亮江流域位于贵州高原向湘西丘陵过渡的低山河谷盆坝区。锦屏县内的亮江流域，东抵湖南省靖州县藕团乡，西南邻黎平县鳌市镇，西邻启蒙镇，北抵偶里乡。亮江发源于黎平县西部器寨乡高进村北侧岭计流山南麓，由高进村向东至坝寨村转向东北，绕高屯后进入锦屏县的新化、敦寨、铜鼓，至三江镇附近亮江村注入清水江，全长 124 千米，主要溪流有钟灵河、花桥河，流域面积 1697 平方千米。亮江中上游地势由西北向东南降低，河谷地貌，盆坝间错，海拔 350~380 米。四季分明，气候温和，属典型的亚热带季风气候区。土壤肥沃，降水丰富，热量充足，自然条件优越，是锦屏县主要的粮油、蔬菜和水果产地，也是贵州省主要农业生产基地。优越的地理环境，成为早期人类生活的场所，是人类社会和经济发展条件比较理想之地。

二、锦屏县亮江流域人文环境

亮江是清水江最大的支流，也是锦屏江河流域中最美的河流。亮江流域的隆里、新化、敦寨、铜鼓、钟灵是锦屏县的鱼米之乡。古老的屯堡村寨尤其明代屯堡分布其中，民族风情浓郁。这里属于锦屏美景中的佼佼者。该流域人类发展历史悠久。据 1972 年锦屏县敦寨水泥厂出土的磨制石斧和 2006 年茅坪镇阳溪出土的陶瓷器等可知，早在新石器时代锦屏县亮江流域即有人类生息。春秋战国时属楚黔中地。秦属黔中郡。汉属荆州武陵郡镡成县。三国前期属蜀吴角逐之地，后期归吴。晋与汉同。南齐武帝永明三年（485 年），析武陵、牂牁二郡置东牂牁郡，县地属东牂牁郡平阳县。南梁属武陵郡龙标县。隋代同梁。唐贞观时随龙标改属巫州，武则天时又改属沅州，代宗大历时再改属溆州。天宝时于亮司地置羁縻亮州，属黔州都督府。五代时属诚州“十洞”地。北宋徽宗崇宁二年（1103 年）于铜鼓置铜鼓寨，属靖州。大观元年（1107 年），于湖耳地置隆州，遥属绍庆府。唐宋两代，县地均为朝廷羁縻统治。元置亮寨、湖耳、新化、欧阳寨蛮夷长官司，属思州安抚司，为管理机构的设置。

三、亮江流域屯堡的文化传承

（一）汉文化的动态传承

亮江流域的汉文化多姿多彩，以隆里的舞龙和新化的舞狮最为典型。

隆里舞龙：在以苗侗文化为主流的黔东南地区，隆里古城是处在南北侗的分水岭线上的一个社区，坚守汉文化的宗教、戏曲、节日、刺绣、编织、饮食等习俗而不被同化，具有特殊意义。隆里迄今保存着玩龙灯、演汉戏、讲故事等具有浓厚色彩的汉文化。玩龙灯是隆里人民每年的庆春传统节目，方圆几十里的人都赶来观看。开锣玩龙时间由东西南北各门事先约定，锣鼓一响，赤、青、黄等八条各色龙同时出动，会聚城中广场，锣钹鼓号齐鸣，群龙竞技，热闹非凡。龙灯制作精巧，鲜艳美观，风格独特。玩耍的技巧也多达十余种，有串花龙、金龙抱柱、滚地龙、二龙抢宝、双龙戏珠、黄龙吐丝、青龙翻身、天龙穿雾、黄龙出海、大盘龙、小盘龙等。场面恢宏壮观，势若翻江倒海，活灵活现，令人应接不暇眼花缭乱。每年元宵玩花脸龙，为隆里的“狂欢节”，是古城一年中最热闹的日子。与其他地方的龙灯节不同的是，每个舞龙的人都要画“花脸”，以扛龙尾的“蓝季子”为主角。这取材于宋朝初期“蓝季子会大哥赵匡胤”的民间故事。舞动时起伏进退均由龙头带动。

新化舞狮：新化所是一个可以让人托付文化情怀的地方，在这个已有600多年的屯堡故地，新化的汉戏、舞狮、水龙依旧鲜活着古代军屯文化的余韵。新化的舞狮，系北派舞狮系列，是新化传承久远的民间汉文化活动。每年农历的六月二十六日，新化所村举办民间文化传承活动，当地100多名民间文化传承人参加水龙、舞狮、汉戏等文化传承展示，其中有20多名农家妇女穿上明代的戏服，走上舞台，表演《醉打金枝》等传统汉戏剧目。这些屯军后裔，洗去两腿尘泥，端着各自从家中带来的或大或小，或方或圆的镜子，往脸上涂抹油彩，然后旦、末、净、丑渐次登台。他们在锣钹激越的牵引中，在京胡锋锐的抒情里，舒展水袖，亮开嗓子，把一个个历史故事和历史人物从传说中推将出来。舞台上，文戏、武戏轮番上演，随着演员唱、念、腾、挪、跳、打、挑、推、滚等一系列戏剧动作的演进，急行处风雷迸发，尽显新化汉戏粗犷、豪放而火辣的风骨，再现新化汉戏温润、平和而深情的气韵。20世纪50—60年代，新化所舞狮曾多次参加县、区大型庆典活动演出，深受观众欢迎。1992年后，每逢春节屡屡应邀至锦屏城关及比邻的黎平县闹新春；2005年黎平机场试航庆典时代表锦屏县参与演出。新化的舞狮，吸引着四乡八寨的乡亲观众，甚至招来了省内外上百名专家学者和摄影爱好者。2006参加黔东南苗族侗族自治州建州50周年庆典演出，精彩绝伦的表演使数万观众瞠目结舌为之倾倒。2007年，新化乡被贵州省人民政府授予“舞狮文化艺术之乡”。

（二）汉文化的口语传承

亮江流域的隆里、新化、亮司、敦寨、钟灵以及铜鼓屯堡村寨居民皆讲汉语，俗称“客话”。但是，因受地区、历史、隶属、流源等诸多客观因素制约，各村寨（铜鼓片区的村寨与上述屯堡村寨有较大区别）使用的汉语皆近于西南官话的黎平次方言和湘方言，形成独特的“客家话”。其主要特征是：说话的语速快（外地人第一次听新化人讲话，肯定不知所云）；声音洪亮，音节短促，尾音较高、较长，整体雄浑，爱用重音且时常杂有本地方言。即使一乡之内，虽仅隔几千米路程，各村寨的语言各具特色。比如，新化所、新化寨、欧阳三大片区。同是一句话，各片人说出来就有较大差别。“你吃饭了吗？”新化所说成：“你吃（qí）饭了（gā）吗（mou）？”短短一句话中的语音完全走调、变调。新化寨则说成：“你吃饭了吗？”欧阳话说成：“你吃（qí）饭了（ān）吗（nè）？”。新化话在语音上一般与黎平次方言和湘方言基本一致。但一些副词、形容词、语气词形成了地方个性。新化语中根本没有副词“不”。往往把“没”和“不”合二为一而用。都用成“没（mei）”而且念成 mèi。比如：“没（mèi）”有人，没（mèi）有本事，没（mèi）得时间。把“自己”说成“各人”（guó rén），如：“自己去”说成“各人去”。新化话中出现频率最高的是陈述性语气词“嘎”（念成 gā）。如：吃嘎、睡嘎、病嘎等；用于祈使句末表示请求、催促、命令、提醒语气的“啊 mǎn”，如：快点啊、帮我一下啊、多吃点啊等；用于祈使句末表示要求、劝告意思的“嘞”念成立 něi。如：他还没（mèi）来嘞（něi）、好生点嘞、莫跌倒嘞等；用于是非疑问句末表示疑问的“呵”（念成 lè）。如：你是新化人呵（lè）？他没（mèi）结婚呵（lè）等；还有表示一定语气的“呀”（念成 jià）。如：我吃（qí）饭嘎（gā）呀（jià）等。语言中还喜欢用形容词＋名词补充结构句式。形容词表示感受，名词表示原因及部位。简捷明白，表示力强。如饿饭、饿烟、晕船、晕脑壳等。常用口头语言（方言），由于地区历史、文化等诸方面的原因，仍然在生产生活中广泛运用。这些口语明显的是外来语言，在少数民族地区大交流大融合的背景下却强势传承了下来。

（三）教育的兴起与发展

纵览锦屏县亮江流域屯堡的发展历史，无论统治阶级还是屯堡人及其后裔，对教育都很重视。区域教育有府学、书院、私塾等。隆里有龙标书院、新化有府学，所有屯堡都设有书院、学馆，开办私塾。学子读书无统一的教材和期限，不分年级。一般诵读古书经典，由浅入深地读《三字经》《百家姓》《增广贤文》《声律启蒙》《论语》《论说精华》《论说指南》《纲鉴》《诗经》及朱伯儒的《治家格言》等。

（1）龙标书院：《开泰县志》记载：“位于隆里所观音堂的龙标书院，创建自唐王昌龄公”。书院含鹏程桥、过厅、中院、明伦堂、先师堂、董张祠等，主要为完善其“讲学、藏书、祭祀”三大功能。唐朝边塞诗人王昌龄，字少白，山西太原人。早年贫贱困于农耕。年近不惑才中进士。因科位列第一，故人们称他状元。天宝年间，高力士、杨国忠派人到王昌龄治下的江宁砍伐青龙柏建私宅。王昌龄有所抵制，这可得罪了杨国忠、高力士。天宝七年（748年），诗人王昌龄作了一首《梨花赋》，本是借梨花的洁白来歌颂清正廉明、纯洁高尚的品格，却被杨国忠说是讽刺朝廷，要置王昌龄于死地。唐玄宗知道后说："朕观王昌龄之错，止于不护细行（不拘小节），切勿以重刑处之"。唐玄宗的一句话救了王昌龄的命，他被贬为龙标尉到了隆里。唐武德七年（624年），隆里设龙标县。王昌龄在龙标多年，为开发蛮荒，教化人民，在隆里建了一所龙标学宫，培植人才。期间，由于传授教学，变革民风，颇有德行，与隆里人民结下了深厚情谊。由于战乱，兵燹荒残，书院荒废。到明永乐十一年（1413年），依旧址重建，并改名龙标书院。清雍正三年（1725年），鸿胪寺少卿以培养人才训导乡里为己任，联合乡中贤达，捐金重修龙标书院。书院屡毁屡建，明清时期出进士2人、举人18人，入仕为官七品以上的21人。

（2）新化府学：明永乐十二年（1414年），朝廷议准设新化府学；永乐十九年（1421年）设新化府医学和阴阳学。宣德二年（1427年）新化府6蛮夷长官司（湖耳、新化、亮寨、欧阳、隆里、中林验洞）向朝廷奏请："贵州各府学校新立，诸生皆蒙童入学，若比内地府学每岁选贡，实无其人，请比县学三年一贡。"朝廷批复"边地立学，欲从化耳，岂可遽责成材，宜令所、司，随宜选贡"。可知新化自此皆已设官学。清代，境内亦为所、司封建中层政权驻地。康熙四十三年（1704年），贵州巡抚准予土司等地方官，所上《苗民久入版图请开上进之途疏》，奏请朝廷旨准，土司承袭子弟及苗民子弟愿意入学者，皆准"入学肄业，一体科学，一体廪贡"。兹后乡境书院、学馆、私塾先后兴起，当时建书院、学馆、书房的经费主要来自地方税租，民众集资和地方人士资助，百姓子弟皆可入内就读。

（3）化成书院：位于新化所今东门鼓楼以南100米处。初建于明朝，清道光年间重修。咸丰时毁于兵燹。光绪十六年（1890年）在原址重建。由正厅、小院（天井），青砖围墙小门、大门、门楼组成。占地500平方米，坐北朝南，围墙砌至屋檐房脊，翘角飞檐，门楼左右上方墙壁用石灰粉刷打底，红、绿彩线镶边，其上绘山水、花鸟、人物壁画，上方正中悬挂院名匾额。门楼两侧置方形砖柱，其上书有"化养正气留河岳，成振雄心贯日虹"。门楼前置一对，石狮一左一右把守于大门两边，入门即为天井，地面由平整而光滑的方块条石镶嵌而成，紧挨正厅的东西两侧，栽植一金一银两株丹桂，高5米，每值金秋，清香满院。院内东西的围墙内壁上已绘花鸟人物画，正厅3间，长12米，深9米，高9.6米，厅堂正中设置神龛，上供"孔子引鹿图"。厅堂两边的廊柱、上枋均雕刻着双龙戏珠，丹凤朝阳等精美雕塑；厅檐上用波浪形弧线板装饰。上枋榫头，刻有龙头、象鼻等造型。先生由地方公举，凡经科举考试，贡生以上学位或在地方上德高望重者才可选聘为先生。当时教读《四书五经》和《八股文》等书目。

（四）屯堡人的性格、心理

通过600多年的发展，锦屏县亮江流域的屯堡人在性格、心理等方面有如下差异：

（1）优越感较强的隆里所人。隆里所人最初是以军事占领进入苗疆侗寨腹地的，他们从中原带来先进的农耕技术，以屯堡形式存在的隆里古城占据了有利的地理位置和大片良田沃土，周边少数民族被赶到贫瘠的山上。城池修筑后，几百年来隆里人与周边地区的少数民族斗争不断，汉族强大的军事、经济、文化攻势决定了他们最终的胜利。他们对周边少数民族心存戒备，不敢轻易与少数民族居民交往，拒绝吸收少数民族地区文化，除与少数民族侵扰偶尔发生小规模战争和农业生产、安葬去世老人要出城外，日常生活基本在城内进行。

（2）高度开放的新化、敦寨、铜鼓人。在历史发展和民族融合过程中，新化、亮司、敦寨、钟灵、铜鼓等军屯人的后裔，既保存有汉文化特点又融合了当地少数民族文化的元素。当地少数民族文化与汉文化相互渗透与融合使该地区具军事屯堡的内涵而又不完全传承军事屯堡形态。屯堡军人后裔不断与周边少数民族同胞友好通婚、社会交往，故该地明代后期到清朝前期就成为苗族、侗族、汉族杂居之地。在这里，苗、侗、汉等民族和睦相处，和谐社会与时俱进。

四、亮江流域的府、卫、所、司、屯

府、卫、所、司、屯。“府”，即新化府：明永乐十一年（1413年）在新化乡置新化府。系锦屏县境内最早也是唯一设置府的行政管理机构。府署设在新化乡新化所村，府衙有知府1人，掌全府政务，属正四品，从1413—1434年，历时23年之久。“卫”，即铜鼓卫：明洪武二十一年（1388年）九月始设铜鼓守御千户所（治所为现在的铜鼓镇政府所在地），洪武三十年（1397年）改为卫。“所”，即新化千户所，明朝洪武十八年（1385年）五开卫蛮夷吴勉起义，明廷遣征蛮将军汤和从楚王讨之。事平于五瑙寨（今黎平城内）置五开卫弹压，十九年（1386年）筑卫城设左、右、前、后、中五所。隆里千户所，1385年，明太祖朱元璋第六子朱桢为镇压古州吴勉起义，调集江南九省官军，在隆里设千户所。“司”，亮寨司：唐天宝年间（742—756年），朝廷在亮司设羁縻亮州，元至元二十年（1283年），朝廷始在县地推行土司制度，置八万亮寨军民长官司，隶湖广行省思州安抚司。明洪武十八年（1385年），因吴勉起义，废除。永乐元年（1403年），复置亮寨、欧阳等长官司。湖耳司：元至治二年（1322年）置湖耳长官司，是锦屏县六长官司之一。新化司：元至治二年（1322年）置新化、欧阳长官司，属湖广行省思州安抚司。明代（1368—1643年）新化洞官归附朝廷。三年（1370年）设新化蛮夷长官司，司长官欧阳明万。中林验洞司：明、清两朝设中林验洞蛮夷长官司，系黎平府十二个长官司之一。永乐七年（1409年）九月十日中林验洞长官司，司治现在的钟灵乡政府所在地。欧阳司：欧阳村位于新化乡东部，亮江北岸，元至治二年（1322 年）在此设欧阳长官司。龙里司：永乐七年（1409 年）设司，司治在现在的龙里司。屯，带“屯”字命名的村寨，几乎遍及整个亮江流域，多数是军屯遗留。最初为军户屯驻，实行军事管理。随着战争的减少，屯户逐渐平民化。至明代后期，诸屯已完全成为平民村寨（见表 1）。

表 1　锦屏县亮江流域卫、所、司、屯堡设置时间一览

府	卫	所	司	屯	设置时间
新化府					明永乐十一年（1413年）
	铜鼓卫				明洪武三十年（1397年）
		隆里所			明洪武十八年（1385年）
		新化所			明洪武十九年（1386年）
		铜鼓所			明洪武二十一年（1388年）
			龙里司		元至治二年（1322年）
			新化司		元至治二年（1322年）
			中林验洞司		明洪武五年（1372年）
			欧阳司		明洪武四年（1371年）
			羁縻亮州		唐天宝年间（742—756年）
			亮寨司		元至元二十年（1283年）
			湖耳司		明洪武三年（1370年）
				雷寨屯	明洪武十九年（1386年）
				欧阳屯	元至治二年（1322年）；明洪武四年（1371年）
				者寨屯	明洪武十八年（1385年）
				龙池屯	明洪武十九年（1386年）
				笋寨屯	元至治二年（1322年）
				上邦寨屯	明洪武十九年（1386年）
				下邦寨屯	明洪武十九年（1386年）
				胡家屯	明洪武十九年（1386年）
				吴家屯	明洪武十九年（1386年）
				南田屯	明洪武十九年（1386年）
				中黄屯	明洪武十九年（1386年）
				上罗丹屯	明洪武十九年（1386年）

续表

府	卫	所	司	屯	设置时间
				下罗丹屯	明洪武十九年（1386年）
				乌寨屯	明洪武十九年（1386年）
				沙寨屯	明洪武十九年（1386年）
				陆寨屯	明洪武十九年（1386年）
				盛寨屯	明洪武十九年（1386年）
				莲花池屯	明洪武十九年（1386年）
				汤寨屯	明洪武十九年（1386年）
				颓寨屯	明洪武十九年（1386年）
				竹丝屯	明洪武十九年（1386年）
				岑头屯	明洪武十九年（1386年）
				寨戈屯	明洪武十九年（1386年）
				高益屯	明洪武十九年（1386年）
				羊乌屯	明洪武十九年（1386年）
				曾董屯	明洪武十九年（1386年）
				羊鸦屯	明洪武十九年（1386年）
				连寨屯	明洪武十九年（1386年）
				营盘湾屯	明洪武十九年（1386年）
				胡家屯	明洪武十九年（1386年）
				果园屯	明洪武十九年（1386年）
				曾家屯	明洪武十九年（1386年）
				乐安屯	明洪武三十年（1397年）
				山洞屯	明洪武三十年（1397年）
				大永屯	明洪武三十年（1397年）
				空洞屯	明洪武三十年（1397年）
				岔路屯	明洪武三十年（1397年）
				寨王屯	明洪武三十年（1397年）
				同门屯	明洪武三十年（1397年）
				罗槐屯	明洪武三十年（1397年）
				溪头屯	明洪武三十年（1397年）

续表

府	卫	所	司	屯	设置时间
				金竹屯	明洪武三十年（1397年）
				枫香堡	明洪武三十年（1397年）
				纠坡堡	明洪武三十年（1397年）

资料来源:《敦寨镇志》《新化乡志》。

五、锦屏县亮江流域屯堡的特点

（一）屯堡分布密集

在亮江流域，大大小小几百个屯堡村寨非常密集地集中分布在亮江干流两岸及其支流。西至于黎平县交界的隆里司，东至于湖南靖州县的岔路、南到黎平中黄相邻的新化，北挨铜鼓镇的同门村。

（二）屯堡固守地名

通过走访调查，我们得知，亮江流域屯堡村寨名称几乎没有变化，除唐朝的羁縻亮州现在叫亮司外，明代形成的屯堡名几乎原封不动地沿用至今。

（三）屯堡胸襟开放

除了隆里所城自我封闭少与外界交往外，亮江流域绝大部分古屯堡均属于开放性的与当地原居民高度融合的屯堡。亮寨司、新化府、铜鼓卫以及流域内的司、屯在历史发展进程中，不断进行民族融合，汉文化和当地文化交互的同化现象使得军事屯堡不完全传承当时的军事屯堡形态。

六、亮江流域屯堡经济发展

流域内水、陆和航空运输四通八达：水路主要是亮江航运；陆路主要有锦屏县至榕江县的202省道以及各乡镇公路；黎平机场落户高屯，就位于亮江流域屯堡；途经锦屏、敦寨、新化的三黎高速公路是沪昆高速和厦蓉高速的连接线，三黎高速及贵广高铁的建成通车等，为锦屏县及亮江流域进一步发展经济提升产业竞争力，融入“黎从榕”“泛珠三角”，链接“长三角”“北部湾”区域提供了有力的支撑。2016年，敦寨至新化、新化至隆里公路改造工程项目于2016年2月开工建设，征地拆迁工作基本完成，敦寨至新化公路路基工程完成13%，新化至隆里公路路基工程完成17%。直线20千米的县城至敦寨工业园区的市政干道也正在实施阶段。流域内交通条件的极大改善，为推动古屯堡区域的经济、旅游等发展，以及与发达地区的要素流动提供强力保障。

屯堡村寨以农业经济为主，亮江流域光热资源丰富，地形平坦开阔，土壤肥沃，水源充足，经济发展条件优越，是锦屏县主要农产品生产基地。敦寨镇还是贵州省农村十大农贸市场之一。改革开放以来，亮江流域各乡镇农民自主调整产业结构，实行耕地多种经营，农村经济得到迅速发展，农民很快解决了温饱，走向富裕。2000年国家实施“西部大开发”，各乡镇获得多项综合扶贫开发和民政扶贫资金，极大改善了生产生活环境。2006年起，屯堡农民科学种田、科学种瓜果蔬菜、机械插秧和收割越来越普及，农产品粗加工深加工遍地开花，产业链向市场延伸意识逐渐形成；网上购物网上卖农产品渐渐进入寻常农家；集市贸易繁荣，物资供应能满足人民生活的需要；村村通了公路，寨寨街道平整，砖房林立，户户正常用电。广大群众的衣、食、住、行条件大大改善，物质和文化生活水平空前提高。2017年统计，农村经济比改革开放前翻了3~4倍，90%的农户年均收入达万元以上，脱贫人口达98%，住房自有率99.8%，人均建筑面积40平方米，各种家用电器、影视设备、程控电话、移动电话基本普及，摩托车、数码相机、摄像机、小轿车、工程车逐步进入农民家庭，鸡鸭鱼肉蛋是家常餐肴，生活方式开始向服务型、享受型升级，信贷消费、刷卡消费已渗透到屯堡人们的日常生活之中，旅游热悄然兴起。业余时间跑运输、进行农产品加工或深加工、到集镇或城市发展服务行业。亮江流域屯堡村民真正走上了富裕道路，逐步向小康生活发展。

中所村是明代卫所军事建制遗存的屯堡村

尚国栋

（安顺市西秀区财政局）

一、中所屯起源

明洪武十四年（1381年），普定第三任土知府安赞趋附盘踞在云南的元朝梁王把匝剌瓦尔密反叛明朝廷。《太祖洪武实录》卷一百三十九至卷一百四十分别记载：九月初一，“上御奉天门，命颍川侯傅友德为征南将军，永昌侯蓝玉为左副将军，平西侯沐英为右副将军，统率将士往征云南”。九月二十六日，“征南将军颍川侯傅友德兵至湖广，分遣都督胡海洋等帅兵五万由（四川）永宁（今叙永）趋乌撒（今威宁）”。十二月十一日，“傅友德、蓝玉、沐英率大军由（湖广）辰、沅趋贵州，进攻普定。罗鬼、苗蛮、仡佬闻风而降。至普安，复攻下之。乃留兵戍守。”十二月十六日，“征南将军颍川侯傅友德等师至曲靖，击败梁王将达里麻兵于白石江。”[1]明军攻克云南后随即驻军屯田戍守，史称此为“调北征南”，亦称“太祖平滇”。

明军攻克云南全境后，地方土司不时反叛。为占领云南防止土司反叛同时就地解决军队给养，明廷决定效仿汉代屯田制，推行卫所制，在一处时称阿达卜的地方构筑城池设置普定卫，一卫领左、右、中、前、后五个千户所。

祖籍为应天府南京的尚叟子、张叟子、李少安等将士奉令在其守卫的滇黔古驿道上的大水桥（今大西桥）处择地建设中所。他们选择大水桥东面饭笼驿（今天龙古镇）通往安顺州（今旧州）的主路上一处群山拥抱、河流环绕、湖水宽阔、井泉众多的开阔地带安营扎寨，重点守护大水桥桥梁与扼控饭笼驿至安顺州的交通；明廷下令“家口随至”而接来家属后，过起了“三分守城，七分耕作”的屯军生活。天长日久，众多将士或阵亡，或调离，尚叟子、张叟子、李少安三户人家存续繁衍，各自在其驻扎地盘上建房造屋，设置出“尚家后园”“张家后园”“李家后园”。

洪武二十年起，朱元璋命户部召集江淮湖广的工匠、商人、流民等，遣往云南和四川等西南地区“充军”从事生产发展经济，史称“调北填南”。

滕姓在“调北填南”期间进入隶属云南的普定卫后，有人迁到中所，在中所建起

---

[1] 贵州民族研究所:《明实录·贵州资料辑录》，贵阳，贵州人民出版社，1983年，第20-22页。

"滕家院坝"。

永乐十一年（1413 年）二月，明廷设立贵州承宣布政使司即贵州建省。是年，祖籍南京的吴子法经商到达普定卫，其子吴江父娶中所尚姓女子为妻；尚家让出部分地盘给吴家建房居住。尚家、张家、李家、滕家遵循"先入为主，后到为客"的传统，将吴家人当客对待，称吴家住地为"叫客园"。

尚、张、李、滕、吴五姓人和谐相处，团结互助。居住于此的这五姓人家与外界联系的（通信的地址）都写或者称叫"中所"。中所称谓约定俗成。清代安顺知府常恩任总纂于咸丰元年纂修的《安顺府志》记载："中所屯，又属《东门》。在治东北五十里。东界安平饭笼铺，南接奠安里鸡场屯，西接水桥屯，北接狗场屯，有石板房，在入省大路上，为腰站处。"

二、中所屯各姓氏始祖来源

中所村各姓氏家谱记录有各自入黔始祖姓名与入住或迁住中所的大致时期。

尚叟子于明洪武年间调北征南入黔驻守中所；张叟子于明洪武年间调北征南入黔驻守中所；李少安于明洪武年间调北征南入黔驻守中所[1]；滕姓（未修家谱）于明洪武年间从安顺北门外大坡脚（今安顺市西秀区宋旗镇大坡脚村）派驻中所；吴子法于永乐十一年（1413 年）经商入黔携家定居中所；乾隆初年，罗志怀家自外地迁入；乾隆十四年（1749 年），黄怀珍家从平坝杨官屯迁入；道光二十二年（1842 年），胡登云家从鸡场屯迁入；同治二年（1863 年），蒋文修家从黔西县打鼓场迁入；光绪初年，凌朝贵家从水城迁入；光绪二十二年（1896 年），肖宜明家从平坝县肖家庄迁入；光绪二十六年（1900 年），卢应和家从清镇县卫城茶店迁入；宣统二年（1910 年），陈少龙家从平坝县天龙镇迁入；民国二年（1913 年），蒯少华家从织金县河对门迁入；民国八年（1919 年），郑少安家从平坝县天龙镇迁入；民国二十二年（1933 年），张应祥家从大西桥小屯迁入；民国二十五年（1936 年），雷志中家从云峰雷家屯迁入；民国二十七年（1938 年），曾进模家从遵义县迁入；民国三十一年（1942 年），杨仲学家从大西桥三铺迁入；民国三十二年（1943 年），汪少奎家从狗场屯赖山迁入；民国三十五年（1946 年），焦学武家从平坝县架布鸡场迁入；1950 年，石忠友家从吉场屯迁入……中所屯人口 1560 人。

入黔始祖葬在中所村境内或附近的只有尚、张、李、吴四大姓，尚叟子和张叟子葬于中所村西北的尚、张两姓共用坟地——操场（亦称草场，地名），李少安葬于中所村南面四方地（地名）的李家坟坝，吴子法葬于中所村东北小洞山（地名）。其他称为杂

[1] （祖籍为南京都司巷，调北征黔）范增如：《明代普定卫戍屯官兵原籍考》，《安顺文艺》，2003 年第 2 期。

姓的人口不多，其入黔始祖葬于中所境外。

三、中所屯建设

明朝初年，中所村的世居民族为仡佬族人和彝族人。明军为建设中所，武力将其驱散。中所村的钟锅山至狮子山间尚存大片土坟堆，一直称作“彝妈坟”；村里张家后园北面一直称作“杨家巷”的地方，世代口传是“老彝家住的地方”（中所村流传俚语）。

中所设置之初，“铁打的营盘流水的兵”，驻守将士谁也不知道自己的命运与驻扎期限，因此“立栅以守”[1]；即便“家口随之”屯田耕作了，仍期盼着返回相对富裕的江淮或湖广老家去。明代中期尤其是明末，因管理松懈，大批屯民纷纷逃亡，只有讲求忠义而忠于明朝廷者不畏艰辛而继续坚守。中所的尚、张、李、滕、吴五姓人家始终坚守中所，足见其精忠报国情怀！

明亡清兴，江山易主后，曾经以占领者身份自称“老汉人”而感觉良好的江淮湖广汉民族后裔一度遵守明制穿汉服说汉话还视机随附南明王朱由榔反叛清廷与策应“西南王”吴三桂“反清复明”，既令清廷官吏不放心而遭压制（中所尚大贡曾在安顺县衙门当差，因为遭遇“坐冷板凳”被迫回家，虔诚礼佛，失意亡故，葬于中所村小洞山脚，于清康熙三十六年立有“皇清应赠祖考尚公讳大贡妣雷孺人坟墓”石碑），又被后期入黔者看不起，还时常遭遇流寇侵扰和地方原住民的报复，成为“明的遗民”[2]，便不再做返回老家的美梦，更加团结起来，规划新村寨与新住房，开山炸石，砍树伐木，就地取材，仿效江淮栖山式结构结合云贵干栏式特点，建设立柱支撑修墙围护石板盖顶的三合院或四合院石墙石地石屋面的坚固住房，再选宽大厚重的石块砌筑高大墙壁把连片的三合院、四合院房屋以及寺庙围护起来，连生活用具也是石头制成的如石缸、石磨、石碓、石槽、石擂钵、石水碾等，既坚固又防火。整个村寨俨然城堡。外人称住居在俨然城堡里自称“老汉人”的人们为“屯堡人”，其住地冠以姓氏或方位等称为某某屯、某某铺、某某堡，如鲍家屯、中所屯、东屯、西屯、头铺、二铺、三铺、饭笼铺、大堡、小堡、张官堡、吕官堡。

清朝道光年间，中所屯的尚、张、李、滕、吴五姓人家已经把各家各户的三合院、四合院房舍修建巷道串联起来，建成以小街、大街、上街三条主街道为主轴的大寨屯，各三合院或四合院向着街巷开设“八”字大朝门，街道首尾相接，巷道循环连贯；各家各户还开隐蔽后门或侧门预防被困；又开掘饮水井，挖沟引水进寨蓄起“溴塘”“大塘”“桂花塘”三处蓄水池，确保牲畜饮水和灭火消防；砌巨石筑高墙将整个屯堡村寨连同蓄水塘全部包围起来，只在主街道上构筑相似于城门一样的门洞进出，在门洞顶加建

[1] ［清］常恩:《安顺府志》卷三〇《职官志·顾城传》，贵阳：贵州人民出版社，2007 年，第 643 页。

[2] 鲁迅:《鲁迅全集》（第二卷），北京：人民文学出版社，1981 年，第 302 页。

楼阁，派驻兵丁驻在楼阁值班防守。道光十六年（1836 年），各大门楼顶端镶嵌题字石匾，出大街通往鸡场屯的大街门楼上题款“紫气东来”、出小街通往饭笼驿的小街门楼上题款“天开文运”、出上街通往安顺州（旧州）的上街门楼上题款“元贞利亨”，出大街或小街通往大水桥的门楼上题款“万紫千红”，形成一座石墙、石街、石巷、石屋、石器的石城堡，取名“中所屯”。

民国十六年（1927 年），贵州省境内第一条通汽车公路——贵阳至安顺公路过境中所，美国人随后在大西桥建设酒精厂生产主要供汽车使用的工业酒精，还修建防御性雕楼。居住在大西桥周边的人们大开眼界。

民国二十三年（1934 年），中所屯人在上街大庙中设置小学，先后聘请安顺城的张世华、九溪村的宋世英等人到中所任教；民国二十八年（1939 年），模拟新建成的天龙学堂建造中所学堂，建中间三间三层高、左右两间两层高的五间大礼堂，礼堂前方左、右侧各建七间一楼一底（上下两屋）厢房八个教室，大礼堂正前方砌低矮石墙围护，形成矩形校园，校园内修建办公室、伙房（食堂）、教师宿舍、操场、厕所、水塘等设备；民国二十九年，中所屯出外学成的李桢才、张家圣、尚兴盛、李嵩祥等人回村任教。[1]

民国二十九年（1940 年），中所屯按行政建制设置麒麟乡，归安顺县第十区管辖；民国二十四年（1935 年）撤销麒麟乡，改设五保和六保，划归行政中心设置在石板房村的永兴乡管辖。抗日战争期间，国民政府第五军枪械修配所借驻中所村大庙修配枪械，修械所李应成师傅因故留在中所屯娶妻成家。

民国年间，中所张家后院和叫客园分别建设一幢一底四楼的防御雕楼（叫客园的雕楼至今还在）。1951 年设立中所乡管辖中所、鸡场、马场三个村；1955 年撤销中所乡，另设马场乡于马场村；1957 年设立中所大队，中所屯改称中所生产大队；1962 年，时任中共贵州省委宣传部长的汪小川为撰写《二铺调查报告》，曾经两次深入中所村走访调查；1964 年 12 月，中所村重新建成跨越大街河的中所桥可通汽车，同时掘出一口新井泉，题写“群策群力建桥辟井，丽山黛河利国益民”；1969 年 8 月，中所村民集资建立起自行管理的安顺县第一个农村合作医疗站——中所大队农村合作医疗站；1975 年，群策群力兴建一楼一底十二间长的中所大队办公楼……

1985 年，中所生产大队称中所村村委会。

四、中所屯历史故事

世传中所入黔始祖尚叟子和张叟子在南京是血表亲戚，两人一同应征入伍到达普定，先驻大西桥对门园，守护贵州通往云南的滇黔古驿道上的大水桥桥梁，常到对门园河对

---

[1] 胡维龙:《大西桥镇志》，贵阳：贵州人民出版社，2006 年，第 244 页。

岸的操场练习武功。两人牢记南京长辈的叮嘱，互相关照，生死不离，而后嘱咐子孙，一是自己（两人）死后同葬操场并且互相上坟纪念，二是子孙后代也要有福同享有难共担世代友好。

尚姓子孙和张姓子孙不忘记祖先嘱咐，将亡故后的尚叟子和张叟子安葬在操场（尚叟子坟墓于1982年冬月因修建公路迁葬位于天龙镇境内的小山门口尚家坟坝）。每年清明节，尚、张两姓人都会自觉到尚叟子和张叟子的坟墓去扫墓祭祀。明清两朝，中所尚姓和张姓亲如一家。清朝咸同匪乱，尚、张两姓把财宝和家谱集中到一起，由张姓拿去躲藏；平乱后，两姓财宝和家谱不知去向，从此产生隔阂。

中所屯的人崇文尚武，好打群架，团体意识强，举凡对外，团结一致。

康熙年间，中所村的李邦雄，“十六入郡痒，旋举于乡。以文学著名，兼通地理、卜筮。永丰建城，邦雄定其基。后授山东昌乐县，未一年告教，士民立碑志之。授定番学正，年六十卒。”[1] 乾隆四十三年（1778年），李姓头人李邦全领头修建中所村通往狮子山与鸡场屯的三孔拱洞石桥——泉眼桥（桥及桥上题款至今保存完好）。

道光年间，中所屯种植罂粟熬制鸦片获取经济收入，聚敛财富后，开启较大规模的寨屯建设，许多人家的高房大屋与寨屯的主体街巷大多是在道光年间兴修的。查《叩响贵州历史之门》，道光十五年左右，贵州开始种植罂粟熬制鸦片出售谋利；听老辈人说，旧时的一些安顺商人靠买卖鸦片赚取暴利。

咸同年间，广西人洪秀全领导农民起义，各地纷纷响应。地方匪贼借此作乱，盗抢屠杀。屯堡人纷纷进山躲避并在山上修建山坉避难。清朝咸丰八年（1858年），石达开带领的太平军进入安顺，驻守大西桥石板房的清军副将毛克宽在中所黄金大坡被打死，就地埋葬，黄金大坡埋葬毛克宽的地方从此称叫“毛公山”。

咸丰九年（1859年），太平军再次进犯安顺。中所屯被太平军及其地方匪寇等组合的“长毛贼”攻破，住户有序逃跑出屯，淌过大街河，走山路沿栈道，登上山顶建有寺庙与山坉的狮子山峰顶避难。“长毛贼”追至狮子山腰，被“击以滚木礌石”，过不了栈道进不了紧闭的山门，转而纵火焚烧寨屯，中所屯大庙与部分房屋遭毁。同治十一年（1872年），中所屯重修上街大庙。

据民国年间任可澄主纂的《结修安顺府志辑稿》记载，同治年间，中所村西北1千米的安顺最早寺庙——关帝庙里曾经住有一位广东云游和尚，使起功来，放可连续打败十几个壮汉。中所村的李寅森和张钦文等十余人拜其为师，得到真传。

20世纪60年代，中所村的张奎元老人把一根烟杆夹在腋下，3个青年人同时使劲也拔不出来。

[1] ［清］常恩:《安顺府志》卷三六《人物志》，贵阳：贵州人民出版社，2007年，第795页。

五、印证中所屯历史遗迹

20世纪80年代以前，走进村寨，看见的多是石门洞、石街巷、石路面、石天井、石水缸、石擂钵、石碓窝、石猪槽，听到的多是“北平夹二铺”的卷舌音。男人热天或者干农活时，或光头包青黑头帕，上身穿对襟“棒头纽扣”小袖口三个荷包短袖衫，下身着大裤脚“齐统裤”，脚着草鞋或“毛底布鞋”；冷天或者闲暇时，头包青黑帕或戴“毡窝帽”，上身穿开斜襟“棒头纽扣”长衫扎布腰带；下身着土布适身紧口裤，穿长筒高绑皮革钉子鞋。女人则终年穿开斜襟的大袖口宽袍长衫，袖口边与斜襟边镶嵌有绣花，或扎丝头系腰带，或扎布腰带，还须系起围腰布；未婚少女梳独辫不包头帕，已婚妇女包头帕插梅花管簪；妇女按喜好或视场景选颜色着装。老年妇女一般情况下不着白色，热天穿布耳凉鞋，冷天穿凤嘴高绑布底绣花鞋。

稻谷扬花的农历正月初一至十五与六月间农闲时期，村里人白天在篮球场或晒坝里锣鼓喧天跳地戏，跳《岳飞传》，唱“弋阳腔”，一人主唱众人和；夜晚，青年男女搭舞台长声吆吆表演诙谐逗笑的花灯戏，上年纪的老太婆团聚在大庙里或某户人家里悠闲自得诵佛经念佛法。

中所村幺花山顶尚存明代修建的烽火台与瞭望哨遗址，樟角山（原称钟锅山）顶保存有清代改明代烽火台建设的躲匪避难山坉及其避难期间舂米使用的碓窝（石臼），狮子山顶上的回龙寺和山坉房以及构筑来护守山坉的设有垛口和石门洞的围墙遗迹还在。

幺花山下张家坟地有一块刻有“万历三十年壬寅冬月立，甲山庚向，明显考张公讳子享显妣张孺人鲍氏之墓”的石碑保存完好。钟锅山下尚家坟地建有一座石砌圆坟刻有“清道光二十年仲春月立，庚山坤向，皇清待赠十代祖考尚公讳玢之灵坟墓，雍正元年八月二十日子时生，嘉庆三年九月十九日丑时故”，坟墓和墓碑保存完好。中所张姓家谱记载，张子享为中所张姓征南入黔五世祖，尚姓家谱记载尚玢为中所尚姓眚同入黔十世祖。据此推知，中所张姓和尚姓确是明代洪武年间征南入黔的。

查《叩响贵州历史之门》，道光十五年左右，贵州开始种植罂粟熬制鸦片出售谋利。安顺民众种植罂粟熬制鸦片获取经济收入，安顺商人通过买卖鸦片赚取暴利。中所村小街门洞楼及其门额上刻字“清道光十六年建，天开文运”保存完好；存续下来一些三合院和四合院房屋以及街巷的构造形状与“天开文运”门楼匹配，表明中所村大规模建设始于清代。

六、中所村是延续明代军事建制的屯堡村

中所村地处交通要道。滇黔古驿道经过中所村，贵州（今贵阳市）经威清卫（今清镇市）过平坝卫（今平坝城）栖饭笼驿（今天龙镇）去安顺州（今旧州古镇）必须过中

所屯，在贵州第一条通汽车公路（民国贵州省主席周西成下令修建的贵阳至安顺车公路）基础上修建的滇黔（昆明至地贵阳）公路经过中所村，20世纪60年代修建的滇黔铁路经过中所村，贵州第一条高等级公路——贵黄（贵阳至黄果树）公路经过中所村，贵州第一条高速公路——清黄（清镇至黄果树）高速公路经过中所村，沪昆（上海至昆明）高速铁路经过中所村。

纵观中所村貌地形，村寨北面曾经有一片大湖，流淌的湖水与发源于天龙境内流入中所的溪水汇集形成小街河连大街河环绕中所村的东南面，形似一道护城河；西面有小青山和八角山当退山，顺山脚退走安顺；见到幺花山顶燃起烽火，视情况可以蹚过小街河上树林阴森的钟锅山、住山坉临时躲避，可以蹚过大街河进狮子山走栈道钻山门进寺庙里或者住山坉长期避难。寨屯周边土地肥沃井泉多，宜于耕作种植，种粮产量高，确实是驻兵屯粮的好地方。

看中所村地形和实物遗迹，查家谱记载和供奉的祖宗牌位，听世代口耳相传的祖先调北征南故事等推理，不难证实中所村是明代军事建制余存的屯堡村。

“边汉社会”及其基本轮廓
——以黔中屯堡乡村社会为例

石　峰

（贵州师范大学历史与政治学院）

一、概念界定

人类学“汉人社会”研究肇始于20世纪三四十年代。彼时，游学海外的中国人类学家紧跟国际学术前沿，开创了“本土人类学”的先河，代表作有：费孝通的《江村经济》（1939年，中译本1986年）、杨懋春的《一个中国村庄：山东台头》（1945年，中译本2012年）、林耀华的《金翼》（1947年，中译本1989年）和许烺光的《祖荫下》（1949年，中译本2001年）等。这几部关于“汉人社会”的经典民族志享誉海内外。故此，潘守永将这段辉煌的学术鼎盛期视为中国人类学的“古典时代”。[1]

其实，以上几位人类学家在出国留学前已有出色的预备性研究。如林耀华于1935年完成他在燕京大学的硕士论文《义序的宗族研究》。该研究对福建义序的宗族组织进行了详尽的深描，并成为后来弗里德曼关于中国宗族研究的主要资料来源。

此时期，“汉人社会”研究以“组织”与“关系”为主要关切点。其中，“组织”主要指宗族/家族组织。在已有的研究基础上，集大成者无疑是英国人类学家弗里德曼（M. Freedman）。他的两本代表作《中国东南的宗族组织》（1958年）与《中国宗族与社会——福建与广东》（1966年），对过往的宗族研究进行了提炼和总结，并从理论上提升了汉人宗族研究的高度。

为了与非洲宗族模式进行比较，弗里德曼提出了东南宗族得以全面发展的“边陲论”。他认为正是在这个远离中央集权中心的社会，宗族组织才得以发展壮大。在他看来，在边陲状态的总体政治环境下，加上经济领域的水利合作和稻作生计，共同促成了中国东南宗族组织的发展。尽管此带有推测性的论点招致了巴博德、科大卫等人的反驳，但仍能给我们一个重要启示，即人类学“汉人社会”研究起始于非中心地带，这个地带既是物理空间意义上的，也是政治格局意义上的。

在弗里德曼的设想中，东南沿海的边陲地带在帝国时期主要意味着远离中央皇权，

---

[1] 潘守永:《重返中国人类学的“古典时代”——重访台头》,《中央民族大学学报》，2000年第2期，第20–26页。

因而发展出以宗族为组织的自治单位。在这个空间内，他并没有过多强调非汉族群的存在，以及汉人与他们的矛盾，反而强调的是汉人同一宗族内部或不同宗族之间的冲突，如为争夺资源而发生的宗族械斗。[1]

民国以来的人类学“汉人社会”研究以上学者当然是其中的代表。但另有学者也注意到了其他边缘地区的“汉人社会”。如许烺光的《祖荫下》就是描写西南边疆云南大理的优秀民族志。许氏将其研究对象视为汉文化的典型。1943 年，陶云逵发表《论边地汉人及其与边疆建设的关系》[2]，首次提出“边地汉人”这个学术概念，他认为这些人在生活方式上，既保存了中原文化的若干特质，“又采纳了边胞文化若干方式”，“多少受着双重文化的陶镕”，“事实上成为人类学上所谓的 Marginal Man”。[3]

近年来，探讨边疆少数民族地区的汉人社会逐渐成为一个热点。举其要者，有王川《民国时期“康西”边缘的“汉人社会”》[4]、何广平《民国时期川西北羌地汉人与羌地经济》[5]及《羌地汉人社会历史研究述评》[6]、汪洪亮《民国时期川西北羌地汉人的文化生活与精神世界》[7]、张咏《认同与发展——一个新疆汉人移民社区的文化研究》[8]、葛荣玲《祖说与族说——边陲汉人亚群体集团的身份界说与认同形塑》[9]、王田《近代藏彝走廊东缘的汉人社会与市镇发育——以川边薛城为中心的讨论》[10]等。

在诸多研究中，有的以具体的地名或所在地的族名对这类“汉人社会”进行命名，如“新疆汉人”“羌地汉人”等，有的则以“边地汉人”“边疆汉人”“边缘汉人”“边陲汉人”“边区汉人”等命名。另有名之为“被少数民族包围的汉人”[11]。作为学术概念，需要简洁明了，且具有概括力。因此，本文将这类人群及其社会统一命名为“边汉社会”——意为从中心地区通过移民方式进入到非中心地区，且与该地非汉族群杂居共处的汉人及其社会。

“边汉社会”这个总体性和统摄性概念的提出，将有助于我们将非中心地带汉人群体

---

[1] 弗里德曼:《中国东南的宗族组织》，上海：上海人民出版社，2000 年，第 132-140 页。

[2] 陶云逵:《论边地汉人及其与边疆建设之关系》,《边政公论》，1943 年第 2 卷第 1、2 期。

[3] 汪洪亮、何广平:《民国时期川西北羌地汉人的经济生活》,《中国边疆史地研究》，2017 年第 3 期，第 92-107 页。

[4] 王川:《民国时期“康西”边缘的“汉人社会”》,《西南民族大学学报》，2011 年第 1 期，第 30-38 页。

[5] 何广平:《民国时期川西北羌地汉人与羌地经济》,《中华文化论坛》，2014 年第 3 期，第 41-47 页。

[6] 何广平:《羌地汉人社会历史研究述评》,《乐山师范学院学报》，2014 年第 7 期，第 70-74 页。

[7] 汪洪亮、何广平:《民国时期川西北羌地汉人的文化生活与精神世界》,《西南民族大学学报》，2017 年第 2 期，第 234-240 页。

[8] 张咏:《认同与发展——一个新疆汉人移民社区的文化研究》，北京：中央民族大学，2004 年。

[9] 葛荣玲:《祖说与族说——边陲汉人亚群体集团的身份界说与认同形塑》,《中央民族大学学报》，2014 年第 4 期，第 55-64 页。

[10] 王田:《近代藏彝走廊东缘的汉人社会与市镇发育——以川边薛城为中心的讨论》,《贵州民族研究》，2013 年第 1 期，第 140-143 页。

[11] 与庄孔韶先生的个人交流。

研究提升到一个高度加以认识。同时，也可将过去对该群体的零散性研究系统化和正规化。设能如此，必将发扬光大以费孝通、林耀华、弗里德曼等知识先导所开创的学术事业，进而扩展和深化对我国主体民族的认识和理解。

二、黔中屯堡文化的宏观形象

古代王朝在“天下观”指导下，以“旋涡”和“辐射”为机制，不断拓展王朝版图，进而形成了今天多民族共生共存的“中国”。在这个“王化”过程中，大批内地汉人或主动或被动进入边疆非汉地区。在早期“夷多汉少”情形下，族群身份转化表现为“以夷化汉”；明清以降，边疆地区则呈现为在人口数量上汉人为主体的多民族共在杂处的格局。

历史上进入边疆地区的汉人群体，其聚落形态，或零星的与其他非汉人杂居，或单独形成了大规模连片的居住区域，如黔中屯堡汉人聚落。特别是后者，在非汉文化衬托下，其独特的文化景观给人留下深刻印象。

黔中屯堡汉人具有如下几个基本特征：一是与周边非汉族群相比，具有鲜明的汉文化色彩；二是高度认同自己的汉人身份和地域身份，并有历史可考。他们的身份认同一直如此；三是居住聚落表现为连片集中大规模居住，进而形成了所谓的“文化孤岛”，但也不排除零星分散居住的汉人及其社会；四是与典型汉文化相比，既有重叠和共性，又形成了自己的地域特色等。

屯堡文化丰富多彩，其文化特色可用几个“关键符号”加以表述。也即是说，通过数量极少的“关键符号”即可凸显屯堡文化的特色。这些“关键符号”的选择通常从客位的视角很容易辨识并给观看者留下深刻的印象。当外来者进入屯堡社区之时，不论是研究者还是游客，无不被这几个具有鲜明特色的“关键符号”所打动。

首先，屯堡人的服饰，特别是女装。屯堡妇女对传统服装的坚守，与男子服装无差别化，可以这样解读——社区或族群与外界的关系，既不是孤立，也不是完全被兼容。与外界社会的交往无时不在发生，这体现了村庄或族群“开”的一面。但在交往过程中，内外边界也还在维持。这体现了村庄或族群“闭”的一面。交往的同时，时刻没忘记表达自我。在汉人社会中，男子多主外，女子多主内。借此社会性别关系，男子服装隐喻了与外界的交往，女子服装则隐喻了内部自我。但这并不意味着在日常生活中女性被禁锢在群体内部空间，她们的社会交往圈也突破了社区边界。其对传统服饰的坚守，主要是一个象征表达。而外界对屯堡人的认知与识别，女装是一个至关重要的显性符号。毫不夸张地说，如果屯堡人放弃传统女装，其作为一个被少数民族包围的地方汉人群体的身份认同必将弱化。

其次，驱邪仪式“跳神”。汉人的驱邪仪式因地域差异而有所不同，如东南、华南地区的“打醮”，黔东北的“驱傩”等。“跳神”为自称，他称即广为人知的“地戏”。作为自称的“跳神”，无疑是中国传统“灵性宇宙观”（或西方汉学家所说的“关联性宇宙观”）的体现，“神、鬼、祖先”是其基本内容。仪式的基本程式为：开箱、开财门、设朝、表演、扫场。所演曲目改编自帝国时期的章回小说《封神演义》《四马投唐》和《五虎平南》等。其中面具是人神身份转换的主要道具，所谓“摘下壳子是人，戴上壳子是神”。在“跳神”语境中，剧中人物已失去人的身份，而是具有超越性的神灵。他们作为历史人物，之所以被奉为神灵，与符合儒家“忠”的政治道德观有莫大关系。作为国家“正祀”，我国民间神灵“由凡入圣”的转换机制通常如此。

“跳神”仪式在宇宙观层面的象征主义，同样具有维持社会边界的意义。因为被驱逐的对象鬼邪，象征外来负面力量对边界的侵入和破坏，进而影响家庭或社区的平安。因此，无论在家庭层面还是社区层面的“跳神”，其行为象征性地对边界进行重新确定。在社会学意义上，“跳神”在村庄间的巡回表演，强化了亲属或拟制亲属的社会纽带。据调查，村庄间请“跳神”主要讲亲戚关系。屯堡俗语：“不是跳神，是跳亲”，生动说明了“跳神”的社会联结作用。比如有报道人说：“去年我们去周官（跳神）就是因为我有一个伙契（结拜兄弟）在周官……外村来请地戏队主要是看有没有渊源关系，不依地戏跳得好坏。”[1]

尽管“跳神”已改称为“地戏”，其社会功能和象征意义也发生变化，但并未失却作为屯堡文化的“关键符号”之一。特别是地方政府的对外文化宣传和作为旅游节目表演时，“地戏”以及面具展示更是凸显屯堡人身份的核心标识。

最后，“抬汪公”仪式。汪公据说为隋末唐初徽州人汪华，于乱世保境安民，乡人念其功德建庙祭祀，汪公崇拜遂成为徽州一带的地方神。屯堡乡村如五官屯、吉昌屯、鲍屯、狗场屯等皆建有汪公庙，并举行年度祭祀和游神活动。

屯堡乡村的文化符号当然不止这三个。但这三个“关键符号”足以说明屯堡乡村文化的一般概貌。有如埃文斯－普理查德所说：“对于那些想要了解努尔人行为的人来说，最好的建议便是去看他们的牛。”[2]再如代表日本文化的符号也不胜枚举，如相扑、富士山、扇子等，但大贯惠美子（Emiko Ohnuki-Tierney）仅选择了其中的稻米、樱花和猴子作为“关键符号”。[3]

[1] 孙兆霞等：《屯堡乡民社会》，北京：社会科学文献出版社，2005年，第387页。

[2] 埃文斯-普理查德：《努尔人——对尼罗河畔一个人群的生活方式和政治制度的描述》，褚建芳等译，北京：华夏出版社，2002年。

[3] 大贯惠美子：《作为自我的稻米》，石峰译，杭州：浙江大学出版社，2015年；大贯惠美子：《神风特攻队、樱花与民族主义——日本历史上美学的军国主义化》，石峰译，北京：商务印书馆，2016年。

三、“族—会”型汉人乡村社会——鲍屯个案

人类学家通常以“组织”与“关系”作为观察汉人乡村社会的社会结构与社会联结机制。[1]两者的包含关系具有不对等性，前者可以包含后者，而后者却包含不了前者。从存在论来看，“关系”具有普遍性，而“组织”则无，有如人类学家王崧兴的名言：“有关系，无组织”。早期人类学家主要探讨的是组织化的宗族，或实体性宗族。近年来的研究发现，宗族也可表现为是一种“关系”，或礼仪性宗族。持宗族是一种“关系”的学者常常以此来攻击前者，认为他们没有考虑到宗族的另类表现形式。这样的对话并不在一个平台上，因为前者论述的出发点是与无政府组织的非洲进行两相观照，目的是发现汉人社会的运转逻辑。政府是一个强大的组织，那么对应的当然也应是一组织，而不是松散的社会“关系”。换言之，早期人类学家如弗里德曼等，他们讨论的对象一定得是“组织”，而不是“关系”。

汉人民间组织以宗族和“会”最为常见，但两者具有空间地域分布的差异。比如在东南沿海汉人乡村社会，宗族组织占据主导地位。具有如此特征的乡村社会，林耀华名之为“宗族乡村”，比如他研究的村庄义序便是一典型的宗族乡村：“义序是一个乡村，因为全体人民共同聚居在一个地域上。义序是一个宗族，因为全体人民都从一个祖宗传衍下来。前者为地域团体，后者为血缘团体，义序兼具二者，就是一个宗族乡村。”[2]

在宗族乡村，宗族组织牵引着地方社会的运转，但“会”并非不存在，只是不重要。在福建义序，林耀华将“会”置于宗族之下作为宗族组织的形式之一，其他形式还有祠堂、庙宇、联甲。在他看来，祠堂、庙宇和联甲“已足使族人的行动，有所依赖，族人的信仰有所寄托，所以这团体可以命为整乡整族生活的中心。”而“会”或“社”仅是无关紧要的“个人或小团体的生活”。[3]这些“会”或“社”包括加会、把社、诗社、拳社。弗里德曼认为各种“会”是一种“自愿组织”，他说：“这些群集（会或众）或者可能行使与正规的宗族体系无关的特别任务，或者在这些人当中进行调适，他们的伙伴具有相对自由的选择。换言之，这样或那样的志愿组织可能出现在村落的生活之中。”[4]他特别强调了汉人居住的大城镇和海外华人地区“会”的盛行。他虽然看到了自愿组织“会”整体上在汉人社会之中的重要性，但还是发现东南地区“会”的弱小——“很显然，自愿组织可能被认为有如此重要的结构性地位，中国东南地区地方宗族的状况并非如此，但是，我们必须谨慎地认识到，因为宗族社区为亲属和地位行为的规则所限定，从而显得

---

[1] 比如，第一代人类学家费孝通谈“关系”（差序格局），林耀华谈“组织”（宗族组织）。

[2] 林耀华：《义序的宗族研究》，北京：生活·读书·新知三联书店，2000年，第1页。

[3] 林耀华：《义序的宗族研究》，北京：生活·读书·新知三联书店，2000年，第35-36页。

[4] ［英］弗里德曼：《中国东南的宗族组织》，刘晓春译，上海：上海人民出版社，2000年，第117页。

稳定，自愿组织不可能以相当的规模出现。”❶弗里德曼的例子来自葛学溥（D. Kulp）所研究的广东凤凰村。在该村有六种不同的自愿组织：互助会、老人会、糖业会、水利会、拳会和八音会。❷

林耀华和弗里德曼对“会”的认识有些微异同之处。相同点：（1）都认为“会”在宗族乡村不重要；（2）都认为“会”是自由或自愿组织；（3）都认为“会”的成员是同一族人；（4）都认为“会”被宗族包含。不同点：林耀华认为“会”行使的是宗族的功能，而弗里德曼则认为“会”行使的是与正规的宗族体系无关的特别任务。

而在宗族组织不发达的地区，如华北和西北，“会”却显示出强大的力量。郑起东对1949年以前的华北农村社会结构做了较详细的研究，认为“在华北地区，由于战乱以及大规模的人口迁徙，以及农村家庭的小型化，造成了宗族的分散。因此，宗族组织已不是农村社会组织的主要形式，取代宗族组织的是各种各样的自治组织、自卫组织、互助组织、文化组织和宗教组织。这些组织既相对独立，又互相包容自治组织是各种农村社会组织的基本内核，如青苗会，对内作为自治组织，甚至代行行政组织的职能；对外则演变为自卫组织（如联庄会或红枪会）”❸。甘博（S. Gamble）也具有相同的观点，他说“会”（associations）是华北乡村的主要组织形式。这些“会”从类型上来说主要有三大类，一是一般性的会（general associations），这种类型的“会”关心村庄的所有利益，如“青苗会”（Green Crop Associations）和后来的“义会”（Public Associations）；二是特殊的会（Specific Associations），这些“会”是独立的群体，有自己的领头人、财政、计划和为某种服务而被组织起来，如为纯粹的宗教目的、看青、水利或谷仓的维修等；三是混合性的会（Compound Associations），这种会由许多半独立的组织所组成，而半独立的组织一般是建立在边界或氏族（clan）的基础上的。

在西北关中水利社会中，存在“官渠”和“民渠”两大水利系统。就主导性的组织力量而言，前者是政府组织在牵引其运转，主要体现在水利建设和管理诸方面。而后者承担其组织作用的是地缘性的联合组织“水利协会”。另外，庙宇组织和“社火”也卷入到水利社会之中。❹

北方地区组织化的宗族弱化已是学界的共识。在山西，张俊峰发现：“与东南、徽州等南方地区的宗族相比，白巷李氏没有族产或者说族产极少，也没有像样的祠堂，他们仅有的祠堂也是通过购买没落族人的房产后改造而成的，难得见到类似于东南地区那样耗资巨大，恢宏庄严的祠堂建筑。这里的宗族并不具有慈善、救济和教育的功能，或

❶ ［英］弗里德曼：《中国东南的宗族组织》，刘晓春译，上海：上海人民出版社，2000年，第117–118页。
❷ ［英］弗里德曼：《中国东南的宗族组织》，刘晓春译，上海：上海人民出版社，2000年，第118页。
❸ 郑起东：《转型期的华北农村社会》，上海：上海书店，2004，第100页。
❹ 石峰：《非宗族乡村》，北京：中国社会科学出版社，2009年。

者说这些功能并非李氏宗族存在的主要目的，它也不是那种族产庞大，族规严密的实体性组织。对于李氏族人而言，宗族存在的标志，一个是族谱和世系，另一个是祖宗的坟地。”[1]由此判断，山西宗族仅是松散的礼仪性宗族。

贺雪峰的田野调查显示，关中的亲属关系是弱小的“户族”。他说：“所谓户族，关中农民又称‘门子’‘父族’，其实就是宗族下面的‘房’。不过，户族与‘房’也有很大的差异，即‘房’严格强调亲疏远近，一个‘房’可能会有数百户甚至更多，而户族的范围，在10~20户，如果过大，也就会再分为更多户族，而不可能达到数百户的规模。在宗族中，‘房’是隐藏在宗族之内的，外来者很难发现‘房’与‘房’的差异，而在户族中，同姓同宗却不重要，同宗意识很弱，户族本身凸显出来，成为农民在村庄中最为重要的行动单位，外来者也很容易发现户族的存在。理解户族，对于理解关中农村，也许具有基础性的意义。”[2]在山东，杜靖发现作为“关系”而非“组织”的五服—姻亲结构是乡村社会的主导亲属制度和实践。他的研究对象闵村，虽有闵氏宗族，但“在村落内部真正运作的主要实体却是‘五服—姻亲’”[3]。

位于黔中屯堡乡村的鲍屯，宗族和“会”具有同等重要的地位。鲍屯现有人口2000余人，其中90%为鲍姓族人，其他杂姓有汪、吴、潘、徐、陈等。是一个一姓独大的杂姓村。据《鲍氏宗谱》记载，在明代“调北征南”背景下，始祖鲍福宝带兵入黔，随同而来的还有汪、吕二姓，驻扎在现居地。鲍、汪、吕三家是姻亲。后来，鲍姓人口激增，而汪、吕二姓因种种原因人口锐减，鲍姓逐渐成了村庄的支配力量。该村最早名为“杨柳湾”，后名“永安屯”，至清因鲍姓人口增多，于是外人改称为“鲍屯”。从人类学对“宗族组织”的界定来看，鲍氏确实是个组织化的宗族，而非礼仪性宗族，因为具备了组织化宗族的四个基本条件，即共祖、祠堂、公产和族谱。鲍氏始祖为鲍福宝，下分“仁、义、礼、智、信”五房，现已传至二十一世。族人除了集中在鲍屯外，部分还分离出去组建了另一个自然村带子街。另有部分族人散居在各地。清明是祭祖最重要日子，村民们说祭祖时间一般会持续半月左右，原因是要按照祖先的不同世系来祭祀。清明前一天祭拜的是“腰带始祖”鲍大千，清明当天全体族人祭拜始祖鲍福宝，第二天按房祭祖，第三天按支祭祖，第四天以后则按小家祭祖。始祖坟地位于村子后山上，因风水极佳和面积的限制，族人曾规定六世以后的祖先就不准再葬于此地，其他祖坟则散布各处。清明祭始祖无疑是村里和族人的一次盛会，据说2011年为了招待各地赶来的族人，曾摆了2000多桌宴席，按一桌8人计，则有16 000多人。

---

[1] 张俊峰:《北方宗族的世系创修与合族历程——基于山西阳城白巷李氏的考察》,《南京社会科学》，2017年第4期，第141-148页。

[2] 贺雪峰:《关中农村调查随笔——兼与荆门农村的比较》,《天涯》，2006年第4期，第14-24页。

[3] 杜靖:《九族与乡土》，北京：知识产权出版社，2012年。

有意思的是，村庄的自愿组织“会”也特别发达，目前存在的“会”计有“老人会”“佛头会”和“钱会”。历史上曾经有“五会”（即“汪公会”），其中“汪公会”最为引人注目并延续至今。

在鲍屯，宗族和“会”不能相互替代。在东南地区，犹如林耀华所言，“会”只是宗族组织的形式之一，且行使的是宗族的功能，会员为一族之人。而在华北和西北，“会”则包揽了村庄的全体事务。从人口构成的比例来说，作为一姓独大的杂姓村，鲍族之事 90% 是村庄之事，村庄 90% 是鲍族之事。在某种程度上，鲍族等于鲍屯。鲍族虽然占据了村庄 90% 的社会空间，但并非全体占有。因此，在某种程度上，鲍族又不等于鲍屯。一姓独大的杂姓村内部的这种张力，需要汉人社会最基本的两个组织形式宗族和“会”来纾解。当涉及族内事务时，宗族自行处置。而当涉及包括鲍姓和其他杂姓的全村事务时，则由“会”任之。在这里，宗族和“会”在形式和内容上既重叠又分离。

鲍屯有两类主要的宗教活动，一是祭祖，二是祭汪公。祭祖是族内之事，而祭汪公则是全村之事。村庄的空间布局以中轴线为中心规划建设，在中轴线上从北至南布置的是鲍氏祖坟、汪公殿、关圣殿和鲍氏祠堂，这是一条物理线路，更是一条宗教神圣线路。其中汪公殿、关圣殿和鲍氏祠堂占据了上街的绝大部分空间，在 2000 年左右三大殿被拆除，目前恢复的仅有汪公殿。鲍氏祠堂的建筑材料被用于修建村口小青山上的太平寺。

从性别来看，祭祖和祭汪公皆为男性之事。祭祖自不待言，祭汪公虽有女性参与，但非仪式之主体，一如村民所说：“她们出力，但不操心”。女性的宗教活动也有自己的组织，即“佛头会”。据村民说，“佛头会”实际是“汪公会”这个大系统的次级组织，但成员主体是全村所有姓氏的成年女性。“佛头会”内部再分为两个亚组织，即上街“佛头会”和下街“佛头会”。除“汪公会”外，村里其他“会口”皆由“佛头会”组织和参与。

宗族组织和“汪公会”的主体职能，根据现在的观察，主要是祭祖和祭汪公。但据老人讲述，历史上曾经已有延伸，在族田合法化的时代，族田的收益主要用于：（1）水利设施维修，购买石料，雇佣石匠；（2）修桥补路，维修三大殿和祠堂；（3）抚恤鲍姓孤寡老人；（4）救助失火户；（5）族人治病，助学等。其中，第（1）项和第（2）项职能惠及全村全体村民，第（3）项、第（4）项、第（5）项则局限在族内。无独有偶，“汪公会”也突破本职延伸到了水利场域，现在已发现两块与水利相关的石碑。一块为 2006 年在黄家庄附近发现的残缺的“驿马坝井石碑”，碑文为“因一时无知……泉水退缩，亢旱禾苗，见之不忍……自知情愧，愿……后不敢侵犯，倘后有……如有放水……勿谓言之……”，立碑时间为“大明庚午年”。另一块是在水仓附近发现的清咸丰年间所立的关于水利河道的禁碑。后者的落款即“五会”。也即是说，“汪公会”主持了禁约的制定。

通过跨地域的比较，我们发现汉人乡村社会具有区域性差异。在东南沿海的福建和广东，其社会特征是宗族组织为主导，“会”相对弱小的“宗族乡村”。在北方，其社会特征是“会”为主导，宗族组织相对弱小的“非宗族乡村”。在黔中屯堡乡村鲍屯，则是两者同等重要的“族—会型乡村”。

四、结　论

早期人类学家基于东南地区的经验所得出的汉人社会文化图景，是否就能充分说明汉人的一般特征？学界以此为基点，经过区域性的扩大研究，已然发现汉人社会文化在具备普遍性和共享性的前提下仍然呈现出地域性的差异。对地域性差异的探索依然在路上，继续扩大研究必将深化和细化对汉人社会文化的多样性认识。

黔中屯堡乡村社会作为“边汉社会”的一种类型，其内部也呈现出不同的亚类型，同样值得进一步地探究。但与其他“边汉社会”相较，其文化身份具有强烈的自我意识，显然这与他们历史以来的聚落形态是连片聚居有莫大关系。周边虽杂处非汉民族，但从宏观上看，文化交融并不对等，也即文化的输出大于文化的吸收。比如，鲍屯的邻村黄家庄是苗族村寨，历史上村民是鲍屯的佃户，据老人回忆，历史以来，每当鲍屯祭祖和“抬汪公”之时，黄家庄村民就会前来帮忙和跳芦笙，但黄家庄举行苗族节庆或仪式时，鲍屯村民并不前往参与。笔者观察到的几次鲍屯祭祖和“抬汪公”，并没见到黄家庄苗族村民的身影。说明黄家庄苗族村民也是偶尔为之，苗族文化并非祭祖和“抬汪公”的不可或缺的组成部分。

而在汉人非连片聚居区，汉文化与非汉文化则呈现交融状态。例如，在黔东南苗族侗族自治州三门塘，明代刘氏指挥使调任铜鼓卫后，其子孙随着世系的延续而逐渐增加，除袭职的极少数人外，屯种与参加科举考试，成为多数人的职业选择。因土地资源有限，部分后裔不得不进入周边少数民族村落作为生计选择之一。刘氏指挥使后裔迁居三门塘，致使卫所武官后裔融入少数民族地区而致身份发生变迁，但他们亦无时不在寻找机会凸显作为汉人的文化传统，不管是公益事业中的碑刻书写，还是筑建宗祠与编修族谱，均为这种文化传统的显现。[1]

学界对边疆地区的研究，多从国家治理和族群关系处着手，当然这也是研究的主要内容之一。以人类学社区研究法，把汉人群体作为自足的民族实体，将之置放在“汉人乡村社会”这个总体框架下进行多视角的探讨仍是一个值得深入探讨的问题。边疆研究离不开对“边汉社会”的关注，少数民族研究的单一视角，无助于我们对边疆全面深刻地理解。

[1] 吴才茂：《明代卫所制度与贵州地域社会形成研究》，重庆：西南大学，2017年，第220页。

学科论视角下屯堡学的构件和构建

张定贵

（安顺学院）

学界创设屯堡学的动议已有十数年，21 世纪初贵州大学中国文化书院张新民教授就曾多次呼吁创立“屯堡学”，及后北京语言大学黄卓越教授、北京大学钱理群教授各自考察屯堡时亦都提出过类似的建议。此后，钱理群、商传等诸先生就如何创建屯堡学发表了相关论文，屯堡学的创设从动议走向了专题化的讨论。

关于讨论屯堡学的直接成果，目前有钱理群、商传、王涛三位各自发表在《安顺学院学报》上的论文。钱理群先生认为，对于屯堡学既要进行多学科的综合研究和溯源性的研究；又要向宏观和微观两个方向开拓。在学科建设的组织形式上，一种是民间的组织形式，如“贵州省屯堡研究会”；另一种是在大学或研究院里建立专门的研究机构，如安顺学院的“屯堡文化研究中心”。需要这两种力量的通力合作，以形成较为系统的“屯堡学”的研究体系与构架。钱理群先生也指出了屯堡文化研究存在的突出问题，一是史料的缺少和对史料运用的不慎重，不规范；二是研究时的浮躁心态，低水平重复的成果较多。因此，他呼吁“我们需要用屯堡人的精神来研究屯堡文化”[1]。

商传先生认为一个学科的构成需要具备三个方面的条件：一是要有能够立得住的载体；二是要有能够足以支撑这个学科的研究成果；三是对屯堡这一研究领域的研究工作一定是踏踏实实的，同时必须得到社会认同尤其是学术界的认同和支持。商传先生认为屯堡学符合上述条件要求。当然他也指出屯堡文化研究存在的问题，即比较多的论文还是记旧账。[2]这与钱理群先生指出的问题较为相近。

王涛先生提出屯堡学研究“应当把隐藏在屯堡背后的卫所突出出来”，设定超出特定区域的共性议题。在屯堡研究的时间维度上，一方面还须进行深入的溯源性研究，另一方面则要进行复杂的历时性区分。指出了在屯堡研究中，存在的区域局限、时间区隔不明和资料不足较为严重的问题。[3]这三个问题的确是当下屯堡研究存在的普遍问题。

上述论见在思想方法、构建条件、组织形式、议题设置等方面对于创设屯堡学无疑具有重要的启发意义，特别是钱理群、商传二位先生作为著名学者，他们的远见卓识和

[1] 钱理群:《屯堡文化研究的动力、方法、组织与困惑》,《安顺学院学报》，2009 年第 1 期，第 1-4 页。

[2] 商传:《从安顺屯堡说到屯堡学》,《安顺学院学报》，2017 年第 3 期，第 1-3 页。

[3] 王涛:《地域超越、时间区隔与资料建设——论屯堡学建构中的几个问题》,《安顺学院学报》，2017年第4期，第 1-4 页。

影响力对于创设屯堡学将会产生重要的推进作用。当然，前述文章主要是讨论创设屯堡学的合理性和怎样进行研究的问题，少有涉及屯堡学研究本体的研究——屯堡学“由什么部分构成”“研究什么内容”及其“依靠什么样的学术运作方式实施”等关联性问题的成果，而这却正是由屯堡文化研究迈向屯堡学研究需要解决的重要问题。笔者认为要创设屯堡学，学科论是一个贴近的、适宜的研究视角，它有助于探究其中的要素构件、研究架构及其组织实施，以获得对屯堡学构建的整体认识。作为一种探讨，希望对屯堡学有些许的助益，当然更希望屯堡研究同仁和方家赐教示正。

一、学科论的基本思想

屯堡学是一门新的地方学，它与诸多学科一样有着“学科”的共性特征，因此以学科论切入不失为一种必要的、贴近的视角。

学科是科学知识分类的基本概念，用来特指某个相对独立的、专门化的科学知识体系。按照学界惯例，某一领域的知识体系发展到一定程度并符合相关条件才被认可为某一“学科”。学科是大学产生后的产物。在欧洲中世纪社会，起初学科的分化是相当缓慢的，直至大学产生以后，各种系统的学术课程开始出现，在文、法、神、医的组织框架下，在 17 世纪到 19 世纪的 200 年间，人文科学与自然科学的学科才开始相对地分离出来。其后，伴随着民族国家的兴起以及大学的复兴，现代意义上的学科才基本形成。20 世纪中后期至现在，伴随着学科的分化和细化，就像课程论从教育学和教学论中分离出来成为一门单独的学科一样，关于“学科”的思想、理论和系统知识即学科论，又从教育学和课程论中分离出来成为一门相对独立的学科。

学科论是人类社会积累下来的关于学科的结构、组织、制度、思想、文化等方面内容的知识体系。“学科论以学科为研究对象，它不只研究教学中的学科，还研究科学中的学科，研究学科作为一个相对独立范畴的基本理论问题，如学科产生与发展的规律、学科的本质与价值、学科的基本组成要素等，它并不研究教学中科目的内容、进程及其评价等问题。虽然它有时可能会涉及这些问题，但它的出发点和最终归宿是在学科上而不是在课程上。”[1]可以概括地说，学科论的基本内容包括学科结构、学科组织、学科制度、学科文化等诸多方面。在此，本文借鉴学科论中学科结构、学科组织等相关知识，探讨屯堡学“由什么部分构成”“研究什么内容”及其“依靠什么样的学术运作方式实施”的相关问题。

[1] 孙绵涛:《学科论》,《教育研究》，2004 年第 6 期，第 49-55 页。

二、从学科要素看屯堡学的构建

有学者认为，一门学科的建立，要有学科研究对象范畴、学科方法范畴、学科体系范畴，它包括了学科研究什么、学科怎样研究和学科研究结果等要素。也有人认为，还应包括学科性质和学科任务两个范畴。[1]借鉴这些学科构件的思想，笔者认为屯堡学包括五个构件部分，即学术史、研究材料、理论体系、研究方法和向实践的转化五个方面。结合屯堡的实际，本文将“研究材料”中的史料与学术史合并同类，个案调查资料独自为一部分，认为屯堡学的构建方面可用“史”“案”“论”“术”“用”五个字概括。

（一）“史”，即是学术史的梳理和史料的整理开拓

1. 学术史梳理

屯堡学的学术史建基于屯堡文化研究的学术史上。从光绪二十八年（1902 年）日本学者鸟居龙藏开启屯堡文化研究至今，也算有一个比较长的学术史，不能忽视这笔宝贵的学科资源，它是屯堡学创设的前学科时期和学脉所在。

第一，明确今后屯堡学研究的新起点和创新空间。以屯堡文化研究的学术史背景为“后视镜”，梳理以往成果，目的是通过“后顾”达到“前瞻”，凭借“推陈”实现“出新”，找到可以深发的创新空间，确立新的起点，提出新的问题，形成新的知识增量。过去屯堡文化的研究存在一个明显的问题，就是低水平重复的成果比较多，作者往往没有意识到要在知识的认识边际上做出有价值的拓展。在今后的屯堡学研究中，熟悉和掌握过去屯堡文化研究文献的基本观点，确立了研究的边际位置，由此超越这些认识上的边际，这是使一项研究形成边际贡献的学术出发点和拓展创新空间的努力方向。

第二，明晰屯堡学具有界标意义和学术建树的重要文献。赓续学脉是任何一个学科发展的学术责任，屯堡文化研究与屯堡学研究不是两件事，而是经历不同发展阶段的、具有衔接关系的学术整体。屯堡文化研究已经有 100 多年的历史，成果丰硕，检视其中具有界标意义和学术建树的重要文献是屯堡学得以继续发展的前提。如果没有重要学术作品的基本支撑，屯堡学就会沦为无源之水、无本之木，难以在知识边界上形成具有认识论意义上的贡献。换言之，如果没有不同时期重要作品的支撑，即便发现大量的新材料，亦难以形成知识生产意义上的真正贡献，可能生产出不少所谓的论文，但难以生产出有分量的知识。

2. 史料的整理开拓

国内诸多地方学都有巨量的史料作支撑，而屯堡学在这一方面明显不具有优势，前述钱理群、商传等先生都认为这是屯堡学的弱势。的确，目前涉及屯堡研究的明清时期

---

[1] 孙绵涛:《学科论》,《教育研究》, 2004 年第 6 期，第 49-55 页。

及其以前的史料不是太多，但屯堡人是一个有文字记录习惯和敬惜字纸传统的族群，他们保留传承着具有大明遗风的江淮文化。因此，在继续做好原有文献整理的基础上，深入持久地做好发掘新史料的工作，文献整理与史料开拓一同进行，这将能弥补以往在史料上的不足。

第一，拓展原有的史料整理工作。2004 年，安顺学院吴羽老师主持完成的贵州省哲学社会科学规划课题《安顺屯堡史料类编》（未出版），从正史、方志、村志、家谱等方面比较系统地呈现与屯堡相关的史料。这是首次比较系统地呈现屯堡相关史料，对于屯堡文化的研究提供了极具基础性的资料。

安顺学院孟凡松老师经过多年努力，对《中国明朝档案总汇》中的武职选簿资料进行整理，涉及贵州、云南、四川、湖广（湖南、湖北）、陕西诸都司及京卫的选簿，这对于研究屯堡族群起源问题有重要参考作用。

当然，屯堡相关史料的搜集尚需继续进行，比如一些正史、方志、家谱尚需收入，要扩大视野继续做好有关卫所以及与贵州有关的云南、四川、湖南、湖北、广西、重庆、安徽、江苏、江西等地的史料收集整理工作，还要不断地做好国家开放的相关档案的收集整理工作，这些都将为屯堡学的持续研究提供重要的资料支撑。

第二，做好发现新史料的工作。就笔者和同事的田野调查来看，每当到一个屯堡村寨进行深入调查后往往都会有新的发现。2010 年孙兆霞等编的《吉昌契约文书汇编》，是吉昌屯村调查时的意外收获，这是屯堡地区契约文书的首次呈现，包含 438 份契约文书，时间从 1733—1961 年达 200 多年，涉及土地、林地、房屋买卖、租佃、典当和分关（家）等内容，具有重要的史料价值和学术意义。之后，吕燕平等在大屯、时家屯、鲍家屯、雷家屯、山京哨等屯堡村寨陆续发现了相当数量的契约文书，不仅在数量上又有新的突破，在文献类型、时间跨度上均有新的刷新。其实，对于屯堡这样一个由 300 多个屯堡村寨构成的汉人群落，其中不少村寨还少有人去，属于学术研究的“生地”，随着以后调查的深入很可能会发现更多珍贵的史料。

第三，由高校组织相关专业人员指导村落编写村志村史，扩充史料的不足。当下提倡书写小历史，村志村史就属于小历史。可以某些高校为主，派出相关教师指导乡村文人或有一定写作能力的热心之士编纂村志村史，以图文形式记录村落的社会变迁与发展现状。其实目前已有少数屯堡村寨自发地编写村志，如《九溪村志》《中所村志》等，但是在量上还不多，在质量上尚需适当优化。以往中国的地方志书写往往很难到达乡村的层面，如果有高校乃至政府有关部门的推动，众多屯堡村寨都修撰村志村史，不仅提供了大量的文献资料，而且可能让我们看到许多以往不曾看到或发现的重要信息。

（二）“案”，即是个案调查资料的积累

屯堡学是一门实证性很强的学问，它需要大量的案例材料作支撑。而屯堡文化是一种活态文化，对其中的村落、人物、群体、事件、重要场所、生产流程等内容进行深度个案访谈和问卷调查，使之文本化，可形成一个涵容巨量信息的资料库，这既是对当前屯堡研究在资料“瓶颈”上的重要突破，也能有力地支持屯堡学的研究。

1. 村落个案

屯堡村寨总体有300多个，但随着现代化、城市化的影响，不少村落的文化受到了较大的冲击，面临着损毁或消亡的危险。因此，如果以村落为对象，如“中国百村调查·九溪村”课题那样，选择数十个典型屯堡村寨甚至开展一项屯堡百村调查，那将会形成相当可观的文献资料。

2. 人物或群体个案

屯堡村寨往往自组织比较发达，拥有众多的社群组织，因此也对应着众多精英能人、能工巧匠等各类人物。比如对有着“四坊五匠”统称的各个传统行业和各类匠人进行深度访谈，了解每一行业的生产产品、职业民俗、行业隐语等，记录其中手工艺匠人的生命史。对村落内部的地戏队、花灯队、秧歌队、各种钱会、各种临时组织等进行深度访谈，记录他们的发展历程和主要活动。诸如此类人物或群体的调查，都将会留下非常可观的文字和图片资料。

3. 事件个案

一个屯堡村寨一年之中会有不少重大事件或节事活动，一个人一生也要经历很多重大事件，对这些方面进行深度访谈将会留下众多资料。比如鲍屯村，其古水利工程获中国国家灌溉排水委员会“水利遗产保护奖”；2010年该村荣获中国历史文化名村称号；2011年古水利水碾坊被评为亚太遗产保护卓越奖；2012年入选世界最佳遗产协会“精英俱乐部”。这些对于村落是重大事件，对其前后经过、社会影响等方面进行访谈，亦将留下重要的乡土文献。

4. 重要场所个案

屯堡民居、建筑组团、公共空间等是屯堡人重要的活动场所，对其进行图纸绘制，编制资料图集；对这些重要场所的历史变迁、文化特点、社会功能等进行深度访谈，亦可留下可贵的资料。比如，吉昌屯村的“抬汪公”比较典型，对其汪公庙的诸多方面进行深入考察，它将会留下一个完整的资料，这对于人们理解屯堡人、屯堡文化、屯堡村寨之间的关系都有着重要的价值。

5. 生产过程个案

生产过程主要包括农业生产和手工艺的生产过程，它是体现屯堡人的生产生活方式的重要方面。比如农业生产。屯堡地区是贵州主要的稻作区，主产的水稻、玉米、油菜等生产过程包含着一整套农业生产的知识，采集这些内容可留下一批珍贵的传统农耕文化资料。屯堡人尊时守位，注重节气变化和土壤特点进行农业生产，他们留下了大量的农业生产经验通则，是指导屯堡数百年来农业生产的重要理念、思想、技术、经验。迄今为止，这些农业生产的相关信息尚未有人进行系统的记录、整理。

当然，以上是一个大体的分类，只是为了方便认识，目的还是为了更好地收集资料，实际上在具体的调查中上述类型不少时候还是综合在一起进行的。这一块如果做得好的话，那将为屯堡学、为后世留下巨量的学术资料。

（三）“论”，即是理论体系

1. 将过去屯堡研究的理论成就纳入屯堡学的理论体系中

总体而言，过去的屯堡研究形成理论贡献的并不多，但即便如此仍然还是有一些成果在此方面做出了有影响的研究。比如孙兆霞等著《屯堡乡民社会》[1]，提出了与费孝通“乡土社会”不同的概念——“乡民社会”，揭示了屯堡乡民社会非宗族的特征；提出了“自组织机制”和“亚稳定结构”概念，以及现代乡村重建的内源性资源及其现代性转换的命题。这些理论贡献使传统的地方性研究具有了超越地域的普泛性价值。朱伟华等著《建构与生成——屯堡文化及地戏形态研究》，提出了“地戏是成型于清代的继发性仪式剧”的命题，提炼出“唯忠为大”是屯堡人的价值准则，这些都是屯堡研究中的新贡献。[2]陈忠松的博士论文《边缘存续——安顺地戏形态与传承研究》，提出了“引戏入仪”的概念，认为安顺地戏是通过“引戏入仪”的边缘路径形成的稀有剧种，这是对以往地戏研究的一个升华。[3]

以上只是略举一些实例，其实还有一些成果亦做出了理论贡献，在此不一一提及。这些过去的理论贡献就是屯堡学理论体系的组成部分，我们要珍视这些知识生产财富。

2. 要注意屯堡学研究时的概念化、命题化、体系化

“论”就是要形成系统化的理论，即是遵循科学论证的一般规则，在解释屯堡时建立起基本的范畴概念、理论命题、研究范式，并加以体系化，这是屯堡学得以存在和发展的目标，否则就无“学”可言。

从事屯堡学研究，要注意将相关研究概念化、命题化，这亦是目前屯堡研究的一个“瓶颈”。当然也要注意，诸多学科为我们打开了研究视野，但在学术研究上如果屯堡文化被分割在不同的学科里，那也容易被拿来用以填充某种思想理论框架，这无助于屯堡学作为一门地方学的建立。屯堡学涉及诸多学科，但其突破一定是诸多学科的沟通与整合，从而打破现有学科分布，形成具有屯堡学自身特点的知识体系。“不论社科还是人文，系统地把相关知识合乎逻辑地构造起来，提供学理性知识，是建立学说的要求。”[4]从

---

[1] 孙兆霞等：《屯堡乡民社会》，北京：社会科学文献出版社，2005年。

[2] 朱伟华等：《建构与生成——屯堡文化及地戏形态研究》，桂林：广西师范大学出版社，2008年。

[3] 陈忠松：《边缘存续——安顺地戏形态与传承研究》，福州：福建师范大学，2016年。

[4] 庞青山：《大学学科论》，广州：广东教育出版社，2006年，第42页。

知识生产的角度看，屯堡学就是要不断地形成新的理论建树，构建具有逻辑关联性的知识体系。

（四）术，即是指基本方法

1. 借鉴相关学科的研究方法

过去的屯堡研究，不少学者采用了社会学、人类学、民族学、民俗学、历史学、地理学等学科的方法，今后屯堡学的研究仍然需要使用这些方法，发掘更多的资料，推进这一学科的深入研究。比如文献的收集整理，对调查对象的参与观察、深度访谈等，对自然景观、人文景观进行现场考察、测绘、拍摄资料，绘制专题地图等，这些多学科介入的方法是通过实践证明是行之有效的方法，应当好好延续和发扬。

2. 利用现代计算机技术建立数据库

在借鉴诸多学科理论方法的同时，借助现代技术手段，建立屯堡的文字资料、音频、视频、照片等数据库。对于相对零散的访谈记录、调研报告、口述资料，重新梳理汇总，使之形成专题规范的调研报告数据，以文字或数据报表为主要形式呈现于数据库。在当下要充分利用现代计算机技术参与到屯堡学的研究中去，建立一个富有特色的、信息容量大的数据库，并给人们提供检索查阅和进行深入研究。

3. 要不断总结具有屯堡学特色的研究方法

要根据屯堡的实际总结出具有屯堡学自身特点的调查研究方法，这需要更多学者对自己研究经验的理论化总结。比如让屯堡人自己书写的方法，这是因为屯堡有 300 多个村寨，在一时难以展开全面的大规模调查，一些学者将自己的要求告诉村中能识文断句的文人，请他们按照要求记录某些事件或文化事象，这极大地提高了工作效率。当然，这些做法还有待不断完善。

（五）用，即指向实践的转化

对地方社会而言，屯堡学既有格物致知的功能，又有经邦济世的指向，其实践推动方面亦是其中重要内容。

1. 促进民众认识和重视本土文化，形成地域文化认同

地方经济社会的发展需要民众有较为一致的文化认同。黔中文化的构成是一体多元的，一体就是指地域上、发展上的一体，多元是指有以屯堡文化为代表的汉文化，也有其他少数民族文化。创设“屯堡学”，为地方民众提升认识、增强认同提供了系统性的文本知识，这对于构建地方知识谱系，促进地方社会经济发展将奠定坚实的社会基础，也是开展具体实践工作的重要前提。

2. 支撑地方旅游发展战略，促进旅游业的升级发展

贵州的旅游业兴起于安顺，但旅游产品结构不合理制约了安顺的发展。安顺自然旅游资源和人文旅游资源品质绝佳，但旅游产品更多地依赖于自然旅游资源，自然和人文

方面未形成一个较佳的产品组合。屯堡作为一种稀缺的人文旅游资源，未得到很好诠释和解读，未与自然旅游资源进行有效的链接。而且安顺的旅游产品也更多是一种观光旅游，与今天中国和世界旅游业由观光旅游向参与式旅游、度假旅游、生态旅游、文化旅游等趋势不相适应。面对地方旅游发展的需求，更需要屯堡学这一最具本土特色的研究作为学术支撑，提升旅游产品结构的升级改造，从而促进旅游业和地方社会经济的发展。

3. 为地方乡村振兴战略提供重要支撑

屯堡学是一门地方学，有着地方学的诸多共性，但又与很多地方学有所差别。如国外的罗马学、伦敦学、东京学、首尔学等，国内的北京学、上海学、天津学、武汉学、温州学、成都学等，这些地方学从性质上讲是城市学，它们主要是以研究城市的历史变迁及其发展规律为研究对象，而屯堡学的性质则是乡村学，因为屯堡学的主要研究对象就是集中在安顺的乡村，这是屯堡学与诸多地方学的一个重大差别，也是屯堡学在地方学格局中最具特点的方面。可以这样讲，研究乡村文化的很多，但很少见到主要研究乡村的地方学。

党的十九大报告中提出了乡村振兴战略，这不只是某些方面的振兴，而是乡村社会经济文化的全面振兴。屯堡学以研究屯堡人、屯堡文化、屯堡村寨、屯堡族群社会为目标，这对于推进屯堡区域内的乡村振兴具有重要的作用。以一门学问为支撑的乡村振兴，如果获得实质性的发展，这在全国的乡村振兴中也具有重要的经验意义。

上述屯堡学的五个构成要件，“史”是研究基础，“案”是学科重心，“论”是理论提炼，“术”是辅助方法，“用”是实践应用。五方面是一种互依、互存、互证、互构的关系，构建屯堡学不可偏废某些方面。

三、从学科知识生产看屯堡学的构建

前述是屯堡学的构成要件，以此为基础就涉及这门学科的研究架构和研究任务。可以说屯堡学的研究内容有很多方面，但都是要围绕知识生产而展开，这是屯堡学得以存在的根本依据，否则就无从谈起。为此，笔者从宏观、中观、微观三个层面谈谈自己对屯堡学具体知识生产的粗浅认识。

（一）宏观研究

这是一门学科从宏观上需要考量的层面，是一门学科区别于其他学科的重要内容。具体包括以下几个方面的研究。

一是屯堡学学科本体构成的研究。如屯堡学的研究对象研究，屯堡学的性质、目的、任务研究，屯堡学的基本问题研究，屯堡学的概念体系研究，屯堡学的研究范围研究，屯堡学的基本架构研究等。

二是屯堡学的价值意义研究。如屯堡学创设的必要性、可行性研究，屯堡学与构建地方知识谱系研究，屯堡学与地方高校学科建设发展研究等。

三是屯堡学的组织实施研究。如屯堡学的学术组织运作研究，屯堡学的人才队伍研究，屯堡学的平台建设研究等。

四是屯堡学与其他学科的关系研究。如屯堡学与其他地方学的比较研究，屯堡学与文化人类学等相关学科的关系研究，屯堡学与地方文化的关系研究等。

目前这些工作尚未真正起步，这不能是口头上清谈闲聊，更需要相关机构、相关学者进行扎实的、专业化、学科化的研究，让更多的人有一个较为清晰的思路，从而才有力地推动屯堡学的构建和发展。

（二）中观研究

这是在屯堡学的宏观层面之下而又超越于具体文化事象的研究，是将屯堡群落作为整体，是对屯堡外部的或历史的相关方面进行研究，其目的是要凸显出屯堡自身的特点或者实现对屯堡的更好释读。这些方面有利于我们走出有限的地域视野范围，更好地认识屯堡文化现象，促进屯堡学的创设和发展。

一是屯堡与外部相关因素的研究。如屯堡文化在贵州多元文化格局中的地位和作用研究、屯堡文化与贵州经济社会文化发展研究、屯堡文化与贵州土司文化的比较研究等。

二是与安顺屯堡相似的地域文化研究。如安顺屯堡文化与青海屯堡文化的比较研究、安顺屯堡文化与山西大同屯堡文化的比较研究、安顺屯堡文化与云南边屯文化的比较研究、安顺屯堡文化与湖南常德维吾尔文化研究、屯堡人（屯堡文化）与贵州后汉族移民（后移民文化）的比较研究等具有相关联系的民族或族群的比较研究等。

三是与安顺屯堡历史相关的地域研究。如普定卫研究、平坝卫研究、安庄卫研究、威清卫研究、贵州卫研究、定南守御千户所研究、柔远守御千户所研究等。

（三）微观研究

这是对屯堡文化事象的具体研究，是屯堡乡村社会有机体的重要组成部分，是屯堡学在微观层面的研究对象。

一是屯堡自身历史方面。如屯堡史料（正史、方志、家谱、碑刻、戏本、唱本、神榜、会簿、拳谱、契约文书、科仪文本等）搜集整理研究，安顺屯堡的历史发生学研究，安顺屯堡的社会历史变迁研究，屯堡人的口述史、生活史、生命史研究，屯堡书院、社学、私塾研究，明代军制、政制与安顺屯堡的关系研究，明清时期屯堡区域交通研究，屯堡传统农业生产方式研究等。

二是具体文化事象。如屯堡妇女服饰研究、屯堡民居建筑研究、屯堡路桥文化研究、屯堡方言研究、屯堡山歌研究、屯堡花灯研究、屯堡地戏研究、屯堡佛歌研究、屯堡孝歌研究、屯堡农谚研究、屯堡人婚姻习俗研究、屯堡人丧葬习俗研究、屯堡人的礼仪习俗研究、屯堡饮食文化研究、屯堡雕刻艺术研究（石雕、木雕）等。

三是精神教化方面。如屯堡人的教育观和教育制度研究、儒家思想在屯堡的民间形态研究、屯堡人的族群心理研究、屯堡人价值观研究、屯堡人伦理道德研究等。

四是群体组织方面。如屯堡人的社会组织结构研究、屯堡人的祠堂研究、屯堡商人群体研究、屯堡匠人群体研究、屯堡乡贤群体研究等。

五是实务开发方面。如屯堡村落治理研究、屯堡非物质文化遗产保护研究、屯堡村落发展模式研究、屯堡村落产业结构调整研究、屯堡乡村旅游研究等。

研究整体构架是屯堡学构成要件各相关部分的展开和支撑，而上述宏观、中观、微观的划分，宏观研究是屯堡学方向性的、总体性的研究，中观研究是屯堡学与相关研究的区别与联系，微观研究是具体的屯堡文化研究。三个层面都是互相支撑的。当然，我们应该力戒过去一些自说自话式、心得体会式、碎片散点式的所谓研究，力争在提供新材料、新视角、新方法、新观点和新理论上做出新的贡献，如此才有助于屯堡学的创设及其知识的积淀。

四、从学科组织看屯堡学的构建

“学科除了学术知识的分类或知识形态的意义外，还具有组织的形态，即是由学者、知识信息和学术物质资料等组成的实体化的组织形式。”[1] 根据学科发展的经验，笔者认为在清楚学科构建、研究架构的基础上，要在学科组织层面上去真正推动屯堡学的实践构建，这包含学科发展目标、学术研究队伍、学术信息载体、学术物质资料四个要素。

（一）学科发展目标

屯堡学的创设和发展，要从纵向上设计出长期目标、中期目标和近期目标，每一个阶段都要完成具有标志性意义的工作；从横向上要考虑其学术性目标和实用性目标、研究成果目标和人才培养目标，屯堡学得以成立的关键是具有知识生产的功能，所以学术性目标、研究成果目标又是重中之重的要务，应该在长期目标、中期目标和近期目标的设计中都作为主要内容对待。因此，要结合“学科”发展规律和屯堡实际，制定一个屯堡学发展规划，其中包括屯堡学的范围、方向、阶段、重点等，向专家和社会征集选题并发布课题指南，以知识生产上的贡献作为学术研究的评判尺度，不断地接近或实现每个阶段的预设目标。

（二）学术研究队伍

学科组织与其他组织不一样，它是学者的集合，研究队伍水平的高低决定了学科的发展状况，屯堡学的发展同样要形成多学科的、稳定的、可持续的研究团队。当然，研究队伍的建设不是停留在口号上、书面上的，要在学科带头人、学术梯队和学术团队的

[1] 庞青山:《大学学科论》，广州：广东教育出版社，2006 年，第 145 页。

开放性上都有总体的考量。屯堡学的发展需要有多名水平较高的学科带头人，这不仅是对学者本人的要求，也是标明这些学者依托的团队所达到的高度。屯堡学的发展还要有一个知识、年龄、学缘结构合理，研究专长互相依存、互相促进的、具有合作精神的学术梯队。屯堡学的学科组织还要有开放性，要不断地吸收具有学术潜力、学术思想的有识之士加入团队，使学科组织不断地有新的能量输入。只有加强研究队伍的建设，屯堡学的构建才能真正落到实处，也才会再贡献出一系列的研究成果。

（三）学术信息载体

“学术信息是学科组织中学者的操作对象，主要指知识及其载体以及信息交换水平。学科组织是以高深专门知识为直接对象的，其操作对象及其载体——课程、教材、专著、论文、科研成果等的水平以及学术交流的频率和层次，对学科组织具有重要的意义。”[1]屯堡学要注意教材开发建设，要让研究成果通过教材进入课堂，转化为课程资源，不断地培养下一代的读者或研究人员。至少要有一个刊物或在一些刊物上常设相关专栏，持续地出版“屯堡学文库”类似的系列丛书，既为研究人员不断地推出新的成果提供平台，又不断地使这门学科在学术界乃至社会上产生影响力。加强网络传播平台建设，根据目前网络时代的特点，须建设一个或更多的网络平台，持续地扩大屯堡学学科的影响力。总而言之，屯堡学学科水平的高低要得到学界和社会的认可、肯定，往往是由学术信息载体的发布决定的，因此这需要在专著、论文、研究报告和教材、课程等方面多出成果、出好成果。

（四）学术物质资料

“学术物质资料是学者进行学术活动的基础条件，包括研究资金、设备、图书资料等。它们是学科组织的物化平台，是学科组织活动的物质基础，同时也是学科实力和水平的象征，因而常常是学科组织建设的具体物质体现。”[2]当然，在条件允许的情况下，不断地改善屯堡学的物质资料建设，这是工作之需，同时也是一个团队在学界和社会中良好形象的展示。

上述要素之间是相互联系相互作用的，学者以一定的学术物质资料为基础，通过对学术信息的加工、处理、研究和发布，从而达成屯堡学的学科发展目标。

五、结　论

前述谈到屯堡学的要素构件、屯堡学的研究架构以及如何具体地推动其组织实施，这些对研究屯堡学的本体问题——即屯堡学“由什么部分构成”“研究什么内容”及其“依靠什么样的学术运作方式实施”的相关问题或许会有所助益。

---

[1] 庞青山:《大学学科论》，广州：广东教育出版社，2006 年。

[2] 庞青山:《大学学科论》，广州：广东教育出版社，2006 年。

学科有体系，知识有位置。屯堡学也是“有体系的”和“有位置的”。当然屯堡学不可能自动形成一个现成的、成型的体系摆在某个地方等着大家，但如果沿着学科的“体系”和“位置”去思考和构建，其实是有着一个区别于其他学科的边界和内容的，是有着一个属于本学科的逻辑活动空间的，它“潜在地”呈现了知识之间的整体空间联系及每一个知识生产的存在位置和邻域关系，不是那种自说自话式的、自娱自乐式的“悬空”研究成果。因此，应该力戒那种无助于在新材料、新角度、新方法、新观点、新理论上形成贡献的“重复记旧账”的做法。

当然，由于学术视野、学术认知能力、学术综合思维水平的不够，笔者尽管总想达至一定的高阶状态，但力有不逮，难如人愿，浅见或让人贻笑，错漏亦当有不少。不过作为一种对屯堡学构建的探索性尝试，姑且算是一块引玉之砖吧，祈望大方之家予以教正。

贵州屯堡研究的现状与思考
——基于既有成果文献和保护名录的统计与分析*

郭　璇　王小菁　林琼瑜

（重庆大学建筑城规学院）

近年来，随着学术发展和学科的融合，以及我国和地方文化遗产保护事业的逐步推进，对于贵州屯堡的研究与关注日益增加，也产生了不少可喜的成果。笔者团队对现有的屯堡研究成果文献和中国传统村落保护名录中贵州屯堡村落相关的研究产出现状进行了统计、分析，梳理了现有研究成果的分布特点，对未来屯堡研究的可能方向做出了思考。

一、屯堡研究成果的发表情况概述

1. 屯堡研究成果的发表数量及增长趋势

截至 2018 年 7 月，笔者团队在相关中文文献数据库中共检索到屯堡研究的成果文献 1431 篇，其中包含期刊论文 945 篇，硕博学位论文 163 篇，书籍 252 种，会议论文 71 篇。❶检索结果显示，我国 20 世纪 80 年代以前对屯堡的研究成果正式发表的极少❷，而整个 20 世纪 80 年代亦仅有 9 篇，1990 年出现了一次小高潮，仅当年就有 6 篇，此后略有回落，但在 20 世纪 90 年代后期基本保持了每年 5~9 篇的水平；2001 年当年则达到了 19 篇，此后屯堡研究的发表成果数量呈迅速增长的态势，2010 年达到了 113 篇，以后每年均维持在 100 篇上下，2014 年则达到了 123 篇，是迄今以来发表屯堡研究文献的年最高值（见图 1）。研究成果发表数量的持续增长说明对屯堡的关注以及研究的产出都在日趋增长当中。

---

* 本文得到国家自然科学基金资助，项目名称：“我国近现代战争系列文化遗产保护与展示研究”；批准号：（51578083）。

❶ 本文进行检索和分析的已发表有关屯堡的文献成果主要针对中文文献。关于屯堡研究的外文文献分析将在随后的研究中展开。中文文献总数基于重庆大学数字图书馆检索系统链接的知网、超星、万方、维普提供的综合数据信息，主要包括期刊论文、硕博论文、书籍和会议论文中题目上和内容中带有“屯堡”的，并通过人工筛选，剔除了重复的文献以及实际内容不相关的文献。但因文献数量庞大，仍可能有部分内容不相关的文献未被剔除，同时因数据库检索系统的性能有待提升，数据不排除有一定误差。

❷ 目前检索到 20 世纪 30—40 年代的几篇文献，均为民国时期军队建设的文献，与本文所指的屯堡非同一概念。

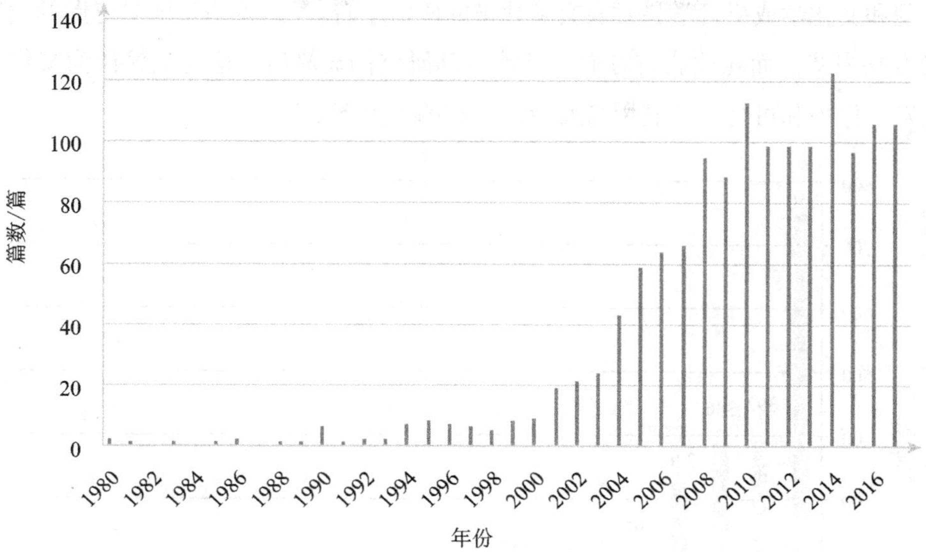

图 1　1980—2017 年屯堡研究文献成果年产出数量分布情况

2. 贵州屯堡 vs 其他地区屯堡

在检索到的 1431 篇屯堡研究文献中，约有 91.75% 的文献实际内容是关于贵州屯堡的研究，关于其他地域的屯堡的文献成果 118 篇，仅占屯堡研究成果文献总数的 8.25%（见图 2）。这从一个侧面说明，学界对屯堡概念的认知，目前形成的约定俗成的观念仍是指向贵州屯堡的。而事实上屯堡的分布在我国其他地域也有不少，且各具特色，这说明屯堡研究的对象范围和着眼点是需要进一步拓展的。

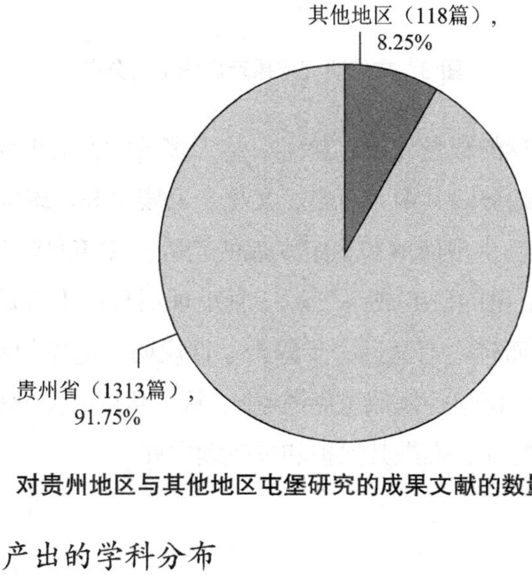

图 2　对贵州地区与其他地区屯堡研究的成果文献的数量分布

3. 屯堡研究成果产出的学科分布

从屯堡研究相关成果发表论文内容所属的学科分布情况看，数量最多的是旅游学科相关的文献，且数量达到位居第二位、第三位、第四位的学科，即中国古代史、建筑科学与工程和文化学成果各学科发表文献数量的两倍左右。[1]这说明目前对屯堡的利用和商业开发方兴未艾，而相比旅游方面，其他基础研究仍显滞后，这对屯堡作为文化遗产的价值认知、保护和可持续地利用与发展是不利的（见图3）。

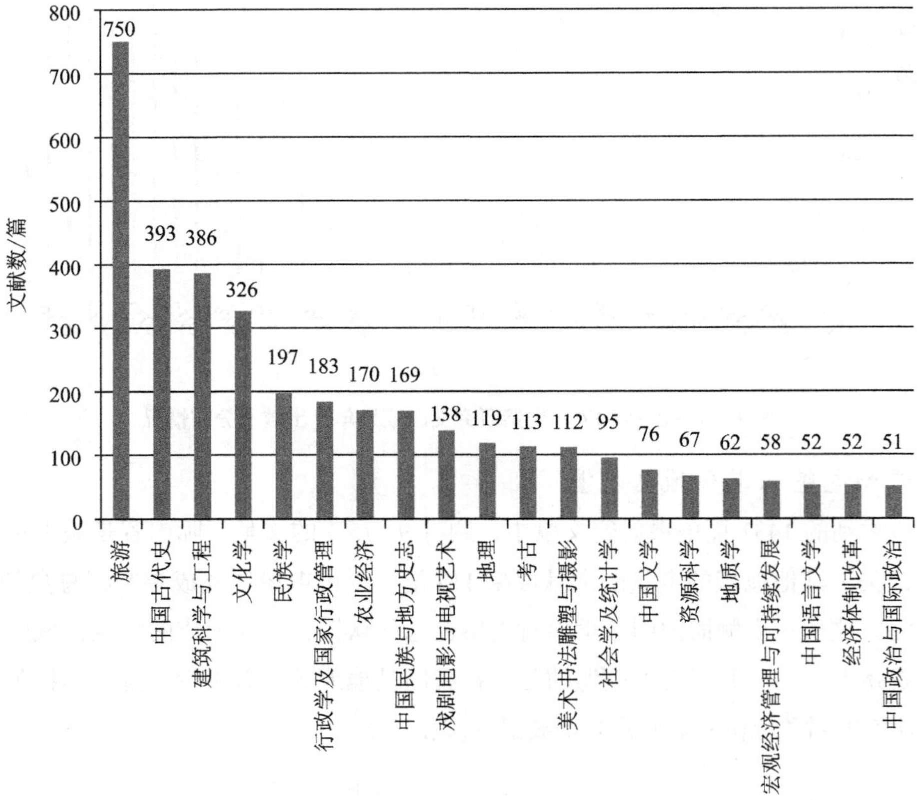

图3 屯堡研究成果产出的学科分布

而在各学科发表文献的数量发展趋势上，绝大多数学科对屯堡的研究产出均在2000年以后呈现迅速增长的趋势。其中，历史、文化、民族学等传统学科则大部分在2011年前后达到一个高潮，此后呈现回落和稳定发展的趋势。建筑科学与工程、农业经济等领域则在2000年至今对屯堡的研究成果发表一直呈现明显的上升趋势，2011年以后上升趋势不仅没有回落，反而较之前又进一步攀升。这说明对屯堡的研究从人文社会科学逐渐拓展到工学、农学和经济学等领域（见图4）。从多角度、多学科研究屯堡，有助于进一步认知屯堡的价值和特征，推进其保护和可持续发展。

[1] 以上基于知网、万方、维普提供的综合数据信息，主要包括期刊论文、硕博论文和会议论文，但不包括书籍。

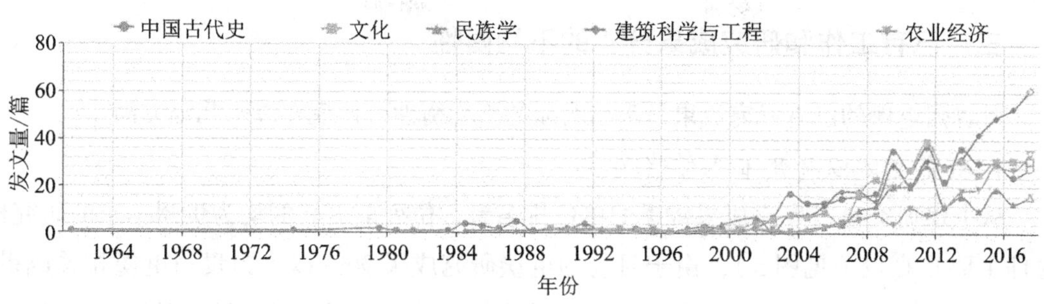

图 4　五学科屯堡研究成果产出的数量增长趋势

二、中国传统村落名录中的贵州屯堡

除了史料文献当中记载的卫所、军屯分布外，目前贵州地区拥有多处屯堡村寨的实物遗存，其中大部分仍作为村寨在继续使用。在贵州省列入我国第一批到第四批传统村落名单中，包含了多处屯堡类村落。其中一部分是由于有较高知名度或已有研究较多而已经被外界公认的屯堡村寨，还有一些虽然在不同方面具有屯堡村寨的特点或携带了相关的历史、文化信息，但因相关研究非常匮乏，还须开展进一步的历史研究和田野调查论证其作为屯堡的特征和典型性。本文暂时将后面这部分村落称为“类屯堡”村落，将典型屯堡和“类屯堡”传统村落合称为屯堡类传统村落（见表 1）。

表 1　贵州屯堡类村落在第一至第四批中国传统村落中的分布情况

传统村落批次	已确定为典型屯堡的传统村落（28个）	有待进一步研究论证的“类屯堡”村落（43个）				
		明、清时期曾设卫建屯，现为汉族聚居地（11个）	位于安顺屯堡文化圈，现为汉族聚居地（13个）	明、清时期曾设卫建屯，现为少数民族聚居地（9个）	村落名字体现屯堡特性（4个）	因经商或躲避战乱的汉移民活动形成（可能为商屯、民屯）（6个）
第一批传统村落	4个	2个	1个	1个	2个	1个
第二批传统村落	1个	1个	1个	5个	1个	0个
第三批传统村落	12个	5个	4个	2个	0个	4个
第四批传统村落	11个	3个	7个	1个	1个	1个

三、已有工作和研究成果分布的不均衡性

对贵州屯堡的已有研究成果呈现出明显的不均衡性，体现在以下几个方面。

1. 研究主体以贵州本土学者为主

从屯堡研究已有发表成果数量的单位排名看，位列前五名的均为贵州本土的研究机构且主要是高校（见图5），由于目前的屯堡研究成果90%以上为贵州屯堡相关成果，图5也基本反映了开展贵州屯堡研究的相关机构的分布情况，说明目前对贵州屯堡的关注主要还是本土性的，贵州屯堡的价值还需要在更广阔的范围被认识，未来有待更多的地区和学者、机构参与到贵州屯堡的研究中来。❶

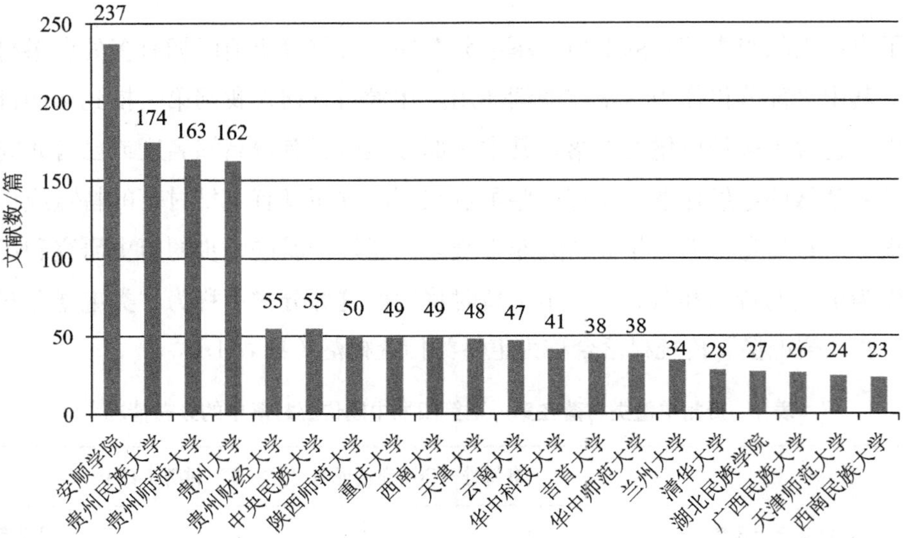

图5　基于知网统计数据的屯堡研究学术论文发表相关学术机构排名（前20）

2. 研究对象的高度集中

贵州省屯堡众多，在第一批至第四批中国传统村落中，计有71个屯堡类村落，其中28个目前从相关资料看对其屯堡特征的认定已经比较确切，其他43个分别具备屯堡的一些特征，但仍有待进一步认定。而对28个已经明确为屯堡的聚落中，已有的研究成果高度集中在鲍屯、天龙屯堡、云山屯、本寨等几个案例上。❷而对其他相关村落的研究关注得很少，一些村落相关的研究成果文献发表数为0。而43个“类屯堡”村落中其中大部分村落相关的历史资料、使用情况和发展演变方面的信息和相关研究更是极其匮乏。对贵州屯堡已有工作的极度不均衡性，造形成了大量屯堡村落缺乏应有

❶ 研究机构的排名和研究学科的分布情况是基于电子数据库检索后生成，由于系统无法自动排除内容与实际无关的文献，且同一篇文献可能从属于两个以上的学科，但图5对机构排名的定性反映仍具有参考性。

❷ 图5显示对隆里屯堡的研究文献数量最多，但这部分成果主要是旅游相关学科成果的发表。

的调查和研究，以及“只见树木、不见森林”，以少数几个屯堡代表贵州屯堡整体的现象。

3. 研究地域的局限性

黔中的安顺市是目前公认的屯堡遗存分布比较集中的地区，但明代以来贵州屯堡的建设在大部地区均有，尤其是沿着湘黔滇国家驿道及其支线的苗疆走廊区域更是如此。从中国传统村落名单中列入的村落来看，遵义、毕节、铜仁、六盘水以及黔东南等地的传统村落也不乏屯堡类的传统村落。但由于现有研究的不均衡性，造成了将“屯堡”简单等同于“贵州屯堡”，又将“贵州屯堡”等同于“安顺屯堡”的偏颇现象。

4. 案例类型的单一性

目前已有屯堡研究成果的另一个特点是，在屯堡类型的选择上较为单一，主要集中在军屯中因屯垦形成的屯堡。而其他一些屯堡类型，如守军驻防而形成的屯堡[1]以及军屯和商屯、民屯结合的屯堡则缺乏专门研究。这在一定程度上影响了对屯堡的丰富类型和内涵的全面认知。

5. 研究视角的静态性、孤立性

目前对贵州屯堡的研究成果大多比较强调屯堡特征的一贯性、稳定性、封闭性，强调其作为明代“活化石”的价值，而比较少关注屯堡在600多年当中的发展演变。笔者团队在研究过程中发现有一些屯堡在历史发展中出现了和布依族、苗族等少数民族互动、融合的现象，这类村落是研究元明以来贵州乃至西南地区屯堡发展演变和社会变迁的优良案例[2]，但目前这类村寨多被直接归类为一般性汉族村落或少数民族传统村落，其独特价值还未能为人重视。

四、未来研究工作的可能方向

通过上述对贵州屯堡的研究成果的文献检索与统计分析，以及贵州省中国传统村落名录中的屯堡类村寨的研究现状的考察，笔者团队认为现有对贵州屯堡的研究呈现出很强的不均衡性，这对全面认知屯堡的特征和价值，推进其保护、利用和可持续发展十分不利。在此思考的基础上，建议今后对贵州屯堡的研究从以下几个方面开展工作，以便推进贵州屯堡研究的进一步深化和拓展。

1. 对大量未被重视的屯堡村寨进行田野调查和研究

对大量未被重视的屯堡遗存进行田野调查和研究，并与史料信息相互印证，不仅能大大丰富目前仅仅集中在少数案例的研究现状，发现更多的屯堡类型、充实屯堡的个案

[1] 安顺东南的西秀区双堡镇山京村。

[2] 例如，贵阳市花溪区石板镇镇山村大寨（第一批中国传统村落），安顺市镇宁布依族苗族自治县城关镇高荡村（第二批中国传统村落）。

研究，改观目前研究中以偏概全的现象，也能通过大量案例的研究得出贵州屯堡作为建成遗产的整体特征、空间范式、营建技术等，为其保护修复提供技术和资料的支撑。

2. 屯堡研究在文化地理区域上的合纵连横

屯堡密集分布的湘—黔—滇国家驿道系统及其覆盖的古苗疆走廊形成于元明以来从湖广穿越贵州进而镇守云南的需要，军事要道建设同时促进了驿道沿线城镇聚落的形成，继而影响了整个中南、西南地区的军政、经济、文化的发展，见证了该地区国家化、内地化的历史进程。因而有必要从更整体的文化地理区域入手对屯堡进行整体性研究，打破当前散点状、孤立研究的弊端，以“整体大于各部分之和”的研究视角推进学科的交叉、融合与创新，也有助于今后对屯堡的区域性整体保护甚至联合申遗。

3. 加强对屯堡的演化和变迁研究

对贵州屯堡的研究应在关注其明代“活化石”的静态性、稳定性特征的同时，关注其在历史中的发展变迁，包括物质遗存的改扩建、聚落人口，民族间交融互动，聚落功能的转变等，这样不仅能帮助我们更好地了解元末以来贵州乃至西南地区内地化进程的真实情况，也能为屯堡遗产的利用和可持续发展提供支撑。

4. 与其他地区屯堡或同类遗存的比较研究

贵州屯堡是西南少数民族腹地和移民廊道上的独特屯堡类型，可通过与其他地区屯堡（例如，汉地的军屯、北方边疆堡寨、滇鄂等地少数民族地区的屯堡等）比较研究，更好地理解贵州屯堡的内涵、价值和独特性，为其文化意义的阐释和遗产的展示提供支撑。

“伦理视域”下屯堡文化创意设计研究反思

王志强

（南京晓庄学院美术学院）

黔腹滇喉地区的屯堡群落，源于明代卫所制，明洪武十四年（1381年）朱元璋诏傅友德率30万大军征讨云南元梁王，发起“调北征南”（史称“太祖平滇”）的战争，随后在云贵地区实施卫所制，令军士结成屯堡，戍守屯耕。现屯居在贵州安顺一带的屯堡人，多是600多年前明朝屯军的后裔。“清代废明代卫所屯田制后，对分布在贵州省黔中地区（今贵州省平坝、安顺、镇宁、普定、长顺等县市）明初屯军后裔的专称，人口现30余万。其特点是他们的入黔祖先大都原籍江南，尽管历经数百年来的社会历史变迁，他们大多数一直聚居在屯堡社区内，至今比较完整地保持着明代江南汉族文化的形式与内容。”[1]岁月蹉跎，逐渐凝练，沉淀出具有大明遗风、江淮古韵的屯堡文化。

一、文化创意是文化遗产开发的必然性趋势

20世纪末，在墨西哥召开的古迹遗址国际理事会第十二次大会上通过了《国际文化旅游宪章》（以下简称《宪章》），《宪章》提出：“文化遗产是日常生活、社会进步和变化的一个生动的参照点，它是对文化多样性和社区特征的阐述，而旅游作为文化交流的工具之一，为旅游者提供了经历不同社会生活的体验，其正日益成为自然和文化遗产保护的积极力量，它可以为文化遗产创造经济利益，并通过创造的效益、教育社区和影响政策来实现对文化遗产以保护为目的的管理。”[2]联合国教科文组织2003年第32届会议正式通过的《保护非物质文化遗产公约》对非物质文化遗产进行界定：“被各社区、群体，有时为个人，视为其文化遗产组成部分的各种社会实践、观念表述、表现形式、知识、技能以及相关的工具、实物、手工艺品和文化场所。”[3]

根据安顺市地方志的统计，安顺周边以安顺城为中心，以滇黔公路为轴，东起平坝天龙，西至镇宁大山哨，北抵普定县城，南达长顺县广顺镇的区域，合计有屯堡村寨近300处，形成一片相对独立的屯堡区，这也是贵州省内最大最完整的屯堡聚落。[4]要让大

---

[1] 翁家烈：《屯堡文化研究》，《贵州民族研究》，2001年第4期，第68-78页。

[2] 王巨山：《从“形式经历”到“文化体验”的回归——也谈非物质文化遗产开发利用的原则与对策》，《山东社会科学》，2011年第9期，第74-76页。

[3] 参见联合国教科文组织第32届大会通过的《保护非物质文化遗产公约》，2003-10-17。

[4] 安顺市地方志编纂委员会：《安顺地区志》，贵阳：贵州人民出版社，2010年。

众充分了解、读懂文化遗产，到遗产中去旅游，亲身接触遗迹、遗存是有效而重要的方式。文化遗产的旅游开发创造的经济效益，涉及的文化教育，以及针对遗产保护而制定的政策法规是评定世界文化遗产的重要衡量标准。无论是开发、保护、管理乃至实现经济效益，文化遗产都必须面向大众。

二、文化遗产开发过程中创意的伦理性拷问

屯堡文化遗产在进入旅游市场的过程中，涉及相关利益层面，包括政府、社区、开发商、旅游者、专家学者、媒体、民间团体等。这些利益主体存在于不同的社会层面，在文化效益、经济效益、社会效益、环境效益四个方面有各自的诉求，形成错综复杂的利益权衡与博弈网络。行政化思维的主导、市场化的资本运作等，使得对于非物质文化遗产的保护行为很多都处于被动承受状态。

现象 1：参与旅游、文化展演、参观中的大众在实现其文化体验的同时，参与者与文化所在地区之间的期望可能产生冲突与博弈。文化遗产在一系列商业营运中，过度的或缺乏妥善管理的旅游与旅游相关的发展项目对文化遗产中有形本质、真实面貌和重要特征产生不良或不当影响。如产生“伪文化”“形式经历”等。

本质：没有深入研究理解文化遗产赖于存在的“生态环境”“生存机制”，将文化遗产项目孤立、隔绝开来，原本活生生的文化表征、习俗成为僵化的“商业道具”或沦为“乏味的旅游资源”。“这是遗产旅游管理不当造成的后果，而对旅游市场问题的现有研究多是从遗产地文化生态保护的视角出发，缺少从游客体验的视角出发进行问题的分析。”❶

现象 2：当前的旅游形式多以短期出行为主，受时间、行程的限制，大量的文化遗产开发被人为压缩、剪切。屯堡文化涉及明清两朝、涵盖众多文化名人、文化现象、文艺形式……切忌出现文化体验中的“浓缩项目”或是乏味的旅游“精华版本”。

本质：形式主义和物欲文化导致人文缺陷的怪圈，商品简单复制、片面复古和一向奢靡物化倾向的低劣旅游文化市场，无视文化主权，丧失本地、区域文化身份特征，导致文化艺术和技术产品，即精神和物质的双向粗糙。

现象 3：屯堡文化包括曲艺、民俗、建筑、服饰、工艺等多方面内容，是很好的文艺展演创作体裁，其表现形式极其丰富，但在固定的时间和地点限制下，不当的、低俗的、断章取义的类似循环展演等非正常的开发形式应该避免出现。以民俗表演为例，真正的产生是源于当地居民的生活形态，是一种在生产、生活过程中真实情感的流露，发自内在的行为自觉，而当这种自发自觉的行为演变成一场表演秀时，文化之于生活的意

❶ 张希月、陈田:《基于游客视角的非物质文化遗产旅游开发影响机理研究——以传统手工艺苏绣为例》,《地理研究》，2016 年第 3 期，第 590-604 页。

义、表现形式背后的内涵以及人们倾注其中的真实情感都被剥离，可见的“形”被保留下来，作为不可见的“质”，文化精神的内核消失了。这才是真正文化基因继承的缺位。[1]

本质：扭曲物质文化遗产中的人文内涵，借助外观、视觉形象设计、绑架传统文化坠入“物化”形式，这种“过度”后面潜藏的是西方被抛弃的奢侈性消费，是人类陋习的表现形式之一。

现象4：屯堡文化存在复杂的历史问题，在开发利用中必须依据事实，尊重历史，不可凭空捏造，以不真实的文化现象或有悖历史文化现象与发展的艺术创造形式来宣传造势，吸引大众眼球。

本质：借助高雅文化艺术呈现宫廷复古奢靡气息的艺术表现形态，是程式化和概念化大手笔的复制，甚至影响了当代受众的艺术审美的障碍的难题，被称为“审美瘟疫”“保护下的消亡”，文化遗产如果脱离其赖以生存发展的“生态环境”，缺乏大众发自内心的青睐与看护，任何文化习俗，保护项目便成为任人摆弄的“花瓶”，最终逃脱不掉在保护下“消亡”的状态。

文化创意设计无疑是非物质文化遗产保护的一个有力的助推器，从文化层面上来讲，好的设计其中必定体现着文化的精神内核，属于基因继承式的提炼和再创造，在这一点上与非物质文化遗产的活态传承特性上是一脉相承的，且相较于固定的传承模式，这种创意设计的方式提供了更大的发展空间和更多的可能性，对于非物质文化遗产而言也是一种在文化空间上的传播。在经济层面，文化创意设计本身就与市场接轨，通过对文化的设计运用来获取价值，这样避免了因过度市场化的介入引发的对非物质文化遗产本体的不良影响，本体可以完好地继承，而以本体为源泉的设计行为则可以积极参与市场产生经济效益，反过来更有助于提升本体的价值。

三、屯堡文化遗产创意设计的文化母体维度

民族精神的核心，是一个民族文化生存的命脉、动力和源泉，它既需要传承又需要发展，既要面对过去，也要正视现在，还要面向未来。我国当今的“文化遗产”概念的界定受联合国文化遗产定义的影响，主要就“文化遗产”的“物质”或“非物质”的界定本身，忽视了遗产是文化发展的结果，忽视了文化传承的母体和赖以存系的环境。

遗产存在于众多的文化中，即文化是遗产的传承之母。无文化的遗产，割裂了文化赖以存系的母体，即文化的母体被抛弃，无文化的遗产是没有文化根基的死文物。某些遗产成为表演作秀的道具，成为少数利益群体获利的粗糙工具，失去了深层文化的内涵，许多文化遗产成为文化的“木乃伊”。

---

[1] 朱伟:《非物质文化遗产与文化创意产业》,《文化遗产》，2015年第4期，第13-19页。

四、屯堡文化遗产创意设计的"原生场"维度

物质文化遗产中的开发"原生样"、保护"原生场"，即文化遗产生活的整体空间，相互依存，不是孤立存在的，共同建构的一个整体，存在多文化方向和空间，其针对面即是"文化碎片"。文化遗产的一大特点就是文化的整体性存在结构，绝非单一性，缺乏文化"原生场"的保护理念。人为地臆造、撕裂开来，实际上都是破坏了文化的整体风貌和遗产价值。即使文化遗产在历史长河中已然成为文化的碎片，我们在保护时仍然要对其进行整体性认知，设法整体性构建保护和开发模式与体系。

"屯堡民居在整体上不过多粉饰，只在重点部位和醒目的构体上如柱础、门楼、窗户等处用雕刻加工装饰，一般记忆着寓意美好的传统故事，如传统的梅、兰、竹、菊和《二十四孝》的一些故事，既能美化居室，又能教育家庭成员。"❶屯堡民居内神榜，立有"天地国亲师位"，并记忆着中国古代的诸多人物、故事、传说以及家族的源头和信仰等。"如果将神榜中人物、传说、故事等补全，可以称得上一本中国古代教育和科学的教科书。"❷在家庭祭祀活动中起着对家庭成员的教化功能。

遵守文化遗产保护与开发的真实性和整体性，坚持文化遗产项目中的每一个环节和每一项历史资料的真实性，展示给众人的旅游项目不能有歪曲或误读的成分，要有利于外界对文化遗产项目真内涵的理解和传承。遵循文化体验、文化传承的客观规律，对其开发、利用、创造必须建立在文化合理存在的规律之上。其发展、创新要符合自身文化特点，其文艺展演要与特定环境、特殊事件和特定背景相联系，还原文化遗产的真实面貌和基本内涵，不能为迎合大众，追求市场而忽视其作为文化现象发生发展的一般规律。

五、屯堡文化遗产创意设计的族群维度

"在多族群互动的时空条件下，屯堡人努力地在文化传承过程中不断形塑自己的族群身份，从而使本族群在文化变迁的历史过程中得以保持自己的族群认同。""屯堡文化构成了一个在汉文化体系之下的特殊子系统，又与屯堡区域周边的其他族群文化有很多的差别，因而通常被指称为'孤岛文化'。"❸

据考证，地戏的"源"是屯堡人，今天其他民族所表演的地戏属于"流"，是由屯堡人所带来的。一个村寨只演一堂地戏，世代流传，在地戏的不断表演和观赏中，族群内部的思想、行为得到统一规范，有别于他人（其他民族），成为屯堡人的一种象征。

---

❶ 陶文采、张定贵：《孝文化记忆：大传统与小传统的深度互动——以安顺屯堡文化为例》，《贵州社会科学》，2014年第10期，第140-144页。

❷ 许道云：《屯堡人供奉神榜的教育价值》，载李建军：《屯堡文化研究》，贵阳：贵州人民出版社，2011年，第147-148页。

❸ 蒋立松：《略论贵州屯堡人的族群认同基础及其表达途径》，《西南民族大学学报》，2007年第8期，第25-29页。

地戏的演出形式是在平地上展开的，没有舞台的出现，这样从物理层面来说就拉近了演员和观众的距离，从心理层面来说演员和观众没有了本质的区别，观众可以帮着演员"众合"参与到表演之中，演员可以成为观众，欣赏其他角色的表演，随时上场随时下场，参与性、互动性加强，人人都参与其中（这也可能就是过去女性连观看都不被许的一个重要因素），教化作用得到普及。所有人都已接纳的这些动作符号群所具备的武打要素、古典精神、中原文化等因素成了这一群体的共同特征，使群体中的所有成员在这特征下更加团结，产生强大的内聚力，地戏就成了屯堡人族群象征的一个典型代表。

众多的武打动作在地戏中占有相当的比重，成为它的核心要素，是屯堡人尚武、尚勇精神的最好体现；表演历史征战故事，扮演英烈人物，歌颂英勇事迹，是忠义思想和对祖先崇拜的最好表达。这是屯堡人最简单也最真诚的信仰，也是保持传统文化优秀遗产的重要佐证。

"傩文化是以驱疫纳吉为目的，以巫术活动为中心的古文化现象，傩戏是傩文化的载体，是由傩祭、傩舞发展起来的一种宗教与艺术相结合，娱人和娱神相结合的古朴、原始、独特的戏曲样式。"[1]

总之，任何一项文化遗产都是人类的文化内容之一，都是人民大众集体创造的智慧结晶，每一个人都有权利去欣赏领悟其存在的意义和形式，也有义务去保护、传承，使其在大众中体现出文化活力和社会价值。文化遗产只有存在于大众之中，被大众所理解、接受，才能真正地、充分地体现出文化的内涵和价值。

[1] 庹修明：《贵州傩戏文化》，《教育文化论坛》，2010 年第 3 期，第 89-95 页。

论屯堡在明代河西走廊军事防御中的地位

马维仁

（宁夏师范学院政治与历史学院）

屯堡是中国古代修筑的集军事防御和日常居住于一体的聚落。就目前来看，学界对贵州安顺屯堡的关注较多，涉及历史学、人类学、建筑学、社会学、考古学等多个领域，甚至有学者基于安顺屯堡研究而提出设立屯堡学的倡议[1]，这些都推动了屯堡研究的发展。但是，学界对北方尤其是西北河西走廊地区屯堡关注不够，研究成果较少，一些问题还可以进一步探究。本文拟对屯堡在明代河西走廊军事防御中的地位问题进行研究，不妥之处，敬请方家批评指正。

一、抵御蒙古、保障边境

有明一代，明朝的军事压力主要来自北方的蒙古势力，蒙古问题也成为明朝最主要的边防问题。洪武元年（1368 年）八月初，徐达率兵攻入元大都，元顺帝北逃漠北，标志着元朝对中原统治的结束，中国历史进入了一个新的时期。元朝退出了对中原的统治，但是元朝势力仍然存在，并且对新诞生的明朝政权构成了很大的军事威胁。在整个明代的军事防御中，河西走廊扮演着重要的角色。明朝人将设于河西走廊的甘肃镇比喻为明代九边中的“踵足”，认为“京师犹人之腹心也，宣、大项背也，延、宁肢体也，甘肃踵足也”[2]，可见其地位之重要。

在明代甘肃镇的军事防御体系中，既有内部防御体系，又有外部拱卫体系。其内部防御体系包括墩堡、边墙和驿站[3]，墩堡属于内部防御体系中至关重要的一环。在这一体系中，屯堡的修建早于边墙的修筑。据艾冲先生考证，明代甘肃镇的边墙大约始修于弘治十五年（1502 年）至十八年（1505 年）。[4]相比较而言，屯堡的修筑要早得多，明初永乐年间就已经开始修建。据《明太宗实录》记载，永乐十二年（1414 年）九月“丁酉，命行在兵部都察院遣官按视宁夏、甘肃、大同、辽东等处屯堡”[5]。由此可见，明代河

---

❶ 商传：《从安顺屯堡说到屯堡学》，《安顺学院学报》，2017 年第 3 期，第 1-3 页。

❷ ［清］钟赓起著，张志纯等校注：《甘州府志校注》卷一三《艺文志》，兰州：甘肃文化出版社，2008 年。

❸ 田澍：《明代甘肃镇边境保障体系述论》，《中国边疆史地研究》，1998 年第 3 期，第 27-38 页。

❹ 艾冲：《明代陕西四镇长城》，西安：陕西师范大学出版社，1990 年，第 98 页。

❺ 《明太宗实录》卷一五五，永乐十二年九月丁酉，台北：台湾“中研院”历史语言研究所校勘本，1962年，第 1792 页。

西走廊的屯堡至迟到永乐十二年（1414 年）之前就已经修建。永乐十二年（1414 年）十月，又设“甘州等卫屯堡四十六所”[1]。在屯堡中，设有军事将官，驻有军丁，屯有马匹。如在肃州卫新城堡内设“防守官一员，军丁二百一十九名，马一百三十四匹”[2]。在其他的屯堡内，其屯兵情况大体类似，只是军丁和马匹数量有一定差异。在弘治末年明朝在河西走廊始修边墙以前，屯堡在防御蒙古的过程中扮演着极其重要的作用。

自弘治末至万历后期，明朝先后多次在河西走廊大规模修筑边墙，使得河西走廊的军事防御体系更加完备。边墙修筑之后，屯堡的军事防御压力有所减轻，因大部分屯堡位于边墙以内，所以屯堡成为保障河西走廊的各卫所的第二道防线。按照明朝制度，九边沿线所修边墙均分配由各堡进行分段管理，以明确防守任务，避免相互推诿。除了管理边墙，各屯堡还负责管理辖境内的墩台和贼由水头。以下仅以肃州卫和镇夷所下属部分屯堡管理边墙、墩台、水头为例（见表 1），说明河西走廊屯堡防御蒙古、保障边境的基本情况。

表 1　肃州卫和镇夷所下属部分屯堡管理边墙、墩台、水头一览

屯堡名	所管边墙	所管墩台	所管水头哨路
新城堡	边墙一截，东至两山口界起，西至野麻湾界止，共长三十里	腹里沿边墩台一十八座，境外墩台一十三座	贼由水头二处
两山口堡	边墙一截，东至下古城界起，西至新城堡界止，共长三十里	腹里沿边墩台一十三座，境外墩台八座	贼由水头一处
金塔寺堡	无记载	腹里墩台三十四座，境外墩台一十六座	贼由水头三处
下古城堡	无记载	腹里墩台三十一座，境外墩台二十六座	无分管水头哨路
临水堡	无记载	腹里墩台三座	无分管水头哨路
河清堡	无记载	沿边墩台五座	无分管水头哨路
金佛寺堡	无记载	腹里墩台六座，境外墩台一十六座	贼由水头一处
卯来泉堡	无记载	沿边墩台一十一座	无记载
双井堡	山壕三十八里	腹里墩台六座，沿壕墩六座	无分管水头哨路
盐池堡	边壕三十里	腹里墩台一十二座	无分管水头哨路
清水堡	无记载	腹里墩台二十二座，沿山墩一十七座	无记载
草沟井堡	无分管边墙	墩台一十二座	无分管水头哨路
深沟堡	无分管边墙	腹里墩台八座	无记载

[1]《明太宗实录》卷一五七，永乐十二年十月壬午，台北：台湾“中研院”历史语言研究所校勘本，1962年，第1798 页。

[2]［明］李应魁:《肃镇华夷志》卷一《图说》，兰州：甘肃人民出版社，2006 年，第 17 页。

续表

屯堡名	所管边墙	所管墩台	所管水头哨路
沙碗堡	分管边长一十五里	腹里墩台七座	无分管水头哨路
胭脂堡	分管边墙自张家湾起沙碗墩止，长二十五里	境内墩台一十二座，境外墩台四座	贼由水头二处

资料来源：据李应魁《肃镇华夷志》的有关记载整理而成。

二、保护屯田、囤聚物资

明朝派兵击败北元残余，控制河西走廊之后，在此屯驻大量军队，军队粮草供应成为保障边境的一大关键因素。为了不过分加重百姓负担，又能解决军队粮草问题，从明初开始在河西走廊进行军屯，“以都司统摄，每军种田五十亩为一分，又或百亩，或七十亩，或三十亩、二十亩不等，军士三分守城，七分屯种”❶。为了有效管理屯田，又“令各处卫所，凡屯军一百名以上委百户一员，三百名以上委千户一员，五百名以上委指挥一员提督，不及一百者，亦委百户一员提督”❷。

但是，在河西走廊地区，屯田随时面临着蒙古和西番的扰掠，为了保护屯田，明朝修筑屯堡的办法来保护屯田。永乐年间，“上命边将置屯堡，为守备计，每小屯五七所或四五所，择近便地筑一大堡，环以土城，高七八尺或一二丈，城八门，周以濠堑；阔一丈或四五尺，深与阔等。聚各屯粮刍于内，其小屯量存逐日所用粮食，有警即人畜尽入大堡，并力固守。”❸屯堡内的屯军平时组织屯田生产，遇到敌情则躲入屯堡。各屯堡之间遇到相互照应，确保屯田安全。

除了确保屯田安全之外，屯堡内也可以囤积粮食、草、盐等物资，以保障屯堡内军民的生产生活所需。现列举肃州卫、镇夷所各屯堡内存物资情况（见表 2）。

表 2　肃州卫、镇夷所下属部分屯堡内存物资统计

屯堡名	囤积物资情况
新城堡	屯科粮一百八十二石七斗零，草二千七百九十二束，盐一千引
两山口堡	屯粮二十四石五斗零，草三百六十九束
下古城堡	屯粮一百八十八石零，草一千一百八十九束零
临水堡	屯粮九百四十三石二斗零，草七千七百五十束，盐四千引

❶ ［明］申时行等修：《明会典》卷一八《户部五・屯田》，北京：中华书局，1989 年，第 119 页。

❷ ［明］申时行等修：《明会典》卷一八《户部五・屯田》，北京：中华书局，1989 年，第 122 页。

❸《明太宗实录》卷一五五，永乐十二年九月丁酉，台北：台湾“中研院”历史语言研究所校勘本，1962年，第 1792 页。

续表

屯堡名	囤积物资情况
河清堡	屯粮二百四十五石零，草三千九百二十束
金佛寺堡	屯粮一千五百五十五石零，草一万七百三十二束
卯来泉堡	屯粮六百八十三石九斗零，草五千一百二十七束，盐一千引
盐池堡	屯粮一百石三十八升，草一千八百八十八束，盐二千引
清水堡	屯粮一千九百一十五石，草一万六千三百三十六束
草沟井堡	屯粮三十石六斗，草四百二束
深沟堡	屯粮一百六石九斗，草一千九百二十束
胭脂堡	屯粮一千五百六十六石，草二万一千三百六十束

资料来源：据李应魁《肃镇华夷志》的有关记载整理而成。

三、保障驿递，维护丝路畅通

河西走廊是明代陆上朝贡贸易的必经之地，地位非常重要，沿线设立许多驿站。在河西走廊地区，驿站与屯堡关系非常密切，事实上，河西走廊的屯堡本身就是驿站，或者是屯堡内设驿站，承担迎送官差和丝绸之路贡使的任务。以镇夷所下辖各堡为例，在万历三十一年（1603 年），因兵备李楠建议，将深沟驿所改移河西堡，以应走递。万历二十九年（1601 年），兵备李楠、参将张世忠向甘肃巡抚徐三畏建议，设河清驿站于双井堡。❶双井堡内，除了应有的军事防守官兵以外，设“把总兼管驿递官一员，典吏二名，操军二百二十三名，马一百三十九匹，驿所甲军七十七名，骡牛四十五头只，派盐一千引”❷。在河西走廊东段的庄浪卫所辖屯堡，也大多设有驿站，如武胜堡内设有武胜驿驿丞一员，驿吏一名，递运所吏一名。对于这些驿站官吏及其军夫，朝廷均发给俸禄月粮，其中驿丞一员月粮一石，折俸二石，折银二钱五厘，食米纸红一两六钱；驿所吏二名，每名月粮三斗；驿递军夫共一百一十五名，每名月支粮一石。❸

这些设在屯堡之内的驿站，除了迎送官差，沟通河西走廊各地及其与内地联系之外，还要迎送从西域而来的各国贡使。将驿站与屯堡有机结合起来，既有效利用了屯堡内的设施资源，又最大限度保障了驿站的安全。

---

❶ ［明］李应魁：《肃镇华夷志》卷三《堡寨》，兰州：甘肃人民出版社，2006 年，第 177-178 页。
❷ ［明］李应魁：《肃镇华夷志》卷一《图说》，兰州：甘肃人民出版社，2006 年，第 36 页。
❸ ［明］王之采：《庄浪汇纪》卷三《武胜堡》，甘肃省永登县博物馆藏本，第 476 页。

四、保护西番、隔绝蒙藏

河西走廊地广人稀，各屯堡内居住的居民很少。因此，这些屯堡往往成为明朝安置已归附西番的主要场所。在肃州卫的上古城堡，“先年有人居住、耕牧，近无人居。如北虏逼境，西番俱依此”❶。八里墩堡“去城一百一十里。原安插头目可洛纵，先年伊与兄革力哥失同处居住”。金塔寺堡，“先年属威虏，汉人居住，有房舍、遗址、碾磨之类，后因威虏归并肃州，因以安插西番日羔剌等”。石关儿营在肃州卫城七十五里，嘉靖初年，“西番巴郎族北言秃在此住牧”❷。明廷安置西番于河西走廊各屯堡之内，以防止其被蒙古侵逼，保护了西番各部的安全，同时也防止了蒙藏之间的联合，保障了明朝西北边疆的安定。

河西走廊在中国古代西北国防建设中往往扮演着“隔绝羌胡”的重任，在明代这一功能显现得尤为突出。明朝建立之初，朱元璋“即法汉武创河西四郡隔绝羌、胡之意，建重镇于甘肃，以北拒蒙古，南捍诸番，俾不得相合”❸。在河西走廊，屯堡是明朝用以抵御蒙古，保护西番的主要军事据点。

五、结　论

河西走廊地处明朝的西北边疆，是明朝中西文化交流（陆上）的孔道，亦是隔绝蒙藏、对抗蒙古的前沿阵地。为了控制河西走廊，明朝政府先后在此区域修建了大量的屯堡，以作为军事防御和民居之用。河西走廊的屯堡大致沿河西卫所和边墙密集分布，这些屯堡的规模大小、居民身份、守军数量均存在较大差异，并表现出独特的西北地域特征。在功能方面，河西走廊的屯堡既有利于军事防御和屯田保护，同时有利于保障驿站和保护西番。

---

❶ ［明］李应魁:《肃镇华夷志》卷三《堡寨》，兰州：甘肃人民出版社，2006 年，第 174 页。
❷ ［明］李应魁:《肃镇华夷志》卷三《堡寨》，兰州：甘肃人民出版社，2006 年，第 176-177 页。
❸ ［清］张廷玉等撰:《明史》卷三三〇《西番诸卫传》，北京：中华书局，1974 年，第 8549 页。

从民俗到明史

——论甘肃临潭屯堡文化中江淮遗风之研究价值

蒋　俊

（南京师范大学文学院）

临潭县，明代洮州卫所属地，位于甘肃省南部，甘南藏族自治州东部，处青藏高原东北边缘，属高山丘陵地带，是农区与牧区、藏区与汉区的接合部。境内有汉、回、藏等10个民族，少数民族占总人口的约30%，以回、藏两族居多。临潭民俗活动的代表有：元宵节的万人拔河会、端午节的跑佛爷（或称迎神赛会、湫神奉祀）、六月莲花山花儿会、春节的社戏等。这些民俗活动经考察或查阅，多与明代初年政府对河岷洮等西北地区的治理有着密切关系。

一、具有江淮遗风的临潭民俗事象

民国时期顾颉刚、王树民等人对甘青等地进行考察，并形成考察报告。临潭等地区的江淮风俗方为外界重视。近二三十年，民俗、民族、人类学者开始重视西北地区的江淮遗风。此中的万人拔河会、跑佛爷与花儿会已经成为临潭向外宣传的重要名片。

1. 万人拔河会

拔河之戏古称牵钩，又称扯绳，古已有之。临潭地区以为风俗，从形式到目的稍有差异。据《洮州厅志》载，"正月初五、六日……旧城民有拔河之戏，用长绳一条系小绳数十，千百人挽两头，分朋牵扯之"❶。"其俗在西门外河滩，以大麻绳挽作二段，长数十丈，另将小绳连挂大绳之末，分上下二朋，两钩齐挽，少壮咸牵绳首极力扯之。老幼旁观，鼓噪声可憾岳，以西城门为界，上下齐扯，凡家居上者，上扯，家居下者，则下扯。胜者踊跃欢呼；负者亦以为失意。其说以为扯势之胜负，即以占年岁之丰歉。相沿已久，不知所自。"❷

从这两段文字记载，能够发现至今仍在流传的万人拔河会，少壮者参加，年老者参加往往可能伤其筋骨以至影响生活工作；而且活动目的是"占年岁之丰歉"，这与以往

❶［清］张彦笃修，包永昌纂：《洮州厅志》卷二《舆地·风俗》，光绪三十三年抄本，台北：成文出版社，1970年，第173页。

❷［清］张彦笃修，包永昌纂：《洮州厅志》卷二《舆地·风俗》，光绪三十三年抄本，台北：成文出版社，1970年，第177-178页。

之军队士卒操练的模样多有不同。尽管今天仍为群众节日嬉戏，却不变其军士操练之形式。今天的万人拔河会丰富了对农业生产与生活的美好愿望，试图通过扯绳之戏满足民众对年景的祈福。当然，这种祈福行为也流露出通过人的努力可以改变现实命运的微许心愿。

此外，万人拔河会不仅仅是汉族民众在正月里祈愿活动，也是临潭地区以汉族、回族为代表的多民族文化交流的一次盛会。近年来，逢正月中旬，临潭的万人拔河会“不分男女老少，不分汉、回、藏民族，不设裁判，也不分队，只简单地区分为上片和下片——以县城西街为界线，以北属上片，以南属下片……无论男女老少都可以参加”[1]。扯绳活动已经从原来的对新年农业生产的祈福活动，演化为相对比较单纯的节日体育游戏。

2. 迎神赛会、湫神出游

关于迎神赛会（或湫神出游），顾颉刚先生如是记载：“今日（五月三十日）又雨，寒甚。农民望雨已久，得此膏泽，明日赛会必更热烈矣。……三十一日：下午与明轩、霞波等同上城楼，看龙神会；又至隍庙看龙神像。临潭十八乡有十八龙神，其首座曰‘常爷’，即常遇春，其他亦并明初将领；但有足迹未涉洮州者，而如沐英之立大功于此者转无有。盖此间汉人皆明初征人之后裔，各拥戴其旧主为龙神，以庇护其稼穑，与主之职位大小、立功地域无与也。龙神像舁至东门会齐后，即抢先到隍庙安驾，其至之先后谓与年之丰啬成正比例，故奔驰皆极迅，犹存端阳竞渡之遗意。明日龙神游街，后日端阳，将上朵山禳雹而归。”[2]现今仍在流传的迎神赛会活动主要包括跑佛爷、踩街、上山三个程序，分三天进行。

迎神赛会中的神，是龙神祭祀的变种，共十八尊湫神。这些神早就从并不实见的龙转化为临潭各屯戍寨堡的军士所敬仰的军队指挥官。这些神其实是戍边之将士与屯田之户民的合力而成的，非独军事生活所造就。学者武沐、徐国英认为“洮州湫神奉祀与明初功臣祭祀有渊源关系”[3]，这是非常有道理的。中国封建社会民众对神的崇拜，往往是自上而下地推广，再因地制宜地发生局部形变，这是中国一统社会的历史形态决定的。“明初朝廷将徐达等开国功勋奉祀为‘军神’，彰显的是忠臣烈士‘忠君’‘勇武’的伟绩和精神，它体现了国家意旨，属国家祭祀。洮州湫神奉祀由地方官绅主祭，属官方祭祀”[4]。在边疆地区，官方祭祀往往会因戍边将士的个人喜好发生微变。将在外，军令有所不受。说的便是这个道理。

---

[1] 刘玉忠:《临潭万人扯绳及文化探微》,《甘肃高师学报》，2011 年第 4 期，第 111-113 页。

[2] 顾颉刚:《西北考察日记》，兰州：甘肃人民出版社，2002 年，第 223 页。

[3] 武沐、徐国英:《从洮州湫神奉祀看西北屯戍文化的内涵》,《甘肃社会科学》，2014 年第 5 期，第 235 页。

[4] 武沐、徐国英:《从洮州湫神奉祀看西北屯戍文化的内涵》,《甘肃社会科学》，2014 年第 5 期，第 236 页。

根据学者阙岳、武沐、李胜等人的田野考察资料，可以发现在洮岷地区的18位人化的龙神多有不同。洮州地区以明初18位功臣为代表，而岷州地区则选择了自古至明前的18位历史传说人物。这种选择性的差异也可以体现出两地自明洪武以来居民的身份特性——洮州地区更多明代军屯后裔。从地理位置与战略方位上看，岷州也较之洮州离番敌远。以刘贵为代表的百户在洮州卫新城周边建立军事与生产共存的屯堡，并随时间流变而成当今的屯堡文化。这于情于理，都是说得通的。

3. 花儿会

花儿会，是民间俗文化的代表，以口头传播为典型，文献资料以对民国以来的歌词实录为主。甘青地区的花儿是西北地区的重要民俗事象。西北地区从一月到九月，月月有花儿，花儿各异。临潭地区的花儿以莲花山花儿会为代表，是洮岷花儿这一花儿流派中的重要部分。

莲花山花儿会，如今发生在每年的六月初一到初六，历时六天，一般分为拦路、游山对歌、夜晚对唱、披红和敬酒话别五个程序。

查阅张亚雄编撰的《花儿集》与相关研究资料，可以发现花儿歌词的主要内容分：祈雨求子；诉苦倾悲；谈情说爱。祈雨求子类花儿，主要的歌唱环境是在官府或地方主办的祭祀活动中，这类活动更突出公开性，因此对平安年景的渴求也会促成一年多次的集市活动。诉苦倾悲的花儿，是对现实艰辛生存环境的自然流露，是写实的。花儿中最多的是谈情说爱内容。军民屯戍的环境决定了必须向外求婚，内在同族风险大。同时，对花儿可以知晓男女可能存在的同族状态并以避免出现伦理与爱情的冲突。这种情况下，利用营集庙会等公开的大量人群聚会环境，表达男女爱情情绪与要求，必然会成为花儿的主体。

柯杨教授在1980年发表的《“花儿”溯源》文章认为，明初屯边罪戍而来的江淮移民是“花儿”在洮岷地区的重要渊源。此说虽引发当地多位学者的异议，但柯杨所举的证据实例，却多有可信之逻辑。

学者李德隆认为，洮岷花儿的代表之一的临潭“莲花山花儿”，“莲花山花儿会上有汉、回、藏、东乡、撒拉、土等七个民族的民间歌手参加，但由于长期的相互影响，彼此在文化、生活、习俗、交往等方面的渗透，故共同培育了当地各族人民共同喜欢的‘洮岷花儿’”[1]。从此可以看到一种可能性，即：在民间传承歌谣的过程中，最为简单的形式与技巧是民间音乐传播传承的重要条件之一。歌词内容可以随现实环境与内容自由添加。民族共性为莲花山花儿找到最大的公约数——相对简约便于习承的形式。“仅两个‘花儿’令能把众多的歌手集中起来，通宵达旦地唱、不辞辛苦地游唱、不甘示弱地唱，

[1] 李德隆：《“洮岷花儿”的美学价值首当文学而非音乐——“洮岷花儿”之歌词探讨》，《西北民族学院学报（哲学社会科学版）》，2002年第4期，第20页。

因而形成了会期最长（6 天）、会址最多（3 个）的‘花儿会’特点，那其中的奥妙主要是因为歌词的丰富多彩”[1]。多民族多语言环境制约了当地在花儿曲调发展的丰富性，也因袭了最初的形式。从这一点说，洮岷花儿中的“莲花山花儿”正是临潭地区保留明初江淮移民文化风俗的重要现实证据之一。

从柯杨教授在《“花儿”溯源》一文所提到的歌词证据，到李德隆老师所谈及的曲调特征，能够证明临潭地区保留了相当丰富的江淮遗风。这也证实历经 600 多年的岁月变迁，岁月并未湮灭明初甘肃等西北地区屯边罪戍的历史事实。

其他还有许多与江淮风俗相似的民俗生活事象，例如春节期间的社戏活动；元宵节的灯会活动等，也都保留着江淮民风特色。

二、江淮遗风的来源

费孝通先生认为：“血缘是身份社会的基础，而地缘却是契约社会的基础。”[2] 从三个方面获取的信息，可以让我们判断出现在临潭地区的民俗事象的源头与明初洪武年间的江淮移民有着不可切分的关系。

顾颉刚先生在 1940 年的《西北考察日记》指出，临潭汉人多来源于江淮。“此间汉、回人士，问其由来，不出南京、徐州、凤阳三地，盖明初以勘乱来此，遂占地为土著；其有家谱者，大都皆都督佥事、指挥佥事，及千户、百户之后。当时将领以金朝兴、李达秩最高，然其后裔亦式微矣；宋氏，明指挥佥事宋忠之后，克家自云系徐州屯头村人。若赵、若马、若杨皆自谓南京纻丝巷人。此间有民歌曰：‘你从哪里来？我从南京来。你带得什么花儿来？我带得茉莉花儿来。’洮州无茉莉花，其为移民记忆中语无疑也。”[3]

1. 跑佛爷与赛龙舟的关系

跑佛爷，18 路民众抬着自家崇拜的龙神竞相跑向城隍庙。这种以跑步竞速的方式来迎接各乡龙神的活动，获得第一，便预示该龙神会庇佑土地五谷丰登，人畜兴旺。

为什么江淮地区端午节的赛龙舟到了洮州会演化成为跑佛爷？首先，从地理环境与气候条件看，“洮地高寒，稻粱不生，布帛丝麻之类皆来自他邦。每岁五谷一收，民无蓄积，一遇雨旸不时或冰雹伤稼，便有室如悬磬之叹。”[4]这样艰生的自然条件，糯米粽子都演变成了三角菜包，哪里去竞渡龙舟。其次，龙舟竞赛需要河道，洮州山峦绵延，山高

[1] 李德隆：《“洮岷花儿”的美学价值首当文学而非音乐——“洮岷花儿”之歌词探讨》，《西北民族学院学报（哲学社会科学版）》，2002 年第 4 期，第 21 页。

[2] 费孝通：《乡土中国（汉英对照）》，韩格理、王政译，北京：外语教学与研究出版社，2012 年，第 151 页。

[3] 顾颉刚：《西北考察日记》，兰州：甘肃人民出版社，2002 年，第 217-218 页。

[4] ［清］张彦笃修，包永昌纂：《洮州厅志》卷二《舆地・风俗》，光绪三十三年抄本，台北：成文出版社，1970 年，第 181 页。

水低，“南至洮河三十里”[1]。龙舟易制难运，更难竞赛。最后，边疆卫所屯堡，军民皆军籍，有戍边之责。

祭神形式从水上的龙舟竞赛变成了陆上的跑佛爷，没有改变的是“赛”的仪式感。这里面有军中竞赛的因子，更有民众通过仪式活动对生活生计的愿景。

其实，究竟谁是正宗源头并不是民俗研究的目的，历史研究也不是拘泥这里面的真伪。研究之目的是让人明晓“神从军中立，俗随地域移”的历史变迁。五月五的南方端午习俗，在随军屯边戍疆的俗民世界里，受地理环境、气候条件以及物质基础的影响，发生了至今仍可以“循途守辙”[2]的流变。龙舟竞赛变成了跑佛爷，粽子变成了三角菜包。

2. 集会与营上

在临潭，民众通常将参加市集称为营上。无论是迎神赛会，还是普通赶集，或者是莲花山花儿会，当地汉族居民常称赶集为赶营。有一些学者认为，这是江淮语言遗风。

最为坚持这一观点的柯杨教授在《苏皖古俗在甘肃洮河流域的遗存》一文中指出，出现在洮岷花儿歌词“你到十一营上来”中的“营”是南京俗语。营上，在临潭地区泛指集市，但在早期该词是指教场。而教场是《金陵琐志五种》所记录的“俗呼营上”。柯杨教授还从《莲花山调》与《南京秧田歌》找到曲谱上的相似之处。[3]这些方面都成为营上与江淮民俗产生的关联。

既然营是教场，从屯堡守边军士五日一汇报军情，十日一聚集操练的常理可以理解，军户在世代屯戍的过程中，在军情渐弱屯边交流渐多的发展中，不自觉地将去营上变成去市集，或可理解。

3. 服饰中的头饰

庙会营上，是人聚集的时候，也是青年男女展示自己的机会。去营上必然要打扮一番。洮州花儿有这样的一句“十三省的人样子”来描绘妇女的服饰标准。[4]十三省，被口口相传，形成了一条似无实有的证据。根据史实可知，只有明代有十三省。如此一来，传习至今的歌谣中人，沿习的服饰“红膝裤子绿带子”便是明代传留下来的服饰习俗。如是个案，花儿中也不会不止一处说到洮州女子的明代遗风。

尤为重要的是，这些“人样子”有着明代江淮服饰的风貌。民间口承口传的是：“明

[1] ［清］张彦笃修，包永昌纂：《洮州厅志》卷二《舆地·风俗》，光绪三十三年抄本，台北：成文出版社，1970年，第103页。

[2] 这是立在临潭流顺乡红堡子村刘氏老宅南门柱头上的字。张艳玲：《洮州“屯堡文化”研究——以临潭县流顺乡红堡子村为例》，兰州：兰州大学，2015年，第20页。

[3] 柯杨：《苏皖古俗在甘肃洮河流域的遗存》，《江苏社会科学》，2000年第3期，第54-57页。

[4] 马廷义、赵大庆：《洮州花儿集锦》，临潭县文化体育旅游局，2005年，第155页。

初移安徽凤阳、定远、南京人来洮定居，妇女的装束有一定的标准，称为‘人样子’。”[1]明代南京地区周边的江淮服饰，与之相同。

尽管尕娘娘的头上帕帕，非为江淮地区妇女独有头饰，但比之明代江淮地区的妇女头饰，临潭妇女参加花儿会或参加庙会时的穿着，也是同一般的“顶用宝华……两边用捧髻……旁加翠花一朵，大如手掌”[2]。

4. 语言上的江淮口语

顾颉刚的田野考察里提到的“茉莉花儿”，其口语有儿话，南京方言习惯。这一点，在贵州地区的南京屯堡移民的口语中亦有相同发音。如碗儿、碟儿、娃儿等。

再有，取自张亚雄编的《花儿集》中的“十一营上我不来，头没有帽子脚没有鞋（音 hái）”。这之中的鞋的发音与孩子的孩发音相同，这是典型的南京地区方言，在南京传统曲艺白局唱段中仍有，而且南京夫子庙灯会至今仍流传着关于鞋子与孩子的笑话。

柯杨教授等西北学者一直喜欢以为论据的“营”，虽非江淮言语常用，却是南京地名中独有的地名词语，如标营、止马营、小营等。

三、屯堡文化的通约性

费孝通先生说，“血缘所决定的社会地位不容个人选择。”[3]“地缘不过是血缘的投影，不分离的。‘生于斯，死于斯’把人和地的因缘固定了。”[4]尽管“分出去的细胞能在荒地上开垦，另外繁殖成个村落，它和原来的乡村还是保持着血缘的联系”[5]。籍贯便是“血缘的空间投影”[6]。由此可见，百年间在民间传唱着的“我从哪里来的”花儿歌词，正是对江淮移民的血缘与地缘的时空记忆。而这些记忆信息，无不呈现出屯堡文化的通约性。

1. 汉族成为少数民族聚居或多民族杂居地区的少数派

与贵州屯堡有着相似的聚居特点，都呈现出“大杂居，小聚居”的特点。从现在的行政区划看，临潭县在甘南藏族自治州内，被以藏族为主卓尼县包围其中。

而根据顾颉刚《西北考察日记》记录，“当地人云：‘筑屋之善者，外不见木，内不见土’，盖外垣为版筑，而室内则上下四方靡非木版。”[7]这种筑屋方式，虽不同于云贵屯堡建筑，但军事安全与生活起居之两宜昭昭然。这种建筑习惯，已经不是江淮遗风所致，而是守卫屯堡的军士及其在籍家庭在多民族边疆环境中防御为先居住为次的生存需求使然。

---

[1] 马廷义、赵大庆：《洮州花儿集锦》，临潭县文化体育旅游局，2005 年，第 155 页。
[2] ［明］范濂：《云间居日钞》卷二《记风俗》（内刊）。
[3] 费孝通：《乡土中国（汉英对照）》，韩格理、王政译，北京：外语教学与研究出版社，2012 年，第 139 页。
[4] 费孝通：《乡土中国（汉英对照）》，韩格理、王政译，北京：外语教学与研究出版社，2012 年，第 141 页。
[5] 费孝通：《乡土中国（汉英对照）》，韩格理、王政译，北京：外语教学与研究出版社，2012 年，第 143 页。
[6] 费孝通：《乡土中国（汉英对照）》，韩格理、王政译，北京：外语教学与研究出版社，2012 年，第 143 页。
[7] 顾颉刚：《西北考察日记》，兰州：甘肃人民出版社，2002 年，第 216 页。

2. 有方言岛、独特服饰文化的面貌

方言岛是特指某些地区的居民在岁月变迁中其语言习惯与语言内容未受周边地区的影响而形成的与外界迥异的一种语言状态。是一种“乃不知有汉，无论魏晋”的语言现象。临潭的许多汉族居民至今保留不变的江淮语言习惯，虽不至方言岛的水平，却也是有江淮方言活化石的历史研究价值。

江淮方言的保存自然与相应服饰文化匹配。前文所述的妇女营上参加花儿会的服饰，已经充分证实穿着具有家乡风俗习惯的服饰对江淮移民的后代子女在谈情说爱中的重要性。

3. 家谱、民俗仪式、生活习性等民俗资料传承特色

临潭有多处屯堡居民保存的家谱。譬如：流顺乡红堡子村刘贵后人所存《刘氏家谱》；流顺乡的 SJZ 村宋珪后代宋克定老人保存的《宋氏家簿》；扁都乡寇家桥李本后人所存《李氏家谱》；羊沙乡新庄村李达后裔李春魁存《李氏家谱》等。其中，顾颉刚先生亲睹《宋氏家谱》，并留有读竟敬题的文字——“临潭为江南移民，盖于明初以军功戍卫者，故家藏谱牒，立宗祠，犹存江南遗风”[1]。正是在这些所存家谱中，我们可以发现保存在民俗生活中的历史信息，并由其串联成有历史价值的研究线索。

费孝通先生说，乡土社会中，人们依赖经验而不是依靠计划活着。这是因为，在时间进程中，习性替人们选择一个维系传统生活方式的方案。个体人只需要依照着自己的意愿（或欲望）活动即可。[2]临潭地区的屯堡文化，便是在600年乡土社会发展进程中影响此地区屯堡人的“习性”。

江淮移民对于甘肃以洮岷地区为主的屯戍活动，因其时间早于云贵地区，因其实行屯戍行为的将领亦为相同或相似的一批人，故而可认为甘肃，以及青海地区的屯堡建设是后来云贵地区屯堡文化形成与发展的先行实践。又因屯戍活动的行为主体与文化内涵的相似性，以及屯堡文化发展中的相对封闭性特质，甘肃青海地区的屯堡文化未受到足够的重视。

江淮移民屯戍西北，带去的不是简单的人员流动与经济推进，更是文明的推广与文化的传播。从明政权巩卫边陲的初衷，到西北地区的长治久安，再到汉藏回等多民族交融，直至如今的江淮遗风留存甘青等地，明代历史的文献资料与近代的田野考察资料共绘了一幅西北地区自上而下形成并发展固留的屯堡文化长卷。在羁縻卫所与宽乡移民、军屯罪戍与因俗而治、茶马互市与营上集市、迎神跑佛与唱花儿会之中，明清以来的历史文献与鲜活可见的民俗事象共筑了一座实在而美观的“屯堡”。

---

[1] 阙岳：《民族地区的民间文化认同——明清以来洮州地区汉民俗的传播与传承》，《西北民族研究》，2011年第1期，第137-138页。

[2] 费孝通：《乡土中国（汉英对照）》，韩格理、王政译，北京：外语教学与研究出版社，2012年，第172页。据英文原文自译。原文将 nature 直译为“自然”，个人以为此处译为“习性”，更符合《乡土中国》一书应有的特殊含义。同理，desires 译为“意愿”要比译为“欲望”更能体现文章所论及的内容。

历史的真相，往往隐匿于碎片化呈现的文献资料与生活事象之中，爬梳这些信息之中的逻辑线索，有利于更为准确地还原历史事实的原貌和民俗事象形成的脉络，也有利于归纳整理不同空间中存在的同源文化的共性特质。

论明末辽东屯堡

周喜峰

（黑龙江大学黑龙江流域文明研究中心）

明代辽东，是对辽东镇或辽东都司的简称。明朝统一东北后，先后在东北南部设立辽东都指挥使司和辽东镇总兵。辽东镇地域特殊，西起山海关外瑞昌堡，连蓟镇边界，东至鸭绿江，连朝鲜国界，共“千三百余里”❶，南起旅顺海口，北抵开原境外，相当于现在辽宁省的大部分地区。为防御西部的蒙古（北虏）和东部的女真（东夷），从洪武年间开始，明朝政府便在辽东地区派驻军队并实行大规模的屯田。随着辽东长城的修建和屯田规模的扩大，明朝政府在辽东地区兴建了大量的屯堡。这些屯堡与明代辽东地区的镇城、路城、卫城、所城、墩台、烽堆等构成了辽东军事防御体系的重要组成部分。明朝末年，由于政治的黑暗和军事的腐败，辽东屯堡逐渐衰败，随着女真的兴起和后金军队攻占辽东，明朝在辽东的屯堡也土崩瓦解。

一、明末以前的辽东屯堡

在古代汉语中，“屯”有“戍守，驻扎”之意，“堡”的解释即为“上筑的小城”，通常指军事上防守用的建筑物。因此，屯堡是一种军事防御性质的单体建筑。本文当中所记述的辽东屯堡是指由明朝政府出资修建的以军事防御和屯田功能为主的堡城建筑物。明代辽东屯堡也称辽东军堡、辽东营堡、辽东边堡等。

明代辽东屯堡一般建设在辽东长城内侧或重要边城周围，选择既能够设伏兵又能够攻击敌人的有利地形修筑，每两座屯堡之间距离在30~40米，根据地形和军事需求有所增减。屯堡多为长方形，周长一般在500~1500米，建堡材料就地取材，城墙大多夯土筑成，外包砖石。屯堡大多有一个城门，大的屯堡有两个城门。屯堡城内驻兵多为200~500人不等，其中除“缭守官军”外，还有“冬操夏种”的军户及其家属。屯堡组织以“屯”为基本单位，屯的基层组织是“屯所”，即“屯田百户所”，在边地为防御敌人的侵略。❷每座屯堡负责一段长城及其临近的烽燧、墩台防务事宜，其下设有总旗、小旗及台丁。城内建有官署、营房、校场、仓库、寺庙等，城外有护城壕或护城河，再外面就是屯田的田地。

---

❶ 刘谦:《明辽东镇长城及防御考》，北京：文物出版社，1989年，第12页。

❷ 李三谋:《明代边防与边垦》，《中国边疆史地研究》，1995年第4期。

明朝辽东屯堡的修建始于明初的洪武和永乐时期。这一时期，明朝完成了对辽东地区的统一，为了加强和巩固对这一地区的统治，征伐北元和防御蒙古势力，阻止辽东北部女真各部落南下骚扰，解决驻军军粮的供给，明朝政府在辽东地区开始时修建了一些用于驻军和屯田的屯堡。如辽阳城“西路长勇堡、常胜堡、武靖营堡、长定堡、长宁堡、长静堡，以上六堡洪武年建”❶。开原城“清阳堡、古城堡、庆云堡、永宁堡、镇夷堡、镇北堡、靖安堡、威远堡、松山堡，以上九堡洪武年建”❷。沈阳城西路的“静远堡、长营堡、平虏堡、上榆林堡、十方寺堡，以上五堡洪武年建”❸。此外，洪武年间修筑的辽东屯堡还有镇宁堡、镇远堡、镇安堡、镇静堡、镇夷堡、镇边堡、大清堡、大靖堡、大宁堡、太平堡、大康堡、大安堡、大定堡等屯堡。这一时期，明朝政府只是将屯田与军事防御紧密地结合起来，在边防地区建设一些屯堡，还没有形成一个完整的屯防体系。

兀良哈三卫又称朵颜三卫，由泰宁卫、福余卫、朵颜卫组成，是明初归顺后由明朝册封。建文元年（1399 年），燕王朱棣在发动“靖难之役”，得到了兀良哈三卫蒙古人的支持，作为回报，明成祖决定把大宁卫（今承德市、平泉市、建昌县以及老哈河流域）赐让给他们。但明成祖的允诺后来并没有完全兑现。兀良哈三卫蒙古各部不断向明朝发起进攻。正统年间，南迁的兀良哈三卫，经常袭扰劫掠辽东地区，给辽东镇造成了巨大的损失。为了加强对兀良哈蒙古的防御，明朝政府在辽东西北部地区大规模建筑屯堡，正式开始营造了辽东长城。正统二年（1437 年），时任定辽前卫都指挥佥事毕恭提出“自海州卫至沈阳中卫，宜于其间分作四处，量地远近、筑置堡、墩”❹。毕恭的建议得到明朝政府的批准，于是，辽东边墙和沿边屯堡开始陆续修建。正统七年（1442 年）冬，王翱奉命提督辽东军务，“乃躬行边，起自山海关抵开原，缮城垣，浚沟堑，五里为堡，十里为屯，使烽燧相接。”❺经过毕恭、王翱等官员亲自设计并主持修建的从山海关到广宁（白上厂关）、从广宁（白上厂关）到开原（镇北关）之间的辽东长城以及屯堡、墩台等修筑完毕。其中主要的屯堡有：宁前卫的铁厂堡（今绥中县西南铁厂堡）、永安堡（今绥中县西永安堡）、三山营堡（今绥中县西三山营）、平川营堡（今绥中县西平川营）、三道沟堡（今绥中县北三道沟）、新兴营堡（今兴城市西南牛彦章）、黑庄窠堡（今兴城市西南大黑庄科）、仙灵寺堡（今兴城市西南仙灵寺）、团山堡（今兴城市西南团山子）、兴水崛堡（今兴城市西北清水岘）、白塔峪堡（今兴城市北白塔峪）、寨儿山堡（今葫芦岛西茨儿山）、灰山堡（今兴城市北灰山堡）、松山寺堡（今葫芦岛西寺儿堡）、沙

❶［明］刘效祖撰：《四镇三关志》卷二，万历四年刻本，全国图书馆文献缩微复印中心，1991 年编印，第 80 页。
❷［明］刘效祖撰：《四镇三关志》卷二，万历四年刻本，全国图书馆文献缩微复印中心，1991 年编印，第 80 页。
❸［明］刘效祖撰：《四镇三关志》卷二，万历四年刻本，全国图书馆文献缩微复印中心，1991 年编印，第 81 页。
❹《明英宗实录》卷二十八，正统二年三月乙卯，台北：台湾“中研院”历史语言研究所，1962 年，第 569 页。
❺［清］张廷玉等撰：《明史》卷一七七《王翱传》，北京：中华书局，1974 年，第 4700 页。

河儿堡（今葫芦岛西北沙河营）、长岭山堡（今葫芦岛西北的南长岭子）、椴木冲堡（今葫芦岛北椴木丛）等；锦州、义州卫的大兴堡（今葫芦岛北大兴堡）、大福堡（今葫芦岛北卧佛寺）、大镇堡（今葫芦岛西北）、镇安堡（今黑山县西北韦城子）、镇远堡（今黑山县城）、镇武堡（今盘山县东北的西楼台）、西兴堡（今盘山县东北的西楼台村东八里）、西平堡（今盘山县东境）、西宁堡（今盘山县东南古城子）等；辽阳的长定堡（今辽阳县西高力城）、长宁堡（今辽阳县西南唐马寨）等。

成化至嘉靖年间，东北地区的女真族开始崛起，不断南下袭扰辽东地区。为了进一步加强辽东地区的防御，明朝政府开始修筑从辽东抚顺东洲堡至本溪的草河堡共“十堡相属千里”的辽东长城。史书记载：“己丑，以建贼寇边，不堡，兵遏之，非久计也。乃缘边自抚顺关抵鸭绿江，相其地势，创东州、马根单、清河、碱场、叆阳等五堡，后又设凤凰、镇东、镇夷等三堡，广袤千余里，立烽堠，实兵马，辟灌莽，广屯田，迄今虏不敢深入，而居民乐业。”[1]

在嘉靖年间辽东长城、边城、屯堡建置基本完成后，万历年间明政府又开始了新一轮的辽东边堡修移。万历元年（1573 年），兵部侍郎汪道昆巡防至辽东，开始派人重修营堡边墙。据《明实录》记载，万历年辽东又修葺“城堡一百三十七座，铺城九座，关厢四座，路台、屯堡、角门、台圈、烟墩、山城一千九百三十四座，边墙二十八万二千三百七十三丈九尺、路壕二万九千九百四十一丈”[2]。

在修葺辽东全镇边堡的同时，明朝政府还移建扩筑了“宽甸六堡”。“万历初元时，兵部侍郎汪道昆阅边，成梁献议移建孤山堡于张其哈剌甸，险山堡于宽佃，……沿江新安四堡于长佃、长岭诸处，仍以孤山、险山二参将戍之，可拓地七八百里，益收耕牧之利。”[3]万历皇帝深以为然，由此自万历元年（1573 年）至万历六年（1578 年）间，辽东总兵李成梁完成了“宽佃六堡”的移建扩筑。宽甸六堡的移建，改变了这里与“与辽镇声援不接”[4]的状况，明廷也将辽东防线推进至建州女真腹地，屯边范围向北推进了 50~100 千米。此后，直到万历三十七年（1609 年），辽东巡抚熊廷弼认为，屯田积谷、修堡固边是防守的根本要策，“食不足则兵必不得强。田不垦则食必不得足，人不聚则田必不得垦，屯寨不固则人必不得聚，边防不修则屯寨必不得固”，因此“置堡寨以居之，并小屯为大屯，使零星散处者，皆得聚处一城”[5]。熊廷弼统率辽东期间，对辽东的边堡再次进行了大规模的整体修缮。

---

❶ ［明］贺钦著，武玉梅校注：《医闾先生集》卷四，沈阳：辽宁人民出版社，2011 年，第 49 页。
❷ 《明神宗实录》卷一五，万历元年七月丙申，台北：台湾“中研院”历史语言研究所，1962 年，第 461-462 页。
❸ ［清］张廷玉等撰：《明史》卷二三八，北京：中华书局，1974 年，第 6191 页。
❹ ［清］张廷玉等撰：《明史》卷二二二，北京：中华书局，1974 年，第 5855 页。
❺ ［明］熊廷弼：《按辽疏稿》卷三《议屯田修边疏》，《续修四库全书》史部・诏令奏议类，上海：上海古籍出版社，1995 年，第 522，525 页。

从洪武到万历年间，经过200多年的修建，总体呈“M”形的辽东长城防御体系基本形成。这个防御体系东起鸭绿江西至吾名口全长约1950米，其中关城11座，堡城150余座。《四镇三关记》记载大小屯堡129座。[1]北控蒙古，东控女真，以作陆海之防，取得了一定的效果。

二、明末辽东屯堡的衰败

辽东屯堡虽然不是明朝辽东地区最主要的军事设施，但也是明朝强盛和衰亡的晴雨表。明朝中期以后，辽东屯堡开始衰落，到明朝末期，辽东屯堡已经衰败不堪了。

辽东屯堡的衰败与辽东地区的危机是同步的，而辽东地区的危机又与明朝的政治、经济、军事都有着密切关系。

政治的黑暗体现在皇帝昏庸、阉党专权、廷臣党争、治辽无能等。明朝的衰亡从明神宗开始，明神宗和明熹宗都是昏庸的皇帝。明神宗荒政怠政，数十年不上朝，因此史家认为“明之亡，实亡于神宗”[2]。明熹宗则喜欢做木匠活，他宠信客氏，重用宦官魏忠贤，导致阉党专权，忠良贤臣受迫害，朝政混乱。明末廷臣大多科举出身，说道论理夸夸其谈，遇辽东大事则怯弱无策。这些廷臣在国本之争、梃击案、红丸案、移宫案的争论中日益分裂，党同伐异。天启时期唯有熊廷弼是位有远见、有胆略的实干家。他两次经略辽东，整顿军纪，修缮长城及城堡烽台，使辽东防务大有改观。但第一次经略辽东受阉党廷臣迫害而去职，第二次又处处受阉党辽东巡抚王化贞的阻挠，经抚之争的结果是广宁失守，熊廷弼最终壮志未酬却被传首九边。政治统治的黑暗使辽东屯堡管理混乱。

经济危机也是导致辽东屯堡衰败的主要原因。明中期以后，财政收入日益衰竭，经济危机日益明显。张居正的改革虽然使经济有所缓和，但张居正死后，经济衰退的状况越来越严重。这使得明朝政府拿不出足够的资金来维护和支持辽东地区的军事防御以抗击不断兴起的女真势力，辽东屯堡也因为得不到足够的人力、物力和财力支持而日益荒废。

军备废弛和当时明廷对辽东具体军事政策的失误也是导致辽东屯堡衰败的主要原因。明中期以后，由于经费不足，辽东地区不仅长城、城堡烽台得不到维修，残破不堪，辽东军士和军户的生活也非常艰难。他们经常不能按时领到军饷，而且还时常遭受将官和豪右的奴役剥削和欺诈。正统以后，辽东卫所将官“往往占种膏腴，私役军士”[3]。经常将屯地“膏腴者耕种收利入己，硗薄者拨与屯军”[4]。在将官、豪右的侵吞占夺和封建国家的

---

[1] ［明］刘效祖撰:《四镇三关志》卷二,万历四年刻本，全国图书馆文献缩微复印中心，1991年，第80-83页。
[2] ［清］张廷玉等撰:《明史》卷二一《神宗本纪》，北京：中华书局，1974年，第295页。
[3] 《明英宗实录》卷一〇八，台北：台湾“中研院”历史语言研究所，1962年，第2195页。
[4] 《明英宗实录》卷一二七，台北：台湾“中研院”历史语言研究所，1962年，第2534页。

横征暴敛交相煎迫之下，屯田军丁苦累不堪，人心不附。他们便采取逃亡和暴动的方式进行反抗。辽东军士逃亡的去向，一是逃回原籍，二是逃往朝鲜或海岛，三就是逃往边外建州女真和海西女真属地。明朝末年，辽东军士暴动的事件经常发生。如万历三十六年，辽东军户的反税监高淮的斗争。“辽东一百三十七城堡，十余万军，数十万百姓，处处沸腾，人人疑惧。”反抗规模之大，连内阁大学士叶向高也惊呼：“今辽东之变，不数月间，一见于前屯，再见于松山，三见于广宁，四见于山海关，势愈猖狂，地愈迫近，燃眉剥肤，未足云急！”[1]辽东军士和军户的大量逃亡，使大批的本已残破的屯堡更加残破，而且人烟稀少，逐渐变成荒城废堡。“自东州堡经马根单、散羊峪、清河、一堵墙、碱场、孤山、洒马吉、叆阳、新奠、大奠、永奠、长奠一带，城垣多系乱石堆垛，原无灰汁灌砌。年久开裂，人足一震，石辄累累自下，所至倒塌，都成漫坡，门瓮俱无，但存缺口。”[2]

到嘉靖、万历之际，辽东的军屯已经名存实亡，屯堡也随之衰败下去。万历三十六年（1608年）熊廷弼巡按辽东时，他所看到的辽东屯堡、墩台已经破旧不堪：“沿边墩台，大半坍塌，虽有存者，又低矮，且泥土半砌，一掘即倒。每虏入，必诫台军曰：‘尔勿举烽，举则杀尔。’台军无以自恃，而畏见杀，往往待虏抢毕，而后敢举。开原起，庆云堡至柴河堡三百余里，墩台一百二三十座，皆弃不守。其砖石，虏皆拆去为板升，而存者，虏反据之以侦我……每遇收敛，屯民畏入堡如入地狱。必泣曰：‘与我入堡尽为虏杀，曷若使我四散逃生者。’往往贿收敛官，以脱去为幸。”[3]

由此可见，明末的辽东屯堡，在女真兴起之时就已经残破不堪，日益衰败。即使经过熊廷弼等有为将领的苦心经营、全面修缮，也难以抵挡后金八旗军队的猛烈进攻。

三、明末辽东屯堡的瓦解

明朝的辽东屯堡，在设置之初就具有军事驻防和军事屯田的双重职能。明中期以后，随着女真的兴起和辽东局势的变化，辽东屯堡的军事屯田职能日益弱化，逐渐变成单纯的驻防机构和保卫辽东长城、协防镇卫主城的军事堡垒。辽东屯堡体系是在明末努尔哈赤统一女真和后金起兵反明、攻占辽东的过程中土崩瓦解的。

万历十一年（1583年），建州女真首领努尔哈赤以父祖所遗十三副铠甲起兵，讨伐尼堪外兰，开始了统一女真各部的事业。努尔哈赤在统一建州女真的过程中，对明朝非常恭顺，多次入京朝贡。在此之前，一些有实力的建州女真部落酋长经常越边侵扰辽东屯

---

[1] ［明］陈子龙辑：《明经世文编》卷四六二，北京：中华书局，1962年，第5072页。

[2] ［明］熊廷弼：《按辽疏稿》卷四《修边举劾疏》，《续修四库全书》史部·诏令奏议类，上海：上海古籍出版社，1995年，第590页。

[3] ［明］程开祜辑：《筹辽硕画》卷一，北京：商务印书馆影印本，1937年，第78页。

堡，劫掠人口资财。如嘉靖二十二年（1543年），十月，巡抚辽东都御史孙侩报告："建州酋首赵那磕等，于八月中分道入寇石指挥山城及汤站堡。"[1]其后又有建州部落酋长王杲、王兀堂等不断扰边。努尔哈赤则采取表面上为明朝看守边界，暗中发展势力的方式统一女真各部。

辽东屯堡的瓦解首先是从宽甸六堡废弃开始的。如前所述，宽甸等六堡是万历初年明朝开拓的，扩展新疆八百里，直达建州女真腹地。万历三十四年（1606年），第二次出任辽东总兵的李成梁"以地孤悬难守，与督、抚蹇达、赵楫建议弃之，尽徙居民于内地。居民恋家室，则以大军驱迫之，死者狼藉"[2]。李成梁等人认为宽甸六堡人口虽然已有6.4万余户，但却孤悬于辽东边墙之外，很难守住，下令舍弃了六堡，将那里的军民全部迁移到边墙之内，以巩固防守。李成梁废弃宽甸六堡，使明朝的辽东屯堡体系遭到破坏，努尔哈赤得到了这些土地，得到了巨大的物质利益和精神鼓励，势力不断向南推进，直接威胁明军。面对危局，明军不得不重整边备。万历三十六年（1608年），新上任的辽东巡抚熊廷弼重建了宽甸六堡，但此时的宽甸六堡再也阻挡不了努尔哈赤的铁骑。

万历四十四年（1616年），努尔哈赤在赫图阿拉称"覆育列国英明汗"，国号"大金"（史称后金），年号天命。此时的努尔哈赤已经统一了大部分女真部落。经过两年的秘密准备，努尔哈赤于万历四十六年（1618年）以"七大恨"为名誓师讨明。从此，后金八旗军队与明军展开了争夺辽东地区的战争。于是，辽东屯堡和边城便成为明军抗击后金军队进攻的重要堡垒，也成为后金军队攻击和摧毁的主要目标。

万历四十六年（1618年）四月，努尔哈赤率后金军队进攻抚顺。后金军攻"下抚顺、东州、马根单三城，台、堡五百余，乃收兵各于所进之处安歇，帝驻抚顺"[3]。五月，努尔哈赤率后金军队"进边，克抚安堡及花豹冲、三岔儿大小共计十一堡"[4]。在后金军队的进攻之下，抚顺城游击李永芳投降。抚顺城周边各城堡守军遇敌时表现不一，有接受劝降而投降的，如后金进攻松山屯堡时，派李永芳去劝降，以抚顺降民受到恩养为例，这个屯堡的人便投降了。有的屯堡则宁死抵抗，如松山屯堡周围四个屯堡的人拒不投降，全部战死或被杀害。大多数屯堡的守军既不敢出战，也不敢相互救援，最终被各个击破。到六月，开原以东城堡一半被后金军队攻破占领，抚顺以东二百余里尽入后金之手。七月，努尔哈赤率军"入鸦鹊关，环攻清河"[5]，后又攻占一堵墙堡、碱厂堡等。九月二十五日，后金派兵入掠会安堡（今辽宁抚顺市北），屠戮甚众，一次就把捉住的屯民三百人斩于抚顺关，留下一人还割去双耳，命令他带着信到明朝，宣称要和明朝论个是非曲直。

---

[1]《明世宗实录》卷二七九，嘉靖二十二年十月乙亥，台北：台湾"中研院"历史语言研究所，1962年，第5433页。
[2]［清］张廷玉等撰：《明史》卷二三八《李成梁传》，北京：中华书局，1974年，第6191页。
[3]《满洲实录》卷四，《国学文库第九编》，1934年（民国二十三年），第98页。
[4]《满洲实录》卷四，《国学文库第九编》，1934年（民国二十三年），第101页。
[5]《满洲实录》卷四，《国学文库第九编》，1934年（民国二十三年），第102页。

万历四十七年（1619年），明军四路大军分进合击后金的赫图阿拉。结果在这次萨尔浒之战中，努尔哈赤以少胜多，大败明军。萨尔浒之战是明金战争的转折点，明军转攻为守，后金则转守为攻。

天启元年二月，后金数万大军分八路进攻奉集堡，实际上揭开了辽、沈之战的序幕。明朝一直把奉集堡与辽阳、沈阳看作一个整体而加以设防。熊廷弼曾对这一战略要地作过评论。他说："沈之东南四十里为奉集堡，可犄角沈阳。奉集之西南三十里为虎皮驿，可犄角奉集。而奉集东北距抚顺、西南距辽阳各九十里，贼如窥辽阳，或入抚顺，或入马根单，皆经由此堡，亦可阻截也。不守奉集则沈阳孤，不守虎皮则奉集孤，三方鼎立，不各成重兵三二万人则易为贼撼。"❶后金大军最终攻下奉集和虎皮驿。三月，后金先后攻占明朝辽东重镇沈阳、辽阳，占领辽东地区。"辽阳既下，其河东之三河、东胜、长静、长宁、长定、长安、长胜、长勇、长营、静远、上榆林、十方寺、丁家泊、宋家泊、曾迟、镇西、殷家庄、平定、定远、庆云古城、永宁、镇夷、清阳、镇北堡、威远、静安、孤山、洒马吉、叆阳、新安、新奠（甸）、宽奠（甸）、大奠（甸）、永奠（甸）、长奠（甸）、镇江、汤站、凤凰、镇东、镇夷、甜水站、草河、威宁营、奉集堡、穆家堡、武靖营、平鲁堡、虎皮驿、蒲河、懿路、汎河、中固城、鞍山、海州、东昌、耀州、盖州、熊岳、五十寨、复州、永宁监、栾古、石河、金州、盐场、望海埚、红咀、归服、黄骨岛、岫岩、青台峪、西麦城等，河东大小七十余城官民俱剃发降。"❷辽沈被后金攻占后，明朝在辽河以西的屯堡或被攻陷摧毁，或投降后金，全部失弃，成为荒城废堡。

天启二年，后金军队渡过辽河，向西平堡发动进攻。西平堡在广宁城东方的辽河岸边，它与镇武堡、西兴堡、西宁堡、平洋堡诸堡是广宁城的屏障。西平堡守军将士拒不投降，英勇抵抗。后金军经过苦战，死伤惨重，最后攻下该堡。辽东巡抚王化贞弃广宁城而逃，后金占领辽西重镇广宁城。

后金占领广宁后，环广宁周围各屯堡大多不战而降。计有：平洋桥守堡闵文龙、西兴堡备御朱世勋、锦州都司陈尚智、铁场守堡俞鸿渐、大凌河游击何世延、锦安守堡邓登、右屯卫备御黄宗鲁、团山守堡崔尽忠、镇宁守堡李诗、镇远守堡徐镇静、镇安守堡郑维翰、镇静堡参将刘世勋、大清堡游击阎印、大康守堡王国泰、镇武堡都司金励、刘式章、李维龙、王有功。还有壮镇堡、闾阳驿、十三山、小凌河、松山、杏山、牵马岭、戚家、正安、锦昌、中安、镇夷、大静、大宁、大平、大安、大定、大茂、大胜、大镇、大福、大兴等，共四十余堡镇及其将吏所属百姓，皆入后金的掌握之中。❸后金占领广宁后，蓟辽经略熊廷弼和王化贞尽撤关外军民入山海关，毁弃关外物资。于是，明朝在辽

❶［明］熊廷弼：《与内阁兵部兵科》，［明］陈子龙：《明经世文编》第6册，北京：中华书局，1962年，第5311页。
❷《清太祖武皇帝实录》卷三，故宫博物院排印本。
❸《清太祖武皇帝实录》卷四，故宫博物院排印本。

东所有屯堡体系也随之土崩瓦解。

总之，有明一代，为防御蒙古、女真的侵扰，巩固明朝在东北的统治，明朝政府在辽东地区大修长城，并在辽东长城沿线和辽阳、沈阳、开元、铁岭、广宁等重要军镇周围修筑大量的屯堡、墩台，形成较为庞大的军事防御体系，列兵屯守。然而到明朝末年，随着明朝政治军事的衰弱和腐败，以及女真的兴起和后金的建立，明朝的屯堡体系日益衰败。明金战争开始后，在后金八旗军队的攻击下，这些数以百计的辽东屯堡和数以千计的墩台组成的防御体系很快土崩瓦解，烟消云散。

明代古镇屯堡的保护和利用

朱晓春

（南京晓庄学院）

一、明代古镇屯堡传统建筑是民族的根

天龙屯堡古镇地处西进云南的咽喉之地，在元代这里就是有名的顺元古驿道，天龙屯堡古镇最早是顺元古驿道上的一个驿站，名叫饭笼驿。由于军事地理位置重要，从明代开始就在这里及周边大量屯兵，时至今日依然如故，这里仍是驻军重地。清朝康熙年间，云贵总督范承勋奉旨实行“改土归流”后，屯堡人由军户转变为普通百姓。天龙屯堡古镇更名为“饭笼铺”，由于地理位置的重要性，这里依然是清廷的驿站和屯兵重地。

明代是云贵历史上最大规模的移民时代。朱元璋在洪武十四年（1381 年）派 30 万大军进攻西南，消灭了元朝残余势力，并把军队留在云贵地区，又下令将留戍者的父母、妻子、儿女全部送到戍地。在当地，军队的居住地称为“屯”，移民的居住地称为“堡”，他们的后裔就叫作“屯堡人”。几百年过后，屯堡民居的建筑、服饰以及娱乐方式等依然沿袭着明代的文化习俗。古屯堡镇寨明代驻守军队形成了古镇屯堡。屯内采取八阵图结构布局，建筑多为军事需要考虑。屯堡的民居结构十分有特点，基本上采用小青瓦、白粉墙。现在屯堡依然沿袭着汉族人从江淮地区带来的徽派建筑风格，但是也只是内室采用了木质结构，并且建筑平面多为合院式，采取“三房一照壁”的平面布局。而外面为了抵御外侵，选用的都是厚重的石头作为房屋的墙壁。以鲍屯为例，鲍屯内的街道狭窄，曲折多变，并且按八阵图布置，敌人进来就像进了迷魂阵，这里的房屋屋顶非常平缓，上面像鱼鳞一样错落地布满石片，各家的屋顶相连，平时居民可以很轻松地在各家的屋顶上走动。这样一旦有外敌入侵不但可以让居民迅速爬上屋顶，并能行动自如，而且屋顶上的石片扔出去就是很厉害的武器。除此以外，屯堡地区民房的门都很低，这和传统的徽派建筑的高大房门有很大的区别。这主要是为了防止大型的武器搬运进屋。专家说，屯堡的建筑处处都为军事上的需要做了考虑，这些设计构成了屯内多层次的防卫体系。

今天的贵州屯堡，仍然聚居着一支与众不同的汉族群体屯堡人。这里的人过着与世隔绝的生活，时至今日依然恪守着其世代传承的明朝文化和生活习俗，历经几百年的沧桑，形成了今天独具特色的“屯堡文化”。这是一段关于明朝移民的历史记忆，一种独

特的汉族文化现象。它保留了先祖的文化传统，又在长期的生产劳动中创造了独特的地域文明。屯堡是汉族文化的“活化石”，是世界上最后的明代古镇。古屯堡寨子位于安顺市七眼桥镇云鹫山峡谷中的云山屯。屯堡人是明代屯田戍守安顺的江南军队后裔，其镇落依山而建，街巷纵横交错，寨中的每一组建筑、碉楼构成小小的四合院。而在碉楼或围墙之上，设有射击孔，融防御、居住为一体。古屯堡镇寨外表看似粗犷，内部装饰却极为精美，如垂花门、格扇门窗、柱础等部位，将江南的木雕和石雕艺术发挥得淋漓尽致，颇具观赏价值。

今天走进天龙屯堡古镇，仿佛走进梦的巷子，明代的战事已经随着岁月远去。寨子是灵动的，屯堡姑娘操着地道的普通话讲解着屯堡故事和明代遗风。屯堡镇民流传着一句顺口溜：本寨的房子，云山屯的门子，天龙的“模子”。所谓“模子”是指天龙发展旅游的模式。农民参股办旅游，目前旅游公司已经把农民引进门，共同走上致富的道路，延续着屯堡人的根。

二、明代古镇屯堡传统服饰是文化的本

屯堡人至今仍然穿着明代服饰。屯堡地区妇女的服装非常特别，多以青、蓝色为主，样式为宽袍窄袖并且不加花边。据当地的老人讲，屯堡妇女的服饰是传承了明太祖朱元璋夫人“马大脚”的服饰。俗称“凤阳汉装”。这些服饰从安徽传来，如今在安徽当地早已失传，但在屯堡却完好地保存下来了。这种服装在当地不仅作为节日或祭祀的礼仪服饰，在日常生活中、劳作时都穿着。屯堡妇女都是自己在家纺布、漂色，再亲手缝制衣服的。当地人觉得穿着这样的衣服充满自豪感，这种衣服如今已经成为屯堡的一种标志。

屯堡妇女的发型也非常的特别，俗称“两耳盖发”。它是将一绺头发从耳下梳过，结成一个长长的辫子，在后脑勺上盘成碗口大小的发髻。已婚的妇女还要在头上戴一块白手帕。每个朝代的更迭，一个民族对另一个民族的征服，一个重要的标志就是改服易冠。清朝时期，清政府宣扬“留头不留发，留发不留头”，那时，汉人都要改变自己的发型，选用清朝的发式，否则就会招致杀身之祸。因此屯堡地区经过几百年的风雨，依然能把明朝的服饰和发式保留下来是非常不容易的，屯堡人的服饰可以让我们穿越历史看到最古老的汉族服饰，这也许在世界上是最后一块完整地保留汉族服饰文化的地方了，坚守着屯堡人的本。

三、明代古镇屯堡传统地戏是京剧文化的源

屯堡最古老的地戏，是京剧的根源。自徽班进京，一直发展到如今的国粹京剧，人们似乎很难说清楚京剧的根源究竟在什么地方。但是在屯堡，流传着一种别具一格的戴

着面具表演的传统地戏，这里的地戏多是以军事题材为主的武戏。根据戏剧专家的分析，它是戏剧的活化石，是傩的遗存，可能就是京剧最古老的根源。傩在古代盛行于官方，为“国傩”，又流行于民间叫“乡傩”，对照屯堡的地戏表演能发现许多汉魏遗风。唐宋以后这种地戏更富有表演性，并从中原流传到江南。在明代初年，跟随军队的迁移从徽州带到了屯堡。因此，屯堡地戏可以说是徽剧最早的形态，在屯堡与世隔绝的环境中保存了下来，也可以说是京剧的源。

四、明代古镇屯堡乡愁是精神的魂

苏东坡说：“吾心安处即吾乡”；吴昌硕有诗云“风波有大道，尘土即至情”；孟郊游子吟有“谁言寸草心，报得三春晖。”这广袤的乡土，是我们每个人的“梦中情地”。深情不及久伴，厚爱无须多言。正如白石老人的画，越画越单纯，越简约，越有生命。人们对生命、对生活的感悟，尤其在今天全球化语境下的大数据时代，要杀出重围，留住乡愁！让我们怀着纯粹的爱恋与诚挚的敬畏，将个体生命的体验回归心灵，回归本真，回归这生生不息的故土。因为，对我们每一个人来说，故土，她是给了我们生命的启示与教育，她是我们人生中的第一位老师！是我们的精神家园。阳春召我以烟景，大块假我以文章。面对故土，屯堡人能触摸自己灵魂深处的感动，有着恒久不变的信仰与爱，就像一粒坚韧的种子，在屯堡乡土里追求执着地生长果实。每一位屯堡人都会铭记生我养我的这片土地，在它流动的血脉里正是中华儿女代代相传永不离弃的文化基因，在它千年的沧桑变迁中演绎着屯堡儿女前仆后继、可歌可泣的家国情怀，这就是乡愁的灵魂！留住乡愁，守望乡愁，就是留住我们民族的根，精神的魂、文化的本。梁启超说“乡愁是文化，文化是中华民族千年以来的生活方式的集体记忆与精神传承，凝聚着我们民族对世界和本身的历史认知与现实感受，积淀着我们民族最深层的精神诉求与行为准则”。今天的屯堡人坚守住“背景”意义的精神家园，坚守住自身民族历史的文化血脉，“乡愁”永远是美丽动人的。艾青诗曰：“为什么我的眼里常含泪水，因为我对这土地爱得深沉。”作为屯堡人，对这土地无限地眷恋，把一腔热情尽付世间曲直与苍生冷暖，用最真挚的深情，回报他最热爱的这片土地。留住乡愁、守望乡愁，对屯堡爱得真挚、爱得彻底、爱得持久，做到“身入”“心入”“情入”，一直保护着屯堡家园，传承着屯堡文化。

五、明代古镇天龙屯堡的保护与利用

天龙屯堡古镇可以借鉴苏州古城的保护办法。全国不少地方的破坏性开发令人担忧，但苏州对建筑的保护、利用和开发，却让人们赞赏有加。苏州政府充分利用民间的力量，通过市场运作的方式，将园子交给热爱历史文化的个人来修缮、管理，这是一个创举。

这些人是苏州园林真正的热爱者，把园子当成家一样做好，并融入了对园林的一种情怀和他们的才干，使历史园林的生命力能够保持到了今天。正是这个“做园子”的过程，不仅提升了个人的文化情感，也提升了城市的品质，使苏州传统文化得到了延续。苏州老宅新修的保护利用模式给予了肯定。新一代苏州人，在对老宅的保护利用上，不仅注入了历史元素和精华，同时也融入了现代生活的要素。将现代元素和历史经典融合起来，创造性地做出新的私家园林，这也是一种对历史的延续。对传统文化的传承，非常重要的一点就是向当代生活的转化，活态传承其实就是传统文化的当代转化，转化到当代生活中，并成为其中的一部分。人们一方面享受现代文明带来的便利，另一方面又能享受传统经典的、精神性的东西，这是最好的一个活态传承。天龙屯堡古镇的文化遗产，要能融入现代生活，在活态传承中重新焕发活力。

天龙屯堡古镇建筑留在今天，有多方面的价值，有历史见证的价值，有研究的价值，有欣赏的价值和旅游价值。这个面貌融汇了中国几百年的历史，所以天龙屯堡的历史分外斑驳，分外丰富，到了今天，它作为明代历史的见证，这个历史遗产很丰富，很浓厚，而且是中国独有的。但是在外地游客中，知名度并不高。不光很多外地游客对天龙屯堡很陌生，甚至一些国内文物保护界的领军人物也对天龙屯堡知之甚少。究其原因并不深奥，我们的宣传和整合并不到位。我们贵阳遍地是宝，就像是一个个散落的明珠一样。

六、明代古镇天龙屯堡的保护工作措施

纵观成功的范例，笔者认为天龙屯堡的保护工作措施：一是推进非物质文化遗产项目申报，充分挖掘保护和利用潜力。二是分类建立展示馆，促进非物质文化遗产项目的留存与保护。三是注重政策引导，加大保护和利用工作的扶持力度。四是加快人才培养，不断壮大后续传承人队伍。五是加强宣传推广，提高非遗项目的影响力。六是满足天龙屯堡镇民美好生活，开发文创产品。七是树立天龙屯堡文化品牌，实现文化资源产业化。八是给屯堡文化遗产以尊严，惠及屯堡人民群众。只有文化遗产有了尊严，文化遗产才能融入社会，才能融入社会的发展，融入经济建设，屯堡的文化成果才能反过头来惠及人民群众。文化遗产保护和利用并举，国内外成功案例很多，但是失败的教训也很多。目前，好在屯堡相关部门正在制定保护天龙屯堡的规划，天龙屯堡的保护和产业化正在积极探索中、实践中。今天的文化遗产保护要有新理念、新视野、新角度和新举措，我们应该不断探索，不断发展，走出一条新模式，让古老的屯堡焕发出新的特色，新的生命力。

七、结　论

明代屯堡古镇贯彻“保护为主、抢救第一、合理利用、传承发展”的理念。坚持历史信息真实性、环境风貌完整性、生产延续性的原则。正确处理好“积极保护”与“适度利

用和传承发展”的关系。通过有效发展措施，形成完善的物质文化遗产、非物质文化遗产保护体系和保护制度，使具有历史、文化和科学价值的文化遗产得到有效保护和适度利用。明代天龙屯堡古镇的保护和利用，应该切实加大古屯堡保护力度，推进古屯堡合理适度利用，努力走出一条符合地方区域的古屯堡保护利用之路。对待古屯堡，保护与利用其实并不矛盾，关键在于找到二者的平衡点，实现保护与利用相统一。天龙屯堡控保建筑价值回归性开发与利用，必须进行天龙屯堡古镇控保建筑保护与利用研究，具体包括：屯堡古镇控保建筑保护的历史背景与基础；屯堡古镇控保建筑现状调查与分析；屯堡古镇控保建筑保护与利用的实践；控保建筑保护与利用中估值探究；控保建筑价值回归性开发与利用的考虑。文化遗产的保护与利用已经成为一个关系到国计民生的社会热点问题。屯堡明代古镇屯堡进行全面的摸底调查，充分考虑物质和非物质文化遗产双方面加以筛选，以便保护住。我们应该以深入的理论分析和扎实的实地调研为基础，从文化遗产的概念、文化遗产保护的轻与重、文化遗产与文化产业、文化遗产在社会发展中的定位、文化遗产保护的法律问题、文化遗产与人民美好生活的关系等角度探讨当前屯堡古镇文化遗产保护和利用中存在的主要问题，并提出了建设性的意见和建议。屯堡古镇绝不仅仅是个建筑景观，那里有我们中华民族对传统家园的精神需要，是根性的、母体的需要。对于屯堡古镇传统镇落保护工作，立档调查是至关重要的第一步，但最终的问题还是要留得住人，如果没有人住，镇规、民俗、镇里的历史记忆就将消失，“乡愁”也就不复存在。发展屯堡不是乱拆乱建，而是在原有的基础上进行文化发掘，留住屯堡的文化之魂，也就留住了乡愁，文化是屯堡发展的原动力。以此振兴乡镇文化，实现美好生活。

明代移民文化的历史表述与研究可能
——以屯堡文化的形成与演变为例

黄　铮

（日本立命馆大学文学研究科）

随着近年来我国历史学界的发展，国际化研究视点与跨学科、跨领域研究样式的不断推进，对于地方性历史问题的研究，早已挣脱传统地方史的研究范围与定义。通过发掘更为丰富的史料类型，利用更为宏观的史学研究视点，将地方史研究作为类型研究的一个突破口，用以解构时代性、阶段性的历史问题。在具体研究的展开过程中，地方性历史本身所具有的多样性可能、时代性演变，往往不被作为研究的重点去进行更为深入的分析与挖掘。随着20世纪80年代，以新历史主义为代表的历史学研究新视点的勃兴，历史研究的发展进入了新的领域。诸多历史学者开始对历史发展的客观规律，与作为历史载体的人的主观能动性研究与历史叙事本身的时代性，进行全面的分析与研究；并以此为基础，建立较为完善的历史语境，逐渐成了历史研究的主流方向之一。在具体的研究实际中，构建历史语境的前提是要选取满足历史研究的时间性与空间性双重需求的研究主体；并以此作为坐标点，对于以时间性划分的纵轴与空间性划分的横轴作双向延长；最后再以历史哲学的视角，用历史发展的客观规律作为贯穿坐标系的线索轴，得到一个三维立体的历史语境。综上所述，作为构建历史语境原点的研究主体，简而言之，是处于历史发展的时间节点；同时还需拥有其所在时间节点中的空间代表性的某个具体的历史载体。因其研究的跨度与史料整理、收集上所面临的实际问题；阶段的研究中，其研究物的选择还需考虑到其研究物所具备的特殊代表性与研究素材的可挖掘性。而对于地方性历史所具有的历史性遗存，与所蕴含的丰富素材进行深入的分析与挖掘，则是解决上述问题的最佳途径之一。

在历史研究之中，若以历史学的研究价值作为衡量标准，其最具研究价值的时间节点，应是为整体社会文化思想产生了剧烈变革的历史“临界期”或“转换期”。通过上述历史时期的发展与演变，最终促成了社会文明的进步与民族之间的融合；由此之中，可以更为明确地把握住历史发展的客观规律与其脉络。而在对于“临界期”的研究中，离研究者所处世代越近的“临界期”，越是能带给研究者更多的历史研究价值。因在对相距较近的时期研究中，其史料的收集和可以利用的研究方法（例如，口述历史研究方法）相对较为丰富与容易；在相对较远时期的研究中，则对于史料的整理、利用，先辈之学者或多以穷尽，于今来看多有管中窥豹，不得其全之感，在此之上若想再做突破，其难度可想而知；即便偶有所得，亦难免陷于前人桎梏之中。而作为中国历史所存在的最后一个以汉民族为主体构成的明王朝，在其建立之初、社会主导群体更替的历史时期，是拥有极为深刻的研究价值与意义的。在对于此历史时期所进行的研究中，如何对于明王朝对边、对外的王化过程，文化与思想的传播做出翔实的考证，进而给予其准确的历史定义，是此类研究中最具时代代表性的核心问题之一。

在上述历史时期之中，其于历史空间性上最为引人注目的历史问题，当为明朝开国以来，持续不断地人口迁移。明代的人口迁移有别于其他历史时期之处，在于其人口移动的主导因素、迁徙过程、人员构成以及其最终对于整个中华文明圈思想文化的深层次影响，都是极具特殊性的。若能在此历史时期中，以某个同时具有时间性和空间性研究可能的地方性历史载体为研究主体，并以此作为坐标原点做出具体的研究尝试，则可建立出一个相对较为完善的历史语境框架。在此历史语境框架之中，利用不同学科与领域的研究方法，沿着历史发展的客观脉络进行重塑，则可进一步对存在于中国历史发展中的客观规律加以判明。

以上述研究要件作为判断基准，近年来受到颇多学界关注、具有极强历史特性遗存的贵州安顺屯堡文化，正是具备上述研究要件的研究载体之一。本文以安顺屯堡的文化作为研究主体，对于其在构筑历史语境上的可能性，进行探索与阐述。

首先，是对于屯堡文化所具有的历史性进行分析。从宏观历史的角度而言，明朝初年在结束异民族统治、重新构建新的内部与外部秩序之时，对于文化的输出有着极为迫切的统治需求。上述统治需求除却外交、军事的主体性政府行为得以表现以外，以移民、迁民为主体的人口流动等行为，在此过程中也占据了极为重要的位置。而这样的人口流动之所以能对某一区域、某一地域造成深远的影响，其本身的过程一定是一种长期持续性的流动过程，绝不会是一次成型的。在以往对于“屯堡人”及屯堡文化的研究中，学界多着眼于对于其族群原始构成，即明初期军卫移民进行定义化、概念化研究，将屯堡文化定位于“孤岛文化”[1]现象。但若以系统的、宏观的视角来重新审视，其在演变与发展的过程中，与中原文化主体的依存关系是一直持续存在着的；并不满足完全意义上的孤岛文化（Cultural Island）之定义。例如，从作为文化的体现主体——“屯堡人”的构成来看，在排除了“屯堡人”的组成主体源于北方游牧民族[2]可能性的先决条件下，“屯堡人”的族群主体构成为江南地域，已成为学界普遍认可的共识。[3]在对于其构成的来由

[1] 袁少芬：《汉族“孤岛文化”现象探析》，《袁少芬集》，北京：线装书局，2012年，第63-70页。

[2] 陈训明：《安顺屯堡人主体由来新探》，《贵州社会科学》，2002年第5期，第97-102页。

[3] 蒋立松：《从汪公等民间信仰看屯堡人的主体来源》，《贵州民族研究》，2004年第1期，第45-50页。

和成因有着很多不同的释读与理解，如翁家烈[1]、周耀明[2]、古永济[3]、吴斌[4]等学者，都在各自的研究中，分别依据史实提出了不同的研究思考；其中具有启发性意义的是周耀明的《族群岛——屯堡人的文化策略》一文。周氏文中对于"屯堡人"的构成主体是否由明朝卫堡屯军后裔组成产生了质疑，并举出了史料以证明在明代是有大规模戎戍边卒逃亡的记录，进而从实地调查的结论出发，认为所谓"屯堡人"是在明初"征南"屯军的基础上，汇集了此后因"填南"和其他移民方式进入屯堡范围的汉族居民所逐渐形成的。周氏所提出的观点和研究，触及了一个颇为紧要的问题：即在对于"族群"化移民群体的形成演变中，不能忽略其形成与发展的过程。这个过程的流变与最终的概念性定义形成之间，有着时间与空间的双向性。所以在对于"屯堡人"构成的考察中，除了应对其由外而内过程的演变进行调查分析以外；对于其由内向外的人口变动情况的分析判别，则是更应加以重视的。如史料所载：

行在兵部右侍郎王骥言……贵州、广西二都司所辖卫所军多逃亡。有至二十年不还者，都司亦不循例以户丁补役，致使部伍久虚，调用不足。……[5]

而在过了34年后的成化六年（1470年）八月，巡抚贵州右副都御史秦敬的奏疏中又有：

贵州旧设二十卫所，军十四万五千四百有奇。今除屯田之外，守城支粮者仅万五千人，后因减其月粮，逃亡愈多。[6]

面对上述两条史料，不能将其只作为"屯堡人"构成主体结构发生变化的单纯性历史证据，应当在此基础上，深度挖掘其内在根源及演变。如从法令政策上来看，《大明律·兵律·军政》中有载：

凡军官，军人从军征讨私逃还家，及逃往他所者，初犯杖一百，仍发出征，再犯者，绞；知情窝藏者，杖一百充军；里长知而不首者，杖一百。若军还而先归者，减五等；因而在逃者杖八十。若在京各卫军人在逃者，初犯杖九十，发附近卫分充军；各处守御城池军人在逃者，初犯杖八十，仍发本卫充军；再犯并杖一百，俱发边远充军；三犯者，绞。知情窝藏者与犯人同罪，罪止杖一百，充军；里长知而不首者，各减二等；本管头目知情故纵者，各与同罪，罪止杖一百。罢职充军，其在逃官军，一百日内能自出官首

---

[1] 翁家烈：《屯堡文化研究》，《贵州民族研究》，2001年第4期，第68-78页。

[2] 周耀明：《族群岛——屯堡人的文化策略》，《广西民族学院学报（哲学社会科学版）》，2002年第2期，第46-50页。

[3] 古永继：《从明代滇、黔移民特点比较看贵州屯堡文化形成的原因》，《贵州民族研究》，2006年第2期，第56-62页。

[4] 吴斌：《试析明代贵州军屯及屯堡人的形成》，《贵州社会科学》，2008年第10期，第129-132页。

[5] 《明宣宗实录》卷一〇四，宣德八年八月己亥条，台北：台湾"中研院"历史语言研究所，1962年，第2331-2332页。

[6] 《明宪宗实录》卷八二，成化六年八月丁未条，台北：台湾"中研院"历史语言研究所，1962年，第1594页。

告者，免罪；若在限外自首者，减罪二等，但于随处官司首告者，皆得准理。

若各卫军人转投别卫充军者，同逃军论。

其亲管头目，不行用心钤束，致有军人在逃。小旗名下逃去五名者，降充军人；总旗名下逃去二十五名者，降充小旗；百户名下逃去一十名者，减俸一石，二十名者，减俸二石，三十名者，减俸三石，四十名者，减俸四石，逃至五十名者，追夺降充总旗；千户名下，逃去一百名者，减俸一石，二百名者，减俸二石，三百名者，减俸三石，四百名者，减俸四石，逃至五百名者，降充百户。其管军多者验数折算，减降不及数者，不坐。若有病亡残疾提拔等项事故者，不在此限。[1]

明代法令之中，对于逃亡军士惩处是极为严格的。如真像上文所举两条奏称所述，从明初到宣成年间，贵州军屯官兵在如此刑罚制度之下，尚逃亡大半，那么不禁让人会产生如下疑问：第一，除却政治与军事行动等原因外，在明初到宣成年间，在贵州军屯究竟发生了什么，导致了军士的大规模出逃；第二，如此大规模的出逃，这些逃逸的军士究竟流散到了哪里；第三，如果出逃真实存在，那么是否表明在宣成年间，原本的贵州屯军军户已经流散迁移得所剩无几了？以上述三个问题为基础进行分析，无论答案如何，至少可以得出以下结论：其一，在明初到宣成年间，贵州军屯的人口主体结构发生过大的改变；其二，无论这些逃逸的军士流散到哪里，对于社会文化本体来说，都是起到了一种沟通和流动的作用的；其三，现存及后世“屯堡人”的始于洪武年间的传承谱系，其中或许多有托名假借的情况存在。那么若以上述结论重新审视屯堡文化，其保留至今的文化传承与诸多习俗，是否并不能看作是文化或者文明的绝对孤立遗存？屯堡文化传承至今是有着一次或者多次的反复融合，是跟外部文化有过对话和交流过程的。经过这样的传承过程之后所遗留的文化印记，其本身并非单一的历史性、时代性的依附于“屯堡人”这一载体的，而是糅杂了更多的社会性、空间性因素在其中。

以上述论点为基础，进而来讨论屯堡文化在形成确立以后，其所有的空间性历史特点。前文曾提到，在历史研究中最为重要和拥有研究价值的，当属历史发展过程中的“临界期”。而若以明初作为屯堡文化形成和确立的起点来进行讨论的话，那么在其形成立以后，最为关键的历史时间节点应为明末清初时期。在这一历史节点上，“屯堡人”的构成和组织结构一定进行了重要的重组和融合。在明清易鼎之际，屯堡的人口结构发生了根本性的变化，如平卫坝人口从五千四百户，锐减至康熙二年的一百八十四户。[2]而周继明在对于“屯堡人”构成的实地调查研究中也证明了这一点。在此研究中，他通过对“屯堡人”进入本寨的方式进行调查分析：如安顺市七眼桥镇之本寨总有 213 户，其为主的金、杨、王三姓，皆为清中期通过土地买卖而迁入的。虽然他们的文化表现已与“屯

[1] ［明］刘惟谦:《大明律集解附例》卷一四“军政”从征守御官军逃条，修订法律馆，1908 年，第 46-48 页。
[2] 唐莫尧:《贵州文史论考》，贵阳：贵州教育出版社，2000 年，第 171 页。

堡人”趋同，但其仍被周围的“屯堡人”称为“客民”，以示区分。

综上所述，在对于屯堡文化的研究中，若将其作为研究主体置于历史语境的构架研究之中，将其所拥有的历史特性加以深度挖掘与分析；并在此基础上，对其所处的历史时代性、空间性问题加以考察，则对于屯堡文化的研究价值与意义都可能会有较大的提升。本文作为一种对于屯堡文化研究的尝试，在很多具体问题上还有待进一步的挖掘和实地的调查，但屯堡文化所蕴含的丰富的历史研究价值则是值得更为广泛地关注和探讨的。

明初中原移民及其影响述论*

赵长贵

（河南大学）

农业是封建经济的基础，其兴废关乎一个封建王朝的盛衰存亡。元明鼎革后，为迅速改变中原社会经济残破的局面，巩固新政权，明王朝将恢复发展这一带的农业生产放在极其重要的位置。而在古代，农业发展离不开充足的劳动力。因此，明王朝为增加中原的人口采取了诸多举措。因移民能够在短期内使人口大幅度增加，故而，明廷很重视向这一带移民。学界对中原移民之因、移民过程中的分姓现象等问题进行了深入探讨，研究成果颇为丰硕，但对于其影响仍留有不小的探究余地。[1]因此，笔者不揣简陋，试就明初中原移民再加探讨，以就教于方家。

一、明初中原之颓状

元末，中原多自然灾害和战乱，尤其是元朝灭亡的前几年，更是无年不灾，破坏巨大。如至顺元年（1330年），“汴梁、怀庆、彰德、大名、兴和、卫辉、顺德、归德及高唐、泰安、徐、邳、曹、冠等州饥民有676 000户，1 012 000余人。”[2]至顺四年（1333年）六月，黄河大溢，河南发生水灾，“民大饥”[3]。至正十二年（1352年），河北大名路开州、滑州、浚州和元城等11个县，“水、旱、虫、蝗”，饥民有716 980人。[4]《元史》载，从至正元年到二十六年（1341—1366年）的25年间，仅河南即发生水灾12次，“淫雨害稼”11次，旱灾8次，蝗灾6次。[5]

中原“中下而立，以经营四方”，向为兵家必争的“四战之地”，“当取天下之日，

* 基金项目：本文系2016年度河南省哲学社会科学规划项目“清代民国河南生态环境变迁及其社会应对研究”（2016BLS003）和教育部人文社科重点研究基地重大项目“明清以来黄河中下游农耕社会转型的历史经验研究”（16JJD770020）的阶段性成果。

❶ 王兴亚：《明初迁山西民到河南考述》，《史学月刊》，1984年第4期，第38-46页；王兴亚：《明初山西向河南迁民始末》，《中州今古》，1984年第5期；李永芳、周楠：《明初洪洞移民在河南的历史考察》，《商丘师范学院学报》，2004年第4期，第83-87页；李留文：《宗族大众化与洪洞移民的传说——以怀庆府为中心》，《北方论丛》，2005年第6期，第90-96页；申红星：《明代宁山卫的军户与宗族》，《史学月刊》，2008年第3期，第112-119页等。

❷［明］宋濂等：《元史》卷三四《文宗本纪三》，北京：中华书局，2000年，第756页。

❸［明］宋濂等：《元史》卷三八《顺帝本纪一》，北京：中华书局，2000年，第817页。

❹［明］宋濂等：《元史》卷四二《顺帝本纪五》，北京：中华书局，2000年，第900页。

❺［明］宋濂等：《元史》卷五一《五行志下》，北京：中华书局，2000年，第1094-1096页。

河南在所必争”[1]。元末起义爆发后，中原既是红巾军与元军厮杀的主战场，又是明军与元军争夺的主要地区。如至正十八年（1358 年）七月，周全据怀庆路叛附刘福通，杀盘子城守将伯帖木耳，“遂尽驱怀庆民渡河，入汴梁”，境内人口为之一空。河内县则至少发生了 7 次战争。[2] 战乱使中原遭到严重摧残。

明初，中原地荒人稀。洪武元年（1368 年）闰七月初，大将军徐达北伐，“徇取河北州县”，即目睹从开封到黄河以北，因兵革连年，沿途“人烟断绝”[3]。洪武初，洧川县，“百姓流移，存者十二三，郊原旷野，鞠为茂草”[4]；延津县，“籍民占田，而土著止数十家”[5]；获嘉县，值“中原新定，城社未立，户口土著不满百，闾井萧然”[6]；彰德府，“民无耒耜以耕，且乏食”[7]。据统计，洪武十四年（1381 年），河南布政司有 314 895 户，1 891 087 人，每平方千米平均为 12.85 人。洪武二十四年（1391 年），河南所辖 7 府 12 州 88 县中，有 13 个州县的户数都在 1001 户之下。新蔡县有 409 户，2513 人；考城县有 423 户，2682 人；胙城县有 483 户，3039 人；宁陵县有 489 户，4801 人。[8]

明初，对于中原人稀地荒，明统治者忧心如焚。都督府左断事高巍即奏称：“臣观河南、山东、北平数千里沃壤之土，自兵燹以来，尽化为蓁莽之墟，土著之民游离，军伍百不存一。地广民稀，开辟之无方，展转于臣心久矣。”[9] 明太祖亦然，洪武元年（1368 年）十二月二十三日，他对赴任的开封府知府宋冕说：

今丧乱之后，中原草莽，人民稀少。所谓田野辟，户口增，此正中原今日之急务，若江南，则无此旷土流民矣！汝往治郡，务在安辑民人，劝课农桑，以求实效，勿学迂儒，但能谈论而已。[10]

直至洪武十八年（1385 年）十一月七日，明太祖还说：“中原诸州，元季战争受祸最惨，积骸成丘，居民鲜少。”[11] 中原的人口锐减，劳动力奇缺，使大片土地荒芜，农业生产遭到严重破坏。明王朝建立 20 多年后，其颓状还无明显改观。如邓州，“民流城破，阖境数百里，草昧于荆棘者二十余年”[12]。洪武二十一年（1388 年）八月八日，户部郎中刘

---

[1] ［清］顾祖禹：《读史方舆纪要》卷四六《河南》及《河南方舆纪要序》，康熙年间刻本。

[2] （道光）《河内县志》卷四《记事沿革表》，道光五年刻本。

[3] 《明太祖实录》卷三三，洪武元年闰七月庚子，台北：台湾“中研院”历史语言研究所，1962 年。

[4] （嘉庆）《洧川县志》卷四《职官志·宦迹知县》，嘉庆二十三年刻本。

[5] ［明］屈可伸：《重修大觉寺记》，（康熙）《延津县志》卷九，康熙四十一年刻本。

[6] （乾隆）《获嘉县志》卷一二《循吏·熊邦基》，乾隆二十一年刊本。

[7] （嘉靖）《彰德府志》卷五《官师志·周敏》，嘉靖年间刻本。

[8] （成化）《河南总志》卷九《户口》，成化二十二年刻本。

[9] ［明］屠叔方：《建文朝野汇编》卷一七《参军断事高巍》，《四库全书存目丛书》史部第 51 册，济南：齐鲁书社，1996 年，第 345-346 页。

[10] 《明太祖实录》卷三七，洪武元年十二月辛卯，台北：台湾“中研院”历史语言研究所，1962 年。

[11] 《明太祖实录》卷一七六，洪武十八年十一月乙亥，台北：台湾“中研院”历史语言研究所，1962 年。

[12] （嘉靖）《邓州志》卷一一《陂堰志》，嘉靖四十三年刻本。

九皋也说，中原“田多荒芜，居民鲜少”[1]。

中原人口稀少，不仅妨碍社会经济的恢复与发展，严重影响明廷的财赋、差徭和兵员，而且由此引发的社会不稳也不利于明王朝在当地的统治。为改变中原的残破面貌，明政府大力发展社会经济，非常重视发展农业生产，增加这一带的人口。

二、明初的中原移民

中原沃野千里，具有良好的农耕条件，其经济发展和社会安定与否很大程度上关系着新政权的巩固。元明鼎革后，明统治者采取了许多措施稳定这一带的社会秩序，恢复发展社会经济。而农业是封建经济的基础，从一定程度上讲，封建经济就是农业经济。因此，明政府非常重视中原的农业生产恢复和人口增长。诚如明太祖所言：“田野辟，户口增，此正中原今日之急务”[2]。为实现此目标，明政府大力鼓励垦荒。洪武初，明廷规定因兵燹遗下的荒田，他人垦熟即归其所有，原田主归来，“有司于附近荒田拨补”。各处荒田，许诸人开垦，永为已业，“俱免杂泛差科，三年后并依民田起科税粮”。洪武三年（1370 年），命募人开垦北方府县的近城荒地，每户 15 亩，又给 2 亩种菜。有余力者，不限数量，皆免三年租税。洪武十三年（1380 年），诏令陕西、河南、山东、北平等布政司，“民间田土，许尽力开垦，有司毋得起科”[3]。

为推动农业生产，明太祖还制定《教民榜文》：

一、河南、山东农民中有等懒惰不肯勤务农业，以致衣食不给，朝廷已尝差人督并耕种。今出号令，此后止是各该里分老人劝督，每村置鼓一面。

二、凡遇农种时月，五更老人擂鼓，众人闻鼓下田，该管老人点闸。若有懒惰不下田者，许老人责决，务要严切，督并见丁着业，毋容惰夫游食。若是老人不肯勤督，农民穷窘为非，犯法到官，本乡老人有罪。

三、如今天下太平，百姓除本分纳粮当差之外，别无差遣。各宜用心生理，以足衣食。每户务要照依号令，如法栽种桑株、枣、柿……里甲老人如常提督点视，敢有违者，家迁化外。[4]

《教民榜文》详细规定了各村老人劝督农民从事农业生产的职责，后者违反，老人也要受连累，以切身利害提高其督导农民务农的积极性。明太祖又“以中原田多芜，命省臣议计民授田，设司农司，开治河南掌其事”[5]，特意将司农司的治所设在河南。可见，明

[1] 《明太祖实录》卷一九三，洪武二十一年八月癸丑，台北：台湾“中研院”历史语言研究所，1962 年。

[2] 《明太祖实录》卷三七，洪武元年十二月辛卯，台北：台湾“中研院”历史语言研究所，1962 年。

[3] （正德）《明会典》卷一九《户部四・事例》，《景印文渊阁四库全书》第617册，台北：台湾“商务印书馆”，1986 年，第 227 页。

[4] （正德）《明会典》卷一九《户部四・教民榜文》，《景印文渊阁四库全书》第617册，台北：台湾“商务印书馆”，1986 年，第 235-236 页。

[5] ［清］张廷玉等撰：《明史》卷七七《食货志一・田制》，北京：中华书局，1974 年，第 1882 页。

太祖对中原农业发展的重视确实非同一般。

劳动力是垦荒的必要条件之一，中原人烟稀少，劳动力缺乏，严重制约中原垦荒。而繁衍人口待其长大需要一定时间，这不以人的意志为转移。为加快中原的土地开发，许多大臣遂建议从周边地区移民垦荒。洪武三年（1370年）三月五日，郑州知州苏琦即指出：

若不设法招徕耕种以实中原，虑恐日久国用虚竭。为今之计，莫若计复业之民垦田外，其余荒芜土田，宜责之守令召诱流移未入籍之民，官给牛种，及时播种。除官种外，与之置仓中分收受，若遇水旱灾伤，踏验优免，其守令正官召诱户口有增，开田有成，从巡历御史按察司申举。若田不加辟，民不加多，则核其罪。如此，则中原渐致殷实，少苏转运之劳，流移之民亦得以永安田野矣。❶

苏琦将中原农业的恢复发展上升到可以"少苏转运之劳"，避免"日久国用虚竭"的高度，并提出开发中原的具体措施。这深深打动了明太祖，他立即指示中书省说："琦言有可采者，其参酌行之。"❷洪武十三年（1380年），大臣杜彦良也奏道：

中原为天下腹心，号膏腴之地，因人力不至，久致荒芜。近虽令诸郡屯种，垦辟未广，莫若于四方地瘠民贫、户口众多之处，令有司募民开耕。愿应募者，资以物力，宽其徭赋，使之乐于趋事。及犯罪者，亦谪之屯田。使荒闲之田无不农桑，三五年间，中州富庶，财用丰足矣。❸

杜氏主张用"资以物力，宽其徭赋"的优惠吸引百姓垦荒，以罪犯"谪之屯田"，以尽快改变这一带人少地荒的状况，这是非常情况下的无奈之举。

为在短期内增加中原的劳动力，明政府遂向这一带大规模移民。而元末明初，"形势最为顽固"❹的山西虽然也遭到战争和自然灾害破坏，但并没有中原严重，后来，明军进入山西又带来大量军卫移民。因此，当地的人地矛盾愈加突出。据统计，山西的面积比河南少600多平方千米。洪武十四年（1381年），山西有596 240户，4 030 454人。而河南仅有314 785户，1 891 087人，前者比后者多281 455户，2 139 367人，是其近2倍。❺随着经济恢复和人口增长，许多地区更是"民稠生计难"。尤其是泽州府和潞安府，人地矛盾更为突出。诚如洪武二十二年（1389年）四月户部尚书杨靖所言："泽、潞百姓，衣食不足。"❻这些无地少地者渴望获得土地以维持生计。而中原地旷人稀，为他们提供了良机。

❶《明太祖实录》卷五〇，洪武三年三月丁酉，台北：台湾"中研院"历史语言研究所，1962年。
❷《明太祖实录》卷五〇，洪武三年三月丁酉，台北：台湾"中研院"历史语言研究所，1962年。
❸ 桂彦良：《太平治要十二条》，《皇明名臣经济录》卷一《开国》，嘉靖二十七年刻本。
❹［清］顾祖禹：《读史方舆纪要》卷三八《山西方舆纪要序》，康熙年间刻本。
❺《明太祖实录》卷一四〇，洪武十四年十二月，台北：台湾"中研院"历史语言研究所，1962年。
❻《明太祖实录》卷一九六，洪武二十二年四月己亥，台北：台湾"中研院"历史语言研究所，1962年。

明初，为发展中原经济，增加赋税，明政府将山西等地多余的人口迁至河南等地广人稀处。所谓中原“户口凋耗，闾里数空，诸州县颇徙山西泽、潞之民填实之。……及浚、滑、内黄、东明之间”❶。洪武元年（1368年）八月十五日，明太祖“命徙北平民于北京”❷。洪武三年（1370年），迁山西洪洞县的缺田农民于豫北孟县。❸次年，又迁山西百姓往钧州等处。❹

而短期内中原的劳动力增长并不理想，荒田仍然很多。洪武十八年（1385年），前军都督府参军左断事高巍遂针对此种情况献策道：

一、垦荒田。……臣观河南、山东、北平数千里沃壤之土，自兵燹以来，尽化为蓁莽之墟，土著之民流离，军伍百不存一。地广民稀，开辟之无方，展转于臣心久矣。今欲变旷野为沃土，臣有三策焉。一则当下明诏颁告邻境布政司，末役游食之民示以开垦之田，各取地方顺便两处，有司各立文簿，去者审其所往，来者根其所从，官给子种牛只，蠲免三年之税，使之尽力开垦，此一法也；二则凡官吏军民人等全家迁发化外者，不必照依荒田去处，限以亩数，使之自备牛只子种，料时科征，此又一法也；三则我国家承平日久，干戈无黩武之劳，走马有粪车之用，当广设屯所，使之三时务农，一时讲武。又当内立司农之官，外设田畯之属，使之巡行郊野，督责劝勉。始见四野无旷土之讥，平畴有多稼之美矣。

二、抑末役。今天下之人民务本者少，逐末者多……今欲使逐末之务本，荒田之尽辟，当轻税粮以恤农民，重税课以抑商贾。如此，不迟三五年间，末役游食之民不待督责劝勉，自转延于南亩矣。❺

高氏除主张通过招民开荒，让犯人垦种和实行军屯三条途径来促进中原的土地垦辟外，还力主“轻税粮以恤农民，重税课以抑商贾”以促进农业发展。显然，其主张较前揭官员的建议又前进了一步。

为加快移民的进度，尽快增加中原的劳动力，洪武二十一年（1388年）八月八日，户部郎中刘九皋献计道：

古者狭乡之民迁于宽乡，盖欲地不失利，民有恒业。今河北（即黄河以北—引者）诸处，自兵后田多荒芜，居民鲜少。山东、西之民，自入国朝，生齿日繁，宜令分丁徙

---

❶ ［清］顾炎武：《天下郡国利病书·北直隶上·田赋志》，清稿本。

❷ 《明通鉴》卷一《太祖高皇帝纪一》，同治年间刻本。按，此时“北京”指“汴梁”即河南开封。

❸ （民国）《孟县志》卷四《大事记》，民国二十二年刻本。

❹ （民国）《禹县志》卷二《大事记中》，民国二十年刻本。

❺ ［明］屠叔方：《建文朝野汇编》卷一七《参军断事高巍》，《四库全书存目丛书》史部第51册，济南：齐鲁书社，1996年，第345-346页。

居宽闲之地开种田亩。如此，则国赋增而民生遂矣。❶

刘氏建议从晋、鲁二省迁民充实中原，以短期内大量增加这一带人口，这不失为解决中原劳力奇缺的捷径。当日，明太祖基本采纳了其建议，指示户部侍郎杨靖说："山东地广，民不必迁，山西民众，宜如其言。"于是迁山西泽州、潞州的无田百姓往"彰德、真定、临清、归德、太康诸处闲旷之地，令自便置屯耕种"，免赋役 3 年，户给钞 20 锭以备农具。❷

此后，中原的移民加速，洪武二十二年（1389 年）九月，后军都督朱荣称，徙居大名、广平、东昌三府的山西贫民，共给田地 26 072 顷。❸明政府对移民实行"民屯"的形式，大力扶助。这对缺地的贫民极具吸引力，以致有人自愿到中原垦荒。此月，山西沁州百姓张从整等 116 户自愿应募屯田。明太祖命赏他们钞锭，送后军都督佥事徐礼分以田地，仍令其回沁州召募居民。❹十一月，他认为河南彰德、卫辉、归德和山东临清、东昌诸处，"民少而遗地利，山西民众而地狭，故多贫"，命后军都督佥事李恪等前往山西，劝百姓来这一带定居垦种，"愿徙者验丁给田，其冒名多占者罪之"❺。洪武二十五年（1392 年）十二月，李恪、徐礼称，彰德、卫辉、广平、大名、东昌、开封、怀庆 7 府，共移民 598 户，当年收谷、粟、麦 300 余万石，棉花 11 803 万斤，现种麦苗 12 180 余顷。❻徐氏称 598 户移民耕种 12 180 余顷的麦田及其他田地，在尚无大型农业机械的明代，这显然不可能。有学者认为此处"户"当为"屯"，颇有见地。以每屯 110 户计，598 屯有 65 780 户。可见，中原移民的数量非常大。

永乐初年，因战乱中原人口再次减少，荒田增多。因此，永乐年间，中原继续移民。永乐元年（1403 年）三月十八日，明成祖应地广民稀的河南南阳府裕州官员所请，下令迁地狭民稠的山西泽州、潞州等州县的"无田之家分丁来耕"❼。此年闰十一月，巡按河南监察御史孔复言，今招抚开封等府复业者 302 230 户，1 985 560 人，新垦田 147 358 顷。明成祖指示"有司厚抚绥之，来复业者悉心招抚，新垦田地停征其税"❽。永乐十五年（1417 年），山西平阳府和大同府蔚州、广灵县等地百姓申外山等，因"本处地硗且窄，岁屡不登"，生活困难，自请移民，明政府准许他们分丁于北直隶广平府清河县、真定府冀州和南宫等县屯种。❾

❶《明太祖实录》卷一九三，洪武二十一年八月癸丑，台北：台湾"中研院"历史语言研究所，1962 年。
❷《明太祖实录》卷一九三，洪武二十一年八月癸丑，台北：台湾"中研院"历史语言研究所，1962 年。
❸《明太祖实录》卷一九七，洪武二十二年九月壬申，台北：台湾"中研院"历史语言研究所，1962 年。
❹《明太祖实录》卷一九七，洪武二十二年九月甲戌，台北：台湾"中研院"历史语言研究所，1962 年。
❺《明太祖实录》卷一九八，洪武二十二年十一月丙寅，台北：台湾"中研院"历史语言研究所，1962 年。
❻《明太祖实录》卷二二三，洪武二十五年十二月辛未，台北：台湾"中研院"历史语言研究所，1962 年。
❼《明太宗实录》卷一八，永乐元年三月乙未，台北：台湾"中研院"历史语言研究所，1962 年。
❽《明太宗实录》卷二五，永乐元年闰十一月丁未，台北：台湾"中研院"历史语言研究所，1962 年。
❾《明太宗实录》卷一八八，永乐十五年五月辛丑，台北：台湾"中研院"历史语言研究所，1962 年。

永乐年间向中原移民在许多家谱、墓表等中也有反映。如崇祯时蓟镇参议张斗的墓表载，“其先洪洞人”，永乐初迁温县。[1]新乡县人田芸生所修《田氏族谱》记载：“永乐三年，迁山西洪洞县民实河北，吾田氏自此迁于新”[2]。封丘县《氏族别录》载：“李马台李氏，明永乐四年，有李让者，自晋洪洞迁此。”[3]获嘉县巨柏村《冯氏族谱》记，永乐五年（1407年），其始祖冯三老自山西陵川县南马镇迁来。“子孙有迁居彦当等村，亦有迁新乡永康、宋佛，辉县花木、峪河等村者”[4]。新乡县得山公后裔张缙彦在《先考别驾公行述》中说：“先世家庐太山洪洞下。文皇帝时，移布族以实河朔。有得山公者，择新中之送佛村居焉，人称张二老。……初徙时，予田一区，耒耜井臼皆取办县官”[5]。这里的“河朔”泛指黄河以北地区。密县《平陌乡牛岭村李氏祖谱》云：

吾始祖原生于古晋国之土，现系山西洪洞县大槐树，奉旨勒令迁民，一世祖兄弟三人，于明永乐三年迁居豫，占籍密县袁庄乱石坡村，兄弟三人聚居生活，因条件不佳，人口增多，分居各方，自找生路，依菜园、花牛、大锅三物分为三家，我始祖分得大锅一口，俗曰“大锅李”。平安公携全家老幼，迁居于虎岭村，垦荒为业，后定居于牛岭村。[6]

河南密县嘉庆十年（1805年）修《尧城东街李氏族谱》载：“李氏先世洪洞人也，自永乐年间迁豫，兄弟三人，长居密县，次居洧川，三居新郑”。凡此等等，说明永乐年间继续迁民到中原耕垦，而且移民的数量较多（见表1）。

宣德初年，河南继续移民，但多为自发。宣德三年（1428年）闰四月，行在工部郎中李新自河南还，他说山西流徙至南阳府诸处的饥民有10万多人。明宣宗指示户部和河南官员就地安置这些饥民，“发廪给之，随所至居住”，勿驱逐。[7]宣德五年（1430年），明政府招抚开封等府逃民复业者115 600多户。宣德十年（1435年），时河南复业者5万余户。正统十二年（1447年）五月，河南“稽诸逃民籍”，有20多万户，悉转徙南阳府唐县、邓州等地“群聚谋生”[8]。

---

❶ 侯重喜：《参议张公墓表》，（乾隆）《怀庆府志》卷三一《艺文志》，乾隆五十四年刻本。
❷ （民国）《新乡县续志》卷三《艺文·谱叙·田氏族谱》，民国十二年刊本。
❸ （民国）《封丘县续志》卷四《氏族别录》，民国二十六年铅印本。
❹ （民国）《获嘉县志》卷八《氏族》，民国二十四年铅印本。
❺ ［明］张缙彦：《菉居文集》卷二《先考别驾公行述》，顺治年间刻本。
❻ 中国人民政治协商会议密县委员会文史委员会编：《密县文史资料》第5辑（内部资料），1994年。
❼ 《明宣宗实录》卷四二，宣德三年闰四月甲辰，台北：台湾“中研院”历史语言研究所校印本，1963年。
❽ ［清］张廷玉等撰：《明史》卷一七二《孙原贞传》，北京：中华书局，1974年，第4586页。

表 1　明初南阳府移民简表

迁移时间	迁出地	迁入地	资料来源
明代	山西洪洞	方城	1984年方城博望将军庙《王氏家谱》
洪武元年	山西洪洞大槐树	唐河	1995年南阳唐河桐河镇四平村《惠氏家谱》
洪武二年	山西洪洞县	唐河	1997年南阳唐河桐河镇《申氏族谱》
洪武十四年	山西弘农	唐河	南阳唐河源潭镇券门《杨氏宗谱》
洪武年间	山西	南阳	1998年南阳唐河源潭镇刘家岗《刘氏家谱》
明初	山西洪洞大槐树	南阳	1999年南阳市卧龙区英庄乡贾营村《贾氏宗谱》
永乐二年	山西平阳府	南阳	2000年南阳小店乡《杜氏家谱》
宣德三年	山西曲沃	南阳	1998年南阳石庙潘庄系《潘氏族谱》
成化年间	山西曲沃	镇平	镇平谭寨《谭氏家谱》

资料来源：转自唐智佳:《南阳盆地“洪洞移民”现象考》,《边疆经济与文化》2008 年第 6 期。

此外，明初随卫所设立而来的军户移民也是中原移民的重要群体。洪武六年（1373 年），明廷在怀庆府设怀庆卫，“以广西护卫指挥佥事阎鉴权卫事”❶。不少军户随之而来。如因洪武二十三年（1390 年）怀庆卫前千户所调往卫辉府，本为南直隶如皋人的获嘉县冯位庄始祖冯满，“以宁山卫屯田于获嘉之南阳屯，数世后移居于此，亦有迁别村及外县者”❷。关于中原的军户移民，申红星等学者述之甚详，于此不赘。

客观地说，明初中原移民成效明显。以滑县为例，该县共有高阳乡、仁寿乡、义台乡、太平乡、永宁乡、迁民乡 6 个乡 79 个里，其中的迁民乡由从善里、感化里、麻城里、南张固里、中张固里、北张固里、南路安里、北路安里、南马兰里、迁东阳里、迁神丘里、迁石村里 12 个里组成。❸显然，它们与明初移民有关，以每里 110 户计，当有 1320 户，在全县人口中占很大比重。再如卫辉府汲县郭全屯所立移民碑，也显示中原移民颇具规模，现录其碑文如下：

卫辉府汲县

山西泽州建兴乡大阳都为迁民事 系汲县西城南社双兰屯居住

里长郭全 下户一百一十户

甲首朱五 □大 陈秀 郭大 王九 赵一侯 张□ 吕九 吕八 吕十一 □祥

甲首李□ 陈俊 陈麟 赵诚 牛海 陈五 陈清 朱亨 赵一 黄二 李一

甲首□□ □□ □□ 裴十 张祥 裴小十 刘三 侯□ 刘四 郭□成 赵七

❶《明太祖实录》卷八一，洪武六年四月丁亥，台北：台湾“中研院”历史语言研究所，1962 年。
❷（民国）《获嘉县志》卷八《氏族》，民国二十四年铅印本。
❸（康熙）《滑县志》卷三《建置志 · 里社》，康熙二十五年刻本。

甲首裴小二 刘五 □文 裴十八 □□ 赵二 李保 李二 李三 李十六 李六

甲首李八 李十□ 李□ 李七 张□ 赵□ 段□□ □□川 段□□ □□

甲首赵□□ 都□仓 都□ □□ 都三 都五 □亨 □十三 □□ □二 □十一

甲首何大 □十二 鱼大 鱼十九 □□ □三 □□ 都□ 都□ 都伯□ 都□

甲首都忠 都□□ 卢十三 李□ 李□ 王大□□ 王七 张十八 □□ 史二

甲首□□ 李九 李小二 李□□ 魏和 魏□ 段□□ 王□□ 李亘 李十三 李敬之

甲首李□□ 李□ 李十九 李十五 李岩 李十一 □□ □□ 史十二 □十七 关十四

维大明洪武二十四年仲秋 月 日 碑记

石匠　王恭

碑文详列了一个里的里长、甲首和110户户主的名字。据牛建强先生研究，截至洪武二十八年（1395年）十一月，河南彰德、卫辉、怀庆、开封4府有移民381屯，[1]按以上碑文所示每屯110户计，共有41 910户，以户均3口人的标准保守估计，则移民至少有125 730人（见表2）。

表2　明初河南的部分迁民屯

州县名	屯名	资料来源
内黄县	迁民屯、集凤屯、樊里长屯、刘里长屯、朋固屯、王里长屯	嘉靖《内黄县志》卷一
开州（今濮阳）	阳堽屯、铁石屯、六圈屯、鱼窝屯、阜俗屯、东明屯、东台屯、周家屯、花园屯、戚城屯	嘉靖《开州志》卷一
滑县	张固屯、瓦堽屯、留店屯、石村屯、零河屯、邢村屯、路安屯、神丘屯、马兰屯、东阳屯	正统《大名府志》卷二
浚县	姬文中屯、郭得才屯、宋十五屯、韦志屯、张文中屯、李小二屯、杜宗道屯、王真屯、刘敬先屯、张敬先屯、侯二屯、杨玘屯	正统《大名府志》卷二
长垣县	留村屯、西厢屯、兰堽屯、伯玉屯、裴村屯、兰村屯	正统《大名府志》卷二
胙城县	王排屯、尹大户寨等17个屯寨	顺治《胙城县志》卷一《地理篇·村落》

一言以蔽之，明初，为使中原人增田辟，以恢复社会秩序，促进经济发展，政府多次从人多田少的地方分丁迁往地旷人稀的中原，“移民就宽乡，或召（招）募或罪徙者为民屯，皆领之有司”[2]。分丁的比例是“四口之家留一,六口之家留二,八口之家留三”[3]。大量移民涌入，为中原农业开发提供了大量劳动力，对一带产生了诸多影响。

[1] 牛建强：《明代人口流动与社会变迁》，开封：河南大学出版社，1997年，第28-29页。碑今存河南卫辉市群众艺术馆。

[2] ［清］张廷玉等撰：《明史》卷七七《食货志一·田制》，北京：中华书局，1974年，第1884页。

[3] 县志编委会：《洪洞县志资料丛书：明朝洪洞大槐树处迁民纪略》，洪洞县县志编委会办公室，1980年。

三、移民对中原的影响

明初，中原移民并非简单改变人口的居住地，它对迁出地和迁入地均产生了诸多影响。它有效地缓和了山西等地的人地矛盾，解决了许多贫民的生计问题。如崇祯朝某卫经历王进宇的先人王颜礼，于洪武初自山西洪洞县迁居浚县后咀头村后，"世业农"，至四世王自立时，"勤俭开业，昌大厥家"[1]。再如浚县郭庄村郭氏的先人郭浚迁至泊头村后，"肄业农圃，筑室而居焉"，勤以治家，俭以节用，由是家遂"巨富"[2]。同时，移民也深深影响着中原社会。

1. 增加人口

明初，中原人口稀少。但在大量移民涌入和人口自然增殖加速下，这一带的人口激增。洪武二年，河南有如南阳府裕州，洪武二十四年（1391 年）只有 822 户，4820 人。通过永乐元年迁山西泽、潞民于此后，永乐十年（1412 年）增至 2161 户，12 324 人。21 年间，户数增加 2.62 倍，人口增加 2.56 倍。[3]永乐元年（1403 年）闰十一月，巡按河南监察御史孔复言，今招抚开封等府复业百姓 302 230 户，1 985 560 人。[4]再如，此期豫北卫辉府、怀庆府和彰德府的户口也明显增加（见表 3）。

表 3　明初卫辉府、怀庆府和彰德府户口变化

时间	户/口	卫辉府	怀庆府	彰德府	总计
洪武二十六年（1393年）	户	14 791	31 924	26 032	72 747
	口	100 714	196 690	132 015	429 419
永乐十年（1412年）	户	25 485	38 227	35 030	98 742
	口	162 488	280 018	144 013	586 519

资料来源：成化《河南总志》卷八、卷九、卷十《户口》，成化二十二年刻本。

明初，毗邻山西的豫北三府的户口都有不同程度的增长。自洪武二十六年至永乐十年间，三个府的户数由 72 747 户增加到 98 742 户，增加了 26 005 户，人数由 429 419 口增加到 586 519 口，增加了 157 100 人，年均增长 5.3%。如此高的增长率显然与大量移民涌入相关。而卫辉府所属 6 县的人口增长尤为明显（见表 4）。

[1] 河南浚县黎阳镇后咀头村存《明故卫经历进宇王公墓表碑》。
[2] 河南浚县白寺乡郭庄存康熙三十七年立《郭氏墓碑》；乾隆四十七年十月初一日立《泊头村郭氏坟社序碑》。
[3] （嘉靖）《裕州志》卷三《田赋志·户口》，嘉靖年间刻本。
[4] 《明太宗实录》卷二五，永乐元年闰十一月丁未，台北：台湾"中研院"历史语言研究所，1962 年。

表 4　明初卫辉府户口增长

县名	洪武二十四年（1391年）		永乐十年（1412年）	
	户	口	户	口
辉 县	2393	15 298	6143	38 497
新乡县	4322	27 093	5812	30 723
汲县	1101	6540	4368	19 387
淇县	2811	19 102	3142	20 115
获嘉县	2393	15 298	6143	38 497
胙城县	483	3039	2578	10 603

资料来源：（成化）《河南总志》卷九《卫辉府·户口》，成化二十二年刻本。

自洪武二十四年至永乐十年间，卫辉府由 86 370 人增至 157 822 人，净增 71 452 人，年增 3403 人，增速迅猛，这显然也与大量移民到来有关。明初，重典治国，民风淳朴，吏治较清明，隐漏户口的现象较少，以上的户口统计数据较客观。诚然，此期中原人口增长的原因很多，如明政府鼓励人口增长、妥善安置流民等都是重要的因素，而大量迁民到这一带，无疑是其中的一个重要原因。

2. 利于农业发展

明初，中原“多是无人之地”[1]，劳动力不足使当地的社会经济恢复迟缓。在移民“初徙时，予田一区，耒耜井臼皆取办于官”[2]等优惠条件激励下，大量移民迁入中原，“时世乱田荒，来者皆力农。”[3]他们艰苦创业，垦荒务农，为恢复发展当地农业做出了巨大的贡献。经过长期移民垦荒，这一带的社会状况得到极大改善。如洪武三年（1370 年）熊邦基任卫辉府获嘉县令后，他大力招徕流民，“流民归附，土地垦辟”[4]。洪武四年（1371 年），怀庆府在籍的兵民仅 3 万家。同知郑士原遂“招徕安辑，谕诱有恩，平赋役，简追逮”。三年后，“流逋四归，田野垦辟，户与税增十余倍”[5]。

移民的成绩也得到明政府的肯定。截至洪武二十五年（1392 年）十二月，河南彰德府、卫辉府、开封府和怀庆府，北平广平府和大名府，山东东昌府 7 府，共移民 598 户（当为“屯”），当年收谷、粟、麦 300 余万石，棉花 11 803 000 余斤，现种麦苗 12 180

[1] ［清］顾炎武：《日知录》卷一〇《开垦荒地》，乾隆五十八年刻本。
[2] ［清］张缙彦：《菉居文集》卷二《先考别驾公行述》，顺治年间刻本。
[3] 田芸生：《本支宗谱序》，（民国）《新乡县续志》卷三《艺文·谱叙·田氏族谱》，民国十二年刊本。
[4] （民国）《获嘉县志》卷一二《循吏》，民国二十三年铅印本。
[5] ［明］方孝孺：《逊志斋集》卷二二《郑处士墓碣铭》，四部丛刊影印本。

余顷，明太祖得知后高兴地说："如此十年，吾民之贫者少矣。"[1]洪武二十八年（1395年）十一月，后军都督佥事朱荣言，东昌府等3府屯田，迁民58 124户，收租3 225 980余石，棉花248万斤。右军都督佥事陈春也奏说，开封、彰德、怀庆和卫辉4府共屯田381屯，收租2 333 319石，棉花5 025 500余斤。[2]这些数据表明，洪武年间向中原移民相当多，他们垦田所获谷物、棉花数量巨大，迁民的经济作用明显，促进了中原农业的恢复与发展。

永乐年间，中原移民取得的成绩也很明显。永乐元年（1403年）闰十一月，巡按河南监察御史孔复称，今招抚河南开封等府复业之民302 230户，1 985 560人，新垦田147 358顷。[3]再如裕州的官民田，洪武初，起科者813顷有余，至永乐间，增至1172顷，"仍遗二百余顷俱未起科"[4]。

总之，明初中原移民垦荒的效果显著。据万历《大明会典》载，弘治十五年（1502年），河南布政司有官田3804顷46亩，民田412 295顷22亩有余，共计416 099多顷。[5]其中，有相当部分为移民所垦。大量田地的垦辟为中原农业的恢复发展打下了坚实基础。

3. 影响村庄民俗

元末，战乱和灾荒使中原人口锐减，许多村落成为废墟。如彰德府，因"居冲衢，海内兵作先被荼棘，土著之家十不存一"[6]。明初，随着移民大量涌入，中原出现大量零散居住的移民村落。其中，不少移民村庄是宗族型村落即单一姓氏村落，它们最初由一户居民逐渐发展形成。而多姓村最初由两户以上不同姓氏的移民逐渐发展而来，也有后来移民融入者。

虽然移民被就地编入地方州县，但他们与当地居民不可同日而语。在明政府移民政策和地方乡绅势力影响下，中原移民村落与土著村落在名称、资源分配使用等方面有很大差别。迁民的里大部分称"屯"，而原有的里一般称"社"。所谓村落"凡名屯、寨者，皆明初迁民"[7]。百姓也逐渐有"社民"即土著和"屯民"即移民的分野。二者享有的权利和承担的义务差别明显，"社民先占亩广，屯民新占亩狭，故屯地谓之小亩，社地谓之广亩"[8]。可以说，移民村落的权利和义务是不对等的，一开始就面临着不公平的社会环境。一旦出现土地兼并，他们往往首当其冲，成为受害者，使中原村落进一步分化。移民失去土地成为流民，影响中原乡村的稳定和明朝的统治。

---

[1]《明太祖实录》卷二二三，洪武二十五年十二月辛未，台北：台湾"中研院"历史语言研究所，1962年。
[2]《明太祖实录》卷二四三，洪武二十八年十一月戊寅，台北：台湾"中研院"历史语言研究所，1962年。
[3]《明太宗实录》卷二五，永乐元年闰十一月丁未，台北：台湾"中研院"历史语言研究所，1962年。
[4]（嘉靖）《裕州志》卷三《田赋志·田粮》，嘉靖年间刻本。
[5]（万历）《大明会典》卷一七《户部四·田土》，扬州：广陵古籍刻印社影印本，1998年。
[6]（嘉靖）《彰德府志·崔铣叙》，嘉靖年间刻本。
[7]（顺治）《胙城县志》卷一《村落》，顺治十六年刻本。
[8]［清］张廷玉等撰：《明史》卷七七《食货志一·田制》，北京：中华书局，1974年。

移民也改变了中原部分村庄的名称。移民到来后，一些村落舍弃原村名，而以迁民的姓氏命名。如前揭汲县的双兰屯，自洪武二十四年（1391 年）山西泽州建兴乡大阳都郭全下人户 110 户迁此后，里长是郭全，故更村名为郭全屯。新乡县东 30 里的张八寨，也因明初张八自洪洞迁此而命名。浚县的姬文中屯、郭得才屯、宋十五屯、韦志屯、张文中屯、季小文屯、杜宗道屯、王真屯、刘敬先屯、侯二屯、杨玘屯 11 个村庄，“并系迁民”❶，都以人的姓名命名。这反映了明初迁民对当地社会的重要影响。此种情形所在多有，兹不赘举。

明初，大量移民涌入中原，既增加了这一带的劳动力，带来了各种生产技术，又带来各种习俗，对当地的风俗习惯、社会生活产生了深远影响，使其趋于复杂多元。如清丰县，全县 30 个姓的百姓中有 27 个姓是永乐年间从山西迁来的。❷这些移民必然重塑当地的习俗。中原百姓的宗族意识较强，而大量移民涌入后，这一观念受到巨大冲击。以南阳府为例，明初大量移民落籍后，乡村居民杂姓错落，很少聚族而居。他们“丧乱之余，人鲜知学”❸，崇奉鬼神、尊事佛老，对于祭祀祖先却很冷漠，宗族意识非常淡薄。所谓“今人把自家祖宗、父母都不祭祀，却将外神、他鬼画影图形在家祭献，又去外面享赛某庙某神”❹。正统元年（1436 年），行在工部郎中李新也提到移民对南阳府的影响：

河南南阳府邓州、内乡等州县及附近湖广均州、光化等县，居民鲜少，郊野荒芜。各处客商有自洪武、永乐年间潜居于此娶妻生子、成家业者，丛聚乡村，号为客朋，不当差役，无所钤辖。❺

这些“客朋”来自全国各地，他们带来的种种习俗势必会对“丛聚乡村”产生影响。以裕州而言，大量移民迁入后，“婚聚论财、丧葬佛事者将炽，要亦流移杂居，习俗未泯故”，当地人深受影响，争相效尤。❻关于移民对中原社会习俗的影响，万历年间供职河南的王士性指出：

郡邑无二百年耆旧之家，除缙绅巨室外，民间俱不立祠堂，不置宗谱，争嗣续者，止以殓葬时，作佛超度，所烧瘗纸姓名为质。庶民服制外，同宗不相敦睦，惟以同户当差者为亲。同姓为婚，多不避忌。同宗子姓，有力者蓄之为奴。此皆国初徙民实中州时，各带其五方土俗而来故也。❼

不言而喻，这些随移民进入中原的诸多“五方土俗”，其突出表现就是“不立祠堂”“不置宗谱”“同姓为婚”等，这无疑会对当地原有的宗族观念、风俗习惯、方言等

❶（正统）《大名府志》卷二《坊郭乡镇》，正统十年刻本。
❷（光绪）《清丰县乡土志·下卷》，光绪三十一年刻本。
❸［清］张廷玉等撰:《明史》卷六九《选举志》，北京：中华书局，1974 年。
❹［明］曹端:《曹端集》，北京：中华书局，2003 年。
❺《明英宗实录》卷一六，正统元年四月甲子，台北：台湾“中研院”历史语言研究所，1962 年。
❻（嘉靖）《裕州志》卷一《地理志·风俗》，嘉靖年间刻本。
❼［明］王士性:《广志绎》卷三《江北四省》，北京：中华书局，1981 年，第 230 页。

产生巨大冲击。关于移民对中原方言的影响，裴泽仁等述之甚详，[1]于此不赘。

4. 影响姓氏

为避免若干年后移民宗族势力膨胀危害社会秩序，洪武二年（1369 年），明廷颇具前瞻性地颁布“条款具备，律历森严”的迁民诏书，规定移民“凡同姓者，不准用处一村”[2]，同一移民家的成年男子亦不得迁居一处，未成年者不受此限制。于是，一些移民绞尽脑汁规避此限制，他们常用的办法就是在签派移民时贿赂官吏分姓。据永城《崔谢张陈四姓族谱》载：洪武三年（1370 年）春，始祖金明由山西省洪洞县迁居河南永城县古城村，将 4 子分为崔、谢、张、陈 4 姓，“棋布而居，使之互相友助，出入守望，地等距离，又俨然同一室也”。显然，难以割舍的手足之情是金家分姓的主要原因。

民国二十四年修曹县《长刘庄魏刘氏合谱》，则记述了魏、刘异姓同宗：

予族山西平阳府洪洞县人士，大明洪武二年迁民诏下，条款具备，律历森严，凡同姓者，不准用处一村。始祖兄弟二人，不忍暂离手足之情，无奈改为两姓，铜佛为记，传流至今五百余岁依然相在。兄弟二人，光祖、亮祖，遂迁于曹邑西北四十五里居于程集，生则同居一村，死则同葬一茔（堂兄魏成祖同时先迁至杞县，永乐二年，移迁于考城东北十五里魏楼），时程庄小盗贼为害，不得其安，乃北迁。（刘光祖）二世世保、世忠长徙刘楼，次徙三里长刘庄，（魏亮祖）二世东移居三里魏庄……千万人之身一人之身也。……今刘、魏合谱则尤有说焉。

我们不难发现，明政府同姓同宗不准在一处的移民安置政策，是刘、魏分姓同居一处的根本原因。然而，在移民政策与同宗情结的冲突中，为兼顾二者，确保本地刘、魏后代子孙区别于其他同姓异宗支脉，故以“铜佛为记”，以维系后世同宗情结。此种情形在中原还有很多，难以枚举。这样，在中原许多地方出现了异姓同宗现象。

由上可见，期望手足同聚是异姓同宗的一个重要原因，而明政府不准同姓迁一村的移民分派、安置政策，则是其真正原因。否则，在宗族观念仍很浓厚的明代，移民绝不会有辱祖宗地轻易改姓。在政策与亲情矛盾时，改姓既表面上遵守移民政策，又遂了同姓同宗处一地的心愿，可谓两全其美。

对于不改姓而又有强烈血缘感情的移民而言，临别彼此留下一物，既是维系同宗情感的纽带，也是后世认祖归宗的信物。如偃师、温县、内黄等县牛姓人中流传，永乐年间，牛姓始祖牛川奉命迁往河南时，因子女 18 口不能违反政策同迁一处，料定将来全家难以团聚，又恐日后子孙互不识宗，遂在离别时将一口大锅砸为 18 块，每人持 1 块，以志纪念。并约定，日后遇上牛姓人即问“打锅不打锅？”若答“打锅”者，即为同宗，

[1] 裴泽仁:《明代人口移徙与豫北方言——河南方言的形成（一）》,《中州学刊》，1988年第4期，第102-106页；裴泽仁:《明代流民与豫西方言——河南方言的形成（二）》,《中州学刊》，1990 年第 4 期，第 92-95 页。

[2] 傅辉:《分姓现象与明初华北移民政策关系研究》,《中州学刊》，2007 年第 2 期，第 156-159 页。

否则为旁支。[1]

5. 资源和环境压力增大

中原百姓一向视农田为身家生计之所依，他们“不善经营，别无生财之道，其公私用度，皆藉于地之所产”[2]，农本思想根深蒂固。明初，移民对中原社会经济发展的贡献巨大，但也不可否认，在移民开发农业过程中缺乏统筹安排，随意性很大，而且在明统治者鼓励垦荒政策鼓舞下，片面追求垦田数量。滥垦滥伐使中原大量植被消失，土壤沙碱化、水土流失现象严重，农业生产条件恶化。随着时间流逝，这种恶果越来越明显。如正统十二年（1447年）七月，彰德府磁州有690余顷田地被山水冲塌，“又沙卤、荆棘，不堪耕种”[3]。成化时，阳武县的“征粮田多硝礦、沙压”[4]。弘治十四年（1501年）七月，监察御史顾潜上疏痛陈开封府、卫辉府、彰德府等地，滨河“沙卤地不可耕”[5]。隆庆时，该县“东南则堆沙茅草，又多硝硷，故其田为最下。稼穑物产之歉，莫有甚焉。……开垦者或沙压而尽荒，下垫者或水涝而易硷”[6]。

中原植被尤其是林木减少，大片土地沙化，旱灾又频繁发生，这为飞沙扬尘恶劣天气的出现创造了条件，许多地方频繁出现风沙天气。以开封府通许县言，据嘉靖《通许县志》载：

成化七年三月十六日，晦不见掌，鸡犬皆鸣。人持兵刃，上有火光，抹之即无，摇之复有，雨土没足，凡四日止。弘治三年四月，吹沙昼晦。正德五年十一月十六日，昼晦。十二月六日，晦二昼夜。六年正月十六日，雨土寸余，晨晦至夕。四月八日，飞沙迷空，如红雾，气甚寒。十一月十七日，晦三昼夜。七年五月二日，晦冥寒冽，至十五日乃止。八月一日，晦。八日，大风拔木覆屋，有冻死者。九年三月七日未时，大风自西北来，雨土，晦冥至晓。五月二日酉时，风自东北来，雨霾，灯烛无光，至巳时乃霁。[7]

通许县是明初移民的主要地区，长期滥垦使其土地严重沙化，加之又毗邻黄河，这一带经常出现大风扬沙天气不足为奇。而这只是中原许多地区风沙天气的一个缩影。

总之，明初长期大规模移民，对中原的社会经济、风俗习惯、文化生活、生态环境等皆产生了深远的影响。当然，其影响并不止于以上所列，譬如它对中原社会秩序的冲

---

[1] 《“打锅牛”趣谈》，中国人民政协内黄县委员会等编:《内黄县史志资料选编》第1辑（内部资料），1985年。

[2] ［清］尹会一:《健余奏议》卷二《河南上疏·谨奏为恭奏豫省民俗情形并陈末议仰祈睿鉴事》，乾隆年间刻本。

[3] 《明英宗实录》卷一五六，正统十二年秋七月壬子，台北：台湾“中研院”历史语言研究所，1962年。

[4] （嘉靖）《阳武县志》卷二《田赋第四》，《天一阁明代方志选刊续编》第58册，上海：上海书店，1990年，第880页。

[5] 《明孝宗实录》卷一七六，弘治十四年七月辛未，台北：台湾“中研院”历史语言研究所，1962年。

[6] 吕时中:《黄侯均田记》，（民国）《内黄县志》卷一三《艺文志下·记序》，郑州：中州古籍出版社，1987年。按：黄侯即隆庆年间任内黄县知县的黄克念。

[7] （嘉靖）《通许县志》卷上《祥异》，《天一阁明代方志选刊续编》第58册，上海：上海书店，1990年，第113页。

击，对民族关系的影响，土客矛盾的出现等，囿于篇幅，就不赘述了。

四、结　语

明初，为在短期内增加中原的劳动力，改变当地人稀地荒的状况，明政府鼓励向这一带移民。中原移民的形式多样，有政府组织的，也有自发的，前者居多。这一带移民持续的时间较长，主要集中在洪武、永乐两朝50多年间。一般情况下，政府组织的移民并不是为移而移，而是为了既开垦中原荒地，发展生产，又解决山西等地狭民众之地贫民的生计问题。客观而言，移民调整了中原与周边地区的劳动力分配，既有利于解决山西等地无地少地贫民的生计问题，又向中原输送了急需的劳动力，推广了一些先进的农业生产工具和技术，加快了其经济恢复发展的进程，有利于巩固明政权在这一带的统治。同时，它也促进了地区间的经济文化交流，对中原的风俗习惯、社会生活、生态环境等皆产生了很大影响。

明代河南的军卫移民与文化传播
——以“武职选簿”为中心的考察

彭　勇

（中央民族大学历史文化学院）

人口流动促进了人类文明的发展。移民史历来是学界关注的重点，明代的移民、人口流动和社会变迁，都有较为丰富的研究成果。❶明代军事移民史的研究学者多有涉及，但基于明代军卫移民研究的成果还相当有限。尤其是考虑到明代卫所制度并不仅仅是单纯的军事组织，它在很大程度上还是独立于府、州、县之外的、拥有相对独立管理权的地理单位。建立在军卫基础之上的移民活动，具有人数多、时间长、地域广等特点，需要专文系统探讨。❷本文拟以明代河南的军卫移民为个案，主要利用明代武职选簿这一原始档案材料，参以地方志、官修正史等史料，分析明代军卫移民及其与文化传播的关系。

明代的“河南”，按照当时的组织管理，包括两方面：一是河南布政司所辖府州县的行政系统，二是河南都指挥使司所辖的卫所军政系统，二者共同构成“河南自然境”❸。当然，本文所指的河南，是基于明代河南自然境和今天河南行政区划的双重标准。

一、河南军卫移民群体的形成

明代的卫所制度是建立在世袭制基础之上的，即武官、旗军的身份是世袭的，一旦入卫籍，即很难再脱籍。明代军户的来源，一般包括从征（随朱元璋等诸将起兵）、归附（敌对群雄的降从）、谪发（因罪充军）和垛集（从民户中佥发）四类，前三类指向比较清楚，“垛集”的情况稍显复杂，有垛集、抽充、佥充、报效等形式，是从民户或军余中选充正军。武官袭替、旗军代役，以“嫡长子（男）”为基本原则，一旦在任武官故绝老疾，由本家族内的男性承袭，在役旗军同样需要选替充役人员。所以，朝廷又规定：“军士应起解者，皆佥妻……其册单编造皆有恒式。初定户口、收军、勾清三册”❹。一人

❶　此类成果颇为丰富，如任崇岳：《中原移民简史》，郑州：河南人民出版社，2006年；曹树基：《中国移民史》（第五卷，明时期），福州：福建人民出版社，1997年；牛建强：《明代人口流动与社会变迁》，开封：河南大学出版社，1997年等，在此不一一列举。

❷　如郭红：《明代卫所移民与地域文化的变迁》，《中国历史地理论丛》，2003年第2期，第150-155页；范玉春：《明代广西的军事移民》，《中国边疆史地研究》，1998年第2期。考虑到明代卫所的移民虽以军事而初起，但卫所的非军事（行政管理）职能对移民的影响更大，故本研究以“军卫移民”称之，以别于前代的军事移民。

❸　顾诚：《隐匿的疆土：卫所制度与明帝国》，北京：光明日报出版社，2012年，第48-71页。

❹　［清］张廷玉等撰：《明史》卷九二《兵志四》，北京：中华书局，1974年，第2258页。

为正军在卫所服役，其家庭则有叔伯兄弟甚至邻里等“舍余”或“贴户”为后盾，以补充卫所内官、军的额定人数。对明代军户世袭的研究，于志嘉、梁志胜、张金奎等已进行了专深的研究，兹不赘述。❶

明代的军户细分为官、旗、军三类。武官系统，五军都督府下都司卫所官计有：左右都督、都督同知、都督佥事、都指挥使、都指挥同知、都指挥佥使、指挥使、指挥同知、指挥佥事、正千户、副千户、百户（实授百户、试百户）、卫（所）镇抚等。在实际运作时，又有“署职”，即低一级武官署稍高的职级，如“正千户署指挥佥事”等，使武官的等级更加细化，这也给武官提供了更加漫长的进阶之路。“旗”，虽然仅分为总旗、小旗两种，但却是由“军”的身份向“官”的身份转变的必由之路。普通军人获得战功之后，通过进京“并枪”考核，升为小旗，再立功或年深获得总旗身份，后辈代役时，可承袭“旗”职，但只有从总旗升至试百户之后，才算转为武官的身份。

本文拟重点利用明代武职选簿中的河南籍武官的袭替材料❷，对军卫移民中的武官群体进行分析，以期揭示中原军卫移民群体形成的诸多层面，即居于社会中上层的武官群体，在当时世袭制的大背景下，由于明廷给他们提供了颇为优渥的政治、经济和社会保障条件，使得这一移民群体，不仅可以在异域他乡落地生根、生息繁衍，还能在当地的社会影响和文化传播中，居于优势和主导地位。

史料一：宁夏前卫指挥同知“李堂”条下，李氏系河南确山县人（第56册，第404页）。

一辈李福先，系刘太保下军，甲辰年（1364年）归附从军。洪武四年充小旗，老疾。二辈斌代役，并充总旗。郑村坝升百户。济南升副千户。西水寨升正千户。归附，克金川门。升今卫指挥同知。

史料二：南京锦衣卫指挥使“李继后”条下（第73册，第2页），李氏系河南南阳县人。

（一辈）李岳，洪武三年从军，二十三年升充小旗，二十四年选充总旗。三十二年克□□升本所勇士百户，十二月郑村坝升中左所正千户。三十三年大同升指挥佥事，再升本卫指挥同知。三十四年西水寨升本卫指挥使。（后节次征讨有功）永乐二年，升河南都司都指挥佥事。六年升都指挥同知。八年，故。父李谦九年袭授世袭指挥使。宣德五年升都指挥佥事，十年署左都督府都督佥事。正统五年，故。震袭父原职世袭指挥使。正统九年，迤北进至富峪等处有功回还。本年升都指挥佥事。

❶ 梁志胜：《明代卫所武官世袭制度研究》，北京：中国社会科学出版社，2012年；张金奎：《明代卫所军户研究》，北京：线装书局，2007年。

❷ 这批档案材料汇集中国第一历史档案馆和辽宁省档案馆的明代档案而成，名曰《中国明朝档案总汇》，计101册，由广西师范大学出版社2001年影印出版。本文所使用的武职选簿材料，均出自该书，全文引用时，仅标注册数和页码，不另出注说明。

史料三：四川都司下的成都左护卫右所试百户“赵雄”条下（第57册，第252页），赵氏系河南祥符人。

一辈赵全，吴元年（1367年）归附，洪武十三年调成都护卫。十九年并充小旗，二十七年升调左护卫左所总旗。故，（二辈）赵惠并补老疾，（三辈）赵子进并代。成化九年，松藩别望等族斩首。十三年，升试百户。故，（三辈）赵本，系长男，十七年袭试百户。弘治五年遇例实授成都左护卫右所百户。

史料一和史料二中，确山和南阳的两位李氏，在元末明初，均以军人身份从军，在武官进阶的路上，靠参加“靖难之役”的主要战役及此后的军事活动，一步步从军升旗，再升为世袭武官的。当然，更多的河南武官像“史料三”中赵氏家族，最终也仅仅世袭“试百户”这样的最低级武官，但这已足以让他们的家族在明代二百多年里，世代享受祖先留下的“功业”。明初一大批河南军卫家庭大都经历了类似的晋升之路。

明代的武官制度具有鲜明的移民特色，能对移入地的文化产生重大的影响，就在于武职袭替制度的运行。虽然明初武官在不同的地域（卫所）间频繁调整，不一定能构成移民的性质，但宣德之后，军卫家庭的移居地就固定下来了，军户移民就此形成。

明代武官袭替的基本原则，朱元璋在立国之初即有明确的规定：

凡大小武官亡没，悉令嫡长子孙袭职。有故则次嫡承袭，无次嫡则庶长子孙，无庶长子孙则弟侄应继者袭其职，如无应继弟侄而有妻女家属者，则以本官之俸月给之。其应袭职者，必袭以骑射之艺。如年幼则优以半俸，殁于王事者给全俸，俟长袭职。著为令。[1]

这一法则，在洪武五年（1372年）又加以重申，并载入后来编成的《诸司职掌》《大明律》等国家法律之中，遂成明代二百余年不变的袭替法则。[2]据此规定，武职袭（亡故）、替（老疾）的顺序依次为：嫡长男—嫡长孙—嫡次男—庶长男—庶长孙—亲弟—堂侄—（女婿）。

世袭过程中，如果应袭嫡长子孙尚未成年，则由国家拨全俸或半俸优给（养育）到一定的年龄（十五岁或十六岁），再行出幼袭职。其间，抑或暂由本族内男性借袭世袭，稍后再还职。这样的做法，意在保证卫所武官群体的稳定，也是保证整个家族生活的稳定。

现存的明代武职选簿，是记载武职袭职的官方档案。每一份卫所武官的世袭选簿，都清楚地记录袭替人与原武官之间的血缘关系，对承袭顺序的变更缘由，选簿一定会清晰交代。仍以河南籍武官的选簿为例予以说明。

史料四：贵州都司平越卫指挥使“张衍宗”条下（第60册，第6页），张氏系河南

[1] 《明太祖实录》卷六二，洪武四年三月丁未，台北：台湾“中研院”历史语言研究所校勘本，1962年，第1199页。

[2] 梁志胜：《明代卫所武官世袭制度研究》，北京：中国社会科学出版社，2012年，第108-109页。

长葛人。

（三辈）张麟，年七岁，系（二辈）张振嫡长男……七年迤北征进，与胡寇对敌伤，故。麟于永乐九年，敌于全俸优给，十七年终住支，袭取。十八年三月，钦准袭授本卫世袭指挥佥事。

（四辈）张能，年九岁，系张麟嫡长男。父宣德六年十二月调平越卫，病故。能年幼，于正统六年四月钦与全俸优给出幼。十三年九月，钦准能授平越卫世袭指挥佥事。（五辈）张文。旧选簿查有：成化十六年四月，张文，长葛县人，系平越卫故指挥使张能庶长男。（七辈）张大儒，年二十岁，系平越卫指挥使（六辈）张辅嫡次男，嘉靖七年八月钦准替职。

一辈张聚的后世子孙在世袭之时，分别有以嫡长男、嫡次男、庶长男等三种身份，显然，身份是他们世袭资格的标准，这样的标注是相当重要的。嫡长孙是仅次于嫡长男而世袭的，在武职选簿中出现较多。堂伯、堂侄的血缘关系，虽然显得疏远了一些，但这样的世袭事例在武选簿仍然是较为常见的。

史料五：湖广都司清浪卫左所试百户“胡忠”条下（第63册，第412页）载有：

外黄查有：胡安，固始县人，有父胡得，前元义兵头目，甲辰年（1364年）归附，拨金刚台。丙午（1366年）年，淮河截杀。吴元年（1367年）除大安卫分司千户所镇抚。洪武五年调守延安。七年，调西安左卫，老。安，于十八年替。洪武二十二年，调除清浪卫左所百户。胡添祥，系胡安堂侄，堂伯病故，堂兄胡源袭。故，无儿男，添祥于宣德六年袭。胡勇，系胡添祥嫡长孙，祖故，父胡隆袭，故，勇于成化十二年袭。

为了保证世袭的正常进行，制度的设计与变通就显得特别重要。在这里，世袭已打乱了正常的辈分和年龄，究其原因，既有正常承袭人的“倒病故”原因，也有“故，无儿男”的因素。但胡氏家族从元末明初的归附后，以武功升职，到随后的南征北征，调戍各地，终以武官最低的“试百户”身份，世代袭替至崇祯年间而未中止。

不仅卫所武官家族内世袭时的年龄、辈分可以灵活变通，即便对犯了重罪的武官，明廷也不会轻易剥夺其后世子孙的世袭资格，其原因在于，每一位武官的背后，都有一个家庭，而且可能是一个庞大的家族。这些人早已从河南移居他乡，只有世袭的稳定，才能保证整个家族整体利益的相对稳定。

即便是对犯罪武官后世子孙的世袭，明廷同样有详细的规定，“罚弗及嗣”是基本的原则，即武官一人有罪，不累及子孙的世袭。[1]在现存选簿中可以找到相关的案例。

史料六：宁夏前卫指挥佥事“王范”条（第56册，第410页），王氏系河南信阳人。

王氏在明初入军籍，先祖资料不详。一辈王成系宁夏前卫左所百户，二辈王贵，永

[1]《明史》卷九二《兵四》，有记“时以罪谪者逃故，亦勾其家丁。御史江昂谓非‘罚弗及嗣’之义，乃禁之”，第2257页。

乐九年（1411 年）四月袭世袭百户。三辈王俊，历副千户功次、正千户功次、指挥佥事功次等，升至世袭指挥佥事。至七辈王范时，据旧选簿，正德十四年（1519 年）十月，他“把该守备不严，于嘉靖十四年（1535 年）五月，编发大同右卫左所边远充军”。王范的充军系“终身军”，即他一人充军而止。“隆庆元年故，本舍照例准复袭祖职指挥佥事”。所以，八辈王耿于隆庆四年（1570 年）六月袭职，万历二十二年（1594 年）八月，九辈王有政以嫡长男的身份，比中三等替职。天启五年（1625 年）正月，十辈王朝纳以嫡长男身份比中三等，袭宁夏前卫指挥佥事。

从中不难发现，武官一人“充及身军”并不影响后世子孙的世袭，而且，他本人到充军地，整个家庭仍然留在原所属卫所，并不因此改变卫籍所属地，自然不会沦为新的移民。王耿从宁夏前卫充军到大同右卫后，又生活长达 30 余年。他死后，子孙的世袭完全不受影响。另：他的子孙世袭年龄分别是 32 岁和 29 岁，均系成年人，说明其家族在当地拥有稳定的生活，袭替也只是其正常生活的一部分。

在实际世袭运作时，即便是永远充军者，也有获得世袭机会的可能，在武选簿中我们找到这样的例证。

史料七：福建都司福州右卫下指挥佥事“周澄”条下（第 64 册，第 297 页），周氏系河南西华人。

一辈周文于永乐十五年三月时，任福州右卫流官指挥佥事。四辈周澄，正德六年十二月，袭故指挥佥事。但嘉靖十九年时，他因“收欺十九年、二十年分屯钱”之事，“问拟永远充军，本犯子孙革袭”。然而，到万历二十六年二月时，周澄的四十七岁堂弟周仕澧，请求按“三辈未袭例”世袭，据巡按官查验批复：“违碍印验，姑准照例降一级，与袭正千户”。事情后来的发展有些出乎意料，到六辈周长泰，即天启四年八月世袭时，却查实周澄是被人诬陷的，“因征收屯粮，被刁林珊妄捏侵欠，讦告朋拟军罪，未经奏请定夺病故。覆查银两，当即交完，原无侵情弊列挥讫用”，最后被判定“仍准复袭祖职指挥佥事”。

虽然明律规定了永远充军的子孙不得世袭。但他的堂弟竟然找到了法律依据，在职降一级之后仍可世袭。这表明明朝对于武官家族利益的保护是尽其所能的，至于他后来的昭雪则另当别论。

笔者对 20 多卫所武职选簿的阅读分析，可以获得大体的结论：原籍河南的世袭武官，都指挥以上高级武官的人数，低于中都留守司、南直隶和山后地区（归附的蒙古人），与山东、河北相当，多于其他地区的武官。这概与朱元璋的从征、归附官军占的比重比较大，而河南籍武官归附者虽然不少，但多为从军或低级武官有关。

明代世袭武官的任职，之所以能构成典型的军卫移民（并不是简单的军事移民），就在于武官及其家族不仅世居一地（文官任职虽有回避制度，须到外地赴任，但任职地或部门必须是流动的，并不是世代定居一地），而且他们所在的卫所还是独立的“地理单位”，卫所是由从全国各地选调出来、再汇聚一地的新型地理单位，卫所是明朝构建的新型移民社会。在世袭制度的多重保障之下，卫所世袭武官队伍普遍出现了冗积的情况，形成了庞大而停滞的食利群体，他们的存在，也注定对军卫移民社会产生直接的影响。

二、军卫移民与文化传播

人口迁移必然导致文化传播和交流。明代的卫所军政合一，军卫移民以家庭为单位，通常，每一卫的卫籍人数多在万人以上。这些人口和他们分得的大量屯田（份地），即便是“非实土卫所”，其分布地区也有可能比府州县更广大，而“实土卫所”的面积通常更加辽阔。[1]明代移民的时间延续更长，绝大部分家庭自明初移居之后，近三百年间就再也没有回到原迁出地。卫所军卫与当地的州县军民共处一地，为军民交流提供了方便。明代的军卫移民，也因此对文化传播具有了特别的意义，这一时期的河南军卫移民又呈现中原文化一些自身的特点。

首先，武官是卫所移民社会中文化建设和文化传播的主导者。

明初每攻占一地，中央先设武官镇守，待地方稍安后，才将行政权转移给州县官。因此，在地方建设的初期，卫所武官责任重大。他们主政一方，修建城池，安抚黎民，发展卫学，稳定社会秩序，是移民地区域社会文化建设和传播的主导者。一些来自河南的武官，有良好的文化素养，影响当地的学风、士风和民风。来自中原的许多武官在明初安邦定国方面发挥了重要作用。明初的夏邑人朱谦，到景泰初论功时，被封抚宁伯。他的儿子朱永，晋爵为保国公，弘治间追封宣平王。父子二人长期在明北部边疆征战戍守，对边疆社会的稳定，有突出贡献。[2]

清初，山西人贾汉复（1624—1684年）任河南巡抚，主持完成了清朝第一部省级通志《河南通志》[3]，其中的“人物志”对河南籍武官在全国各地事迹突出者，有简要介绍。从中可知，河南籍武官在各地卫所里，为当地的社会稳定、经济发展和文化建设，起到主导作用。现依据该志的卷次顺序，择其大要者予以介绍分析。

在开封府，密县人刘光，曾在元朝时任平章政事，明初任云南乌撒卫指挥同知，他

---

[1] 谭其骧依据《明史·地理志》把卫所分成“实土”与“非实土”两类。“非实土”是指设置在有府州县等行政机构存在的卫所，州县与卫所的辖境往往呈差错关系；“实土卫所”指设在没有布政司、州县的地区的卫所，通常在边疆地区。明代的卫所除少量亲卫军外，均有屯田，故“非实土”并非无管辖土地。见氏者:《释明代都司卫所制度》，《长水集》上册，北京：人民出版社，1987年，第150页。

[2] 《明英宗实录》卷二〇一，景泰二年二月丁酉，台北：台湾“中研院”历史语言研究所校勘影印本，1962年，第4311页。

[3] ［清］贾汉复修，沈荃纂，徐化成增修:《河南通志》，康熙九年刻本。

“莅事精勤，蛮彝畏服”❶，“蛮彝畏服”说明了他在少数民族地区的社会影响力。

彰德府的吴旂，曾任彰德卫指挥使，“沉雄有胆略，幼习韬钤，力挽弓六石。万历间，湖南洞蛮作乱，督抚荐旂往剿，旂恩威并布，蛮皆畏服。训以礼义，取其子弟之俊者，说以诗书，一方以宁。功升参将”❷。他本人不仅战功卓越，尤其是重视“训以礼义”“说以诗书”，善于文治，方能取得“蛮皆畏服”和“一方以宁”的效果。

怀庆府武陟人李英，在明初英勇征战，平定西南地区叛乱，受到中央的嘉奖，成为那个时代和当地的榜样：“洪武十四年，从傅友德征云南，征楚雄、大理，俱有功，会乌撒诸蛮叛，英率所部与土官实卜等力战，斩数百人而死，诏赠镇国将军指挥使，子坚尚大名公主，授驸马都尉”❸。

汝宁府两位武官的“文治武功”被载入史册。一位是西平人徐理，“初从诸将征伐，以功授营州中屯卫指挥佥事。洪武末从靖内难大小数十战，皆贾争先，所向克捷。历官都督佥事，事封武康伯，命守北京”，此人“驭下宽厚，得士卒心”。另一位是汝阳人梁铭，“以荫补燕山前卫百户，洪武末，北平被围，铭战斗甚力，屡建奇功。积官后军都督同知，镇守宁夏，封保定伯”。梁铭“处心坦夷，临事宽简，而勇敢精悍，能抚恤士卒，时论重之”❹，可谓武能安邦、文能治国的典范。

对河南籍武官的赞誉之词，并不仅仅是出现在河南本地人修纂的志书中，在他们移入地区的志书中，同样有类似记载。在明初的福建，河南通许人师祐任福建行都司都指挥佥事，“有武略，崇儒重士。永乐间，知府芮麟卜地迁建宁府学，而将士室庐居半，祐即撤而归之。以战功，升都指挥使，卒于交趾”❺。在明初的贵州，河南人司铎于洪武二十四年时任清平卫任指挥佥事，他“创置公署，筑建城垒，以能闻”❻，这里同样肯定了他在城市建设方面的贡献。

卫所教育，主要贯彻“育才养士：教育军卫子弟，以资国用”和“移风善俗，安边化民”的两项基本教育政策。卫所儒学（卫学）是发展卫所教育的重要载体，它在民族地区扮演的文化传播角色尤其重要。河南籍武官既重视自身的文化修养，又重视对当地教育的重视。因为中原传统的思想文化也正是明王朝的“正统”思想，这些能够体现国家意识形态的思想要靠卫所的官员来推行，也收到了良好的效果。正统初年，士人廖驹

---

❶（顺治）《河南通志》卷二五《人物一》，康熙九年刻本，第55页。

❷（顺治）《河南通志》卷二六《人物二》，康熙九年刻本，第15页。

❸（顺治）《河南通志》卷二六《人物二》，康熙九年刻本，第30页。

❹（顺治）《河南通志》卷二八《人物四》，康熙九年刻本，第29页。

❺［明］夏玉麟、汪佃修纂:《建宁府志》卷六《名宦》，吴端甫等点校，厦门：厦门大学出版社，2009年，第164页。师祐事迹在《明太宗实录》卷一四九，永乐十二年三月癸未；卷一六一，永乐十三年春二月戊子，亦多有记载。

❻［明］王耒贤修，许一德纂，黄富源点校:（万历）《贵州通志》卷十三《合属志十一·名宦》，贵阳：贵州大学出版社，2010年，第227页。

在《普定卫儒学记》中说:"我朝有国,薄海内外,日有所照,悉主悉臣。郡县军卫,罔不建学,文化之盛,古所未有也……窃惟是邦,昔在荒服之外,民皆夷獠,风气习俗不类中州。今则役服贡赋,一循法度,衣冠言词,渐同中华。是虽国家政治之隆,抑亦教化之所资也"[1]。这些来自中原的武官"处心坦夷,制事宽简,而勇敢精悍,能抚绥士卒",反映了中原文化倡导的优秀思想品格,反映了当时社会普遍认可的价值方式,自然也潜移默化地影响到当地的社会风俗。

其次,军卫群体是文化传播重要的参与者和引导者。

作为卫军移民群体中之一员,舍余之中,只有一名舍人可以世袭武官,只有一名余丁可能听继代役。如前述,具有卫籍身份的"舍、余"男性及其家属等拥有户籍的人,是一个庞大的社会群体,他们平时可以从事任意一种经济活动,扮演任何一种社会角色。只是,他们作为军卫移民的特殊身份,使得他们在文化传播方面扮演了比州县民、匠等户籍人士重要角色,既是参与者,更是引导者。

笔者曾专文探讨过明代卫所制度之下军卫社会在福州地方文化中扮演的角色。[2]在福州城,福州三卫及下辖诸千户所城、屯田等与州县民户交叉居住生活,他们共同影响,五方杂居的军卫社会对当地的文化影响是显而易见的。[3]福州三卫中,就有来自河南的军卫群体,世袭百户韩瑜先祖韩大,河内人(今沁阳市),任福州右卫左所总旗时,随郑和下西洋,"于水沙峰与苏斡剌对敌厮杀,有功",升试百户(第64册,第307页)。实际上,当时就有一批沿海卫所舍余参与到东南沿海的防御、造船、巡洋等事业中,创造和丰富了海洋文化,河南的卫所移民是重要的参与者。

由于武官家庭有较为优渥的经济条件和较高的社会地位,他们更有能力担负起一定的社会责任,比如从事社会慈善和救助活动。河南武陟人邬隆,"任临安卫左所镇抚,家素饶裕。宣德间,遭时饥馑,以家所积稻谷,整济军卫,至今称之"[4],相信这样的事例在其他地区同样存在,他们较多地参与到地方性的公共事业和文化活动。卫所军家子弟,以"卫籍"身份参与科举考试,考中者人数众多,在此姑且不论。这些中原的卫籍人士,由于对中原文化有长期的接触,有很好的理解,因此能担负起文化传播的重任。嘉靖年间的怀庆卫人周道,嘉靖五年时考中进士,他曾师从著名的思想家、同是怀庆卫籍的何塘(1474—1543年)。[5]后来,担任宣大巡按御史,"军事贴然。肖其像于太平楼祀之"[6]。

---

[1] 《普定卫儒学记》,载(万历)《贵州通志》卷二一《艺文志一》,贵阳:贵州大学出版社,2010年,第394页。

[2] 彭勇:《论明代福州三卫之设与闽都文化之建》,《闽江学院学报》,2013年第4期,第8-13页。

[3] [明]黄仲昭修纂:《八闽通志》卷四〇《公署·武职公署》,福州:福建人民出版社,2006年,第1158-1161页。

[4] (正德)《云南志》卷一九下《名宦五》,《天一阁藏明代方志选刊续编》,上海:上海书店,1990年,第782页。

[5] 何塘,学识渊博,学术成就涉及儒学、阴阳学、音律、算学、医学等。作品经整理《何塘集》收入"中州名家集",王永宽点校,郑州:中州古籍出版社,1999年。

[6] (顺治)《河南通志》卷二六《人物二》,康熙九年刻本,第31页。

明代武选簿虽是纪录世袭的专册，但也有零碎的社会活动记载。福建右卫指挥佥事、西华人周澄，曾被人“妄捏侵欠，讦告朋拟军罪”（第64册，第297页），后来经巡按和家人的努力，得以昭雪，官方档案有“祖父俱庠生，游学地方”的记载，以证明周家（周澄以堂兄的身份世袭，前辈周仕澧也是庠生）是受过良好教育并有文化教养的，它也从一个侧面反映了周家在当地的社会影响。

军卫家庭在精神文明建设和社会文化传承方面所发挥的作用，还可以通过地方旌表制度的运行予以揭示。万历《延绥镇志》记录了延绥镇下的来自全国各地的、纳入当地卫籍的武官及其家室大量的旌表事迹。❶同样连篇累牍的旌表也出现在万历《贵州通志》卷五至卷十三“合属志”的贵州卫所情况（威清卫、毕节卫、赤水卫、龙里卫、清平卫）。在这些被当时统治者列入“乡贤”“名宦”“列女”“孝义”“贞节”“隐逸”等卷次中卫籍舍余或妇女，有的享受到来自中央的物质和精神等两方面的旌赏奖励，有的在基层社会享有较高的声誉。包括旌表在内的精神奖励，它集中反映了一个时代倡导的精神风貌，反映了一个地域和时代的主流文化特征、核心价值观。在旌赏的群体中，从中原内地移居到边地的女性、舍余占了相当大的比重，移民对文化变迁的意义亦在此得以体现。

军卫群体的迁入给当地百姓带来的生活习俗的变化，是潜移默化的。在贵州平溪卫（今玉屏县境），当地的风俗因军卫移民的到来发生了变化：“宋元以前，土彝杂处，自明开设，语言服习，大类中州。俗享淳厚，民耻健诉。有太古之遗意焉”❷。生活习俗的影响又是互相的。军卫群体与周边百姓之间，在一段时间之后，又会在语言、服饰、生活方式等方面表现出明显的趋同。例如在明代的北方边地，既有少数民族“弦诵早闻周礼乐，羌胡今着汉衣冠”的场景❸，也有“近边男女作胡歌，立马回头感慨多”的现象。❹当然，这种变化，主要体现在与军卫社会有充分交流的地区，在传统的少数民族聚居区，外来的移民比较少，文化交流与传播的效果就很差，这也反面说明了军卫移民对于文化交流的重要作用。自然，这些广为传播的文化并非中原文化所独有，但中原人的参与，至少说明了他们在全国文化交流中扮演了重要角色。

明朝灭亡之后，这批武官的世袭特权虽然不复存在，但经过了200多年的生息繁衍，军卫群体与迁入地的居地高度融合在一起，毫无疑问，他们又或多或少地保留了中原传统的文化精神。明代河南的军卫移民文化，散布在全国各地，延续到清代，连绵不断直到今天，仍然有踪迹可以追寻。

---

❶［明］郑汝璧等修纂：（万历）《延绥镇志》卷五《乡贤》，马少甫等点校，上海：上海古籍出版社，2011年，第407–417，445–459页。

❷［清］郑逢元纂：（康熙）《平溪卫志书》（不分卷，抄本）之“风俗”。资料来源：“中国数字方志库”影印本。

❸［明］杨一清：《固原鼓楼三首》，载［清］许容等修，李迪等纂：（乾隆）《甘肃通志》卷四九《艺文》，乾隆元年刻本，第36页。

❹［明］方日乾：《行边》，载［明］李维贞修：（万历）《山西通志》卷三〇《艺文下》，万历刻本。

“小云南”·乌撒卫
——明初山东半岛军事移民述论

吕　杨

（常州大学周有光文学院）

一、问题的缘起和相关的研究

今辽宁大部及吉林、黑龙江部分地区，很多由山东登、莱等地区迁入的居民后裔都称祖籍“小云南”或“小云南乌撒卫”。今山东胶东部分地区的居民亦称原籍为“小云南乌撒卫”。关于“小云南”出处，众说纷纭。“小云南”之名，山东半岛、辽东半岛广为人知，其影响程度，不亚于山西“大槐树”。

对于“小云南”的相关研究，近年来逐渐受到学术界的关注，著名学者曹树基先生、王日根先生、赵世瑜先生等，曾先后撰文对“小云南”传说进行讨论，风良先生、鞠明库先生、张金奎先生及笔者本人等，都就“小云南”的位置提出了自己的见解，张彩霞先生则从民俗学的角度，通过山东即墨地区与云南地区民俗比较，认为两地虽远隔数千里，但很多习俗类似，与距离相对较近的苏北、鲁西南地区却差异明显。关于明代人口流入云南地区的学术论著甚多，囿于篇幅，在此不一一列举。概言之，诸多学术成果从不同的角度，论证了“小云南”的位置及明代人口流入云南的方式，但未能解释这些“云南人”，在明代严格的关津制度下，如何以族群形式，跨越万水千山定居登、莱地区的逆向流动。在今胶东地区众多族谱及口述中，谈及“小云南”则往往与乌撒卫相关联，对于乌撒卫的相关研究，云贵地区学者对该卫设置时间、管辖范围、城防、军屯等问题进行了较深入的研究，但依旧未见讨论“小云南”与乌撒卫的关联，更未见关于乌撒卫移民胶东的相关研究。因此，本文在其他学者研究的基础上，对“小云南”与乌撒卫的联系，以及明代云南移民，特别是军事移民群体进入登、莱地区的途径，再作探研，求教方家，以期加深对此问题的讨论和认识。

二、明清文献中的“小云南”

“小云南”，历史上确有此称谓。元、明、清历史文献关于“小云南”的记载不下十余种，笔者所见最早的文献是成书于元初的《文献通考》，该书记载：“黎州边面，近则有曰邛部州、曰河南蛮、曰女儿城蛮、曰青差、曰吐蕃，曰五部落。远则大、小云南州之三边。大抵诸蕃环列。”[1]元末的官修《宋史》也沿袭了《文献通考》的说法：“黎州诸蛮，凡十二种……曰大云南蛮，曰小云南蛮，即唐南诏，今名大理国，自有传。夷俗尚鬼，谓主祭者鬼主，故其酋长号都鬼主。”[2]很显然，《宋史》是将“小云南”作为一个民族的称谓。而南诏，宋称大理，是今天白族的祖先，其活动区域在今云南省的大理白族自治州一带。

明初程本立在云南“属行县、典兵事，且抚且御。自楚雄、姚安抵大理、永昌鹤庆、丽江。山行野宿，往来绥辑凡九年”[3]，因其职责所在，对云南的地理情况应是非常清楚的。他曾作七言律诗《过小云南》，在其《云南西行记》中记载“姚安西南行百里，曰普淜驿，驿西行五十里，为古云南，今称小云南。西南四十里为品甸，今立云南县”[4]。明代官修的《诸司职掌》在“礼部·主客部”的机构设置中，有“小云南”土官这一职务。[5]《明实录》中则明确了“小云南”县的设置。[6]明末士人徐宏祖在其游记中多次提到“小云南”。如“由普淜西北行……又西二里为界坊，乃姚州、小云南界”，“塘堰稍北复西四十里，抵西山下，为小云南驿。”“循东山北行五里，即青海子之西南涯也。遂与小云南来之大道遇于是。”[7]“又东南为乌龙壩山，为赵州小云南界。”[8]“盖洱海卫所环之坞甚大，西倚大脊崇冈，东面东山对列，东南汇为青龙海子，破峡而绕小云南驿为水口”，“余夙闻洱城北有米甸、禾甸、荞甸之名，且知青海子水经小云南随川北转，经胭脂坝，合禾、米诸甸水而北入金沙”[9]。“而远者又以宾川东山并梁王山为龙虎，中央益开展无前，直抵小云南东水盘诸岭焉”[10]。清初顾祖禹引用杨慎《滇程记》说：“安南坡，在县东南。”《滇程记》：“自镇南州普淜驿六亭而达云南县界。所经由桃树坡、金鸡庙、孟获菁、安南坡。坡有巡司，下坡地复平坦夷。相传古云南即治此。古人称为小云南，以别于云南治城云”[11]。朝鲜史料则说：“（李朝显宗）三年，四月甲寅，清兵入小云南，执永

---

[1]［元］马端临：《文献通考》卷三三〇《四裔七·两爨蛮》，《文渊阁四库全书》史部政书类第616册，台北：台湾“商务印书馆”影印本，1986年，第526页。

[2]［元］脱脱等：《宋史》卷四九六《蛮夷传四》，北京：中华书局，1977年，第14231页。

[3]［清］张廷玉等撰：《明史》卷一四三《程本立传》，北京：中华书局，1974年，第4051页。

[4]［明］程本立：《巽隐集》卷一《过小云南》，《文渊阁四库全书》集部别集类第1236册，台北：台湾“商务印书馆”影印本，1986年，第172页。

[5]《诸司职掌》，《礼部·主客部》，《续修四库全书》史部职官类第748册，上海：上海古籍出版社影印本，1995年，第711页。

[6]《明太祖实录》卷二三二，洪武二十七年四月庚辰，上海：上海书店，2017年，第3395页。

[7]［明］徐宏祖著，朱惠荣校注：《徐霞客游记校注》，《滇游日记五》，昆明：云南人民出版社，1985年，第899-901页。

[8]［明］徐宏祖著，朱惠荣校注：《徐霞客游记校注》，《滇游日记六》，昆明：云南人民出版社，1985年，第940页。

[9]［明］徐宏祖著，朱惠荣校注：《徐霞客游记校注》，《滇游日记十二》，昆明：云南人民出版社，1985年，第1199、1200页。

[10]［明］徐宏祖著，朱惠荣校注：《徐霞客游记校注》，《滇游日记十三》，昆明：云南人民出版社，1985年，第1209页。

[11]［清］顾祖禹：《读史方舆纪要》卷一一七《云南五》，北京：中华书局，2005年，第5161页。

历皇帝以归”❶。直至清雍正时期，依然有“小云南”的称谓，如“康熙五十九年，西藏用兵，以途系次冲，将夫拨添剑川、观音山、白崖、上关、小云南、普溯、沙桥七堡”。清代曾在云南任督学的吴应枚作诗曰“到小云南一水通，飘扬血色绮罗丛。”并在诗末注释说：“云南县，俗名小云南”❷。《明史·地理志》记载：“元置云南等处行中书省。治中庆路。洪武十五年二月癸酉平云南，置云南都指挥使司。乙卯置云南等处承宣布政使司。同治云南府。”在介绍大理府所辖时说：“元云南州。洪武十五年三月改为县，属府。十七年改属州”❸。可见明代有三个以“云南”称谓的地区，一是云南布政使司，即云南省，二是云南府，即今昆明；另一个则是大理府所辖的云南县，即今云南大理白族自治州的祥云县。《中华人民共和国地名词典·云南省》中，祥云县条记载：“元至元十一年（1274年）改为云南州，治今祥城镇，属大理路。明降为云南县，俗称小云南，属大理府。”❹完全可以证明“小云南”应该是以今云南省祥云县为中心的云南大理州一带。

三、为何“小云南”与乌撒卫相关联？

对于“小云南”移民，民国文人认为“本县间有能举其自云南某县某地来者，未必尽系传闻之误，或有其事而史未及载，或人民自动迁徙，亦未可知。”❺然而这些云南籍人在明初严格的关津制度下，是通过何种途径，跨越万水千山，移入山东登、莱地区的呢？朱端强先生认为明代云南人迁入山东半岛的途径主要有从军、充军、抗倭三种。❻从现有文献看，未见明政府在云南地区将民籍人口向外省迁移的史料，对于从云南地区向外埠军事移民的史料，亦是语焉不详。因此，我们只能通过对现有的史料进行分析，管窥明代云南向登、莱地区移民的点滴。

鞍山市图书馆馆藏的新修家谱，鞍山周边市、县民间保存的族谱，山东今烟台、青岛地区民间所藏族谱，以及曹树基先生在《中国移民史（第五卷）》中引用《山东省崂山县地名志》所列各种族谱的记载中，出现较多却是地处今贵州省威宁地区的乌撒（乌沙）卫这个地名。❼如：

辽宁辽阳市《吴氏族谱》：“盖闻先世相传，吾族姓系为吴泰伯之后。历代世居云南乌沙卫，系大族也。自明永乐二年，徙居即墨东九十里，地名王村”。

---

❶ 吴晗辑：《朝鲜李朝实录中的中国史料》，《显宗改修实录》第9册，北京：中华书局，1980年，第3385页。

❷ ［清］靖道谟等：《云南通志》卷六《城池》，《文渊阁四库全书》史部地理类第569册，台北：台湾“台湾商务印书馆”影印本，1986年，第190页。

❸ ［清］张廷玉等撰：《明史》卷四六《地理志七》，北京：中华书局，1974年，第1171，1184页。

❹ 朱惠荣主编：《中华人民共和国地名词典·云南省》，北京：商务印书馆，1994年，第354页。

❺ 宋宪章修，于清泮纂：（民国）《牟平县志》卷十《文献志·杂志·轶事·云南迁民》，《中国地方志集成》第55册，南京：凤凰出版社，2004年，第436页。

❻ 朱端强：《〈明初移民山东的云南地望考〉商榷》，《云南师范大学学报》，1998年第2期，第20-23页。

❼ 本研究所引辽宁族谱均见于鞍山市图书馆特藏部地方文献阅览室收藏本，修订时间不详。山东族谱，除特殊说明，其余均转引自曹树基：《中国移民史（第五卷）》，福州：福建人民出版社，1997年，第196页。

山东崂山县城阳乡后旺疃村《迟氏族谱》："吾祖于明永乐二年从云南乌沙卫牛角胡同迁居即墨旺疃。"

山东崂山县城阳乡白埠庄村《杜氏族谱》："明永乐二年，吾祖由云南阿密州乌撒卫西北三十里槐树里头，移至青郡南枣行居住，三四年后，复迁至即墨县崂山南头白庙籍，后迁百步庄居住。"

山东崂山县城阳乡仲村《王氏族谱》："明永乐二年，吾祖自云南哈密县乌沙卫街大槐树村迁至钟鼓村定居。"

虽然上述众多族谱里面诸如云南阿迷州、哈密县等错误地名的记载有穿凿附会之嫌，但却众口一词，言必称"小云南乌撒卫"。众多族谱的记载，难道是将"小云南"的位置从云南祥云又指向贵州乌撒？乌撒地处黔、川、滇三省交界处，扼守由北入滇的要塞。乌撒卫是明洪武年间设立的军卫，其治所在今贵州威宁，曾先后为云南、四川、贵州都司所管辖。"小云南"在云南大理，而乌撒卫则驻防贵州威宁，二者距离700多千米，即使在交通发达的现代社会，驾车行驶于穿越崇山峻岭的杭瑞高速公路尚需近十小时的车程，更遑论交通只能凭借人力、畜力的明代了。回答这个问题，我们应通过明代对云贵地区的实际军事控制过程来讨论。

明代实行卫所制度，洪武时期"天下既定，度要害地，系一郡者设所，连郡者设卫。大率五千六百人为卫，千一百二十人为千户所，百十有二人为百户所。所设总旗二，小旗十，大小联比以成军。其取兵，有从征，有归附，有谪发。从征者，诸将所部兵，既定其地，因以留戍。归附，则胜国及僭伪诸降卒。谪发，以罪迁隶为兵者。其军皆世籍。"[1]对于军队兵源的补充，明初行垛集令，"民出一丁为军"，其后由于士兵逃亡者甚多，于洪武二十一年秋，"令卫所著军士姓名，乡贯为籍，具载丁口以便取补，又置军籍勘合"，永乐初，重定垛集令，"初，三丁已上，垛正军一，别有贴户，正军死，贴户丁补。至是，令正军、贴户更代，贴户单丁者免；当军家蠲其一丁徭。"[2]明确了军户世袭制度。

洪武十四年，傅友德为主将，蓝玉、沐英为左右副将，率领三十万大军远征云贵地区。平滇大军出征时，朱元璋对平滇行动作战略部署，明确了乌撒的战略地位，命令傅友德等"自永宁先遣骁将别率一军以向乌撒"，夺取曲靖后，"三将军以一人提劲兵趋乌撒，应永宁之师，大军直捣云南"[3]。平滇大军兵行湖广，傅友德遵循朱元璋的指令，"分遣都督胡海等将兵五万由永宁趋乌撒，而自帅大军由辰、沅趋贵州。克普定、普安，降诸苗蛮。进攻曲靖，大战白石江，擒元平章达里麻。遂击乌撒，循格孤山而南，以通永

---

❶［清］张廷玉等撰：《明史》卷九〇《兵志二》，北京：中华书局，1974年，第2193页。

❷［清］张廷玉等撰：《明史》卷九二《兵志四》，北京：中华书局，1974年，第2255页。

❸《明太祖实录》卷一三九，洪武十四年九月壬午，上海：上海书店，2017年，第2185页。

宁之兵，遣两将军趋云南。元梁王走死。友德城乌撒，群蛮来争，奋击破之，得七星关以通毕节。又克可渡河，降东川、乌蒙、芒部诸蛮。乌撒诸蛮复叛，讨之，斩首三万余级，获牛马十余万，水西诸部皆降。"❶白石江一战，"友德麾兵薄之，（沐）英纵铁骑捣其中坚，敌众披靡，遂大败，生擒达里麻，横尸十余里，俘其众二万"❷。洪武十五年正月，云贵初定，明廷即设立贵州都司，由开国名将费聚、梅思祖统领。同时在云南设置乌撒卫等十四个卫指挥使司，总兵力"二万五千八百余人"❸，乌撒一卫兵力为"五千三百余人"❹，基本满编。朱元璋遣使下诏强调，"乌撒、乌蒙、东川、芒部、建昌之地，更宜约束其酋长，留兵守御"❺。可见朱元璋对乌撒地区战略地位的重视程度。通过《明史》《明实录》等文献的记载，我们不难看出，在征讨云贵过程中，发生了多次大规模战役。在冷兵器时代，孤军深入异地作战，尤其是以夺取重要城池、寨堡为目标，以占尽地利，且又以彪悍而著称的蛮族为对象的攻坚战、山地战，即使战役结果为明军大获全胜，但其惨烈程度可想而知。明军必然出现严重的战斗减员，在当时的交通条件，根本不可能及时在兵源原驻地勾军进行建制补充。在内战中，古今一体，补充兵源的唯一途径即是在当地招兵和将俘虏改编为自己的士兵。朱元璋曾多次下诏，令将归顺及被俘的士卒"悉编为军"或"编为军余"，"方可班师"❻。洪武十五年（1382年）二月，朱元璋又令傅友德将"乌蒙、乌撒、东川、芒部土酋当悉送入朝"❼。三月，朱元璋，下诏对虏获"男女入官者"进行赏赐。送入朝的土酋，其随员应会很多，而被俘虏的当地人，则极有可能作为补充的兵源被编入行伍或成为军余、杂役。例如，平滇副将蓝玉的"火者"董景住为云南大理人❽，该人应是蓝玉平滇时，将有一技之长的战俘收编为自己的杂役。以点窥面，各级军官收为己用的云南、贵州籍杂役数量应不在少数。其后朱元璋认为云南平定，命令沐英留镇云南，并"留江西、浙江、湖广、河南四都司兵守之"❾，留守云南兵力九万余人，其余二十余万士兵，于洪武十五年（1382年）年底随傅友德、蓝玉班师回朝。傅友德征南大军班师的士兵中，即有山东都司所辖卫所的军士，这些山东都司的征南士兵有多少人？洪武十八年（1385年）三月，朱元璋犒赏平云南之功，赏赐"山东等处征南军士六万四千一百三十二人钞一十三万六千五百十锭"❿。六万四千一百三十二人，按明

❶［清］张廷玉等撰：《明史》卷一二九《傅友德传》，北京：中华书局，1974年，第3803页。

❷［清］倪蜕辑：《滇云历年传》卷六，昆明：云南大学出版社，1997年，第248页。

❸《明太祖实录》卷一七七，洪武十九年四月己酉，上海：上海书店，2017年，第2688页。

❹《明太祖实录》卷一九三，洪武二十一年四月乙巳，上海：上海书店，2017年，第2893页。

❺《明太祖实录》卷一四一，洪武十五年正月丁亥、甲午，上海：上海书店，2017年，第2224-2225页。

❻［明］朱国桢：《皇明史概·皇明大事记》卷十二《平西南诸蛮》，《续修四库全书》史部杂史类第430册，上海：上海古籍出版社影印本，1995年，第235页。

❼《明太祖实录》卷一四一，洪武十五年二月，上海：上海书店，2017年，第2225页。

❽ 王天有、张何清点校：《逆臣录》卷一《公》，北京：北京大学出版社，1991年，第6页。

❾《明太祖实录》卷一四三，洪武十五年三月，上海：上海书店，2017年，第2253，2258页。

❿《明太祖实录》卷一七二，洪武十八年三月庚午，上海：上海书店，2017年，第26265页。

初军卫人数估算，此次统一云南之战，受赏将士应在十卫以上，朱元璋将山东排在首位，可见山东都司在平定滇、黔之役，出兵数量多、功劳大，而历时一年的平定滇、黔战役中，山东籍士兵不可能毫发无损，无战斗、伤病减员。从朱元璋对山东军士的赏赐褒奖来看，山东将士在平滇过程中，虽作战英勇、战果辉煌，但肯定付出了重大伤亡代价，为保持建制完好，其兵员必然在当地进行及时补充，而这些当地被补充进入山东都司所辖卫所的云南人，特别是今威宁（乌撒）、祥云（"小云南"）一带的人数量应较大，否则难以形成今日登、莱地区，及今东北地区胶东后人那样"路人皆指小云南"的影响力。此外，永乐时期征交趾（今越南）、正统时期平定麓川等大规模西南用兵，仍调山东都司所辖青州、登州、莱州等卫所士兵参战。战后，无论编为"军余"，还是正军的云南人，作为补充兵员随所在卫所回防山东。鞠明库先生推测："明初从云南向山东移民的第一批人很可能就是从当时的'小云南'——今天的祥云县附近出发的，否则今天的'小云南'移民一说就成了空穴来风了"[1]。由于乌撒地处滇、黔、川三省孔道，为兵家必争之地，傅友德两次平滇、湖广军卫入滇助战平叛，主力部队均在湘西集结后进入贵州，再由乌撒进军曲靖，深入云南腹地。在当时的条件下，无论是进军云南还是回师内地，乌撒作为首选的交通枢纽，将"小云南"与乌撒卫连在一起。

四、明初山东半岛兵力部署及士兵来源

洪武元年，明军北伐元朝，徐达"自帅大军拔益都，循下潍、胶诸州县，济南降，分兵取登莱，齐地悉定"[2]。之所以胶东半岛几乎兵不血刃而平定，一方面一度不可一世的元军，此时已成强弩之末，根本无力抵御明军摧枯拉朽之势；另一方面则是元末明初胶东地区灾害频繁，元政府无法赈济，导致民不聊生、军心涣散。由于山东沿海水旱灾频繁，加之倭寇袭扰，明政府迁徙大部分登、莱地区民户于鲁西东昌地区开垦[3]，少量流民进入京师。由于大量登、莱地区民籍人口外迁鲁西等地，导致人口锐减，其故地即由军卫人口填补。由于倭寇频繁骚扰山东沿海，朱元璋以"海道险"为由，不许山东沿海军卫主动出海巡逻、邀击倭寇，故明政府只能消极防御，在山东沿海布置重兵，通过严防死守的手段来抵御倭寇袭扰。[4]洪武九年（1376年）二月，"调扬州卫军士千人补登州卫，高邮卫军士千人补宁海卫"[5]。洪武十七年（1384年）十二月，胡海召集收编"山东故元军士凡一千四百四十余人"[6]，十八年（1385年）七月，左佥都御史高翼"招集莱阳、

---

[1] 鞠明库：《明清史籍中的"小云南"》，《寻根》，2007年第4期，第29页。
[2] ［清］张廷玉等撰：《明史》卷一二五《徐达传》，北京：中华书局，1974年，第3726页。
[3] 《明太祖实录》卷二三六，洪武二十八年正月庚戌，上海：上海书店，2017年，第3445页。
[4] 《明太祖实录》卷一四一，洪武十五年正月辛丑，上海：上海书店，2017年，第2226页。
[5] 《明太祖实录》卷一〇四，洪武九年二月庚子，上海：上海书店，2017年，第1747页。
[6] 《明太祖实录》卷一七二，洪武十七年十二月乙卯，上海：上海书店，2017年，第2579页。

即墨等处故元将校一百九十八人为军”[1]。洪武十七年（1384年），傅友德率领京卫兵马再次入滇，会同沐英平定乌撒及云南土酋叛乱后，鉴于“云南数生边衅”，朱元璋再次下令将叛乱军民“悉入编籍”[2]。傅友德两次平滇，其兵力由京卫和山东等都司构成，而且京卫士兵中山东籍又占了很大比例，洪武二十五年（1392年）闰六月，朱元璋“以京卫将士多山东、河南人，一人在官，则阖门皆从，乡里田园遂致芜废，因诏五军都督府，核遣其疏属还乡”[3]。是年八月，“诏各卫军士老疾有代者，听其还乡”[4]。如此，又增添一批回山东原籍的退役军人。洪武二十五年（1392年）十一月，根据山东都司指挥使周房的建议，在莱州增设八总寨，下辖四十八小寨；在宁海卫设置五总寨[5]。截至洪武三十一年（1398年）五月，除了已设置的登州、莱州、宁海等军卫，又增设安东、灵山、鳌山、大嵩、威海、成山、靖海沿海七卫。[6]沿海各军卫的职责即为备倭和屯田。至于士兵来源，除了调防军卫外，还有一部分在当地强行佥军，将民户变为军户。登莱地区民户，在洪武后期连续三次被大量迁移到鲁西地区，未迁移的民户，在洪武三十一年（1398年）又被徐辉祖“籍民丁为军，就于沿海地方开设大嵩等卫所衙门”[7]。山东沿海军卫由京操军、屯军、捕倭军、守城军组成，部分卫所的守城军及墩堡士卒由军余组成。[8]

早在2007年，山东淄博的李化洲老先生主动与笔者联系，寄来其原籍山东即墨区石门乡李家蒲渠村所修《李氏族谱》序言影印件，该族谱谈及先世时说：“吾宗原籍系云南人也，自永乐二年福祖、雄祖与其孙唐祖同迁京都箭子巷，居箭子巷者，不知几何年。后入墨邑蒲渠居。”[9]永乐二年（1404年），京都为南京。箭子巷，南京至今还有此地，今名剪子巷，因明代驻守南京军卫在此储存弓箭而得名，“位于中华门东北侧，东起小心桥东街，西至膺福街”[10]。该族谱中所言的由云南迁徙京师，可能为军户番上。“（永乐）十八年（1420年），北京建，在南诸卫多北调”，加之为了防范山东半岛的倭患，“山东卫士沿海备倭”[11]，李氏先祖作为云南番上的军户，又被调到胶东备倭，北上戍守海疆。由此可见，云南军户未在洪武和永乐初期随卫所返回山东原驻地，而跟随其他军卫抗倭移居登、莱地区者亦应不在少数。嘉靖中后期，东南沿海倭乱，从《筹海图编》的记载可知，明

[1]《明太祖实录》卷一七四，洪武十八年七月己亥，上海：上海书店，2017年，第2579页。

[2]《明太祖实录》卷一六五，洪武十七年七月甲寅，上海：上海书店，2017年，第2527页。

[3]《明太祖实录》卷一八一，洪武二十五年闰六月乙卯，上海：上海书店，2017年，第2752页。

[4]《明太祖实录》卷二二〇，洪武二十五年八月己巳，上海：上海书店，2017年，第3226页。

[5]《明太祖实录》卷二三二，洪武二十五年十一月乙酉，上海：上海书店，2017年，第3244页。

[6]《明太祖实录》卷一七二，洪武三十一年五月丙寅，上海：上海书店，2017年，第3716页。

[7]［明］黄金：《皇明开国功臣录》卷二八，《明代传记丛刊》第24册，台北：明文书局，1991年，第590页。

[8]［明］郑若曾：《筹海图编》卷七，北京：中华书局，2007年，第438-454页。

[9]山东淄博李化洲藏：山东即墨区石门乡李家蒲渠村《李氏思永堂创修族谱》（抄本），修谱年代似为晚清民国时期，具体时间不详。

[10]南京地名网：http：//www.nj.gov.cn/gb/part/diminban/searching.asp.

[11]［清］张廷玉等撰：《明史》卷九〇《兵志二》，北京：中华书局，1974年，第2195，2229页。

政府在西南地区调狼兵、苗兵、沙兵、蛮兵等少数民族武装奔赴山东及江浙沿海地区平倭，这些少数民族武装，战后如何安置，未见文献记载，但从浙江籍士兵战后跟随戚继光移师蓟镇的事例看，不排除这些云南少数民族武装或跟随主将，或因伤病掉队，定居山东等地的可能性。

除了从军形式，通过流放形式进入山东者亦不在少数，明清律令均规定，充军流放采取南北对流的形式，即南方人流放北方，北方人流放南方。明代云南人不乏被流放到山东半岛、辽东半岛充军戍守海疆者。洪武时期，清水江群蛮叛乱，被贵州都司平定后，五百余人被谪戍辽东三万卫充军。[1]特别是明中期平定麓川之乱后，廷议将云南思氏部落“发沿海登州卫安置”，思氏家族是云南著名土司，流放思氏，不仅是思命发本人，跟随其充军登州的家属、奴仆等应不在少数。至清代中叶，辽东居民的构成已经是“居者非云贵流人，则山东、西贾客类”[2]。在当时的历史条件下，滇、黔与齐鲁、关外远隔数千里之遥，被流放人员，基本无返回故土的可能，唯一途径即是在当地落籍，几代后则完全成为当地居民。

综上所述，明前期山东军卫士兵构成包含了相当数量平定云南后，回防山东带回的补充兵源、军余、杂役，以及部分被流放、充军的云贵人员，虽然这个数字目前虽然难以准确量化，但人数肯定很多，否则无法解释胶东地区与云贵类似的民俗，以及“试问先祖在何处，路人皆指小云南”的文化现象。

五、“小云南”乌撒卫对胶东、辽东半岛的民俗影响

从民俗等非物质文化遗产的角度考察，云贵地区明初云南军户移民对今山东半岛和辽东半岛风俗产生了深远的历史影响，表现在除夕祭祀语言、习俗。例如，直至今日胶东、辽东地区农村，“小云南”人春节供奉祖先，其始祖是“高祖公、高祖婆”二人，此二人来源于云南民间传说，其故事结构和内容，均与西南少数民族地区的创世神话传说相类似。在民间故事中，又有如“天降白面”等故事，其中心内容与云南民间传说大同小异。在丧葬习俗上，胶东和辽东部分地区依然保留着诸如人去事后，拉魂、头朝西回云南老家的习俗。这些民俗类似云南，却迥异于山东其他地区，以及与胶东毗邻的苏北地区。从文化影响来看，云南花灯戏，是云南地区的一项传统的民间文艺形式，其形成时期应在明代初期以前，具有朴素单纯、健康明朗的艺术形式，充满生活气息。东北的二人转，亦是植根于民间，充满乡土气息，为广大农民所喜闻乐见。传统观点一般认为，二人转的形成，受到东北大鼓和评剧的影响。然而如果将云南花灯戏的舞蹈形式与二人转的舞蹈形式对比，从直观上看，二者亦有很多类似之处，特别是扇子舞的手法则更为

---

[1] 《明太祖实录》卷二四五，洪武二十九年三月庚辰，上海：上海书店，2017 年，第 3556 页。

[2] ［清］杨宾：《柳边纪略》卷三，《辽海丛书》第 1 册，沈阳：辽沈书社，1985 年，第 257 页。

相像[1]。究其原因，或因清代自登、莱等胶东地区“闯关东”进入辽东半岛的“小云南”人，将花灯戏带入辽东半岛，并与东北其他戏曲形式相结合，逐渐形成了二人转这一独特的东北民间艺术形式。

六、结　语

综上所述，明代云贵地区，虽然属于人口流入地区，鲜有大规模人口外流，但明代的云南人通过从军、流放等途径，“逆向流动”进入山东者亦不在少数。内地人员，通过军事移民、经商手段等手段，大规模进入云南地区，促进了汉文化在云南地区的传播，促进了民族间的相互了解、相互融合，繁荣了云贵区域经济、文化，促进了云贵地区社会发展，稳固了西南边疆。明代外流的云贵人在山东沿海地区，不仅为保卫海疆贡献力量，而且他们又将带来的民族文化、区域文化与当地社会文化相结合，形成了胶东地区、辽东半岛地区独特的民俗文化，为当地的文化发展，为南北文化沟通、融合，发挥了重要的作用。

[1] 本人对于民间戏曲等艺术完全是外行，花灯戏与二人转舞蹈形式类似的观点，完全是主观感觉，仅供熟悉艺术的学者参考。

从《明渤海孙氏积善堂题赞手卷》看一个明初沧州移民家族的构建与发展

秦 博

（中国社会科学院古代史研究所）

由今河北省沧州市南皮县积善堂孙氏家族世代保存六百余年的《明渤海孙氏积善堂题赞手卷》（题签《积善堂记》）汇集了明永乐、洪熙年间四十三位名公显宦的手书真迹。[1]除去文物价值外，该手卷所载内容对探究明初沧州地区移民社会、河北缙绅宗族发展等问题颇有裨益。该手卷中传达出的"隐德"观念实际上成为孙氏家族长期秉持的宗族意识，尤其值得作观念史层面的深入探讨。虽然前人对明清沧州移民社会的地域特征有所论述[2]，但依托《明渤海孙氏积善堂题赞手卷》这一崭新史料进行个案化研究，有助于细化对相关问题的探析，揭示出更鲜活的历史面向。

一、《明渤海孙氏积善堂题赞手卷》的形制及形成与流存

有关孙氏积善堂及《明渤海孙氏积善堂题赞手卷》（以下简称《积善堂手卷》），乾隆《沧州志》记载如下：

（积善堂）在州治前东偏，明永乐间兵部员外郎孙敬故居也。其祖、父世有隐德，卢陵曾学士棨因扁其堂曰积善，一时馆阁名公如姚荣靖、杨文贞、文敏辈俱有诗文题赠。[3]

民国《沧县志》亦载：

（积善堂）在公署前西偏，明永乐间兵部员外郎孙敬居也。原名尊德巷，即今孙家胡

---

[1] 《明渤海孙氏积善堂题赞手卷》在孙氏家族内最后的保存者是我国著名学者孙楷第（子书）先生及其哲嗣孙泰来、陈莹夫妇。该手卷已于2011年在泰来先生的推动下由孙氏后裔捐献给中国国家图书馆收藏，化一家之宝为一国之宝。笔者外祖母系子书先生之侄女，因自幼随孙氏久居，笔者详闻有关该手卷及以孙氏为代表的津南旧家的历史掌故，故今特围绕手卷题赞，并蒐集正史、方志、族谱资料撰此文，以徵外家先贤遗迹，并试发覆明代移民、屯垦、宗族发展诸史实。

[2] 笔者所见对河北地区明初移民状况较典型的研究有张岗：《关于明初河北移民的考察》，《河北学刊》，1983年第4期，第144-149页。单论沧州地区明清移民、宗族、地方社会问题者见于秀萍，童广俊：《明初沧州移民的到来及移民聚落的形成》，《沧州师范专科学校学报》，2007年第1期，第98-100页；于秀萍：《河北沧州宗族与社会》，常建华主编：《宋以后的宗族形态与社会变迁》，天津：天津人民出版社，2013年，第155-218页。

[3] （乾隆）《沧州志》卷二三《古迹》，乾隆八年刊本，《中国方志丛书》，台北：成文出版社，1975年，第1055页。

同。世有隐德，庐陵曾学士棨因匾其堂曰积善，一时馆阁名公俱有题赠。[1]

积善堂是明永乐朝兵部员外郎孙敬的宅邸，位置接近沧州治所，后逐步演变为一个居民区，即“尊德巷”或“孙家胡同”[2]。

至于孙敬修筑积善堂，及馆阁文臣题赠的来龙去脉，详见《积善堂手卷》卷首翰林院侍讲学士曾棨所作《积善堂记》。此记文撰于“永乐十四年秋八月既望”[3]，是《积善堂手卷》四十三通明初题赞中最早完成的，文曰：

渤海孙克恭常名其所居之堂曰积善，今既仕为夏官司务，因予友熊君本诚来征文记之，且曰：“孙氏世家于此，以忠厚之德相承者，盖不知其几世。其祖得才，端重诚确，而独好施与。凡乡邻之穷乏者，即思有以赒给之，度能自存乃已。里中多仰其德，称为长者而不名，得年九十而终。其尊公成甫，能继先志，笃于为善，故其二子克让、克恭皆恂恂敬让，动循礼法，霭然有祖、父之风焉。其家旧有堂，以为燕休之所，今以奉其亲，而未有名也，以请于予。”予窃谓孙氏世多善人，而皆蓄德弗显，盖必将大发于其后也，遂扁之曰“积善”，幸一言以著其义。[4]

据此，孙敬旧有厅堂一间作为宴会休息之所，后用以“奉亲”，仅泛称为“积善”而未正式命名，也无匾额。故孙敬请托翰林学士曾棨为该堂题词。曾氏以孙氏前辈乐善好施之德行为依据，正式定名曰“积善堂”，寓“积善之家，必有余庆”之意。

孙敬之所以首先向曾棨请求题记，这与曾氏颇高的文学造诣和政治地位分不开。据《翰林记》载，曾棨永乐二年（1404年）“以状元及第”，并“事太宗将二十年”[5]。以记述明代翰林掌故见长的《玉堂丛语》一书详细论及曾棨事迹：

曾襄敏棨（曾棨谥襄敏），廷对策几二万言，不属草，宏博鲜俪。……上时召试二十八人，棨信笔千百言立就，辞理俱到，深见奖重，遂名闻天下。扈从巡北京数，燕间应制赋诗，辄称上意。后有荐文士于上者，必问得如曾棨否。其文如源泉奔放，一泻千里，又如园林得春，群芳组绣，读其文信然。工书法，草书雄放，独步当世。[6]

曾棨乃一代文豪，又是侍从近臣，才学事功兼备。而为自家厅堂轩阁向高官名士请求墨宝，是中国传统士人彰显身份与雅趣的风尚，明清以来此风尤盛。现存曾棨《西墅集》中收有大量为亲友故交撰写的厅堂题记、赠序、族谱序及应和诗词[7]，曾氏文采受时

[1] （民国）《沧县志》卷四《方舆·古迹六》，民国二十二年刊本，《中国方志丛书》，台北：成文出版社，1968年，第273页。

[2] 积善堂孙氏明代最初居于沧州城内，明末清初有一支子孙迁居沧州城外王寺镇，《渤海孙氏积善堂题赞手卷》随之迁入。民国时期废州置县，沧州改为沧县。至1961年，沧县所属王寺镇等地区后划归邻近的南皮县。是故后世关于孙氏居地有沧州、沧县、南皮之说，其间并不矛盾。

[3] ［明］曾棨：《积善堂记》，《渤海孙氏积善堂题赞手卷》，中国国家图书馆藏，未刊本。

[4] ［明］曾棨：《积善堂记》，《渤海孙氏积善堂题赞手卷》，中国国家图书馆藏，未刊本。

[5] ［明］黄佐：《翰林记》卷三《改擢》，《丛书集成初编》影印本，上海：商务印书馆，1946年，第35页。

[6] ［明］焦竑：《玉堂丛语》卷一《文学》，北京：中华书局，1981年，第21页。

[7] ［明］曾棨：《刻曾西野先生集》，《四库全书存目丛书》集部第30册，济南：齐鲁书社，1997年。

人推崇之况可见一斑。当时，欲取得曾棨这类人物的题赞，或需要通过复杂的社会交际网络才能实现，书画的请求者与赠予者间经常存在同年、同乡等特殊情感伦理关系。[1]据《积善堂记》载，时在兵部任司务这一从九品低级僚属[2]的“孙克恭”（孙敬字克恭），是借熊本诚转请曾棨墨记的。据《明实录》记载，熊本诚于永乐十五年（1417 年）八月以兵部郎中迁福建布政司左参政[3]，《积善堂记》写就的永乐十四年（1416年），他正在兵部任上，乃孙敬上司。熊本诚与曾棨同中永乐二年（1404 年）进士[4]，有同年之谊。

得到曾棨手书后，孙敬的仕途虽不甚显达，但尚平稳。他之后由兵部司务外调松江府通判[5]，终官兵部武库员外郎。官位升迁的同时，孙敬在永乐十四年（1416 年）至洪熙、宣德年间，继续邀约包括姚广孝、杨士奇、杨荣、杨溥、沈度兄弟在内的四十二名朝中名公巨卿为积善堂撰写题赞，最终汇集成《积善堂手卷》现今的面貌。

一般来讲，作为应酬文字的题赞多内容空洞，充斥泛泛溢美之词。曾棨为孙敬撰《积善堂记》时却非常注重个人理念的表达，他着重讨论了行善积德与家族壮大二者之间的关系，其文曰：

予闻之《易》曰：“积善之家，必有余庆。”必者，决然之辞。圣人于他事未尝为如是之决辞，独于积善，而谓其庆之必有者，盖天人感应之机，如影响之于形声，不爽毫发，故积善于前，则庆垂于后，……克恭数世以来皆能以善著称，积之深而蓄之厚，至克恭而始发，而其言动雍容，器量宏伟，方将发轫青云之上，其显荣振耀，庸有已乎！然则斯堂不特有以表其家庆之美、闾里之荣，又将以为邦家之光也。[6]

曾棨这里提到的“隐德”观念，其内在逻辑是一个家族的祖先世代积德行善而不刻意彰显，其德行会被天地感知，以荫泽后代，使得子孙兴旺。这种杂糅了“为善以德”等儒家传统道德伦理、佛教因果报应及民间仙道思想的观念是中国古代宗族理论的一个重要内容。为了更突出这种因报理论的现实意义，曾棨将孙氏的家族发展状况描述为“世家于此，以忠厚之德相承者，盖不知其几世”。

实际上，曾棨的首题大大影响了此后诸人题赞的风格和内容。他们均反复强调“隐德”的观念，赞许孙氏因祖宗积善，以至后代荣显，家族兴旺的盛况。例如于永乐十四（1416 年）年秋八月甲午由翰林院侍讲学士王洪写成的《积善堂记》云：

---

[1] 有关明代交往性书画艺术的经典个案研究见［英］柯律格著：《雅债——文徵明的社交性艺术》，刘宇珍等译，北京：生活·读书·新知三联书店，2012 年。

[2] 据《明史·职官志》载，“兵部尚书一人，左、右侍郎各一人，其属，司务厅，司务二人，从九品”。见［清］张廷玉等撰：《明史》卷七二《职官志一·兵部》，北京：中华书局，1974 年，第 1750 页。

[3] 《明太宗实录》卷一九二，永乐十五年八月戊午，台北：台湾“中研院”历史语言研究所校勘影印本，1962年。

[4] 朱保炯、谢沛霖编：《明清进士题名碑录索引》，上海：上海古籍出版社，1797 年，第 2426 页。

[5] 《积善堂手卷》中有密云后卫指挥毛彪题诗一首，其诗序中称“孙兵部迁松江别驾”。所谓“别驾”本唐代州郡佐贰官，即明代府通判。明人常借前代官职比拟当时官职，如孙敬任官兵部，时人亦称其为“司马”“夏官”。孙氏由兵部司务转升松江府通判的时间不详。

[6] ［明］曾棨：《积善堂记》，《渤海孙氏积善堂题赞手卷》，中国国家图书馆藏，未刊本。

盖余友孙克恭氏常名其所居之堂曰积善，自其祖得材，力本好施，为乡闾善人。父成甫，克如先志，积德崇善，益懋以大，然世为编氓，无显者。至克恭始读书，由乡校登名成均，以材选为兵部司务，有声于时。盖孙氏之善，至此而后验，而克恭犹悬悬焉以名其堂，不徒承其先，又将欲以大启诸后者，此其志尤可嘉也。❶

周忱为孙氏做《积善堂铭》时曰："予友兵部司务孙君克恭，常颜其奉亲之堂曰'积善'，翰林侍讲曾君子棨、修撰王君希范皆为文以记之，克恭复命予为之铭。予闻克恭之先世，以乐善称于州里不知凡几人，其祖得才，轻财好施，号为长者。其尊君成甫，克济世美，孜孜不倦，积之既久，其余庆之发，在于克恭。天之报施，岂偶然哉！"❷周忱明显看到了曾棨、王洪的题词，并有意承续二人题赞所传达的深意。

《积善堂手卷》中颂扬孙氏"隐德"，并对孙敬家族在沧州地区兴旺之态反复歌咏的华章美词难以尽举。如明初书艺巨匠沈度称孙氏"渤海著姓孙，奕叶多名人"❸，此后曾官至礼部尚书的李至刚云"世看华阀几家存，奕叶唯应积善门"❹。有的作者甚至直接步趋曾棨所用"积土""积水"的譬喻，称赞孙氏积善以壮宗家的懿行。名公显宦对孙敬家族不吝溢美之词，那么，沧州积善堂孙氏在明初的宗族状况及在乡里社会的影响到底如何呢，这还需借助其他资料分析。

二、孙氏移民家族在明初的发展状况

《渤海积善堂孙氏家谱中》录有宣德元年（1426年）翰林院侍讲学士王英撰《大明赠奉直大夫兵部武库清吏司员外郎孙公墓表》一篇，乃孙敬父亲孙成甫墓表，其中详细记载了孙氏的家族历史及在明初的家族生活状况，兹不烦录其大部：

仁宗皇帝临御天下之初，诏在朝文臣之久于其任者，俱给诰敕以宠荣之，又推恩及于其亲，是时沧州孙公成甫没已二十余年矣，而子敬为兵部员外郎，公得追赠奉直大夫、兵部武库清吏司员外郎，盖如其子之职也。今上皇帝嗣位，恩待群臣有加，敬乞归，焚黄展祀礼，泣拜予，请曰：先君没已久，而墓石未刻，荷蒙朝廷加恩褒赠，使无文昭荣光、纪潜德，以垂休将来，其咎莫大，敢手疏先君行实，求先生赠之言以归，表诸墓，为幸大矣！予与敬同仕于朝，谊不获辞。按孙氏为名族，其先居怀来，国朝平定之初，关外之民尽徙内郡，公乃占籍河间沧州之孝友厢，公父讳德才，娶武氏，继杜氏，德才卒，与孺人武氏葬怀来城东南，而公实杜氏孺人生也。公常言居怀来先世有仕宦者，然兵后谱亡，莫可考其详，而公之内徙也，惟奉母以从，既至沧，民甫宁，徭役甚烦，未

❶ ［明］王洪：《积善堂记》，《渤海孙氏积善堂题赞手卷》，中国国家图书馆藏，未刊本。

❷ ［明］周忱：《积善堂铭序》，《渤海孙氏积善堂题赞手卷》，中国国家图书馆藏，未刊本。

❸《渤海孙氏积善堂题赞手卷》，中国国家图书馆藏，未刊本。

❹《渤海孙氏积善堂题赞手卷》，中国国家图书馆藏，未刊本。

遑治产业，而公独于趋事公府之外辟地构庐舍，垦田力耕，树桑莳蔬果，早暮经营，不惮劳苦，久之，生计乃裕，惟痛悼父不逮养，岁时祭祀，辄悲泣不已，事母益恭谨。母没，治丧葬尽礼。公性素和，厚居邻，循循然务勤俭，笃行善道。里民多远徙至者，贫不自给，公辄罄所有济之，死桑疾病，则力扶持之，恒语人曰："吾闻古人有言，阴德可以延寿，积善则有余庆，此吾所甚好也。"又语诸子曰："惟耕可以足食，读书可以起家，此汝曹所当勉也。"公言不妄出口，而有所言则皆合于道，人多信从之。晚年迁敬为乡校生，从师习诗书，命长子力其家务……日无所事，乡闾咸称为长者云。生元庚午十二月二十八日，洪武庚辰七月二十五日卒，享年七十有一。配王氏，曾宜人，孝敬慈俭，能助成厥家。生元辛未正月十五日，后公二年卒，与公俱葬沧州城东南水月寺之左。子二人，长礼，敦朴淳和，娶郭氏。次即敬，娶宋氏。敬自登太学为诸生，擢兵部司务，秩满升今职，居官有嘉誉。孙男四人，志刚、志善、志道、志学。孙女一人妙善，适张贵。曾孙男一人，择广。曾孙女二人，妙惠适徐通，妙真在室。[1]

《渤海积善堂孙氏家谱》谱首还录有沧州积善堂孙氏后人所撰始祖孙成甫简要履历，一并抄录以资参考：

始祖成甫，其先山西怀来人。父德才，住怀来。乐善好施，年九十余卒，葬怀来。公奉母于洪武初年迁于沧州忠二里，民籍，卜居孝友厢。生元至顺元年庚午十二月二十八日，卒明建文二年庚辰七月二十五日，享寿七十有一，葬州南三里水月寺之左。

现以以下材料为主干，结合《积善堂手卷》及国史、方乘资料分析孙氏家族的发展状况。

第一，孙氏是明初沧州外来移民的代表。

明初承元末板荡局势，河北地区人烟稀少，是故洪武、永乐两朝大量将宽乡之民迁入河北，使得包括今沧州市[2]在内的广大地域形成移民色彩浓厚的乡里社会，孙成甫《墓表》谓"里民多远徙至者"[3]即指此点。有的学者将明初沧州地区的移民来源地归于"山西""小兴州""山东"和"江南"四地[4]，而据孙氏家乘，"其先居怀来"，孙成甫"乃占籍河间沧州之孝友厢"[5]，似不属于以上四地。但根据家谱，孙氏同时也承认"始祖成甫，其先山西怀来人"[6]。事实上，孙氏的祖居地怀来的归属在明初确实复杂。据清修《怀来

---

[1] ［明］王英：《大明赠奉直大夫兵部武库清吏司员外郎孙公墓表》，《渤海积善堂孙氏家谱》，2001年重修本，未刊本。

[2] 今沧州市所辖地大致相当于明代河间府规模，明代的沧州是河间府下辖直隶州。

[3] ［明］王英：《大明赠奉直大夫兵部武库清吏司员外郎孙公墓表》，《渤海积善堂孙氏家谱》，2001年重修本，未刊本。

[4] 于秀萍、童广俊：《明初沧州移民的到来及移民聚落的形成》，《沧州师范学院学报》，2007年第1期，第98-100页。

[5] ［明］王英：《大明赠奉直大夫兵部武库清吏司员外郎孙公墓表》，《渤海积善堂孙氏家谱》，2001年重修本，未刊本。

[6] 《渤海积善堂孙氏家谱》卷首，2001年重修本，未刊本。

县志》，怀来元代本属“上都路宣德府奉圣州”辖，后改属“大都路龙庆州”。“洪武二年属永平府，三年属北平府，后废”。至“洪武三十年正月置怀来守御千户所”[1]，自此怀来地区进入军事统辖体系，不属州县治。怀来在明代直接面对蒙古残余势力的冲击，素为“兵戎蹂躏之区”[2]，明初将怀来人口外迁，也是为了达到防范北元的军事目的，孙成甫《墓表》所谓“国朝平定之初，关外之民尽徙内郡”[3]即指此。明初怀来行政变迁复杂，从该地迁出的移民对祖居地产生模糊印象，加之其地理位置上又接近山西“山后”地区[4]，这就使怀来移民产生祖先来自“山西怀来”的错误认同感[5]。据此，积善堂孙氏至孙敬辈方定居沧邑两代，《积善堂手卷》所录曾棨“孙氏世家于此，以忠厚之德相承者，盖不知其几世”[6]等等描写完全是传统文人撰写与宗族乡邦文辞时惯用的套语。

第二，孙氏是富裕自耕农或中、小地主家庭。

孙成甫《墓表》载，孙成甫父亲孙德才，“住怀来。乐善好施”[7]，而前引曾棨《积善堂记》亦云：“其祖得才，端重诚确，而独好施与。”[8]可知孙氏在祖居地怀来就具有一定经济实力。《墓表》介绍孙成甫迁徙经历时云：“公之内徙也，惟奉母以从，既至沧，民甫宁，徭役甚烦，未遑治产业，而公独于趋事公府之外辟地构庐舍，垦田力耕，树桑莳蔬果，早暮经营，不惮劳苦，久之，生计乃裕”[9]。可见孙氏到达沧州时仅是母子二人的极小规模家庭，但却很快恢复了富裕自耕农的经济地位。这大概是由于明初对北边人口的迁出虽具有强制性，但主要是出于边防和经济开发的考量[10]，是故像孙氏这样的富户家庭很可能携带一定的资金和生产资料来到迁居地，并借此较快地恢复生产。另外，明初鼓励北方民间开垦土地，据嘉靖《河间府志》载，“洪武三年令北方府、县近城荒地招人开垦，每户十五亩，又给地二亩种菜，北平布政司有余力者，不限顷亩，皆免三年租税”，洪武十三年（1380 年）朱元璋又准北平等布政司“民间田土许尽力开垦，有司毋得起科”[11]，这些政策也为孙氏快速积累财富提供了客观条件。

---

[1]（光绪）《怀来县志》卷五《建制》，光绪八年刊本，《中国方志丛书》，台北，成文书局，1979 年，第 52 页。

[2]（光绪）《怀来县志》卷一《纪恩》，光绪八年刊本，《中国方志丛书》，台北，成文书局，1979 年，第 13 页。

[3]［明］王英：《大明赠奉直大夫兵部武库清吏司员外郎孙公墓表》，《渤海积善堂孙氏家谱》，2001 年重修本，未刊本。

[4] 张岗：《关于明初河北移民的考察》，《河北学刊》，1983 年第 4 期，第 144-149 页。

[5] 笔者采访得知，至今尚有不少积善堂孙氏族人认为祖先来自山西。

[6]［明］曾棨：《积善堂记》，《渤海孙氏积善堂题赞手卷》，中国国家图书馆藏，未刊本。

[7]［明］王英：《大明赠奉直大夫兵部武库清吏司员外郎孙公墓表》，《渤海积善堂孙氏家谱》，2001 年重修本，未刊本。

[8]［明］曾棨：《积善堂记》，《渤海孙氏积善堂题赞手卷》，中国国家图书馆藏，未刊本。

[9]［明］王英：《大明赠奉直大夫兵部武库清吏司员外郎孙公墓表》，《渤海积善堂孙氏家谱》，2001 年重修本，未刊本。

[10] 相比对南方“富民”的镇压性迁徙，明初北方移民政策相对宽松。见郑克晟：《明初江南地主的衰落与北方地主的兴起》，《北京师范大学学报（人文社会科学版）》，2001 年第 5 期，第 49-58 页。

[11]（嘉靖）《河间府志》卷八《财赋志》，嘉靖十九年刊本，《天一阁方志选刊》，上海：上海古籍出版社，1981 年，第 77-78 页。

虽然孙氏迅速积累了一定的土地和资产，但其在较长一段时间内并未繁衍为庞大的地方家族，其家庭结构及家族内部关系较为简单。孙成甫死后，至孙礼、孙敬兄弟掌家时，其家庭人口虽有自然性的代际增长，但始终维持在较小规模，是典型的明初小农社会家庭模式。孙氏来沧后的第三辈有男丁四人，即孙志刚、孙志善、孙志道、孙志学，另有女口一人孙妙善外嫁；至第四辈仅有男女丁口三人。

第三，孙氏地方精英身份的获得与宗族意识的萌发。

正如王洪《积善堂记》，孙氏在怀来祖先孙得才、来沧始祖孙成甫虽“积德崇善，益懋以大，然世为编氓”[1]，本是经营地主。至孙敬“始读书”，由地方生员升为国子监生，再以监生身份为官。为孙敬题写《积善堂手卷》的同僚多将孙敬的入仕归结为其父、祖“隐德”所荫，这当然是玄学之说。实际上，孙氏的崛起主要得益于明初的人才政策。明初人才匮乏，朱元璋曾广开途径选拔基层官员。据《诸司执掌》，当时“进士、监生、通经秀才、人材（才）、孝廉、贤良方正等项”，俱可候吏部“引奏选奏”[2]。其中监生是主要铨选对象之一，有“太祖遂间行科举，而监生与荐举人才参用者居多，故其时布列中外者，太学生最盛”[3]之说。据嘉靖朝成书的《吏部执掌》有记，孙敬初领的“司务”及“孔目、知州”等官皆是授予监生的首选职位。[4]另外，孙氏先辈的“耕读传家”教育理念也对其后代的发展有重要影响。据孙成甫《墓表》，成甫早年曾对两个儿子说：“惟耕可以足食，读书可以起家，此汝曹所当勉也。”在孙成甫晚年，他“迁（孙）敬为乡校生，从师习诗书”，而“命长子力其家务”，自己“栖迟田园，日无所事”[5]。孙成甫对家族的发展有着整体规划，其家族通过辛勤经营，又逢明初特殊的时代机遇，才得以读书入仕。可以说，孙氏家族是中国传统社会中经营型地主通过文教上升为身份性缙绅地主的典型。

在从庶民阶层向士人阶层流动的过程中，孙氏出现了彰显精英身份和凝聚乡党宗族的倾向。例如，孙成甫构筑厅堂以资“燕休”，又致力于乡村的公益救济事业，诚出于炫耀性消费需求和维持乡里社会的责任感。孙敬请求当朝名士为自家厅堂题词，更是这种心理的反应。孙氏对士大夫身份的彰显，还体现在丧葬习俗上，孙成甫已经做到“母没，治丧葬尽礼”[6]，而孙敬在父亲得到追赠官阶后，即刻上疏请求皇帝赐予孙成甫《墓

---

[1] ［明］王洪:《积善堂记》,《渤海孙氏积善堂题赞手卷》，中国国家图书馆藏，未刊本。

[2] 《诸司执掌》卷一《吏部・选部・选官》,《玄览堂丛书初辑》第12册，台北：正中书局，1981年，第6页。

[3] 明代中期以后唯重进士，“举贡日益轻”。见《明史》卷六九《选举志一》，北京：中华书局，1974年，第1679页。

[4] ［明］李默:《吏部执掌》《文选三・举监考选》,《四库全书存目丛书》史部第258册，济南：齐鲁书社，1996年，第67页。

[5] ［明］王英:《大明赠奉直大夫兵部武库清吏司员外郎孙公墓表》,《渤海积善堂孙氏家谱》，2001年重修本，未刊本。

[6] ［明］王英:《大明赠奉直大夫兵部武库清吏司员外郎孙公墓表》,《渤海积善堂孙氏家谱》，2001年重修本，未刊本。

表》以表彰之。但是孙氏的宗族意识和活动尚停留在较粗浅的层面上。

三、“故家隐德”思想在孙氏家族中的接受与继承

综上不难发现这样一个问题，即积善堂孙氏家族在明初的宗族组织状况及其在乡里社会的地位，与《积善堂手卷》中记载有所出入。如果把这种差异单纯理解为应酬文学的夸张特色似乎浅薄。为《积善堂手卷》诸题词定下基调的是曾棨的《积善堂记》，该记中表现出强烈的“隐德”观念和对乡里世家大族的推崇，这些思想的产生应与曾棨的个人经历密切相关。

曾棨家族自宋代散居江西南丰、庐陵一带，祖先科第连绵，累世公卿。据《西野曾公墓志铭》载，曾棨高祖曾晞颜官至宋“兵部侍郎、江西湖南安抚使”，伯祖曾德裕是元“翰林直学士”，祖父曾巽申是元“翰林修编知制诰”❶。对家族的荣耀历史，曾棨充满自豪感，他曾遗诗其弟曾鼎曰：“旧业青氊阀阅崇，科名幸尔亢吾宗。谱传东鲁先贤后，家住南唐旧社中。”❷成长在具有悠久士大夫传统的家族中，曾棨秉持一整套优抚宗族的理念。例如曾棨有从兄没入军籍戍边辽东，二人在北京离别时，曾棨赠长诗一首，现节录部分：

别来几时伯父死，祖业尽荒遗二姊。大姊有家仲姊亡，一门骨肉今能几。兄去从军良苦辛，漂泊天涯惟此身……莫言碌碌军籍中，丈夫讵肯悲途穷。不见谢杨起微贱，唐史尤传第一功。❸

曾棨对故乡的怀念，对族亲离散的悲痛以及对同宗再度振兴的希望，都明白地通过这首送别诗表达出来。有关积善兴宗的“隐德”思想，也屡次出现在曾氏著作中，在给戴氏有庆堂题诗时曰：

积善由先世，绵绵福泽深。探源从往古，流庆到于今。阀阅存余德，诗书契夙心。□□青琐贵，光价重儒林。❹

曾棨庐陵同乡袁氏亦曾设有积善堂一座并请求曾棨题赞，曾棨另作《积善堂记》一篇：

然一念之善未足以为多，一事之善未足以为美。必也存之于中无一念之不善；见之于行无一事之不善，此岂非善之所积乎？至于一人积之其善或弗彰，一世积之其善或弗

---

❶ ［明］杨荣：《西野曾公墓志铭》，［明］曾棨：《刻曾西野先生集》，《四库全书存目丛书》集部第30册，济南：齐鲁书社，1997年，第80-81页。

❷ ［明］曾棨：《刻曾西野先生集》卷八《华萼集与弟宪副鼎诗十五首》，《四库全书存目丛书》集部第30册，济南：齐鲁书社，1997年，第198页。

❸ ［明］曾棨：《刻曾西野先生集》卷五《北京送从兄复先生还辽东戍役》，《四库全书存目丛书》集部第30册，济南：齐鲁书社，1997年，第146页。

❹ ［明］曾棨：《刻曾西野先生集》卷七《题戴给事中有庆堂》，《四库全书存目丛书》集部第30册，济南：齐鲁书社，1997年，第174页。

扬，故凡善之积也，必祖孙之相承，父作而子述。一世积之，累世积之弗已，则其庆泽之流衍洋溢不及于百世无穷难窥涯涘乎。[1]

相比为孙氏所作《积善堂记》，曾棨的这篇题记更进一步发挥了"隐德"观念。

元末战乱及朱元璋抑制豪强的政策，使得宋代以来构建的缙绅宗族传统受到冲击，整个国家弥漫着小农社会气息。至永乐朝，部分士大夫的"故家"情怀稍稍释放出来，这在宋元以来素称人文荟萃的江西籍士人身上尤为突出。[2]像曾棨这样前朝世家的后代更有强烈的言说欲望，而为孙敬题写堂记就是自我表达的一个绝佳机会。为了更好地阐发自己的"故家隐德"观念，同时兼顾应酬文学的溢美作用，曾棨在《积善堂记》中对孙氏的宦途、家业做了较为夸张的描写。在曾棨之后题写手卷的大臣如杨士奇、王洪、周忱等多系江西出身，与曾氏秉持相近的宗族发展信念，如杨士奇曾言："古所称硕大之宗者，谓学行阀阅，世有继续，虽久远不能无盛衰隆替之异常，要其德善为之本者。"[3]这些同乡同僚当然会继续发扬曾棨的理念。另外一些题词者可能是完全为了应酬，简单模仿了曾棨题记的内容。这都使得《积善堂手卷》呈现的描述与孙氏家族在明初的实际状况有所出入。

实际上，《积善堂手卷》及"故家隐德"理念在孙氏族内有一个再发现、再继承的过程。据万历二十九年（1601 年）孙氏第九代孙国重在手卷之上自作《渤海孙氏积善堂记》：

不肖一日掇拾遗编，偶于笥中得一手卷，展而披阅之，乃始祖先人所制也。先人家怀来，永乐时内徙沧邑，由胄监历夏官员外郎，常作堂以奉亲，而难于名称，翰林曾公暨三杨相公素嘉先人醇厚质朴、岂弟温良，自上世以来，喜好施，饥馑岁而赖全活者千人，遂以积善堂名之，扁于正壁，复为文以纪其盛，盖取《易》"积善必有余庆"之意也。……赠以诗歌，烂然盈帙。大都扬休振美，阐幽显微，鸣我先代世德之盛焉。先人遂演而成卷，固以上慰亲心，亦以下垂后裔哉！不肖捧读再四，感慨不胜，窃谓子孙于先世有怡谋，弗以知，非智也；知，弗以永厥传，非仁也，非仁非智，罪将奚辞。不肖是用拂其尘垢而珍之记室中，匪特爱其诗文之丽，实欲继述先人之家法于不坠云尔。[4]

《积善堂手卷》在孙敬以后没有受到孙氏后代的重视，以致封存箱底，历近二百年方经孙国重之手重见天日。造成这种遗忘现象的原因可能是孙氏没有保持住缙绅的身份，

---

[1] ［明］曾棨：《刻曾西野先生集》卷一〇《记・积善堂记》，《四库全书存目丛书》集部第30册，济南：齐鲁书社，1997 年，第 231 页。

[2] 常建华：《明代宗族研究》第九章《杨士奇之族谱序跋所见宗族与修谱》第四节《泰和及吉安的人文环境与杨士奇的故家论》，上海：上海人民出版社，2005 年，第 386-387 页。

[3] ［明］杨士奇：《东里集》卷三《序・泰和王氏族谱序》，北京：中华书局，1998 年，第 44 页。

[4] ［明］孙国重：《渤海孙氏积善堂记》，《渤海孙氏积善堂题赞手卷》，中国国家图书馆藏，未刊本。

降至平民阶层。[1] 家族缙绅身份的难以维持本是传统中国科举制度调节下阶层流动的普遍现象，但失去缙绅身份后，与之相关的一套礼仪制度和文化观念自然逐步淡漠。孙国重和其兄孙日选乃孙氏家族重登科第者，二人分中万历庚子科举人和万历甲午科举人[2]，由他们开始重新发掘《积善堂手卷》及家族历史，是再正常不过的。而孙国重重拾《积善堂手卷》的万历二十九年（1601 年）作为一个时间节点也非常特殊。经过嘉靖十五年（1536 年）皇帝“放宽官民祭祖的规定”后，晚明社会致力宗族建设的风气大规模普及化[3]，士大夫多投身于家族文献的收集，为构建宗族制度寻找历史依据，这种时代风气必定对孙国重有所影响。

可以说，自孙国重对手卷“拂其尘垢而珍之记室中”后，手卷正式成为孙氏家传承家族荣耀的实体信物。围绕手卷，孙氏秉持世代积善、积极应举的“隐德”观念。这种信念鼓励家族中不断涌现缙绅，而家族精英又把“隐德”的观念作为宗族意识反复宣扬。这种互动关系在康熙朝任山东禹城知县的孙氏后人孙延祉所作《积善堂诗卷抄后跋》中有清晰表达：

> 因思吾祖、父之善如此，吾祖、父积善之验如此，天道之报答与！当时诸名公之赠，如取如携，毫发不爽，是以三百年来科仕连绵，椒条繁茂，祖、父在天之灵当亦心慰也。而今而后，其可不力行乎哉！[4]

在长期的历史中，《积善堂手卷》已经成为整个孙氏家族的精神象征物，与该家族休戚与共。据积善堂孙氏后人回忆，《积善堂手卷》在家族内部世代流传，以仪式化的方式由同辈兄弟中最先取得功名者保管，最后一任按此规制管理手卷的是我国著名古典文学研究家、版本目录学家孙楷第先生，他于1928年毕业于北平师范大学[5]，在当时家族观念中亦可视为一种“功名”。先得功名者保存手卷的规定不知从何时起，但自孙国重之后，孙氏家族确实累代在科举方面较为成功，在明末以至整个清代保持住了缙绅地位，其间手卷的激励作用不可小视。

四、结　语

作为从怀来迁至沧州的移民家族，沧州积善堂孙氏在明初借助国家优厚的移民政策，从庶民地主通过文教上升为缙绅地主。虽然家业尚属草创阶段，但孙氏已经自觉萌生了士大夫的乡邦宗族理念。孙氏早期入仕者孙敬为了彰显家族已有的荣誉，请同朝名宦曾

---

[1] 查询孙氏家谱再对照沧州地方志，可以发现孙敬之后积善堂孙氏长期没有登科入仕者。

[2] （民国）《沧县志》卷八《文献志・人物・选举表》，民国二十二年刊本，《中国方志丛书》，台北：成文出版社，1968 年，第 1050 页。

[3] 常建华：《明代宗族祠庙祭祖礼制及其演变》，《南开学报》，2001 年第 3 期，第 60-67 页。

[4] ［清］孙延祉：《积善堂诗卷抄后跋》，《渤海积善堂孙氏家谱》，2001 年重修本，未刊本。

[5] 杨镰：《孙楷第传略》，《晋阳学刊》，1985 年第 1 期，第 63-67 页。

棨等四十三人为自家厅堂题记，汇成《积善堂手卷》。曾棨等名士结合孙氏先辈慷慨行善的业绩，把自己的“故家隐德”理念通过题记表达出来，而孙敬本人亦对题赞所反映的宗族观念产生了极大的认同感。至明代中后期，孙氏后人孙国重在宗族活动大兴的时代背景下重新发现手卷，借助手卷唤醒了积累“隐德”以助家族繁荣的观念，并将其塑造成孙氏自我内化的家族品格。此后，《积善堂手卷》成为孙氏家族精神的物质载体及宗族凝聚力的来源。

鹅颈塘的移民传说

陈时龙

（中国社会科学院古代史研究所）

关于移民文化与祖先记忆，人们最熟悉的是山西大槐树、江西瓦屑坝、湖北麻城孝感乡和广东南雄珠玑巷。这些被众多家族追认为始迁地的地名，一般也相应地出现在某些特定区域，如华北移民与大槐树，湖北、安徽等地移民与瓦屑坝、四川移民与麻城孝感乡、广东移民与南雄珠玑巷。对于这些问题，也已经积累了相当多的研究。本文研究的目的则是想让学术界了解移民文化中另外一个典型的地名——“鹅颈塘”。在今天湖南南部永州市、郴州市、邵阳市一带，乃至广西北部的全州县一带[1]，众多家族都宣称其始迁祖是从江西吉安鹅颈塘而来。但是，这一现象从未得到学者们的充分研究。笔者尝试利用中国知网进行搜索，以全文搜索，涉及“大槐树”的期刊论文约 1298 篇，“瓦屑坝”16 篇，而涉及“鹅颈塘”却一篇都没有。只有网络上贴出过几篇对谱牒感兴趣的文史研究者或爱好者谈到过鹅颈塘。因此，对于鹅颈塘的研究，可以加深对历史上江西向湖南移民的认识。

一

江西填湖广，是宋代以来的移民大势，而元明之际的迁徙是一个重要时期。推断其迁徙的背景，除了地缘的相近之外，江西人在湖广地区频繁的经济活动，包括从事商业经营也是一个原因。之外，元末明初江西处于朱元璋、陈友谅两大割据集团反复争夺的地带，南昌、吉安等地均是重要的拉锯地带，也加剧了江西居民向相对偏僻的湖南迁徙。例如，湖南湘潭《丁氏三修族谱》对其家族在元末落籍湘潭一事的追述中说：“当是时，江西割据，赋税烦苛。潭邑地方人民寥落，田土荒芜，我祖率室家避地屯业于斯，蕃育子孙。”[2] 在明洪武初年，政府实际上也鼓励由江西向湖广的大规模移民。清乾隆年间匡国奭在《匡氏源流序》中说：“元末，伪汉陈友谅立于武昌，日寻干戈，湖广之民几于靡

---

[1] 广西师范大学历史文化与旅游学院的范玉春教授告诉笔者，她在广西北部境内的家谱中见过不少自称始祖来自江西吉安府鹅颈塘的家族。

[2] 丁泽曛：《（湖南湘潭）丁氏三修族谱・文域公由江右沙湖迁湘潭源流》，1947 年济阳堂木活字本。陈建华、王鹤鸣主编，牟元珪整理：《中国家谱资料选编・家族源流卷》，上海：上海古籍出版社，2013 年，第 6 页。

有孑遗。至戊申洪武元年，明太祖定鼎南京，许移江西之民以实湖南，而三湘七泽之间始有鸡鸣犬吠之声，若吾邑上乡陈、刘、张、王诸姓皆于洪武年间陆续来祁，而吾始祖义宣公年已四十余，于成祖永乐七年始自江西吉安府太和县金华山之阳偕二子仕隆、仕贵携家来祁（阳），卜居于永隆乡之洄水湾。……是时，地广人稀，其家务亦渐次就理，有田百亩零，就近山场数处，屋基一所。”[1] 三口之家迁往祁阳之后，很快就能有田百亩，说明当时湖广一带的人口密度下降，移民很快就可以获得足以使自己温饱的土地。这无疑也进一步鼓励了移民的跟进。从移民的分布来说，江西北部鄱阳湖一带多向鄂东移民，而自宋代以来经济颇为发达的吉安一带（即宋代的吉州、元代的吉州路、明代的吉安府）则多向湖南迁徙。谭其骧先生在论湖南人之由来时，曾利用方志中之氏族表进行分析，统计迁往湖南的氏族中祖籍吉安的最多，有 152 个，其次为南昌，有 88 个，而湖南南部则祖籍吉安者尤多。[2] 那些追忆自己祖籍为吉安鹅颈塘的家族，也多来自湖南南部。

二

2015 年，因为参加在湖南永州市宁远县举行的中国明史学会年会，撰文参会的过程中翻阅了宁远县的一些族谱，当时便对“鹅颈塘”三字留下了很深的印象。例如，湖南宁远县道光丙戌年间修的《王氏宗谱》中称，其家族系自江西吉安迁来。一世祖王友庆，“字充闾，号光远，原籍江西吉安府吉水县土著鹅颈塘。洪武十一年（1378 年）诰授武德将军，出任湖南永州府总营。览其山川秀丽，解组后遂家焉。于元至正丙申年（1356 年）三月初四日卯时生，明永乐壬寅年（1422 年）八月十二日子时没。”又如，宁远县《杨氏族谱》内记载：“（杨）禄安，字文思，原籍江西吉安府卢陵县土著鹅颈塘上塘村，弟兄四，三公留故居。公行二，明初洪武间御乱，获功恩授德武将军，到粤西柳州任职。解组后遂家焉。……生元至元四年（1338年）戊寅九月初九日午时，殁明洪熙元年（1425 年）乙巳二月十六日卯时。”这只是最初笔者所见的些小的资料，实际上家谱所见始迁祖来自鹅颈塘的记载应该非常多，而且因为后来不断地迁徙，又包括云贵、四川的一些家族。[3]

从以上两则材料中，我们至少可以看到以下几点：其一，两姓始祖王友庆与杨禄安

---

[1] 匡良钦等主修：《（湖南祁阳）匡氏思明公四修支谱》，1941 年太和堂木活字本，转引自陈建华、王鹤鸣主编，牟元珪整理：《中国家谱资料选编 · 家族源流卷》上册，上海：上海古籍出版社，2013 年，第 487 页。

[2] 谭其骧：《湖南人由来考》，《谭其骧全集》第一卷，北京：人民出版社，2015 年，第 243-244 页。

[3] 刘继德《江西泰和鹅颈塘——湖南姓氏的集散之地》一文提到湖南不少刘姓家族称祖上是从“江西泰和县鹅颈塘迁来的”，后来迁四川、重庆、贵州的一些刘姓族谱上记载祖先也从鹅颈塘迁来，而湖南其他各姓族谱，包括李、刘、龙、唐、萧、谢、王、张、孙、贺、傅、郑、罗、廖、雷、周、胡、何、邓、彭、文、贾、封、兰、欧阳等 20 多个姓氏都迁自鹅颈塘。参见 http：//www.liushiw.com/bbx/news-1149723.html.

均是以军职移民宁远县，诚如谭其骧先生对湖南移民“犹以明代卫所镇戍之制度，其造成之结果，最为远大”一语的判断；其二，鹅颈塘在王氏的描述中为“江西吉安府吉水县……鹅颈塘”，在杨氏的描述中为“江西吉安府卢（庐）陵县……鹅颈塘上塘村”，虽然所隶属的县不同，或是人们的记忆有误，或是鹅颈塘覆盖的范围极大，在庐陵、吉水、泰和三县之间。其三，当然还有一种可能，即鹅颈塘原本就是一个虚构出来的地名，然而杨氏提到“鹅颈塘上塘村”的信息极为重要，考现今江西吉安市吉州区曲濑乡有“上塘村”，能否从“上塘村”的信息找到更多的线索？然而，既有“上塘村”之说，则鹅颈塘或者不完全是虚构。其四，从以上两个从征、镇戍而最后落籍湖南的例子来看，还无法看到类似于大槐树那样似乎由政府组织的、有计划的、大规模迁徙的传说。

三

较之大槐树、瓦屑坝与明初政府移民相对比较明确的关系而言，鹅颈塘的问题似乎要更复杂一些，因为有材料表示湖南南部不少家族宣称他们是在宋元时代由江西迁到了湖南。湖南南部始设于崇祯十二年的嘉禾县，其地在之前属临武、桂阳两地。民国《嘉禾县图志》记载了几则关于家族始祖的信息：“李文显，以宋中叶自江西鹅颈塘来居石马塘，是为马峰李氏始祖。力田，启宇，开垦山场，占业丰饶，二百年前丁赋殷盛，中经衰替，今渐恢复矣。其分支有乌泥塘、落藤洞等村。”[1]又载：“谢都台，字登云，广法区西头坦平区老新谢家之祖也。官宋四川都御史，始由江西吉安府鹅颈塘迁藕塘，元至正间由藕塘迁西头，西头即西溪。初，都台以宦隐，买田亩颇广。后裔有朝位者力农，是为老谢家，即勉养坊也。初居村侧李樧园有黄李二姓，名曰大分坊，渐见衰落，谢姓遂自李樧园移居正宅，而新谢家又老谢家所分，一谓之上宅谢氏。”[2]当然，谢都台在宋代任“四川都御史”的说法不准确，以宋代并无这样的官制，甚至“都台”两字也可能不是名字，而是对其任官的称呼。这可以看到在关于祖先记忆的问题上材料的模糊与不确定性。然而，这两则材料有一个共同点，就是声称其始祖是在宋代的时候由江西的鹅颈塘迁到湖南的“石马塘”“藕塘”等地。

民国九年（1920年）编纂绥宁《沈氏族谱》的族人在《沈氏族谱源流序》中说：“其所传自鼻祖光照公始，而照公之来实原于光升公，盖升公兄也，照公弟也。历考

[1] （民国）《嘉禾县图志》卷二〇人物第十之二《先民列传第十四》，《中国方志丛书》，台北：成文出版社，1975年，第905页。

[2] （民国）《嘉禾县图志》卷二〇人物第十之二《先民列传第十四》，《中国方志丛书》，台北：成文出版社，1975年，第928页。

其先世，籍江西吉安府太和县鹅颈巷。当南宋时，升公授职指挥，官于岳州，奉使来绥，见其山土腴美，隐怀所得之思，已而解组，相厥攸居，卜吉于武阳大棉溪，筑室家焉。”❶清莫德翰等人在宣统二年（1910年）所撰《邵阳莫氏源流考》中也认为自己家族是从鹅颈大丘而来：“我祖时瑞公初籍江西吉安府，由龙泉县迁太和县谟恒乡圳上鹅胫大坵，元成宗时授指挥职，会陈大夫煽乱，奉命征剿，偕弟必荣公迁武邵江莲荷塘。前辈创修家乘，瑞公以前无传也。盖代远年湮，无从稽考。”❷绥宁县的沈氏也将自己的先祖所居地定在鹅颈巷。这两则材料同样将其先祖自鹅颈塘或鹅颈巷迁到现居地的时间推到南宋或者元朝成宗时期。民国《泰禾县志》还记载：“郭景芳，为石桥区冷水塘郭氏始祖，由江西泰和鹅颈塘来，亦以农创业。”❸虽然没有说郭景芳迁徙的时间在何时，但是像前述的李文显一样，郭景芳的迁徙既不是出于从征，也不是宦游其地后的居留，而就是为了获得生产资料土地从事农业而进行的迁徙。相似的是，这几条资料都将鹅颈大坵或鹅颈巷的地域隶属锁定在江西吉安府的泰和县，而且还牵涉“泰和县圳上”这样一个具体的地名。其实，湖南家谱中对先祖所在地的追述中，“泰和县圳上”也是一个较为频繁出现的地名。这似乎是一个另外的问题，但彼此间却应该有一定的相关性。

如果这几条史料的记载反映的是真实的迁徙历史的话，由鹅颈塘向湘南的迁徙就至少要由明初向前推进200多年。那么，也就是说，从宋到明朝，源源不断地会有移民由鹅颈塘出发向湘南迁徙。这会是历史事实吗？如果这不是历史事实，而只是一种对于祖先记忆的集体的、层累的虚构的话，为什么追溯始迁祖的年代会有从宋代中叶到明朝初年的差别呢？因为按照之前对于南雄珠玑巷与洪洞大槐树的研究来看，这种祖先记忆在家谱中大量出现会相对集中于一个时期，而且对于始迁祖的迁入时间也会相对设置在同一个时代，甚至会有相似的原因与背景。例如，称因为战乱或其他而在宋末即从南雄珠玑巷徙居广州某处的说法，是珠江三角洲地区众多著姓大族中广泛流传的说法，大量出现在明代中叶以降的家谱中，据统计大约有144个族姓的家谱有类似记载。❹但是，在鹅颈塘案例中，时代从宋代中叶一直度越到了明初，迁徙原因也不一样，或从征，或迁徙务农。

---

❶ 沈通杰等主修：《（湖南绥宁）沈氏族谱》，1921年清俊堂木活字本，转引自陈建华、王鹤鸣主编，牟元珪整理：《中国家谱资料选编·家族源流卷》上册，上海：上海古籍出版社，2013年，第440页。

❷ 莫端廷等主修：《（湖南邵阳）邵阳莫氏三修族谱》，1943年彩凤堂木活字本，转引自陈建华、王鹤鸣主编，牟元珪整理：《中国家谱资料选编·家族源流卷》上册，上海：上海古籍出版社，2013年，第698页。

❸（民国）《嘉禾县图志》卷二〇人物第十之二《先民列传第十四》，《中国方志丛书》，台北：成方出版社，1975年。

❹ 曾祥委：《南雄珠玑巷移民的历史与文化》，广州：暨南大学出版社，1995年；冀满红：《民众迁徙、家园符号与地方认同——以洪洞大槐树和南雄珠玑巷移民为中心的探讨》，《史学理论研究》，2011年第2期，第100-109，160页。

四

究竟有没有鹅颈塘？一方面，鹅颈塘可能类似华北移民中的山西大槐树，以及江西向皖鄂两省移民的瓦屑坝，是一种移民史上祖先记忆的累积。另一方面，正如我们刚才谈到的“鹅颈塘上塘村”“太和县谟恒乡圳上鹅胫大坵”，细至乡、村这样的地名记载，让鹅颈塘的历史真实性看似更强，似乎更趋于实指。

那么，如果有鹅颈塘，它又在今天的哪里呢？关于鹅颈塘，学者指出，在不同族谱中还有“鹅掌大丘”“鹅颈大丘”“鹅头大坵”“鹅颈大丘圳”“鹅江大丘”“十八都鹅颈大坵圳上”“鹅公大丘”“鹅颈丘五十二都”“鹅颈邱”“鹅颈头”“鹅颈”等不同的称法。[1]此外，前引史料还看到“鹅颈巷”的记载。纷繁的名称表明其极强的传说性征，就像大槐树、瓦屑坝有不同的称呼一样。[2]而且，正如前述征引史料所见，鹅颈塘在不同的记载中被分置于泰和、庐陵、吉水等不同的县，甚至还有史料谈及鹅颈塘在永宁县，即今井冈山市（并入井冈山市之前的宁冈县）。

初步整理，学者对鹅颈塘的位置有以下几种猜测：（1）泰和县小龙镇一带、仙槎河上游流域。例如，刘继德先生认为，鹅颈塘应该是一个地名，“大致地形是一块丘陵，像一只天鹅，有一个弯弯的细长的像天鹅脖子一样的山冲或者交通要道，有山，有水，有路，可能还有塘，并且离吉安府及泰和县城不远”，并且进而说泰和县仙槎乡辖 9~18 都，有一条名叫仙槎河的小河流经小龙、中龙、灌溪、樟塘三镇一乡 13 个村，在樟塘乡境内与仁善河、宁溪河相汇后，在江北村注入赣江。因此，据“鹅颈塘”的另一名称“十八都鹅颈大坵圳上”推测，这“鹅颈塘”大约在今天的泰和县的小龙镇一带、仙槎河上游流域。（2）泰和县刁子口渡口（大公庙附近），因为那里的地形像鹅的颈，才叫鹅公大丘颈渡口。（3）泰和鹅颈下村。吉安文史学者汪泰荣先生说，鹅颈大丘今名鹅颈下，在中龙百记村（今乡政府所在地）北三百米鹅公岭下。（4）万安县鹅颈头。以上这些地点均多指向泰和，但前述资料谈到鹅颈塘或在吉水，或在庐陵塘下村附近。有族谱记载中还谈到过永宁鹅颈塘。然而，可以想见，至今为止，在现有的研究状况下，想要以考证的鹅颈塘的地址的落实还有巨大的难度。

---

[1] http：//www.liushiw.com/bbx/news-1149723.html。

[2] 关于大槐树的传说，同样有“大槐树下老鸹窝”“大槐树村”“山西洪洞县老鹳窝卢家村”等名称，参见赵世瑜：《祖先记忆、家园象征与族群记忆——山西洪洞大槐树传说解析》，《说不尽的大槐树——祖先记忆、家园象征与族群历史》，北京：北京师范大学出版社，2018 年，第 13-15 页。瓦屑坝也有“尾屑坝”等不同称呼。同治年间黄冈周氏的《周氏根源序》中写道：“我祖秀乔公，妣施氏，生子元一、仪二、胜三，时因兵燹，率妻子由江右余干乐平兼界之尾屑坝迁湖北黄冈上新洲渡河西北里许之龙口而居之。”参见周酉经：《黄冈周氏宗谱》（1924 年用里堂木活字本），转引自陈建华、王鹤鸣主编，牟元珪整理：《中国家谱资料选编 · 家族源流卷》上册，上海：上海古籍出版社，2013 年，第 512 页。

五

那么，怎么来看待许多家谱宣称自己的先祖居于鹅颈塘这个现象？其实一些湖南家谱的纂修者都对于这种追溯表达了自己的疑问，故而在家谱中也往往呈现矛盾的陈述。湖南益阳的萧氏后裔萧岭南等人在清嘉庆九年（1804 年）编族谱时在《益阳桃江萧氏一修族谱源流序》中写道："谱所以明本末源流之叙也，摭拾攀援近于诬，故贵存其真，而伪者不与焉。若穷流溯远，上至秦汉，名宦显达，何族蔑有，而曰某某吾姓所自出也，某某吾祖所发祥也，附会夸大，则谱以修而族明，族反以谱修而宗乱，识者讥焉。余族世居吴西，太和以前者姑弗深考，惟断自迁于益者，始则祥荣公，明弘治时家八里大华冲，为肇基之祖。"这篇序文虽然将先祖所居地追溯到吴西太和，即江西的泰和县，但是并未明确提到鹅颈塘。然而，到光绪三十四年（1908 年）萧大蓬的《考证源流序》中，却对先祖的始居地记载非常详细："始祖兴朝公，自吴西吉安府吉水县鹅颈大坵圳上土地生长，昆季有四，于大明成化时同徙南楚，分处落业，大伯祖兴国公居星沙浏阳门白马庙，后复迁二里马迹塘。二伯祖兴明公居湘乡县。始祖兴朝公偕弟兴安居益邑九里桃花江西溪坪，为肇基之祖。"[1]何以 100 年前对于先祖的追述只能是"太和以前姑弗深考"，而百年之后的追述反而日益详尽，却又不称出于"太和"，而称出于"吉安府吉水县鹅颈大坵圳上"？时代越往后，记述的"事实"反而越详尽，这种现象不能不让人起疑。

因此，在对待这一问题上，若是拘于考证，则往往显得荒诞不经。这不仅是我们今天面临的疑惑，古人已然如此。清末的岑兆瑞在《（广东恩平）恩平岑氏家谱》（清光绪二十年刻本）中有一篇《珠玑辟谬》，即谈道："吾邑民居甚众，叩其祖先，多称自南雄珠玑巷来者。考我《岑氏家谱》，或称尧俊公迁家岭南，始居南雄珠玑巷，或称宗宽公由珠玑巷迁九江，本谱所志已自相矛盾。"岑兆瑞因此称此类传说为"齐东野语"。[2]可见，涉及移民传说，大凡想要依赖现有的文字材料来做考证，就会发现传说的"荒诞不经"。但是，如何理解这种"荒诞不经"，才是重要的。

---

[1] 萧大汲等修：《（湖南益阳）桃江萧氏四修族谱》，1947 年兰陵堂木活字本，转引自陈建华、王鹤鸣主编，牟元珪整理：《中国家谱资料选编·家族源流卷》下册，上海：上海古籍出版社，2013 年，第 1499 页。

[2] 陈建华、王鹤鸣主编，牟元珪整理：《中国家谱资料选编·家族源流卷》上册，上海：上海古籍出版社，2013 年，第 325 页。

六

作为一个小结，想对目前对鹅颈塘这个问题的认识作一个概括。从地点的跨度来说，鹅颈塘的跨度很大。目前鹅颈塘的地点争议最大，只能定位到吉安府，而史料反映出来吉安府所属的永宁县、万安县、永丰县、吉水县、泰和县、庐陵县都有可能是鹅颈塘所在。相比于大槐树可以界定到山西洪洞县，这个跨度有点大。从时间跨度来说，现在可知的有称其自宋代从江西吉安鹅颈塘迁来的说法，有元代中期从鹅颈巷迁来的说法，而迁徙的原因也很多样，这对于鹅颈塘如何成为湖南的江西移民的共同追忆的成因就更复杂而费解。因此，对于鹅颈塘的研究，还只是刚刚开始，只是刚刚提出了一个问题。我们接下来要做的，一是对各种相对可信的族谱材料进行更广泛的搜集，然后利用族谱材料的信息进行更多的田野调查，再来进行归纳和总结，才可能得到一个相对稳妥的结论。

明清太原商业市镇初探
——以永安堡为例

高春平

[山西省社会科学院（省政府发展研究中心）]

明清太原府作为北国军事重镇、省会城市和晋商一大都会，其市镇格局以商业型最为典型。从明朝后期嘉靖、万历年间至清朝道光年间，晋商一直在全国商界领先，逐渐进入鼎盛辉煌期。但在晋商内部却有一个明显的变化，这就是经明末到清初发展，晋商的中心区域呈现由南向北推进的态势，“晋中盆地商人崛起，逐渐超过晋南和晋东南的商人，取得了代表晋商的资格”[1]。直到道光年间，以票号为代表的晋中商人一直蜚声国内外，开创了金融业、茶票庄、商贸业、物流业等行业的先河。咸丰三年广西道监察御史章嗣衡在奏折中介绍了晋中一带资产富庶情况：“山西太谷县之孙姓富约二千万，曹姓、贾姓富各四五百万、平遥之侯姓、介休之张姓，富各三四百万。榆次之许姓、王姓聚族而居，计阖族家资各千万。介休县百万之家以十计，祁县百万之家以数十计。”[2]由于晋商的商品经营范围的广泛与商品经济的繁荣，明清有一大批商业市镇崛起，集中于太原、晋中地区，譬如汾州府平遥县的洪善镇、汾阳县的杏花村镇、介休县张兰镇、义棠镇等，光绪《平遥县志》更是十分肯定地记述平遥已富甲全省：“平遥地当冲要，实为川陕通衢，富贾云屯，甲于晋省”此外，省城太原府晋祠镇、北格镇、小店镇、古交镇、石岭关镇、天门关镇等，太原府治所在地阳曲县内的阳曲镇、青龙镇、故县镇、东黄水镇、杨兴镇、大盂镇、向阳镇、河口镇等；榆次县的鸣谦镇、源涡镇、王胡镇、东阳镇、郭家堡镇；文水县的开栅镇；祁县的东观镇、贾令镇、来远镇、子洪镇等；太谷县及所属阳邑镇、范村镇、白城镇、白村镇，以及徐沟县徐沟镇、王答镇、同戈镇、高白镇、集义镇等等。榆次、徐沟等地商业市镇数量增多。太原府属祁县、太谷与汾州府的平遥县在地理上紧邻，处于太原府与汾州府的交界处，与各省通衢相连，在经济上并驾齐驱，晋商活动最为频繁，富商颇多，市镇商业化程度较高，这是因为明清两代经济发达，商业、金融大为发展，开创茶庄、票号，汇兑业务发达。民间素有“金太谷，银祁县，吃不完米面的榆次县”[3]之说。

---

❶ 赵荣达：《历史广角析晋商》，载穆文瑛主编：《晋商史料与研究》，太原：山西人民出版社，2001年，第8页。

❷ ［清］（咸丰）《军机处录》，咸丰三年十月十三日条，收藏于中国第一历史档案馆。

❸ 山西省政协《晋商史料全览》编辑委员会、吕梁市政协《晋商史料全览·吕梁卷》编辑委员会：《晋商史料全览·吕梁卷》之《商颜·民俗·艺文》“谚语”条，太原：山西人民出版社，山西古籍出版社，2006年，第513页。

清代后期，由于西方帝国主义列强的入侵和清政府的腐败无能，晋商势力整体上日渐衰退，步入坡路。但太原府的市镇得到了新的发展。鸦片战争，特别是甲午战争之后，西方帝国主义用枪炮打开了中国的大门，增开五口通商口岸，洋货大量涌入中国市场，“洋行”深入内地，收购矿产品、皮毛、药材等工业原料和农村土特产品，沉重地打击了内地的手工业，并使山西商人活动和钱行的舞台逐渐缩小。另外，洋灯、洋袜子、洋布、洋毛巾、洋钟表、洋车子、洋火、洋旱烟等“洋”商品不断地输入山西。此外，正太铁路的开通为沿线物资交流打开了新局面。光绪三十三年（1907年）十月，历时十六个月的正太铁路第六段“段廷—东赵—北合流—榆次—鸣李—北营—太原段修成”，标志着正太铁路全线通车，该段“约长48千米，东段属寿阳，中段属榆次，西段属太原。工程基本在太原盆地施工，是正太路最容易修的一段。当时山西境内的两个大站都在这段：第一大站太原，建在新南门外，第二大站榆次，建在北关，所以叫榆次北站”。❶ 正太铁路太原段的开通，促进了太原府沿线城市与市镇的商业发展。

正如谭其骧先生所说，在工商业方面，“山西的商人在明清两代是很出名的……到了明清两代，山西人会做买卖这个传统更进一步发展，对全国的经济发生了很大的影响。”❷ 他指的就是叱咤中国商界500年的晋商，它对于太原府乃至山西全省的商业经济发展产生了很大的影响，极大地带动了省境内商业市镇的发展。

一、明清太原府商业市镇的时空分布特点及主要市镇的内部构造

1. 明清太原府商业市镇的时空分布特点

考察商业市镇的时空间分布，旨在研究不同时期商业市镇在一定区域空间中的疏密程度、物流状况及其与地理环境的关系，地理环境不仅包括自然地理，也包括人文地理，从而发现市镇的分布规律（见表1）。

表1　明清时期太原府各区域主要商业市镇密度及分布情况

太原府所属区域	县数/个		面积/平方千米		主要商业市镇数量/个		主要商业市镇密度/‰	
	明	清	明	清	明	清	明	清
晋北	6	—	44 537	—	0	—	0	—
晋西北	2	2	10 583		0	5	0	0.472

❶ 崔凡志等主编：《山西历代纪事本末》，北京：商务印书馆，1999年，第774页。

❷ 谭其骧：《山西在国史上的地位——应山西史学会之邀在山西大学所作报告的记录》，《晋阳学刊》，1981年第5期，第7页。

续表

太原府所属区域	县数/个		面积/平方千米		主要商业市镇数量/个		主要商业市镇密度/‰	
	明	清	明	清	明	清	明	清
晋东	3	—	27 172	—	1	—	0.037	—
晋中	9	8	28 425		3	18	0.106	0.708

资料来源：面积基于当今数据基础。谭其骧主编:《中国历史地图集》第七册《元·明时期》，北京：中国地图出版社，1982年，第54页;《中国历史地图集》第八册《清时期》，北京：中国地图出版社，1982年，第20页。注：本文将明清两代太原府保德州、代州、忻州等地划为晋北地区，岢岚州划为晋西北地区，平定州划为晋东地区，剩余太原盆地各县划入晋中地区。

从横向来比较，明代晋中主要商业市镇的密度最大，其次为晋东地区，晋北与晋西北几乎没有商业市镇记载；清代晋中地区仍旧是商镇密度最大的区域，大于晋西北。从纵向来看，清代晋中地区与晋西北地区的密度远高于明代。由此可以得出，太原府在明清两代，晋中地区都是主要商业市镇分布较密集的地区。

2. 太原府市镇在清代的兴废变化及其分布密度

太原盆地晋中诸县在明代以祁县柏团镇、平遥洪善镇最为突出，其他如榆次县也有市镇。据万历《榆次县志》，当时有4镇，即源涡镇、王胡镇、东阳镇和永康镇。在康熙时，新增北田镇，乾隆时期，又增加了什贴镇、鸣谦镇与怀仁镇。清朝末年，榆次又出现长宁镇、南要镇、要村镇、六堡镇、使赵镇、大峪口镇。同样，由于社会变迁，各县情况又不尽一致，有些市集因战乱、天灾或交通的改变也被逐渐废弃。例如，祁县至光绪年间有4村集废。[1] 寿阳县有3镇废集市。[2] 乾隆时兴县乡村有6个集市已废。[3] 从时间上看，光绪年间诸县废市相对较多或与光绪三年（1877年）自然灾害有关。市镇变化不一，相差著录有差异。该区市镇的发展与明清时期商品经济的活跃及地区商业经济的活跃是一致的，表现在部分商品经济活跃区市镇数量有所增加。从《嘉庆重修一统志》与《清史稿·地理志》中所记载的晋中各县市镇数量的不同，或可窥探出不同时期即嘉庆年间至清朝末年市镇的数量变化（见表2）。

表2 《嘉庆重修一统志》与《清史稿·地理志》所载晋中市镇

县名	《嘉庆重修一统志》所载市镇	数量/个	《清史稿·地理志》所载市镇	数量/个
祁县	子洪镇、盘陀镇、团柏镇、贾令镇、白圭镇、来远镇、北关镇、新韩镇	9	子洪镇、盘陀镇 团柏镇、贾令镇	4

❶ [清]刘发岏、李芬修:（光绪）《祁县志》卷二《疆域·市镇》，光绪八年刻本。

❷ [清]白昶修:（光绪）《寿阳县志》卷一《舆地志·市镇》，光绪八年刻本。

❸ [清]蓝山篆修:（乾隆）《兴县志》卷四《集市》，光绪六年刻本。

续表

县名	《嘉庆重修一统志》所载市镇	数量/个	《清史稿·地理志》所载市镇	数量/个
太谷	范村镇	1	范村镇	1
榆次	源涡镇、东阳镇、永康镇、王胡镇、什贴镇	5	源涡镇、什贴镇	2
徐沟	故驿镇、尧城镇、高白镇	3	故驿镇	1
文水	孝义镇、开栅镇	2	孝义镇	1
岚县	东村镇、大贤镇、普明镇、合会镇、上明镇、百里镇、大蛇头镇、河口镇	8	东村镇	1

资料来源:[清]穆张阿:《嘉庆重修一统志》。

从表2中可以看出,《清史稿·地理志》所载各县市镇数量明显少于《嘉庆重修一统志》所录,且《清史稿·地理志》所载一般不是兴起的新镇,而是嘉庆年间所载中仅保留的镇,或可推断,清末这些难得被记下来的市镇,仍旧发挥着重要的作用,而未被继续记载下来的市镇可以理解为:“嘉庆以后有些镇已不再是建置镇,其发挥市镇作用的其他镇当是自然镇,或按市镇的一般概念的镇。”❶ 可以说,这些被遗录的镇,仅仅发挥着商业性的作用,而其重要的建制作用已经逐渐削弱。

笔者试图从史料中探究明万历十年(1582年)与清嘉庆二十五年(1820年)比较重要的市镇及其密度(见表3)。

表3 明清时期太原府各县主要商业市镇密度及分布情况

太原府所领县	面积/平方千米		重要的商业市镇数量/个		商业市镇密度/%	
	明	清	明	清	明	清
河曲(保德州)	5793	—	0	—	0	—
五台(代州)	12 362	—	0	—	0	—
繁峙(代州)	7963	—	0	—	0	—
崞(代州)	6973	—	0	—	0	—
静乐(忻州)	9953	—	0	—	0	—
岚县(岢岚州)	5109		0	5	0	0.098
兴县(岢岚州)	5474		0	0	0	0

❶ 刘景纯:《清代黄土高原地区城镇地理研究》,北京:中华书局,2005年,第129页。

续表

太原府所领县	面积/平方千米		重要的商业市镇数量/个		商业市镇密度/%	
	明	清	明	清	明	清
寿阳（平定州）	6901	—	0	—	0	—
乐平（平定州）	5341	—	1	—	0.019	—
盂县（平定州）	14 930	—	0	—	0	—
定襄（忻州）	1493	—	0	—	0	—
阳曲	5972		0	2	0	0.033
太原	1402		0	3	0	0.214
榆次	4231		0	5	0	0.118
交城	9854		0	0	0	0
祁县	785		2	4	0.255	0.510
文水	3110		0	2	0	0.643
太谷	2372		1	1	0.422	0.422
徐沟（清源县于乾隆二十九年省入徐沟）	699		0	1	0	0.143

资料来源：《中国历史地图集》第七册《元・明时期》，北京：中国地图出版社，1982 年，第 54 页；《中国历史地图集》第八册《清时期》，北京：中国地图出版社，1982 年，第 20 页。

二、明清太原府市镇形制

市镇形制是指镇区的宏观结构模式。黄土高原城镇研究学者刘景纯研究了《嘉庆重修一统志》“关隘”部分中关于“镇”的两种不同表述，一种为描述了镇的名称、方位与所筑城堡，如槐安镇：县北一百五十里，道路宽平，最为要害。宋范仲淹置镇，北控安寨川。明成化中增筑城堡，周六里；另一种只交待了某镇的名称与方位，譬如太白镇和凤川镇，只分别说在合水县东一百二十里和东北五十里，没有城或堡的说明。他由此推断，清代黄土高原地区市镇有城墙围护和无城墙建置的区别。❶

明代时一个市镇是否有城墙，是和它的行政建制和军防作用有关的，并影响着该市镇布局与形制。稍具规模的有墙市镇，城周一般为 1.5 千米、2 千米、3 千米等或与一些

❶ 刘景纯：《清代黄土高原地区城镇地理研究》，北京：中华书局，2005 年，第 300 页。

县城规模相当，它们或有一定规划的复式街区市镇，如太原府榆次县东阳镇。明代东阳镇建制时，与源涡、王胡、永康合称四大镇，素有“小太谷”之称。嘉靖二十年（1541年），北方蒙古族俺答汗扰掠榆次。第二年，一些较大且富有的村子开始陆续建堡城，其中东阳镇较具规模，“其城周750丈，东西南北门上各建城楼，并筑警铺多处”❶，是榆次县市镇中最大的一个。东阳堡“在县西南五里，周七百五十丈，西南北有门，各建楼为警铺，明嘉靖二十一年筑，清咸丰三年补修”❷。该镇有东、西、南、北四门，至少也应有四条街道。与此相类者尚有该县鸣谦镇，只不过该镇为避俺答攻击，嘉靖二十一年（1542年）后封闭了北门，仅剩东、南、西三门，但四条主街结构未变。有的市镇只有两座城门，规模稍微小一些，唯一的一条主街由两门相通而构成，沿街设置了一些店铺。相较有城墙市镇而言，无城墙的市镇发展相对自由一些。

学者刘景纯研究发现，相对于江南市镇“依河设市，夹岸为街”❸的依赖水陆交通设置的市镇形制，“黄土高原地区市镇则以陆路交通沿线设市，夹路为街，或临路为街。不论是依河还是靠路设市，其本质相同，即都是对各自地域交通状况的依赖和利用。而寻求交通结点，依赖并利用交通网络以实现便民和追求最大限度的商业利润正是市镇本质特征的反映。”❹说明包括太原府在内的黄土高原市镇其交通线路分布，决定了市镇的内部宏观结构布局，譬如街道与城门数量与走向。有以下四种布局情况，如果交通结构是直线形那么“街市沿交通道路两边布设，夹路成市，有城墙者有两门，一进一出，形成‘一’字形街市”；如果交通线为“丁”字形，即一条直线与另一条直线中段垂直，那么街市会“丁”字口开始向外伸展，形成以交叉点为中心的三条街市，表现在有城墙市镇中有三门（或东、西、南，或南、北、东等式组合），这是丁字形市镇；如果有两条道路相交形成“十”字路口，那么会形成从“十”字口兴起，沿四条线辐射外伸的“十”字形市镇，城墙市镇中的四门城往往也是这种形制；还有一种由半环形沟谷或在河山之间的地形所决定的半环形交通道路，大多数会形成半环形市镇。❺

可以看出，各地交通与地理环境条件决定了市镇街道走向，而市镇的街道走向又进一步影响了它的商业布局、形制与规模。尤其是地处黄土高原的太原府市镇，相较于江南市镇尚欠成熟，人文环境的影响远不如地理要素的作用。

三、太原府商业市镇的内部空间构造——以太原县永安堡为例

内部地理空间要素及构造相较于市镇形制而言，属于一个地理要素的微观层面，从

❶ 山西省榆次市志编纂委员会编：《榆次市志》卷五《乡（镇）村》，北京：中华书局，1996年，第222页。
❷ 张敬颢：《榆次县志》卷三《驿堡寨》“东阳堡”条，1942年（民国三十一年）铅印本，第11页。
❸ 包伟民主编：《江南市镇及其近代命运》，北京：知识出版社，1998年，第98页。
❹ 刘景纯：《清代黄土高原地区城镇地理研究》，北京：中华书局，2005年，第301页。
❺ 刘景纯：《清代黄土高原地区城镇地理研究》，北京：中华书局，2005年，第302页。

其中更可以感知其空间布局。姑以太原府太原县小店镇为例，做一探讨。

明清时期太原县小店镇位于今太原市南部小店区小店村，晋中盆地北部，汾河与涧河的冲积平原上。明清两代属于太原县管辖，是太原县四大古镇之一。小店镇东与南黑窑村、下庄村相邻，南靠巩家堡、李家庄；西隔汾河与庞家寨、古寨村相望；北与加节村、城西村、红寺村相连。东西宽 2.5 千米，南北长 4 千米，面积约 10 平方千米。地形平坦，交通便利，四通八达。东距榆次约 16 千米，南距清徐县城 28 千米，西距太原县城 8 千米、晋祠镇 13 千米，北距太原府阳曲县中心 15 千米。❶

北宋太平兴国四年（979 年）宋太宗赵光义率军三下河东攻打北汉，因晋阳城高墙体坚厚，久攻不下，便决晋水灌城，终于夺取晋阳。此后，宋太宗觉得太原这个地方是隋末李家父子晋阳起兵的龙兴之地，便大肆毁城，削掉北边龙舟山，在今太原市小店区北部筑新城名“平晋”。雍熙二年（985 年）改称“平晋县”，小店村属之，取“永安”二字命名小店，遂称“永安堡”。

宋《大诏令集》记载：“今既荡平‘晋阳’，当令众庶，永保安宁。”❷ 明嘉靖十九年（1540 年）为防蒙古部落进犯，筑永安堡，为小店镇前身，史载：“堡墙高二丈八尺，堡周长四百丈，堡外有城壕，深一丈五尺，宽九尺。”❸《小店村志》记载了该堡面积：“南北长四百公尺，东西宽二百公尺”❹。按照古代度量衡换算成现今的尺寸可推断，小店堡高约 87 米，周长约 12 440 米，其中南北长约 400 米，东西长约 200 米，规模可观。可见当时小店镇四面设有城墙，形制完整，而且交通便利。中华人民共和国成立之前，村内有凤凰街、南官道、草市街、东马道、西马道、堡西街六条大街道，沿街有大小商铺三十余家，与沿街道的公共建筑设施，形成一定格局。村中建有大小七座庙宇，分别为真武庙、奶奶庙、宝莲寺（南寺庙）、文昌庙、关帝庙、河神庙、吕祖庙等。有一座小学。小店镇总建筑面积 6800 余平方米，村内旧式砖木结构楼有五座，是比较高的建筑，分别在纪吉祥、隆胜和、侯全喜、纪二娃院内，南门阁一座。下面用一幅 1936 年全面抗战前的示意图（见图 1）来窥探明清时期小店镇的空间结构布局。❺

---

❶ 小店村志编纂委员会:《小店村志》第二章《建置》第一节《位置境域》，太原：山西古籍出版社，1999年，第53 页。

❷ 太原市地方志编纂委员会编:《太原市志（一）》卷一《建制 · 方域》，太原：山西古籍出版社，1999年，第80页。

❸ 小店村志编纂委员会:《小店村志》第二章《建置》第一节《位置境域》，太原：山西古籍出版社，1999年，第53 页。

❹ 小店村志编纂委员会:《小店村志》第二章《建置》第二节《沿革隶属》之《永安堡示意图》，太原：山西古籍出版社，1999 年，第 54 页。

❺ 小店村志编纂委员会:《小店村志》第十章《村庄建设》第一节《公共设施》，太原：山西古籍出版社，1999年，第 221 页。

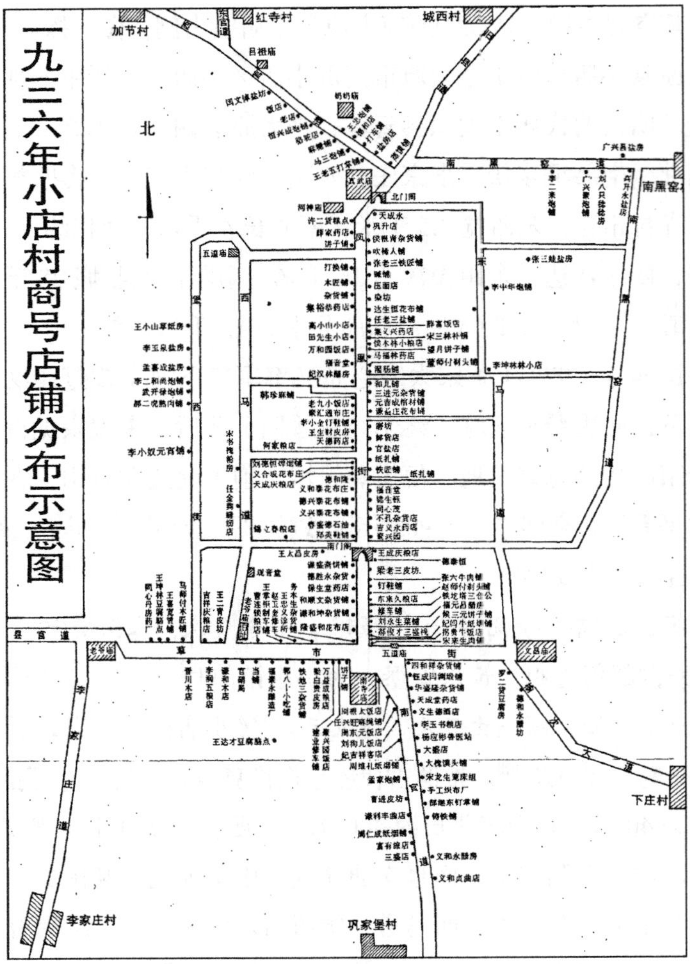

图 1　民国时期小店村布局图

明清时期小店镇为典型的“二门城”，两道门为南北方向的南门阁与北门阁，城内主要街道是凤凰街。“二门城依城门关系有直对和非直对之分。直对又有东西对与南北对，分别形成一条主干街。这种结构一般在规则方形城中形成。”❶北门阁并不在南门阁正北面，而是在面向城外旧县道的西北方向，说明它属于非直对城门，这可能与地形、交通有绝大关系，也与讲究风水有关系，“四隅城门应避开不吉利的凶位”❷。凤凰街东西两侧分别为西马道与东马道，西马道西侧为堡西街，这四条街道为小店镇南北最主要的街道。在南门阁以南分布着东西向的最主要街道——草市街，其他南城门外的南北向街道有李家庄道，连接草市街西北，向南通往李家庄；往东有南官道，北接凤凰街与草市街，通向巩家堡村；最东有榆次大道，北接东马道南与草市街东，通向下庄村。北关门外有四条道路，分别为通向西北加节村、红寺村的西官道，通向西北城西村的旧县道，通向

❶ 刘景纯:《清代黄土高原地区城镇地理研究》，北京：中华书局，2005 年，第 310 页。
❷ 刘沛林:《风水·中国人的环境观》，上海：上海三联书店，2001 年，第 212 页。

镇西黑窑村的两条南黑窑道。其中最主要的城外街道为南官道。几个主干道延伸出一些东西向的小街巷。可以看出，无论是主干道还是小街巷，其走向大多比较清晰，形态规整。这样的格网状路网格局属于中国封建社会传统的街道结构：即“以规划粗放的大街廓网格与各自生长的小街巷的叠加的道路肌理”[1]。从图 1 不难看出，南官道商铺不在少数，因其承担了重要的交通枢纽功能，以至于其商业功能突出。

明清盛时，小店堡“有大小庙堂十二座”[2]，观察小店镇的寺庙分布可以看出，他们大多分布在交通便利的地方，特别是街道的交叉口或者邻近街道两侧的地方，比如南门阁西南的老爷庙，位于李家庄街与草市街的交叉口，南寺庙与五道庙位于凤凰街与草市街、南官道的交叉口，文昌庙位于东马道与草市街的交叉口。其余的寺庙如奶奶庙尽管不完全位于交叉口，但也在街边明显的位置，距离岔口也不远。总体而言，位于小店镇区内的寺庙有真武庙、河神庙、五道庙、观音堂，这些寺庙位于镇区街道凤凰街西侧，其余寺庙均位于南北阁门外，这些寺庙整体呈点状分布。镇北分布着吕祖庙、奶奶庙、真武庙、河神庙，其中真武庙与南门阁南北正对，遥遥相望，连接市镇主要街道凤凰街，足以说明真武庙对于小店镇的地位；镇西为五道庙；镇西南南门阁西侧为观音堂、再往西则为老爷庙，五道庙与南寺庙分布于镇南，东南为文昌庙。可以看出，镇的北部分布着相对较多的寺庙。小店镇的寺庙不仅是宗教空间，也是交易空间。这一点着重体现在庙会上。最早的庙会先于集市起源于明末清初，直到中华人民共和国成后的一段时间还在延续。

“每年举办三次庙会，即农历正月二十八、五月初一、八月十一。正月二十八庙会，是欢庆奶奶庙送花花和村民为春耕生产购买所需生产资料举办的。五月初一庙会，是文昌庙、老爷庙的庆典，村民为‘三夏’农事工作做准备而举办的。八月十一庙会是庆贺真武庙、南寺庙神灵之诞辰，迎贺八月十五中秋节，同时为‘三秋’大忙农事活动做准备。”[3]

最初小店镇因紧邻官道，西渡汾河可达太原县，因而人流量较大，先是在渡口东岸设几家小店，后商贾集聚，发展为村，称为“小店”。整体上看，小店镇商铺林立，大多沿街道两侧分布，相较而言，市镇的中心街道凤凰街两侧分布的店铺最多，其总量约为 84 个，与其他街道店铺的总和相当。可见，主要街道的地理位置人流量总次数之多，对商业发展的重要性。其次，南门外草市集街两侧也是店铺众多，商业发达的区域。这是因为，南门外草市集历来就是集市发达的地方。自明末清初开始，小店镇逢每月双日

---

[1] 曾珊珊、石飞、徐建刚：《中国城市街道模式与居民出行方式互动关系》，《城市规划》，2016年第3期，第9页。

[2] 小店村志编纂委员会：《小店村志》第二章《建置》第二节《沿革隶属》之《永安堡示意图》，太原：山西古籍出版社，1999 年，第 54 页。

[3] 小店村志编纂委员会：《小店村志》第三节《集市庙会》，太原：山西古籍出版社，1999 年，第 219 页。

赶集，称为“双日集”，地点“在南寺庙西口至堡西街南口的草市街，南寺庙前至南门阁、文昌庙前”❶。这里称为集市胜地或与其交通便利有关，草市街位于镇内主干道与镇外南官道的交叉处，四周邻村游人来此非常方便。小店镇每年春节前的年集应该也是在此举行，史载“每年腊月十六赶年集，截止腊月三十日（除夕）。本村商号及外村商人，纷纷在集市上售摊卖各种年货”❷。此后，草市集周围就逐渐成为小店镇南门阁外最重要的商业区。

小店镇店铺行业繁多，如官盐店、熟食店、豆腐坊、熟肉店、饼子铺、生肉铺、鲜食店、五粮店烟铺、炮铺（远离市镇中心）、布铺、绸缎铺、杂货铺、鞋铺、药店、铸铁铺、打车铺、首饰铺、木匠铺、盐房、纸房、木店、皮坊、麻绳铺、醋坊、曲坊（相邻）、缝纫店、当铺、旅店、饭店、兽医站、药厂、织布厂等，行业种类丰富，品种齐全。一般来说，加工业或者原材料销售行业离市镇中心比较远，比如市镇西边堡西街的“王小山草纸房”与两家盐房“李玉泉盐房”“孟喜成盐房”，还有两家炮铺。同样，市镇北部与东部也存在若干家炮铺、盐房。这些行业需要特殊加工，或需要大量水源，或需要大量土地空间与资源，所以邻近镇边沿容易获取，且成本较市中心较低，不必担心商品淡季造成的成本亏损。而在市镇中心以及南边草市镇周围的分布中，几乎没有类似行业，大多为与民众衣食住行息息相关的食品店、日用品店、杂货铺、药店、鞋铺、服装等销售店，还有饭店、早餐铺、缝纫店等服务行业，也有日常用品加工店等。总体来说，原材料加工行业位于市镇西、北、东部外延，而日常用品销售及加工业位于市镇中心及南部一带。

通过图 1 所示，可以推断出小店镇住宅区域分布特点，即多分布于凤凰街以西，北至南黑窑道，南至巩家堡村以北。住宅分布沿交通路线密集分布，“临街人家多开门窗，再加出檐，建为店铺”❸，所以住宅与商业区并无明显区域分隔，只是在沿街店铺后分布着住宅区。

小店镇的文化空间应为文昌庙，在中国古代文化中，文昌是“斗魁”六星之首，主宰文运，名“文昌宫”。《史记》卷二十七《天官书第五》云：“孝经援神契云：‘文者精所聚，昌者扬天纪’辅拂并居，以成天象，故曰文昌。”❹所以文昌庙是历史时期民众对于文运的信仰载体，是在科举制度下催生发展而来的产物。明清时期，文昌崇拜达到一个高潮，“凡有文庙的地方，大都会有魁星楼、文昌阁建筑的存在”，“在一定程度上推动了各地教育的发展”。❺可以大胆推测，小店镇文昌庙附近在明清两代是有学宫存在的，

❶ 小店村志编纂委员会:《小店村志》第三节《集市庙会》，太原：山西古籍出版社，1999 年，第 218 页。
❷ 小店村志编纂委员会:《小店村志》第三节《集市庙会》，太原：山西古籍出版社，1999 年，第 218 页。
❸ 小店村志编纂委员会:《小店村志》第二节《村民住宅》，太原：山西古籍出版社，1999 年，第 229 页。
❹ ［汉］司马迁:《史记》卷二七《天官书第五》，北京：中华书局，1963 年，第 1294 页。
❺ 韩全成、王胜怡:《山西现存文昌魁星类建筑中的文化崇拜》，《文物世界》，2012 年第 4 期，第 41 页。

至少可以肯定清代已经出现。清代光绪二十八年（1902 年），清政府进行学制改革，颁布《壬寅学制》，按照《学制》规定，“太原县在小店、北格、晋祠、南堰四镇及县城设置‘蒙学堂’5 所，小店镇蒙学堂设于村东文昌庙北一所旧院内”，其后清政府核颁《癸卯学制》，“太原县城及四镇的蒙学堂改称初等小学堂”❶。小店镇的文化空间就是以文昌庙为中心市镇的东南“巽方”，依风水学说可能是文运较优越昌盛的位置。不仅是文化信仰的载体，也是实施国民子弟初等教育的场所。

从小店镇的空间结构布局可以看出，交通位置对于区域发展的重要性，特别是商业空间依赖主要街道和镇区外的官道生存，每一种空间的布局都有其人文内涵。从小店镇已有的文献来看，并没有发现戏台的所在，还需要进一步去进行实地调研考察。

传统的市镇空间内除了衙署空间、街道空间、信仰空间、交易空间，还有可供游玩的娱乐空间，例如榆次源涡镇东有源池，多种莲藕，源池荷花为榆次旧八景之一，文人墨客屡来游赏，题咏甚多。附近原有永寿寺、施霖洞，为祀隋代名僧田志超（号空王佛）所建。20 世纪 70 年代以来，传统的藕田改种稻谷，为郊区唯一有大面积稻田的地方。源池泉水为榆次城区的重要水源。❷

进入 21 世纪的小店区已由明清时期太原县下辖的一个镇发展成为太原市辖南部的一个重要城区，其人口数量、建筑格局、文教设施、商税规模已远远超过宋元明清时期的永安堡和小店镇，而且省城太原市高新技术开发区的主体布局在此，小店中学在太原市尚属一档。尤其是商业税收近年已超过太原市区原先的龙头老大迎泽区。总体看，小店村的发展自宋代以后较快，特别是改革开放以来更步入发展快车道，但其历史底蕴和城市风格仍然脱胎于永安堡和小店镇。小店村—永安堡—小店镇—小店区一脉相承，尽管小店镇的历史文脉、建筑风格、庙宇格局由于历史原因多有损毁，但痕迹犹存，还须保护传承。

❶ 张育文主编:《太原市南郊区志》卷二〇《教育》第一章《科举教育》第四节《学堂》，北京：生活·读书·新知三联书店，1994 年，第 605 页。

❷ 榆次市地方志编纂委员会编:《榆次市志》第一章《经济分区》，北京：中华书局，1996 年，第 215 页。